华中师范大学中国近代史研究所/组编

章开沅先生追思集

華中師範大學出版社

新出图证（鄂）字 10 号

图书在版编目（CIP）数据

章开沅先生追思集 / 华中师范大学中国近代史研究所组编. —武汉：华中师范大学出版社，2022.5

ISBN 978-7-5622-9794-9

Ⅰ. ①章…　Ⅱ. ①华…　Ⅲ. ①章开沅（1926—2021）—纪念文集
Ⅳ. ①K825.81-53

中国版本图书馆 CIP 数据核字（2022）第 081065 号

章开沅先生追思集

©华中师范大学中国近代史研究所　组编

责任编辑： 王中宝　　**责任校对：** 童　雯　　**封面设计：** 罗明波

编辑室： 学术出版中心　　**电话：** 027-67867792

出版发行： 华中师范大学出版社

社址： 湖北省武汉市洪山区珞喻路 152 号　　**邮编：** 430079

电话： 027-67863426（发行部）　　**传真：** 027-67863291

网址： http://press.ccnu.edu.cn　　**电子邮箱：** press@mail.ccnu.edu.cn

印刷： 湖北新华印务有限公司　　**督印：** 刘　敏

开本： 787mm×960mm　1/16　　**字数：** 577 千字

版次： 2022 年 5 月第 1 版　　**印次：** 2022 年 5 月第 1 次印刷

印张： 40.25　　**定价：** 148.00 元

欢迎上网查询、购书

2011 年，章开沅先生在香港中文大学和香港历史博物馆共同举办的
辛亥革命百年学术研讨会上作演讲

2020 年 6 月，章开沅先生接受“华师故事”采访

2021 年 5 月 29 日～30 日，
华中师范大学在校内逸夫国际会议中心设立章开沅先生吊唁厅（1）

2021 年 5 月 29 日～30 日，
华中师范大学在校内逸夫国际会议中心设立章开沅先生吊唁厅（2）

2021 年 5 月 29 日～31 日，

华中师范大学在校内博雅广场设立章开沅先生追思点（1）

2021 年 5 月 29 日～31 日，

华中师范大学在校内博雅广场设立章开沅先生追思点（2）

2021 年 5 月 30 日上午，武昌殡仪馆章开沅先生遗体告别仪式（1）

2021 年 5 月 30 日上午，武昌殡仪馆章开沅先生遗体告别仪式（2）

2021 年 5 月 30 日上午，武昌殡仪馆章开沅先生遗体告别仪式（3）

2021 年 5 月 30 日上午，武昌殡仪馆章开沅先生遗体告别仪式（4）

2021 年 7 月 8 日，章开沅先生追思会上全体线下与会人员起立默哀

2021 年 7 月 8 日，章开沅先生追思会部分线上与会人员（截图）

2021 年 10 月 20 日上午，武汉石门峰纪念公园章开沅先生安灵公祭仪式（1）

2021 年 10 月 20 日上午，武汉石门峰纪念公园章开沅先生安灵公祭仪式（2）

2021 年 10 月 20 日上午，武汉石门峰纪念公园章开沅先生安灵公祭仪式（3）

2021 年 10 月 20 日上午，参加章开沅先生安灵公祭仪式的
部分人员在武汉石门峰纪念公园章开沅先生纪念馆留影

章开沅先生学术道路与治史风格（代序）

马　敏

5 月 28 日上午 8 时 15 分，先师章开沅先生在武汉与世长辞，享年 95 岁。从此，学界失去了一位杰出的历史学家、教育家，我们则失去了敬爱的导师和学术生涯的领路人。一代大师陨落，无疑是中国史学界的一个重大损失，也是中国教育界的重大损失。

在长达半个多世纪的漫长岁月中，尽管也曾一度出任校长，从事行政管理工作，但教书育人、笔耕不辍，以学术为志业，始终是先生毕生的追求，是他矢志不渝的人生目标。本文即主要围绕先师的学术道路及其治史风格，略作概述与追忆，以表达无限的哀思与敬意。

章开沅先生在其九十华诞之际曾回忆说："我从事历史教学与研究整整 65 年，但并非出于自己的选择，终生与史学结缘纯属偶然。"

先生祖籍浙江吴兴（今湖州），生于安徽芜湖。童年时期，在动荡的时局中，曾随父母迁居多地。少年时期，先生酷爱文学，勤于写作，一度想成为文学家。抗战时期，逃难四川，就读于江津国立九中，后来学过会计，当过船工，做过抄写员，还投笔从戎，加入了青年远征军，历经生活磨难，深知民生艰辛。1946 年 9 月进入南京金陵大学历史系学习，但用先生的话讲，"专业思想并不牢固"，志愿是当一名记者，尤其是战地记者。1948 年 11 月，在中共地下党安排下，他辍学进入中原解放区，先是在范文澜任校长的中原大学进修，后留校在政治研究室革命史组任教，从此与历史结下不解之缘。如先生所说，"革命改变了整个中国，也改变了我的人生道路"，"我是在担任历史教师以后，才逐渐增长了对史学的研究兴趣"。

初入史坛的章开沅先生，主要讲授中国近现代史，研究兴趣侧重于中国近代史分期问题与太平天国史。先生与辛亥革命史结缘，始于一次偶然的机会。1954 年秋，民主德国的贝喜发博士来武汉对辛亥革命历史进行调查研究，年轻的章开沅参与了接待工作。他回忆说，这件事对他触动很大，也成为他投身研究辛亥革命的最初动因，"一位外国学者不远万里专程赶来研究武昌首义，而我作为本地的中国近代史教师却从来没有着手研究这个饶有兴味的课题，真是有点难为情"。机会总是留给有所准备的人。1961 年，辛亥革命 50 周年学术讨论会在武汉举行，这是新中国成立后首次召开的全国性辛亥革命学术讨论会，规模空前，老革命家吴玉章以及范文澜等史学名家悉数到会。先生不仅参与了会议前期筹备工作，而且提交了两篇很有分量的学术论文：《从辛亥革命看民族资产阶级的性格》和《武昌起义与湖北革命运动》，受到与会前辈学者的充分肯定，由此更加坚定了从事辛亥革命史研究的决心。

武昌会后，章开沅先生将研究视野从辛亥革命扩展到对民族资产阶级的整体研究，并以清末状元实业家张謇作为研究的突破口。1962 年至 1964 年间，先生不仅亲赴南通实地调研，而且收集了大量张謇的未刊函电、手稿，以此为基础，写出了 40 余万字的张謇传记的初稿，后应出版社要求压缩至 20 余万字。尽管由于种种原因，这本书当时并没能出版，但却由此奠定了先生从事张謇研究的扎实基础。

如果说，早期的研究还只是雏鹰初啼、牛刀小试，那么 20 世纪 70 年代末至 80 年代初三卷本《辛亥革命史》的写作和出版，则标志着章开沅先生学术生涯的成熟。1976 年春夏之交，"文革"尚未最终结束，先生将个人沉浮置之度外，应人民出版社林言椒编辑之邀，毅然与林增平先生联袂组织两湖和川、黔、豫部分学者共同编写《辛亥革命史》大型专著。在两位先生的精心擘画下，编写组通力合作，夜以继日地投入编写，经过近四年的努力，120 万字的《辛亥革命史》三卷本终于在 1981 年 10 月以前全部出齐，成为对辛亥革命 70 周年的一份厚重献礼。这部书至今仍是辛亥革命史研究的集大成者和最具代表性的标志性成果。

随之而来的改革开放春风，使章开沅先生等优秀学者备受压抑而又积蓄甚久的积极性如地下泉水般喷涌而出，先生认为："这也是我一生之中精力最为旺盛而成果也最多的时期。"继主编《辛亥革命史》三卷本之后，先生又陆续出版了《辛亥革命与近代社会》《开拓者的足迹——张謇传稿》《离异与回归——传统文化与现代化关系试析》《辛亥前后史事论丛》等专著，还在国内外重要学术刊物上发表了许多富有见地的论文。由此奠定了先生辛亥革命研究和近现代史研究的权威地位。从 1979 年秋天开始，章开沅先生应邀到美国 11 所著名大学访问，随后又应邀赴日本东京大学、京都大学等著名学府讲学。1990 年—1993 年更先后在美国普林斯顿、耶鲁和加州大学圣地亚哥分校等三所大学研究和任教三年以上，为中外学术交流做了大量工作，建立了广泛的国际学术联系。同时，将其学术研究重点扩展到早期现代化史和中国教会大学史研究。

先生晚年总结自己的学术生涯，曾谦虚地说，自己一生主要做了两件事："一是把中国的辛亥革命史研究推向世界，并把国外的研究引入中国；二是让国际上的中国教会大学史研究走进中国，又让中国的研究走向世界。"这虽是自谦之词，但说明他非常看重这两大领域研究对中国学术和世界学术的重要意义。他历来主张"真正的学术应是全人类的公器，真正的史学其价值必然超越国界而为世界所认同"。当然，章开沅先生的学术贡献，远不止这两个方面。诚如有的学者所归纳，他的史学研究领域十分宽广，大体涉及辛亥革命史、民族资产阶级研究（包括张謇研究与商会史研究）、近代思想文化史、中国早期现代化史、中国教会大学史与南京大屠杀等六个方面。此外，章开沅先生在史学理论与方法上也有许多深入的思考和精辟见解，在中国史学的学科建设、人才培养等方面作出了突出贡献，其学术成就和影响广泛而深远，不愧为当代中国史学"但开风气不为师"的一代名家和具有世界影响力的杰出学者之一。

在长期治学过程中，章开沅先生勤于思考，勇于探索，逐渐形成了自己独具一格的治史风格。

求实存真，实事求是。不论是在国内还是国外，章开沅先生从不讳称自己是一位马克思主义史学家，认为历史研究必须以唯物史观为指导，而唯物史观和辩证法的精华就是实事求是。他曾说："史学的可贵品格首先就是诚实，也就是人们常说的求实存真。"离开实与真，史学就失去存在的价值。求真，务实，说真话，说实话，办实事，是先生一辈子的追求，也是他的立身之本和处世之道。他的书斋就命名为"实斋"；他最推崇的名言是，"治学不为媚时语，独寻真知启后人"。他强调，既然求实存真是历史学家无可推卸的天职，因此，"史学应该保持自己独立的科学品格，史学家应该保持独立的学者人格"。治史之人，必须以"超出世俗的纯真与虔诚"，去追求更高层次的真、善、美，"唯有如此真诚，才能不趋附、不媚俗、不作违心之言"。这些掷地有声的金石之言，体现了一位当代史学家的铮铮风骨。

筚路蓝缕，开拓创新。章开沅先生具有敏锐的学术眼光与深刻的学术洞察力，思想活跃，勇于开拓进取。或许是少年时期曾饱经忧患使然，他天生有一种冒险问难、探求新知的革命性格，"从不满足于轻车熟路，经常喜欢在荆莽崎岖的山野作新的追求"。先生这种性格与志向，表现在治学上，便是一种豁达与开放的学术风格，从不囿于某一固有领域，也从不满足于业已取得的成就，而是以"敢为天下先"的精神，创榛辟莽，前驱先路，不断扩展学术空间，不断实现自我超越，从而引领新的学术潮流。从辛亥革命史、张謇研究到商会史、现代化史、教会大学史、南京大屠杀研究，每涉足一个新领域，他都会带领弟子们开辟出一片广阔的学术天地，取得丰硕的学术成果。影响所及，对中国近现代史研究也起到了开风气之先的作用。

贵在通识，淹贯博洽。先生治学，既基于实证，重视史料，又不满足于饾饤琐碎之学，而是力主实证与理论的结合，学术与思想的贯通，认为史学研究"贵在通识"，"通识首先需要理论素养，需要马克思主义历史哲学，需要正确的方法论"。他治学给人最突出的印象，便是淹贯博洽、气象宏大，既讲上下延伸的"纵通"，也讲空间跨越的"横通"，还讲中外古今的相通。先生往往是全史在胸、全局在握，然后阐幽抉微，言人所未言。

就“纵通”而言，先生力主要从历史的长时段来把握和研究具体的历史事件，如率先提出研究辛亥革命要有“盘点三百年，三个一百年”的大史学观，给人以极大启发。在“横通”方面，先生提倡要多做区域性、全球性的比较研究，从空间上拓展历史视野，而且主张历史学科要与其他学科横向沟通、相互渗透，努力借鉴社会学、经济学、政治学、文化学、人类学、心理学的方法。

关心社会，融通古今。章开沅先生从来就不是一个坐守书斋的学究，而是一位充满活力和具有强烈现实感的历史学家。“参与史学”是他晚年经常讲的话题，大体有两层意思：一是历史学家要具有一种关心社会、参与现实的强烈意识，要具有高度的社会责任感，不仅书写历史，还应融入历史，创造历史，为人类正义事业和社会发展作出自己的贡献；二是历史学家主要是通过自己的史学成果来参与现实，“应该成为把现实与过去及未来连接起来的桥梁，用自己的研究成果丰富与影响现实生活，并且与人民一起追求光明的未来”。这就要求历史研究者必须根据社会发展和现实需要来设计史学研究的内容与方向，将学术研究融入社会实践中，而不是为研究而研究，“钻进故纸堆中出不来，像桃花源中人，不知有汉，无论魏晋”。参与的史学只有在史学的参与中才能真正得到实现。

章开沅先生能成为当代中国史学的名师、巨匠，形成自己独特的治史风格，除上面提到的历经生活磨难、具有博大胸怀和开拓创新精神等要素外，与其终身致力于学，不断吸取新知，不断自我完善，亦不无关系。“学然后知不足，教然后知困。”（《礼记·学记》）自从金陵大学辍学后，先生即转以社会为师，在历史教学与研究实践中，刻苦自学，不断提升自己的理论与学术水平，同时虚心向前辈和同辈师友请益，淘金掘铜，熔为一炉。作为一名马克思主义史学家，先生也并不排斥西方史学理论，而是主张在“不要迷失自我、忘掉自身”的前提下，通过自己的独立思考，从中汲取营养，丰富自己的历史思维。先生治学，又素以刻苦著称，通常是清晨五点即起床，利用清晨安静时光读书写作，并养成习惯，坚持终生。2015 年先生九十华诞之际，弟子们为他所编辑的个人文集，长达 11 卷，共计 460 多万字，这乃是他一生刻苦治学生涯的结晶。

尽管最终没能看到自己亲笔所写长达近50万言的自传出版，留下些许遗憾，但最使先生感到欣慰的是，通过多年努力，他在海内外培养了一大批学有所成的弟子，有的已成为所在领域新一代领军人物，从而使其学术事业能够得以传承。或许，这是一生淡泊的他所留下的一笔最宝贵的遗产吧！回顾自己的人生，开沅师曾动情地写道："40多年来，无论课内课外，校内校外，我为年轻一代历史学者的成长，耗费了不少精力与时间，对自己的著述或多或少有些影响，但我永远无怨无悔，因为学术的小我只有汇入学术的大我才能进入永恒……为造就青年学者开路，为发展学术交流搭桥，这就是我的人生追求。"

"历史是已经画上句号的过去，史学是永无止境的远航。"那位曾饱经沧桑、指挥若定的老船长最终离我们远去了，但史学的远航并未终止，他的学术事业仍在延续，他的精神将永远与我们同在！

MU LU

目录

亲情乡谊

四海同钦

桂岳心香

春风化雨

亲情乡谊

犹忆昙华美　不了桂子情

——沉痛追忆我深爱的丈夫章开沅

黄怀玉

"犹忆昙华美，不了桂子情。"这是开沅2003年10月在华师100周年校庆晚会上高声吟诵的两句诗。这两句诗，不仅精练地道出了他内心深处的情怀，而且集中表达了所有华师人的共同心声。如今重温这两句诗，我感慨万千！哀思绵绵，多少往事历历在目！

根系昙华林

如果要回答百年华师的源头何在，根系何方，昙华林校区是绝对不能忽略的。因为华中师范大学的前身主要是华中大学，华中大学的校园就在昙华林。华中大学原先是一所由教会创办的私立大学，1903年由私立文华书院的大学部发展而来。1951年8月私立华中大学与由中共中央中南局创办的中原大学教育学院合并，改名为公立华中大学。1952年根据上级规划，公立华中大学要向师范院校过渡，所以又更名为华中高等师范学校，1953年正式定名为华中师范学院。华中师院早期的校址仍在昙华林，它继承了原华中大学的全部校园。昙华林校区不仅占地面积大，而且非常有特点，既有起伏不平的山坡，也有平坦的大操场，依山建有一片西式楼房，风格各异，大小不一，高低错落，美不胜收。开沅1951年从中原大学教育学院来华师后，就住在原为华中大学女生宿舍的一幢名为"颜母室"的楼房里，该楼为西式风格，据说是颜惠庆博士为纪念其母亲所捐建。

1952 年初秋，我来华师历史系读书，有缘一开始就入住美丽的昙华林，与来自中南各省的学子一起，在那幢四面环形的既有天井又有大钟的文华楼里，随着清脆悠扬的钟声井然有序地到楼下或楼上的教室里听课。课余，我们经常在参天古树下的林荫小道休闲漫步，或是在那被称为昙华林校区标志性建筑的水塔下的草坪席地聊天，这些都给我留下了美好的记忆。

当时华中大学主体建筑东面围墙之外的地方都称为城外，昙华林校区著名的“华中村”即位于这里，它离颜母室、文华楼并不太远，那里原本有一大片家属宿舍，后来又新建了几栋简易的教室和学生宿舍。大约于 1954 年我们历史系学生全部搬迁到城外的这些简易新房。

我的人生充满巧合，1954 年 9 月，按照历史专业课的教学进程，我们班开始学习中国近代史，而主讲教师就是后来成为我丈夫的章开沅老师，我们相见、相识、相知在昙华林城外的课堂，真是天赐良缘啊！

总体来说，昙华林环境优美，但因有些房屋年久失修，墙壁斑驳，有的地板踩下去吱吱作响，所以不免有沧桑之感。上世纪五十年代中期，随着教育事业的大发展，学校感到校舍严重不足，于是不得不考虑另建新校区。校领导经过反复研究筹划，最后选址定在武汉市洪山区的桂子山。1955 年初秋，桂子山新校区第一批建筑落成，因为文科搬迁比较简单，我们历史系和中文系的学生就成了桂子山的第一批入住者。自此以后，桂子山新校区逐渐被称为华师总部，昙华林校区则被称为华师分部。所以说，我的大学四年有幸跨越了新、老两个校区，先在昙华林入学，后在桂子山毕业。

爱桂子山的一草一木

桂子山属丘陵地带，原先是毫无名气的荒山秃岭，山不在高，有人则灵，它有幸迎来了华师人，是华师人的努力使它土变肥了、山变绿了。“桂子山”这个美丽好听的名字，也非古有。它的出现与 1954 年任华中师院副院长的刘介愚同志有关。在范军、严定友主编的《永远的怀念——忆介公》

一书中有如下记载：这里原来只是一座名为“鬼子山”的荒山野岭，正是刘副院长灵机一动，给她取了一个谐音名“桂子山”，并组织师生员工在校园内广植桂树，使之成为今天誉满江城的赏桂胜地，更成为华师历届校友永难忘怀的精神家园。

开沅服务华师七十年，不仅见证了华师教学、科研和人才培养事业的发展与壮大，而且目睹了桂子山由荒山野岭变成林木葱郁、芳草如茵、花香鸟语、曲径通幽的美丽校园。由“鬼子山”变为绿化面积高达70%以上的全国绿化先进单位、武汉市绿化红旗单位。他深知这是由几代华师人的努力而铸就的成果。开沅还亲自参加了桂子山校园的建设，响应号召，积极参加学校的植树活动。他在“文化大革命”初期被关进“牛棚”后，与华师绿化组工人一起，在酷暑烈日下除草施肥、挑水抗旱，不仅体会了校园绿化劳动的艰辛，也与绿化组工人建立了深厚的感情。开沅本来是被当作“牛鬼蛇神”勒令去劳动改造的，而他因为热爱桂子山，反而将此当作件好事，他说“这是用自己的汗水洗刷羞辱”。绿化组工人并没有把他当坏人，也不要他天天写检讨，在那个环境下，他感觉自己是个正常的人。

开沅特别敬重华师的园林工人，在他担任校长的1986年，曾与其他校领导一起为有特殊贡献的来自河南鄢陵县姚氏园林世家的姚水印老师傅庆祝60大寿，在合影时，让与会的几位园林老师傅都坐在第一排，而校领导大都站在后面，以示尊重。他还建议华师生物系特聘姚师傅为园艺学讲师，借此也充分肯定了华师整个绿化组职工的辛勤劳绩。姚老师傅去世后，安葬在华师七号楼南边的梅园一隅，华师绿化委员会为他竖碑名“绿魂”，开沅曾专程看望、留影，并撰文《林木深处觅绿魂》，深情追忆姚水印老师傅对华师绿化的贡献。

开沅甚至自己主动当起了桂子山的义务环保者。他热爱华师的感情是从骨子里散发出来的，好像总有根敏感的神经牵连着校园，所以他能更多地发现校园内一些破坏环境的不良行为，比如摘花和乱丢垃圾之类的事，他都会予以干预、劝阻。记得几年前一个周末的中午，我同开沅一起从超市购物回来，看到有来自校外的一胖一瘦两个青年女子，在华师西区老年活动中心旁的花园里摘栀子花，开沅立即上前劝阻，那胖女子竟然强词夺理，不停地质问开沅："我摘花关你什么事？这花是你种的吗？你何年何月何日种的？能拿出证据吗？"面对如此无赖之人，开沅只好沉默。后来他在一篇短文中这样写道："突然感到孤独与无奈，欲哭无泪，欲言无声，意识到这是我们教育的失败。"于是他呼吁社会一定要加强公民的素质教育，并撰文号召华师全校加强保护校园的自我教育。他在华师百年校庆的征文中深情地写道："请爱护桂子山的一草一木，请珍惜老一辈桂子山人的劳绩，请开创新一代桂子山人更大的辉煌。桂苑学脉，世代绵延；青出于蓝，而胜于蓝。是所至愿!"

他在这方面不辞辛劳，花费了很多精力，但他认为值！他说："要我不管，那就不叫章开沅!""大学就应该像所大学……城市就应该像座城市。"这是他追求真、善、美的崇高愿望。

爱生如子

开沅敬畏大自然，视所有华师人为"桂子山之子"，包括他自己。学生是桂子山的主体，是祖国的未来，开沅爱生如子，他心里永远都牵挂着学生。就在他当上校长不久的 1986 年 9 月，一天他出席新生开学典礼回来，从公文包里掏出一些纸条给我看，其中好几张都是围绕掉行李的事。比如："校长，如果你女儿掉了行李，你会怎么办?"我问他这是怎么回事，开沅说："我今天进入会场，发现新生有些紧张，所以致词中第一句话就说：'我出席今天的开学典礼，与以往有不一样的心情，因为我的小女儿也是一名新生，她去了杭州。'"他说："我这样讲，一下子就拉近了与新生的距离，活跃了台下的气氛，于是一张张纸条传了上来。"当他看完这些纸条后，马上拍板说："今天下午就派大车送你们去火车站找行李!"台下又响起一片热烈的掌声。好多年后，开沅应邀出席深圳校友会，有位校友自我介绍说："校长，你记得我吗？我是与你女儿同届的某某……"从深圳回家后，他兴奋不已，对我说："这次我还真当了回模特儿啦！校友们排着队与我合影!”开沅真是一位能让学生记一辈子的好老师!

用脚步丈量华师校园。一个周末，风和日丽，学生一群群地从桂子山走向华师校门，而开沅却要我陪他到山上去走走，同时要我带上纸和笔。我问要做什么，他说去了就会明白。到了山上，他从这栋教学楼走到那栋教学楼，又从那栋教学楼走向另一栋教学楼……并且要我帮他记录到达各教学楼的时间。他说，他看见学生转换课堂听课很紧张，有的学生甚至要用小跑步去转课。所以他想自己先体验体验，再根据这些记录，寻求解决办法。开沅时时刻刻都在关注学生。

即使在不当校长的时候，他仍然牵挂着学生。有年中秋，在那“每逢佳节倍思亲”的夜晚，他独自一人走在校园的广场上，看学生们过中秋节，回来后很兴奋地说:“好壮观呀!同学们利用桶子放蜡烛，周围摆着点心和水果，他们或按班级，或按同乡，一圈圈地席地而坐，谈笑风生，好不温馨!”其实在这个属于亲人团聚的夜晚，最需要思亲的是开沅自己，因为中秋节是他母亲的忌日，他把对母亲的思念藏在心底，却以满腔热情去关心桂子山上那些只身在外的青年学子们。

他对学生最大的关怀是“引路”，让学生树立正确的人生观、世界观和价值观。在每年新生入学后的“新生教育周”，他多次动情地以自己的亲身经历对青年学子们语重心长地说:“大学时代是人生观、世界观、价值观和品德修养、行为举止成型的时期，一定要珍惜大学时代，学会独立自主地思考与生活。人生只有一次，大学不会重来。”他苦口婆心，一遍又一遍地讲，想让新生少走弯路，而他自己却累得口干舌燥、声音嘶哑。

爱家至亲至诚

桂子山这方热土，也培育了开沅与我的爱情。1957 年 7 月，我俩在桂子山二栋学生宿舍建立了自己的小家。我们牵手 65 载，恩爱如初。开沅是个品德高尚的人，他懂得爱，懂得珍惜，懂得感恩。我对他的付出，哪怕仅一点点，他也会看在眼里，记在心里，甚至写在自传里。在“文化大革命”期间，他受批斗遭遇不公平待遇，我因此而受到牵连，竟让他“歉疚终生”。他对我感谢的方式或是送花，或是自己主动多做家务，或是尽心陪伴……

最令我感动的是“每到生日必送花”，这可是他一直坚持了二十多年的事情，而且每次必亲力亲为，风雨无阻，即使在新冠病毒疫情防控期间也从不例外。武汉疫情“动态清零”后，校园控制稍为松动，我生日那天，他一个人拄着拐杖，走到西区牡丹园，拍了好多鲜艳的牡丹照片，回家后又精心配上小诗，毕恭毕敬地以双手送给我，还幽默地说：“不成敬意!”如果我给他做了点可口的小菜，他便会连连抱拳致谢。

开沅是个对家庭极其负责的人，在他还健康的日子里，每逢出差前，他都要问家里是否备足了油盐柴米。他坚守克己奉公精神，从来不为私事呼唤学校工友，再忙也是亲力亲为。我记得好多年前，大概是 6 月中旬的一天，开沅去广埠屯买菜，遇上暴雨回不来，教育学院的余子侠老师也在躲雨，想送他回家，他不愿麻烦人，有意借口说自己的菜还没买够，于是又走进菜场，在杂货摊用 10 元买了把雨伞，又用 10 元买了双塑料凉鞋。等回到家时，他已全身透湿，外面流的是雨水里面流的是汗水。第二天要出差，他又西装革履、精神抖擞地拎着公文包前往机场。有谁会知道他头一天经历了什么？他自己绝对不会说，因为他根本就没有将这些当回事。类似这样的故事还真不少。

他平时对孩子的事管得不多，但在孩子最困难的时候，必有父亲的身影出现在面前。大女儿小时候掉了书包，开沅亲手帮她抄写课本；小女儿中考，遇上雷雨交加的恶劣天气，开沅卷起裤脚，亲自送女儿去赶公共汽车。他是一位有责任心的父亲，但对孩子读书的择校、工作的择业以及情感婚姻等事，素来都是尊重孩子自己的选择。

如今开沅已离我远去，但是他的音容笑貌、家国情怀以及由此而产生的故事，仍然鲜活地存在于我的脑海中，我将终身铭记在心，永不忘怀!

桂苑学脉，薪火相传。他的高尚品德我们全家也将代代相传，永远珍惜！

开沅永远活在我和家人们的心中！

我们永远怀念他……

（作者单位：华中师范大学历史文化学院）

开沅：有你在的日子真好，我想念你！

黄怀玉

清明，一年一度，唯有今年，我最为期待！

感谢古人，设立了清明这个节日，为我们提供了一个特殊的机会：生者与逝者可以近距离对话。这一天，我等待很久了！

我对不起你，没助你实现最后回校的心愿

开沅：我首先要对你说一声“对不起”！尽管我一生都是很用心地处理你的一切事情，但是这次我失误了，没有助你实现最后回校的愿望，我后悔至今！但是我估计你急于想知道的是：你走后我怎样了？因为你说过：这世上最不放心的人就是我。那我就实话告诉你，我度过了这个坎，但是很不容易，因为我对 2021 年 5 月发生的悲剧并没有足够的思想准备。

你岁数大，基础病多，2020 年又因新冠病毒疫情防控造成的缺医少药、家务事多，你的健康严重受损。同年 11 月又雪上加霜，你在家摔了一跤，软组织多处受伤，造成你生活不能完全自理。那时我已预感到，我们幸福的二人世界好景不长，今后的日子可能凶多吉少。但是我更相信你有较高的抵抗力和良好的心态，可以带病生活，再生存一段时间。尤其是 2020 年底我们入住医养结合的泰康楚园，经过及时的医、养和你自觉锻炼，你的病情明显好转。我们俩积极地参加了好多活动，我还给你准备了助行器，指望你能摆脱轮椅呢！但是天有不测之风云，2021 年 5 月 19 日你因血压和心率突然异常而住进了抢救病房。我立马给校医院领导发告急微信，并通

知远在广州的女儿赶快回汉。

在医药作用下，你的生命体征各项指标迅速恢复正常。第二天还愉快地与我和女儿明明合影，有时还看看电视里的球赛，尤其是你还睡得着、吃得香。5 月 25 日可能是病情加重，医生给你加大了药量，延长了输液时间，从那天起，你除了吃饭时间外，几乎都是躺着，很少睁眼，也不说话，我问你是不是很难受，你摇了摇头，我总是本能地往好处想，认为你还有明显的生命力。5 月 27 日下午 5 点，当护理人员叫我回公寓吃饭时，你静静地躺在床上，还目送着我出门。后来在你吃饭时，护理发照片给我，你虽然食欲下降，但至少还坐得稳呀！你晚上还能表示要喝水，你还知道保持室内清洁……怎么到 28 日早晨你就突然撒手人寰，离世而去呢？

一夜之间，我们就阴阳两隔，天人一方！

这一沉痛打击实在让我难以承受，在我心里就像塌了天一样，天都垮了，别的还有什么意思？……但是，我并没有呼天抢地、捶胸顿足地哭，我们都没有扰民。我泪往心里流，吞声低泣，与你告别后，在护理陪同下回到公寓。我好几天都不想见人，因为任何大道理都不能解除我心中的痛。六十多年来，我俩风风雨雨，一路走来，用你的话说，“我们已经融为一体”，这是一种前所未有的切肤之痛、断手之痛，非丧偶之人难以体会的痛。

后来我们楼层有几位知道你阅历丰富的邻居，想看看有关你的书，我让刘莉从所里带来了几本，我自己也借此机会重温了你生前的一些话语，特别是你在那本口述自传里对我的评价：“怀玉个子不大，一眼看上去，似乎很柔弱，但内心其实非常坚强。”我蓦然回首，更感到有愧于你。现在我终于回归理性，承认现实，人的生命没有常青树，摆在我面前的出路只有学会承受，继续生活。

但是过了这道坎，心中的痛并未消失，因为有一种歉疚始终伴随着我，责备着我。就在你去世前半月，你提出想吃故乡湖州荻港的茶食，我以你不宜吃甜食为由而劝阻。你想回桂子山的家小住几天，我又以北区因修建文科大楼而造成的诸多困难为由，拒绝了你的要求。

这两件事我处理得太简单，用平时保健的标准，去处理一位病重老人的乡愁和情感诉求，真是一种罪过！特别是回桂子山的要求，我没有向华师领导汇报，没有想到桂子山上有师生员工的群体力量，有学校领导的关怀，困难应该是可以解决的。即使不能住，也可坐在车内在桂子山转几圈，让你向服务了70年的华师作最后的告别，不留遗憾，那也不失为好的谢幕方式呀！

我感谢你，给了我一生的幸福

幸福，本来就是一种感觉，是一种心境，不同的人有不同的标准和答案。当你在世时，我对此感受不多，那是因为我身在福中不知福。如今你远去了，我独坐窗前，件件往事浮现脑海，竟发现你曾经给了我满满的幸福，有你在的日子真好！

受到你的表扬和夸奖，无疑是一种幸福，说明你肯定了我，让我自信，让我有成就感。早在我大学时代，我们认识以后，几乎每个阶段都得到过你的表扬。班上举行讲故事比赛，你给了我最好的评价；在教育实习时，你担任指导教师，你信任我，又把讲授公开课这一重任交我完成，使我得到更多的锻炼。

1956年7月，毕业分配我留校任教。由系主任田家农教授牵线搭桥，我们俩走到一起，在美丽的桂子山上建立了自己的小家，1958年可爱的大女儿出生，三口之家过得幸福美满。

可是好景不长，60年代初期，史学界一场关于李秀成评价问题的讨论，打破了我们宁静的生活。原先的学术讨论因风云突变，成了政治问题，你因喜爱写作而被卷入，而且被推至风口浪尖之上，你因此受到了没完没了的批判，“文化大革命”期间，甚至被当作“牛鬼蛇神”关进了“牛棚”。我也受到了牵连，在校园里经常被人指指点点，甚至在全系教工会上，有人点名批评我立场不稳，没有与你划清界限，列出的事实竟为我在食堂还与你坐在一张条凳上吃饭。我顶住压力，坚持独立思考，不趋炎附势，不随波逐流、昧着良心去图谋表扬。我坚守真理的品德被你称赞了一辈子。无论是在你的口述自传还是自己写的回忆录里都详细记录了这件事。

你表扬我的形式多种多样，上世纪 90 年代末我俩学会了收发电子邮件。因为我已退休在家，具体操作当然多一些，你对这一新鲜事物极力赞扬，并抄诗鼓励。有一天我发现电脑边多了一张纸条，仔细一看是你抄写的唐朝孟郊的《游子吟》，“慈母手中线，游子身上衣……”后面还加了你自己的说明，你以敏锐的目光、丰富的想象力，把我手中的鼠标线比作诗中慈母手中线。在我们俩合编的《吾家往事》一书里，再一次表扬我：“怀玉这些年刻苦钻研，网上作业突飞猛进，很多家信与照片都是靠她偏劳。——当代慈母通过网络发出的家信，每个字符、每张照片都是亲情的载体。”

你的夸奖使我对电脑的兴趣更加浓厚，我一头扎入老年大学，废寝忘食地学制光碟。购买设备、下载软件，自拍、自编、自刻，做成的光碟还到处送人。你夸我是“潮妈”。你本想与我一起编写海外见闻的，我说我不想放弃自己的计划，你尊重我的选择，从不干扰我想做的事情。

生活离不开油盐柴米。有段时间，我对烹调感兴趣，收藏菜谱，变着花样做菜，你夸我说：“家有仙妻，真好。”有段时间我又对修理家电感兴趣，每当师傅上门，我总是紧跟其后，仔细观察，向师傅学习并把流程记在纸上。后来我按照记录，还真的修好了那个供地暖的进口热水器，女儿明明回家也受益于那些笔记。你不仅夸我是“家庭工程师”，甚至惊讶地喊：“我好崇拜你啊！”使我受宠若惊，内心充满了成就感。

其实，你也并非不食人间烟火之人，你做饭又快又好，洗碗更是内行：餐桌不留一粒饭，灶台不留一滴水，抹布洗几遍再挂起来。最后还告诉我：“我都弄好了，你不要再进厨房。”这才是重点所在：心疼我，怕我太劳累。

还有一种幸福叫“牵挂”。我们俩无时不互相牵挂，说明我们彼此都很在乎对方。上世纪 90 年代，两个女儿先后离开武汉，我们成了空巢家庭，而你出差时间又多，我们互相不放心，就像一个人的左右手，谁也离不开谁。你动员我跟你一起走，于是就开始了国内外、境内外，我们同进同出、形影不离的生活。我陪你去过七个国家和香港、台湾两个地区。有的国家和地区，还几进几出。在无数的鲜花与掌声中，我见证了你的荣光，在日夜陪同的生活中，我体会了你的艰辛。我本人的收获无疑是扩大了眼界、增长了见识。给我提供这个机会的，就是你，开沅，有你在的日子真好！

得到你的献花是无比的荣幸。你给我送了多少次花，已无法估计，反正每逢我生日你必送花，还有妇女节和母亲节你都送花。品种以玫瑰、康乃馨、百合为主，也有郁金香、勿忘我、月季、栀子花等等。花很美，你的心更美，每朵花都承载着你的深情厚谊。因为都是你亲自购买或亲自栽培的。春天晴雨无常，有一次你顶着大风去广埠屯买花，帽子被吹飞了；有一次你冒着暴雨到华师文化街买花，你的皮鞋灌满了水并发出咕咕咕的响声。

还有一次我坐在餐桌边看报，你轻手轻脚、两手背在身后神秘地走到我身边，突然大喊一声："Don't forget me!"同时捧出一束紫色小花勿忘我献给我。我这才想起那天是三八妇女节。当天晚上正好有个欢送日语教师加藤实夫妇回国的小型宴会，在会上你还津津乐道地讲述买花的故事。你说广八路那个小花店，被一群买花小学生挤得水泄不通，等你能挨近柜台时，玫瑰花已卖空，你只买到了勿忘我，你感到遗憾，可是在座的加藤实夫妇、马敏夫妇，还有年轻教师章博等都向我投以羡慕的眼光。我多么荣幸呀！开沅，有你在的日子真好！

往事绵绵，说不尽，道不完，往事并不如烟，我要将它铭记在心底！

往事中的幸福更加珍贵，它不会再来，也不能复制，我要更加珍惜！

开沅，有你在的日子真好！我感谢你。

我永远怀念你！

我的堂兄章开沅先生

章开和

我的祖父和章开沅先生的祖父是亲兄弟，开沅先生的祖父是大哥，我的祖父是二弟，所以章开沅先生就是我的堂兄，我们都出生在芜湖，同属于章氏家谱中的清芬堂。

开沅兄后去金陵大学读书，而我随家人去了上海，以后在相当长的一段时间内，互相的联系甚少，但开沅兄却没有忘记我这个年少的堂弟。上世纪80年代初，我曾有几年在美做访问学者，开沅兄有一次独自寻访到我的住处。可惜当时我正巧不在，而开沅兄时间又紧，就这么错过了。事后我还不知道究竟是谁来找我的，现在回想起来，真的是又惭愧又难过。

章氏家谱的重修，让我真正地认识了开沅兄，进而变得熟络起来。为了让散落各地的章氏族人了解自己的根和血脉，开沅兄四处奔波走访，在大量史料中搜寻族人散落的渺渺踪迹，追溯近500年，终于使得我们一支族群的脉络清晰起来。由于清芬堂在200年前独自往北方发展，后又辗转各地，变得游离在章门大宗之外，互相之间也均不熟识。幸而有了开沅兄，我们之间才有了重聚的机会。就清芬堂而言，开沅兄既是嫡长门最令人尊敬的长者，也是我们堂的一盏明灯，照亮了我们本已昏暗的堂室。

但我与开沅兄见面，却是到了2018年的3月才得以实现。我还记得当时见面的情景，开沅兄说他们住的小区大，门牌号码不好找，执意要亲自走出小区来迎接。当看到开沅兄和怀玉嫂子两位耄耋老人时，一种亲情油然而生。而后，在清芬堂近代兴旺繁荣之地芜湖，堂内的后嗣又欢聚在一起。前后游历了芜湖益新面粉厂、凹山铁矿厂等地。可惜因开沅兄年事已高，未能全部如愿。

我是个搞理科的，对历史的认识极为一般，开沅兄却是我国的近代史大家。他给我寄过一些书籍，我尝试着去阅读和理解，一方面感受到开沅兄学识的博大精深，另一方面在字里行间能看到他的伟大人格。作为一个历史学家，他以社会学发展的角度去诠释中国近代史，开创了自己独特的史学观。“治学不为媚时语，独寻真知启后人”是清代大儒戴震的话，开沅兄引为座右铭，而且他也是这样做的。正是靠着这样的精神，开沅兄在研究辛亥革命史、中国教会大学史、南京大屠杀的实证以及中国近代工业资产阶级等方面，均作出了巨大的贡献。在这史实面前，他以自己的睿智和才华，旁征博引，去伪存真，甚至和国际权威展开激烈的争论。作为一个教育家，开沅兄在华中师范大学任职 70 年，培养了无数优秀的人才。他以自己丰富的学养、无私的关怀和崇高的人品，引领章门弟子，使得大量弟子成为许多行业的佼佼者和领军人物。弟子们秉承开沅兄的品格和风范，并将其发扬光大。章门弟子不是一个门派，他们代表和继承了章开沅先生的精神、风骨、睿智和爱心的人生哲学。章门弟子是幸运的，也是受人尊敬的，我向章门弟子们深深地鞠躬。

前不久，开沅兄寄给我和家族中的亲友们一本书——《走出中国近代史》。开篇的第一段标题就是《读书与做人》，里面的内容让我震撼，讲的是开沅兄不愿意接受南京大学给他的毕业文凭。解放前开沅兄因为参加革命，大学期间去了解放区，未能在南京大学的前身金陵大学顺利毕业。解放后南京大学补发毕业文凭给他，开沅兄拒绝接受。理由有二：一、他读的是金陵大学，不是南京大学；二、后两年他的确没读完，凭什么拿文凭？我的这位堂兄实在是太执拗了，执拗到让现在依旧在争名夺利、沽名钓誉的人感到汗颜。再联想到后来，开沅先生坚决辞去资深教授的壮举，我深深觉得，他是一位真正的学者，是一位真正的大儒，是我万分钦佩的兄长。

2018 年，我们和开沅兄见面时，他已是 90 多岁高龄。但他留给人的感觉是那样精神饱满，那样思维敏捷，那样健康，就像来日方长，他会一直在那儿，我们随时都可以再去见到他，向他请教，听他讲话……但突然间，他走了，他离开了我们，永远地离开了。

斯人已逝，但他的为人、音容笑貌、待人处事，再加上他一生研究完成的等身巨著，为我们留下了无限的思想空间和丰富的物质财富。我，也代表我们这些原籍湖州，荻港章氏清芬堂的父老乡亲们，深深地怀念着我们的章开沅先生。

开沅大哥，您安息吧！

（作者单位：复旦大学电子工程系）

我的爸爸

章明明

2021年5月28日8点15分，亲爱的爸爸在我的陪伴下，平静安详地离开了人世。受全球疫情影响，远在海外的妹妹及女儿一家不能回国，我的先生也因疫情严控无法从广州赶到武汉。作为家中长女，我只能独自一人强忍巨大的悲痛与相关部门商定并办理最后的告别。夜深人静之时，特别想念爸爸，对爸爸的思念如滔滔江水般涌入心田，喷出的眼泪牵出绵绵不绝的挂记与想念。

自从爸爸离开，一篇篇悼念的文章、一个个缅怀的情境，无数的人表达着对爸爸相同的尊崇与敬仰，“山高水长，一世风骨真君子；春风大雅，百年文章好先生”。作为女儿，在生命的溪流中有太多太多“属于女儿的爸爸”的印记与关爱，时时浮现在脑海。

最不容忍是说谎——记忆犹新的挨打经历

爸爸一辈子将“真”作为自己的学识与品行的要求，对女儿的教育亦如此。

儿时记事以来，爸爸给我的印象特别严厉，我曾因贪玩或不听话被爸爸严厉地教训过，印象特别深刻的一件事是因说谎而挨打。

上世纪60年代初，我们家在武昌昙华林，我当时年仅6岁。一天，楼下邻居孩子将他的玩具借给我玩。快吃午餐时，爸爸要我将玩具送回邻居家。那时的我特别胆小害羞，拿着玩具准备进邻居家时，看见他们家中好些人正围坐在餐桌边吃饭，就躲在门边不敢进去，随后，我鬼使神差地将玩具悄悄放在台阶旁水沟的石头下面，忐忑不安地回到家中告诉爸爸：玩具还给他家人了。

谁知午饭后，邻居家的奶奶在楼下反复叫喊我催还玩具。在爸爸的逼问下，我只能如实交代：没有交给他家人，放在他家旁边的水沟了。

爸爸牵着我一起去楼下沟中取出玩具还给邻居并赔礼道歉。

回家后以为没事了，正准备睡午觉，谁知爸爸走过来要我趴在床上，从书架拿出鸡毛掸使劲抽打我的屁股。傍晚时分，爸爸将我叫到他身边，关切地问我："还疼吗？"然后，对着满脸委屈流着泪水的我说："知道我今天为什么打你吗？是要你记住，我最不允许的是说谎！"

从那以后，我时时记住爸爸的话，不说假话，不虚伪，真诚坦荡地做一个真人。

办法总比困难多——亲自抄写小学课本

"车到山前必有路"，"办法总比困难多"是爸爸交给我的打开困境的钥匙。

1967年，全家平静的生活开始被"文革"彻底扰乱，也在我幼小的童年心灵中蒙上了一层阴影。那时我年仅8岁，就读武昌棋盘街小学（"文革"期间改为东风小学）。我记不清何时开始，爸爸妈妈每天都要从昙华林赶到华师总部，刚开始早出晚归，后来晚上也不回来了，就我一人留在家中独自生活。

我每天独自一人去食堂买饭，上学途中要独自穿过街道小巷，时常会被附近的大男孩拦住，他强行翻我的书包，抢走本子和新买的笔盒，甚至还放狗出来追咬，吓得我不敢去上学，经常逃课。再后来，社会治安也越来越乱，外面的闲杂人员时常擅自出入昙华林院子里。

爸爸得知我的情况后，担忧我的安全问题，立刻将我转到华师附小。我周一至周六和妈妈同住女生宿舍一楼的房间里，周末晚上三人再一起回昙华林家中。

有一个星期一的早晨，我和爸爸从昙华林赶到华师，打开宿舍门顿时傻眼了，不知何时我的书包被人用竹竿勾出窗外，扔在宿舍外面的土坡上，书包里面所有课本都没有了。当时，小学统一使用的是北京编写的教材，新华书店里都买不到。怎么办？没课本怎么上学呀？我急得不知所措。

晚上，爸爸来到我的房间，认真地对着我说："明明，有办法了。明天下课后，你找同学借课本，晚上我们一起来抄书，白天上学再还给同学。"第二天放学吃过晚饭，我们父女二人就开始分头干活了，爸爸负责抄写语文书，我抄写算数课本。记得爸爸一大早从男生宿舍那边赶过来，拿着他抄写的课本兴奋地说："看我的速度快吧，一个晚上就完成了五篇课文。"在爸爸的带动下，我也加快抄写速度。就这样，父女俩齐心协力，仅一个多星期就完成了课本抄写工作。而更神奇的是，我在短短的时间内，居然从一个落后生一跃成为班上的尖子生，第二学期还当选为班长。

稍感遗憾的是，由于多次搬家，那本珍贵的"手抄本语文课本"已荡然无存，但欣慰的是每当我遇到坎坷或困难，都会对自己说"车到山前必有路"，"办法总比困难多"。

豁达乐观不抱怨——一次难忘的"忆苦饭"

朋友说我总是乐观向上、从不抱怨，我想这应该是得益于爸爸的影响。

1972 年，华师历史系与政治系合并为政史连，老师和家属从学校总部搬至武昌卓刀泉附近的山坡上。当时正值第一批工农兵学员入学，老师和学生虽同在一个食堂就餐，但买饭的窗口是分开的，右边是教工窗口，左边为学生窗口。我那时在华师二附中读初中，爸爸每天戴着一顶草帽，穿着粗布衣服，早出晚归，偶尔中午回来吃午饭，从不告诉我们他在外面做什么，但从他被太阳晒得黝黑的皮肤和疲惫的神情中可以看出，爸爸一定是在田里或野外干着很累的体力活。多年以后，从《吾家往事》中才知道，爸爸在"文革"中"沦为重点批斗对象，经常被迫下乡劳动"。

记得一天中午，我放学回家，爸爸回来了，说他肚子好饿，要我赶紧去买饭。我提着饭盒快步向食堂走去，一路还暗想：今天加餐就好了。快到食堂门口，学生窗口上方的黑板写着“红烧肉，萝卜排骨汤”，阵阵肉香味令人垂涎。我迫不及待地跑到教工窗口，奇怪，卖饭窗口没有人排队，抬头见黑板上写着“今日午餐：忆苦饭”。师傅给我盛了两勺黑乎乎的野菜汤，外加两个大糠团。我提着饭盒回到家里，父女俩默默地吃着“忆苦饭”，那干巴巴粗糙的糠团实在难以咽下，而爸爸却大口大口地吃完了。随后微笑着对我说：“明明，下午还要上学，中午一定要吃饱啊。这糠团的确不好咽，但我发现一个小窍门，咬一块不要嚼，喝一口汤，它即刻松散就容易下咽了。”我就按着爸爸教的诀窍，吃完了这顿难忘的“忆苦饭”。

时光荏苒，一晃四十多年过去了，爸爸当年大口吃糠团的画面时时在脑海中浮现，时时影响着我的人生态度，那就是将“苦”嚼碎能够“清心润肺”，对生活不抱怨，在任何情况下都能找到更好的生活方式，关注事物积极的一面，快乐地活在当下。

风趣幽默有活力——停车被罚变“大发”

在我的印象中，爸爸似乎从来没有老年暮气，风趣幽默、活力四射是爸爸始终的样态。

随着时光的流逝，爸爸的年纪越来越大，而年老的爸爸更慈祥，更和蔼可亲，在生活里充满了稚趣和活力，总是能用幽默的语言化解我们的尴尬与窘迫，甚至将尴尬与窘迫转化为欢乐的歌。

2009 年元旦，迎着新年第一缕霞光，我们全家驱车去广州麓湖公园观光，我将车停在白云仙馆附近的一块空地上。游览完毕，返回到停车处，发现车前窗雨刮夹有一张纸，走近一看竟是交警的罚单。我当时感到非常气恼冤屈：这里没有任何禁止停车的标志啊。爸爸见我那模样，笑着说：“明明，应该高兴，新年第一天被罚，意味着开年大‘发’呀，哈哈哈……”全家人都乐了起来。

离开公园时已近中午时分，我们就在附近的一家餐馆吃饭。等候中，我女儿不小心将桌上的茶杯碰倒落地，摔成碎片。爸爸看着外孙女害怕窘迫的样子，拍拍她的肩膀笑呵呵地说："好事吉祥呀，岁岁（碎碎）平安嘛！"

点点滴滴，丝丝缕缕，爸爸一直在女儿的心里，不会忘记，从未远去。

爸爸的学术与精神感召了许许多多的人，人们评价爸爸"眼前高山，棱棱风骨人仰止；身后江水，一轮明月是我师"，爸爸的学生喊出"吾爱吾师，吾师乃完人"……而在我的心里，爸爸就是陪我抄课本、给我讲笑话、遇到困难鼓励我、做错事情教育我的爸爸。我爱我的爸爸。

从此以后，"爸爸"这一词汇，一读起来便会热泪长流。

爸爸，女儿想你……

（作者单位：广州大学心理辅导中心）

深切怀念我的爸爸

章雪梅

“章雪梅，温馨提醒您，爸爸的生日快要到了。”看到这句来自一家礼品店的提醒，我的心突然作痛起来，热泪盈满了眼眶。本来以为自己已接受了爸爸离去的事实，却不知为何心里还是会感觉这样失落，这样空寂！望着夜空中的星辰，泪眼婆娑中，似乎又看到了爸爸红光满面的笑脸，我禁不住朝他使劲挥手，盼他归来。爸爸走了一个多月了，音容笑貌却依然如昔，我梦中的爸爸精力还是那么充沛，笑声爽朗；我梦中的爸爸说话还是那么有力，让人折服！

爸爸一生兢兢业业致力于史学研究和教育实践，取得了很多成就，培养出了大量优秀的弟子。而在众多的赞扬和名誉称号纷至沓来后，爸爸永远坚持做原来的自己，依旧几十年如一日，早晨5点前就起床工作；当校长后依旧为当年上中学的我每天清晨准备好香喷喷热乎乎的早餐；依旧在高龄后每天雷打不动地走去研究所工作。他的脚步随着后来年纪增大变得越来越缓慢，而他的心是颗永葆年轻的心，不断接纳着新的知识和词汇，连微信后来也用得很娴熟，以便和我们联系。爸爸，这一点一滴都牢牢根植在女儿脑海之中，我们永远不会忘记！

学生时代

我是家里的幺女，出生在一个困难的时代，青少年时期性格比较别扭，害羞胆小，情绪波动较大，却又特别渴望独立。爸妈支持我去闯去独立，但终归还是放心不下，因为我那时生活自理能力确实比较弱。在我笨拙的成长过程中，爸爸总是在我最需要的时候及时出现在我身边帮助我，让我深深体会到了父爱如山。

这么多年过去，中考那天的情景我仍记忆犹新。那天武汉下暴雨，街道上已积了好多水。那年代只有公交车。爸爸清晨送我去车站，他让我走里侧，这样车辆溅起的水流他替我挡着。我举着伞，爸爸把他的伞也使劲往我这边倾斜帮我保护书包，就这样书包还是湿了。我怕迟到，但在暴雨中又走不快，负面情绪大增，开始说些要考砸了的话，爸爸听了没说什么，继续领我走。有一段路水面已接近膝盖，爸爸拉着我的手一边走，一边开玩笑说："雪梅，老天爷都知道你们今天有重要考试啊。"我不满道："是啊，老天爷都来刁难我们。"爸爸说："老天爷在帮你们洗尘啊，你说难得吧！"就这样爸爸一路上继续说些诙谐轻松的话，我听后逐渐轻松了起来，觉得这暴雨没那么可恶了，中考最后也考得不错。在爸爸影响下我乐观了很多，有了他那种"少抱怨多做事"的心态，真正成了一位乐天派，我想爸爸他是欣慰看到我的转变的。

后来出国留学，爸爸更是在我最需要的时候出现在我身边。那时我的奖学金不多，生活清贫，爸爸当时正在耶鲁图书馆收集南京大屠杀的资料，也过得很拮据。听说爸爸要来看我，正乡愁阵阵的我高兴极了，买了对我当时来讲相当昂贵的鸡胸肉炒了个芙蓉椰花鸡片，爸爸后来常提这件事，让我好惭愧，因为我给爸爸做的事情实在太少。爸爸一来就交给我一个信封，里面有他攒下的一点美元，还居然带给我一个9寸的黑白迷你电视，能放在书桌上看。我后来才知道这都是爸爸用从牙缝里省下的钱买的，因为那时他在耶鲁常常吃的是泡面。那时候我公寓里没什么家具，也没有书桌，父女俩就坐在地上看着小电视，有滋有味欣赏了一场精彩足球赛。看完腰也坐酸了，心里却暖暖的。第二天我起来时没看到爸爸，过了好一会儿他从外面进来，额头脸上全是汗，这才知道他一大早就到外面给我找书桌去了，走了好远好远的路，还是没能找到。我背对着爸爸，眼泪唰地就流了下来。我一直没告诉爸爸的是，那一刻我彻底下了决心，要自己成为真正独立的人，再不要爸妈费心。

人生之乐

那年寒假妈妈来美探亲，我们三人非常难得地在爸爸小小的公寓里团聚了。经过一番仔细讨论，终于定好了“穷人的玩法计划”（妈妈的原话）。我们来到纽约中国城，决定坐大巴去大西洋城看看，居然遇到了不仅大巴免费，每人另送 20 美元赌资的好事，我心里暗暗做起了赢大钱的美梦。进了赌场，爸爸就领着妈妈和我经过整个赌场朝外面走。我实在心痒痒想试试运气，看爸爸脚步不停，忙要爸爸停下来。爸爸本来想带我们去看风景吃饭的，看我执拗，只好让我玩玩。没想到我丢进去一个 25 美分的硬币，乐透机就叮叮当当响起来，丢出好多夸特，一下变成了 5 美元！旁边人过来跟我祝贺，我好高兴，准备大玩一把。没想到爸爸这次非常坚决，硬把我拉出了赌场。走在海边长长的木板街上，我不情不愿，只想回到赌场继续试运气，爸爸指指天空，又指指大海说：“雪梅，你以为在赌场里赢钱是赚了，错了，因为赌场会把你赢的钱都赚回去的。你看看这蓝天、白云、大海，呼吸这么好的空气，这才是人生的快乐，这才是赚了。这是真正的赚，可惜来这儿的人太少人明白这道理。”爸爸严肃地告诉我玩玩可以，但永远不要沉溺赌博，我点头答应了。最后我用赢的 5 美元买了件 T 恤，三人饱饱吃了顿套餐，又好好参观了各个大赌场的建筑风格，逛了一些小店才回城。在回程大巴上听到在赌场泡了一天的人们在疲惫地比较赚了多少亏了多少时，我想我们三人是真赚了。

永久背影

2018 年春节是我过的最难忘的春节，爸妈那时还能行走自如，我们决定到五羊公园去看灯。在热闹的人群里，我们感受着过节的欢乐，我拿着手机给我们拍自拍。爸爸第一次拍自拍，很喜欢几个人头凑在一起的感觉，一直笑容满面。我后来拿手机准备拍其它景色，刚拿起来，爸爸就像老顽童般凑过头来，三人又拍了好几张自拍。

后来从五羊雕像那儿下来，有一段长长的石阶要下。我一时大意被人流耽误了会儿，就落在了爸妈后面。等我赶上时，就看见爸爸握着妈妈的手在一步步下石阶，慢慢地、稳稳地，手握得紧紧的，就如同爸妈走过的60多年时光，风雨同舟，携手共进，那背影深深刻在了我心里，我赶快拍下了那平凡而又特别珍贵的一幕。

记得2019年夏季回国与父母团聚时，我们吃饭时不知怎么谈到朱自清的散文《背影》，爸爸说："其实父母望着孩子也是背影啊，孩子越来越大，背影也就越来越远了。"我听了好伤感，真想丢下所有一切陪在父母跟前，爸爸赶紧宽慰说："你们放心，我们很好，有很多人关心我们，你们不用担心，你们现在一个个都好好的，我们望着你们的背影是很欣慰的，你看我们不也都好好的吗?"看着年迈的父母，我两眼潮湿，即使近些年每年都回去看望仍感到远远不够，我下决心以后一定要回去更勤快些，却从来没想到这次一别竟成了永别，更没想到全球疫情会阻断了我去见爸爸最后一面的道路！我好想好想陪陪爸爸，却再没有了机会。

永远忘不了姐姐从楚园发来的爸爸去世前不久的录像，一个是爸爸鼻子里插着氧气管一口一口认真地吃饭，一个是爸爸坐在轮椅上对着相机用两手给我们画了一个大大的心。爸爸一生对自己要求非常严格，尤其珍惜粮食，每一餐都吃得特别认真；他生活上需求极少，年纪大了后最经常对我们讲的话就是："你们放心。"爸爸，你也放心，我们会以你为榜样把余下的路认真走好的。

爸爸，又到了你的生日，我想对你说，今生今世做你女儿是我一生最大的幸运，女儿永远想念你！

[作者单位：大都会人寿保险公司（MetLife)]

怀念爷爷

董　昕

从小到大，我都将外公称“爷爷”，因为外公觉得“外”字不亲切，坚持让我叫“爷爷”。我10岁前是在爷爷家里长大，对我来说，没有爷爷外公之分。外公就是从小伴我长大的爷爷，是即使我已成年却依然对我时时牵挂时时鼓励的爷爷，是我心中独一无二也是我将永远怀念的爷爷。

从得知爷爷去世的那时起，我才意识到想跟爷爷说的话还没来得及说，就已经再无机会了。尘封多年的童年记忆一下子被打开了，才发现那是我心底最宝贵也是最美好的一块园地。

我出生在爷爷当华中师范学院院长的初期，听奶奶说爷爷当时很忙，但特别疼爱我，下班之后很喜欢抱我、逗我笑。家中客厅有盆爷爷精心栽培的君子兰，有一次，君子兰顶上那朵金灿灿的黄花被我给摘了，爷爷不仅没骂我，还心疼地摸了摸我的小手，检查有没有刺。1989年，我爸爸妈妈分别在西安、大连进修培训，要一年才回，爷爷奶奶更辛苦。爷爷上班已经很累了，下班也不能直接回家，还要绕到大操场旁的幼儿园接我。下雨时他总是把伞打得低低的、斜斜的，完全不顾自己。但是我们祖孙仨过得很温馨，奶奶在家算好了时间，只要我们一到家，她就会端出热腾腾的饭菜，那真是其乐无穷呀！

爷爷精力过人，武汉三伏天里，爷爷经常顶着烈日，去研究所看书、写作；数九寒天，清晨5点多，漆黑的屋里就能看到从爷爷书房隐隐透出的灯光；到了7点多又能在餐桌上看到爷爷从食堂买回来的热腾腾的早点……

我10岁离开武汉，跟随父母去了广州。每次回华师探亲时，总会和爷爷在华师的林荫大道上悠闲地散步，走着儿时牵着爷爷的手一起常走的路，听爷爷风趣幽默地讲过去那些似乎还历历在目的故事。现在多想能再陪爷爷在他最心爱的散发着桂花香的华师校园中散散步呀！可是却再也不能了。

虽然爷爷很忙，但亲人总是他心底最深的牵挂。爷爷对我们无条件的支持和鼓励，伴随着我一生的成长。从我读书、留学，到成家、转行，再到创业，每一步爷爷都给予我信任、理解，给我加油打气。还记得在我开办幼儿园之初，压力很大，又为不知能否得到家里的支持而感到焦虑时，是爷爷，在电话里安慰我，坚定我的信心，最后还像老小孩一样用洪亮的声音为我大声鼓劲："加油！加油！加油！"爷爷就是这样，总是用他无私的爱，去鼓励晚辈勇敢追求自己要走的路，爷爷，谢谢你，这三声"加油"我会铭记一生的！

爷爷在最后的日子里，已语不成句，但仍努力念叨着他的两个小重孙的名字：馨悦、思源，就像在念叨小时候的我一样。虽然疫情无法让爷爷最后再亲眼看一下他们，但我一定会将这位可爱可敬的"老公公"的故事和精神传递下去。最后我想和爷爷说的话，是藏在心底最深处从来没有亲口说过的一句："爷爷，昕昕很爱你！"

永远怀念你的孙女

（作者单位：美国加州 EL Cerrito 小羊双语学校）

章开沅老师与我们永远在一起

张绪武

1950 年 5 月，我从南通学院纺织工程系毕业，赴东北支援北大荒建设，在佳木斯纺织厂工作了 29 年。“文化大革命”结束，应家乡组织之召，我和夫人孟广珍、两个儿子慎跃和慎欣回到南通。党的十一届三中全会确立了“以经济建设为中心”，改革开放的春风吹遍全国。南通百业振奋的同时，多了一项社会事业，即张謇研究。我内心是十分欣喜的。我虽出身于旧中国，但从小就听父母讲家里的事情，对祖父张謇满怀热情。到了新时期，回到家乡南通，我们全家感到十分幸运。

我大学毕业后离乡，在外多年，对祖父的爱国主义思想和实践了解不多，理解不深，听有的同志讲，在“以阶级斗争为纲”的年月，在南通曾三次批判张謇，有的撰写张謇功绩文章的同志被处分。尽管如此，在党的领导下，研究历史，结合现实，为改革开放做实事的有识之士，平静、客观、公正地研究和评价张謇，还是受到社会的肯定。我十分幸运地认识了华中师范大学的章开沅教授，还有南京大学茅家琦教授、严学熙教授，扬州大学祁龙威教授，南通的曹从坡副市长以及南通博物苑穆烜书记等，他们都是研究张謇的大家，治学严谨、德高望重，令我钦佩。为研究张謇，1962 年章开沅老师就亲到南通寻访、调查、考查张謇事迹，感动了南通，对全国史学界也有一定影响。由此，章开沅老师和我结下了不解之缘，从此我成了章老师忠实的学生。后来，章开沅老师撰写了《开拓者的足迹——张謇传稿》，因为立论高，有根有据，客观公正，受到学界和读者的赞赏。大家感觉松了一口气，民间的张謇研究形势大好。

2003 年，时任扬州大学副校长的历史学家周新国教授建议在扬州大学举办纪念张謇 150 周年诞辰高级论坛，我国著名历史学家章开沅、金冲及、龚书铎、李文海等出席了会议，两院院士吴良镛发出了“张謇先生经营南通堪称中国近代第一城”的表述，樊纲作了《中国经济制度化研究——以张謇与中国国家近代化为个案》的演讲，均受到与会者的好评。章开沅老师尤为高兴，他说前一阶段是历史学界研究张謇，现在是各学科各行业研究张謇，给我国改革开放提供了许多借鉴，成效大。

我曾三次专程到华中师范大学拜访章开沅老师。第一次是中国历史学会、全国工商联、中华爱国工程联合会将在北京举办第三届张謇国际学术研讨会，受李德生老将军之托，我代表会议筹备组邀请章开沅老师在开幕式上作主旨演讲，章老师十分高兴地接受了邀请，并建议研讨会增加一个副标题——“中国早期现代化的前驱”，认为这对我国改革开放有一定意义。趁此机会，我请章老师在《开拓者的足迹——张謇传稿》一书的基础上，完成一部张謇正传，这是众人的期盼。章老师开朗地说：“我们想到一块儿去了。国家形势大好，我也想尽早地比较全面完整地写一部张謇先生的传记，为我国近代史研究尽一份力。”他非常愉快地承诺，会尽快选择一个安静的地方，专心闭门 3 个月，完成他的著作。2000 年 8 月，第三届张謇国际学术研讨会开幕时，全面阐述我国近代著名实业家、教育家、爱国主义者张謇的经典传记——《张謇传》面世，公开出版发行，是大喜事。自此，章开沅老师无论多么繁忙，第四届、五届张謇国际学术研讨会，各种专题会议、论坛，他都尽可能参加，作演讲，和学者们一起深化张謇研究。

我第二次去武汉拜访章开沅老师，是因为此前北京人民政协报社向我约稿，希望我撰写关于祖父创业事迹的短文进行连载。我感谢报社同志给我一次再学习和锻炼的机会，一周一文，一年时间写完 50 篇，后又在几位老师的热心帮助下，勉强集成《我的祖父张謇》一书。我请章老师审阅书稿，并请他写序。章老师十分愉快地接受了，一开头就写道：“我不是佛教徒，却很相信缘分，与绪武同志的结识就是一种缘分……是张謇研究的共同责任感，促成我们成为密切合作的伙伴。整整消磨了将近20年的艰难岁月，研究者与研究对象的直系后裔才走到一起，这种缘分又是多么值得珍惜……我有幸与许多历史名人后裔结识……而与我合作关系最为密切且持续最久者首推绪武同志。”

近些年，张謇研究如火如荼，但章开沅老师年事已高，不便参加每一次的张謇研究会议，大家惦念他。2018年，我和慎欣专程去武汉看望他。他一见到我，就将他的《章开沅口述自传》送给我，书的扉页上写着“绪武挚友存念。情同手足、义薄云天。章开沅敬赠，戊戌暮春，时年九二”。老师与我亲切万分，我已感觉老师举步沉重。我捧着书，不禁热泪盈眶，张氏家族如何报答他?!

尊敬的章开沅老师没有离开。我们永远在一起。

2022年3月

（作者单位：全国工商联等）

史学，伴你远航

——悼乡前辈章开沅先生

张建智

一

5 月 28 日，一个南方多雨的季节，天气阴沉，一大早就传来乡前辈章开沅先生不幸逝世的消息。这怎么可能呢？我从照片上看到的是，章先生在楚园养老院与人谈话，神清气爽，容光焕发。而就在上星期，我与华中师大近代史所的刘莉老师通电话，我说，章先生近年只有些耳背，我每与他通话，师母先谈，后章先生接谈。每次他总要问起家乡的情况，电话那头先生总精气十足，笑声朗朗。

为不打扰先生，我有时就与刘莉通话，了解些章先生之近况。章先生写他一生的回忆录，7 年前就交与我在《问红》上连续刊出。可以说，在俞平伯家乡，办研究红学的杂志，章先生是最早的支持者之一。他的回忆录，让读者看到了一个史学大家如何从崎岖曲折之路上向我们走来。在他的字里行间，时时映射出他的心灵体悟，那便是他的人文精神，即他于百年间修炼的“外得造化，中得心源”的生命之树。章先生的回忆文章，每当刊出，我即快递刘莉老师转交他。而他在电话中也总鼓励我办出高质量、树立高品牌。我也常在电话中征求他老的意见。

近年来，我通过刘莉老师，时得知章先生近况。所告状况中，最不幸的是有一次他于家中跌倒在地，师母拉不动，幸有罗福惠老师，急前往将章师扶起。当时似乎感觉无大影响，但随后几日不适加剧，直至不能行动，遂送医院住院治疗。经医治后虽有好转，但身体状况大不如前，终住进楚园的养老之家。章先生住进楚园之后，身体逐渐恢复，人们也渐渐放心。据章门弟子，长江学者朱英回忆："告知已定28日下午去看望章老师，14点50分从学校乘车出发。想到很快就能再见到尊敬的章老师，心中不无期待。万没想到的是，28日上午8点30分左右接到电话，说章老师的心脏停止了跳动，永远离开了我们，听了简直不敢相信。稍后得知，章老师是在安详中逝世的。"真的，对我来说，这突来的噩耗，我一直不信！套用黄永玉的一句话来说就是，"章开沅先生，是一本又厚又老又大的历史书，我们还没翻完，你就离我们走了！"

章先生，真是离了人世、亲人、朋友，离了章门众多弟子。我想，章先生心中还藏着很多未经开发的大历史的富矿，在等着研究者去挖掘和开垦，这些包含了他一生艰辛卓绝，甚或是血与泪的矿源，他竟然带着上了天堂之路。

在得知这一不幸讯息的当天晚上，我重读了他的一些文章，特别是他那本于2000年4月26日赠我并题字"建智先生雅正"的签名本，以及他为我写的字体飘逸的书法。深夜里，我一边翻阅，一边很自然想起元稹写杜甫的两句诗来，"每寻诗卷似情亲"，"不著心源傍古人"。

一个史学大家走了。离世当天，我接到许多见过章先生或从未见过他的人的惋惜的电话，微信不时传来。那时，我也正沉溺于悲悼之中。

我与章开沅先生之交，屈指算来应有近二十年了。得他赠书有几十本，有的书，如《辛亥革命史》就有三大套，因每一次的修订本，他总签上大名送我。还有面对面地向他请教，探讨学术的场景，他的面容、神态、笑语，不知怎的，那点点细节，一时犹如喷泉般涌上我心头。我从章先生那里所获教益、广博的知识，不可胜数。

记得我写《张静江传》时，他非但从十八、十九世纪的社会思潮这个大背景上给予我开放式的指导，更可贵的是，因我所收集资料有局限，他请当时任近代史所办公室主任张建平把华中师大近代史所有关张静江的资料全部复印与我。且在此书出版前，他很及时地为拙著送来了一篇很有意义的序。序中写出了章先生独特的见地："辛亥革命不是极少数人的事业，它是一个数以万计的新兴知识分子群体共同发动和推进的社会运动。"他还说："当年许多仁人志士具有强烈的时代紧迫感与历史责任感，自觉地肩负祖国的安危，以天下为己任。他们离乡背井，远走异国，不顾个人安危，为社会的进步和祖国的独立，作出极大的牺牲与贡献。但是，随着时间的流逝，由于种种原因，并不是所有的仁人志士都受到人们应有的重视，有些当年曾是星光灿烂的风云人物，甚至会被后世逐渐淡忘。张静江就是这样一个应受重视而反被忽略的人物。"

我至今感谢章先生这篇有分量的序。由于章先生为此书增色，拙著有三个出版社再版多次。这仅是一例。之后，我写了什么书，他一如既往为我写序。如广东人民出版社拟出《川上流云》一书，章先生闻之，也为之写了序。章先生是难得的史学大家，有闻名于世的史学专业大著；而且他读书多，阅历丰富，他年轻时的志向是做一个文学家，故他的文笔生动诱人，在拙著《川上流云》的序中，章先生写的最后一段话，就充溢着思想与文气：

> 正是徐迟的《江南小镇》，驱使我回归荻港寻根，而建智则是最先理解我，并且热情接纳我的南浔乡亲。天寒思滞，乡思缠绵，谨书此短文，聊以为序。

"天寒思滞，乡思缠绵"这八字结尾，文字简洁，透射出了另一番乡愁，真有黄庭坚"陈郎浮竹叶，著我北归人"之情。且落款有"年方二八"，充满了生气勃勃之趣。

二

章开沅先生，祖居湖州荻港，那里亦称荻溪，因溪畔芦苇丛生、无边无际而得名。那样的小村镇，得天时与地利，从清代中叶至民国时期走出了许多实业巨头和大学问家，尤以章氏和朱氏彰显，遂有“九朱十三章”之称。章氏先祖，聚居于交通便利的大运河旁，因地少人多，大多出外谋生，虽历经创业艰辛，但也成就了他们的事业。章开沅先生的祖先们，一代代人，就这样走向了全国，走向了世界。我想，这除了要靠京杭大运河交通的便捷，更要靠他们的知识和智慧。

章先生在《历史寻踪》一书中曾说过这么一段话：“及至我出生之日，家道已逐渐中落，我并未看到先辈当年的辉煌。我之所以追忆往事，无非是因为这种家世对我的学术生涯有两点影响。一是由于我祖先干臣公的事迹，诱发我研究张謇的兴味，也有助于我对张謇的理解；二是由于这种绅商门第的背景，有利于我与自己某些研究对象之间的沟通，使我得以结识一批清末民初的知名人士和他们的后裔。”

我想，章先生对南通张謇的执着研究，便是学习张謇致力于故乡建设的一种精神，多做惠及后人的事业。

作为历史学家的他，除了治学严谨、一丝不苟外，还能以研究近代史为背景，广交国内外学界人士，不断开辟史学研究的新领域，并大力推动湖州近代史的研究。这在国内外不能不令人格外钦佩。他还不断地去披荆斩棘开辟一个个人们不敢尝试的新领域，譬如，他很早就推动对清末实业家张謇的国际学术研讨，认为办实业是发展生产力、解决国计民生的重要途径。

他痴迷辛亥革命史的研究，早在1978年就创办了辛亥革命史研究会，并结出宏大的研究成果。又如，当国内学界尚未对教会大学史进行研究时，章先生特别推崇“治学不作媚时语，独寻真知启后人”，就着手对这一具有前瞻性的领域进行了研究。为了能取得真正的第一手资料，他毅然辞去已任了六年多的大学校长的职务，一如“躲进小楼成一统”，奔赴异国他乡的普林斯顿大学蟠音楼，潜心研究。此时他已届花甲之年，却孤身客居小楼顶层，邻居全是欧美白人，他只能与蓝天白云对话，和松鼠白鸽为伴，于寂寞中潜心研究。为了弄清国外收藏的相关文献并取得这些“真经”，他又转入耶鲁大学，潜心于贝德士文献的阅读与研究。说到章先生当年能耐得住寂寞的学术追求，确令国内外学界无不肃然起敬。

章先生早就提出，真正的学术价值，必然是超越国界而为世界所认同，他自己就是这样身体力行的人。他的弟子常说："章师治学，大度兼大气，立意远大，虽有专精，决不畛域自囿。"而章开沅先生也曾说他自己一生只做了三件事：其一是把中国的辛亥革命史研究引向世界，把世界的辛亥革命史研究引入中国；其二是将世界的教会大学史研究引入中国，将中国的教会大学史研究引向世界；其三是培养了一批教育人才。

每当我晚上自己写作时，总抽点时间，了解华中师大的章开沅先生每日活动。我总会仿佛看到：一位和蔼可亲的老人，他每天从自己坐落在桂子山的实斋书屋，步行到办公室，孜孜不倦地工作，亲切接见中外来访者，每天读书、写文，风雨无阻。这些情景真可谓历历在目，感觉章先生似在隔壁的一座书屋中。

2015年，华中师范大学出版社出版了《章开沅文集》，文集按照不同的历史时期以及不同研究领域而划分，主要涵括他的辛亥革命研究、张謇研究、思想文化研究、南京大屠杀研究，以及章先生的随笔、演讲访谈录、序言等，全面汇集了章先生自上个世纪五十年代以来在学术研究、教育管理、社会思考、文明对话等各个方面的成果。当我向他祝贺时，只听到电话那头他洪亮的声音说道："还有许多文章没有收进此集，比如回忆录、书信集、日记等。而且我每天还在写着。"我听到章先生熟悉的声音，还有他特有的笑声，仿佛进入了另一个新的天地。看来，一个著名历史学家，到了耄耋之年，生活在他面前还是那么充实、那么有维度和深度，怪不得他曾说："读书也是养生的一种方法！"

"春风化雨，润物无声。"当我翻读章开沅先生九十华诞纪念集，发现这些作者都是与章先生多年交往的国内外学界朋友，大都是分布在全国各大学担任教职或各重要领导岗位的章门弟子。这些文章无不打动着家乡人的心，在短时间内更亲切地拉近了章先生与湖州的距离。

每隔两三年，章先生总带着华中师大的教授来湖州为家乡的发展出谋策划，他恨不得把他的智慧与历史经验，在他晚年有限的岁月里奉献给家乡，哪怕是植一株小小的文化树苗也好。他对湖州的教育事业和人才建设总提些创新思路，当看到湖州的某方面的发展，他会高兴不已，拍手称好，鼓励不断。

我虽不是章门弟子，但时会被章先生带进“章门之学”那深深的学海，去漫游，去学习，徜徉于近现代史那风雨如晦、纷繁多变的世界。章先生渐进入耄耋之年，他对家乡的关爱也更显迫切。有一次，我陪他到湖州两所高校作讲座与学术讨论，他禁不住直率地掏出肺腑之言：“时间不让人啊，以前有的事，我们浪费了时间，很可惜，而今漫步从头越，我想为家乡做几件能流传下去的事!”其意是趁现在身健，合力抓紧时间，办好几件家乡的事。这无不显示出章先生为家乡办实事急迫的诚心。这种精神，又使我想起，章先生与我共同努力出版了一部国内很少见的《荻溪章氏诗存》一事。这部诗存内容跨度长达三百多年，有两千多首诗，真可称一部“章氏诗经总集”，反映了清初至民国的那些人那些事，在湖州市委市政府的支持下，得以按原线装一函四册问世。章先生荣休时，华中师大领导得到此书，纷纷表示深感无上荣光。而当无锡文化局领导欲得此书时，章先生有些舍不得地说：“此书很宝贵，只能以后赠你们了!”因为正是人文精神代代相传，章氏家族才名人辈出，有进士翰林，有外交家，有法学家，有实业家，还走出了一位瑞典王子罗伯特·章。从这部前人留下的瑰宝，我们才对章氏家族有所知晓。真是“得知千载外，正赖古人书。圣贤留余迹，事事在中都”。

三

2016年，湖州市委台湾工作办公室创建了湖州民国史研究院，当《湖州民国史研究》创刊号印出后，作为研究院的一名创办者和总编审，我即电话联系章先生，把情况汇报给他：“我们走出去请教的第一选择，就到你老人家办起的近代史研究所。”我在电话中报上学术交流的题目——《从辛亥革命到湖州民国史研究》，他听到后很兴奋，并即刻表态："行啊，这题目正把历史和我们两地联系起来了，欢迎你们早日来武汉！"这一刻，他似乎感到这十多年间没有浪费他的宝贵时间，在家乡看到了湖州史学研究硕果累累！

在章先生的大力支持下，华中师大近代史所很理解湖州研究院初创期间万事开头难的情况，专为我们安排了人员接送、住宿，并布置会场，拉起了横幅，安排了校领导，近代史所所长，近代史所的专家、教授，及博士后，还有特从福建赶来参会的章门得意弟子参会。大家纷纷发言，气氛热烈。章先生在会上宣读了一篇很有分量的讲稿，他说湖州人有此魄力，办出全国第一个地级市的研究院，定会大有作为，他会尽他的最大努力，助我们办出成果来！这是第一个鼓励。为办好湖州民国史研究，章先生把北京、南京等地许多专家学者请来湖州，他们纷纷伸出援助之手；而章先生以九十岁的高龄，亲力亲为，往来于两地，他几乎用了他平生积累的中国史学界所有关系，对湖州民国史研究起到了不可估量的作用。当撰此文时，我大致翻阅了各期《湖州民国史研究》，于第二期上，还有我用笔名"子然"写的《编者的话》，其中写道："编好一部民国史，要言之，是寻找文献，记录资料，提高学养，认真向师长与历史学习，殆不出此数端。"随着时间一年年过去，在湖州市台办领导与杂志编辑们的辛苦努力下，湖州民国史研究工作花了近六年时间，终结出今天的累累果实，出版了《湖州简史（1911—1949）》（人民出版社）和《湖州近代人物珍贵手札》（国家图书馆出版社）。加上《湖州民国史研究》已出刊22期，拥有了广大读者，使湖州在近代民国政治、经济、文化等方面的研究，走红大江南北，并走向了世界。若章先生地下有知，定会含笑九泉的。

曾记得章先生说过："工作对于我来说，奉献更重于谋生，其终极目的，则在于追求更高层次的真、善、美。唯有如此真诚，才能不趋附、不媚俗、不作违心之言。"这是章先生对自己同时也是对别人的要求。他用自己的人格精神，在各方面实践了他平生的诺言。最好的证明是：当他走过九十个人生春秋，在全国，惟有他第一个放弃了终身教授之职。一个真正有作为的历史学家，应是这样大写的人，章先生便是这样的人！

而今，当我写完此文时，章先生已在天堂了。万事俱往，历史是画上句号的过去，但是，史学永在远航。章先生留下的著作，还有那许多未完的作品稿件，对后人，都是宝贵的财富。章先生的未竟之业，定会实现。

2021 年 5 月 28 日深夜，于且听雨斋

附注：此文曾刊于 6 月 10 日《光明日报》。因报纸篇幅有限，现把报纸删节处补上。于 2021 年 8 月 5 日修订。

（作者单位：浙江省湖州市政府外事办公室）

湖州民国史研究的指路明灯
——在章开沅先生追思会上的发言

陆佩佩

尊敬的黄怀玉老师，各位领导，各位老师，章氏家人：

今天，我是怀着无限的眷念和崇敬的心情参加这次会议的。章先生的仙逝，让我感到十分悲痛，也给我带来了无尽的哀思。

我是在2016年认识章先生的，当时我们成立了湖州市民国史研究院，到桂子山拜访章先生，聘请先生为名誉院长、学术顾问，这情形仿佛就在昨天。章先生祖籍浙江湖州荻港，他一直都说自己是湖州人。先生情系桑梓，时刻关注家乡的文化教育事业，多次说起“我非常感念祖辈的乡愁，总想为家乡多做一些事”。听到我们开展湖州民国史研究，非常高兴，大力支持，悉心指导，积极推动。

2017年4月，章先生来到家乡湖州，充分肯定了我们的工作，并提出了殷切希望，欣然题词：“民国风云、湖州篇章。加强民国史研究，促进两岸友好文化交流。”同年12月，章先生带领华中师范大学近代史所、台湾“中央研究院”近代史所等科研院所和高校的20多位专家学者，亲临湖州召开湖州民国人物与思想文化学术研讨会，推进了我们的工作，扩大了我们的社会影响。

2018年，我们组织编写的《湖州简史（1911—1949）》呈送先生指导。先生亲自题写序言，并高度评价此书为“湖州视野下的民国史，民国春秋中的湖州篇”；同时，提出诸多宝贵意见，还帮助我们诚邀著名历史学家杨天石教授审稿。2020年6月，该书出版后，先生非常高兴，表示热烈祝贺。

同年出版的《湖州近代人物珍贵手札》也得到了章先生的指导。手札出版后，先生发信鼓励："珍藏书札收到。琳琅满目，美不胜收，又是一大手笔。热烈祝贺!"章先生给了我们许多帮助和鼓励，让我们受益匪浅，在此一言难尽，我们十分感激、感恩。

章先生虽已驾鹤西去，但先生的精神永存！我们会继承好、发扬好先生的精神，化悲痛为力量，按照先生的嘱托和期望，继续努力做好湖州民国史研究，讲好湖台两地交流故事，积极推动"章开沅先生精神"在家乡湖州不断开花结果，长盛不衰！借此机会，感谢马所长、彭校长和各位老师一直以来对我们工作的关心和支持，也诚请你们继续给予关照和指导。湖州是章先生的故乡，也永远是各位老师的家乡！

我就说这些，谢谢大家！

（作者单位：浙江省湖州市台湾事务办公室）

章开沅先生故乡情

——在章开沅先生追思会上的发言

徐敏利

尊敬的黄师母，各位章老先生的亲朋好友们：

大家好！

我受荻港村二委会和家乡的父老乡亲们的委托对章开沅先生的仙逝表示最沉痛的哀悼！荻港痛失了一位关心荻港、爱护荻港、心心念念帮助荻港发展的老人。我们家乡人民会永远深深铭记您对村里的好！

章先生祖籍荻港章氏清芬堂，自己历尽艰辛，读书成材，成为著名历史学家、教育家，创立了章开沅文化交流基金会等，是我们湖州荻港的骄傲，我们敬仰您！

2002 年 4 月，章老先生携家人第一次回到荻港家乡，村民们放起鞭炮，敲响锣鼓，夹道欢迎！章先生喜笑颜开，拱手致谢。在当时菱湖区委书记、区长的陪同下，他来到村委会办公楼，看家乡章氏家谱、清芬堂，找到了自己的根。同时看了对章氏家族弃官从商的章维潘、地质学创始人章鸿钊、瑞典王子罗伯特·章等的介绍。沿途看了清芬堂遗址、南苕胜境、章氏家的积川书塾……章家的先辈们崇文尚礼，给家乡留下了耕读传教的文脉，至今荻港人对文化很重视，得益于章家的厚泽。

那天，章先生现场为家乡留下肺腑之言，挥毫添彩："饮水思源，落叶归根"八个大字，浓浓的乡情溢于言表。

章先生先后多次来到家乡，组织华中师大近代史研究所领导、学者，带领全家三代来到故乡，为乡村振兴出谋献策，先后留下"同心协力，振兴荻港”“年年岁岁花相似，岁岁年年人不同”的励志言语并为家乡多次捐款捐物，为名人馆捐送历史资料。

他心系家乡，在百忙中为泉生中小学、荻港积川学校、荻港名人馆等留下墨宝，勉励乡亲们重学重教。章老先生在每个不同层次、不同场合的演讲中，必然对家乡的文化和发展极力推荐。章先生特别提到了以桑基鱼塘文化为主题的荻港渔庄，并几次鼓励我走进高校传播我们家乡的鱼桑文化。他说，你已从“小鱼儿”变成“大鱼儿”了，要多找机会出去学习交流宣传荻港，家乡发展靠你们了，任何时候有困难我都会尽力帮助的。

章老先生在湖州有很多头衔，如“湖州人”大会名誉会长，并获得飞英奖，那是湖州市对乡贤的最高嘉奖！

有幸与章先生相处，有些细节是无法忘怀的。2012 年 8 月的那天下午，按约定时间我们正要陪同章先生去泉生小学捐送教育书籍，突然间下起了暴雨。我们劝章先生暴雨过后再去送书，但他执意要遵守约定的时间送去，不顾身上都淋湿了，只顾专心致志地教导学生认真学习，好好读书，我们看了真的很感动。细微之处是他老人家煞费苦心为我们树立的遵时守约的榜样。

2019 年 12 月 5 日，他看了中央电视台播放的反映荻港发展的《渔家女的渔乡情》后马上给我发微信，言语间满是对我创业的鼓励。

2020 年 7 月 27 日，我与章先生微信闲聊时，他说：“为家乡服务是我的幸福与今生的意义。”

章先生还是一个特别乐观的人。他说：“别人曾叫我‘章开心’呀！我从来是个乐观主义者，我老妈生前的口头禅是‘天无绝人之路’。我相信这句老话，因为路向来就是人走出来的。”其实，这是章老先生用心良苦，怕我在创业路上栽跟斗时想不开，这是培育我的承受力，润物于无声。这何曾不是一种深深的乡愁，每每想起他的厚爱我都热泪盈眶。

章老先生每次回到家乡都说“我又回家了”，每次下榻在荻港渔庄，对家乡美食陈家菜都赞不绝口，还风趣地说一句“随饮太湖水，又食荻港鱼”了。每一次离开他都恋恋不舍。

从寻根荻港至今已二十多年了，章先生对荻港的点点滴滴了然于心。章老先生虽已驾鹤西去，但精神永存。

也望黄夫人和全家节哀保重，期盼我们华中师大的领导、学者、学生就像章先生在的时候一样常来荻港看看，一如既往关心我们的家乡，让家乡情缘代代相传！

最后我代表家乡的父老乡亲们向章先生的家人请求：完成章先生落叶归根的遗愿，完成他的思乡梦！

荻港父老乡亲叩拜！

（作者单位：湖州荻港徐缘生态旅游开发有限公司）

推动校企合作　心系文化育人

——章开沅先生的故乡情、教育情、学术情

房列曙

2021 年 5 月 28 日，惊悉我最尊敬的学术前辈章开沅先生在武汉逝世，不胜哀痛。先生 1926 年出生于安徽芜湖，是享誉海内外的著名历史学家、教育家，曾任华中师范大学校长，在辛亥革命史、南京大屠杀历史等研究领域都有开创性的学术贡献，其深厚学养和人格魅力得到了学术界的高度评价，曾获颁第七届吴玉章人文社会科学终身成就奖。

先生从小在芜湖青弋江畔长大，是芜湖近代最早的民族工业——益新面粉厂开创者章维藩的重孙，与安徽近代工业发展有着深厚的家族渊源。虽然他从念中学时就因全民抗战爆发离开了芜湖，但童年的乡情一直珍藏在他心中。他曾说过："芜湖老家，留给我印象毕竟难以磨灭，因为从曾祖父开始，那里住过我家四代人，而我的童年也是在那里生活得最久。"作为"在这块热土出生并走出去的浪迹游子"，先生一直心系故土，生前曾几次带家人和学生来芜湖寻根。我也因此有幸和章先生结缘，先后三次参与先生的芜湖寻根之旅，有两次还陪他到马鞍山考察章维藩创办的宝兴铁矿公司凹山铁矿旧址，后为鉴别安徽省社科院研究员钱念孙所藏章维藩函札手稿等事宜，我又专程去武汉面见章先生。在这几次和先生朝夕相处的过程中，我深深感受到他的大家风范和对推动校企合作心系文化育人的故乡情、教育情、学术情。

一

首次陪同章开沅先生寻根芜湖，是经章先生学生，华中师大彭南生教授牵线搭桥的。2008年，安徽师范大学（以下简称安师大）中国近现代史专业硕士论文答辩，邀请了彭南生教授任答辩委员会主席。我是该硕士授权点的负责人，在答辩后进行学术交流时，彭南生教授表达了章开沅先生想回芜湖寻根的愿望。当时章先生已82岁高龄，在得知他的身体状况很好后，我萌发了邀请章先生来校进行学术交流的想法。对此，安师大社会学院院长周晓光十分支持，并委托彭南生教授回校后玉成此事，我校还发了邀请函。于是有了2009年6月章先生的这次芜湖寻根之旅。

6月初，确认章开沅先生来芜湖寻根的信息后，我们十分高兴，拟定了陪同先生考察益新面粉公司、走访他幼时就读的襄垣小学和萃文中学旧址等日程安排。

章先生曾祖章维藩创建于1890年的益新面粉厂，位于芜湖市镜湖区砻坊路77号，遗址主要是一栋四层生产大楼、六栋厂房及仓库。这是国内最早的面粉厂之一，也是芜湖最早开设的工厂，安徽最早使用机器生产的面粉公司；是芜湖“两个半烟囱”（两个指明远电厂、裕中纱厂）中仅存的半个；其生产大楼有“中华面粉工业第一楼”之称，是国内仅存的具有120多年历史的机制粮食加工厂房。益新面粉厂开业初期生产的飞鹰牌面粉“销产甚旺”，曾被誉为全国头牌面粉。1909年面粉厂被焚，随后恢复，1916年增资达35万元。中华人民共和国成立后，面粉厂先后演变成芜湖面粉厂、希望饲料公司，后闲置多年，但厂房和仓库却一直屹立在大砻坊，成为芜湖近代工业发展的重要遗产，更是安徽近代工业辉煌时期最好的见证。2019年，此处入选“中国工业遗产保护名录”（第二批）名单。

2009年6月8日下午，章开沅先生和夫人黄怀玉女士到芜湖后，第一站就去了他童年时生活最久的益新面粉厂，当时我和安师大沈世培教授以及市、区领导同志一起陪同。我们首先去的是历经百年风雨的益新面粉厂主楼，由于电线老化，室内电灯都无法点亮，好在随行的传达室师傅带了手电筒，我们才看清号称“中华面粉工业第一楼”的生产大楼第一层，室内摆放着自行车、摩托车等各种杂物。这一场面，难免让人感到心痛。但当时陪同的镜湖区相关领导带来了好消息：自 2008 年起，镜湖区政府开始酝酿益新面粉厂的复活计划，挖掘这些百年建筑的历史人文资源，建设特色文化产业园区。章开沅先生听后高兴地说：“这一计划实现后，就是老厂的新生。届时我一定要回来看看这个新建的特色文化产业园区。”章先生回顾了益新面粉厂的发展历史，据他介绍，19 世纪末，中国兴起一股兴办实业浪潮，他辞官后的曾祖父章维藩也想一显身手。章维藩看中了当时已是全国最大米市的芜湖，想办家机器面粉厂。为便于原料和成品的集散，章维藩将厂址选在青弋江畔。为提升竞争力，章维藩选购了当时世界一流的磨面机生产厂家，英国亨利西蒙公司生产的最新型号磨面机。在筹办过程中，章维藩遭遇了重重困难，但都一一克服。到 1896 年，益新面粉厂正式开业。由于设备先进，生产的面粉质量高，益新公司的飞鹰牌面粉很快成为长江两岸甚至华北各埠最受欢迎的品牌，章维藩也因此获利甚丰。

接着，我们陪同章先生夫妇从袁泽桥边登上了青弋江北岸的防水墙，从东往西行走。袁泽桥是横跨青弋江的交通要道。青弋江以南，芜湖人称之为“河南”。章先生感叹道：“那时候‘河南’都是农田，一到春天那里都是油菜花，一片金黄。”往西行，位于右侧的益新面粉厂主楼墙壁上刻的“益新公司”四个大字映入眼帘。

再往西就到了章先生的老家。章先生睹物思人，忆起了儿时和家人在这里生活的细节：“我的老家实际上与面粉厂联成一体，不过工厂在最东头，住宅在最西头，中间隔着占地面积极大的百余号木质仓库与晒麦广场，所以家人感受不到粉尘污染，更听不见机器轰鸣。工厂连同住宅的外面有高大青砖围墙环绕，东西南三面的外层建筑都是粮仓与公司办公楼，仿佛是城堡的外层，把我家与外面的世界隔开。住宅也分东西两个单元，仿佛是连成一体的两座大四合院，祖父与姨太太及其子女住在东院，祖母与父母及我们兄弟姐妹住在西院。西院与公司大门及办公楼是原先的老式建筑，住宅全部是仓库改建的，地垄甚高，木质结构，高大然而阴暗。祖父虽然不在西院住，但楼上正厅供有历代祖先牌位与画像，显示出嫡系正房的身份。东院的地位虽然是侧室（不是住宅建筑群的主体），但却是一次火灾后重新修建的新式楼房，不仅采光甚好，而且装修更为讲究，宅前有宽大的草坪，两边有各色盆景与鱼池点缀，顶南头还有一座高大的花坛，四季都有鲜花盛开。祖父坐在办公桌边，透过大玻璃窗，满眼都是花草争艳，夏天青弋江涨水还可以看见缓缓经过公司大门前的帆船桅杆。”听章先生讲述他的儿时往事，真是敬佩他惊人的记忆力。

第二天上午，章开沅先生以“治学不为媚时语，独寻真知启后人”为题，在安师大花津校区会议中心做了精彩的学术报告。章先生的演讲，给我留下了深刻的印象。首先，章先生虽已是 82 岁高龄，但他记忆力惊人，完全是脱稿演讲。其次，章先生语言生动活泼，极富有感染力。再次，章先生畅谈了在芜湖的童年生活以及小学、中学对他精神世界的影响，这种影响决定了他一生的方向。因为先生就读的小学、中学旧址正是下午我要陪同前去考察的地方，所以听得格外真切，感受到先生的演讲饱含深情。最后，先生一生追求真善美，以务实求真的精神为指导，强调追求真知、不媚时俗、启迪后人，做一个真正的“人”。章先生幽默又饱含哲理的演讲，激起了全场师生一次次热烈掌声。

章先生是位平易近人的大学问家，没有一点架子。本来演讲结束后，按照规定，学院要付给章先生讲课酬金。但章先生坚持不收，双方相持不下，最后章先生提议，将讲课酬金转给贫困的学生。学院按照先生的意愿，将酬金资助了贫困学生。

6 月 9 日下午，我和沈世培教授陪同章开沅夫妇重访章先生儿时就读的襄垣小学旧址。襄垣小学在芜湖市东门的文庙内。文庙的大成殿始建于北宋元符年间，是芜湖学宫最古老的主体建筑。大成殿两侧立有数块名碑，其中北宋大书法家米芾的芜湖县学记碑、明代的谦卦碑均被列为全省重点保护文物。章先生夫妇来到此地后，仔细地阅读了碑文，还饶有兴致地回忆了章先生当年上学的情况。他说：“我 1934 年回到芜湖，随哥哥、姐姐进入襄垣小学。襄垣小学是利用孔庙办起来的。明伦堂已不供孔子，成为学校大礼堂，墙上有大幅孙中山画像。记得抗战胜利后我曾旧地重游，看见1937年我们毕业时为母校捐建的纪念亭依然保存完好，碑石上还刻有我们全年级同学的姓名。这所小学当时小有名气，特别是文艺活动出色。可能由于校长张学诗是艺专毕业，教导主任程先生则是学音乐出身，这对陶冶儿童的性灵很有好处，我们学校的总理遗像是张校长亲自画的。程主任很有创造性，曾把京剧《失空斩》《借东风》《蒋干盗书》等折子戏改编成一个个音乐剧，演员、伴奏完全由学生担任，演周瑜、蒋干的两位主角都是我们同班同学，公演后在当地引起很大轰动。不但在校内演，还对外公演，在芜湖轰动一时。我没有机会参加这一演出，个子小，胆子也小。后来也偶尔登过舞台，要么演一个小护士，要么演《河伯娶妇》中的巫婆。之所以会让我演巫婆，还是看中了我的个子小。《河伯娶妇》的最后，巫婆被丢进河里，同学们把我一抬，轻轻松松就扔出去了。因为有各种文艺活动，在襄垣小学上学感觉很愉快，不用整天担心手心被打肿。”

章先生还说：“每天上学、下学的路上也很愉快。从大砻坊往城里走，还要经过一座高架铁路桥。我们最大的赏心乐事便是观看长长的火车轰隆驶过，因为那些年城乡之间未通汽车，连黄包车和自行车都极少，与我们相伴而行的，除肩挑手提的菜贩以外，只有那运货或载人的吱吱呀呀的手推独轮车。对于我们这些乡间儿童来说，火车便是难得一见的新鲜事物，正如四川乡下人一样，直到抗战期间还把火车运行称为‘洋房子搬家’。走过这威风凛凛的铁桥，不久便到达我们长途跋涉的终点——襄垣小学。”

章先生说的高架铁路桥，是南北走向的铁路仓津桥，桥下是东西走向的人行通道，也是先生上学的必经之路。仓津桥离襄垣小学旧址很近，我们陪同先生到了仓津桥，先生兴致勃勃地迈步“从头越”、再次“从头越”，在仓津桥下走了几个来回。我还用镜头记录了这一美好的瞬间。

章先生还说：“大概一年之后，张校长因为人事纠纷去职。我父亲很敬重他，请到家中教我们兄弟姐妹，还有小姑、小叔等一大帮孩子，仿佛是一个新式的家塾。课堂利用我家工厂接待外国工程师的‘洋房子’（一座欧式小楼)，大家围着长形的大餐桌听他讲课。张校长文化素养很好，语文、数学、史地都能教。他最看重的是开诚，据说有意把女儿许配给他。有次作文，开诚突有神来之笔，说‘时间比欧文斯跑得还快’。欧文斯是20世纪30年代美国短跑名将，声誉遍及全球。张校长对开诚的作文非常欣赏，说他摆脱了‘光阴似箭，日月如梭’之类套语。此后作文每逢有时间描写，我都沿用‘比欧文斯跑得还快’的比喻。张校长对此不以为然，正色告诫说：‘外国有句话，第一个把女人比作月亮的是天才，第二个则是白痴。’我那时还不满十岁，跟着哥哥姐姐勉强读五年级课程，对这个批评感受颇深，开始知道模仿和抄袭都没出息，应该努力自己创造发明。”

“应该努力自己创造发明”，这句话决定了先生一生的方向。先生毕生学术研究的成果，都是开创性的。正如先生上午演讲时说的：这是小学教育对他一生的影响。可见小学教育的重要。

6月9日15时，我们又陪同章先生夫妇来到萃文中学旧址。章先生夫妇入住铁山宾馆，离萃文中学旧址仅一墙之隔。我们由安师大凤凰山宿舍的大门进入，不过二三百米就到了。萃文中学创建于清光绪二十九年(1903年)，最初是加拿大传教士毕竟成在青山街创办的教会学校育英学堂，1912年迁至凤凰山，1925年改名为萃文中学。我们去时，山坡还在，老树还在，仅存的教学楼和教务处楼均为西式建筑风格，黑色钢瓦屋顶，红色清水砖墙。萃文中学是芜湖富有开创性的教育中心之一，在省内外具有一定知名度，后易名并经历芜湖第四中学、安徽师范学院附中、安徽师范大学附中等办学时期。章先生是1937年小学毕业后进入萃文中学的。从这个意义上说，他还是安师大附中的校友呢！

6月10日上午，我和沈世培教授陪同章开沅先生和夫人上了九华山。先生迈着矫健的步伐，不说健步如飞，却中途没有休息，一直走到山顶上。

6月10日下午，我和沈世培教授陪同章开沅先生和夫人访问池州学院。章先生在副院长李铁范教授（现为黄山学院院长）的陪同下，兴致勃勃地参观了新校区。院党委书记王欣会见了章开沅教授一行。章先生盛赞池州学院新校区建设是大手笔，规划和建筑很有特色。章先生对池州学院的下一步发展寄予很高的期望，他希望池州学院历史学科抓住机遇，敢于超越。院办、教务处和历史与社会学系负责人参与了会见座谈。接着我们又到池州的平天湖转了转，章先生还在一桥头和一老农合影。之后，章先生和夫人继续在池州大九华酒店住了一晚。

先生在芜湖还见到了两位益新公司老职工的后代。我还帮助先生联系到了两位住在师大的前辈，一位是抗战爆发后和先生一样成为“难民”，在四川江津国立九中同学的周承超（考入大学后改名周承昭）；另一位是在华中师大同事多年，后调回我校教育系任教的戴本博，他们一起“温馨地回忆过去”，“真有说不完的话”。

这次访问，章先生还送我在台湾档案馆复印的70多页关于益新面粉厂的档案资料，十分珍贵。先生赠送这些珍贵资料，其目的是希望我们开展对近代中国工业史的研究。

二

7年后，也就是2016年10月，章开沅先生再次来芜湖寻根。令人高兴的是，这次章先生全家人都来了芜湖。22日，章开沅先生和夫人从武汉到达芜湖，入住铁山宾馆。此后，他们的小女儿章雪梅专程从美国宾州出发，大女儿章明明从广州出发，全家来到芜湖铁山宾馆会齐，共作寻根之旅。

章先生十分健谈。第一次和先生见面时，就一见如故。此次相会，更倍感亲切，家常话也无所不谈。先生还当着夫人的面，讲述和她恋爱结婚的故事。先生说，他是1956年和黄怀玉女士相爱的。夫人比他小五岁，是华师52级学生，其时已经留校任教，分在世界史组。由于先生给他们那个年级讲过中国近代史课，也参加过他们的班会，因此和她早就认识。但对她由好感上升为爱慕，是在她留校工作之后。而双方都坠入爱河是在1956年，登记结婚是1957年7月24日。章先生说：“我们没有举行婚礼，新房是怀玉一手布置的。当然，那时候布置新房也比较简单。布置前后，有两样东西变化最大。一样是棉被，一样是脸盆。”婚礼虽然简单，但是，经历了数十年风雨的考验。先生说："能娶怀玉为妻，是我今生最大幸福。"

章先生告诉我：大女儿出生的时候，他不在身边，小女儿来到这个世界的时候，他被关在"牛棚"。孩子们从小就受到他的牵累，经常被寄养在别人家里。章先生感到对她们的关心是不够的。不过，不等于没有牵挂。"文化大革命"期间，发生了很多悲剧，但是，不管受到怎样的迫害，先生从来没有想到过要出走或者自杀。这类悲剧没有在他身上发生，重要的原因，就是因为先生有对家的牵挂，要对妻子负责，对女儿负责，不能抛下他们不管。但先生又说：也不要认为自己的话都是金科玉律，非要孩子听从。对孩子的教育，应该建立在尊重的基础上，以一种平等的态度；对孩子遇到的问题，提出自己的意见，供孩子参考。现在的社会是多元的，家庭也必须是多元的，没有哪一种意见绝对正确，更不存在唯一的选择。先生和夫人都谈道：两个女儿上大学的时候，专业都是自己选择的。大女儿从小跟着她舅舅挖草药，学针灸，对医学感兴趣，学了医。小女儿本来可以上武汉大学生化系的，但经过权衡，最后选择了浙江大学的光学仪器专业。章雪梅也说："我若选择到武大读书，没事也有事了，因为您和武大刘校长关系太密切了。"为了显示她上大学和父母亲没有关系，全靠自己的实力，她选择了浙大光仪系。工作多年以后，她们又都放弃了大学所学的专业，大女儿改做心理咨询师，小女儿改做精算师。对于她们的选择，章先生和夫人都不予干预，表示支持。她们的婚姻，也都是自己作主。现在，她们都有自己不错的职业，家庭和睦，不劳两老操心。当章先生滔滔不绝地跟我们讲述时，学医学专业的章明明就会提醒老爸："不要太兴奋了，该休息一下了。"

我追忆上述琐事，主要说明先生不仅是位学术大家，而且是个感情专一的人，是个敢于担当又热爱妻子的丈夫，是个知识渊博、令人尊敬的合格的父亲，是家庭教育的模范。

章先生全家回芜湖寻根，芜湖市和我校都十分重视。我校成立了学校党委副书记李琳琦教授亲自负责的接待组，我是成员之一。市委宣传部也决定派媒体跟踪采访。

10月24日晨，在学校办公室操伊芬同志的安排下，我们陪同先生在耿福兴吃早茶。章先生对此记忆犹新，他后来在《寻根芜湖》一文中写道：

> 芜湖城里人历来讲究吃早茶，习惯一如武汉的“过早”。武汉户部巷的“过早”虽然人头攒动，但毕竟过于“大众化”，且行且吃，无非充饥，犹如美国人吃热狗。芜湖早茶讲究点心精致与环境幽美。我们忙里偷闲，曾经在参观途中专门到老字号耿福兴重温早茶。一进门就是流水潺潺，小桥玲珑，俨然江南水乡缩影。进入楼上明亮包间，迎面粉墙上只有一幅大型水彩画——“镜湖细柳”，画风宛如倪瓒，别无其他繁琐装饰，朴素如美丽村姑，无须略施脂粉，而又蕴含内在的风雅。而点心的精美，如我熟悉的汤包、干丝、萝卜丝饼乃至油炸臭豆腐等等，其造型与口味，较之南京夫子庙、上海城隍庙、长沙火宫殿等美食，有过之而无不及。

读完先生的记载，其文字之优美、感情之真切、乡情之浓厚，令人敬佩。

吃完早茶，我们又陪同章先生、黄怀玉女士和章雪梅参观了我校博物馆。我校考古学专家、博士生导师裘士京教授担任讲解。博物馆展品十分丰富，仅明清红木家具就有一百多套。章先生一面听讲解，一面介绍他记忆中旧时大户人家家具摆放的规矩。他对我馆古典家具、唐三彩器、明清官窑瓷器等展品质量之精、数量之多、展览布局之紧凑、温度湿度之合理、收藏保管之规范给予高度评价。章先生后来将自己珍藏的传家宝无偿地捐献给我校博物馆，这和先生对我馆的信任不无关系。九十高龄的章先生在近两个小时的参观中一直精神矍铄，步履矫健，兴致盎然，他一再强调一所高校有自己的博物馆非常重要，它体现了安徽师大历史悠久、底蕴深厚，鼓励我们坚持下去，办出特色。参观结束后，先生挥毫为我校博物馆题词：“琳琅满目　国之瑰宝。”在落款处，特意写了“乡人章开沅丙申秋于芜湖　年方九十”。这里的“乡人”，体现了章先生的故乡情怀，“丙申秋”即2016年秋，“年方九十”体现了章先生戏称自己是“90后”的乐观心态。

为回报先生的题词，学校党委副书记、博士生导师李琳琦教授及裘士京教授代表博物馆赠送了仿制的清乾隆粉彩瓶，以为纪念。

从我校博物馆到大砻坊，我们陪同先生全家顺路寻访了襄垣小学旧址——文庙。当时文庙正在修复，一砖一瓦、一柱一石，修复的材料都分类编号妥善保存，足见“以旧修旧”“修旧如旧”的决心与细致。章先生率全家在文庙前摄影留念。

这是他们章家将近10个孩子就读的襄垣小学旧址。局部抗日战争爆发后，襄垣小学有位北师大毕业的冉先生，教他们语文课。他出的作文题目都结合现实，引导学生心系国家，如《致华北前线抗日将士书》之类，爱国救亡的热浪滚滚于课堂内外。1937年7月，他家有4个人同时毕业。章先生说，记得毕业典礼就是在明伦堂举行，教务主任程老师亲自指挥他们高唱当时流行的电影《桃李劫》主题歌：“同学们！大家起来！担负起天下的兴亡……我们今天是桃李芬芳，明天是社会的栋梁，我们今天是弦歌在一堂，明天要掀起民族自救的巨浪！巨浪！巨浪！不断地增长，同学们！同学们！快拿出力量，担负起天下的兴亡。”“大家热血沸腾，心潮澎湃，仿佛我们稚嫩的肩膀果真已担负起国家安危的重担。”

“心系国家”“担负起国家安危的重担”，这又是小学教育决定了章先生“一生的方向”。

10月24日16时许，我们又陪同章先生全家来到萃文中学旧址，这是章先生小学毕业后进入中学读书的地方。由于学校离家远，父亲给他雇了个包月的黄包车，接送他上学。先生对萃文中学回忆不多，印象最深的是萃文中学的英文、国文教学水平高，著名的文学家阿英也是这所学校毕业的。章先生率领他的全家，围绕萃文中学仅存的教学楼和教务处楼转了一圈，看了又看，久久不愿意离去。

随后，我们来到了益新面粉厂。这时，益新面粉厂已获得了新生。特色文化产业园区项目自2013年年底正式启动，2015年被列为芜湖市十大重点工程，并入选安徽省“861”重点计划项目。2016年初，大砻坊科技文化园正式开街运行。为保持原益新面粉公司的原貌，园区建设采用修旧如旧的改造方式，对占地面积26亩地块的益新面粉公司进行古建筑修缮和装饰。由于古建筑经历了百年风雨，主建筑楼已是危楼，原木质地板烂了，楼梯坏了，有些梁柱已腐烂，墙体也有破损，于是选择了最好的修缮古建筑的专业队伍前来施工。整个园区的建筑都是以老益新面粉公司大楼为载体，以修旧如旧的方式打造木质结构老厂房街区。整个建筑的外墙以及地面，都是用古城改造拆下来的旧砖铺设的，保持着独特风韵。

此时，昔日的益新面粉公司已旧貌换新颜。园区中心为老益新面粉厂大楼，已全部修缮完毕，并利用原有仓库改建六座楼房，此外还另建一座红色新楼；厂房外墙残破处全用旧存青砖修补，连厂房内的地板、楼梯，也是用原有材料，以保持旧时风貌，园林与道路井然有序；就连路灯也是欧洲中世纪路灯的款式。现已有若干文化、科技企业入驻，青年创意园更显出朝气蓬勃。电子屏幕上闪现“热烈欢迎章开沅先生重回故里，文化寻根”。负责这次接待的大砻坊科技文化园的总经理彭丽俊亲自陪同章开沅先生一行走进面粉厂大楼。章先生说：“这就是我朝思暮想的当年嬉戏之地啊!”他抚摸着一楼粗大的廊柱，一遍又一遍，那感觉仿佛又回到童年。然后循着曲折的木质楼梯逐级登上二楼、三楼、四楼，心潮汹涌，热泪盈眶，多少往事再现眼前。章先生全家站在四楼的大阳台，看到滋润着他的金色童年的青弋江，还有那袁泽桥，以及他曾经多么喜爱的对岸，浮想联翩，久久不忍离去。彭总再三说她最喜欢那屋顶的拱木结构，章先生说：“这是我平生第一次得以从容鉴赏此处吾家旧物，因为那时那里机器运转，严禁儿童登上顶层。”

厂房整体风貌依旧，那色彩，那质感，那风格，一切的一切，虽有修补痕迹，仍留沧桑印记。章先生走出厂房，重又回首端详，“这都是我所熟悉的原来模样。这就是‘以旧修旧’，增添了‘修旧如旧’的视觉美感”，章先生还称赞益新面粉公司的修复“是难得一见的成功佳作”。接着，彭总请章先生一行参观已经运营的大砻坊青年创业园，在其宽敞的创客咖啡屋休息。她简要介绍道：“本园将成为芜湖新的地标，并以其具有特色的历史文化氛围吸引社会各界人士的注意。目前已入驻安徽协同创新设计院、安徽省生物肽产业研究院、安徽鸿昇 3D 技术应用研究院、安徽再制造工程设计中心等行业知名公司，并搭建安徽省工业设计中心等 4 大共性技术平台。现今入园注册企业有 41 家，已获省部级科技奖 6 项，设计大赛一、二等奖 28 项，承担国家、省市科技计划 12 项。最可喜的是带动青年就业 563 人，其中博士 22 人，硕士 34 人，大专以上学历者占比达 85%。”

听了彭总对自己团体在短短两三年内取得骄人成绩的介绍，看到了“老厂新生”，章先生真情地说：“长江后浪推前浪，一代新人胜旧人。益新的厂训就是《大学》章句：‘苟日新，日日新，又日新。’维藩公地下有知，必将抚髯笑云：‘老夫后继有人矣。’”“文化园仿佛就是我在芜湖的家。”

章先生赠以老照片集，上面有益新公司与凹山铁矿厂以及维藩公照片。他还幽默地说：“我 90 后（老翁）祝福你们这些 70 后、80 后、90 后前途无量。让我们共同促进文化园迅速发展，期盼芜湖再创新的更大辉煌。我们后会有期。”

25 日虽是阴天，但能见度甚佳，我和刘道胜副院长陪同章先生全家前往马鞍山市，探访维藩公于民国初年所建宝兴铁矿公司的凹山铁矿旧址——马钢南山矿。此矿原属当涂县，新中国成立后由于创建大型钢铁厂，改属马鞍山市。在访问之前，我校和马鞍山市政府联系参观考察事宜，马鞍山市政府办公室副主任张圣祥是联络人。其实，芜湖离马鞍山市很近，车行一个多小时即可到达。我在车上，张圣祥始终和我保持电话联系。张圣祥和时任马钢集团办公室副主任曹玉龙、时任马鞍山市外国语学校校长李代贵（历史系校友）在高速公路出口处等候我们，他们乘小车前导，不一会儿就看见章先生曾梦魂萦绕的幼年住处——凹山。在南山矿朱矿长的陪同下，我们一行来到凹山采场参观。凹山采场曾是全国八大黑色冶金露天采场之一，位居华东地区之首。最早开采于 1917 年，1937 年至 1945 年日军侵占后进行了掠夺性开采。新中国成立后，1954 年恢复生产。1989 年达最大设计产能 600 万吨。2011 年 5 月，采场开始步入地质环境治理阶段。南山人秉持资源循环利用和建设生态矿区理念，及时启动凹山采场地质环境治理。率先运用了雷达瞬时监控、地应力传感等现代技术，实施采坑东南帮、西南帮削坡减载及支护加固治理。随后，通过充填及地形再造和复垦及恢复生态，不断加强采场地质环境持续平稳的治理。可以预见的是，经过若干年地质环境治理，一座容量近亿立方米的安全、低耗、环保型尾矿坑，将延续矿业发展新的奇迹，最终以青山绿水回馈自然。章先生边走边回忆起童年在此地的经历。他父亲是第一任矿长，每年暑假他都会来南山矿生活。他说："这里与我的记忆完全不同，当年是一片荒凉，交通极其不便；现在却是盘山公路环绕，汽车络绎不绝，沿路都有村落人家。我们有生以来第一次看到这样规模宏大的露天矿坑。"接着，章先生与南山职工一起在坑边合影，缅怀先辈筚路蓝缕、披荆斩棘的开辟之功。章先生又提议和我们安徽师大的老师手拉手合影留念，意为校校合作，共同前进。

之后，我们一行来到南山矿矿史馆参观。朱矿长为我们详细讲解了矿山从 1917 年至今的历史进程。为帮助南山矿建立更为充实的矿史博物馆，章先生还将自己珍藏的新编家谱、铁矿公司创办阶段的原始档案复印件以及若干矿山老照片和图片资料捐赠给了南山矿。章开沅先生此行可以说是他推动家乡校企合作的开始，更是对"青山永在，绿水长流"的期盼。

此次章先生应邀到芜湖寻根，其住宿都是我校安排的，费用理应由学校统一结算。对于这一点，我们已事先告知了章先生。但章先生在退房时还是全额自付房费，连长途交通费也要自己付。先生离开芜湖前，还委托我将 12 本《章开沅口述自传》分别转交相关人士。该书扉页上，章先生已亲笔题字"章开沅黄怀玉赠　丙申秋于芜湖"。点滴细节，无不映照出先生的为人风范。

三

章先生虽年事已高，但他一直心系故土发展，尤其是芜湖、马鞍山等地的工业文化发展，经前两次的寻根之旅，老先生决定尽力促进故土工业文化研究与发展。2018 年 5 月 23 日，在章先生积极推动下，由华中师大主办、安师大协办的近代工业文化遗产保护与研究学术研讨会在安师大花津校区会议中心举行。这次会议，充分体现了章先生“家校合作”“校企合作”、保护与研究近代工业文化遗产的思想理念。在章先生的组织下，两个团队会合芜湖：一个团队来自高校，他们是华中师范大学、南京大学、江汉大学、安徽师范大学的专家学者；另一个团队来自章维藩嫡亲后裔，其中有不少企业家。两个团队共30余人参加了研讨会。

研讨会由华中师范大学中国近代史研究所前所长朱英教授主持。研讨开始前，举行了文物捐赠仪式。章先生向我校博物馆捐赠了自己珍藏的章维藩肖像等物品。我校校长张庆亮教授接受了捐赠，并向章先生致以衷心的感谢！

学术研讨正式开始后，中国工业文化研究中心主任彭南生教授做了主题发言，强调应从精神文化、物质文化以及制度文化等层面对工业文化遗产进行综合性研究。他说：“工业文化遗产实际上具有不可再生性，所以对工业文化遗产的保护，应该像爱护我们的眼睛一样，保持好，利用好。因为这些文化遗产，承载着先人在创建这些工业或者企业过程中的一种价值追求，是一个很好的载体，保护好，利用好，能够对后人起到一种激励的作用。”随后，我在会上亦做了主题发言。在自由讨论环节，南京大学李玉教授、华中师范大学中国近代史研究所虞和平教授、江汉大学涂文学教授、华中师范大学中国近代史研究所田彤教授、我校历史与社会学院马陵合教授分别发表对近代工业文化遗产保护与研究的意见和建议。章先生说：“中央提倡工业文化，特别提倡产业这方面的文化。所以我们作为亲属，应该积极参加，因为我们掌握了一部分历史资料，再一个我们又是这个专业的，而且我们学校还有产业文化研究中心，更要理所当然地到芜湖来，更有责任把这个会办好。”章先生的学生，华中师大原党委书记马敏教授在总结发言中指出，章氏家族在芜湖兴办的面粉厂等企业是近代中国民族工业的活化石，对于开展区域文化遗产研究具有重要意义。

研讨会结束当天下午，我陪同章先生一行来到芜湖荻港和桃冲矿等地工业遗址参观。章先生自幼跟随父母在矿区生活过，对矿业文化有着深入的了解。章先生先后参观了日据时期遗留下的日式建筑楼、矿石挖掘运输场地以及东方红号运矿火车头，详细了解了荻港镇的工业历史文化。章先生在那栋日式建筑楼房看了又看，还到室内仔细考察，最后确认，那栋楼房和他曾在凹山矿山住的房子大体相同。章先生说："荻港的工业遗产十分丰富，有良好的区位优势及深厚的文化底蕴，这对于荻港今后的发展道路具有十分重要的意义。通过今天具体参观，也取得了初步成效。我希望今后还有更多的人关心芜湖的工业文化，大家共同把工业文化做得更加圆满，也促进芜湖的整个建设，使芜湖的经济、社会、文化氛围都得到很大的改进。"

24日上午，章先生一行来到马钢南山铁矿，专题考察百年功勋采场——凹山采场的开采历史和闭坑后的生态治理情况，共同探讨将凹山采场作为工业文明遗产保护的可能性。我们先来到凹山采场，一边听取相关情况介绍，一边仔细查看采场及周边地形风貌。随后，又参观了和尚桥选矿厂、高村铁矿和卜维平工匠基地，了解今日南山的生产景象和创新成效。章先生在卜维平大师工作室座谈时说："我提供的资料你们全利用上了，我感到很大的安慰……今后在工业历史文化研究方面，我会全力引荐南山矿，这是个很雄厚的力量。""做历史研究的，对矿业本身体会还是少一点，我是很强调历史场景的，进入场景还得靠矿山人，他们的每一句话，甚至生命，都融入了矿山，这点很重要。"章先生表示，多年来，南山矿的发展成就令人惊喜，他为南山人尊重历史、重视工业文化遗产保护的行为和举措而倍感欣慰，并期待校企双方在工业文化遗产保护与研究方面加强合作。彭南生教授接着说："章先生在学术研究上，历来都是以开创性为学界称道。这一次他呼吁要加强对工业文化遗产保护和研究，不仅体现了他本人对中国近现代史尤其对工业化历史的关注，同时也寄托了他对家乡的这种深情厚谊。"章维藩嫡亲后裔说："我到这个地方看了以后，感到我们家族的先人为发展我国近代民族工业、矿业付出了十分艰辛的劳动，我们要传承家族长辈艰苦创业的精神，为我国近代工业文化遗产的保护和研究作出贡献，为实现中华民族的伟大复兴，贡献力量。"

毫无疑问，近代工业和近代工业文化遗址，是这个时代重要的文化符号和文化记忆，利用这些工业文化遗址进行旅游项目开发，不仅能够保护这些工业文化遗址，还能对地方经济的转型和发展起到推动作用。

24日下午，章开沅先生率领两个团队重返大砻坊，参观原益新面粉厂制粉大楼及文典铁画工作室。大家对园区修旧如旧的工业遗产保护工作等非常认可。特别是上次访问时，章先生建议建造一个大砻坊科技文化园的大门已经建好了，老先生甚为高兴。参观中，他反复强调："最好的保护还是利用。"在观看了大砻坊科技文化园宣传片后，章先生就工业遗产保护工作提出了宝贵的意见，还向园区工作人员展示了他兄长生前所绘制的原益新厂西侧家属区布局图，详细描述了当年的布局情况。座谈会上，工作人员向章先生送上了一幅铁画，先生回赠两副题词："饮水思源，日新又新""百年益新面粉公司，日新砻坊科技园"。

四

章先生这次芜湖寻根走后不久，安徽省社科院钱念孙研究员打电话给我，说他收藏了章维藩先生的珍贵史料，包括益新面粉公司当年运营情况、信件、诗词等，准备来芜湖带给我看。6月26日，钱念孙来芜湖，我征得他同意后，用手机拍摄了十多张照片，发给彭南生教授，请他转给章先生亲自鉴定真假。彭南生教授十分高兴地告诉我："芜湖市博物馆的同志已来武汉，我明天陪他们去见先生，同时请先生鉴赏。想必章先生明天上午看到后一定非常兴奋。"6月27日，章开沅先生在办公室亲切接待了来访的家乡芜湖客人——芜湖市文化委、芜湖市新闻出版（版权）局党委书记、主任、局长张敏和芜湖市博物馆馆长徐蕾一行。华中师范大学原党委书记、中国近代史所所长马敏，华中师范大学副校长彭南生陪同参加。章先生将自己精心收藏的章维藩的手书履历原件、美国历史学家阿瑟·沃尔德伦（中文名林霨）赠送的圣罗兰牌黑色密码箱、《给海军工程学校干部培训班上课讲义》和《南京大屠杀的历史见证》的手稿、两套民国年间的《四朝学案》和《诸子集成》等都捐赠给了芜湖市博物馆。

7 月 3 日，彭南生教授回复说，经章先生认定，钱念孙所藏章维藩先生墨迹非常可贵，他们商量准备邀请我和钱念孙去华中师大探讨相关出版事宜。

2019 年 3 月 24 日，我和钱念孙一起应邀来到华中师范大学，面见章开沅先生和马敏、彭南生教授。钱念孙拿出收藏的章维藩函札手稿原件，经过章开沅先生仔细认定，确是真迹，有出版价值。最后商定，由华中师范大学出版社影印出版。11 月，由华中师范大学东西方文化交流研究中心整理的《手泽珍藏——章维藩函札手稿汇编》出版了。章开沅先生在《序言》中写道："现今正式出版的《手泽珍藏》，绝大部分属于维藩手笔，间杂有兆奎（章维藩之子）及其他亲友函札贺启……大体上可以反映维藩公作为早期企业家的艰辛创业，包含极为丰富的历史信息可供发掘研究。"并提道："作为马鞍山钢铁企业'粮仓'的南山铁矿（包括凹山）已正式宣告功德圆满，从采矿转为修复环境，用最新科技改造巨大凹陷（矿坑）。南山公司朱经理告知，5 年之后即可实现'青山永在，绿水长流'，成为具有深厚历史文化底蕴的旅游休闲胜地……我们应当尊重先辈的劳绩，但更重要的还是我们自己应该立足现实，放眼未来，继承发扬先辈们勇往直前的创业精神，把未来的中国建设得更加美好。"可见，先生已把学术研究和凹山铁矿的转型以及美好中国的建设紧密地联系在一起。

章先生不仅将《手泽珍藏》赠送给南山矿业公司，还委托他的学生，山东大学历史文化学院张晓宇博士负责收集马鞍山矿业开发史料。张晓宇博士收集整理了大量章维藩和宝兴铁矿公司的资料，时间从 1913 年公司设立初期，到 1946 年章兆奎向国民政府资源委员会申请退还"敌产"，多达 1500 多页，为《马鞍山矿业开发史料》初稿的形成贡献了力量。这也是章开沅先生推动校企合作的成果之一。

章先生虽然走了，但他情系故土、不遗余力推进家校合作、校企合作，保护与研究近代工业文化遗产的行动和精神，将激励我们这些后辈学者在学术研究，特别是工业文化遗产保护和研究、文化育人方面，继续奋进前行。

（作者单位：安徽师范大学历史学院）

章开沅先生在马鞍山的足迹

朱青山

章开沅先生祖籍浙江吴兴，1926 年 7 月 8 日生于安徽芜湖。早年就读于金陵大学，1948 年 12 月赴中原解放区，后长期执教于华中师范大学。1983 年至 1985 年任华中师范学院院长，1985 年至 1991 年任华中师范大学校长，是国务院学位委员会历史学科第一、二届评议组成员和召集人。1980 年创建中南地区辛亥革命研究会并任理事长，1986 年任湖北省社会科学联合会主席。曾任普林斯顿大学、耶鲁大学、加州大学圣地亚哥分校客座研究员及客座教授。章开沅先生一生致力于我国高等教育事业，在学术研究、大学建设、人才培养、中西文化交流、社会服务等领域做出了卓越贡献。章开沅先生继承了中国史学经世致用的优良传统，在辛亥革命史研究、中国资产阶级研究、中国商会史研究、中国教会大学史、南京大屠杀历史文献、史学理论与方法等多个领域有重要开创引领之功，推动了中国史学的学科体系、学术体系、话语体系的建设。章开沅先生于 2021 年 5 月 28 日 8 时 15 分在武汉仙逝，享年 95 岁。

章开沅先生幼年曾在安徽芜湖、马鞍山一带生活过。他在《手泽珍藏——章维藩函札手稿汇编》一书的序言中提及，章先生的曾祖父章维藩公是宝兴铁矿公司创始人，与马鞍山（时为当涂县）的矿业发展有着深厚的渊源。章先生倡议并组织收集了马鞍山地区矿业开发的档案史料。在此基础上，我们编撰了《马鞍山矿业开发史料》合集。

一、章先生携夫人和女儿首次到访马钢南山矿

2016年10月25日上午，马钢集团南山矿业公司（简称南山矿）工会主席王建军同志告诉我（时任南山矿经理），有位老人要参观我们的矿史馆，他的先人曾经在这里生活过。于是我与建军一起到矿史馆等候，稍后章先生一行就抵达了。参观完矿史馆，章先生拿出了家传已久的史料，向我们一一详细介绍。

邻近中午时，陪同来的芜湖和马鞍山市委的同志提醒章先生该返程了，但先生仍兴致盎然。于是中午大家就在南山矿办的十里香餐厅用了餐。趁着餐间，我向章先生详细介绍了马鞍山矿业建国后的历史脉络和现在的发展情况。先生听着，不时发问。由于我一直在向先生汇报，以至于饭都没顾得上吃。先生也一定感受到了矿山人的热情和家乡的温暖。

二、章先生携宗亲和工业史研究者再访马钢南山矿

2018年5月24日，章先生再次带领宗亲和华中师范大学的师生造访南山矿。在陪同参观中，我又详细向先生汇报了南山矿的工作理念，并请先生指导建议。南山矿领导班子管理矿山的思路如下：

“胸怀马钢全局，心系职工利益，为迅速形成千万吨级生产能力，建设生态矿区而携手奋进。公司在‘十二五’期间三大目标任务：一是要在形成以高村、和尚桥采场为核心的1200万吨铁矿石产能的同时，通过资源挖潜和利用，整合生产系统，形成300万吨铁精矿供给能力，进而通过对水资源的合理利用、固体废物资源化利用，形成清洁生产体系，恢复和保护生态环境。二是要与向山中心镇和城市东部发展对接，在生活区布局、生态环境治理、社会文化发展方面，逐步改善矿区面貌，提高职工的生活质量。三是要承接区域的发展，充分利用管理的大量土地资源、矿产资源，通过与城市基础设施布局衔接、土地生态恢复与保护，为公司的发展开通渠道

(《马钢集团南山矿业公司十八届一次职代会报告》，2011 年 3 月 11 日)。”“‘生态矿区的建设是矿业开发中对生态文明的具体探索和实践。2012 年，南山矿完成了《南山矿区域空间布局发展规划》，并通过了市规划学会的审定，其意义是为将南山矿的发展与马鞍山市的路网、电网、水网等基础建设有机地统一，避免矛盾，促进协调发展，为市规划的修订提供参考。完成了《南山矿区生态建设规划》，其意义是将矿区发展与矿业发展具体地结合起来，为开发次序、物流调整、土地利用、新产业发展提供具体的路径。’‘在南山矿的再次矿业开发中，我们应当怀有一个梦想，建设生态矿区，不仅获得劳动权益，还使我们的后人实实在在享有良好的生活环境。’(《马钢集团南山矿业公司十八届三次职代会报告》，2013 年元月 18 日)。”

2018 年，南山矿开始建设以卜维平大师工作室为首的 8 个职工创新工作室，根本的动因是要在基层发挥工人的创造精神，体现工人阶级的领导力量。章先生在卜维平大师工作室座谈时讲：“我提供的资料你们全利用上了，我感到很大的安慰……这又是一代矿长，比起那些老矿长穿马褂长袍前进一步，这又是一段历史——揭开历史的新篇。今后在工业历史文化研究方面，我会全力引荐南山矿，这是个很雄厚的力量……做历史研究的，对矿业本身体会还是少一点，我是很强调历史场景的，进入场景还得靠矿山人，他们的每一句话，甚至走过的生命，都融入了矿山，这点很重要……章维藩是 1859 年出生的，明年就是他 160 周年诞辰，芜湖市很支持搞一个纪念活动，安徽师范大学和芜湖市博物馆也都很重视。我今后举办活动的时候，南山矿也可以参与进来。这已不是一个家族本身的问题了，大家可以借这个机会接续起来，当然这个人物值得纪念，他已进入百年上海一百人，在安徽来讲也是个先驱者……”(根据录音整理)。

一年后，先生在《手泽珍藏——章维藩函札手稿汇编》序言中写道：“而作为马鞍山钢铁企业‘粮仓’的南山铁矿（包括凹山）已正式宣告功德圆满，从采矿转为修复环境，用最新科技改造巨大凹陷（矿坑）。南山公司朱青山经理告知，5 年之后即可实现‘青山永在，绿水长流’，成为具有深厚历史文化底蕴的旅游休闲胜地。我思，维藩公地下有知，亦可抚髯大笑：

‘老夫后继有人矣。’……我们应当尊重先辈的劳绩，但更重要的还是我们自己应该立足现实，放眼未来，继承发扬先辈们勇往直前的创业精神，把未来的中国建设得更加美好。”先生文中所称的凹山矿，是我国代表性的露天铁矿，号称华东第一矿，就隶属于马钢集团南山矿业公司。

三、马鞍山矿业开发史料收集编著

2018 年章先生造访南山矿时，我向先生汇报，南山矿正在整理矿山史料，但遗憾的是，马钢在新中国成立前的相关资料严重缺失，造成了史料断档。先生听在耳边，记在心上。随后，章先生将马鞍山矿业开发史料的收集工作，委托他的学生，现山东大学历史文化学院博士后张晓宇先生负责。张晓宇博士收集整理了大量章维藩和宝兴铁矿公司的资料，时间从 1913 年宝兴公司设立初期，到 1946 年章维藩之子章兆奎向国民政府资源委员会申请退还“敌产”，应有尽有，达 1500 多页。除此之外，还有大量民国时期在马鞍山区域采矿的振冶、益华、福民等公司的资料。张晓宇博士对我讲：“有如此丰富的史料，我有信心在章氏家族史和章氏企业史，包括章家的益新面粉厂和宝兴铁矿公司等方面，开展扎实且有深度的学术研究，而非停留于文学化的描述。章氏家族从章节文、章棣父子历仕林则徐幕府、左宗棠幕府以来，一直随着中国近代史的波澜而同进退。他们家族的历史，也是中国近代史的缩影。章维藩与宝兴公司的历史，也是中国近代民族工业的变迁史。而这段历史，与马鞍山铁矿厂息息相关。”

2019 年 11 月 28 日，我与张晓宇博士在芜湖举办的工业文化遗产研讨会上首次见面，共同接受了章先生的赠书《手泽珍藏——章维藩函札手稿汇编》。我们又一同参观了芜湖大砻坊科技园（益新面粉厂原址）。之后，按计划，张晓宇博士还实地考察了马钢的南山矿、马钢集团姑山矿业公司（简称姑山矿）各矿场，与史料记载相核对。从他系统、严谨、高效、谦和的作风中，我感受到了章门弟子的学风。

之前，我们收集整理了《南山矿矿志》（四册）、《南山周报》（1989—

2019年）等重要资料。2018年，我调任姑山矿，又主持整理了姑山矿的资料。姑山矿、南山矿都是从幼儿园到生产线“五脏俱全”的典型老矿区。这些资料，将大大有助于研究矿区的发展演变。

会议后的几日，我与张晓宇博士相聚在当涂龙山下讨论，最终形成《马鞍山矿业开发史料（初稿）》，于2019年年底成卷。史料为数据形式，其中一部分以张晓宇博士收集的档案为主，汇编为3卷。《马鞍山矿业开发史料》分交于桃冲矿、姑山矿、南山矿、当涂县、马鞍山市雨山区、马鞍山市档案馆。

另外，张晓宇博士在安徽省档案馆找到部分马钢前身的资料，主要是1945年抗战胜利后，国民政府接收的日伪华中矿业公司的史料。其一，是日伪华中矿业公司股东会议资料，档案号为L050-000001-00205；其二，是抗战胜利后，原宝兴铁矿公司等被日伪强制收购的马鞍山等铁矿公司等原来的股东，向国民政府申请要求发还产权的资料，档案号为L050-000001-00259；其三，是马鞍山矿与日伪合作经营的相关情况调查等，档案号为L050-000001-00071。

章开沅先生祖籍浙江吴兴（今湖州），即中共马鞍山市委关于深入学习贯彻习近平总书记考察安徽重要讲话指示精神，奋力打造安徽的“杭嘉湖”、长三角的“白菜心”，全力建设“生态福地、智造名城”升级版中所说的“湖”。

2019年11月28日，在章氏家族与近代中国实业研讨会上，还有来自湖州荻港的章氏宗亲。我有幸与经营桑基鱼塘的徐敏利女士相邻而坐。荻港有1700多年的历史，村民在池塘里养鱼，在池塘周边种桑树，形成了“池埂种桑，桑叶养蚕，蚕沙喂鱼，塘泥肥桑”的生产循环，这种人工生态系统，被称为桑基鱼塘。

百年前，章氏族人来马鞍山开矿。百年中，马鞍山市因矿兴钢，因钢设市。在生态文明深入人心之时，开矿因对生态的影响而被诟病。然而，矿物质作为国民经济重要的原材料支撑，95％的能源、80％的生活原材料和70％的农资都来源于此。如果矿业的建设模式、老矿区的修复模式能如桑基鱼塘般自然循环，矿业亦可形成“山水林田湖草＋矿产”的建设模式：通过矿业开发全生命周期中对土地、水源、植被、空间和矿产的有机利用，形成全产业链资源综合利用，并与区域社会和经济发展共享基础设施，使矿业开发与乡村振兴相统一，与城镇发展相统一；如同桑基鱼塘系统里蚕丝为中间产品，不再进入物质循环，鲜鱼才是终极产品，提供给人们食用；矿产品亦为中间产品，而矿业涉所及的土地、水系、植被、空间，所创造的基础设施、社区、经济体系成为终级产品，用以繁荣社会生活，并在一定规模的空间尺度和时间纬度中实现碳中和。如能践行，章先生天上有知，亦当抚额大笑：“中国的矿业史，续向兴荣矣。”

关于此文，征求了章先生女儿章明明的意见，她说：“可发表。这是爸爸的夙愿啊！美好的回忆，珍贵的留念！”

匆匆成稿，请海涵错谬。

2021 年 6 月 3 日

（作者单位：安徽马鞍山市第十六届人民代表大会城乡建设环境与资源保护委员会）

追忆章开沅先生

陈　琳

惊闻章开沅先生逝世，不胜哀痛。与先生交往的点滴往事不由浮上心头。最早了解先生的事迹，是在2014年市博物馆布展建设中。章开沅先生的曾祖父章维藩（章先生一直尊称为维藩公）建立的益新面粉厂，是芜湖乃至安徽近代工业的源头，是芜湖近代工业史上著名的“两个半烟囱”之一（另外两个为明远电厂、裕中纱厂）。作为博物馆展陈中必须展示的内容，我在布展资料收集中第一次具体了解到章先生的事迹。

那是2018年5月23日，我陪同当时的博物馆馆长参加在安徽师范大学花津校区举办的近代工业文化遗产保护与研究学术研讨会，第一次见到了专程从武汉赶来参加会议的章先生。章先生是1926年生人，当时已经92岁，但精神矍铄，思维敏捷，思路清晰。会上，章先生就芜湖近代工业遗址保护及工业文化研究进行发言，提出了非常中肯的建议，事后我们才了解到，章先生一直关注着家乡的建设发展情况。当日下午，章先生还受邀参观了市博物馆，欣赏了市博物馆收藏的维藩公和友人往来的书信，回忆起先人的点点滴滴，多少往事再现眼前。市委市政府领导闻讯也专门赶来博物馆会见了章先生，并邀请章先生抽空多回家乡看看，多为家乡的文化教育事业指点迷津。章先生非常高兴，他表示自己还收藏有维藩公的物品，将无偿捐赠给市博物馆，并邀请市领导带队赴武汉做客。这也是我随同去武汉拜访章先生的缘起。

再次见到章先生是在当年的6月，我陪同市文化委负责同志、博物馆馆长去武汉华中师范大学拜访章先生。章先生知道我们要来拜访他，特意提前半个小时到达了办公室。章先生对身边工作人员说：“这都是我家乡来的客人，听到乡音我很高兴。”当我们将委托大师用铁画制作的章先生画像赠送给他时，他自豪地介绍：“这是芜湖铁画，是国家级非遗项目，是芜湖市特有的工艺品，芜湖的特产。”章先生也将自己精心收藏的章维藩手本、美国历史学家阿瑟·沃尔德伦（中文名林霨）赠送的圣罗兰牌黑色密码箱、《给海军工程学校干部培训班上课讲义》和《南京大屠杀的历史见证》的手稿、两套民国年间的《四朝学案》和《诸子集成》等都捐赠给了芜湖市博物馆，每件物品章先生都认真地介绍，如数家珍。

光绪年间的手本是章维藩为官时拜见上级时呈递的拜帖，上面详细记载了章维藩入仕及为官的时间、职务，是研究晚清官制及章维藩生平不可多得的珍贵史料。密码箱随着章先生到访过十几个国家仍光亮如新，彰显了章先生和朋友间真挚的情谊。两本手稿则是章先生几十年教学和学术研究生涯的见证，工整的字迹也展现了章先生严谨的治学态度。两套书籍是章先生祖父章兆奎早年收藏的，历经岁月变迁，章先生一直珍藏在身边。

这些展现章先生拳拳爱乡之情的珍贵文物资料还保存在市博物馆，先生已驾鹤西去。斯人已逝，幽思长存。家乡人民不会忘记先生，先生严谨的治学精神、深沉的爱国爱乡情怀、高尚的人格魅力将永远激励着我们这些后来者。我们将努力推动芜湖文化事业发展，以告慰先生的在天之灵。

（作者单位：安徽省芜湖市博物馆）

四海同钦

史家的楷模，学界的榜样
——怀念章开沅先生

裴宜理（Elizabeth J. Perry）著　张敏 译

章开沅教授是一位坚守原则的学者和学术领衔人，他以其对学术的开放和对真知的执着追求而深得海内外学者的尊敬。先生实为真绅士，彬彬有礼，友善体贴。

虽然我在20世纪80年代和90年代参加学术会议时曾见过章教授数次，并与他有过愉快的交谈，但直到2013年，我有幸受邀在华中师范大学做章开沅学术讲座时，才有机会与章先生就一系列问题先后进行了认真讨论。和章先生切磋给我留下的印象尤为深刻，这不仅来自他超人的智慧和学识，还有他谦逊和热情的举止。我就章先生本人在新中国成立前后的经历向他请教，他都一一耐心作答，坦诚而又微妙，我受教殊深，倍感激励。

特别令我感动的是，章先生深情讲述了在金陵大学求学期间他和诸位老师，特别是与贝德士教授的关系。贝德士是美国基督教传教士、历史学教授。1937年日本野蛮入侵中国后，贝德士不遗余力地为许许多多南京老百姓提供庇护。章先生特别提到，他对恩师这种国际主义和无私奉献精神由衷钦佩，这促使他决心致力于对民国时期的基督教大学以及更广泛的中国基督教运动进行研究。通过举办国际学术会议、著书立说和在华中师范大学建立中国教会大学史研究中心，章先生不仅为研究近代中国史，也为促进国家间相互理解作出了巨大贡献。

章先生是一名具有爱国情怀的中共党员，他为此自豪。先生并非基督徒，然而他睿智又开明，充分认识到深入研究其他国家、其他宗教的信仰和习俗的价值观及其影响（包括积极的和消极的）的重要性。他并不简简单单地以“文化帝国主义”的说法来谴责西方传教士的所作所为，而是主张对其目的以及长远影响进行全面而深入的考察。

章先生仙逝，华中师范大学失去了一位具有远见卓识而又敢为敢当的领衔人，中外中国近代史学界失去了一位深怀开拓精神和潜心治学的学者。在中美关系面临重重困难之际，章开沅教授正是一个催人奋进的楷模，他时时向我们提醒着国际合作的重要性。我将深深地怀念他。

（作者单位：哈佛燕京学社）

（译者：张敏，华中师范大学中国近代史研究所2019级研究生）

悼念我心中的章开沅先生

周锡瑞（Joseph W. Esherick）著　刘莉 译

1980年，我应邀访问华中师范大学，有机会第一次拜访章开沅先生。此后，他拨冗为我的两部著作撰写序言，先是《改良与革命：辛亥革命在两湖》，后是《叶：百年动荡中的一个中国家庭》。于我而言，承蒙这样一位杰出的历史学家的支持，实属荣幸。

章先生毕生提倡“史学无国界”。1990年，他来到美国访学。在美期间，我们合作教授一门研究生课程“中国近代史料学”。研究生们十分喜爱这门课，不仅仅从先生的学问之中，也从他平易近人的态度之中受益良多。章先生一生致力于探索历史真相。我永远不会忘记他在2011年辛亥革命100周年大会开幕式上的演讲。在对1911年前后这一历史时期的概括评价中，他引用了孙中山的一句名言——“世界潮流，浩浩荡荡，顺之则昌，逆之则亡”，这对我们大家来说无疑是一个训导。

回顾章先生作为学者的一生，他直爽，勇敢，亦顺应世界潮流。他的为人、为学，值得我们所有人记忆与学习。

2021年12月13日

（作者单位：加州大学圣地亚哥分校）

（译者：刘莉，华中师范大学中国近代史研究所职员）

怀念章开沅先生

劳泰瑞（Terry Lautz）著　刘莉 译

章开沅先生是一位备受尊敬的领导和著名的历史学家，他坚信文化和教育交流的价值。章先生曾担任华中师范大学校长。1949 年中华人民共和国成立之前，雅礼协会帮助该校前身发展成为一所私立男女同校学院。1979 年中美建交后，在章开沅先生的帮助和推动下，雅礼协会与华中师范大学重建联系。20 世纪 80 年代至 90 年代，雅礼协会有 21 名研究员在华中师范大学教授英语和美国研究课程。第一位在该校任教的是斯科特·马洛尼（Scott Maloney），很快，拉里·格里波（Larry Grippo）、尼娜·麦克弗森（Nina McPherson）和玛丽·安·罗通迪（Mary Ann Rotondi）也加入任教行列。最近，雅礼协会有 5 名研究员作为“桂子山学者”在华中师范大学进行研究并开设课程。章先生善良、体贴、温和，优雅而尊贵。他的眼睛散发出智慧的光芒。他在位于南京西南部的芜湖长大，1937 年抗日战争（全面）爆发时，随家人一起逃难。他们在四川的一个偏远村庄找到了避难所，他回忆说：“在那里过了 8 年的贫困生活，几乎完全与外界隔绝。”二战结束后，他在金陵大学研习历史，后来成为辛亥革命史研究的权威。章开沅先生在南京有一位业师，那就是贝德士（Miner Searle Bates，1897—1978）。贝德士是一名美国传教士，1937 年南京大屠杀期间他帮助组织了南京安全区，以保护数千名中国人免遭强奸、杀戮和饥饿。1988 年，章先生在耶鲁神学院发现了贝德士文献，编辑整理了包括贝德士在内的 10 名美国人的信件和日记，并将其出版，名为《南京大屠杀的历史见证：美国传教士所见证的南京日军暴行》（M. E. Sharpe，2001）。

从20世纪80年代中期开始，章开沅先生倡导对中国教会大学史和在华传教士进行客观公正的研究，他在这方面发挥了重要作用。这些曾被视为西方“文化帝国主义”，遭到猛烈抨击，但章先生认为“历史不应该被忽视，也不应该被歪曲”。20世纪80年代初，我很荣幸与章开沅先生结识并与他共事，当时我担任香港和中国大陆雅礼协会的代表。在我加入鲁斯基金会后，我们的关系继续发展，该基金会资助他举办了一系列具有开创性的会议，出版了系列著作，并创办了一个中国教会大学史研究中心。章先生有两位弟子对中国基督教史做了前沿研究：一为马敏教授，他曾在章先生之后担任华中师范大学校长；另一位为刘家峰教授，目前在山东大学任教。2003年，我作为雅礼协会董事会主席，与雅礼协会前干事贾南溪（Nancy Chapman）出席了华中师范大学百年校庆活动，并会见了章开沅先生。我最后一次见到他是2010年在武汉，当时我应邀在纪念韦卓民的会议上发表论文。韦卓民，1929年至1951年担任华中大学校长，华中大学是一所教会学校，是华中师范大学前身之一。在章开沅先生的推动下，华中师范大学重启了过去的历史篇章。章开沅先生是一位杰出的学者，一位了不起的人。薪火相传，我相信，章先生的精神遗产将通过他的学生、同事和朋友，包括许多与雅礼协会有关的人士传承下去。

在此，我们对章开沅先生的仙逝表示沉重哀悼，对他在生活和工作中的勇气与精神表示高度赞扬。

（作者单位：雅礼协会）

（译者：刘莉，华中师范大学中国近代史所职员）

回忆与评价：章开沅先生与中国教会大学史研究

林蔚（Arthur Waldron）著　温心悦 译

我们都深切缅怀章开沅先生这位伟人，他的伟大体现在许多方面，但我最仰慕的——也是我们大家最熟悉的——是他作为教师和教育家的这一面。我非常珍视上世纪80年代我寓居中国的时光，那时我把华中师范大学当作我的家。章先生就是从那时开始与我合作从事教会大学史研究，且后来他在这个领域硕果累累。

中文里的“教育”二字本意为“传授”，“育”的字面意思是“喂养”或“滋养”，章开沅对我们的教育就是一种润物细无声的滋养。在欧洲语言中，“education”一词的语义则不尽相同。“education”是从拉丁语中的“由……而来”和“我领导，我指挥”演变而来的，其侧重点不在传授新知，而是挖掘学生头脑中尚未开发的潜能。

从上述两个层面来看，章开沅都可谓中国教育的伟大先驱。

我于80年代的一个夏天来到华师，虽说是第一次到来，我却感到宾至如归。我始终记得，那儿的学习氛围极为活跃。有些学生也认识我，他们会冲到我跟前，向我介绍他们正在进行的一些新的项目或是研讨会，作为教师的我也感到兴奋。为何会这样？——以往习惯于为了应试而死记硬背的学生，在这所学校发现了主动思考、拓展思维与验证自己想法的乐趣，这种体验是无比新奇而令人陶醉的。

华师之所以生机勃勃，是因为校长章开沅明白：要让华师成为一所真正的教育机构，就必须给予学生自由，并培育其创造力。章开沅本人就是其接受的教育与自己的创造力所共同造就的，而在华师，他也创造了一个这样的环境，不仅让学生接受教育，也鼓励他们自由思考。从本质上讲，这是引导性的教育，而非填鸭式的灌输。就如何兆武在一篇广为传阅的文章中所言，学术的生命力就在于自由。正因为章开沅洞悉这一点，华师不像某些学校一样变成“大型补习班”，而是成为一个真正拥有思想与智慧的地方。她像一个花园，初入学术之门的学子在这儿茁壮成长。

我有幸在章开沅身上了解到的伟大之处，是他作为一名教育家的伟大。从他年轻时对学习与自由思考的追求，到后来他作为学者与教育家的职业生涯来看，这也是显而易见的。其中我最熟悉的，是他关于教会大学的研究，前已提及，后文我将详述。

华中师范大学的历史不像武汉大学那样可以追溯到清朝与北洋政府时期，她源于1924年的一系列私立大学与教会大学的合并。这其中历史最久的一所是1903年成立的文华书院，它以上海第一位圣公会主教文惠廉(William Jones Boone，1811—1864)的名字命名。

如今中国的许多知名学府都是19世纪末20世纪初由政府创办的。1898年成立的北京大学也许是最为著名的例子；但同样非常知名的复旦大学，则源于耶稣会士马相伯（1840—1939）创办于1905年的三大天主教机构中的一个；南开大学于1919年由教育工作者严修（1860—1929）与张伯苓(1876—1951)创办；燕京大学于1919年由四所教会大学合并而成，司徒雷登（John Leighton Stuart，1876—1962）出任第一任校长。到了1952年，国家接管了教育机构并进行院系调整，燕京大学与当时上海的圣约翰大学都被废止。以纯正的中式建筑风格著称的燕京大学校园后来成了北京大学的新家。1879年成立的圣约翰大学有许多非常杰出的校友，曾被誉为“中国的哈佛”，而现在已经成为废墟。院系调整前的教育结构消失了，但其历史无人研究，近代教育的遗产也几乎被人忘却。

然而，章开沅仍记得。他曾就读于金陵大学，这所教会大学成立于1888年，于1952年停办，并入新成立的南京大学。20世纪80年代，他首倡认真研究教会大学在中国高等教育发展中所起的作用，我也有幸参与章教授提议的这项工作。章教授多年的研究成果可见于两本关于教会大学史的论文集，以及中国和西方正在进行的研究[①]。

我无意对中外学界那些令人印象深刻的学术成果作出补充，尽管这些成果大多受到章教授的个人经验、历史理解与学术视野的影响。我将更加个人化，与你们分享我自己的经历和思考。但在此之前，我想提出两点看法。

我想表达的第一点是，13 所基督新教教会大学与 3 所天主教教会大学都是在上世纪初在中国步入国际社会至关重要的西化浪潮（我不打算将其称为“现代化”，因为中国和世界上其他地区那时都处于变化之中，且至今也是如此）中建立起来的。

“现代”西方教育是相当新的，建于 1810 年的柏林洪堡大学正是其重要标志之一。我们认为其他大学虽历史悠久——如博洛尼亚大学、巴黎大学、牛津大学、剑桥大学，甚至 1636 年在美国成立的哈佛大学——但都不是真正现代意义上的大学。这些学校在当时主要是宗教机构，负责培训神职人员，虽然设置了各项课程，但更注重传教而非学习。

洪堡大学则与此前的大学不同，其目的是促进所有学科（从科学到古典学，到世界历史，再到语言学等等）的发展。“课程”或“专业领域”的概念、正式的讲座、复习课包括最关键的学术研讨会都是在那儿诞生的。有所作为的学者需要向一群同事展示其成果，接受严格的检查与测试。正如费尔巴哈（Ludwig Feuerbach，1804—1872）在 1826 年所观察到的那样，这所新大学与以往任何一所大学都不同。“在这里根本用不着考虑饮宴、决斗、集体娱乐之类的问题。在任何其他大学里都不像这里这样普遍用功，这样对超出一般学生之上的事物感到有兴趣，这样向往学问，这样安静。和这里的环境比起来，其他的大学简直就是酒馆。”[②] 这是西方一种新的教

① 顾学稼、林霨、伍宗华编：《中国教会大学史论丛》，成都科技大学出版社，1994 年版；章开沅、林霨主编：《中西文化与教会大学》，湖北教育出版社，1991 年版。

② David Mclellan, *Karl Marx: A Biography* (Fourth ed.), London: Palgrave Macmillan, 1981, p. 15.

育模式。在美国，成立于1876年的约翰斯·霍普金斯大学是第一所采用这种新的德国模式的高等学府。后来，宾夕法尼亚大学跟上其步伐，美国其他大学也纷纷改革。由于上个世纪备受青睐的大学建筑基本采用哥特式建筑（有时是美国殖民地风格建筑），许多人以为这些教育机构的历史也可以追溯到更早的时代。实际上，那些早已建立的大学也是按照洪堡大学的模式重新组织起来的。亨利·亚当斯（Henry Adams，1838—1918）曾于1858至1860年间在洪堡大学参加讲座，而这为他成为哈佛大学教授后的教学奠定了基础。这种模式在几代人以前的美国非常普遍，当时美国的准教授会在德国获得博士学位，回国后再将从德国学到的知识传到国内。直到20世纪中叶，美国才开始全面培训自己的大学教授。

我们必须认识到教育的“现代性”不论在西方还是中国都是一个不断变化的目标。中国和西方几乎同时在重建他们的教育体系。华中师范大学的前身成立于1903年，比成立于1810年的洪堡大学晚了不到100年的时间，也只比约翰斯·霍普金斯大学晚了四分之一个世纪。中国现代教育的发展的本质并非中西关系问题，相反，这是一个单一的过程：即新的大学模式快速全球化并改变全世界，包括欧洲、日本、中国和美国。

我想说的第二点，是感谢鲁珍晞教授（Jessie Gregory Lutz，1925—2021）和裴士丹（Daniel Bays，1942—2019）教授①的重要贡献，他们开创了中国教会大学史的研究。从某种意义上讲这两位杰出的学者都是“学术孤儿”，因为当时除了宗教学者外很少有人重视他们的研究。尤其是鲁珍晞教授，她是一位真正的先驱，一位名副其实的中国专家。她创造性地利用了大部分存于美国的差会档案，完成了一系列颇具洞见与反思性的著作，证实了教会大学与中国历史发展的密切关系。裴士丹受到哈佛大学费正清教授（John King Fairbank，1907—1991）的鼓励，在晚年对来华传教士产生

① Jessie Lutz, *China and the Christian Colleges, 1850-1950*, Ithaca, N. Y.: Cornell University Press, 1971.（中文版书名为《中国教会大学史 1850—1950》，曾钜生译，由浙江教育出版社 1987 年出版）；Daniel H. Bays, *A New History of Christianity in China*, New York: Wiley, 2011.

了兴趣。当时费正清是美国学界中国史领域最有影响力的学者，虽然他几乎不懂中文，而且在他去世后的 30 年里，他的声誉有所下降。

为什么费正清的声誉有所下降？其原因带有些讽刺性意味。1976 年以后，中国的学术开始蓬勃发展。中国人自己——尤其是章教授——开始思考自己的历史。他们意识到，在过去的几十年里，中国历史上的很多东西被忽视或扭曲了。这些新一代历史学家的任务是在过去的研究与新史料的基础上，以新的见解改写自己的历史。正如我已强调过的，章开沅教授是一位有远见的中国教育家。他认识到教会大学在历史上曾发挥了重要作用，这一点却被人们所忽视。我们得知了中国学者这样的观点后，便跟随其脚步。换言之，作为中国主流历史组成部分的教会大学史的研究并非西方学者的产物，而是中国人的成就——中国人最了解他们自己的历史。

我本人对教会大学史的兴趣也是由一位中国同事——普林斯顿大学的刘子健教授（1919—1993）引起的。他毕业于燕京大学，后来到美国匹兹堡攻读博士学位。和他那一代人一样，刘子健也深受抗战的创伤。在他的老师、大学者洪业（1893—1980）遭受日军的酷刑威胁时，刘子健两度自投敌营，代替其师接受酷刑。刘子健卷起袖子，露出裸露的手臂，他身上有一排又一排可怕的深黑色伤疤，与农民在田里犁出的深沟别无二致。这些令人毛骨悚然的印记提醒我们，一个学生为了求敌人放过另一个更年长而虚弱的男人，自愿对自己施加这些难以想象的苦楚。对我来说，这是中国文化中蕴含的巨大道德力量的一个例证。但刘子健在近代的遭遇使他受到了精神创伤，因此，他没有研究中国近现代的历史，而是成为唐史研究的专家。

然而，刘子健的爱国之情仍然强烈。因此，在 20 世纪 80 年代之初，他建议我利用在普林斯顿大学的时间来研究教会大学史。刘子健是一位伟大而善良的学者，抗战时发生在中国的恐怖事件使得他受到巨大的伤害，但当中国开始重焕生机活力时，他饱含热情。他帮助我获得了一些经费，又把我介绍给章教授，由此开始，我迎来了我的教育生涯中最重要的一段历程。我出发了。

当时，中国宣称要“开放”。的确如此，1980年新的规定出台后，获得签证并不困难。我发现中国大部分地区都是由一家美国的中国国际旅行社代理导游，我开始在这儿打工。他们付给我一笔钱，让我帮着护送一群受过高等教育、严肃认真且富有的美国老年人穿行中国。中国迈向一个与1950年—1980年不同的时代后，发展得非常迅猛。那时，我还处于30出头的年龄——没有人会对一个来华年轻美国人给予太多关注，似乎他只是个负责拎手提箱、分发酒店房间钥匙的伙计。事实上，这是非常理想的。来自中国旅行社的中国同事有趣而又热情，给我分享了非常丰富的信息。在我结婚前（即1988年前）的几年里，我游历了中国的大部分地区，包括新疆和敦煌，还有很多的古都与新城。也许最有趣的是，我在三峡大坝建成之前，乘船游历长江，到达了上海、重庆等地。我是个无名小卒，在当时只是一个涌入中国的普通外国游客，但我太穷了，不得不成为新游客的服务人员，但也正因为这样，我可以去我想去的地方探索，而不是去当外交官或知名教授。我的中国同事一直把我当作自己人，他们告诉我该做什么——例如必须从香港带来葡萄干麸质谷物，以帮助我们的乘客消化。

我了解到中国的组织运作形式——“单位”。例如，我们在扬子江上的船是一个单位，其组织结构与所有其他单位（从工厂到大学，再到政府机构）非常相似。我之所以知道这一点，很大程度上是因为我仅仅是一个地位低下的外国人。在我们游玩扬子江的最后一天，当我们在上海靠岸时，我的中国同事心烦意乱地来找我。“亚瑟，”他说，“船上到处都是关于你的谣言。”我吓坏了，因为无论在国内还是国外，我的原则是永远不要打破当地的规矩。“那我该怎么办？”我问我同事。他靠在墙上，低声说：“谣传你有哈佛大学的博士学位。”“嗯，”我说，“我确实有，但又何妨？你和我仍是一起努力工作的好朋友。”我的中国朋友震惊了。他开始从墙上滑下来，直到瘫坐在甲板上。“听着，”我说，“博士学位没什么大不了的，很多人都有，这不重要。”我的同事难以接受我的安慰。我仍然记得他的回答：“如果我早知道的话，我会以完全不同的方式对待你。”但这样的话就意味着，我们永远不会平等地工作，他会用令人窒息的礼节对待我，我也不可能了解到太多的中国的现实。作为无名小卒，我有做自己的自由，与中国同行交朋友，去了解对真实发生的事情，例如在40年前的那些日子里，中国国际旅行社是如何在扬子江上为乘客提供早餐麦片粥的。但其实我猜想没有中国人会愿意喝美国人常喝的麦片粥，因为在中国，麸皮会被用来喂猪。

作为一名导游，我对中国、中国人和外国人都有了许多认识。不过，我确实拥有博士学位，在普林斯顿任教，因此我也被介绍到汉语学界，但这更多是通过我与华中师范大学及其师生（特别是其校长章开沅）的关系。

在章教授的带领下，我参观了所有西方差会在中国创办的大学，以及曾经由中国人创办的私立大学。事实上，中国土生土长的年轻人甚至都不知道这些学校的历史，他们不知道自己国家的历史曾在何处与世界历史有交集。但年长的中国人非常严谨，我记得一位年长的学者（一位我连续几年接触到的谦逊的“讲师”），他学识广博，我像和其他人一样用中文与他交谈。但后来，也许是我第4次来的时候，他已经能用流畅的英文交流。这其实在我意料之中，但忍不住感到惊讶。他告诉我，由于政治原因，他的学业有所松懈，直到20世纪80年代中期他才有足够的信心与我和其他人一起使用英语。而他也突然被提升为高级教授。这是一个激动人心的时代，中国拥有着辉煌的文明，其巨大的潜力此时正在被重新开发。（在上海，一家英文报纸推出了“外国人版”，令当局惊讶的是，它很快就被10万左右的老上海人买走了，他们在1950年时的英语就非常好了，但直到20世纪80年代才重新使用。）

我们对从前的教会大学的情况几乎一无所知。我四处奔走，都是为了寻找那些历史记忆，为了找到曾经的教师或者学生。除了福州的福建协和大学和上海的圣约翰大学外，其他学校都仍是教育机构。福建协和大学已成为一家制药厂，我在当地并没有什么发现，只听到一个人咕哝着“外国人要回来收回他们的大学了”——当然他说的并不是真的，但这一言论关系到帝国主义这一重要问题，后文还会再谈到。在福州我确实发现一些人是基督教教育事业培育出来的，而他们自己也从教。我们进行了旅行者常有的那种交谈：遇见有趣的人，向他们分享自己的兴趣爱好，然后分离，深知我再也无法与他们见面了。现在他们都已作古，而我基本上也没有再去福州的可能了。然而，在考察结束时，我能够就20世纪80年代中期的情况写一份长长的报告。充满智慧且富有远见的章教授推动着随后的研究，并把我的考察经历变成了历史知识。最重要的是，多亏了他的工作，中国历史一个重要的部分现在被呈现出来。中国的相关研究人员、出版人员与教学人员都知道这一点，也多亏了这些中国人，教会大学的历史才再次被西方所了解。这是一项非常重要的成就。尽管不像爱因斯坦的研究那样改变了一切，但我们正在重现对中国历史至关重要的一些东西。历史学家就是这样工作的：正如胡适（1891—1962）在1919年与李大钊（1889—1927）在进行“问题与主义”之争时所言——这可能是20世纪中国历史上最重要的讨论。

李大钊和胡适都明白，在他们的一生中，来自外国的影响是至关重要的，但他们对此的理解并不完全相同。对胡适来说，西方短暂的优势是因为中国的学术和统治的衰落，而这可以通过教育和宪政改革来弥补；对李大钊而言，中国表面上的弱点是列强为寻求市场而进行掠夺的结果，就像苏联领导人列宁（1870—1924）分析苏联的情况时所认为的，要通过军事与政治手段来解决。事实上，中国、日本和泰国是亚洲仅有的几个没被并入某个欧洲帝国版图的国家。日本人试图征服中国，但他们在中国人民的英勇抵抗下失败了。这部非同寻常的传奇故事长期以来也一直被忽视，但现在正被重新展现，就像迄今为止最雄心勃勃的中国电影——《八佰》一样。

我的学生在宾夕法尼亚大学组织了关于艺术和战争的研讨会来讨论这部电影。所有人都认为这是一部伟大而壮烈的爱国主义电影，也许可以与最令人印象深刻的美国电影——1939年的《乱世佳人》相提并论。中国在20世纪面临的问题不是“帝国主义”（谁能或谁想征服中国），而是如何从一个封闭的、孤立于国际社会之外的国家（如传统的日本和韩国）向一个全球化的、向世界开放的国家转型。这一转型至今也仍在进行中。

在我访问南京大学时，我最深刻地感受到了帝国主义侵略的危害。这是一所由多个不同的机构合并而成的大学，其中最著名的可能是金陵女子学院。我清楚地记得我走进这座旧图书馆的情景，该图书馆是在抗战前作为一所教会大学的一部分修建的。对我来说，这个地方格外宁静，中国学生在浓厚的学习氛围中安静地自习，这是如此迷人。在历史上，中国人比西方人更早开始产生对阅读和学习的热爱。我向中国导游讲述了我对这儿宁静氛围的感受，但她的回答把我从美好的幻想中惊醒——“你应该在1937年12月13日来这里”。我立刻回忆起，可怕的南京大屠杀持续了6个星期，导游接着说道：“这些图书馆里挤满了恐慌的中国人，他们也许是希望外国人能庇护他们。”我感到了恐惧，虽然与当时的中国难民感受不同，但仍令我极度害怕。回忆起发生在这儿的暴行，既感到其深重的邪恶与罪孽，也感到我自己的愚蠢。中国历史随处可见，甚至教会大学也见证了很多过往。

这个例子引出了一个更大的问题：我们如何看待中国基督教教育史上的消极因素和积极因素？因为在中国的某些地方，外国人无疑曾经拥有很高的地位，受到不平等条约的保护，从而凌驾于普通中国人之上。在外国人享有的特权中，最重要的是对中国法律的豁免权，即“治外法权”，它一直存续到1943年的理由是“中国的法律制度不符合世界标准”。我们应该注意到，在泰国和日本的外国人也被赋予同样的特权，但在司法改革（日本1899年完全结束改革，泰国于1926年完成废除死刑）后不久，这两国的“治外法权”就被取消。那么外国人的特殊地位又如何影响中国的教会大学呢？

在此我们必须区分新教徒和天主教徒。新教传教士通常是已婚的，退休后回到原籍国。天主教牧师则不结婚，他们死后一般被葬于执行任务的地方。这意味着，新教徒试图将教会机构控制在外国人手中的愿望会更为强烈。因此，即使是像司徒雷登这样帮助建立了燕京大学的伟人，直到1946年都始终占据校长之位。天主教的做法正好相反。教皇本笃十五世（Pope Benedict XV，1914—1922）明白，中国的教会只有完全掌握在中国人手中才能兴旺发达。这意味着用中国人取代以欧洲主教为中心的等级制度。由于种种原因，法国的政府在这一时期几乎一直是强烈反宗教的，却仍然坚持要求外国控制中国的天主教会。然而本笃成功地推动了改革，中国人在历史上很早就当过主教。1926 年，庇护十一世（Pope Pius Ⅺ，1922—1939）祝圣了 6 位中国主教，这一行为意味着将中国教会完全交由中国人掌控——就像今天一样（像所有天主教机构一样服从梵蒂冈的终极权威）。

天主教与新教之间的这种差异或许能解释为何作为一种国际信仰的天主教即使在政府的控制下也能在中国得以生存发展。然而，今天中国的新教主要是本土的中国教会，与外国教会没有联系。英国圣公会就是一个很好的例子，它在华中师范大学的历史上发挥重要作用，但在如今在中国它几乎不存在。作为一个中国新教团体，“真耶稣教会”曾经蓬勃发展，他们知道英国有几个前圣公会教堂被英国国教所遗弃。这座建筑现在是中国真耶稣教会的所在地。宗教是复杂而令人惊奇的，在中国尤为复杂。燕京大学是一个伟大的教会大学（洪业就是基督徒，刘子健也是）。在那儿是否感受到外国人享有特权？不是的，一点也不。燕京以其学术活动自由而不受限制、观点多元而包容开放以及中国人和外国人之间的绝对平等的“精神”而闻名。这样的信念在共产党官员的职业生涯中是显而易见的，比如杰出的原外交部部长、受过良好教育的共产党人黄华（1913—2010）就是一个例子。

我们可以把这个论点再作进一步阐述。1928 年在燕京大学成立的哈佛燕京学社是一个纯粹的汉学研究机构。该学社的研究员人数众多，包括中国与外国的许多顶尖学者，他们之间没有受到区别对待。他们的津贴是相同的，住房以及生活其他各方面也是一样的。几十年前，我的一些同事曾在那里度过一段时光，这是他们职业生涯中最充实的日子，对于认真学习中国历史和语言的学生而言，这儿简直是一个天堂。燕京大学的一批才华横溢的中外学者合作完成了几十种迄今为止难以超越的高质量出版物，奠定了现代汉学的坚实学术基础。我年纪稍长一些的同事回忆起那些逝去的时光，偶尔还会热泪盈眶。我也想落泪，但原因不同：我永远无法亲身体验那段珍贵的经历。

这些想法也许能帮助我们认识教会大学对中国的贡献，正如马敏教授在他的优秀论文中明确指出的那样，教会大学对中国的多门学科（从医学到农业再到哲学等等）的发展都起到重要作用。然而，也许最大的贡献是校园文化。大多数教会大学的氛围都是自由的、个性化的。学生受到的是教育而非灌输，学校鼓励自由讨论与创新。相比之下，国立教育机构则往往显得形式主义、保守约束，而且有官僚主义习气。

我在本文中讨论的大部分内容都可追溯至40年前（20世纪80年代）。当时取得的许多成果现在已经融入中国的教育实践中。华中师范大学一直走在前列，章开沅教授对此具有巨大贡献。

因此，我不会因为错过那些离任的年长同事们曾在中国拥有的机会而感到遗憾，相反，我感到高兴的是，通过章教授推动的教会大学史研究，我有了宝贵的机会见证中国教育在自我理解中成长，见证华中师范大学的师生们放出耀眼的光芒。我将永远珍惜这段很大程度上塑造了我的人生的经历。马敏说，理解教会大学有两个方向。有人会说这是中国人向西方学习的历史，这确实是事实。但我的经历正好相反，最广义的教育是章教授和他领导下的华中师范大学施予我的，我对此十分感激。这不是关于教育的一切吗？不论是依靠先天条件还是后天努力，我们都要真正理解文化。

鞠躬。

2021年6月26日于宾夕法尼亚州格拉德温

（作者单位：宾夕法尼亚大学历史系）

（译者：温心悦，华中师范大学中国近代史研究所2020级研究生）

忆章开沅先生

詹季虞

5月28日，我小学同学张建平先生发来了章先生和何兆武先生同一天逝世的消息，闻此噩耗，几乎从来没有失眠过的我一夜未眠。

想起章先生与我父亲詹剑峰、母亲查景云和我交往的往事，现记下来悼念章先生。先生爱憎分明，光明磊落，不因环境变化改变自己“尊老师敬学生，有什么说什么”的性格。

从我有记忆起，章先生和夫人黄怀玉先生在路上碰到我父母，都尊称詹先生、查先生。在“文革”期间我们两家都搬到了老华师二附中（政治系和历史系合并为军事编制的政史连）做邻居时，他们也一样称呼詹先生、查先生，这是十分难得的，那时候他们重则会被扣上和反动学术权威勾结，轻则为立场不稳的帽子。这样的称呼，让我们经历过“文革”抄家、斗争的人感到十分温暖，也让我感动至今。

“文革”后我们又在华师汽车房后面院长楼做楼上楼下邻居，当时我年纪轻，不懂待人接物的礼节，章先生看到我做得不对时，马上就会直来直去地批评我，做得好的时候表扬我达十几分钟，弄得我怪不好意思。章先生性格很像我母亲，都是性情中人，直来直去，所以批评再严厉我都能接受，并且很感恩他对我的教诲。

章先生八九十年代第一次访美时，关爱我们后辈，曾经到我读博士的大学去看我，当时我正好在美国新墨西哥州白沙城做实验，不在学校，未能见面，以至于抱憾终身。

后来我回华师整理被民工搬至校产科父亲的遗物时，去看望章先生。

那是我们最后一次见面，他又当着夫人黄怀玉先生的面表扬我半天，说小华（我的小名）如何如何尊老敬贤，我当时觉得很惭愧，想想过去还是先生教育我如何做人的。

今天章先生和我已经天各一方，但他老人家对我的教诲和对人的真情实意，我会铭记终生。

章先生安息。

（作者单位：诺斯罗普·格鲁曼公司）

纪念章开沅先生

河田悌一 著　谭娟 译

章开沅先生也许可以说是中国的中国近代史学者之中访问日本次数最多的学者，也是在日本最为有名的中国学者之一。究其缘由，在中日关系还不怎么友好的时期，章先生便真诚地认可日本志士在中国近代化的重要起点——辛亥革命中的重要作用，革命家们如孙中山、章太炎、宋教仁等，都曾在日本活跃，与日本的志士们携手，共同将革命引向成功。章先生与日本的优秀研究者们交换意见，为中、日、美之间的学术交流作出了巨大努力。

我今年 76 岁，第一次在京都见到章先生是将近半个世纪前的 1979 年 11 月。那时章先生从美国归国，途中绕道日本古都京都，来参加京都大学人文科学研究所辛亥革命研究班的学术交流活动，此研究班是由我的恩师岛田虔次先生主持的。京都的学风可以概括为“实事求是”“中国的事情要向中国人学习”“正确阅读中文的文献”“运用中文进行讨论”。我被章先生的演讲所打动，并有幸陪先生游览清水寺、岚山、修学院离宫等名胜。当时印在脑海里的京都秋景，至今都还记忆犹新。

1980 年春，我作为文部省的在外研究员，到美国耶鲁大学跟随余英时先生学习。一年后的归国途中，我收到章先生的来信，并于 1981 年 3 月访问了华中师范大学，起因是以研究章太炎闻名的汤志钧教授当时正在该校集中授课。

5 年后的 1986 年 6 月 14 日，章先生邀请我参加在杭州——这个马可波罗曾称为“世界最大的城市”举行的章太炎逝世 50 周年纪念学术研讨会。

时任华中师范大学校长的章开沅先生是研讨会的实际组织者，他对来自中国、美国、澳大利亚等地的一百余名参会者说："明天的研讨会要在'百家争鸣'的学术氛围中进行，展开自由和开放的讨论。"

5 年后的 1991 年 3 月，我在美国的普林斯顿大学做了一年访问学者。当时章先生在普林斯顿从事中国基督教研究。与此同时，我尊敬的友人陶德民先生（现在为关西大学教授）在那里从事博士后研究工作。我们三人经常一起到中国料理店竹园去吃午饭或晚饭，我被章先生的精深学问和人格魅力所折服。余英时先生是我在耶鲁和普林斯顿的业师，我一直视二位先生为我的"终身导师"，以他们为榜样，我走到了今天。

2003 年秋，我被选举为关西大学的校长。当时我就想，我要把关西大学名誉博士的头衔献给我的两位恩师——章开沅先生和余英时先生，他们教会了我很多。2006 年 6 月 24 日，章先生被授予关西大学名誉博士称号；2007 年 10 月 4 日，余先生被授予关西大学名誉博士称号。这对我来说是无上的喜悦。

2008 年 10 月，章开沅先生邀请我去华师，在众多师生面前，我做了"李大钊与时间论"的演讲。不仅如此，我将 1 万册图书赠送给华中师范大学的新图书馆收藏，在入藏的 2013 年 11 月，章先生再次邀请我和陶德民教授访问华中师范大学，我在数百名师生面前作了演讲，题目是"半个世纪的中国学研究——我师、我想"。当时章先生已 87 岁高龄，精力充沛，为我们再会举杯时，他望着我的白发紧紧握住了我的手。记忆涌上心头，不禁鼻尖发酸。离别时，章先生写下了孟浩然的诗句"人事有代谢，往来成古今"，赠送给我，留作纪念。

我对享尽 95 岁天年的章开沅先生的万千思念之情，化作感谢深藏心间！

（作者单位：日本关西大学）

（译者：谭娟，华中师范大学中国近代史研究所讲师）

四十年来的友谊

——怀念章开沅老师

滨下武志

我是于20世纪80年代初，在武汉举行的中国近代史国际研讨会上与章开沅老师相识的。当时，他向我介绍了一些在华中师范大学从事中国近代史研究的年轻学者们。可以说，他为我在中国近代史的研究上和与中国学者交流两方面都打开了一个新局面。在这里我要对章老师表示最深切的感谢。事实上，我跟他介绍给我的学者们在过去的40年里一直保持联系，学术交流从未中断。俯首回忆，我不仅在中国，在日本、美国、韩国等多个国家都有机会聆听章老师的演讲，我对他一贯的学术热情，内心一直保持敬意。

2017年，我和李培德教授一起参与华中师范大学亚洲研究院的成立，我深知自己在推动新的亚洲研究和中外学术交流方面所承担的重要责任。同年12月，我在华师的桂苑宾馆遇到章老师时，他热情地给我讲解《章氏家乘》一书的手抄本和他家族开办的芜湖益新面粉公司的历史。当时，章老师虽然已卸任资深教授，但他孜孜不倦、不断开拓历史研究的热情给我留下了非常深刻的印象。扪心自问，唯一可以报答他的便是下定决心，努力完成章老师给我的研究课题。

我真诚地为他祷告，祝愿他早日安息。

2021年12月10日

（作者单位：华中师范大学）

关于章先生的回忆

木村昌人 著　谭娟 译

在南通，初识章开沅先生时，我脑中浮现的词汇是“德高望重”。他是研究中国近代史的大家，曾任华中师范大学校长。他培育出了以马敏（华中师范大学前校长）为代表的很多出色的研究者。我钦佩他是一位德高望重、深受欢迎的老师。

2005年5月21日～23日，在江苏省南通市的张謇研究中心，涩泽荣一纪念财团与该中心共同举办了第二次涩泽国际儒教研究研讨会，主题为“中日近代企业家的文化事业与社会事业——涩泽荣一与张謇的比较研究”。来自日本、中国和美国的研究者聚在一起，借助同声传译进行了学术交流。研讨会围绕涩泽荣一和中国实业家张謇的事业，从“近代产业的发展与社会问题”“企业家的经营伦理”“社会救济事业”“教育事业”“文化出版事业”“环境保护事业”六个方面进行了分组讨论。

2006年9月26日，华中师范大学设立了涩泽荣一研究中心。在开幕式上，章开沅先生作为张謇研究的第一人，与马敏教授一起，讲述了涩泽荣一研究对当今中国的意义以及研究中心今后的研究计划等。

这是世界上第一个涩泽荣一研究中心。自此在涩泽荣一纪念财团的资助下，中心每年都办讲座，邀请世界著名的学者，就中日关系、日本社会等题目进行演讲。章先生每次都会参加，演讲结束后，还会从高远的视野进行精彩的评论，谆谆教诲学生们学习中日两国历史、进行学术交流的重要性。2005年以后的10年间，每年都能有机会聆听到伟大的章先生的教诲，我备感荣幸。

2021 年 7 月 5 日

（作者单位：涩泽荣一纪念财团）

（译者：谭娟，华中师范大学中国近代史研究所讲师）

“环宇岂无真知己，海外偏留文字缘”
——日本学者对章开沅先生的追思与悼念

赵　军

一、难忘的因缘

章开沅先生是国内最早同日本学术界建立交流关系的开拓者之一。在改革开放起步不久的1979年，开沅师应以日本史学界泰斗井上清先生为代表的京都日中学术交流恳谈会邀请访问日本，接受了许多日本学者的赠书，同时他还用节约下来的生活费购买了不少图书和缩微胶卷带回武汉。在外文原版历史资料属于货真价实的“珍稀资源”的当时，反映战后日本学术界最新学术研究和资料整理、出版成果的这些资料，其宝贵价值不言而喻。而且这些资料还包括大阪教育大学的北山康夫先生据说在经过了“艰难的抉择”之后，慨然赠送给章老师（可以说其实是赠送给了中国学术界）的数期《革命评论》原件。《革命评论》是1905年宫崎滔天等日本友人为声援中国同盟会而发行的期刊，即便在今天去收藏最丰的日本国会图书馆查看，也只有电子版可供阅览。所以北山先生收藏多年的原件，堪称“文物级”的宝贵资料。我的硕士论文《试论宫崎滔天与兴中会》的选题和撰写，其实跟开沅师的这次出访有着密不可分的因缘。

东京的辛亥革命研究会，几乎是中国本土以外以辛亥革命研究冠名的“独一无二”的学术组织，也是一个没有任何官方背景的日本学者们自发组织、自费运作的民间学术团体。正因为是纯粹的学术团体，这些学者们更重视同中国学术界的交流和互动。该研究会的精神领袖野泽丰教授认为，辛亥革命研究会最重要的成就，就是坚持了“以中国为中心”和“以国际交流为中心”两个活动重点，“从国际上看，研究会主要以中国为中心，一方面从海外邀请学者来日，召开以辛亥革命为主题的学术讨论会。另一方面，研究会的主要成员也应邀积极参加在中国主办的国际学术讨论会。他们的报告内容得到了很高的评价。有基于此，以辛亥革命研究会为平台，培育出了许多优秀的研究者，在国际上获得很高的评价，并受到众多关注”(野泽丰：《章开沅教授和日本的辛亥革命研究会》)。

开沅师最早接触的日本学者，在东京地区主要就是辛亥革命研究会中的学者们，如久保田文次、中村义、藤井升三、小岛淑男等等。开沅师曾经回忆，“我与野泽丰先生最初相识于东京”，时间是1979年的11月10日。这天下午，开沅师应邀参加东京辛亥革命研究会每月一次的例会，“到会者有市古宙三、野泽丰、石田米子、藤井升三、久保田文次、小岛淑男、菊池贵晴等”，无一不是战后日本开拓和推动中国近现代史研究的第一、第二代学人。开沅师这天学术报告的题目是“中国辛亥革命的研究状况”，尔后据说反响十分热烈：“报告中国辛亥革命研究情况后，争论颇为激烈，无非三派意见：工农为主体、资产阶级革命、绅士运动，各不相让，但加深彼此理解，可谓和而不同。”辛亥革命研究会的日本学者们固然重视会议室里的郑重其事的学术发表和讨论，但真正的重头戏却是会后大家在居酒屋或者小餐馆里两杯酒下肚后不拘一格的畅谈和言出无忌的交流。聚餐场所，据说是和式餐馆江知胜。所有的学者们亲密地绕成环状席地而坐，“9时始散，前后共讨论6小时（包括边吃边谈），为此行前所未有”。这种会议长却不腻，章先生由于跟野泽丰和菊池贵晴两位大师级学者共叙，而且他们在学术上也不约而同地认为辛亥革命的性质是“资产阶级革命”派，“从此我(章先生）与野泽丰先生开始了整整30年的亲密交往”。

可以说，在改革开放的帷幕刚刚拉开，中日学人在揆隔30多年后“第一次亲密接触”的过程中，开沅师作为“中国学人”的代表直接向日本学术界传递中国学术界的学养、学识和精神风貌，给日本学术界留下了深刻的印象，开启了中国近现代史领域中日学术交流的先河。

二、真情的怀念

从1979年到现在已经过去40多年，中日之间的学术交流在人员往来、成果和资料相互共享等多个领域都获得了前所未有的发展。然而，“吃水不忘掘井人”，开沅师等改革开放第一代学人以他们的学养和人格赢得国外学术界的敬重，奠定了中日学术界平等往来、相互学习的基础，这个功绩永久不可磨灭，至今留存于人们心中。听到章开沅先生与世长辞的噩耗，日本历史学界许多知名学者、中青年学术俊秀都表示震惊和哀悼。跟我有联系的一些日本学者们纷纷发来邮件或打来电话，表达对章先生的哀悼和怀念之情。

久保亨教授（信州大学特任教授，历史学研究会委员长，日本学术会议会员）得知章先生逝世消息的当晚，就给笔者发来邮件说，章先生是一个“巨大的、巨大的存在。我曾经得到过他多方的帮助，谨在此表示衷心的哀悼！另外我还会将这一消息通知中国现代史研究会的各位学者”。

日本女子大学名誉教授久保田文次先生和夫人久保田博子女士，与章开沅教授有着40多年交谊。久保田教授跟我通电话时表示，他们对章教授的去世深感震惊和悲痛，并希望我代表他们向黄师母和章先生家人表示衷心的慰问！他们说章先生是“最令人尊敬的学者，我们也受过诸多关照”。他们前几年开展的宫崎滔天和梅屋庄吉家藏史料的整理工作，就是基于章先生的提议启动的。他们得知章先生仙逝的消息后，立刻着手整理与章先生有关的照片、文字等，近期准备汇总起来发给中日学界、友人，以纪念章教授对中日学术交流的功劳与贡献。即便是这样，他们觉得还是难以表达对章先生的思念之情，5月30日，同样是中国近代史专家的久保田博子女士又发来了她不顾高龄赶写出来的《吊辞》：“顷接章开沅先生仙逝之报，眼前瞬间浮现出先生巨大的容貌与身姿，脑中闪现出一幕幕令人难忘的感动场面。40多年前的夏天，我一个人初次抵达武汉机场，是先生微笑着从我手中接过行李箱，帮我搬运。在华中师范学院，我受到先生全家的热情接待。这些场面和带给我的感动，是我最宝贵的记忆，终生不会忘记。来自章先生宏大、温厚的人格的感召，成为我对中国心怀敬意的主要因素……

我感谢章先生给予我的深情厚谊，并引以为自豪。衷心为先生的在天之灵祈福!”

5月28日，日本大学小滨正子教授发来唁电：“接章开沅教授逝世之报，深感遗憾。谨在此祈祷先生的冥福。回想起先生在辛亥革命研究会讲演、先生归国后我去武汉学术交流时受到的种种关照，还有邀请先生前来日本大学讲演时的场面，无任感慨……”

同一天，大阪大学名誉教授、神户孙文纪念馆副馆长西村成雄教授，也发来中日文双语的唁电：“接章开沅教授逝世噩耗，不胜震惊，谨致衷心哀悼。隔海遥祈导师冥福。敬请各位遗属千万珍重。”

日本花园大学名誉教授小野信尔先生和夫人，京都大学名誉教授小野和子女士，也是开沅师第一次访问日本以来的旧友。他们发来的唁电说：“我们对章开沅先生的逝世表示衷心的哀悼。先生应京都学术交流会的邀请访日之际，我们之间不但开展了学术上的交流，也一起游览了京都的名刹古迹。先生如挚友般的谈吐，让我们感受到了先生宽厚的品格。痛失章先生，对京都学术界也是一个巨大的悲痛。谨在此祈祷先生的冥福，并请向章门弟子们转达我们的哀悼之情。”

此外，中央大学深町英夫教授、东京大学川岛真教授、骏河台大学名誉教授井上久士先生、南山大学准教授宫原佳昭先生、静冈大学户部健教授以及孙中山先生挚友梅屋庄吉后裔——日比谷松本楼总经理小坂文乃女士等，也陆续发来邮件，对章先生的逝世表示衷心的哀悼。

2011年11月，开沅师曾写下《环宇岂无真知己　海外偏留文字缘》一文，纪念他和野泽丰先生30多年的跨国君子之交。开沅师在结尾处写道：“以辛亥革命研究开始结交，以辛亥革命百年纪念标志永诀，堪称传奇性的辛亥情缘。但真诚学者的友谊是永恒的，而且是跨越国界的。”我想，这段话也正是对开沅师40余年来辛勤开拓中日历史学界国际学术交流的历程和硕果的恰如其分的总括。

（作者单位：日本千叶商科大学）

章老师三访关西大学的回忆

陶德民

在我的书架上，有章老师的一本书，题为《章开沅讲演访谈录》，扉页上写着“德民存念 章开沅赠　2010.8.13”等字。今春章老师去世后，我打开重读，其中收录的《张謇与日本（2006年6月24日在日本关西大学接受荣誉博士学位大会上的演讲）》一文勾起了我对章老师三访敝校的一些回忆。

章老师的初访是在1997年12月17日，在敝校东西学术研究所的研究会上做关于中国的教会大学史研究现状的学术报告，我做的翻译。当时的会场情景和会后合影均有照片，前一张上记录了章老师侃侃而谈、我在一旁低头看稿的样子，章老师背后有一块架着的绿色黑板，上面写满了讲演稿中的关键词以及相关机构和人物的名称。这是我在讲演开始之前预先写好的，以免开会时再写会浪费时间。内容依次为徐以骅、韦卓民、香港中文大学崇基学院、鲁斯基金会、哈佛燕京学社、贝德士、亚洲基督教高等教育联合董事会（亚联董）等及其英语表记，开会时还临时补上了司徒雷登、未名湖。徐以骅的名字在讲演中首先出现，是因为他是国内最早研究教会大学的学者之一。1987年在普林斯顿大学读博期间，他受亚联董的委托，随同当时普大的宗教系教授，美国的日本宗教研究专家H. 哈黛克教授访问华中师范大学，见到校长章开沅先生及当时还是章先生博士生的马敏。复旦大学校长谢希德女士（1921—2000，麻省理工学院博士）于1984年4月30日主持了里根总统在复旦的讲演后，次年复旦大学美国研究中心就创建了，徐以骅便成为该中心最早的成员之一。后来，他和刘家峰一起来我校访问，在下文提到的文化交涉学教育研究中心举办的国际研讨会做过讲演，还顺访了日本同志社大学，该校创始人新岛襄是19世纪中叶经过上海辗转赴美，在留学麻省著名的阿默斯特学院期间成为美部会的副传教士的。最近，我把这张照片寄给他，他很高兴，说是难得的一枚，可借以寄托对章老师的哀思。

合影留念的那一张，章老师和中文系资深教授尾崎实并排坐着，后面站着河田悌一、松浦章、内田庆市、沈国威、奥村佳代子等教授和我，共十来人。尾崎是基督徒，研究现代汉语、中西交通史以及1977年去世的中文系同僚增田涉教授（1903—1977）等。增田1931年在上海鲁迅家里单独聆听鲁迅讲授其《中国小说史略》达十个月之久，每周两三次，每次两三个小时。他和竹内好是1930年代到1970年代日本鲁迅研究的领军人物，两人的至交可以他在竹内好的追悼会上致辞时突然昏倒不省人事而且就此不治一事作为佐证。他的藏书作为增田文库保存在关西大学图书馆，是近代中日文化交流史料的一大宝库，其中与鸦片战争和太平天国相关的珍贵版本在他的遗著《西学东渐与中国事情——杂书札记》（1979年）中多有介绍，得到了北京大学王晓秋教授等的高度评价，也为许多中国学者所利用。四十年后的2019年，我把自己剖析西方基督教和中日两国的儒学在观念和礼仪问题上冲突和融合的主要案例的十余篇论文加以梳理结集，作为东西学术研究所研究丛刊的一种出版时，效仿他的书名，取名为《西教东渐与中日事情——关于拜礼、尊严和信念的文化交涉》。不过书名开头的“西教东渐”一词并非我的发明，而是战前日本的中国基督教史大家佐伯好郎首先使用的。

尾崎在1983年12月关西大学和复旦大学结成姐妹学校不久就到复旦驻访。当时我在复旦历史系读硕士，受到关西大学文学部长大庭脩先生的邀请，正准备1984年12月去日本访问，以便搜集明治维新时期日本与英国关系的史料来充实硕士论文。所以就到住在复旦外宾招待所的尾崎教授处了解日本和关西大学的相关情况，并与他结下了缘分。他后来较早去世，但他的旧藏书留在了关西大学。内田教授对西方传教士的汉语研究在现代汉语语法形成过程中的影响、沈教授对日本的西学在现代汉语新词形成过程中的影响均有精深的分析，他们两人创办了近代东西言语文化接触研究会，自2000年秋天起发行该会的会刊《或问》，每年两期，至今已坚持了22年，受到广泛的好评。他们两人还与已故大庭脩教授的高足，以研究东亚海域交通史著称的松浦章教授一起出版了《遐迩贯珍的研究》，从我国香港和英国、日本等处的图书馆搜集资料，合成足本《遐迩贯珍》，复原了近代中国的第一本中文月刊，并附以详细索引和解说。后来，他们三人因业绩杰出，先后担任了东西学术研究所的所长。所以可以说，章老师的初次来访，对关西大学的东西文化交涉史研究是起到了促进和推动作用的。

章老师的再访是在2006年6月24日，即他前来接受关西大学荣誉博士学位的那一次。事情的原委是这样的，关西大学因为获得日本文部科学省对私立大学前沿研究领域的资助，设立了亚洲文化交流研究中心，由松浦教授担任主任。松浦委托副主任藤田高夫教授（现为主管国际交流的副校长）和我筹办“近代日中人物交流史研究的新地平”国际研讨会。我们两人把这一领域的老中青三代前沿学者都请来了，包括中国的章开沅和王宝平，台大的徐兴庆（现为台湾中国文化大学校长），日本学者中村义、藤井省三、狭间直树、山室信一和安井三吉，在日本各大学执教的中国籍教授李廷江、钱鸥和陈捷等。当时的校长，也是中文系教授的河田悌一师从岛田虔次，热心于中日学术交流，所以借此机会请他久仰的章老师作主题报告，题为“张謇与日本”，报告之后当场举行授予荣誉博士学位仪式。在会前，河田还专门在大阪市内的有名中餐馆设宴为章老师和其他与会嘉宾接风。河田在担任校长期间也曾将荣誉博士学位授给过北京大学的汤一介、乐黛云教授夫妇和王晓秋教授，都是采取在国际研讨会的场合来授予的，既隆重而又在其同仁见证之下，特别有意义。章老师的主题报告总结了他写过的两本张謇传记的精华，可谓精彩纷呈，而且深入浅出，反映了他视野开阔、与时俱进的问题意识。在会议结束时的即兴发言更博得了听众席上所有参会者的拍手喝彩。为了将章老师的意思准确传达给听众，我们还专门请了时在奈良大学执教的原复旦大学外文系日语教授苏德昌来为他做翻译，苏教授是复旦老校长——战前在日本东北大学获得博士学位的著名数学家苏步青的儿子，在日本长大，直到初中毕业才回国，所以在某种意义上可以说日语是他的母语。

因为章老师来关西大学接受荣誉博士学位，涩泽荣一纪念财团的理事长涩泽雅英（涩泽荣一的曾孙）和研究部长木村昌人也专程从东京赶来参会并表示祝贺，这是因为前一年即2005年，我作为涩泽国际儒学研究项目负责人，在南通与该市张謇研究中心共同举办了涩泽荣一与张謇比较研究国际研讨会，涩泽雅英和木村昌人以及张謇令孙张绪武和曾孙张慎欣都参加了。章老师作了开会致辞，马敏校长作了主题讲演，他们就此与涩泽雅英和木村昌人结缘，返回武汉后立即在华师创办了日本之外第一个涩泽荣一研究中心，其主旨与该校的中国商会研究中心和中外文化交流研究中心是相辅相成的。日方参会者会前在上海著名的浦江饭店下榻期间，还受到当时担任上海政协副主席的复旦大学校长王生洪的亲切接见，而他也是南通出生的科学家和教育家。关西大学的近代日中人物交流史研讨会结束后，日本出版界的老铺雄松堂出版了一本厚重的会议论文集，由藤田教授和我主编；还因为会上的交流所产生的共识和协作关系，东京堂出版了《近代日中关系史人名辞典》，收入了115位资深学者撰写的1200个人名词条，可谓战后这一领域研究成果的集大成者，而且很实用可靠，因为谈论历史不可不知关键人物的来历和思想。编纂者包括与会的中村义、藤井省三和我以及并未与会的久保田文次、町泉寿郎和川边雄大等六人。

章老师的最后一次访问是在2007年10月4日，这一年，关西大学中国学和东亚研究团队凭借其半个多世纪积累的丰硕学术成果，成功申请到文部科学省的全球卓越中心计划项目，相当于国内的“985工程”项目，因而创立了关西大学文化交涉学研究中心。我被河田校长任命为主任，内田和藤田为副主任。为了强化以往建构的国际国内学术交流网络，我们请来了许多知名学者参加10月4日的创立仪式，包括章老师，复旦大学史地所的资深教授周振鹤和文史研究院院长葛兆光，北京外国语大学海外汉学研究中心主任张西平，东方学会理事长户川芳郎，京都大学人文科学研究所所长金文京，东京大学中国思想文化研究专家小岛毅、涩泽雅英和木村昌人，台湾“中研院”副院长王汎森和史语所所长黄进兴，香港城市大学中国文化中心主任郑培凯，新加坡国立大学中文系主任李焯然，罗马大学东方学院院长马西尼，德国埃兰根纽伦堡大学中国研究中心主任朗密榭等，可谓高朋满座，而主角则是普林斯顿大学的余英时教授。在他做了主题讲演“中日文化交涉史的初步观察”后，也在当场举行的仪式上，被河田校长授予关西大学荣誉博士学位。

会后宾主还一同前往位于京都府南部的内藤湖南晚年的居所恭仁山庄，参观了其中钢筋水泥结构的二层楼书库。章老师兴致勃勃，在书库门前以及悬挂着林则徐手书匾额（写着“拓室因添善本书”）的书斋里都留了影，显得很高兴。书库中藏有的3万册书籍资料，被关西大学作为庆祝其百年校庆（1886—1986）而购入，作为内藤文库藏在新建的校图书馆内，与增田涉文库、长泽规矩也文库、中村幸彦文库和泊园文库等一起，形成了支撑关西大学中国和东亚研究的强大资料群，受到国内外很多学者的重视和利用。曾在武汉大学图书馆学系就读，后来获得北大博士学位的钱穆孙女钱婉约女士（现任北京语言大学人文学院院长）可以说是其中的一个代表。2015年，她应邀作为东西学术研究所访问学者驻访两个月，我协助她编纂了《内藤湖南汉诗酬唱墨迹辑释：日本关西大学图书馆内藤文库藏品集》（国家图书馆出版社，2016年9月）。

章老师在2006年来访时，曾到离大学不远的我家小坐，并共进晚餐。他和蔼可亲、谈笑风生的大家风度使内人感到很亲切，给她留下了深刻印象，还一起合了影。忘了是在2006年还是2007年，我陪同来访的章老师参观内藤文库时，书架上的一片纸引起了他的注意。他顺手拿来一看，便说这也是可以做一篇文章的。当时我还有所不解，但是时至今日，15年之后的我自己也已成了古稀老人，却可以悟到，这也许就是孔子所谓“七十而从心所欲不逾矩”的境界吧。换言之，只要是认真工作和仔细思考的人，当你遍历人生、饱经风霜之后，当然会形成个人的价值观，心中也会有定位各种文献在学术地图上之位置的坐标系。这样，在拿到一件东西时，自然是可以掂量出它的轻重、价值和意义来的。

（作者单位：日本关西大学）

追念章开沅先生

裴京汉

我第一次见章开沅先生是在30年前的1991年6月，在首尔大学东洋史学科主办的中国近现代史料学国际学术大会上。该学术大会是中韩建交前韩国历史学界首次邀请中国学者举办的学术大会，是在我的恩师闵斗基先生的积极主张和准备下召开的。

闵斗基先生和章开沅先生于1981年在日本东京举行的辛亥革命70周年国际学术会议上初次见面后，在新加坡、美国等地的学术大会上多次见面。当时中国和韩国还没有建交，因此邀请在美国耶鲁大学的章先生访问韩国并不是一件容易的事情。当然，章先生访韩，不仅在韩国历史学界、在韩国社会也是相当热门的话题。

当时在闵斗基先生门下攻读博士学位的我参加了该学术大会，能够见到章开沅、张宪文、骆宝善先生等以前只知道名字的中国学者，是非常值得期待的。在该学术大会上，章先生发表的文章以《1949年以后辛亥革命资料调查的批判的检讨》为题，在同年12月发行的《首尔大学东洋史学科论集》第15辑中翻译刊登。在这篇文章中，章先生介绍了中华人民共和国成立以后大陆发刊的辛亥革命相关资料的收集、整理、刊行的总体情况。章先生特别强调了当时发行的资料，相当部分受到了发刊当时政治状况的直接影响。

在与章先生的第一次见面中，印象特别深刻的是，作为辛亥革命研究的世界大家、中国代表性元老学者而广为人知的章开沅先生，是非常体贴和爽快的人。当时，以闵斗基先生为首的韩国学者们总是以严厉的态度对待学生，因此对于习惯了这种状况的我来说，章先生的体贴足以留下深刻的印象。对章先生的这种印象虽然是章先生个人品德的结果，但更根本的是他想要与年轻一代更加积极地沟通和交流的学术态度。

1992 年 8 月，随着中韩建交，中韩之间的学术交流日益活跃，我多次在国际学术大会上见到章先生。特别是从 20 世纪 90 年代中期开始集中研究孙中山和韩国关系的我，参加了在中国举行的孙中山和辛亥革命相关学术大会，每次都能见到章先生，聆听章先生提出恰当的学术建议，他还支持我积极参加国际学术交流活动。另外，通过章先生的介绍，我还可以与章先生的弟子们马敏、朱英、桑兵、王奇生等跟我同龄的好朋友见面并积极交流，从而了解了所谓章门弟子的面貌。

我记得 2001 年，章先生和当时致力于华中师大国际化的马敏校长一起，访问了我任职的釜山新罗大学，至今记忆犹新。当时章先生坚信大学与学问的国际化和扩大国际交流是当务之急，并积极参与扩大国际交流的海外访学活动。章先生和马先生访问釜山后，在我的陪同下，参加了在首尔举行的中国近现代史学会定期发表会。章先生发表的文章是《参与的史学与史学的参与》，马敏先生发表的文章是《最近 10 年的中国商会史研究及其展望》，两篇文章都被翻译成韩文发表在《中国近现代史研究》第 11 辑中。章先生的文章，《参与的史学与史学的参与》是 2000 年 9 月在北京近代史研究所举行的第二届近代中国与世界国际学术讨论会上发表的文章，但内容在韩国学界几乎鲜为人知，因此受到与会学者的极大关注，特别是主张历史学家们要积极地“参与现实”，对年轻学者来说，是个不小的刺激。章先生参与中国近现代史学会后，从两个方向继续与韩国年轻学者进行了交流。一是韩国学界决定翻译章先生代表著作之一的《离异与回归：传统文化与近代化关系试析》（1988 年），后由闵斗基先生的弟子之一，岭南大学孙承会教授负责翻译出版（《危机·离脱·回归——人物与近代中国》，2008 年）；另一件事是，闵斗基先生的弟子，将当时在日本东京大学获得博士学位后刚刚回国的姜振亚老师聘为华中师大的外国人教授。这两点都是在会后准备的简单会餐场所与年轻学者的面谈结果，从中可以看出章先生在国际化方面特别是与国外年轻学者的沟通上是多么积极。

2011 年，辛亥革命 100 周年，韩国学术团体东亚论坛让我推荐具有代表性的中国历史学者，结果章先生于 4 月 15 日访问了首尔，并在论坛和国会上进行了演讲，我担任翻译的事情也记忆犹新。国会演讲，由当时东亚论坛的中心会员（最近担任韩国国会议长和国务总理）丁世钧议员主持，演讲结束后丁议员亲自敬茶。当时章先生进行的演讲共有两次，早餐聚会举行的东亚论坛演讲中，以《辛亥革命和亚洲的未来》为题进行了演讲，同日下午在国会图书馆举行的演讲中，以《辛亥革命和今天的中国》为题进行了演讲。在《辛亥革命和亚洲的未来》演讲中，他介绍了孙中山的大亚洲主义主张，强调孙中山是梦想亚洲和世界大联合的真正的“世界人”，同时强调 100 年前的辛亥革命不仅仅是中国的革命，也是包括韩国在内的亚洲革命。在国会发表演讲的《辛亥革命和今天的中国》的内容是纪念辛亥 100 周年章先生发表的文章，摘自《百年锐于千年：辛亥革命百年反思》的内容，从孙中山在同盟会成立时期发表的《民报发刊词》中，以 100 年为单位观察革命的背景和展望。特别指出，孙中山的三民主义即民族、民权、民生的真正实现，是今天仍然需要追求的目标。

2018 年秋天我为了参加在武汉大学举行的学术大会而访问武汉时，曾联系过章先生，但听说他因为小手术住院，所以通过马敏先生转达了问候。现在回想起来，很遗憾那时该见一面的。回首过去，章先生是第一位开启韩国和中国历史学交流的人。章先生的遗志，是进一步活跃中韩历史学者之间的交流与合作，建设和平共存互惠的亚洲乃至世界，即共同建立“参与的史学”。

另外，我个人认为，章先生作为我人生第一次见面的中国学者，不仅是“中韩交流”的象征，也是一直使我受到温暖和鼓励的“心中的恩师”。希望章先生在平安的好地方永远安息。

2021 年 5 月 29 日，裴京汉谨书

（作者单位：韩国釜山大学韩国民族文化研究所）

敬悼章开沅先生

陈方正

惊闻章开沅先生以高龄辞世，哲人其萎，宗师遽失，噩耗传来，此间学界同仁莫不深感哀伤，谨此遥表悼念，并对先生亲属敬致慰问。

章老生于艰困，长于动乱，为人特立独行，落落出群，早年任教华中师范大学，惟受环境限制，迄改革开放之年方得偿素志，积极开展辛亥革命研究，自是声名鹊起，广与中外学者交接，悉心领导中国近代史研究所向多方面发展，蔚为一代宗师，不啻中国新一代人文学者典范。先生与香港中文大学颇有渊源，上世纪 80 年代即与王德昭教授及马临校长相识，更于 1995 年访问本校崇基学院半载，师生咸嘉其惠。

2016 年 8 月，本人与梁元生教授赴桂子山拜访章老，蒙亲切接待，并俞允访港。翌年 1 月章老由夫人及朱英教授陪同，莅临本校主持首届陈克文中国近代史讲座，以《孙中山的亚洲梦》为题发表演讲，又以《文化危机与人性复苏》为题进行座谈，与听众亲切交流，缕述平生志概。此讲座乃为纪念终生为中国现代化努力之先父而设，由本校中国文化研究所主持。章老以耄耋高年远道而来，亲临开讲，令本港故人及后学得重聆謦欬，领略风范，诚为难得之盛事，亦为推动此讲座之梁元生教授、陈越光先生、梁其姿教授及本人所衷心感激，永志难忘。

章老驾鹤归去矣，惟坚忍不拔、青春焕发之精神常在，开创之多项事业蒸蒸日上，其于当代中国文化之影响既深且远，方兴未艾，此吾人所低回景仰而思念无穷者也。

2021 年 5 月 29 日

（作者单位：香港中文大学中国文化研究所）

悼念“老船长”章开沅教授

魏外扬

走进武汉华中师范大学中国近代史研究所，墙壁上的两句话，总会吸引来访者的目光：“历史是画上句号的过去，史学是永无止境的远航。”提出这两句嘉言的，正是该研究所创办人，中国著名的史学家、教育家章开沅教授。这位终身巡航于史学汪洋中的“老船长”于日前去世，享年95岁。

章开沅教授与马礼逊学园创办人林治平教授是多年好友，两人都属虎，章教授长一轮，以虎兄虎弟互称，可见两人间的情谊。章教授也是马礼逊学园的热心支持者，当年我们筹划出版《马礼逊纪念文集》70册，列出庞大的经费预算，并呼吁各界奉献支持，结果收到第一笔大额的奉献就是来自已经退休的章教授。林教授后来常见证说，虎兄带头的这笔奉献，使身为总策划的虎弟信心倍增，从此放胆去做，经历戴德生所谓的“不可能”“困难重重”“成了”三个阶段，得以留给华人教会一套珍贵的书刊史料。章教授也将自己的6篇论文集结为《贝德士文献研究》，提供纳入《马礼逊纪念文集》中，使文集更具光彩。

章开沅教授在史学汪洋中不断开辟新航路，发现新大陆。他在辛亥革命史、商会史、教会大学史、贝德士文献等领域开创研究风气，培养研究人才，推动国际交流，留下深远的影响。

在这些领域里，我受教于章教授最多的是教会大学史，尤其是透过一个偶然事件，我第一次听说金陵大学贝德士教授的故事。那是1994年3月，中原大学与宇宙光共同主办基督教与中国现代化国际学术研讨会，章教授原拟出席，并提交《贝德士与金陵大学》一文，后因故缺席，临时由我代为宣读，这也是我第一次接触贝德士与“南京帮”宣教士的故事，引起我极大的兴趣。

1995 年我将在《宇宙光》杂志写的专栏结集出版，书名《贝德士的名单》，并在序文中特别感谢章教授提供贝德士的照片。有记者说，章开沅一生充满偶然，我感谢上帝，使这一次的“偶然”成为我的祝福。

（作者单位：台湾中原大学）

纪念章开沅教授（1926—2021）

魏克利（Philip Lauri Wickeri）

在章开沅教授于5月28日去世数小时后，我得知了他的离去。忆起过往的点点滴滴，我的心情非常悲伤。改革开放初，章教授帮助重振了中国基督教史研究。我很自豪能认识他这样一位秉持学术良心的学者、导师和真挚的朋友。

章教授生于1926年。1946年肄业于南京金陵大学历史系，一生从事历史研究，是华中师范大学的教授及前校长。他致力于研究民国史，特别是1911年的辛亥革命。另曾担任中国高校历史研究所的所长。章教授著作等身，撰写了许多优秀的中、英文书籍。其教授和指导学生逾50年，并因其学术研究而闻名于世，特别是对中国基督教大学的研究。章教授的历史论见和深刻的洞察力将永为人所纪念。

我第一次听闻章教授，是在1970年代中。当时，我已认识章教授以前的老师贝德士。贝氏曾提及章教授是其在南京金陵大学任教时的明星学生，并告诉我，如果去武汉，应去找他。

20世纪80年代，章教授访问了美国。在普林斯顿，他见到了自己以前的同班同学及贝德士教授的学生，包括我的中文老师陈大端教授。在章教授的一本书中，有一张摄于1946年的照片，是贝德士教授和他的学生们，里面有章教授和陈教授以及普林斯顿大学牟复礼教授。在普林斯顿，他还见到了刘子健教授，刘是我计划去中国时的一位顾问。后来我得知，刘子健教授把他的宋史图书赠送给了华中师范大学。

我在2015年成为章开沅学术讲座学者。在该次讲座中，我从追根溯源、辨析差异的角度就西方基督教的相关性来理解在华基督教历史。我首先从《圣经》和基督教在西方发展的视角出发，梳理基督教新教思想的源头；所谓“辨析差异”；其次整理这些思想是如何在本色化过程中以及在中国社会的现实环境中得到修改调整的。在那次讲座中，我第一次真正见到尊敬的章教授。也与华中师范大学章教授的研究生和同事见面，并且和章教授单独进行了交谈。他给我留下了深刻的印象：尽管已年过八旬，但他仍有敏锐的洞察力与惊人的记忆力。

我最后一次见到章教授，是在2019年10月，那是在“回顾与展望：中国教会大学史研究三十年”国际研讨会上。当时我提交的论文是《为了长远的路：贝德士、在华基督教史与中美民间关系（1950—1978)》。在这篇文章中，我指出，从1920年至1950年，贝德士以传教士及南京大学教授之身份作为其职。1950年他离华后，担任纽约协和神学院传教学教授直至1965年退休。在这一时期及其后的退休岁月中，他持续就中国的变幻形势及中美关系进行书写及讲论。他是哥伦比亚大学中国问题讲座的常驻学人、中国基督教联合董事会成员及美国基督教协会中国项目委员会委员。他与许多此前的在华传教士及其他对在华基督教有兴趣者保持着广泛的联系。他曾对一个1890年—1950年的在华基督教研究项目做过广泛研究，但并未完成。我在文章中批判性地考量了贝德士在离华后近30年在美期间对中美关系的研究视角及影响，透过书目、个人文章及在华传教士文章、委员会会议记录、个人回忆录（正如上述所提，我认识贝氏，并在70年代中作为其助理与之短期共事）等，考量贝氏对中国问题之研究及公共视角以及他在美国的影响；我也同时指出，从朝鲜战争的艰难岁月到1972年中美恢复建交，贝德士的视角是一贯且大体怀揣希望的。尽管他总体的影响较为有限，但其观念则是“为了长远的路”，且对于今日而言依然重要。章教授的许多学生都在那里。章教授在他的办公室里和我、他的同事及贝德士的孙女一起度过了愉快、美好、难忘的一个下午。

短短几句话不能回顾这位伟大学者的一生。但我相信，人们将通过他的学生和朋友、他的著作以及他对中国和基督教研究的贡献来记住他。他也将永远留在我的记忆深处。

2021 年 12 月 9 日于香港会督府

（作者单位：香港圣公会档案馆）

追忆与章开沅先生的多次见面

郑会欣

今天早上，突然在微信上看到何兆武、章开沅两位先生去世的消息，心情十分沉重。就在几天前，袁隆平、吴孟超两位院士也是同一天去世，再联想到12年前季羡林、任继愈两位先生也同在一天去世，而1999年我曾有幸陪同季、任二老一同前往台湾参加圣严法师的会议，留下一段美好的回忆。国士无双，大师远去，这一切岂不是冥冥之中上天的安排？

因为从事研究的领域，我接触的学者主要是近代史领域的，所以一直无缘拜见何兆武先生，但他那本《上学去》却早就阅读过，并留下深刻的印象。而章开沅先生则是中国近代史的领军人物，将近40年来，有幸与章先生在不同的场合多次见面，聆听教诲，如今回忆起来，往事一一浮现眼前。

我第一次见到章开沅先生是在1982年的春夏之交，那时我即将于南京大学历史系毕业。当时正值南大80年校庆，邀请了来自世界各地的学者和宾客，章先生作为南大的杰出校友也在受邀学者的名单之中。当时章先生刚从美国参加辛亥革命学术会议回国，他报告的内容正是介绍此次芝加哥会议的情形，这次会议也是1949年之后两岸学者的第一次会面。章先生兴致勃勃地介绍了会议的情形，特别是讲述了他与台湾“中央研究院”张玉法先生关于对辛亥革命性质的争论（这就是日后学界著名的所谓“章张之争”）。我当时虽然只能在远处聆听报告，但章先生睿智的思想和生动的演讲，却在心中留在深刻的印象。

其后不久，我毕业分配到中国第二历史档案馆，从事民国档案和民国史的编辑与研究工作。当年 11 月，江苏省经济史学会即将成立，准备在南通市召开学术会议，我们馆也有几个参会名额，因为我被分配编辑财政经济方面的档案，馆领导同意让我这个刚刚进馆工作几个月的新人随同陈鸣钟、魏振民、李安庆、孔庆泰等几位老师一道参加。南通是张謇先生的老家，当年他在这里创办的大生企业集团在中国近代工业史上曾发挥过重要影响，也留下许多历史遗迹，而且南通市档案馆也保藏着相当丰富的大生集团历史档案，因此在此举行首届经济史会议自然具有重要意义。与会学者除了来自本省各地从事经济史的学者（如南京大学的茅家琦、严学熙、史全生，省社科院历史所的陆仰渊、徐梁伯等老师）之外，还特别邀请到华中师范学院的章开沅教授和上海社会科学院经济研究所的徐鼎新老师等参加。章先生是国内外研究张謇的大家，而徐老师此时正在研究上海总商会的发展历史。这也是我第一次与章先生近距离的接触，能够当面聆听著名学者的演说，对我来说影响极大。

在这之后，章先生曾多次到南京参加学术会议，如 1984 年的民国史学术讨论会、1987 年的首次张謇学术讨论会和同年召开的民国档案与民国史讨论会，我作为与会代表和会务人员，虽然多次听到他的发言，但都没有机会当面请教问学。在这之后不久，我却阴错阳差，离开南京来到香港定居，并成为香港大学中文系的研究生。入学之初，导师赵令扬教授让我多参加些系里举办的学术会议，记得参加的第一个会议就是 1989 年 4 月间召开的“章太炎、黄侃学术研讨会”，章开沅、金冲及、韦庆远等内地学者应邀参加。一年多前在南京的民国史讨论会上与他们刚见过面，忽然又在香港重逢，章先生和金先生既感到意外和诧异，但更多的还是对我的学业和前途予以关心，此情此景恍如昨日，让我铭记于心。

1990 年 8 月，香港中文大学举办近百年中日关系史学术讨论会，在这之前我已与台湾“中研院”的张玉法先生多次通信，但一直没见过面。张先生要来香港参加会议，他就告诉我这一消息，希望与我能在香港见面。我当时正为撰写论文在南京收集资料，得知这一消息后即赶回香港，并得到中大历史系谭汝谦教授的同意参加会议，见到了张玉法、蒋永敬、唐德刚、刘绍棠、吴天威等众多台湾学者，章先生也参加了这个会议。当时我只知道章先生会后就要出国讲学，却不了解其中的背景，直至以后，特别是看到先生后来的游美日记，才对当时先生的境遇有了更深的理解。而我本人也就是在这次会议之后的一个多月，应聘来到中文大学，自此就在这里一直工作到退休。

再一次见到章先生还是在中大，那是两年后中大召开的第一次中国教会大学研讨会。记得当时章先生还在海外讲学，是从韩国飞到香港的。章先生在耶鲁大学收集到大量的教会档案，并以此为契机，开拓了中国教会大学的研究，功莫大焉。马敏兄是从武汉前来开会的，从他那里我了解到章先生近年来的一些情况。

1994年初冬，南京大学决定在南京召开第三次民国史会议，除了国内外学者之外，这次还邀请了众多台湾学者与会，因此规模要比前两次的会议还要大，而且张宪文老师也给我发出了会议邀请。到香港之初的几年，我与国内学术界失去联系，有时虽然也收到一些会议的通知，但因种种原因均未成行。而这次会议却不同了，不仅因为我参加过前两次民国史会议，而且这次会议也是我重返民国史研究队伍的一个重要契机，因此决意争取参加这一盛会。

到南京开会后见到了许多过去认识的老师和朋友，更多的是那些新朋友，特别是来自台湾那些神交已久的老师。与以往两次民国史会议最大的不同是，本次会议邀请了许多台湾学者如张玉法、蒋永敬、陈三井等参加，张先生此时刚刚卸任台湾“中研院”近史所的所长，也刚当选“中央研究院”院士，并担任台湾中国近代史学会理事长。张先生在台湾的声望极高，人称“法老”，经他发起并筹款，计划于1995年抗日战争胜利50周年之际，在台湾召开一次盛大的学术会议，与会者则是来自两岸的学者。在南京开会时，张先生找到我，问我对这个会有没有兴趣，我说“当然有兴趣了”。他说，“那好，我还是把你算在大陆学者一边”。回到香港后不久，我就收到会议筹备委员会寄来的邀请函。

这次台湾邀请的大陆学者除我之外共有32人，但其中有一名学者因故未能成行（听说是他在申请表格的职务一栏上填写的是某大学历史系党总支书记，因而未获台湾批准），学者中既包括章开沅、张宪文、杨天石、王桧林、黄美真、陈铁健、解学诗、张同新、蔡德金、陈胜粦、杨光彦、周敌乾等学界前辈，也有马敏、杨奎松、谢放、何一民、陈谦平、陈红民、申晓云、马振犊等这些后起之秀，这么多的内地学者一起到台湾，创下了海峡两岸学术史上空前的也可能是绝后的历史纪录。

我是自己先行从香港飞到台湾，其他31位学者可就辛苦了，那时从大陆到台湾必须途经香港转机，因此大队人马头一天先集中住在深圳，第二天一大早从罗湖入港，集中之后再赶到金钟的台湾旅行社换取入台的证件，所有手续办好后天色已晚，才前往机场办理登机证乘搭飞机。那天香港正刮台风，挂起八号风球，他们乘坐的那班飞机是最后一班离开香港的。飞机升空后不久就遇上强大的气流，飞机忽然上升，又猛地下降，颠簸了好长时间，终于有惊无险，到达桃园的中正机场。在第二天会议的开幕式上，华中师大前校长章开沅教授代表所有大陆学者致辞，他半开玩笑半认真地说："昨天夜里我们可是经历了九霄惊魂，万一飞机出事，对中国和世界的民国史学界来说，那可真是一个极为重大的损失！"

在这之后我还在不同地方见到章先生，2000年夏天召开的中国经济史年会是由华中师大主办，地点在湖北武当山。我亦遵照会议要求先到华师集中，在历史研究所又见到了章先生。会议安排我与章先生和王笛兄等乘坐同一车厢，一起从武汉前往十堰，路上交谈甚欢。2001年10月又在台北圆山饭店召开的纪念辛亥革命90周年的会议上见到先生，记得会上有人还追问章开沅和张玉法先生20年前的那场争论，他们二人都笑着说，我们是君子之争，友谊长存。2011年6月，香港有关单位与武汉市政府联合举办辛亥革命文物香港特展，展出了众多珍贵的历史文物，同时还在香港中央图书馆举行报告会，邀请内地、台湾和香港的学者发表报告，我亦获邀与章开沅、张玉法、冯天瑜、马敏诸位先生同台报告，对我来说，实乃荣幸之至。

2016年5月，华中师大的马敏、朱英诸兄邀请我去他们学校访问讲学，行前我曾向历史学院提出拜访章先生的要求。负责接待的老师对我说，访问章先生需要事先征求他的同意，但很快他就答复我说，章先生说：“我们是多年的老朋友了，对你能来访问特别高兴。”我听了之后真是受宠若惊。到武汉后的第二天上午我就依时和妻子一同去拜访章先生，他早已在办公室工作了。见面问安后我即将最近出版的几本书面呈先生，恭请指正，章先生也将他刚刚出版的口述回忆赠送与我。原来学院的老师对我说只谈半个小时，但章先生特别健谈，说到往事，聊起现状，一直谈了两个多小时。我看到他口述中说1988年在香港参加“章黄研讨会”，就说这个会肯定是在1989年举行的，因为1988年我还没有去香港。章先生为之感叹说，看来个人的回忆真的不一定完全正确。当天中午马敏、朱英兄邀请，与章先生及同时到访的王笛兄等众人共进午餐，先生依然兴致勃勃，并于餐后合影留念。

我们研究所老所长陈方正的父亲陈克文先生原来是国民政府行政院的资深参事，也是立法院在大陆时期最后一任秘书长。1996年我在台湾查阅档案时，曾在国民党党史馆看到大革命时期陈克文任国民党农民部秘书时与毛泽东、徐谦等人的往来函件，便复印下来交给方正所长。后来去“中研院”近史所档案馆，又知道陈克文的日记就收藏于该馆，我想看看，但据说是必须有其家人的同意方能阅览，因而只好作罢。

就在我退休之前，方正所长计划将其父的日记整理出版，让我对其整理的打印本予以校勘，并希望我对日记中出现的部分人物加注，我均遵命完成。后来日记先后在台北的“中研院”近史所和北京的社科文献出版社出版，引起学界的极大轰动。陈方正即借此契机，与他的外甥女，香港大学的梁其姿教授，捐款在中大中国文化研究所设立了一个“陈克文中国近代史讲座”，计划每年聘请海内外著名学者到大学和研究所进行多次演讲。我从武汉回来后即向方正先生报告了章先生的近况，因此第一位受邀来访的就是国际著名学者，华中师范大学前校长章开沅教授。2017年年初，章先生就作为“陈克文中国近代史讲座”的第一位学者访问中大，受到香港学界的热烈欢迎。

前几年，华中师大的朱英兄介绍了一位陈新林先生与我相识，这位陈先生原来是体制中人，后来下海经商，生意做得很大，但他因出身和经历的关系，对历史特别感兴趣，人过中年、事业有成之后，空余时间都在读书，特别喜欢中国近现代历史的论著。他的公司设在香港和深圳，但他是武汉人，在武汉也有房地产项目，于是就拜章开沅先生和朱英兄为师，在华中师大攻读历史学博士，为此朱英兄便介绍我们相识。

新林兄年龄比我略小几岁，可以说是同一时代的人，彼此的家庭和经历也有许多相同之处，所以交谈起来甚为投机。他告诉我，他一直有一愿望，就是想在香港筹办一个学术研究机构，利用香港的政治和地理优势，筹备资金，资助和出版一批民国史的档案资料和专著，若有可能，以后再设立相应的研究机构，推动中国近现代史的研究。对于他的设想我极表赞同，也表示若需要的话定当尽力襄助，章先生和朱英兄在武汉和香港见面时，也多次嘱咐我，要对新林兄的这一计划予以支持。因为我在内地、台湾、香港等地认识的朋友较多，所以这几年凡是有重要学者访问香港，我都将他们介绍给新林兄，并积极宣传他的计划，听取诸位学者的意见，这个计划自然也都得到众人的一致赞同。

2017 年 4 月，经过新林兄的多年筹划，并得到章开沅先生的大力支持，开源研究机构（Kaiyuan Research Academic Foundation Limited）正式在香港注册成立，这是一家非牟利的公司，由陈新林、陈博（陈之子）和我三人出任董事，机构就设在金钟陈新林先生的公司。按照陈总的计划，开源机构下将来会开设开源书局、开源学术基金和开源中国历史文化研究所等几个机构。成立开源研究机构的宗旨，就是希望借助这一学术平台，出版历史档案以及海内外中国近现代史研究高水平原创性的学术著作，注重学术交流与信息分享，并通过各种方式促进学界同人之间的互助合作；设立学术基金，支持与赞助学者，特别是鼓励和支持中青年学者对中国近现代历史进行认真深入的研究。开源研究机构首先成立的是学术委员会和开源书局，其他的工作慢慢进行。为此我向新林兄提出了学术委员会的建议名单，其成员包括全国各地重要的历史学者，这个名单经过与章开沅先生及马敏、朱英诸兄反复斟酌商议，最后予以确定，再分别致信给各位，均得到他们的热情支持。

10 月 20～22 日，开源研究学术委员会成立大会在香港香格里拉酒店举行，开源书店特别赶印出章开沅先生的日记《北美萍踪》，并在开幕式上予以发布，以庆祝章先生的学术贡献。开源研究学术委员会由章开沅先生出任主任委员，张玉法、张宪文和杨天石三位前辈担任顾问，学术委员包括：王奇生（北京大学）、王笛（澳门大学）、朱英（华中师范大学）、吕芳上（台湾“中央研究院”近代史研究所）、沈志华（华东师范大学）、吴景平（复旦大学）、马敏（华中师范大学）、徐思彦（社会科学文献出版社）、桑兵（中山大学）、黄克武（台湾“中央研究院”近代史研究所）、陈红民（浙江大学）、陈谦平（南京大学）、陈新林（开源书局）、梁元生（香港中文大学）、梁其姿（香港大学）、杨奎松（华东师范大学）、郑会欣（香港中文大学）、罗志田（四川大学）等人组成，应该说都是当下学有专长的学者。

开源研究机构和开源书局成立后，在张玉法、吕芳上等先生的支持下，出版了众多民国时期的档案以及民国名人的日记，已经引起学界的广泛注意。我虽然没有参加其中的工作，但我对这项工作的意义深表认同，并预祝开源书局出版更多的档案与论著，进一步推动中国近现代史的研究。

自 2017 年之后我就再也没有见过章先生，但还是经常在微信中看到他的讲话以及他的弟子们介绍先生的文章。去年武汉发生新冠疫情时，大家都很关心章先生和其他武汉学人的状况，纷纷在微信中问候，好在最终都没有人受到感染。前些天从新林兄处得知章先生夫妇已住进养老院，说只是走路不大方便，其他情形还好，华师的弟子们还在筹备给先生祝寿。今天早上惊悉先生驾鹤西去，遽归道山，大师远去，高山仰止，留给学生们无尽哀思。今天一天都在回忆与先生在一起的往事，信笔写来，虽说都是一些流水账，却是学生的一片崇敬追念感恩之心。

章先生的道德文章永垂不朽！

写于 2021 年 5 月 28 日 21 时 30 分

（作者单位：香港中文大学中国文化研究所）

怀念章开沅老师

李培德

章开沅老师是中国近代史的大家，海内外知名。我记得最早知道他的名字应是1980年代后期，当时他开始整理苏州商会档案并陆续发表相关的研究成果，由于当时研究商会的人不多，章老是创先的前驱，他的文章我是一篇又一篇拜读的。1991年，他发表名作《辛亥革命与只争朝夕》，对于当时尚在硕士生求学阶段的我来说，能一睹大师的文采，是多么令人兴奋！

我和章老第一次见面应是于1990年8月在香港中文大学举行的近百年中日关系国际研讨会上。当时，在历史系谭汝谦老师的指导下，我参与了研讨会秘书处志愿者的工作，由于章老不是第一天注册，所以对他特别有印象。此后我们在多个学术会议上见面，有讨论商会的、商人的，也有辛亥革命的，已经记不起有多少次了。印象较为深刻的一次是和章老聊天，谈到内地的档案馆服务态度不好、档案开放度不够（现在多已改善），很多同行都有怨气但无处宣泄，章老提议大家在网上投票选举服务最好和最差的档案馆，将名单于网上公布，当时我觉得他思想灵活，偶尔带有一点讽刺式的幽默。章老平易近人，很有大师的风范，不管是什么场合，他的魅力总会吸引到身边的人。

2001年11月，章老访问香港，我乘此机会邀请他来香港大学亚洲研究中心做客，并主持一场演讲，他马上答应，题目定为《中国商人在历史上的作用和角色》。他对我说，“这一次我是来讲自己的家史，不知道听众会有什么反应”。结果是座无虚席，报告厅挤得有人满之患，我看见有很多人是站着听的。章老没有准备讲稿，但大家都被他有条不紊、侃侃而谈、引人入胜的演讲风采所吸引。对于当时国外正在热烈讨论的中国商人研究，他认为不需要盲目跟随，盲从不会有好结果，引起大家热烈的讨论。讲座由亚洲研究中心主任黄绍伦教授主持，章老对听众提出的问题耐心回应，结束时赢得全场隆隆的掌声。

我是于2014年进华师的，庆幸地有更多的机会和近距离地认识章老。他的办公室在国际文化交流园区一号楼的605室，我在601室，中间是没有603室的，大家是隔壁工作，有时在走廊，在电梯口，在楼下大堂，甚至在门口石阶上都会碰到。我没有见过他用拐杖，反而看到他是步履如飞。据说他喜欢走路，从家里走到食堂，从食堂走到办公室。他背着一个单肩包，走起路来十分轻松。他的生活甚有规律，每天早上来办公室，中午前离开。偶尔下午也会看到他在办公室，通常是会见来访的宾客。

2014年4月，章老向校方请辞资深教授职位，主动放弃所有的福利和津贴。2015年，《章开沅文集》(11卷）面世，华中师范大学出版社和近代史研究所联合举行了新书发布仪式，我有幸参加了。章老参加活动一般都会发言，但他从不准备讲稿，用的都是腹稿，但效果出奇地好，他有极高的演讲能力，能做到井井有条，绝不重复，而且高潮迭起，让人佩服。

2016年9月，日本涩泽荣一纪念财团官式访问华师，更新现有的合作和交流协议，这一次的访问可与以前的不同，因为财团的灵魂人物涩泽雅英亲自到访。雅英不仅是财团的理事长，更是日本明治时代经济界名人涩泽荣一的曾孙，由他亲自出马，可见财团对华师的重视。章老与雅英私交甚好，雅英比章老大1岁。当时雅英对我们说，他的曾祖父活到91岁，他估计自己可以超过他，当时在座各人均表示赞成，结果5年后，没有人想到章老会先行一步，两位年届90高龄的长者彼此恳切交谈的情景还历历在目，今天可谓唏嘘不已。

章老的大名，在武汉，在湖北，在全国的史学界，可谓无人不知。受过章老教育的学生分布全国，甚至海外。有一次我在武汉天河国际机场入境，带上一个小纸箱，里面装的都是上课用来介绍给学生看的参考书，经过海关时被要求打开箱子检查，当对方看到一本《历史与传承：章开沅与池田大作的对话》（香港商务印书馆，2013 年）时便对我说：“我们老校长的书你都有……可以了，可以了，不用再查了，请走吧！”显然对方是华师的毕业生，我顿时觉得章老的影响力，已经不再局限于学术界，时时刻刻我们都可领受到他的恩惠。

章老，我们永远怀念你！

（作者单位：华中师范大学）

生命的拐点
——致章开沅校长及我们的 1977

左 韦

无论如何，我都是会去的。放下教案，登上飞机。

一切，似是昨天。昨天，您在讲台上，今天您依然在。排排坐，跟前坐的仍是当年那群钻进故纸堆不肯爬出来的学子；不同的是，他们也已鬓发染霜，人到中年。此刻，他们像一群返家的孩子，那些兴奋，那些短促的或絮叨的话语，都将记忆拉成一片绚丽的彩虹。

请您原谅我们迟来会场，让老师们等候，直令我心里不安。因为亢奋，因为一夜说不完的话，因为有人喝多了几杯，也因为我们一时没能从记忆中找回如何迅速执行班长的指令……

没有变，您说，你们没有变。笑貌，音容，未脱当年的模样。

可是，却是不同了，的确变了。相视的一瞬间，沉沉然传递出一丝叹息——我们，你们，时代，整个世界。

1977，那是历史大转折的符号。经历生命摧残与青春消耗的我们，从农场、油田、工厂、矿井四方奔来，扑向同样伤痕累累的大学校园。那是一个展开的世界，一个我们久久渴望而终生依恋的世界。生命的复苏，在此时显得那样的充满意义。

那时候的图书馆是要抢位子的；那时候的借书证是填满了好几页的；那时候男生女生仍有着授受不亲的距离；那时候组织出游是会躲进树丛偷偷看书的。读书、读书、再读书！那时候所有的一切，都紧紧扣着读书的主题，将生命唱成一曲涅槃凤凰——因为我们明白，上大学的机会来之不易。在我们混沌的成长中，岁月偷去了我们的二八年华。我们窈窕的身段没有华美的衣衫，我们粗糙的手掌爬满劳作的厚茧，浩劫的烟雾熏炙了我们的皮囊，每一双眸子都留有斑驳的泪痕，每一副脊梁都肩起一段沧桑。然而，苦难不能令我们折服，我们只渴求上学。那是精神的大饥荒啊，老师。不，从精神到物质，我们皆如此匮乏。1977，那个您称之为第二次解放的历史刻度，禁考十年后的我们，终于以第一届考生的身份，走进了大学校园。尘封十年的图书馆终于打开了它痛苦的记忆，我们与书成了不可分割的莫逆之交。

我们在读书中思考，在思考中成长。在读书与思考之间，我们何曾毕业？带着读书与思考的习惯，带着您和师长们的寄望，我们步入了社会。如今，同学中有基层学科的优秀教师、科研骨干，有肩起大专院校前程的带路人，也有社会的政治精英。他们站立着，见证着一个时代跳动的脉搏与苏醒。

那是一个历史的拐点。您沉沉的声音敲在我的心上，我的眼睛潮湿了。在那段历史的生命密码重组与喷发的时刻，我们站在了那儿。我们无法选择时代，是时代选择了我们，并赋予我们以承担，以精神。

您的目光扫在我们身上，也扫在我们每一个同学的心上。您曾与师生们一起，走过那个带着历史创痛的时期。如今，您又站在大家面前，以清晰的思路与睿智，告诫我们：我们面临着严峻的挑战。时代又一次将我们推向了历史的转折点，它与我们每一个人、我们的社群、我们的国族以及整个世界文明的进程，息息相关。

眼下，这是另一个历史拐点。您说。我紧紧地注视着您，眼前掠过无数影像，熠灿的或衰败的，疯狂的或迷惘的。环顾四下，令人恐怖的污染之潮，正以其决堤般的能量，向着一切可能的去处倾泻——矿山森林，土地河流，衣食住行，道德人伦，乃至最后防线的脆弱人性……一切曾经呈现于阳光下的有价值的、有意义的、确定的事物，都被蒙上了紊乱而不确定的巨大阴影。失却坐标、失却精神，就生命而言，这是否是一种巨大的恐怖与悲哀？决堤之下，找不到自身处于哪一个位置，是否预示着某种灭顶的危机？

这个世界怎么了？

极目所视，地球气候的恶化，大气洋流的改道，回归线的漂移，极地格局的改变，生物链的断裂，冰河期隐秘的揭示……所有一切，都在逼迫人们重新认识我们所处的大环境，认识和反省人类自身。全球经济的一体化，带来的绝不只是经济学意义的转变，宗教政治文化上的撞击，带来的是观念形态与行为模式上的巨大挑战。知识与信息爆炸的冲击波，乔布斯创造的奇迹，不仅改变着每一个人的社会属性，也在直接或间接地改变着人们的生产关系与生活方式。我们在质疑人类文明历史路向的同时，也在对我们自身的存在发出浩茫的天问：

我们是谁？

我们向何处去？

末日是否真会来临？

人类能否拯救自己？

…………

章校长，面对您振聋发聩的深切寄语，我内心的感动无以言说。站在失望和痛苦的边缘，您今天的话给我以信念，以重拾信心的支持。回想以往，我曾惭愧自己不是您的一个好学生，没能读好历史这一门难懂的学科。我以为，历史永远不应该只是一门冰冷的学问，它该是一门活的学科，与思想同步，与哲学同源；它该是能够启迪和预知未来的。历史学，如果不能给今人以借鉴，以反思，那它将是苍白的、无意义的。而今天，您的拐点——这极富生命力的语言，让我猛然发现，原来自己与您靠得那样近，那样近。恍然觉得，我还是当年那个学生，您依然走在我们的前头，您的胸怀，您的视野，都在告诉我，作为一位有良知的公共知识分子，您从来不曾止于自己的成就。耄耋之年的您正以更大的勇气和承担，在思考和关注着整个国族的命运。原来我们当年师从的，不只是老师您的见识和学风，更有您耳濡目染的风骨和人文精神。您的独立思考精神着实令人敬重，您的叩问更是引人深省。

在返港的飞机上，望着窗外如絮的白云，我在心底默默地说，章开沅校长，我是您永远的学生，而您也是我——1977们永远的师长，永远的。

（作者单位：香港作家协会）

悼念章开沅先生

茅海建

我第一次知道章开沅先生的大名，应该是1980年出版《辛亥革命史》时。这是当时中国大陆最为出色的学术著作。次年，武汉召开纪念辛亥革命70周年国际学术讨论会，也是一个盛会，但我们这些研究生和青年学者没有办法参加。章先生便与湖南师范大学的林增平先生商量，在长沙开一个关于辛亥革命研究的青年讨论会，并对青年学者的参会论文进行评奖。那是一次青年的盛会，涌现出了许多人才。章先生从武汉赶来，发表了热情洋溢的讲话，说这批青年学者的论文多有佳作，“山阴道上，应接不暇”。此后的几次见面，皆在学术会议上，他在台上讲，我在台下听。我的老师陈旭麓先生去世后，我每次到武汉，都会去拜访章先生。但我去武汉次数很少，见面亦少。虽说直接交往次数很少，交谈的言语也不多，但我的感受却很深——“和顺积中，英华发外”。我对他十分尊敬。

章先生的学问与人格，让我深为感佩的有两点。

其一是章先生始终走在同龄人的前面。章先生是人生经历很丰富的人。1949年之前，他该上学时上学，该打仗时打仗，该革命时革命。这些都是当时的热血青年心中向往的，章先生与同龄人的不同点是“健于行”。1949年之后，学术成了他的主要事业，其中辛亥革命成了他的专攻。而在上世纪60年代初，他将视野专注于不那么革命，但在历史上起到多重作用、更能说明历史多变性的张謇。他采用的方法，又是历史学家最具“传统”也是最为“先进”的，即收集史料，编集子，实地考察，寻找当年的遗存。这种“独特”的学术眼光（今天称之为“问题意识”）和“基本”的研究方式（今天称之为“学术规范”）使他领先于同龄人。虽说章先生的张謇研究到了很晚才出版，但一点也不过时，很难想象是60年代的研究成果。到了70年代后期，人民出版社组织编写中国近代史上“三次革命高潮”——太平天国运动、义和团起义、辛亥革命，林言椒先生各处约稿，富有学术准备的章先生立即响应。他和林增平先生联合主编的《辛亥革命史》，学术规范榫合严密，最先出版，走到同龄人的前面。章先生属于“学术型领导”，早年曾多次被借调到北京工作，这在当时属非常令人瞩目之事，但他能做到学术本位、学者本分，有进有退，当时属于难能，事后属于远见。再往后，章先生及其弟子整理苏州商会档案等大型史料，强调学术研究过程中的国际化，又走到同龄人的前面去了。章先生总结武昌首义，称是“敢为天下先”，这个“先”字，我看对他也是适用的。

其二是章先生培养出一大批优秀学生。章先生是中国第一批博士生导师，中国近现代史的博士生导师最初为章开沅、李新、黎澍三人，章先生又一次“领先”了。从此开始，章先生培养了一大批中国近现代史的博士，我在北大上课时，称之为“章氏军团”。之所之称“军团”，自然是人数众多之意。但后来的博士生导师人数众多，招收的学生数量泛滥，“章氏军团”从数量上排名大约不再领先了；而“章氏军团”却越来越令人瞩目，这是他们集体战斗力的体现。我在这里没有必要列举章先生麾下的诸位先锋与大将，他们已为学界熟知。若细看这些人，会发现真是什么样的人才都有，真是不拘一格。他们所研究的学问也是多种多样的，同样不拘一格。一个人如何能教出如此之多又类型不同的人才？自然是施教有道——“时观而弗语，存其心也”——弟子就会有自由发展的机会。大师垂范，用自己的言行为众弟子立命——“是故君子反情以和其志，广乐之成其教”——学问之道由此而传，章门弟子风格由此而塑造出来。

我还想说明的是，武汉这个地方也出产名校长——华中工学院的朱九思，武汉大学的刘道玉，再加上华中师大的章开沅，都是大教育家的风范，这三所大学也位于全国高校的前列。

我听到章先生去世的消息，立即给其弟子马敏和朱英写了电邮：“章开沅先生是我尊敬的师长。他是真正具有独立之精神、自由之思想的学者，在他的生命的每一个时段，都有超越同时代学界与学人的卓越表现。他的学术成就不仅表现在他个人的学术研究著作上，更表现在他对学生的培养上——章门弟子已是中国近代历史学界最强大的‘军团’。”

2021 年 7 月 8 日在“章开沅先生追思会”上的发言

（作者单位：澳门大学人文学院）

与章开沅先生交往的点滴回忆

王　笛

2021 年 5 月 28 日上午，在一个微信群里看到有人发帖，说是章开沅先生在当日早晨去世，简直不敢相信，便立刻发信息给老朋友马敏和朱英，想证实那是误传，但是还没有等到他们的回复，便已经从正式渠道确认了这个不幸的消息。

对章先生的离世可以说是完全没有思想准备，就在章先生去世的前两天，华中师大的副校长彭南生还在澳门大学访问，也没有提及章先生病重的事情。先生的突然离去，让我感到十分悲痛，和章先生交往的往事，一一浮现在眼前。

最后一次见到章先生，也是和先生的最长的一次近距离接触，是 2017 年 12 月初，我和章先生、黄师母以及马敏等华中师大章门的几位弟子们，一起到章先生的家乡湖州，有机会了解章先生成长的自然、社会和文化的环境。

当时章先生已经 91 岁了，但是头脑清晰，精神很好。不过据马敏兄说，这次章先生回湖州，很可能是最后一次了，因为先生年事已高，不适合长途旅行了。能够成为除他弟子之外陪同先生返乡的几个学人之一，我万分荣幸！在几天的时间里，我们去了荻港、南浔等地方，有许多机会向先生讨教，听先生回忆往事，包括他的家庭、家族的故事和他自己丰富的人生经历以及对学术和时事的见解，留下了永不磨灭的记忆。

和章先生的交往，可以追溯到 1980 年代。我的硕士生导师隗瀛涛先生是章先生和林增平先生主持的三卷本《辛亥革命史》的分册主编，在认识章先生之前，隗先生便经常讲他们的交往和学术故事，后来陆续认识了参加这个大部头写作的几乎所有老师，受到他们的提携，包括林增平、吴雁南、冯祖贻诸先生。可以说以章先生为中心的辛亥革命史的研究学者，是我熟悉的第一个学术圈子，拜读他们的著述，学习他们的治学方法，了解他们的为人，这些对我以后的学术生涯，都影响巨大。所以在学术渊源上，我最早应该是属于章门这一学脉的。

我的本科毕业论文（关于孙中山的外交思想）以及后来的硕士论文（关于清末新政）都与辛亥革命有关，那时《辛亥革命史》是我学术研究的一个学术标杆，在研究和写作的时候随时放在手边查阅和学习。

记得 1983 年夏天，隗先生带领我们几个弟子，从重庆乘船，顺长江而下，过三峡到武汉，第一次拜访了章先生，还在他家里做客，第一次见到和蔼可亲的黄师母。从那个时候开始，由于导师是朋友，加上共同的研究兴趣，我和章先生的弟子马敏、朱英等熟悉起来，并成为终生的朋友。章先生最早的学生刘望龄先生，对我也有不少关照。可以这么说，华中师大应该是我在国内学术界最熟悉、朋友最多、关系最密切的学术单位，华师有两位后起之秀魏文享和何家伟也曾到我在美国任教的得克萨斯 A&M 大学访学一年。

我在学术生涯中，不断得到章先生的提携。记得是在 1990 年，当时中国社会科学青年基金第一次申请的时候，我就是通过马敏兄，找章先生给我写的推荐信，得到章先生的全力支持，并获得了首届青年基金的资助，用于出版我的第一本学术专著《跨出封闭的世界》。

1998 年，我在约翰斯·霍普金斯大学获得博士学位以后，得到了得克萨斯 A&M 大学的教职，并在大学城买了房，不久，便在偏僻的得州小城先后接待了马敏、叶桦夫妇和章先生及他家人。章先生到我家做客，也是机缘巧合。章先生女婿的博士学位是从我任教的得克萨斯 A&M 大学获得的，毕业后在达拉斯工作，章先生到达拉斯去看他们，他女婿便顺便带章先生来参观他的母校，所以我得以有机会在新家接待珍贵的客人。记得当时招待他们的是四川火锅，这是我唯一拿得出手的待客菜肴。

跨入新世纪后，我接着几个夏天都到华中师大访学和讲学，有了更多的机会见到章先生。记得一次我在他的办公室里，聊到我正在写作的茶馆那本书，章先生兴致勃勃地给我讲抗战时期他在四川江津的经历以及对茶馆的美好记忆。他告诉我，作为一个年轻学生，虽然穷，但是喜欢上茶馆，有时候没有钱买茶水，就喝白开水，当地称为“玻璃”。如果他们要出去游泳或者其他活动，把茶碗留在桌子上，几个小时以后还可以回去继续喝。他还记得看到那些生意人在茶馆里做交易，双方把手放在袖子里面，用手指而不是语言讲价，哪怕坐在身边的人，也不知道他们到底买卖价格是多少，真是非常生动的回忆！后来这场谈话我写在了《茶馆》那本书中。2010 年中文版出版以后，我委托出版社直接寄了一本给章先生，不久我再次见到章先生的时候，他对这本书夸奖甚多，给予我极大的鼓励。

虽然我没能有幸成为章先生直接的授业弟子，但是我一直认为我也是他不在编的学生，与以他为首的学术共同体有着特殊的亲密关系。过去 20 年来，有关章先生的祝寿活动，我两次受邀参加，2006 年出版章先生 80 诞辰纪念论文集，我也应邀写文章。对于这些活动，我总是热情参加，哪怕专门从美国到武汉，也乐此不疲，以表达对章先生的敬仰之情。

章先生是一个教育家，在长期的教育生涯中，在教育学生、培养人才方面积累了丰富的经验。他创立了国内的中国近代史最早的博士点，培养出了许多优秀的人才，现在活跃在中国近现代史最前沿的学术领头人和领导人，有相当大的比例都是他的弟子，或者是再传弟子，还有更多的是像我这样受到他提携的或者受到他学术影响的学者。以我的观察，在中国近代史研究领域，没有任何一位（包括去世和在世的）像章先生那样培养了好几代人的学者，这种影响，将会是非常深远的。

章先生是一个学术的领导者，开拓和主持许多重大项目的研究，他的箴言“治学不为媚时语，独寻真知启后人”已经广泛地传颂。他所亲自引领的辛亥革命史、中国资产阶级、商会、教会大学、南京大屠杀等重大领域的学科建设和研究工作，现在都取得了丰硕的成果。

章先生对我的影响，已经远远超出了学术本身。我自己受章先生人格魅力的影响非常深，我钦佩他坚持的独立之思想、自由之精神以及他对学术、对社会、对人生的反思。他是一个杰出的学者，但并不是只是在象牙塔里，而是对现实充满着关怀。章先生具有中国知识分子的使命感和家国情怀，虽然从校长职位退下来许多年了，但是他始终关心教育问题和现实问题，不断提出他独到的和冷静的见解，引发我对学术乃至更大的问题更广泛的思考，而且他所留下来的许多问题，值得我们认真地思索和寻求它们的答案。

（作者单位：澳门大学）

追念我的虎兄章开沅教授

林治平

有一句话，我一直非常喜欢，英文原文是这样的："Years may wrinkle your skin, but to give up enthusiasm wrinkles your soul."

翻成中文是："岁月可能会使你的皮肤起皱，但是放弃热情一定会使你的灵魂起皱。"

多么有意思的一句话！岁月，的确会不知不觉如飞而逝。等到你我蓦然警觉，它却早已在我们的额头、眼角留下了一道又一道触目惊心的刻痕。当然你也许丽质天生、善于保养，挥挥手把这些皱纹抛诸脑后；甚至于你可以花点钱，依赖现代科技，把额头眼角的皱纹消除得干干净净、不留一丝痕迹。现代人不喜欢老，现代人逃避老，现代人信心勃勃地自以为可以永远不老，永葆青春。活在科技发达、医疗药物保健蓬勃兴盛的21世纪，年纪老而皮不皱，似乎不是一件难事，岁月的刻痕也就不会必然地留在我们的额头、眼角或身体的其他部位了。

然而"岁月"做不到的事，怎么也想不到竟然被一个叫"热情"的做到了。"热情"是什么？为什么"热情"竟然可以刻骨铭心地直攻要害，使人的灵魂无可逃地爬满皱纹，昭告"老"之翩然降临？原来一个人是否老了，跟他度过的岁月以及原应随着岁月而来的皱纹并非绝对有关，真正让一个人老的，不是他所经历的岁月，也不是岁月刻画下的皱纹，而是一种把人生中的每一个日子都视之当然，一切平静无波，没有惊喜，没有赞叹，没有激情，只是一天一天、一时一时、一分一分、一秒一秒地活下去，拖拖拉拉、苟延残喘地活下去，如此而已。这样的活着，真是生不如死，又有何意义呢？这种人活着只是因为还没死，外表看也许光鲜亮丽，青春年少；灵魂里却充满了玷污皱纹，老病丛生。放眼看去，在今天的社会中，这种皮肤白净、灵魂却早已起皱的“老小子”正不知凡几，诚为可悲可叹。

然而，也有一些外表看来似乎鸡皮鹤发的老者，却从生命的底层深处，绽放出灿烂光芒，这些人不仅自己熠熠发光，也会用他生命中的光芒，点燃环绕在他周遭的每一个生命的火炬，熊熊燃烧，照彻黑暗。我很高兴在我所认识的人中，就有好几位这样火热燃烧自己的人，我越看他们就越不知道什么叫做“老”。一个热情如火的人，是永远也不知道“老”是什么的。我所认识的章开沅教授就是这样的人。

认识章教授总有四十年左右了吧。初识他时，他已是我心目中一位众人敬仰的前辈长者，一向要言不烦，快言快语，百无禁忌。在史学界他是一位声望卓著、不争名利、屡获大奖的老前辈；在华人教育界，他资望尤高，曾经担任华中师范大学校长，巡回世界各大名校讲学研究，真可谓桃李满天下，著作已等身。然而，章教授令人钦佩的绝不止于这些看得见的辉煌成就，而是他的爽朗笑声、他铿锵有力的语言、他横扫千军不畏权势的眼神、他不贪名利怡然自得的心胸；还有那坚持理想、虽千万人吾往矣的气势，让我在他身上怎么也找不到“老”的蛛丝马迹。

章教授与我一样皆属虎，每次看到我，他都会眯着眼笑嘻嘻地叫我一声“虎弟”，我也毫不客气地称他“虎兄”。

虎兄原先是研究中国近代史的权威，尤其是辛亥革命史、中国商会史、日本侵华史，尤其是南京大屠杀等研究，更可深挖细掘，早已奠定了他不可动摇的声望地位。可是谁也没想到在他年届退休之际，却转而投身研究基督教与近代中国，并以退休之身在华中师大成立中国教会大学史研究中心，推动基督教在中国之研究工作，培育相关专业之硕士和博士人才、举办国际学术研讨会、出版论文专著述。短短十余年间，章教授以原应退休之身，使基督教研究在中国大陆极其艰困的环境中，快速茁壮成长，绝对不是一件容易的事。

我曾在一次国际研讨会中，戏称这种现象为“从险学到显学”，不过章教授却不同意我的论述。他在另一次学术讨论会主题发言中大声说：“我的虎弟林教授说基督教研究已从险学进到显学，只是我不同意他的看法。中国基督教研究在目前的情势中，依然限制重重、困难甚多，离显学还有一大段路要走。”说到这儿，他忽然停了下来，双目炯炯扫视台下，然后提高了半个音，大声宣告：“我既不贪财，也不贪色；但是我对自由、对学术研究的自由是贪得无厌的。”掌声在会场中热烈响起。我抬起头，看见虎兄昂然地坐在那里，蓄势待发像一只即将一跃而起的猛虎，我的心深深地被他的气势感动，也想不顾一切地奋然跃起。有这样的虎兄陪伴着，我还怕什么呢？

记得是2006年，为了庆祝马礼逊入华宣教200年纪念，《宇宙光》希望举办一次庆典活动，计划出版论文30种、宣教士生命故事20种、彩色童书故事20种，合共70种图书，另制作一套“马礼逊入华宣教二百年历史图片展”，在世界各地举办巡回讲座展出。

老实说，这个构想一直在我们心中酝酿多年，只是没人敢正式提出而已。宇宙光只是一个小小的关心文化社会的单位而已，从无固定经费推动各项工作，这么大的一个研究推广计划，在没有经费的状况下提出来，会有什么用呢？我们陷入两难的矛盾中，于是只好采取双面策略推进：一方面联络可能撰稿的作者，收集稿件；至于出版经费等问题，则暂时回避不谈。这样一直熬到2006年世界华人福音会议预展前，这项出版展出活动经费仍然没有着落。其实我们申请补助的单位大都肯定这个计划的价值与意义，但谈到经费问题，则多退缩不前。连世界华人福音会议及宇宙光董事会都以同样态度，希望我们另筹经费。在这种情形下，我们只好闷着头皮在宇宙光成立了一个有责无权、自筹经费的新单位——马礼逊学园，把研究计划书寄给各位作者，并附上一封恳切的信函，希望作者愿意奉献稿费版税，支持这项计划的开展费用。没想到信件寄出大约十天，我们就收到了第一封回信，来自武汉华中师大。不错！写信的人正是我的虎兄章开沅教授。打开他的信，但见龙飞凤舞地写着几个大字：

“虎弟办事，虎虎生风。所询旧作，编辑成书，乐观其成。随附人民币壹万元。聊表支持。虎兄章开沅。”那年的章先生已经 83 岁，我也步入 71 岁了。捧着虎兄的信，我一点也不觉得自己老了。

这些年来，我逐渐退出纷繁的学术公益社会舞台，退居幕后，视需要扮演一个协助者的角色。与虎兄的接触也日渐减少。但彼此的思念，却从未减少。虎兄在他老年的回忆录中曾提及我，仍以“虎弟”昵称，读之倍觉亲切感动。

今年 4 月间，这样一位精力充沛的虎兄，曾托他的学生带来几张闲暇喝茶的照片，邀约期待和我这个虎弟再饮下午茶。没想到 5 月 28 日却传来虎兄独自一人平安赴约而去的消息，我惊吓不已地一边看讣闻一边在想：“虎兄啊虎兄！究竟怎么回事？虎兄怎么那么急着先走一步了呢？”

“历史是画上句号的过去，史学是永无止境的远航。”这些天来，我一直把虎兄这句话反复念诵，这是解释虎兄离世最好的理由。我把这两句话剪裁成格言词组形式，传送给一些认识或不认识虎兄的人。

虎兄在世 95 年，为过去的历史画上了一个又一个明确的句号；留下史学，供后人铺陈一条永无止境的远航。

虎兄！你先一步走了！平平安安地走吧！

（作者单位：台湾中原大学）

悼念章开沅老师

周惠民

章老师的学术与人格，在学界有目共睹，章老师的许多门生故旧了解知之甚深。我想从两岸交流的角度，说一说章老师对开拓两岸历史学界交流的贡献与影响。

章老师的回忆录叙述了他于1982年前往美国芝加哥参加北美亚洲学会举办的年会的印象，面对来自台北的学者，大家不仅毫无交流，甚至有些尴尬。章老师还记载：会议期间，曾与秦孝仪同桌，当时“心存芥蒂，互相提防，实在说不上轻松愉快”。但是就在这次会议中，章先生与几位台北同行如张玉法教授等建立起友谊，虽然当时两岸关系已有解冻迹象，但是仍如春冰，人际交流也只能不断试探。直到1990年代，两岸关系才真正进入新的一章，章老师就是在这个时候，成为来台讲学的第一人。

1987年，蒋经国宣布解严，开放民众前往大陆探亲，两岸也开始有各种交流，两岸间的学术交流也次第展开。同为炎黄子孙，虽因政治因素隔阂多年，一旦开始交流，就若决江河，沛然莫之能御。政治大学历史学系原本就以研究中国现代史为主，与“中央研究院”近代史研究所的研究员合作甚多。校内另有“三民主义研究所”（后改称“中山人文社会科学研究所”）也是研究孙中山思想及两岸关系的学术机构，因此对大陆地区相关学者而言并不陌生。1990年代初期，政治大学历史系在张哲郎教授担任系主任期间，积极推动两岸近代史研究的学术交流。先后于1992年举办黄兴与近代中国国际学术研讨会，1995年举办中国历史上的分与合学术研讨会等。但是从举办黄兴与近代中国国际学术研讨会时邀请大陆学者来台的经验看，不到最后都无法知道受邀学者是否能够成行。这一点，章老师也有过几次亲身经历。所以当政治大学历史系邀请章老师来台讲学时，没有人能知道章老师是否真能及时抵台。

诚如章老师在其口述自传中所说，1990 年代初期，章老师与张玉法教授在香港及夏威夷两度重逢，已经“相逢一笑泯恩仇”，结成好友。张玉法老师乃建议政治大学历史系邀请正在美国讲学的章老师来台授课。时任政大历史系主任的张哲郎教授剑及履及，立刻托人向章老师发出来校讲学的邀请。但是在当时的情况下，据章老师自述，在 1991 年 8 月底前往夏威夷参加辛亥革命八十周年研讨会时，会议期间整天和台湾学者在一起，引起某些大陆人士的不满，回国后被人“揭发”。因此，对于政大的邀请能否成行，都在未定之天。

1993 年，章老师结束美国讲学，分别接受日本的短期邀请，并计划随后来台。章老师于 8 月底踏上行程，抵台时，“中央研究院”近代史研究所的张朋园教授亲自进入飞机抵达区迎接，否则章老师一定是惴惴不安的。毕竟，出国事小，对章老师而言也已是轻车熟路，但是抵达台湾，在当时却是一件大事。政治大学为章老师安排了学校附近的学人公寓，厨房设备俱全。以后，常常见到章师母在附近的市场采购，亲自下厨，颇为怡然，这是后话。

章老师来台之后，行程满档，根据章老师《鸿爪集》所述，“中央研究院”与政大的老友们与他时相往还，并邀请他参加各种学术研讨会。例如初抵台时便参加了第二届中华民国史讨论会。会中开始与台湾相关学者有进一步的接触，逐渐认识台湾对中华民国史的想法。的确，两岸分隔 40 余年后，海峡两岸的历史论述角度不同，史料庋藏状况不同，解释自然也有所不同。所以当时章老师在政治大学的历史研究所与三民主义研究所授课时，面对一群教育背景完全不同的年轻学子，学生感受巨大冲击自属必然，而章老师自己也不可能无所感。在政大期间，许多大学历史系也趁此机会，邀请章老师前往演讲，章老师风尘仆仆，环游全岛，算是巡回讲学，将其来台的初衷发挥到极致。虽然辛苦，但有章师母相伴，相信他的心里是相当愉快的。

当时我在历史系年资尚浅，任教科目也与近代史关系较远，许多讲学论道的场合，仅能远远地侧耳倾听，作壁上观。倒是有一回，章老师因赴香港开会，须办理再入境手续。我受张哲郎教授委托，陪章老师前往中正机场办理。一路上，章老师殷殷垂询，从我念书到教书的过程，一直到对两岸未来发展的看法。车行期间，聊了许多，这倒是一般课堂上无法体验的。那时每每看到章老师夫妇散步于校园附近，安闲适意，想来这种生活颇适合章老师的恬淡个性。1994 年 1 月底，章老师结束了在政大的教学任务后，便转到“中央研究院”近代史研究所短期访问。

30 年前，两岸刚刚开始接触，邀请大陆的学者到政治大学讲学，章老师是开先河者，是第一位在台湾高校担任客座教授的大陆学者。当时，章老师年富力强，给政大学生带来许多新的观念，尤其是两岸隔阂四五十年之后，台湾学生可以在课堂上听一位大陆学者讲授中国现代史。章老师对这一段经验也相当珍视，在他的回忆录《鸿爪集》中也记录了这段时间的经验与想法。

章老师开了头之后，华中师范大学与政治大学的交流便往来不断。1995 年，政大历史系又与联合报系合办中国历史上的分与合研讨会，邀请大陆学者参与，加强两岸交流。华中师大教授队伍自然是邀请的首选。马敏、朱英等著名教授均曾来校交流，朱英教授也曾在政大担任客座教授，惠我师生良多。2000 年起，我承乏系务。胡春惠教授与我商量，两岸教授学者的交流已有初步成果，下一步应当是推动年轻学子的交流。为此，政大历史系与香港珠海书院及广州中山大学率先试办两岸高校研究生研讨会，稍后并扩大到大陆著名高校。我也专程前往华中师大，邀请朱英教授派学生参与，朱兄极力支持，并陆续选派华中师大的优秀研究生来政大驻点研究课题，郑成林、何卓恩、付海晏与魏文享等几位后起之秀，先后来校交流，如今也各放异彩，或都是章老师善念的开花结果。

几年前我因参加湖北大贤余家菊先生捐赠华中师大近代史所文物的仪式，旧地重游，也再见到章老师，虽然时隔 30 年，他依然健朗，精神矍铄。

章老师是谦谦君子，待人客气，对我这个晚辈仍然十分亲切，让人如沐春风。我一直以为，章老师会与天地同春，今天虽然物化，不过我感到他的精神并未离开，身影仍留在华师。最后，我代表政治大学张哲郎教授等章老师的老友，表达追思，也希望章老师留下的这份两岸合作的宝贵传统能够继续发扬光大。

（作者单位：台湾政治大学历史系）

悼念章开沅先生

苏　精

听到章先生过世的消息，心中感伤不已，一位人人尊敬的前辈学者走了，这是学术界莫大的损失。

我年过半百才进入学界，也很晚才有机会得识章先生。2009 年 9 月在珠海举办的珠海、澳门与近代中西文化交流研讨会上，我第一次见到章先生，他是那次研讨会的特邀贵宾，与会学者纷纷向他问好和交谈，我有幸在一次主办方安排和他同桌用餐时，聆听他向主办方建议，为曾任华中大学校长的香山先贤韦卓民举办一次研讨会。当时我觉得章先生此举高明得令人佩服，可说是“适当的人在适当的地方和时刻提出适当的建议”，章先生担任过校长的华中师范大学，前身就是华中大学，而珠海是韦卓民出身的香山，由章先生在珠海举行的学术活动期间提议办理韦卓民研讨会，无疑是最适当不过的一件事，章先生的睿智处世在我心中留下非常深刻的印象。果然章先生一言九鼎，主办方也乐于接受，于 2010 年顺利召开了韦卓民与中西方文化交流研讨会，还出版了会议论文集。

再一次见到章先生已是 10 年后。2019 年我应马敏先生邀约，在华中师大中国近代史研究所开设英文手稿辨识的课程，分两学期，每学期三周，每周三天密集上课。其间几次遇到章先生，只见他的步履行动虽然缓慢却相当稳健，在马敏先生请吃饭的场合，有机会听到章先生纵谈往事，精神、声调都显得矍铄有力，大家轮流向他敬酒，他都蔼然接受。稍后我才知道，研究所得以开成英文手稿辨识这门课，是章先生捐款建立的基金会出资一半促成的，这种慨然义举着实令我感佩，当然也带给我一些压力；后来我又知道研究所已请这门课学有心得的同学，在整理章先生大学时期的老师贝德士先生的英文手稿，想来这或许是对章先生最有意义的回报了，我也期盼着还有机会多培育一些对此道有兴趣的人才，不料却传来章先生辞世的消息，令人悲痛。

（作者单位：台湾云林科技大学）

风檐展书读　古道照颜色

庄明哲

(2021年) 5月28日下午接到邵宗海恩师打给我的电话，说及章老师过世讯息，非常惊讶，一时愕然。

章老师在辛亥革命史的研究上有独特的观点，学生有幸亲炙章老师的指导，实在非常荣幸。这是1993年下学期的事了，我当时读博二。

想及章老师的风范，话音徐徐即之也温，虽有方言腔调，但是完全听得懂。上课时，即使有同学与章老师的观点南辕北辙，老师也能够仔细聆听，委婉说明。

2019年11月底，我有幸与邵恩师及多位学长学弟（妹）一同前往武汉分享研究心得，后得知还有机会前往华中师大再次拜访章老师，向章老师请益，真心喜悦。

进到老师办公室，发现老师瘦了。一阵寒暄后，我斗胆向章老师说："老师，在政大时我曾经修过您的课，中国现代史专题研究，您帮我打了91分。非常感谢。我能抱你一下吗?"章老师不假思索说："好啊!"两个男人，一个90来岁，一个快60岁，就抱在一起。那欢喜的画面如在眼前。马敏教授在一旁看傻了，说从没做过也没想过要做这样的事。

那天，放下邵恩师的电话，通过手机定位确认了武汉的方向，我在办公室里，离开椅子，站了起来，整肃了仪容，向武汉方向深深行三鞠躬礼，向敬爱的章老师致敬。

其实，恩师打电话给我时，我恰在学校办公室处理学生感染新冠肺炎确诊事，协助确认防疫旅馆以及染疫学生在学校的足迹以便消毒等事。

2019 年 11 月，我们从武汉回来后隔不久，就爆发了新冠病毒肺炎疫情。不过我相信，新冠肺炎之事几年内就过去了。但是，老师对于我在思想的启迪与视野的开拓上，其影响是一辈子的。谢谢老师的教诲！

哲人日已远，典型在夙昔，风檐展书读，古道照颜色。

谨向章老师致上最高的敬意。

老师，请您安息！

学生明哲鞠躬！

（作者单位：台湾中国科技大学影视系）

纪念章开沅先生九五冥诞

萧致治

七八吉旦，天降英才。
少年壮志，文震四海[①]。
投身革命，冲向黄淮。
中原奠基，武汉成才。
辛亥巨著，享誉中外。
美国寻踪，欧亚名扬。
引领华师，蓬勃向上。
学术人格，千古流芳。
荆山苍苍，汉水泱泱。
先生之风，山高水长。

（作者单位：武汉大学历史系）

① 章开沅先生生于1926年7月8日，少时有志于文学创作。

忆章开沅先生

耿云志

不觉间，章先生已经离开我们半年多了。一直想写一点回忆的文字，但住在泰康之家燕园里，资料太少，本人记忆又不大好，所以迟迟没有动笔。昨蒙章先生生前的助理刘莉老师发来一些参考的材料，遂勾起片段回忆，就写下来，以为追念这位年长的朋友。

我认识章先生是在上世纪 70 年代中期，大约是 1974 年或 1975 年。那时，《历史研究》杂志刚刚重新刊行，主持其事的黎澍先生，也就是“文革”前的《历史研究》主编，是我们近代史研究所的副所长。他从各地征调人才来办这个曾经享誉海内外的杂志。当时，全国高校及社会科学研究机构，都还没有结束“文革”的混乱，开始业务工作，所以杂志的稿源不是很充分。章开沅先生是较早被调来《历史研究》编辑部工作的。我们近代史研究所当时奉上级指示，早于 1972 年秋便开始做中华民国史的研究工作。因此，章先生和其他编辑人员时常到近代史研究所，特别是民国史研究室来，同大家交流。章先生一表人才，言谈儒雅，给我的印象相当深刻。

大概不久他就回到武汉自己的学校去，着手做辛亥革命史的编撰工作。到了改革开放初期，他和林增平等先生们的洋洋百余万言的《辛亥革命史》就问世了。那是学术饥荒的年代，有此巨著问世，人们是如何地欢迎，可想而知。后来，章先生著述甚多，愈益专精，但以对史学界的影响力而言，还是这部《辛亥革命史》为最。章先生无疑是改革开放初期开拓辛亥革命史研究的先驱者。以后，在商会史研究、教会史研究等方面，他都是担起了开拓者的角色。

我再见章先生，是1981年去武汉参加纪念辛亥革命70周年的国际学术研讨会。章先生是会议的组织者，甚忙，好像不曾单独接触。会议期间，加拿大学者陈志让找到我，他对我研究立宪派在各省谘议局的活动的文章非常感兴趣，他要把我的文章翻译成英文在海外发表。稍后，他又告诉我，他从会议的论文中还选了几篇文章，准备翻译后汇在一起发表，他提到有北京的汪敬虞、王来棣和武汉的章开沅、皮明庥。会议结束后，陈先生一直通信不断，他又陆续增加了几篇文章。在陈先生看来，他所选的文章，都是有新材料、新见解、新视角的，是有开拓性的。

章先生是新时期史学界有代表性的开拓性的人物，对于可引为同道的朋友，自然惺惺相惜。1983年夏天，在上海举行关于近代资产阶级的学术研讨会。黎澍先生和我被邀请参加。黎澍先生在开幕式上的报告引起强烈反响，大家觉得他对中国近代资产阶级的历史地位与历史作用的评估非常中肯，非常到位。在小组讨论时，章先生和我同在一组，在我简短发言后，章先生极力肯定我的发言，说问题意识很强，分析到位，用词准确等等。他大概事前听说，黎澍的报告是我起草的，所以对我颇尽奖誉之意。那次林增平先生也特别温语勉励。陈旭麓先生还请我和几个朋友一起吃饭。这次上海之行，使我感受到许多年长的朋友对我的深情厚谊。

这年秋，我陪同黎澍先生到广东参加康有为、梁启超的学术讨论会。同事的王学庄也去了。会从广州开到新会、南海，然后回到广州。广东社科院的黄彦先生邀请章先生、我和王学庄，我们4个人同去中山县翠亨村参观孙中山故居。那时，广州去中山县的交通还很不方便。我记得，我们是11点乘汽车从广州出发，一路上经过四五次轮渡，下午5点多才到翠亨村。我的印象里，章先生也是第一次去翠亨村，所以一路上风尘仆仆，他的兴致却一直很好。

翠亨村孙中山故居的负责人是李伯新先生，他非常热情地欢迎我们。但当时故居的一切设施都在草创阶段，没有什么招待所，我们被安排在一间房里，4个人同住，没有床，是用木板拼起来的连铺大床。章先生丝毫不觉为难，和我们同甘共苦，有说有笑。我们4个人中，以年龄论，章先生最长。那时，他已经 57 岁了，黄彦次之，我第三，王学庄小我一岁。我们都很尊敬章先生，他却完全平等地看待我们。那次相处三四天，大抵闲谈居多，论学较少。我们都希望孙中山故居能够大大改善，以便接待更多的人来参观、访问和研究。

1984 年秋，我去四川人民出版社，回程经停武汉，刘望龄先生把我接到华中师大的招待所住下，待我稍事歇息后，准备去郑州参加第一次文化史研讨会。章先生特地到招待所来看我，并吩咐他的学生来我这里多谈谈。不巧，那时我感冒了，同章先生和他的学生都没有多谈。按理本该我去拜访章先生，章先生却毫不在意，自己过来看我。一方面说明章先生待人的谦和与诚恳；另一方面说明章先生始终视我为同道，故不计年齿，平等相待。

此后，我们大多是在学术讨论会上见面。每次见面只是互道珍重，不及多谈。2004 年，我为陪同几位台湾朋友到黄冈去，在武汉参观时，不知章先生怎样知道了我的行踪，派他的学生利用一个晚上的机会把我和欧阳哲生接到桂子山一起进晚餐，他的学生罗福惠、马敏、朱英等都在座，记得那次似乎赵军也在。章先生待友的诚恳、周到，于此可见一斑。尤使我印象深刻的是，章先生不但自己做学问好，而且培养了一批很有才干的学生。他们有几位也效法章先生，既能做学问，又富有组织能力，这是非常难得的。学术事业，既需要有学者从学问上继长增高，也需要有组织能力的人，带领团队开拓进取。章先生这两方面都做得非常出色。

我最后一次见到章先生，大概是 2006 年在中山市举行的纪念孙中山 140 周年诞辰的会上。那时，章先生已经 80 岁，我也即将步入 70 岁。章先生的身体和精神都很好，除了走路略微慢些，其他方面都很好，头脑清楚，讲话流畅。

十几年未见，今先生已归道山。先生的学问事业已有他的众多学生继承，相信会发扬光大。而先生于我，则有道义提携支持之谊，感念无已。想起上世纪 70 年代末 80 年代初，那时我年纪轻，资历浅，却在一些重大问题上提出异议，如 70 年代末发表研究胡适的文章，80 年代初发表研究立宪派的文章，虽颇为一些人所不可，而终究未曾遭遇太大的挫跌，除了有黎澍、李新先生的护持之外，与章开沅先生、林增平先生、陈旭麓先生等的奖誉和支持实有重要关系。

我们史学家的任务，就是通过科学地揭示历史，总结经验教训，提高人们应对各种挑战的智慧和能力，从而助推社会进步、民族繁荣。所以我说，我们研究历史的最高使命就是把过去和未来很好地连接起来。我们做得好，连接就顺利些；我们做得不好，连接就不会顺利，其责大矣哉！敢不戒慎从事？逝者已矣，我们活着的人，只有努力做好工作，以慰长眠地下的朋友。

（作者单位：中国社会科学院近代史研究所）

追忆章开沅先生

冯天瑜

今日，我们聚会追怀卓越的史学家、杰出的教育家章开沅先生。晚辈如吾者，无缘到章先生门下沐浴泽露，然长期共居江城，守望相助，自上世纪 80 年代初期以降便有交谊，还接承章先生卸下的省史学会会长职。章先生是中国近代史研究的重要学者之一，其辛亥革命研究、近代中国资产阶级研究、教会大学研究等等，都开风气之先，为后续者指示方向、奠定厚实的前进基石。

我与章先生近 30 年来有几次近距离研讨，留下较深印象。从 1981 年开始，每 10 年一次的辛亥革命国际研讨会，章先生都是学术灵魂人物。我作为参会者，从他的精辟言论和席不暇暖的行动中深受教益。从 1991 年开始，也就是辛亥革命 80 周年以降，中国史学会都在会前一年集中几位相关学者到北京来研究甄别来自国内外的辛亥革命研究论文。我在 1991 年、2001 年、2011 年三次都和章先生一起到北京某郊县参加审订论文活动，每次活动十天半月，得以多次促膝讨论学术，一个多次议及的问题是：辛亥革命研究作为运行数十年的“显学”，如何向深广度进军。特别是新世纪以后，有一种相当普遍的认知是，辛亥革命研究似乎师老兵疲了，资料发掘已经很充分，难有新材料，而且几乎方方面面都研究到了，关于辛亥革命的研究好像可以收官了。章先生不认可这类看法，他认为辛亥革命的研究无论就深度和广度而言，还有非常广大的空间，有待我们进一步开拓。我俩通过对来自国内和海外的论文进行具体考析，发现确实还有很多领域值得拓展，至于在新的理论和方法的运用上，更有很多工作可做。章先生的这些看法对辛亥革命的研究乃至中国近代史的研究都具有指导意义。

我个人认为，从制度文化而论，辛亥革命研究方兴未艾。中国在周秦之际的三百年间，从宗法封建制“走进”专制帝制（秦制），延绵两千年（百代皆行秦政制）；自清民之际开端，开始“走出”帝制，辛亥革命是其中重要环节，经验教训多多，远未深加探讨。仅此一端，就说辛研可了，便是皮相之见。

另一次和章先生近距离接触，是2011年辛亥革命一百周年的时候，香港方面邀请章先生和我到香港去做关于辛亥革命的学术报告和讲座。我们在一起探讨了另一个问题，那就是史学研究尤其是近代史研究的社会功能问题。章先生在这方面有很深刻的见地。他说面对香港问题、台湾问题，我们的这些研究都是有很重要的社会功能的，而关于两岸和平统一、中日关系也都是要有相当的学术积累才能深论的。我对此深以为然。

章先生尤其令人钦佩，值得我们学习的方面在于他不仅是一个杰出的学者，而且也是一个卓越的教育家。他在从事学术研究的同时，花费了很大的心力去培养后继者。关于这一点，史学界同仁都很认同：章先生的学术研究了不起，能与之并驾齐驱的学者也不在少数；但在培养学生这方面，恐怕很难找到与章先生并肩者，变通龚自珍语可谓“既开风气且为师”。章门育才之多、英才之精，实属罕见。他培养的优秀弟子遍布天下，许多章门学子成为一流学者。以华师为例，严昌洪、罗福惠、马敏、朱英、彭南生等等，外地弟子也有很多，比如虞和平、桑兵等等。章先生培养后继者方面有哪些经验、有哪些思想，值得我们去研究它，弘扬它。

（作者单位：武汉大学历史系）

哲人已萎　怀念永远

——我记忆中的章开沅先生

冯祖贻

2021年5月28日上午，接到马敏同志电话，报章开沅先生去世消息，我与爱人吴申玲心中都猛地一惊，因为23日在马敏及华师领导带领下，我们曾特赴楚园去探望了章先生，他知道我们将去的消息，精神尚好，虽仰卧在床，当他夫人黄怀玉老师将我特地赠送的茅台酒递到他怀中，他还深深地闻了闻，黄老师问他香不香，章先生笑道："香，真香。"我们就近与他作了简单谈话，不想才过数日，待我们刚回贵阳便得到噩耗，怎不心痛如绞！马敏在电话中还特地告我：章先生自住进楚园后，因为病况和化疗原因，已不接受外间探望，在外地学人中，我算是最后见过章先生的人，在心痛之余，心中又稍感安慰。

接到章先生去世消息后，一连数天，探望章先生的细节总是浮现在眼前，与章先生交往的过去也一一呈现脑际。

我与章先生结识是在合作编写《辛亥革命史》的时候。那时我尚在三机部（全称第三机械工业部）所属贵州红湖机械厂工作，那是一间制造飞机的国防工厂，是由东北航空基地内迁的所谓三线工厂。《辛亥革命史》编写正处于"文革"晚期，受时代影响，编写提倡"掺沙子"，必须有工农兵参加。华师结合的工厂是武昌造船厂，贵州方面由吴雁南教授找了红湖机械厂，我便以工人身份阴差阳错地"结合"进了编写队伍。我原来的身份是北师大历史系研究生，是后来该书责任编辑，人民出版社的林言椒先生读了我写的书稿后才发现的，以致编写组成员对我这个"工人"就另眼看待了。

约在1978年，《辛亥革命史》各位执笔者的初稿大致完成，读完初稿后，大家觉得距一部成熟书稿尚有较大差距，决定由章开沅、林增平两位先生主持，对初稿作大的修订，我有幸成了统稿人员，于是常往来北京、武汉、长沙间，常驻地点则在北京。那时大学已逐渐恢复正常教学，章、林两位已有教学任务在身，但他们也常常去北京，以至于后来章开沅先生谈笑间说，我们三人是一同陪《辛亥革命史》诞生的。在北京生活相当艰苦，所住最好房间是人民出版社由办公室改造的寝室，一间房，四张床，安排二或三张办公桌，便是“标配”。人民出版社与人民文学出版社同在一楼，由办公室改成的寝室也招待人民文学出版社的外地作者，所以在楼道、食堂也会常遇到许多作家，至于史学界的专家则更为熟悉，我便有幸与林志纯（日知）先生有同住一室的经历。除住人民出版社外，我们还住过北师大、人大、北京师院（今首都师大）等地，有时还住过地下室。生活条件虽差，但因与章先生、林先生等学识丰富的专家做伴，心情很愉快。当时正处于改革开放、解放思想的大背景下，他们二位都斗志昂扬，除工作外，谈学问、忆学术往事，甚至生平和经历都缕缕细述，为我后来的学习、研究和社会交往给了极大的教育和启示。

《辛亥革命史》统编工作量很大，有的章节要重写。章、林二位对我很信任，放手让我改写某些章节。我们三人有时同据二案，凡我改写的稿子，章、林二位都认真审阅，提出意见再改写；他俩的稿子也让我提意见，这种学习方法，我敢说是一般研究生或学术助手都没有过。

正因为有这样的经历，后来不少青年朋友曾问过我对两位先生学术研究的评价，我告诉他们，两位先生的学术水平，可说是我遇到过的少有的，林增平先生是“文革”前唯一完整地将中国近代史写完的人，范文澜先生的《中国近代史》只完成了上册，戴逸先生也只写到太平天国，所以林先生的学问最大特点是全面。我原学中国古代史，遇到近代史中较冷僻的人或事去问林先生，必会得到满意回答。章开沅先生的学问除全面外，很少为外间企及的是他能高屋建瓴，有一种宏伟的气魄。这在《辛亥革命史》

全书的改写、修订中便可看出来，他主张应从世界的资本主义发展、亚洲殖民地半殖民地人民觉醒的角度来展现中国的辛亥革命。因此后来成书的《辛亥革命史》便成为面目一新的，关于19世纪末20世纪初的大中国历史的真切反应。除了大处落笔外，章先生还极注意历史的细节。我且举一例，章先生执笔的“同盟会建立”一章，对章先生而言原是驾轻就熟的，但改写时，为弄清孙中山民主革命思想的源头，他不惜去北京大学找陈庆华先生寻找孙中山在西欧时与欧洲社会主义组织及领导人来往的资料。这些资料大多为外文原著，他找来后仔细阅读，并将新研究成果纳入《辛亥革命史》中，这样该书所写孙中山民主思想便不同于过去的著作了。由孙中山思想研究，他又发现西方社会主义不仅在孙中山身上有体现，还影响了同时代的另一部分人，过去研究者不多。经章先生提出，吴雁南先生又增写了“国粹主义”和“无政府主义”两节。所以1981年版的《辛亥革命史》在对中国近代思想史研究上的贡献是很大的，曾引起了当时学者普遍关注。吴雁南先生索性在《辛亥革命史》完稿后发起写《清末社会思潮》及《中国近代社会思潮》，应该说其起源便是《辛亥革命史》修改完善时章、林诸先生的提议。

说到章先生的气魄、胆识和过人才智还应提及另一件事。1980年，《辛亥革命史》完稿时，我通读全稿，提出全书应有一个结尾，这样既为上、中、下三册作结，也可引起下文即五四新文化运动和中国现代史，大家都表同意。林增平先生和林言椒先生都说，只有请章公执笔了，章先生欣然同意，我记得就在人民出版社资料室中铺开稿纸，章先生只花了两个多小时，一篇洋洋7000余字的结尾便已草就，读后除个别地方外大家一致赞好。这篇小文虽不长，但是除对辛亥革命作简短总结外又将这场伟大革命为后世留下的经验教训进行了意味深长的概括。这的确是一篇意简言赅的结束语，读完我更为章先生的大气磅礴又敏捷的才思感佩不已，心中暗说：不愧大家。有章开沅、林增平、隗瀛涛、吴雁南等先生作先导，从此我便下决心，如回到研究岗位，一定改攻中国近代史（我原在北师大历史系跟随何兹全先生学魏晋南北朝史）。

最令我感动的是章开沅先生对后辈的提携。《辛亥革命史》完稿时，章开沅曾对我讲，让我列名该书上册任分册主编。此事实出乎我的意料，他见我推辞，就说这是他们（指章、林二公）和林言椒共同提出，并征得隗瀛涛、吴雁南等先生同意才确定的，并说这是对我工作的肯定，一定不要推辞，后来林言椒先生也特地找我谈了上述意见。对于章开沅先生对后辈的关爱不仅我感同身受，也是在《辛亥革命史》统稿的两年中，我还知道章先生一次赴西安开会时，特地去看望一位对近代史有浓厚兴趣的青年张应超，并鼓励他努力学习，后来张果不负章先生期望，调到陕西社科院历史所工作。我还知道章先生在苏州认识一位中学教师唐文权，在章先生关怀下，唐文权后调到华中师大历史系工作。关于我的将来去向，他虽没有明言，极为关心是真实的。据刘望龄先生告诉我，章先生曾向华师领导提出调我的建议，华师果真派人赴贵州我原单位联系过。章先生这种诲人不倦、甘当人梯、大力引荐后辈的事，真令人感怀不已。由于各种原因，我虽没有在章先生门下学习和工作，但他一直关怀我的成长。为迎接 1981 年辛亥革命 70 周年，我那时已在贵州社科院工作，与院中同仁合写了一本《贵州辛亥革命》的小书，这本书的写成，完全得益于我在章、林两位指导下编写《辛亥革命史》的经验和体会。在此基础上，参加全国纪念 70 周年学术研讨会上我写的《清末贵州社会与贵州辛亥革命》得到章先生的赞赏，并屡屡提及。90 年代我写了《邹容陈天华评传》蒙先生赐序。2017 年我将数十年间在报刊上发表的文章结集成书时，考虑到章先生年事已高，不敢贸然打扰约请写序，特地找严昌洪同志前往章先生处探问，谁知章先生一口允准，不多时日，一篇热情洋溢的序言送到。序言回顾了认识我的经过，对我几十年来在中国近代史上的努力作了极大肯定，当捧读章先生序文时，我流下了真挚的泪水。

章先生虽然离开了我们，但我相信，章先生的为人、他的学术会完全留驻人间，对他的怀念将会永远永远……

（作者单位：贵州社会科学院）

怀念章开沅先生

郭齐勇

5月28日上午参加博士生答辩会，惊悉章先生驾鹤西去，震悼莫名。这天离世的还有何兆武先生（翻译家、启蒙学者）。在上世纪80年代的文化大讨论中，这两位先生都非常活跃。章先生享年95岁，何先生享年100岁，寿终正寝，名副其实。

在扫描的图片库中，很快找到章先生、萧萐父老师与我的合影。那是摄于1986年的老照片，当年我们在华中师大开了一个中国文化的讨论会。那时因为萧先生与章先生的作用，使武汉在文化热中发出了自己的声音，而与京、沪相鼎立。武汉地区的中国历史文化学者时常开会讨论学术，以萧先生（武大）、章先生（华师）和当时在湖北大学任教的冯天瑜先生为中心，组织过明清文化史沙龙和中国文化讲习班。

有一次，我在香港中文大学访学，章先生与师母也住在那里，我曾向他请益。我曾数次到桂子山拜访章先生。为萧先生八十寿庆，我请他题字写文章，曾与他相过从。他对萧先生评价很高。萧先生过世，章先生说是为“学殇”，还题写了这两字，我们把它挂在武昌殡仪馆告别仪式的灵堂上！5月30日出席章先生告别仪式，我仿佛还看见这两个大字挂在那里，不禁泫然……

章先生是我十分尊敬的前辈学者，他是刚正不阿的知识分子。他有风骨，不仅敢于抗争，而且善于抗争，嬉笑怒骂，讽刺揶揄，皆成文章。他是社会的良心、士子的楷模。

有一次，我与萧萌师妹拜访晚年的章先生，请他谈谈萧老师。他谈得很好，他与萧老师都是一代人，相互理解。令我最感动的是，他作了检讨，十分坦诚，自责自己当年没有保护好萧公子。他说他当校长，萧公子是他手下的干部、教师，对萧公子身陷囹圄事，他没有坚决抗争。我们知道，关于此事，他没有任何责任，并且十分关注，作了努力，尽心尽力。他愈到晚年，对自己的评价愈加苛刻。

章先生是著名的史学家与教育家，他对辛亥革命史、南京大屠杀史、教会大学史，对张謇其人其事，都有十分深入的研究，有独到的见解。他教书育人，循循善诱，门庭广大，培养了众多优秀的人才。

章先生经常引用“治学不为媚时语，独寻真知启后人”的诗句，保持学者独立的人格。他于晚年主动辞去资深教授，不要院士待遇，此高风亮节，名垂青史。

深切怀念章开沅先生，学习他为人为学的精神和言行一致的品格！

章先生精神永在！

（作者单位：武汉大学国学院）

深切怀念章开沅先生

李吉奎

2021年5月28日上午，我请一位同事将一篇纪念南开大学刘泽华教授的文字发给编辑纪念文集的主事者，这位同事发完微信后对我说："老师，章开沅先生刚才也走了！"听到这个消息，我吃了一惊：章先生身体素来康健，怎么说走就走？章先生是辛亥革命研究的老行尊，他与林增平先生主编的三卷本《辛亥革命史》，是我们这一代相关读者甚至研究者的教材，他主编的《辛亥革命史丛刊》，是研究者羡慕的园地。半个多世纪以来，他门生故旧遍天下，我与章先生关系很疏，充其量只是同行后进而已。但是，我想，不要怕人家笑自己凑热闹、沾名人的光，还是要写点文字，悼念这位深受尊敬的逝者。

1981年1月，我离开东北，到中山大学报到，从此开始了对孙中山、晚清民国史的研究。同年秋，我所在单位孙中山研究室三年前招收的第一批研究生毕业，室主任陈锡祺先生诚聘华中师院的章开沅先生、湖南师院的林增平先生任答辩的导师。陈先生郑重其事，章、林二先生也给足了面子。我是新来乍到，是旁听者，诸事懵然。但陈先生对我指示，注意答辩会学术秘书（林家有同志）的工作程序。次年，陈先生的另一位研究生桑兵同志毕业，还是请来章、林二位先生主持答辩，陈先生可能是考察我，让我担任学术秘书。章先生在评论中说了一句话："这篇论文（《晚清的学堂与学生运动》）填补了中国近代史研究的一项空白。"这是高度评价。我将这句话写进评论结语中，得到通过，自然也载入了答辩人的学术档案。会后章先生问我，这么快就写上去了？我回答说，这么重要的评语，一定要赶快写上去。随后，桑兵同志便入了章先生门下，从此走上治学的坦途。经过此次交集，章先生可能便知道有李某其人了。

在上世纪八九十年代，中大近代中国研究中心几乎隔年便会举行国际学术研讨会，诚邀国内外学者与会，章先生只要有空，都会前来赴会。记得有一次，我去接章先生（研讨会会务有固定程式，我是迎来送往的“知客”），在车上，我冒昧问了一件事，先生用实斋名室，敢问先生与章学诚有宗族关系吗？先生说，没有亲属血统，是同族，不是同地，只是觉得“实斋”很好，便用了。的确，章学诚（实斋）作为清中叶一位大学问家，他的《文史通义》是治学者必读之书，他主张“六经皆史”，在刘知几有关治史须有“才、学、识”之外，主张加上史德，治史要有史德，至今还要遵循。章先生问我，看过章学诚的书？我回答说，看过，我有1956年古籍出版社出版的《文史通义》。章先生又说，好版本，可惜现在古籍出版社被撤销了。章先生处事治学，务真求实，以实名斋，恰如其分。

1995年，在台北举行两岸学者参加的抗日战争胜利五十周年学术研讨会（不邀请外国人参加）。章先生是大家，当然出席。我有幸与会。在深圳会齐（过港登机前）的当晚，章先生有位在深圳工作的学生，请他在名为“老地方”的饭馆吃饭，他把我也拉去了。一饭之恩，感念不尽。研讨会开幕式休息期间，美籍华裔学者吴天威起草了一份向日本政府索赔的宣言，宣读后请与会者签名。章先生坐在前排，签了。传递到我这边时，我也写上了名字。结果签名满纸。南行参观车上，章先生讲起这件事说，宣言应尽快公布，不论办得成办不成，趁此时机，学界应有个态度。但此事后来似无下文，殊属憾事。在台北开完会，便是到中南部参观。在游日月潭时，走得比较散。行进间，我“喂、喂”地招呼一位熟人，这位仁兄或许是没有听到，没有搭理我。这时，走在前边的章先生回过头来，我只好致歉：“不好意思，章先生，不是找你。”他“哦”了一声。过后我反思，对人说话或背后唤人，要有礼貌，不要引起对方（或他人）不快。在高雄，参观中山大学后已晚，在该地过夜。在酒店等晚餐时，饭桌上胡乱说话，有位先生说：“大陆某地公厕起了一个‘雅号’，你们听说过吗？”没有人回答。

我唐突地说："听雨轩。"该人说："对、对。"接着是哄堂阵笑。此时，章先生看了我一眼。我顿时感到十分尴尬。饭后，章先生像长者对子弟训诫一样对我说："以后不要参加这种闲聊。"我羞愧地回答："我记住了。"确实，人不自尊自爱，难免自取其辱。

章先生似乎并未厌恶我。大陆学者在台期间，除了离台北南行，几天都住在南港"中研院"，楼下便有食堂。离台前的一个傍晚，我下楼准备去就餐，遇到章先生。他问我："吃过饭没有？"我说："没有。"他说："走，我们到张玉法先生家去。"我问："合适吗？"章先生说："不要有顾虑，来往多了就成朋友了。"张先生是院士，在台地位较高，此前见过，未接触，后来也没有什么往来。不过，张宅这顿饭，新知旧雨，颇为欢洽，也使我增长了不少知识，我从内心里感激章先生的提携。

由章先生主编的《辛亥革命史丛刊》自 1980 年发刊以后，刊载了许多论文和史料，深受同行的重视和欢迎。后因各种原因一度中断。1999 年改版，换出版社出第 10 期。听说该刊由严昌洪兄等具体编辑，我寄了一篇文章《是非蜀洛待澄清——孙中山章士钊关系探索》给编辑部。给学术杂志编辑部寄文章而结果被退稿，对研究者来说并非稀罕的事。不成想，过了一段时间，我收到武汉寄来的邮件，拆开一看，原来是第 10 期《辛亥革命史丛刊》，再看目录，我的文章收进去了；不但收进去了，还排在章先生《前言》后的第一篇！真使我大吃一惊。因为按常理，排在刊物前边的文章，一般是重量级作者或较有价值的作品。而这第 10 期所收 11 篇论文（或资料），除去我这低档次作者，均是学界耆宿或高知名度学者。这种安排，我相信，读者如果注意到这点，一定会认为不妥。至于为何如此安排，我不便问昌洪兄，估计是看在中大孙中山研究所的面子上，或者是出于提携后进，并非文章写得如何精彩。无论如何，文章发表了，对我是鼓励和鞭策，生命不止，研究工作还要平实地做下去。

章先生荣退后，有时住在广州，因为他们夫妇有一个孩子在广州工作。2017 年新春，章先生的弟子、广东社科院的研究员王杰兄邀了几位朋友，在滨江路的一个饭店请章先生茶叙。显然是事前有计划，在茶叙过程中，章先生吩咐王杰兄将一包书解开，原来是新出版的《章开沅口述自传》（由章先生的门人彭剑同志整理），赠给在场者各一本。我有幸也获得一本。章先生提笔在书上写“吉奎老友存念”。写完递给我，仔细一看，我连忙说：“章先生，不能这样，我是晚辈！”章先生回答：“没错，就这么写。”我说：“实在不敢当！”我知道，老辈的人，对人处事都是很客气的，我当然不是先生的“老友”，确确实实是后学或晚生。但既然写了，便当珍藏而细读，从中深入了解先生，师法其道德文章，不负赠书之雅意。

嗣后大约两年，我无意中遇到一桩与章先生著作有关的事。事缘 1989 年下半年，他决定结束其校长生涯，请假出国访学。迄 1994 年 3 月，他先后在美国、加拿大、日本、韩国及中国台湾、香港访学。学界都知道，钟叔河编印了一套《走向世界丛书》，该丛书收集了晚清官员、学人等的著作，对中国人如何身体力行，睁眼看世界，影响巨大。章先生在海外 4 年，为记忆方便，逐日记事。返国以后，整理成一册约 40 万字的海外访学录，用繁体出版。一位朋友找到我说，看看这本书的内容，作若干技术处理后能否在内地出版？虽然章先生口述自传的部分章节中已讲到这本书的内容，具体而微，君子坦荡荡，无须回避，但是，考虑到一些现实问题，恐怕难办，所以最终作罢论。毫无疑问，书中所含丰富的开拓性的国际性及海峡两岸学术交流的内容，作为历史资料，是《走向世界丛书》的一部当代版，价值不容低估。尤其是，它记录了章先生经过辛勤努力，从耶鲁大学获得一批贝士德文件，写成《从耶鲁到东京——为南京大屠杀取证》一书（1994 年湖北人民出版社出版）的过程，从中我们可以看到一位正直的历史学家在境况不顺时的作为，不论处世还是治学，都令人敬佩。

章先生以 95 岁高龄还归道山，套用古语，是福寿双全。他的事业后继有人，他的著述将以典册传世，他的家国情怀，值得世人尊崇。一代史家，章先生走好！

（作者单位：中山大学历史系）

“孰谓公死，凛凛犹生”

——悼念章开沅先生

周积明

2021 年 5 月 30 日，章开沅先生的追悼会在武昌殡仪馆庄重举行。我从正在住院的病房请假来到追悼会上，向安睡在鲜花丛中的章开沅先生深深地鞠躬，与章先生道别。

作为后辈，先生一直是我学术成长道路上的标杆和旗帜；作为华中师范大学的研究生，先生是我尊重的校长；作为一位学者，先生是我心目中真正的大师。

最初知道章开沅先生是因为《辛亥革命史》，这部展现辛亥风云与清末民初波澜壮阔错综复杂历史图景的宏大著作，成为我学习近代史、研究近代史的引导。1984 年夏季，我和武汉大学陈锋，华中师范大学王永年、李其荣，湖北人民出版社编辑王建辉共同发起召开了全国第一届青年史学理论讨论会。会议在华中师范大学召开。会议特邀了三位著名学者参加，他们是北京师范大学的瞿林东教授、天津师范大学的庞卓恒教授、华中师范大学校长章开沅教授。这是我第一次近距离接近章开沅先生，深切感到先生“望之俨然，即之也温”，在和蔼亲切之中蕴藏着一种学术魅力。会议期间，大家纷纷希望能向三位先生当面请益。会务组与三位先生商量得到他们的欣然同意。座谈会是在晚上举行，会议室挤得满满的，虽然电扇慢悠悠地转，但房间还是热气腾腾。来自全国的青年学者争先恐后提出问题，三位先生毫无倦色，就史学理论、研究方法以及青年学者的历史责任一一回答，尽显大家风范。80 年代的中国学术界充满活力和包容的氛围，正是因为有章开沅先生这样的大学者身体力行加以奖掖和倡导。

1984年秋季，我进入华中师范大学攻读明清史专业研究生。其时，明清史专业没有学位授予权，挂靠在文献学之下，所以我的导师是张舜徽、吴量恺。此时，我留校不久，学术刚刚起步，在华师得到张舜徽、吴量恺先生的直接指导，又经常通过开沅先生的讲座获得教益，从而为以后的成长进一步奠定了基础。这一时期，华师学子最庆幸的是章开沅先生是我们的校长，他的学识、眼光以及博大的胸襟，使华中师范大学迅速地发展起来。由一个有思想的学问家、有学问的教育家来担任校长，华中师范大学何其幸运！其时，武汉大学在刘道玉校长的领导下锐意改革，也面目一新。珞珈山与桂子山交相辉映，在湖北高等教育史上留下了值得纪念的一页。追悼会那天，刘道玉校长也来了，当向遗体告别时，刘道玉校长坚持从轮椅上下来，向章先生鞠躬。这一幕深深铭刻在我心中。

从华师毕业后，在湖北社会科学界的各项活动中经常能见到章开沅先生，他的侃侃而谈，他的高屋建瓴，他的凛然正气每每使我折服。在一次演讲中，章开沅先生疾呼："湖北需要一个张之洞。"他抨击时下弊端，不禁拍案怒喝，满座为之肃然。正是因为爱这个国家，爱这片土地上的人民，爱自己的学生，章开沅先生才会铮铮骨气，受到广大学子的由衷尊重和衷心热爱。

章开沅先生对我爱护有加。一次在湖北饭店开评审会，章开沅先生从美国回来不久也参加了这个评审会。晚上我到章先生的房间去拜谒，他十分亲切，谈了诸多在美国的见闻，然后鼓励我说：你在湖北大学干得不错，你们有冯（天瑜）老师的基础，也一定能干出成绩。其时，冯先生调往武大不久，我倍感学科建设的压力，章先生的鼓励对我是莫大的支持。还有一次，湖北教育出版社筹备出版《长江文化研究文库》。筹备之初，请了章开沅、冯天瑜先生等几位学者，也包括我，开了一个小会。章开沅先生主持会，大概因为我比较年轻，章先生点名要我先谈，在章、冯两位先生面前，我毫无顾忌地谈出自己内心的想法。我说，长江文化固然是和黄河文化、珠江文化不同的文化大系统，但是，长江上游、中游、下游完全是不同的文化形态，用一个"长江文化"统而概之，会写成一种拼盘式。章、冯两位先生虽然皆出任分卷主编，但却不以我为忤，欣然加以赞许。此处不得不提到的是，不仅是章开沅先生，华师近代史研究所也对我始终有支持之恩。当我遇到困难的时候，马敏兄、朱英兄总是最先向我伸出有力的援手，严昌洪、罗福惠两位老师也对我和湖北大学中国思想文化研究所支持有加。这些情谊我感铭于心。

章开沅先生是大学者，但却从无大学者之架子。马敏所长总结“章开沅精神”，以“低调”作为精神元素之一。四五年前，我去武大口腔科医院看牙，下楼时非常惊讶地发现章先生搀扶着黄老师也来到医院。章先生说，黄老师牙不好，前来就治。我想到的却是，两位老人年近九旬，以章先生的身份地位，让学生陪伴，完全轻而易举。但两位老人不愿意麻烦他人，自己的事情自行解决、自行料理，令人肃然起敬。更令人敬佩的是，章先生在晚年毅然辞去资深教授的桂冠，成为中国社科界辞去院士待遇第一人。这样一种超越利禄功名的大境界，为一般人所莫及。

章开沅先生的一生成就，不仅在于皇皇巨著，在于他开辟的一系列崭新研究领域，更在于他是一位杰出的学术领袖。他比喻自己“一生好像一只忙忙碌碌的老鸡，成天到处啄啄扒扒，如发现什么谷粒、昆虫之类，便招呼小鸡前来会餐”。正是在他的“啄啄扒扒”和“小鸡前来会餐”中，他打造的华师近代史研究所以及培育的遍布国内的章门弟子成为中国近代史研究中举足轻重的中坚力量。而华师近代史研究所中形成的薪火相传的学术代际接力，在全国史学界少有可与比拟者，这是章开沅先生留给中国史学界的宝贵遗产。

大师之名，当下泛滥，但大半或欺世盗名，或滥竽充数，或为跛足。我以为，真正的大师不仅仅是具有学术威望，而且有坦荡人格和铮铮风骨，有思想的深邃和精神的魅力。而这些要素，在章先生身上已融合为一体。吾兄张伟然在怀念章开沅先生时曾引用辛弃疾悼朱熹祭文语：“孰谓公死，凛凛犹生。”深契吾心。

（作者单位：湖北大学知行学院）

忆章开沅先生

何一民

2021年5月28日上午，到办公室后，习惯性地打开手机查看一下微信。当打开四川大学城市研究所群时，突然看到一则消息："华中师范大学老校长章开沅先生魂归道山，章开沅先生千古!"这是我的一个已经毕业的博士生发的，他曾在华中师范大学攻读硕士，故而与华师的同学多有联系。但当我看到这一则消息时，简直不敢相信自己的眼睛。2019年12月6日，我趁去武汉开会空闲之际，专程去看望过章先生，此时章先生虽然比2015年那次见面略有些显老，但身体仍然很棒，思路清晰，记忆特别好，对数十年前与其他学界前辈的对话记得清清楚楚，感觉先生就是中国史学界的常青树、不老翁。章先生给我讲了他的一些学术计划和安排，我觉得先生至少还可以工作10年。但是没有想到不到一年半的时间，先生就驾鹤西去。为了印证此消息，我当即拨通了华中师范大学原党委书记、章先生的十大弟子之一的马敏教授的电话，焦急地询问先生的情况，马敏兄声音略有些哽咽，证实了先生确已仙逝。很快，微信上关于章先生仙逝的消息就刷屏了，学界纷纷悼念。

章开沅先生与我的老师隗瀛涛先生是至交，对四川大学城市研究所和我个人多有支持和帮助，因而我即以四川大学城市研究所的名义给华中师大近代史所发了封吊唁函。此函如下：

华中师范大学中国近代史研究所：

惊悉章开沅先生仙逝，吾所同仁深表哀悼。先生是享誉全球的历史学家、教育家，他的离世是贵校和贵所的巨大损失，也是中国史学界的巨大损失。

先生在辛亥革命史研究、中国资产阶级研究、中国商会史研究、中国教会大学史、南京大屠杀历史文献等研究领域都有开创性的杰出贡献，在国内和国际享有盛誉。《辛亥革命史》是研究辛亥革命史的首部大型综论性专著，先生的《辛亥革命与近代社会》《开拓者的足迹——张謇传稿》《从耶鲁到东京——为南京大屠杀取证》《传播与植根——基督教与中西文化交流论集》等，无一不是扛鼎巨著，为史学界后辈瞻仰学习之经典。

先生亦致力于教学及各种社会活动，创建中南地区辛亥革命研究会，曾任华中师范大学校长（1983—1990），中国陶行知研究会副会长，国务院学位委员会历史学科第一、二届评议组成员和召集人，培养和影响了一批活跃于国内外社会各界，特别是学术界的中青年知名学者。其诲人不倦、关爱学生的无私情怀和高尚风范在学界传为佳话。

先生向来具有国际视野，相继应邀访问了东西方十几个国家和地区，并先后受聘担任耶鲁大学、普林斯顿大学、加州大学、香港中文大学和台湾政治大学及台湾“中央研究院”近代史研究所等著名学术机构的研究教授或客座教授，其深厚的学养和人格魅力受到国际学术界的高度评价。

先生因辛亥革命研究与我所创始人隗瀛涛先生结缘，几十年来相知甚深，两位先生的友谊缔造了华中师范大学中国近代史研究所与四川大学城市研究所源远流长的深厚情谊。四川大学城市研究所的发展，长期受到先生的提携与帮助，诸多学生得益于先生及其门下诸位老师的指点，获益良多。2019年，为纪念隗瀛涛先生90周年诞辰，四川大学出版《隗瀛涛文集》，先生欣然为之作序，并连夜亲笔写下3000余字的序言手稿，令人深深感动。

诚如先生所言：“唯有智慧者始能发现大智慧，唯大智慧之发现始能出良史、出大家。”先生即是大智慧者、良史大家。

先生数十年专注投入、不断开拓创新的治学精神，诲人不倦、兢兢业业的伯乐精神，成为学界的楷模。先生对我们的教诲，我们将铭记于心，让我们在未来的学术研究中，以先生为榜样，潜心治学，守正创新，传承和发扬中国史学的优良传统。

高山仰止，余泽永续！

斯人已去，永留心间！

先生安息，先生千古！

四川大学城市研究所

2021 年 5 月 28 日

当我把吊唁函写完，检查了几篇，即通过微信发出，然后对着电脑沉思良久，往事如一幕幕影像浮现在眼前。

我第一次与章先生相见是在 38 年前的夏天。其时，武汉是中国“三大火炉”城市之一，夏天天气异常炎热。但再热的天气也挡不住我们求学的热情，1983 年四川大学历史系教授隗瀛涛先生带领谢放、王笛、王永年和我 4 个硕士研究生前往武汉、长沙、上海三座城市进行学术访问。到了武汉，首先就是拜访章开沅先生。在见到先生之前，他的大名对我等莘莘学子就已是如雷贯耳，令人景仰不已。1980 年，我选择中国近代史作为学年论文的写作方向，请隗瀛涛先生作为导师。此后就多次听隗先生讲到《辛亥革命史》编写组的逸闻趣事，讲到章开沅先生时就称赞先生学识渊博、思想敏锐，有大家风范。其时，“文革”刚结束不久，学术界拨乱反正，章先生关于辛亥革命发表了几篇重要的文章，其观点之新颖、思想之深刻，令人振聋发聩，感觉完全是打开了一片学术新天地，我因此对先生佩服有加。1981 年是辛亥革命 70 周年，由章开沅先生和林增平先生主编的三卷本《辛亥革命史》出版，该书作者根据唯物史观，深入地论证了辛亥革命发生的历史原因，全面地叙述了辛亥革命的发生、发展过程，深刻地阐明了辛亥革命取得胜利及其失败的原委，并对近代中国错综复杂的历史发展规律和特点进行了探究，客观地评价了这场由新兴的资产阶级领导的革命在中国历史上的地位和作用。全书取精用宏，材料丰富，充分体现了20世纪80年代中国辛亥革命研究的观点、方法和水平，受到国内外史学界的高度赞誉，影响深远，成为当时在中国最影响的史学著作之一。我们对该书是反复精读，对先生更是高山仰止。因而隗先生要带领我们一行前往武汉拜见章先生，令我们很兴奋。先生在家里接待了我们一行，而且是以高规格的家宴来招待我们，真是令人有些受宠若惊，我当然主要是沾了老师的光。先生中等身体，微胖，与想象中的大学者差不多，他的江浙口音令人甚感亲切。

章先生与隗先生可谓君子之交，以文会友，由神交到面交，相知相识甚深。章先生曾说："我与老隗正式结交很迟，因为上个世纪50年代，建国未久，政治运动又多，跨省区的学术会议极少，我俩也只有通过《历史研究》《近代史研究》以及《光明日报》的《史学》专栏相互有所了解，无非是以文会友的神交。直至1961年纪念辛亥革命50周年，在武昌举办全国性学术讨论会，才由神交进为面交……正是由于我们相知已深，所以1976年暑假，人民出版社委托我牵头组建《辛亥革命史》大型学术专著编写组，我就把林增平、隗瀛涛、吴雁南、王天奖等列入首批名单。编写组筹建初期，正处于'四人帮'垮台前后，政治局势极为复杂，'左'倾遗毒影响仍深，我们的处境十分困窘，作为主编之一的林增平仍然在湖南一个茶场被监督劳动。甚至在'文革'结束以后，集体写作仍然是'党委＋学者＋工农兵'所谓'三结合'模式，浪费了大量时间与精力。老隗从一开始就与我们共同承担政治风险，并且经历了许多磨难曲折。"正是由于他们之间有着特殊的经历，因而都十分珍惜这份情谊。而章、林、隗三位先生的早期弟子也在老师的影响下建立了良好的关系。

上个世纪90年代以后，我出川参与学术活动的机会逐渐增多，因而经常在不同的学术场合见到章先生，每次见到章先生，他都会和我讲几句四川话，虽然不太标准，但川味十足，如他说当年到茶铺去，没有钱，只好给老板说："来一杯玻璃开水。""玻璃开水"这在当时是一种时髦的流行语，即一杯白开水。我作为一个地道的四川人还是第一次从章先生那里听到有“玻璃开水”这个词。但这个当年的流行语是四川人发明的，还是外省人发明的，章先生从未加以说明，我也不好深问。章先生说他与四川有缘，抗战初期他随家人来到四川，在江津读书。他说自己是下江人，四川人是上江人，但都是一条江，同饮一江水。

2006年春，先生的一位学生（记不清姓名了）给我来电话，告之章先生有思念第二故乡的想法，想偕黄老师一同到成都，然后再从成都去江津和重庆。其时，隗先生还健在，故而我们都表示热烈欢迎。我们对先生成都之行作了精心准备和安排，并与重庆的学弟周勇联系，决定重庆方面的活动都由他全程负责安排。此次章先生和隗先生见面相谈甚欢，在接风宴上隗先生将家中珍藏的名酒五粮液拿出来请章先生及夫人，虽然先生平时不饮酒，但老朋友数年不见，也举杯略饮了几小口。二老还相约，隗先生80寿诞之时，章先生再来成都一同庆贺。但遗憾的是，此次章、隗二位先生见面竟成永诀。是年下半年，隗先生即因肝癌住院，次年即驾鹤西去，天人永隔。

章先生此次成都之行，游览了多处故地，十分尽兴。由于先生这样的学术大家难得到成都一次，我即抓住这个机会向先生提出建议，希望他能为川大学子作一场学术报告，先生欣然同意。于是我们以最快的速度完成所有的讲座安排程序，在先生离开成都之前，举办了一场堪称学术盛宴的讲座，是日晚数百人的讲堂座无虚席，多次出现掌声雷动的场面。

其时，我还兼任《四川大学学报》（哲学社会科学版）常务副主编，一天我趁章先生谈兴正浓之际，向他提出为川大学报赐稿的要求，先生没有犹豫，当即允诺。先生真是言而有信，回去后不久，便寄来了两篇文章，分别为《百年以后看同盟会》《追寻早期华工的历史足迹——以艾尔松〈爱达荷华人往事〉为例》，先后在《四川大学学报》（哲学社会科学版）2006年第3期和2007年第1期发表。

2007年，隗瀛涛先生因病去世，章先生即发来唁电，表示对老友的悼念。2010年，四川大学城市研究所举办隗瀛涛先生学术研讨会。从我内心来讲，非常希望能请到章先生来成都参加此次研讨会，但是又想到先生已是85岁高龄了，不知他的身体状况如何，能否成行。于是试着通过马敏兄邀请先生，谁知先生当即就答应参会，这让我十分感动。此次隗瀛涛先生学术研讨会开得非常成功，与先生等一干隗先生的老友能够出席会议有着直接的关系。2006年章先生与隗先生相约在隗先生80寿辰之际前来祝贺，虽然隗先生已经仙逝，但章先生一诺千金，一言九鼎，硬是在隗先生80冥寿之际前来参加会议，并悼念老友。其君子之风、重诚信的道德风范堪为楷模。

2020年，是隗瀛涛先生90冥寿之年，为了缅怀和纪念先师，我和谢放、余长安、蒋晓丽、陈建明等先师早期的弟子共议出版一本文集，将先师的主要论著汇编成书，以传之后世。此事由我具体负责编辑和出版。

文集编纂完成交出版社付梓之时，需要有一个序。谁来写序？大家都觉得应由一位瀛涛先师的老友来作。但是当年的老朋友或已离世，或已年事皆高。思考再三，觉得还是请章开沅先生为之作序最为合适，当今之时，除了先生以外可能没有更合适的人选。当年先生主编《辛亥革命史》时，与瀛涛先师和林增平先生的关系最为密切，他们三位先生门下弟子之间也多有联系。正好在考虑如何与章先生讲此事时，马敏兄到成都来开会，我与他见面，提起为瀛涛先师编文集之事，并说到想请先生写序，不知先生身体还安好否，能为之作序否？马敏兄对瀛涛先师也是非常敬重，他听我讲了之后，立即表示找先生写序没有问题，给其他人可以不写，但给瀛涛先师写序，先生肯定乐意，他回去就与先生讲。果然，正如马敏兄所言，先生欣然应允。

2019年12月4日，我到武汉江汉大学参加一个学术会议，到武汉的当晚，我给马敏兄打电话，希望去看望章先生，请他与先生联系。先生约我6日上午10点到华中师范大学一见。是日，我按照预定的时间准时到了华中师范大学中国近代史所，先生已在他的那间办公室里等候。这次见到先生，与5年前相见时变化不大，仍然是精神健旺，目光炯炯，面色红润，谈笑风生，风采依旧。先生为了给瀛涛先师写序，将我所寄去的近百万字文稿一一翻阅。序言原定是年底完成，但因我到了武汉，先生为了让我将序言直接带回去，就连夜赶写完成，实是令人感动。序言是先生用钢笔书写在华中师大中国近代史所稿笺上，一共 6 页 3000 余字，讲述了他与瀛涛先师相识相交的过程，特别着重写了当年编写《辛亥革命史》的曲折经历，描写了他们之间的友情。文章并无过多的修饰，但读来感觉情真意切，深深地感受到老一辈学人之间的君子之交和高尚情操。尤其令人感动的是，先生为了表示对晚辈的关爱，将所写序言手稿直接赠予我留作纪念。接过手稿，顿时一股热流从心底升起，激动之情不可言表。按原定计划，我只宜在章先生的办公室停留 20 分钟左右就须告辞，以免影响他的身体健康。但是那一天先生兴致特别高，话匣子一旦打开就不容易关上，他给我们讲了很多当年他与隗先生之间的事情，也涉及林增平先生、吴雁南先生等，还讲到抗战时期他在江津读书等事，偶尔也讲几句不标准的四川话，气氛很轻松活跃。与先生的会面谈话一直持续了一个半小时，基本上以先生讲话为主，已到十一点半了，我才打断先生的谈兴，提出告辞。临行前，先生又从书柜里取出他近期出版的《筚路蓝缕〈辛亥革命史〉编著手记》签名赠予，并合影留念。

此后不久，新冠疫情发生，武汉一度为重灾区，我们对章先生和武汉的师友甚为惦念，即电联马敏兄，得知他和章先生等华中师范大学的各位师友一切都安好，甚感欣慰。原想今年再到武汉，前去看望先生，并呈上先生亲自作序的《隗瀛涛文集》。谁知上次相见竟成永诀，不胜悲痛。

章先生安息!

（作者单位：四川大学城市研究所）

群星结伴而逝时

孙　江

5 月 28 日，注定是一个不平常的日子：史学界两位巨星——章开沅先生和何兆武先生，一南一北，相伴陨落。巨星陨落不是没有征兆的。前一天深夜，我因学会年会而入住青岛宾馆，第二天晨起散步时震撼于远处的大海、蓝天和星星点点的船只，当即拍下发到学衡研究院的工作群里。20 分钟后，我在同一位置又拍了一张照片，发到群里后附言道：有柯林武德味道。一个星期前，我刚刚在演讲中提到柯林伍德《历史的观念》里的话："当我们眺望大海时，看到一艘船。五分钟之后，当我们再次眺望时，船已经移动到不同的位置。因此，我们必须想象，当我们没有眺望的时候，船在一点一点占据着两处的中间地带。"

柯林伍德以此作为历史思维的案例，指出人们通过对史料的批判性解释，在确定表述的对象后，可以通过演绎方法重构历史。于此，史家最需要的与其说是匠人的技艺，不如说是想象力。

提到柯林武德，自然会想起何兆武先生。何先生不仅是该书的汉文译者，还是出色的诠释者。一大早，远眺大海，脑海中闪过何先生的名字，冥冥之中，似有什么在暗示。其实，在接获何先生仙游的消息前，即已得到章先生驾鹤而去的消息。对于章先生，我有一份特别的个人感情。疫情期间，听说先生身体欠佳，十分惦念，询问探视的可能性。一个月前见到马敏先生，再次提到探视的事情。不曾想，这一愿望永远定格在 5 月 28 日 8 点 15 分了！

群星结伴而逝。在不到一周的 5 月 22 日，科学家袁隆平院士和吴孟超院士相隔不到五分钟飘然而去，引起一片唏嘘。走时，袁院士 91 岁，吴院士 100 岁。章先生 95 岁，何先生 99 岁。按理，都是大往生，堪称福丧，依然痛惜之声不止，其中一定有些不同寻常的原因。是的，在这世上，总有一些人会让你梦魂萦绕，甘做反智主义者，希望他或她永永远远。

袁隆平院士大名鼎鼎，可列仙班。我对他的尊敬和少时的记忆有关。我早年生活在新疆的最西边。对于稻作文化养育出来的母亲来说，吃饭的“饭”有特别意义，就是指“米饭”。再好的饭菜，如果没有一口米饭的话，还是不完美的。但是，那年头，365 天，能吃到大米的日子不到 7 天，吃米饭犹如过年，故而我们尊称米饭为“大米饭”。犹记我学会的第一句四川话，是来自隔壁四川人的长吁短叹：“老子三天不吃大米饭，腰眼儿疼。”知道吴孟超院士的名字，是在十多年前高华兄患病之时。我知道，有位大德给他介绍了国内最好的肝胆科医生，名叫吴孟超。生老病死，人所难免，能得到同时代最好的医生的治疗，可谓不幸中的幸事。去年以来我关于肝胆病的知识多起来了，在我心中，肝胆科医生无异于菩萨再世。吴院士一生治病救人无数，可列仙班。科学家解决人的身体困扰，人文学家解答人的精神需求。我无缘亲炙何先生的教诲，但作为一个读书人，读其书，闻其言，足矣。“人是能思考的苇草”（帕斯卡尔语），是从何先生的翻译中深化的；“人生而自由，为何所到之处皆为枷锁”（卢梭语），也是读何先生的译著深化的。“一切历史都是观念史”（柯林武德语），因何先生的翻译而广被学子。何先生的文字简洁隽永，读之不忍释手。何先生晚年，一言一行，垂范后学，可列仙班。可列仙班的章先生，是南大的杰出校友。

2017 年 5 月 25 日，我得以拜见 91 岁高龄的章先生。本来预定半个小时礼节性的谈话，结果持续了一个上午，中午章先生还与我和章门众弟子一起吃了午饭。这几天，我让学生将这次谈话的录音整理了出来，洋洋洒洒万二千言。翻阅文字，回想当日的情形，我想把柏拉图说的“四德”——智慧、正义、勇敢、节制，放在先生身上，可谓个个合身。说到智慧，1982 年 5 月 20 日南大校庆 80 周年，章先生在演讲中说，我们的辛亥革命史研究和外国同行比，还很不成熟。很不成熟是“不如”的隐喻。

当时正读大学一年级的我，听到以后深受震动：怎么中国人的中国研究还不如外国人?! 一个挥之不去的梦魇，快40年了。花甲之年，章先生以大学校长之身开启教会大学史研究，必有感同身受之处，这和他主张的“参与史学”的理念是一致的。我与先生谈话的一个主题是关于大屠杀事件中的贝德士。贝德士是金陵大学历史系主任，南京沦陷前主动要求留下来参与救援工作。科塞雷克曾讲到史家有五忌，其一即为试图从论述对象身上得到好处。章先生晚年投入个人钱财，挖掘史料，揭露战争暴行，乃正义心所驱使。章先生辍学投奔革命，为学敢直言，为官不苟且，是为勇敢。先生去世后，学界内外反应甚大，这和先生“节制”的品格不无关系。窃以为，节制是人格中最高的境界，但必须涵盖勇敢。

四位世纪老人，二理二文，取其最大共同项，可以归结为两点：第一，都有专门的技艺。人的一生，无论短长，做好一件事实在不易，如能持之以恒，必能展示自己的特色。第二，都说平常百姓话。四位先生的言传身教，不虚不假，无不透显出诚与朴。由此，窃以为判断一个人对社会和国家的贡献度，似也可以这两个方面为参照。5月28日注定是非常的日子，正如5月22日不平常一样。群星相伴陨落，正是群星超脱自身走得更远、登得更高之时，这在年轻人“躺平”、中年人“内卷”的当下，显得格外耀眼。

（作者单位：南京大学学衡研究院）

忆章开沅先生

郑永福

1981年，在湖南长沙市举行了一次全国辛亥革命青年史学工作者会议。2012年，为纪念这次会议，在广东中山市举行了一次题为“孙中山·辛亥革命的研究与承传”的学术研讨会，1981年长沙与会的部分师友再聚会。我提交会议的文章题为《“长沙会议”三十年摭忆》，其中有一段是写的与章开沅先生交往的回忆。会议开幕当天晚上，我来到章开沅先生与夫人的房间拜访。章先生很高兴，说：“我看了你写的文章了，你写的都是真的。我当年在中原大学校报上发表的文章，早已找不到了，谢谢你费心找到，还将扫描件送给我!”会议结束后，章开沅先生和夫人要乘车离开宾馆，我到宾馆大门前送先生，章先生开玩笑对我说：“郑州市政府应该请你当代言人，郑永福，郑州永远幸福!”接着又笑着说：“这回你又有得写了。”下面将2012年我提交的文章中一段回忆文摘录在下边，以表达对章开沅先生深切的怀念。

章开沅先生，是我最敬佩的老师之一。1981年长沙会议后，我在研习中国近代史过程中，从章先生的言谈和著述中受益极大，看过下面的回忆，便知这绝非虚言。

我生性怯懦，加之学识浅陋，与专家学者说话很发怵。1981年长沙会上见到章先生，感觉先生不仅学问精深，为人也和蔼可亲。1983年12月15日，中南地区辛亥革命研究会在郑州召开学术年会，主题是辛亥革命时期社会思潮研究。章开沅先生、张磊先生、刘望龄老师等与会。其间在中州影院看电影，我恰好和章先生坐在相邻的座位上。当时电影是“跑片子”——一个影院放映完一本再送到下一个影院放映。我们坐在影院里，片子尚未来到，但灯已熄灭，黑乎乎的。章先生对我说，我们国内的中国近代史研究不够细，日本学者就比较细。如关于卢梭民权学说怎样从西方传到日本的，传到日本后有哪些改造，有什么影响，日本人都有较详细的研究。我听了大受启发。电影结束后，我又陪章先生在附近的街道上转了转，边走边听章先生“讲学”。还清楚记得章先生在一家店铺买了只烧鸡，我说这家烧鸡味道不错，您可多买两只。先生说，一只就够了，家里人少，多了也吃不了。

回到开封后，我反复思考章先生在电影院的训导，决定先从《天演论》做起。我借来了1948年英文版的赫胥黎文集，与严译《天演论》一一对照，着重探讨严复对赫胥黎原著的改造。1984年9月，在山东威海的甲午战争90周年学术讨论会上，恰好有一天我们在一个组，便向章先生等做了汇报。章先生还夸了我一句：“什么叫聪明人，你这就叫聪明人。我说个题目或思路，不是随随便便就说出来的，是有想法的。但说出来并不是说我要做，因为我要做的事太多了。”我向章先生及在场的丁守和先生说：“经过中英文本对照，我发现严复对原著有重要改造，写了篇论文，寄给《近代史研究》。编辑说文章还有点意思，但不拟采用。”章先生和丁先生却认为，不是有点意思，是很有意义。我不知章先生或丁先生是否和编辑部的先生通了气，反正是第二天与会的《近代史研究》编辑部的夏良才老师找到我，问了问我还发表过什么文章后说：“你回河南后立即将天演论那篇文章修改后寄给我，我们给你发表。”1985年文章发表了，高兴之余，我能不发自内心感谢章先生吗？写了几篇关于《天演论》的小文章后，我又着手写关于卢梭民权学说传到中国来的问题，先发表了一篇《卢梭民权学说与晚清思想界》，以后想继续深入研究下去，但因有别的任务，就搁下了。

那次会议我提交的论文是《甲午战争与严复》，但会上谈的是我关于历史发展理论问题的思考，大意是谈恩格斯致布洛赫信中所论历史合力问题。恩格斯认为历史是由若干平行四边形组成的，历史的发展系由历史的合力所致，历史结局是参与其中各种力作用的结果，又都不是各种力所期望的结果。由此我认为，戊戌维新既是资产阶级维新又是地主阶级自救运动。而考察其间各种力的较量，得出结论是那拉氏对变法是支持，起码是默许的。之所以镇压变法，是因为历史进程危及了她本人及其小集团的卑鄙私利，这不仅是对历史潮流的一种反动，也和当时统治阶级的根本利益相悖。我还胡思乱想，认为力有三个要素：大小、方向、作用点，有朝一日经过学者的努力，可以通过对各种力分解合成，在坐标上画出个轨迹，展示出某历史阶段发展的趋势曲线。章先生说，国外学界有“社会力学”一说，你可以继续思索下去。当天午餐后我又与孔祥吉兄交换了意见，得到了他的鼓励。返回开封后，我立即着手把会上说的主要想法写成一篇文章——《晚清地主阶级自救运动论纲》，于次年发表。后继续思考，在北京戊戌维新百年学术大会上提交了《资产阶级维新与地主阶级自救——戊戌变法性质的再认识》一文，得到学界肯定，被认为有创新。

2000年，义和团运动一百周年国际学术讨论会在山东济南召开。报到当天晚上，我去章先生的房间问安。因当时房间内没有旁人，加之随着年龄的增长，我胆子也大点了，就多坐了一会。其间我谈了一些对“邪教”的看法：长时间内，我国学界重视研究农民起义，且给予极高评价。但对农民战争中“邪教”的破坏性及对人们思想的毒化、奴化揭露分析不够，对中国社会中至今存在的“邪教”滋生、流行的土壤考察研究不够。我还说，封建迷信要反对，其实，任何类型的迷信都应该反对，因为迷信本质上都是一样的。章先生鼓励我继续思索下去，我很高兴。

每次我见章先生时都有些拘谨，但往往章先生一两句风趣的话，就会使我放松许多。比如，有一次我见到章先生说，我以近代中国地方自治问题为研究课题，是受了章先生的影响（指受了章先生著述的启发）。章先生说，受了哪个Zhang先生的影响？是张謇吧？一句话把我和在座的都逗乐了，气氛也一下子活跃了起来。又有一次在武汉开会，报到时见章先生坐在宾馆大厅的沙发上，就走上前说：“章先生您好！我是郑州大学的郑永福。”章先生一本正经地说：“你是什么意思？是说我章开沅老到连你郑永福都不认识了吗？”一句玩笑话，让我脸红了，但也完全放松了。

2003 年起，我先后应邀到韩国一大学任客座教授两年。当 2006 年长沙会议时再见到章先生，感到分外亲切。次日随章先生等去毛泽东主席故居和刘少奇主席故居参观，一路聆听先生高见，兴奋莫名，受益颇多。

还要补充一点。在我硕士研究生毕业两年后的 1984 年，恩师胡思庸先生希望我到章先生门下攻读博士学位，并说愿意向章先生推荐我。对此，我当然求之不得。遗憾的是我妻子吕美颐当时得了场大病，两个孩子又小，只好放弃了读博的念头。如果……唉，没有如果了。

令人欣喜的是，前年我主持做“民国时期河南珍稀短刊断刊目录”时，发现在中原大学（范文澜先生曾任校长）校刊委员会编的《改造》杂志中，有章先生读大学时写的两篇文章。其一是《改造》第一卷第九期（1949 年 4 月 25 日出版）上刊登的《二十队墙报工作总结》，署名是学生会干事章开沅执笔。一篇是《改造》第一卷第六、七期合刊上刊登的《一个孤儿找到了“娘”》，署名章开沅。很可能华中师大章先生的门生早已见到过该文，但恐不为更多的人所识，特扫描书影，以飨“长沙帮”诸师友及感兴趣的朋友。

（作者单位：郑州大学历史学院）

大哉，先生

李　玉

著名历史学家章开沅先生仙逝已有十几日，我的心绪一直难以平静，想写点东西，又不知如何下笔。一则担心自己不够资格，再则因为除了敬仰，与章先生的交往并不多。但我还是决定写点浅薄的文字，以表思念之情。

章开沅先生是我的博士生导师隗瀛涛先生的挚友。在四川大学读书时，隗先生常跟我们提起章先生，在隗先生口中，章先生是一位文质彬彬、儒雅博学的学者。他们实际上情同手足，携手从事辛亥革命史等重大学术工程的经历，早已铸就了彼此间深厚的私人友谊。隗师与章师的情义，直接影响到他们的学生，两位老师的弟子只要互报师门，就会有一种“自然熟”的感觉。就我个人而言，平常向章门众弟子请教的次数尤多，他们均给予我莫大的帮助，想来与我是隗先生的学生肯定有关。

我与章先生的第一次见面是在1996年。那年夏天，罗志田教授在四川大学举办一次关于近代中西文化交流的学术会议，这大概是罗先生回国之后第一次发起召开学术会议。罗先生对于隗师非常敬重，执弟子礼甚恭，他发起学术会议，自然要请隗师出面“扎起”；同时，罗先生又与章先生很熟，颇得章先生奖掖，故又请章先生前来“撑场子”。我有幸作为会务人员，亲睹与会学者的风采。记得章先生的报告由隗先生主持，隗师以浓郁的四川口音说道：“我来为章先生鸣锣开道！”全场为之一乐。章先生一口略带武汉口音的普通话，谦让未遑，他们二人那种默契与情分，给我留下深刻印象。

章先生与隗先生等老一辈学者的友谊之深，远出常人想象。当年他们撰写《辛亥革命史》巨著之际，“四人帮”尚未倒台，具有相当大的政治风险，是共同的学术担当让他们走到一起，切磋砥砺，开拓史学研究之新风，成就影响巨大的鸿篇巨制。参加《辛亥革命史》课题组的知名学者除了章、隗两师之外，还有林增平教授、吴雁南教授和冯祖贻研究员，前四位后来分别担任华中师范大学、四川大学、湖南师范大学和贵州师范大学的校长或副校长，冯祖贻先生则担任了贵州社会科学院副院长，堪为学林盛事。

除了在隗师处的“耳闻”之益外，捧读章先生的著述也使我受益匪浅。他的《辛亥革命与近代社会》《开拓者的足迹——张謇传稿》我不止读过一次，包括他主编的一系列著作，我都非常喜欢。章先生的研究能力超强，不仅体现在分析问题的宏大视野与严密逻辑方面，而且体现在娴熟运用包括历史唯物主义与辩证唯物主义在内的各种理论以及既清畅又内敛的文字表达方面。现在给研究生上课，我经常强调章先生在史学研究方面的榜样作用。

令后学晚辈敬佩的是章先生的学识与胆识。对于一个学者而言，有些学识也不为奇，但章先生具备的是真学识、大学识。他与林增平、隗瀛涛、吴雁南等先生合作开创改革开放之后中国辛亥革命史研究的新局面，创建辛亥革命史研究会，推进学科发展，不仅使华中师范大学成为辛亥革命史研究重镇，而且使武汉地区及湖北省的辛亥革命资源得到充分利用，使中国辛亥革命史研究的海内外影响不断扩大。章先生与台湾张玉法先生关于辛亥革命性质的著名论战，早已成为学林佳话。

章先生经常谦虚地称自己在史学领域“东扒扒”“西啄啄”，就是想为学生找点可做的题目。事实上，章先生“扒”出来的何止是几个或几十个研究题目，而简直就是一条条史学研究的道路。虽然这些道路一开始比较崎岖、险峻，但经过章先生等人不断的开掘，现在多已成为学术大道。例如商会史研究，从苏州，到上海，再到天津；从硕士论文，到博士论文，再到博士后出站报告；从学术会议，到资料整理；从商会，到行会，再到其他同业组织，各类成果相继涌现，对中国近代史研究的理路转向与领域开新产生了巨大的推动作用。

章先生早年撰写的《开拓者的足迹——张謇传稿》，在改革开放之后由中华书局出版，是国内张謇研究最为重要的著作之一。章先生提出“张謇是过渡性时代、过渡性社会中的一个过渡性人物”，将张謇所处的时代特征、张謇之于时代的关系，以及张謇及其时代在历史长河中的地位与影响进行了精辟概括，提出了“过渡性”这一重要的命题，对于学界极富启发价值。章师弟子中的马敏教授后来进一步以“过渡形态”为视角，专门探讨“中国早期资产阶级构成之谜”，在学术界产生非常大的影响。

上个世纪80年代末90年代初，章先生又在华中师范大学开创了中国近代教会大学史研究的学科方向。1989年6月，首届中国教会大学史国际学术研讨会在华中师范大学召开；两年后章先生与林霨教授合编《中西文化与教会大学》，由湖北教育出版社推出；其后，章先生又与马敏教授主编《中国教会大学史研究丛书》，其译著包括华中大学、齐鲁大学、之江大学、华西协合大学、福建协合大学、金陵女子大学、北京辅仁大学、沪江大学、燕京大学、华南女子大学、圣约翰大学等十余所近代中国主要的教会大学，揭开了中国教育史、大学史、中外文化交流史极其重要的一页。许多人正是得益于章先生及其团队的研究，才知道近代中国还有如许知名高校，才知道它们的教育理念、办学模式与教学质量；才知道它们的毕业生可以直接赴美、英等国攻读研究生；才知道教会大学如何实现本土化与在地化；才知道它们的命运多舛，才知道它们分别是今天许多“985”或“211”高校的前身。在章先生的带领下，华中师范大学先于1994年成立了中国教会大学史研究中心，2001年扩大为东西方文化交流研究中心，设立了专门的文化交流基金，以遂章先生大力开展中西文化交流之愿。该中心现在已为国内高校特色鲜明的专业研究中心，在中外学术交流与文化传播方面功绩显著。

或许与老一辈的“铁关系”有关，虽然当面拜谒章先生的机会并不多，但内心对先生似乎从没有“距离感”。我觉得章先生给人的感觉是“望之俨然，即之也温”。先生讲话略带吴音，又有武汉话的味道，娓娓而又真切，有一种特别的磁性。众所周知，章先生是散文大家，他的一系列笔记体以及“大家小品”性著述，颇受好评。但章先生更是演说家，此次在章先生追思群里，有人专门回忆了章先生讲演现场的盛况，令人印象深刻。

我于1998年从隗老师处毕业，获得四川联合大学（四川大学、成都科技大学）博士学位之后，进入南京大学，在崔之清教授处进行博士后研究，从此与章先生又多了一层“校友”的关系。章先生曾于1940年入读金陵大学，金大老校区就是今天南京大学的鼓楼校园。章先生的另一位高足彭南生教授，恰与我同期进入南京大学历史系博士后流动站，我们所住的南大附近平仓巷7号，在民国时期就已存在，估计当时的金大学生也会不时路过。校园里章先生当年住过的宿舍楼，后来很长时间被用作行政办公室，虽然内容大变，但外墙仍是旧时式样。

章先生在金大读书时的老师，美国传教士贝德士是侵华日军南京大屠杀期间国际安全区委员会的发起人和负责人之一，他以所见所闻记录了大量日军暴行。章先生曾专程赴美收集整理贝德士文献，先后完成《南京大屠杀的历史见证》（湖北人民出版社1995年版）、《从耶鲁到东京——为南京大屠杀取证》（广东人民出版社2003年版）、《南京大屠杀史料集：美国传教士的日记与书信》（江苏人民出版社2005年版）、《南京难民宣教师证言集》（南京大学出版社2005年日文版）等重要成果，皆为日本侵华南京大屠杀史研究的扛鼎之作，成为戳穿日本右翼否定日军侵华暴行的有力武器。2012年在南京大学110周年校庆之际，经过校内外广泛评选，章先生荣膺“南京大学十大杰出校友”称号。

章先生是一位铁肩担道义的学者，他对于中国教育变迁、学风流变、社会演进等“敏感”问题，非常关心，有时也不无忧虑；他敢于批评、仗义执言的豪情，让人感慨；先生心怀苍生、惠泽学林的温情，令人感佩。

先生之风，山高水长。谨奉联以怀：

考百年史，传千秋学，但求真知发睿见
作一代师，体亿兆心，只为苍生问古今

（作者单位：南京大学历史学院）

迟到的告慰

倪腊松

几天前，责编发来微信，是《章开沅海外访学日记》的图书在版编目截图，一时间我百感交集！此去那年章开沅先生将香港开源书局出版的《北美萍踪：章开沅日记》相赠已整整4年，章先生这本30余万字的著作竟未能在他生前奉上，内心的悲痛、遗憾、自责、沮丧、无奈……实在是不知从何说起！

章开沅先生是我敬仰的历史学家，也是一位和蔼可亲的长者。自2002年我向他约稿《从耶鲁到东京：为南京大屠杀取证》以来，一直与他保持较频繁的联系，其间我随他的学生刘家峰教授一样称他“章老师”，他也乐意我这样称呼他。

大约4年前的冬天，我去华中师大拜谒章老师，他以新出版的《北美萍踪》和《章开沅口述自传》两书相赠，并在环衬白页处签署“腊松存念　章开沅　丁酉冬于武昌　年方九一”。章老师的学生陈新林博士在香港创办开源书局，先生鼎力支持，将他1990年—1994年在海外游学期间的日记贡献出来，作为开源书局出版的第一本书。陈新林博士为日记的出版付出了很大的心力。由于日记中记载了海内外史学界的诸多人物和事件，考虑到年轻读者不一定了解这段学术史，他们还委托章老师的学生张晓宇博士为日记中涉及的人物、事件进行详细的考订和注释，这就是《北美萍踪》。金耀基先生为《北美萍踪》所做的序中说，章老师的游学日记有许多可细谈咀嚼之处：一是章老师“与海外汉学界（指广义的研究中国文化与历史的学术圈）的学人群体交往、切磋的场景”；二是章老师“交往的学术圈中的海外华人学者群体”；三是章老师访问台湾所结识的学者群体。在这里不仅“可以看到学术的世界性”，“汉学或中国研究的重地已不在一国一地”，而是“海内海外，学术无隔，天下一家”。金先生说，章老师这部游学日记“不啻是一个时代的见证”。我看到这里，便向章老师提出由我们来出内地简体字版，章老师当即爽快应允。

返穗后安排我社华侨文库编辑部主任王俊辉担任责任编辑，着手办理出版立项手续，编辑加工文稿。在此过程中，我社原社长金炳亮先生给予了热心的帮助。他认为章老师是改革开放后中外学术交往的先行者之一，在中国近现代史领域与港台及海外学者的交往有破冰之功，建议以“海外访学”为线索扩大编选范围。2018 年 5 月 11 日，金先生赴武昌拜访章老师。章老师赞同扩大编选范围，把 1979 年以来访问日本、美国、菲律宾等国家的日记也补充进去，并同意将书名改为《章开沅海外访学日记》，并指定田彤教授负责与出版社对接。

然而，接下来的书稿编辑加工并不很顺利。时移而事异，物是而人非，近三十年前章老师每天记录的海外访学期间所遇所见、交往交流的一些人和事，多少有了些许的时宜不合之嫌，有些内容又是我们年轻编辑不甚了解、难于把握的。于是，我们又先后延请中山大学历史系李吉奎教授、我社学养深厚的退休老编辑沈展云先生分别审读稿件，根据他们所提出的意见对书稿做出处理，又呈送上级省出版集团审读员审读。终于，功夫不负有心人！《章开沅海外访学日记》就要付梓出版了。抱憾之余，聊感欣慰。由于章老师已于今年 5 月 28 日逝世，金耀基先生人在香港又年事已高，二位前辈在《北美萍踪》出版时所作的自序和序，已不能，也不便为本书专门重写，但都具有很高的学术价值和非同寻常的意义，所以都原文保留。

章老师千古！我等惭愧，愿此时《章开沅海外访学日记》的出版得以作为对老人家迟到的告慰！

2021 年 12 月 2 日

（作者单位：广东人民出版社）

章先生三事追忆

孙君恒

章先生——开沅校长是杰出的历史学家和教育家，我这个热爱历史文化的后生对他的辛亥革命史研究、教会大学史研究、请辞资深教授、“爱在华师”高论、执掌华师校政业绩等特别敬佩，经常夜读他的著作，多次聆听他的演讲，喜欢他的真实、亲切、简练、优美的语言，有点“编外弟子”情结。2021 年章先生仙逝，更加怀念他的丰功伟绩、作品和人品，过往故事，历历在目。

第一件事，是 2010 年随州炎帝神农祭拜大典中的“插曲”。各地代表应邀前来报到的那一天，我在入住的宾馆大堂与章先生、章夫人见面。也许是宾馆接待人员不清楚接待安排的细节情况，也许是他们不了解章先生的身份，也许是当时接待任务繁重、床位有限，前台接待人员只看到章先生的姓名在册，忽略了章夫人，暂时不给办理入住手续，一时场面有点尴尬。我看到此情此景，就主动圆场，向工作人员简要介绍章先生是华师老校长、著名学者，理应得到礼遇，夫人随行也是为了照顾老专家，免得增加当地的医护负担，恰恰是为祭拜大典周到的考虑，让隆重的活动无后顾之忧。我这么一说，接待人员才恍然大悟，立即表示歉意，说接待头绪多，自己不知道，“一场虚惊”就此圆满结束。

第二件事，是 2008 年 6 月 25 日武汉新洲问津书院保护和利用学术座谈会期间同游和聆听章先生高论。这次研讨会是武汉市政协主办，新洲区政协承办，对学者非常尊重，特别安排区属政府部门专人一一接送、服务，新洲区统计局的历史文化学者李森林就具体负责为章先生服务。

我研究儒家文化和湖北孔庙，多年前联系台湾“中华”文化渊源研究会会长洪武雄、巴西学者凯文和西蒙娜、香港孔教学院院长汤恩佳来书院访问，汤院长曾捐献孔子塑像，都是我和李森林牵线搭桥，新闻多次报道。我也提出保护问津书院，2006 年被时任湖北省副省长李春明批示，并且被湖北省政协作为重点提案，要求省文化厅落实，因此我也被新洲方面邀请，由新洲区农业局负责接送，与章先生亲密接触多多。此座谈会，章先生和陶德麟、冯天瑜、黄钊、皮明庥、张良皋等 10 多位知名学者到场，就如何保护和利用问津书院发表了意见和建议，可谓坦诚相见，肺腑之言，武汉历史研究权威这次堪称群英荟萃，盛况空前（现在章、陶、皮、张先生已经作古）。

章先生欣然与会，那时身体很好，兴致很高，行走在乡野，在新洲区孔子河、孔子山、孔庙（被称为“小三孔”，与曲阜的孔庙、孔府、孔林“三孔”遥相呼应），仔细查看，流连忘返。专家就是与众不同，他看出了门道，发现问津书院（孔庙，庙学合一机构）的孔子和子路塑像都有待完善，尤其是子路的塑像，怒目圆睁，似乎凶神恶煞，和儒家的温文尔雅的气息悬殊，他提出要慎重处理此事，以和文圣仁爱内涵交相辉映。章先生的这些观点的确切中要害。冯天瑜先生接着章先生的话题表示，用新建筑和新施工来改造问津书院的做法，一定要打住，提议应多采集碑文、文物，并有规划性地重建。

《湖北日报》《楚天金报》《武汉晚报》、汉网等媒体也就此对章先生进行了采访报道。其中《楚天金报》见习记者王璐，通讯员严辉文、程书雄的新闻题目为《问津书院雕塑遭议》，产生了很大影响，人们都拍手称赞章先生的高论。

由于问津书院是武汉市唯一与孔子行踪相关的省级文物保护单位，加上 2008 年学术座谈会圆满成功，时任省政协主席杨松、省委宣传部部长尹汉宁到新洲区调研，强调要坚持高标准规划、高水平建设，通过总体规划、分步实施，搞好问津书院的保护与开发，为全省文化发展作贡献，湖北儒释道三家典范（新洲的孔庙、黄梅四祖寺、武当山）三足鼎立，深入人心，名闻遐迩。章先生的呼吁，功不可没。

第三件事，为章先生请辞资深教授。2014 年，88 岁高龄的章先生向华中师大请求辞去资深教授头衔，包括每年 10 万元的津贴，为打破学术头衔终身制开了个好头。在争名争利的市场经济时代，大学里如何高风亮节，成为突出问题。章先生身先士卒，当时议论纷纷。有的人指出他名副其实，当之无愧，不应放弃自己的恰如其分的正当权利；有的人觉得先生“有点傻”，对别人争抢不到的东西弃之如粪土，太不通人情了。是耶，非耶，我想通情达理之人自有决断。我敬佩章先生敢为人先，为之叫好，先生的“君子喻于义，小人喻于利”的当代君子风采，有目共睹，学界景仰。

章先生又为“爱在华师”的“民间经典”正名。一时间老校长成为网红，举世关注。2013 年 10 月 2 日，在华中师范大学“中国梦 · 华师情”博雅校友论坛上，章老校长解读了一直在社会上广泛流传的“爱在华师”的“民间经典”，先生强调“爱在华师”的“爱”，就应该写出繁体字中的“心”字，爱是要用心爱的，用 heart。如果不用心来爱的话，那就是作秀。华师至少是学生的一个好母亲，爱一代又一代的学生、校友，人变了，心没有变，那就是因为“爱在华师”。章先生认为：“现在世界上不太平，关键就是缺乏爱，爱得不够，不够普遍，私心太重了，你打我我打你，你争我夺。要建立一个和谐的世界，必须要有爱，爱是教育的本源，我经常讲，爱是教育的出发点和归宿，所以我们学校要堂堂正正地高调宣传爱，‘爱在华师’，不好吗？好得很！”这样的诠释，高屋建瓴，娓娓道来，爱智慧的情趣溢于言表。武汉市民、高校师生心悦诚服。

受章先生教诲很多，三天三夜说不完。同在一座城，同饮一江水，同做中国梦。在武汉这座城中我最怀念的就是敬爱的、亲切的良心学问使者、历史大家章先生……

（作者单位：武汉科技大学国学研究中心）

章开沅先生点滴印象

王立新

我只正式见过章开沅先生一面，但章先生却给我留下了特别难忘的印象。

我拜见先生的时间是2013年7月20日上午，地点在华中师范大学中国近代史研究所章先生的办公室里。

我特意赶到武汉拜见章先生，是为了给先生的一位博士弟子出版纪念文集。先生的这位弟子叫游建西，是我在深圳大学的同事，我们以性情相交，情谊深笃。他在2013年4月20日因为心肌梗塞忽然过世，我跟我的很多同事心情都很悲伤，特别给他开了追思会，之后又联系他在贵州和四川等地的朋友们一道，打算为他编一本纪念集，希望章先生能为游教授写点文字，以增重文集的分量。

从前我不熟悉章先生，但我的老朋友何卓恩教授在章先生开创的华中师范大学中国近代史研究所工作，何教授自然成了我拜见章先生的有利中间环节。

一开门，就看见章先生热切期待的眼神。亲切的握手，好像久别重逢的老朋友，凝目注视了我好半天。热情、真挚，没有一点因年齿高迈、成就卓著和荣誉满身而慢慢将自己“惯”出来的高悬人上的感觉，这是我对章先生的第一印象。

章先生所以能这样对我，是因为他事先看过我为游建西写的怀念文章《想给老友唱首歌》。那篇文字一万数千言，尽情挥洒喜怒哀乐，连自己都意想不到，怎么能把怀念老游的文字写得那般放肆。华师的很多老师看过了以后，都受了文章中毫无节制的感情宣泄的感动，说我是性情中人。章先生所以一见面就那样对待我，就是因为他事先看过了我的那篇文字，早就喜欢上我了。他跟自己的学生游建西的师生关系非常亲密，老游虽然是他的学生，但章先生好像同时也把老游当成了好朋友。因为事先看了我为老游写的放纵文字，所以刚一见面，章先生就直接把我也当成了亲学生和老朋友一样看待了。

现在回想起来，可以说我跟章先生第一次见面的情形，在中国学界恐怕都是少见的。任何一位晚辈而且年少很多的学者，第一次拜见一位学界宗师和硕德元老，都不会那样顺畅。来访者的拘谨、紧张，一点没有；受访者的高高在上，或者言不由衷、东拉西扯之类，更是无影无踪。在连续不断的一小时谈话过程中，类似“不知从何说起导致的交流空白”“没话找话的摆脱冷寂”“以请教问题打破尴尬”之类的情况，一丝一毫都没出现。

“年届九十，身体健朗，精神矍铄，反应敏锐。”这是我之后的文字记录。

在接下去的谈话中，章先生的热情一浪高过一浪，我的声音也一波高过一波，一起惋惜老游，一起痛陈时弊，也一起放言人生。进门时的顺畅，坐下后立即变成交谈的流畅，不久又变成了各自心怀的通畅。谈罢出来，我整个人的感觉，浑身上下都轻飘飘的，几乎就剩两个字——“舒畅”！跟章先生谈话，让人感觉生命的欢畅！“思想开放，言语动情，和蔼亲切，温文尔雅，雍容大度”，这是章先生在那次谈话中给我的综合印象。

“真正的大家风范！”这不是我对章先生的恭维，章先生也不需要我这样的恭维，他虽然不喜欢恭维，但他也不缺少恭维，轮不到，也用不着我去锦上添花。但我讲的可能是另外的意思，就是真正的大家其实就是个真实的人，而且是个永远都像孩子的真人，遇到知心人的时候，就会忘记自己的高大身份，更想不起人间还有所谓前辈晚辈、贵贱尊卑。

第一次见面，章先生就把自己年轻时跟船工伙伴们一起光膀子喝劣酒，在江船火独明之中嬉笑怒骂的场景摆到我的面前。章先生说这话语的时候，画面感很强，我好像看到他正在那里连喝带喊的状态一样。他是因为看了我写跟老游喝酒的场景，想到自己年轻时喝酒的场面。他认为喝酒之后发飙，是一种“求其友声”的畅快，是一种真性情的流露，也是一种人生豪迈。

后来我心里想，很多学者一旦“大”了以后，并不会像章先生这样，把自己早年那些不能增加自己高大威仪的经历展示给别人，更不会像章先生那样，生命依然那般亢奋，那般充满活力和生机。他们会隐藏自己的过去，以显示自己生下来就不同凡响，难以企及。有的“大学者”，木然地对待世间“缺乏学问”的同辈，当然也包括有学问的后来者。而且我感觉有些这类的学者，成就越大，身份越高，年齿越长，木头的程度也越彻底。这种木头大约主要有下列特点：一是自以为是，瞧不起别人和后来者，将自己架空在人群之上，用自己的成就和声誉将自己铸造成木制的“滕王阁”，仅供瞻仰、膜拜。除了长官、领导来时，才会主动逢迎，此外经常处于一种“偶像”的状态。二是不再关心自己以外的天下和天下人的事情，埋头在自己的所谓研究里，把自己铸造成了壳居动物。三是更有甚者，只顾发表各类成果，只顾申报各种奖项，除了名位和利益，头脑里已装不进其他东西。

“我现在对深圳有两点（新的看法），你看够不够？一是深圳有真正的友情，游建西有你们这么多重情重义的好朋友！二是深圳有这么强、这么好、这么优秀的一群真学者（章先生指我和我的同事）！”这个叹号不是我加的，章先生当时讲得激动而亢奋。章先生说他很久中午不吃饭了，要不然要请我吃中饭。这句话，又把我好生感动了一场。

章先生对游建西好，对晚辈学者好，对学生好，是因为他热爱人间世界，也是因为他热爱教育，由衷而始终不渝地真心寄望教育越来越好，培养的人才越来越多，层次越来越高。为了教育的风气越来越好，教育不被功利彻底侵蚀掉，章先生不仅不停地呼吁，而且严格要求自己，不贪功，不邀名，不捞利，率先垂范。

2014 年 3 月，《新京报》报道了章先生主动辞去华中师范大学资深教授的消息。

“当他看到现行的高等教育已然一步步跨入功利主义、本位主义、山头主义等等情形，学者慢慢被侵蚀，成为追逐利益、垄断名位、只注重个人学术成果，不关心教育本身和人才培养等诸多情况愈演愈烈的时候，老人家再也忍受不住了，发出良心深处最强烈的呐喊！……章先生以身作则，从自己身上下手，率先放弃自己的名誉和待遇，这是多么的高风亮节，多么的可敬可佩！”

上面的引文，不是《新京报》的报道，而是本文作者从报上得知这则消息时，在自己的博客里所发的感慨。

面对教育走向完全的功利化、功利评估指标体系化的现实，章先生在回答《经济观察报》记者的提问时，毫不讳言大学在当前的狼狈状态：“那一套指标体系，把下面逼死了！”教育主管机关和大学本身对此都应当认真反省。“我最寒心的、最痛苦的，许多大学校长都认为某些教育评估是不好的，但是都不敢讲。明明是办了很大的错事，公开的作假，大面积的作假，败坏诚信，这在教育史上是空前绝后的事。这伤害，不是一代、两代人能消除的。”

章先生走了，想听到这样的喊声，难度越来越大，更不敢奢望有和声，甚至连听者都已散去了，大家在强大评估体系的严重要挟和裹挟之下，纷纷埋头朝向功利的泥潭里拼命下沉，无尽地下沉，谁还管对错是非？谁又能挣扎出自己来去管这些对错和是非？谁又能管得了这些对错是非呢？

章先生是真正的性情中人，章先生的性情，不是只有感情没有是非的混沌性情，章先生越老越清醒，越老性情越浓烈。他把自己的率真性格，把自己发自心底的浓重深情，都投注到了对中国的教育、中国的大学，还有中国大学生的关怀上。

随着自己年龄的增长，我越来越感觉到，像章先生这样的人，在天底下实在太难寻，太难寻，因此也就太可贵，太可贵了。

（作者单位：深圳大学人文学院）

巴山渝水悼先生

周　勇

5月28日10时左右，我在微信群中发现章开沅先生去世的信息，立即打电话给先生的秘书刘莉老师，得到证实。当时，我尚未从母亲去世的悲痛上缓解过来。不想，先生又去了。这让我再度陷入巨大的悲痛之中。心乱如麻，无法提笔，只能在微信朋友圈中写了寥寥数语："沉痛悼念章开沅先生！章开沅先生是可以称为'先生'而永垂不朽的！当年有幸讨教先生，得益太多！今成永诀，先生音容笑貌犹在眼前！"并发了章先生在重庆的几张照片，以表哀悼之情。

章先生去世的消息在重庆学界引发了强烈的震撼。因为可以说，现在重庆的中国近现代史领军人物，几乎都受到过章开沅先生的教诲和学术熏陶，使我们常常能从中体味到章开沅先生对重庆学界的倾力支持之意。今天，章开沅先生驾鹤西去，我们重庆学界为他送行，向他致敬。

七天中，我们痛失了袁隆平先生，痛失了章开沅先生，这是于国。于家，我痛失了母亲。真是创巨痛深，家国齐哀。

因隗师而得识章师

我1979年考入四川大学历史系。从1981年起，跟随先师隗瀛涛研究"帝国主义对四川的经济侵略"课题。先师曾告诉我，章开沅先生正带领一众弟子搜集整理苏州商会档案，从而开拓出中国近代史研究的新领域。因此隗先生也要我搜集整理重庆商会档案史料。那年放假以后，我回到重庆，一头扎进档案馆查阅重庆商会档案，结果发现，重庆档案馆保存的商会档案大都为三四十年代的，进而追踪才发现，清末的商会档案大都保存在巴县档案之中，不在市档案馆。因此我沿着巴县档案的保存线索继续追踪，但毫无收获。后来，有一位老人告诉我，巴县档案曾经密藏在南岸觉林寺报恩塔中，后被搬走了，在塔内或许能够找到一点残篇断简。于是我又跑到尚处于混乱破败中的觉林寺，在我的软磨硬泡之后，守门的大爷终于让我进入塔内。塔内漆黑一片，梯道狭窄，只每层有一尺把见方的空洞算是窗户透入微弱的光亮。我逐层搜寻，没有光亮之处，我就用手在地上逐一摸索，直达塔顶，但有价值的档案片纸未得。后来我才得知，解放初期，清代巴县档案全部被调往四川大学，进而被藏入四川省档案馆，从此秘不示人。而当时，四川省档案馆并不对外开放。我也就此放下了搜集整理重庆商会档案的念头，转而搜集整理重庆开埠的历史档案，最终写出了《重庆开埠史》，在近代城市史方面迈出了坚实的一步。

这件事没有圆我研究商会档案梦，但却使我知道了章开沅先生，也认识了章开沅先生，进而我们全家都认识了章开沅先生。

我虽然不是先生的入室弟子，但40年来，隗瀛涛先生带领我们在不同场合拜见过章开沅先生。先生对我，进而对重庆历史学界的指引和扶持是自始至终的。因此，我始终把先生尊为我的学术及人生导师，而自己一直以私淑弟子自称。2003年，在我从事研究生教育十年之际，同学们编了《重庆时光——周勇教授师生文集》，在讲述学术师传的时候，我选用了徐中舒、缪钺、隗瀛涛、章开沅和家父，用的是章开沅先生手书的那句名言："历史是画上句号的过去，史学是永无止境的远航。"

如今，先生仙逝。40年前我得识先生的这一幕涌上心头，不敢或忘。

为我埋下研究重庆辛亥革命史的种子

1983年7月，我从川大毕业回到重庆。8月，章开沅先生路经重庆。家父当时在重庆市政协工作。得知这一消息，他立即在市政协（原重庆府中学堂、沧白堂旧址）组织了一个规模不小的座谈会欢迎章先生。与会的除重庆市政协领导外，几乎囊括了重庆高等院校、科研院所、党政机关、文博机构中重庆史学界的头头脑脑，我有幸敬陪末座。

1981年，章开沅、林增平主编的三卷本《辛亥革命史》正式出版，这是中国学界第一部大型辛亥革命史专著。章先生成为在中国扛起辛亥革命研究大旗的第一人。

在会上，章开沅先生详细地向大家介绍了国内外关于辛亥革命研究的现状，尤其是他到台湾出席纪念辛亥革命的学术会议，与台湾同行学术论争、交流的那些精彩的细节。当时，大陆和台湾隔绝已久，他们一行几乎就是1949年以来大陆学界访台的最高层级的事件。

他特别指出，重庆在辛亥革命中具有重要的地位。邹容就是重庆人，《革命军》阐发了孙中山的革命纲领。重庆又是四川辛亥革命的领导中心，这里（沧白堂）就是同盟会重庆支部所在地，蜀军政府是四川的第一个革命政府。这一段历史是应该深入研究的。在场的我刚刚从大学毕业，不敢接招。但写出重庆辛亥革命史的种子就此埋下。1986年我完成了《辛亥革命重庆纪事》，2011年出版了《重庆辛亥革命史》。

指导我推进重庆大轰炸调查研究

章开沅先生于20世纪90年代远涉重洋，从西方国家搜集到大量的档案资料，为日军犯下的南京大屠杀罪行提供了铁证。经先生亲自加工整理，研究考订，公开出版了《南京大屠杀的历史见证》《南京：1937年11月—1938年5月》《天理难容——美国传教士眼中的南京大屠杀（1937—1938）》《从耶鲁到东京——为南京大屠杀取证》《南京难民宣教师证言集》《南京大屠杀史料集：美国传教士的日记与书信》等重磅著作，在西方主流社会产生了广泛的影响，章先生因此又成为我国具有国际声誉的研究南京大屠杀的专家。

2006年4月，章开沅先生偕夫人从成都到重庆寻访抗战时期他在重庆读书、当兵的旧址。当时，我已经到市委宣传部、市委党史研究室工作，同时在西南大学历史学院兼职，正在组织实施重庆大轰炸调查研究。这是根据2005年中央关于纪念抗日战争胜利60周年的指示精神，由重庆市委决策开展的，既是一项社会科学工作，也是一项历史研究事业。

我立即向市委领导同志汇报了这一情况。市委领导指示，要我全力协助章先生在重庆的寻访活动，尤其是要请他具体指导我们的重庆大轰炸调查研究工作。因此我打算亲自陪同章先生寻访，以便就近请教。

不巧的是，就在先生来渝的4天中，一位主管宣传工作的中央领导同志到重庆视察，我是重庆方面的主要工作人员，难以分身。为此，我对章先生的寻访做了精心安排，并立即布置市委党史研究室副主任陈全同志带队全程陪同。几天中，章开沅先生夫妇先后寻访了渝中区朝天门码头附近的原国民政府粮食部重庆仓库旧址、在铜梁县的原国军201师603团驻地、在江津区的原国立九中旧址，参观了重庆中国三峡博物馆、湖广会馆。我们还邀请先生到西南大学讲学。

4月28日，在紧张地陪同中央领导视察的间隙中，我主持召开了一次学术座谈会，欢迎章开沅先生夫妇再度访问重庆，专门向他请教，如何借鉴他研究南京大屠杀的经验，指导我们做好做实重庆大轰炸调查研究工作。市委、市政协领导同志和重庆市委宣传部、党史研究室、中国三峡博物馆、重庆大学、西南大学、重庆师范大学、重庆医科大学、重庆市档案馆、重庆市图书馆、重庆市地方史研究会的领导同志参加了座谈会。

重庆大轰炸是侵华日军的又一暴行。但与南京大屠杀相比，学界对重庆大轰炸的研究相对滞后。因此，我向市委建议要加强调查和研究，并提出了一套可操作的计划。我的建议得到了市委的采纳，包括“八个一＋1”：编辑出版一套日军大轰炸档案文献资料，编辑出版一部受害者、幸存者的口述证言集，出版一部学术专著，修建一座大轰炸死难同胞纪念碑，在2007年召开一次适当规模的国际性学术讨论会，拍摄一部《重庆大轰炸》电视连续剧，建立一批宣传研究基地，搜集一批文物，办一个专题展览在全国巡回展览。在这“八个一”的基础上立项建成一个高水平、高标准的爱国主义教育基地——重庆大轰炸纪念性建筑（馆、园）。

我向章先生呈送了市委批准的方案，并就其中的档案文献整理、幸存者口述证言、国际学术会议召开等重大事项征询章先生的意见。章先生非常高兴。一方面是他寻访到了60多年前流落重庆求学，进而投身抗战当兵的遗迹；另一方面是看到由于市委的重视，重庆历史学界欣欣向荣的发展趋势。他较为详细地向我们讲解了他在美国发现的贝德士文献及其整理、研究工作。

然后，他比照几十年来南京大屠杀研究的经验教训，向我们提出："研究重庆大轰炸的历史，是一项非常严肃的学术工作，因为其全部史事陈述与相关论断都必须具备谨严而细密的实证基础，只有这样的成果才能经得住任何推敲并取信于世界。"因此向我们提出了两条最为中肯和关键的建议：一是要坚持学术规范，就是要坚持实事求是的原则，伤亡人员的数字不是越大越好，一定要以原始的档案文献说话，不能妄言臆断，这是一个基础；二是要遵循法律规范，因为重庆大轰炸是日军的暴行，是要追究其法律责任的。因此我们今天的研究，从一开始就必须把材料做实，尤其是口述史的资料，一定要办成毋庸置疑的铁证。他讲的这两条对我们后来的研究具有极其重要的警示和指引作用。

按照我们的工作计划，2007年将举行重庆大轰炸国际性学术讨论会。我们恭请章开沅先生出席指导，先生愉快地答应了我们的请求。9月18日，重庆大轰炸暨日军侵华暴行国际学术讨论会在重庆开幕。这是中国学界围绕重庆大轰炸举行的最系统、最翔实、规模最大的第一次国际性学术活动。章开沅先生因为前往剑桥大学访问的时间推迟，而不克莅会。他专门从英国致信给我，并撰写了书面讲话稿，题目是《我怎能保持沉默?》。他阐述了他之所以支持重庆大轰炸研究的原因。一是乡土情结，二是去年在重庆的承诺。他说：

抗战时期我是在四川度过的，所以常说"四川是我的第二故乡"，终生难忘四川这方热土与人民对我的养育之恩。但是去年4月到重庆寻访自己昔时曾经流浪与栖息的旧址，当地的朋友却纠正了我以前的说法。他们指出：“你当时的活动范围，如读中学时的江津、当兵时的铜梁，现今都属于重庆，所以重庆才是你的第二故乡。”好在历史是连续的，无论怎么变化，四川与重庆都是连接在一起的，都是我心中永远难以磨灭的乡土情结。

也是在去年四月，重庆市委宣传部邀我参加一次有关研究重庆大轰炸的座谈会。重庆市委的重视，特别是学术界的热心与努力，使我深受感动，并当场作了两项承诺：一是参加今年举办的重庆大轰炸暨日军侵华暴行国际学术讨论会，一是为即将陆续出版的《重庆大轰炸档案文献史料丛书》写序。

他对我们正在从事的重庆大轰炸史料的编纂出版寄予厚望，并指出：

与南京大屠杀、七三一细菌战、慰安妇等研究领域相比较，重庆大轰炸史研究虽然起步稍晚，但我认为必定可以后来居上。因为它不仅可以利用上述几项研究数十年来积累的经验教训，而且还在史料资源的开发方面具有更大的优势。南京大屠杀历史研究者对此感受尤深。那是因为南京沦陷时原定留守的中国政府官员逃之夭夭，根本无法对日军大规模烧、杀、淫、掠疯狂暴行进行比较全面的调查纪录。直到1945年日本战败才正式进行全面调查，相隔八年，时过境迁，人口异动，在资料征集与社会调查两方面都存在许多困难。至于日方的相关档案文献则绝大部分已经销毁或隐藏，至今所能发掘者为数极少。与此相对照，重庆大轰炸的相关原始档案、文献，保存的数量要多得多，当年受害者、亲历者及其亲属至今健在者为数也不少，加以重庆市领导与相关部门（如市政协、档案馆、党史办等）又一贯重视本地重大史事档案文献的保管与整理、编辑，所以已有多年雄厚的资料工作基础，这就必将为重庆大轰炸历史研究的顺利发展提供足够的资源保证。今年9月，重庆大轰炸暨日军侵华暴行国际学术讨论会的圆满举办，显示出重庆大轰炸研究已经有了势头极其良好的开局，我深信其前景

必将更为辉煌。

在章先生的指导下，我们的重庆大轰炸暨日军侵华暴行国际学术讨论会取得了圆满成功。主要是我们确立了以科学的态度和科学的方法开展研究的理念和做法，使得重庆大轰炸历史档案资料的整理和出版取得重大进展，重庆大轰炸历史研究取得新突破，日军暴行研究拓宽了新的领域，更重要的是培养了一批青年才俊，呈现出后继有人的好局面。

章开沅先生的这篇书面讲话稿，成为我们当时准备出版的“重庆大轰炸调查研究系列丛书”的总序以及会议文集《给世界以和平》的代序。

支持和指导重庆中国抗战大后方历史文化研究和建设工程

2008 年，重庆开始酝酿将对重庆大轰炸的研究扩展到更大的视野和更广阔的领域——整体性开发、传承抗战大后方历史文化。2009 年，中共重庆市委三届五次全委会正式决定，实施重庆中国抗战大后方历史文化研究和建设工程。该工程由历史文化研究、遗址抢救保护、文献档案建设、文艺精品创作、文化设施建设、对外交流合作 6 个部分组成。为此市委成立了专门的工作机构，我任办公室主任，具体操盘。这是一项具有国家战略意义的文化工程，也是近年来中国在抗战研究方面最具雄心和影响力的研究计划。我非常清醒，光靠重庆特别是我个人的才学和能力是完全不够的。因此我非常希望得到章先生这样的学术大师的指导，既做好工作，更锻炼自己。这一年先生已经 82 岁高龄。我怀着忐忑的心情向先生求教，先生非常耐心地听取了我的汇报，并就重大学术活动要注意的问题给了我一些具体的指导。

当时，国家新闻出版总署设立了国家出版基金，这是继国家设立自然科学基金、社会科学基金之后，面向全国设立的第三个文化基金，专门资助重大出版项目。这是政府对文化传承发展的又一重大举措。对我们正在实施的抗战大后方工程也是一个历史性的机遇。我们迅速策划了“中国抗战大后方历史文化丛书”总体方案，规划了 100 卷的规模，这在当年申报的项目中首屈一指。我首先提出请章开沅先生作为丛书的总主编，我当助手，做副总主编，做具体工作。当时我正在台北带队考察抗战大后方档案文献，第一时间从台北给章开沅先生打电话征询意见，他表示一定全力支持重庆申报这项国家重大出版工程项目。2010 年年初该项目获得国家出版基金项目资助。

2010 年 7 月 30 日，受市委领导的委托，我恭恭敬敬地给章先生写了一封信。信中说："几十年来，关于中国抗战大后方的历史研究非常薄弱，是一个极大的缺陷。这有思想不够解放、党和政府不够重视、两岸分裂的原因，更重要的是重庆没有像您这样的学术大家来领军奋斗。现在，市委领导高度重视，史料整理和学术研究的基础性工作也已开展起来，两岸交流的渠道和平台已经建立，资金也不成主要问题。作为具体负责此项工作的我，深感机会稍纵即逝，但又力不能逮，难当重任，更恐贻误时机，有负时代。因此，重庆各界，尤其是领导此项工作的市委、市政府领导同志委托我，恳请您担任'中国抗战大后方历史文化丛书'总主编，给我们以方向的指引和学术的指点，并且为这套丛书撰写总序。"先生几乎是不假思索就答应出任总主编，并允诺适时为丛书作总序。

章先生的支持是不遗余力的。2010 年是抗战胜利 65 周年，重庆召开了海峡两岸中国抗战大后方历史文化学术研讨会，这是中共重庆市委宣传部与中国国民党党史馆 2009 年 8 月 13 日签署的《会谈备忘录》中约定的重点项目，是全市纪念抗日战争胜利 65 周年的重要活动，是重庆中国抗战大后方历史文化研究和建设工程的重要内容，还是 1949 年以后海峡两岸学者对中国抗战大后方历史文化的第一次同场研讨，备受瞩目。

会议于 8 月 15 日正式举行。这是一个特殊的日子。章开沅先生冒着酷暑，为研讨会撰写了贺信，他饱含深情地说：

> 我对重庆有深厚感情，过去常说"四川是我的第二故乡"。因为从 1937 年冬到 1946 年夏在四川生活了将近 9 年，正是自己长大成人的关键时期……我曾在江津国立九中学习 5 年，在铜梁 201 师 603 团当兵一年半。其间虽曾在川江木船上打工，最远到过泸州，但启程与陆上栖

息地仍然是朝天门码头。

我对四川与重庆市常怀感恩之心，因为在国破家亡之际，是当地老百姓满腔热情接纳了我们这批流离失所的小难民，他们把最尊贵的宗祠建筑提供给我们作为校舍，他们从来没有与沦陷区学生争夺升学机会，并且把最优秀的教学骨干稳定在国立中学。这是多么宽阔的胸怀，多么真挚的爱心！2006年暮春，我在57年后重访江津德感坝国立九中旧址，附近居民闻风聚集，纷纷前来看望我这个“安徽学生”（当年民间昵称），执手畅叙半个世纪以前的往事情缘。我也是在川江的水、巴蜀的粮和四川重庆老百姓大爱的哺育下长大的啊！这是我终生难忘的回忆。

……今年已经是抗战胜利65周年，我仍然难忘1945年8月15日山城狂欢之夜，数十万人涌上街头，那鞭炮焰火，那欢声笑语，还有许多人心头默诵的老杜那首诗：“剑外忽传收蓟北，初闻涕泪满衣裳。却看妻子愁何在？漫卷诗书喜欲狂。白日放歌须纵酒，青春作伴好还乡。即从巴峡穿巫峡，便下襄阳向洛阳。”

章先生在贺信的末尾附言：“贺信太长，可印发，不必宣读。是否可以作为序言，请酌并不吝斧正。”

这封信后来便成为章开沅先生为丛书作的总序的重要组成部分。

带领我担纲编纂“中国抗战大后方历史文化丛书”（100卷）

2010年国家批准“中国抗战大后方历史文化丛书”（100卷）立项后，编纂工作提上了议事日程。章开沅先生从世界的角度来审视中国抗战包括大后方抗战的历史，要求以国际的视野对大后方抗战的历史地位和作用作出中肯的评价，进而指出了研究和建设的意义，对丛书的具体编纂提出了应当着力的若干方向性、原则性的问题。这些集中地体现在他为丛书所作的总序之中。2010年国庆期间，他便发来了写成的总序。他首先指出了中国人民抗日战争的历史地位，为丛书的编纂指出了正确的政治和学术方向。他指出：

> 抗日战争是整个中华民族（包括海外侨胞与华人）反抗日本侵略的正义战争。自从19世纪30年代以来，中国历次反侵略战争都是政府主导的片面战争，由于反动统治者的软弱媚外，不敢也不能充分发动广大人民群众，所以每次都惨遭失败的结局。只有1937年—1945年的抗日战争，由于在抗日民族统一战线的旗帜下，长期内战的国共两大政党终于经由反复协商达成第二次合作，这才能够实现史无前例的全民抗战，既有正面战场的坚守严拒，又有敌后抗日根据地的英勇杀敌，经过长达8年艰苦卓绝的壮烈抗争，终于赢得近代中国第一次胜利的民族解放战争。我完全同意“中国抗战大后方历史文化丛书”的评价：抗日战争的胜利成了中华民族由衰败走向振兴的重大转折点，为国家的独立、民族的解放奠定了基础。

他继而指出了中国人民抗日战争与世界反法西斯战争的关系，使丛书一开始便以中国的眼光看世界，也从世界的眼光看中国，既体现了中国立场，又具有世界眼光。他说：

> 中国的抗战，不仅是反抗日本侵华战争，而且还是世界反法西斯战争的重要组成部分。
>
> 日本明治维新以后，在“脱亚入欧”方针的误导下，逐步走上军国主义侵略道路，而首当其冲的便是中国。经过甲午战争，日本首先占领中国的台湾地区，随后又于1931年根据其既定国策，侵占中国东北三省，野心勃勃地以“满蒙”为政治军事基地妄图灭亡中国，独霸亚洲，并且与德、意法西斯共同征服世界。日本是法西斯国家中最早在亚洲发起大规模侵略的战端，而中国则是最早投入反法西斯战争的

先驱。及至1935年日本军国主义通过政变正式成为法西斯国家，两年以后更疯狂发动全面侵华战争。由于日本已经与德、意法西斯建立“柏林—罗马—东京”轴心，所以中国的全面抗战实际上揭开了世界反法西斯战争（第二次世界大战）的序幕，并且曾经是亚洲主战场的唯一主力军。正如1938年7月中共中央《致西班牙人民电》所说：“我们与你们都是站在全世界反法西斯的最前线上。”即使在“二战”全面爆发以后，反法西斯战争延展形成东西两大战场，中国依然是亚洲的主要战场，依然是长期有效抗击日本侵略的主力军之一，并且为世界反法西斯战争的胜利做出极其重要的贡献。2002年夏天，我在巴黎凯旋门正好碰见“二战”老兵举行盛大游行庆祝法国光复。经过接待人员介绍，他们知道我也曾在1944年志愿从军，便热情邀请我与他们合影，因为大家都曾是反法西斯的战士。我虽感光荣，但却受之有愧，因为作为现役军人，未能决胜于疆场，日本就宣布投降了。但是法国老兵非常尊重中国，这是由于他们曾经投降并且亡国，而中国则始终坚持英勇抗战，主要是依靠自己的力量赢得最后胜利。尽管都是“二战”的主要战胜国，毕竟分量与地位有所区别，我们千万不可低估自己的抗战。

他非常强调抗战大后方研究的国际合作，这对提升丛书的学术品质和国际影响具有重要的战略意义。

重庆在抗战期间是中国的战时首都，也是中共中央南方局与第二次国共合作的所在地，“二战”全面爆发以后更成为世界反法西斯战争远东指挥中心，因而具有多方面的重要贡献与历史地位。然而由于大家都能理解的原因，对于抗战期间重庆与大后方的历史研究长期存在许多不足之处，至少是难以客观公正地反映当时完整的社会历史原貌。现在经由重庆学术界倡议，并且与全国各地学者密切合作，同时还有日本、美国、英国、法国、俄罗斯等外国学者的关怀与支持，共同编辑出版“中国抗战大后方历史文化丛书”，堪称学术研究与图书出版的盛事壮举。我为此感到极大欣慰，并且期望有更多中外学者投入此项大型文化工程，以求无愧于当年的历史辉煌，也无愧于后世对于我们这代人的期盼。

章开沅先生对重庆实施中国抗战大后方历史文化研究和建设工程大为鼓励，寄予厚望。他说：

历史是记忆组成的，个人的记忆汇聚成为群体的记忆，群体的记忆汇聚成为民族的乃至人类的记忆。记忆不仅由文字语言承载，也保存于各种有形的与无形的、物质的与非物质的文化遗产之中。历史学者应该是文化遗产的守望者，但这绝非是历史学者单独承担的责任，而应是全社会的共同责任。因此，我对“中国抗战大后方历史文化丛书”编纂出版寄予厚望。

在民族自卫战争期间，作为现役军人而未能亲赴战场，是我的终生遗憾，因此一直不好意思说曾经是抗战老兵。然而，我毕竟是这段历史的参与者、亲历者、见证者，仍愿追随众多中外才俊之士，为“中国抗战大后方历史文化丛书”的编纂略尽绵薄并乐观其成。如果说当年守土有责未能如愿，而晚年却能躬逢抗战修史大成，岂非塞翁失马，未必非福？

这些刻骨铭心的记忆和饱含深情的文字，道出了一位耄耋学者对重庆学界的鼓励，更是对我们这些年轻学人的期望。

按照市委的部署和章先生的指导，“中国抗战大后方历史文化丛书”(100卷)，以档案文献、学术专著、通俗读物以及电子出版物等为主要形态，以反映中国抗战大后方历史文化为全貌，以出版国内外（外国主要是英美等国）保存的档案文献合集为特色。此前规划的“重庆大轰炸档案文献史料丛书”不再另出，全部纳入“中国抗战大后方历史文化丛书”（100

卷）这套大书之中。

2014年，“中国抗战大后方历史文化丛书”（100卷）编纂完成，并已经出版了80余部。4月23日，我带领重庆市委抗战工程办公室同志们专程前往华中师范大学，拜访88岁的章开沅先生。那时，章先生身体硬朗，思维敏捷，谈锋甚健，嘱咐甚殷，让我们如沐春风。我向章开沅先生汇报了丛书编纂的工作情况，章开沅先生对编纂工作感到满意，并就最后部分书稿的出版提出了意见和建议。我向章开沅先生赠送了我的音乐作品集《红色与金色的交响》，章开沅先生向我赠送了《章开沅演讲访谈录》。

经过10年努力，丛书于2018年出齐，2019年经国家出版基金办验收，结果被评为优秀，成为中国一流、国际水准、垂之后世的经典文献，也成为重庆中国抗战大后方历史文化研究和建设工程的标志性成果之一。

在先生远行之际，谨以此告慰我的老师，章开沅先生！

（作者单位：西南大学）

学者的声音

徐新建

章开沅先生是位学者，专业是近代史学，曾有《辛亥革命史》（三卷）等著作出版，20 世纪 80 年代任过华中师大校长，1994 年自海外讲学归来后，主持中国教会大学历史研究中心工作，并继续承担博士生导师的教学事务。其指导培养的新一代史学博士如朱英、马敏、桑兵以及最近毕业的黔籍学子游建西等，已逐渐因各具特色的研究成果而为学界关注，被誉为章门弟子。

1996 年中秋时节，章开沅先生到黔访问，应邀出席 21 世纪史学展望研讨会。其间，在游建西的相约下，我和潘年英一同去往地处苗岭的雷山西江。

贵州本是一个“土著世居”与“移民开发”混合而成的边区行省，交织着从对抗冲突到交往兼容的离合悲欢。由于地理人文等方面的相互差异，境内各地的发展变迁又颇不平衡。时至清代，雷公山一带的千里苗疆仍被中原官府视为“化外之地”，直到鄂尔泰举兵征伐，用武力开辟“新疆”，才始有与外地相同的卫所及厅州建制。

雷山是当时的“新疆六厅”之一，原名丹江，辖丹江、凯里二卫以及鸡讲、黄茅岭和乌叠三司及雷公山一带的百余村寨。境内山高坡陡，地旷人稀，交通困难，人们生存维艰。尽管如此，改制以来仍兵事不断。其中最有影响的便是一个半世纪前由张（秀眉）、杨（大六）率领的苗族起义。

杨大六的诨名叫昂达喽，苗语意为勇敢、强悍。“杨大六”三字是汉译谐音。杨的家乡在雷山，位于如今已被开发为贵州东线苗族风情旅游景点的郎德上寨。我们的车从雷山县城出来，经过该寨，因天色已晚，无暇探访，只好擦肩而过。

西江就是当年的鸡讲，苗文记作 HKE-KANG，本意为“荒凉之地”或“有鬼的地方”。汉名从鸡讲到西江的转化，标志出时代的演变和命名者自身的升华。

按公布的统计资料，西江当时有居民一千多户，五千余人，全系苗族，被称为贵州乃至中国最大的苗寨。居民生存方式以农耕为主，但山多田少，发展困难。乘车沿途所见的景致，最为突出者有三，即荒坡、山林和梯田。四处皆山。村是山寨，人乃山民，路在山上，河流山间。贵州“地无三里平”的特征在这里得到了突出的体现。由远处望去，不少从坡底到坡顶的田土，其坡度之陡，犹如挂在壁上，令人感叹其开垦之不易和耕作之艰辛。时逢秋收，农户们一家一户地到田里割稻打米，勾头弯腰，爬坡上坎，扛着百余斤重的谷斗由此到彼，不知耗费多少汗水劳力。联想起车水马龙曼舞轻歌的发达城市，真是天上地下，无法平心相比。

当晚，经匆匆地联系和安排，我们近乎贸然地进到本寨一户人家，并在山歌米酒的相伴下，与主人共进了一顿气氛热烈的苗家晚餐。事前并无准备，且家境一般，主人却忙出忙进，杀鸡剖鱼，酒歌相伴，呈现出令人感动的朴实友善。遥想当年清军进剿此地，视土著为蛮为敌，兵戎相见，涂炭生灵。如今恍若隔世，是非得失，似乎已化于苗胞耿直宽厚的情怀之中。

但学者没有忘记。

次日，在雷山县政府召开的座谈会上，章开沅先生语出惊人。他简单叙说了此行见闻之后，谈到了苗岭山区贫困落后的地理及历史根源，接着话锋一转，以中原后裔身份，站立起来，郑重其事地向本地苗胞致歉，为自己的祖辈把苗民驱赶到如此贫瘠的地方生存及历史上种种不公平举措表达内疚和惭愧。其实“中原”本是模糊名词，历朝历代换了不知多少“天子”；清兵进剿，与章先生本人本家有何相干？从蚩尤、炎黄数下来的陈年老账，其也并无义务个人承受。不说此话，无人责怪，凭何要提？王守仁等当年贬谪贵州，也未见有过此种忏悔，还不是照样功德圆满，名扬中外？

我想，相干的是史学涵养，所凭的是学者良知。以我的有限见闻，此为头次直面历史责任的无畏担当，并且不是权贵云集的重要场合，亦非光环普照的学术圣殿，而只是边远闭塞的山区小地，面对区区几位初次相识的异域乡亲。然而，这正是其分量所在：面对民众就是面对历史；面对历史，就是面对自身。

时隔一日，我们返回省城贵阳。章开沅先生作了题为《史学寻找自己》的学术报告。报告以史实为据，提出史学要从权力意志和商品诱惑的干扰中回到自我，寻求发展与更新，并强调社会进步离不开社会分工，学者的声音是时代发展的健全需要，同时还举了至今仍为国家级贫困县的雷山之例。

那么，什么是学者的声音呢？我想，章开沅先生的言行，已是一种可贵的呈现。作为史学专家，他主张首先尊重历史，继而方可超越历史。作为学者，他笃信“治学不为媚时语，独寻真知启后人”。

这是中国传统中难能可贵的学者声音。

（作者单位：四川大学）

恩　　情

——永存心底

田子渝

刚才惊悉尊敬的章开沅先生病逝，眼泪夺眶而出，先生对我的知遇之恩一幕一幕展开。

我不是章门弟子，1997 年前与先生素未交往，但一个电话，改变我与先生的关系，先生成了我一生中对我影响最深的两位学术前辈之一（另一位是胡华先生）。

1997 年的某天，华中师范大学李良明教授电话告我，章先生邀请我参加《湖北通史·民国卷》的写作。我非常高兴，立刻到先生的办公室报到。至此，我与先生文字相交 20 载。

先生是具有强烈爱国情怀的学者，他的研究领域是中国近代史，是全国首屈一指的辛亥革命研究的专家。日本右翼势力一再祭起日本军国主义招魂幡，公然否定南京大屠杀。1987 年他在美国访学时，意外发现他早年就读的金陵大学老师美国传教士贝德士的二战日记，记载了日本法西斯在南京犯下的屠杀无辜平民的罪行。先生毅然放下自己手头的研究，花了巨大的精力，从约 1000 卷文献中辑录了 1000 多页的贝德士揭露日本法西斯屠杀中国人民罪行的日记，后经过十余年的研究整理，出版了《贝德士日记》。先生站在国际史学的讲台上，以贝德士日记为基本材料，发表了著名演讲《尊重历史，超越历史》，驳斥日本右翼势力掩盖侵略罪行的谬论。先生伸张正义的激昂演讲，在海内外引起巨大反响。

1998 年是武汉抗战暨中山舰遇难 60 周年纪念，我们计划举行一次国际学术研讨会，以资纪念。但我们与海外历史专家几乎没有来往，国内著名学者也不认识几个，如何邀请他们来武汉开会呢？我和毛磊教授想到先生，但那时我与先生刚接触，谈不上交情，对于能否获得先生的支持没有把握。我和毛磊教授造访先生，没有想到先生非常热情地答应。事后，他在我们起草的邀请函上签名盖章。凡是那个时期访问他的海外学者，他或当面邀请，或亲自打电话邀请。当时我对举办国际学术研讨会没有经验，先生主动介绍了开会的流程和注意的事项。特别令我感动的是，会议分两个地方举行，一个在湖北大学招待所（主会场），一个在江夏宾馆。开会前夕，他主动提出检查一下会场，并亲自和我一起到湖北大学招待所和江夏宾馆检查。在江夏宾馆的一段路上，来回走了两遍，指出道路不平，有的海外专家年事已高，要防止摔跤。我们请宾馆方面采取措施，保证专家们的安全。1998 年 10 月 24 日—26 日，国际学术研讨会在武汉举行，来自加拿大、日本和海峡两岸的 140 余名专家、学者参加。先生作为学术委员会的主任作了热情洋溢的发言："此次纪念武汉抗战暨中山舰遇难 60 周年国际学术研讨会在武汉召开。有这么多海峡两岸与日本、北美的历史学者踊跃参加，以求实存真的精神与更为超越的眼光共同评说这一段悲壮而又丰富多彩的历史，我为此感到由衷的欣慰……武汉抗战与中山舰英勇遇难，是武汉和湖北省的骄傲与光荣，也是一笔极为珍贵的历史遗产。"

2004 年 10 月，湖北大学与民革中央孙中山研究学会、台北中山纪念馆和湖北省社会科学院联合在湖北大学举行孙中山与中国现代化学术研讨会，这是湖北大学举行的规格最高的一次研讨会。全国政协副主席周铁农出席并发表开幕式讲话，来自中国及美国、加拿大和日本的 100 多位学者参加，其中尚明轩、张同新、肖甡、林家有、蒋永敬、邵宗海、周阳山、徐乃力是闻名遐迩的学者。先生参加了会议，发表了题为《现代视野下的孙中山研究》的讲话。

这次会议邀请先生，一件事深深地刻印在脑海里。一天我和同事董立仁老师到华师近代史所向先生汇报会议的筹备工作并邀请先生。先生一如既往，表示支持。谈完话后，我们离开近代史所走到楼下，突然看到先生气喘吁吁跑下来，将董老师落到他办公室的一个小包送过来。我大惊，要知道先生已经是 78 岁的老人，从三楼跑下来，要出了事怎么办？何况近代史所办公室就在隔壁，他要年轻人送下来完全可以，先生竟然自己跑下来！

2008 年迎来了武汉抗战 70 周年，湖北大学和台湾湖北文献社、湖北省社会科学院等联合主办海峡两岸纪念武汉抗战 70 周年学术研讨会。章开沅先生已是 82 岁高龄的老人，公开表示一般会议就不参加了。我很纠结，不知是否该邀请章先生出席，考虑再三，还是到华师征求章先生的意见。章先生爽快地说："这件事要支持。" 10 月 19 日—20 日，海峡两岸纪念武汉抗战 70 周年学术研讨会在湖北大学举行。先生不仅发表题为《历史记忆与城市升华》的演讲，而且还邀请老朋友，台北近代史所张朋园先生到华师叙谈。这是海峡两岸、两位"章张"挚交的最后聚会。

这三次会议，特别令我感动的是，先生每次发言稿，都不要我们起草，坚持自己撰写。发言稿虽然不长，但学术含金量很高，其新观点、新见解，如文化珍珠熠熠生辉。

台北珍藏的民国史料系统、权威、丰富，以档案为主，尤其是国史馆、中国国民党党史馆和大溪档案成为民国史料的宝库，我很渴望到台北去收集武汉史料。台湾朋友告诉我，"中央研究院"近代史所每年邀请两三位海外学者到所访学，但审查很严，第一步就是要有著名学者推荐。那时武汉有资格的推荐者只有先生一人。推荐者实际是被推荐人的保证人，要承担一定的政治、经济责任。2002 年海峡两岸来往还有很多限制，没有现在这样便利，尤其是近代史所，邀请名额很少，入所条件极高。我不是华师的老师，先生会不会为我推荐呢？我忐忑不安地向先生提出，先生满口答应，写了推荐信。被邀请人需要台北近代史所学术委员会投票确定，第一次会议我落选了。万万没有想到，先生在香港参加学术研讨会时，主动找到近代史所前所长陈三井，特意介绍我，希望帮助我赴台。经过做工作，第二次委员会通过了我的申请。这年台北近代史所只邀请了一位日本学者和我两人。这件事，先生从来没有对我说起，是陈三井先生事后告诉我的。

2002 年秋，我来到台北近代史所。这次游学没有任何经费资助，完全自费，那时我的工资很少，60 多天节衣缩食，收集到了很可观的关于湖北近代史的资料。近代史所朋友得知我的情况，买了很多台湾出的历史书籍送我。湖北文献社将他们的办公室晚上腾出来供我睡觉，还送了大量湖北资料，以致出境超重，我多交了 3000 元人民币运费。

我是通过先生推荐，走进宝岛的。随后应台北高校和研究机构邀请，先后 8 次赴台收集资料与进行学术交流，收集了数千万字的湖北近代史料，有些珍贵史料，改写了湖北的近代历史，仅董必武大革命时期的史料就有 20 余份，毛泽东 1938 年 9 月 29 日致蒋介石的信，使人们对第二次国共合作有了进一步认识。这些资料后来成了“武汉近代史料丛书”（已出 4 本，武汉出版社出版）中最权威、最珍贵的部分。

任何人的成长都离不开他所处的时代，先生在民国度过青少年，但真正意义上的学术之路是从上世纪五六十年代研究辛亥革命开始的。先生那个时代的论文，无疑留下了时代的鲜明印记，有些观点、有些史料受到历史条件的限制。先生晚年很严肃地总结了自己的学术观，他对我多次说到，一个历史学者要真实记载历史，并且讲中国史官坚持写信史的故事，哪怕杀头！要有“粉身碎骨何所惧，要留清白在人间”的气概，要保持学者的风骨，留下一片历史净土。他这样要求自己，也要求我们不要史从论出，更不要迎合某种需要，随意解释历史，甚至篡改历史。他对历史虚无主义和随意编造历史的行为深恶痛绝。他对我说，近代中国瞬息万变，人物变化很快、很复杂。他反对对历史人物，尤其是历史中心人物脸谱化，一锤定音。他说要将人物放到历史的潮流中，实事求是地评判；他主张用大历史观，分阶段来评判人物在历史中的作用。如关于陈诚，他认为，陈诚是蒋介石的亲信，也指挥过“剿共”战争，但他是坚定抗战派，参与指挥武汉会战、鄂西会战等。陈诚前后主政湖北五年（1938 年—1944 年）多，除了执行拱卫陪都的任务外，还在湖北实行了现代化系列的改革，如新湖北运动、新县制、“二五减租”与组建“湖北联中”等，推动了湖北的社会进步。一次他将陈诚在武汉会战中的史料给我，嘱我写篇文章以肯定陈诚对武汉会战的历史功绩。我研究了这些史料，并进一步搜集相关资料，写了

《有关陈诚与武汉会战的两则史料》，发表在《抗日战争研究》1999 年第二期上。他看了很高兴，说只有进入特定的社会背景，“求真”“求实”的论述才能留存历史。

先生的教诲我铭刻在心，多年来始终坚持实事求是编史、写史的原则和立场。最近我主持编纂大型马克思主义早期传播著作丛编时，坚持将著作及译者、作者放到特定的历史环境中评论。

马克思主义在中国早期传播是从传播《共产党宣言》和《资本论》开始的，《资本论》又是从翻译出版诠释本起头的。美国社会主义者格哈德·欧内斯特·乌恩特曼 1913 年出版的《马克思经济学原理》（以下简称《原理》）与其他诠释本不同，就在于其他文本是诠释《资本论》第一卷，《原理》则是对包括《资本论》三卷在内的马克思主义经济学体系进行全面诠释的读本。该书篇幅不大，是现在通常说的“口袋书”，通俗易懂，读者花一天的时间就可以轻松读毕《资本论》的精华，因此成为诠释《资本论》的经典。《原理》第一本中译本由周佛海翻译，于 1923 年 4 月商务印书馆出版。有人认为周佛海是巨奸，主张不用他翻译的《原理》。我听到这个意见时，首先想到的就是先生的教诲，于是耐心解释，对人物和事件必须放到特定的历史环境中考察。人不是天生的反动，也不是天生的革命者，都有一个发展过程，何况他翻译的著作是诠释《资本论》公认的精品，2018 年我国有两家出版社相继出版了两个新版本，说明它的价值。很高兴我的观点获得了出版部门的理解。

先生永远地离开了我们，但先生的学术成就和高尚人品永远激励我前进。我记下这些故事，化成一朵素花，敬献先生灵前，追思先生。

先生，千古。

（作者单位：湖北大学马克思主义学院）

百年旧史钩沉
——纪念章开沅先生

孟繁之

2021年5月28日，章开沅先生在武汉奄化作古，享寿九十五高龄，消息传出，南北学界震悼。章先生为余心往向慕之前辈学人，虽缘悭一面，然渊源自在，数月来悼痛感怀，谨以此文，敬述因缘始末，及章氏同东至周氏之关系，以为纪念，且奉正于马敏、王奇生、田彤诸师长。

一

2018年11月9日—11日，武汉大学中国传统文化研究中心召集礼学与中国传统文化国际学术研讨会，承来国龙兄雅意，杨华教授高谊，邀约一同前往。这是我生平第一次来武汉，正题之外，内心另有两大心愿：一是参访珞珈山，二是希望能拜见章开沅先生。

之所以期待拜见章先生，有两大因缘：一是前此四年，我在翻译周锡瑞先生的《叶：百年动荡中的一个中国家庭》（*Ancestral Leaves: A Family Journey Through Chinese History*）和整理叶笃庄先生的回忆录（即《一片冰心在玉壶》）时，因周锡瑞先生的关系，蒙章先生不吝赐序并指出初译中的诸多问题，受教无既，一直未曾当面申谢；且当我校读先生序文，发现言及叶文樵先生处与史实略有乖互，呈上意见后，先生很快即嘱刘莉老师发来电邮："您好！麻烦您将章先生序言第3页中的'随即又自立门户……'改为'随即又谋求自己家族更为长远的稳定发展'。谢谢您校正，并恭祝安好！"前贤笃实修身，待人接物，出于至诚自然，跃然纸上，给我留下极深印象。第二重因缘，是2002年以降，受周景良先生雅命，校点《周悫慎公全集》及助为董理周叔弢先生日记、函札、遗文、墨痕旧编，旁诹历阅，往复校勘，补辑散佚，每有感会，知先生祖上与周氏渊源殊深，早年尝著《张謇传略》《张謇与近代社会》，所主编"辛亥人物文集丛书"有《周学熙集》，于"南张北周"多有论列，且问题意识、看问题眼光影响时代，开启风气，故极想近闻讲论。

尔时周景良先生尚在世，已先后读过章先生刊于《安徽史学》2014年第4期之《益新面粉公司创办人章维藩事略钩沉》，连载于《江淮文史》2014年第1～4期之《凡人琐事——我的回忆》，及重加修订，2015年11月于北京师范大学出版社印行的《章开沅口述自传》，对章先生所述玉山先生事略及周氏芜湖别墅故实至为关切，知我欲往江城，嘱代呈民国二十四年乙亥五月周志辅先生返芜湖家祭礼成，于东门外大砻坊老公馆大门合影，以及芜湖别墅正寝供奉周悫慎公、吴太夫人神主礼成摄影二种，当面再向章先生叩询所以。

然抵武汉后，即知章先生刚刚手术。11月11日奉马敏先生来示："孟老师：您好！开沅师因术后还在康复中，周一（明天）下午出院回家继续静养，最近一直没有接待客人，我会将尊意转告，但估计见面还是有点困难，他最近血压偏高，仍希静养。如不能见面，可否留函一纸，并将两帧芜湖老宅旧影扫描件转交。我可代劳。我今天晚上回武汉，明天可问问开沅师意向。也欢迎您有空来华师一聊。马敏敬复。"13日上午马敏先生邀我至华中师大近代史所叙谈，台湾中正大学王成勉教授时在华师客座，遂一道谈话、午餐。田彤先生始终作陪，蒙赐大著数种，其中《贝德士中国基督教史著述选译》系章先生、马先生、田先生三位合作而成——那时我已读过章先生《鸿爪集》《北美萍踪：章开沅日记（1990—1994）》，知其价值之在，意义深重。

此次武汉之行，先后居停二日，行色匆匆，且还有一失之交臂，堪为可记者。复旦大学历史地理所的孟刚兄为我与国龙兄多年好友，12日晚和13日下午我们同在华师，13日上午又都在省博，然均不知对方也在。至13日晚他听林志鹏兄说及，始知我们均在江城，往来两校之间，而看微信时，国龙兄已飞重庆，我则往访长沙。孟刚兄此行的一大收获，是依据一幅老照片和孙晓林老师的提示，拜谒了唐长孺先生的故宅。我则仅仅了却参访珞珈山的愿望。在往长沙的高铁上，心中发愿，希望《周馥全集》能尽快整理出来，呈章先生看看，请他赐几句话。道及此层，是想说无论当时还是现在回视，那次武汉之行，对于我们年轻一代，实都有“朝圣”的意味在，虽不无遗憾。

之后同马敏、田彤诸先生日渐熟悉起来，不时微信往还，互通消息。马敏先生尝为余叙及“文革”后章先生同一良先生初次晤见景况，言世谊之在，一见如旧，等同昔时故人，非为陌生。《可居室藏周叔弢致周一良函(附周珏良致周一良函)》出版，景良先生特别叮嘱，呈章先生、马先生、田先生各一部。周锡瑞先生、叶娃老师知我同马先生、田先生常有联系，不时亦托代递消息、转呈文章。在我，则加快《周馥全集》的校点速度，希望能尽快呈章先生审正。孰意先是景良先生于 2019 年 9 月 9 日奄忽作古，2021 年 5 月 28 日竟又奉章先生噩耗，真是悼痛感怀，弥以伤恻！

二

下面，我想接着那日同马敏先生、田彤先生（包括五王成勉教授）谈及的话题，结合之后发现的材料，谈谈章先生祖上同周氏的关系。

先谈周馥其人。周馥（1837—1921）是中国近代史上赫赫有名的人物，字玉山，别号兰溪，安徽建德（今东至）人，为晚清名臣。早年入李鸿章幕，参佐戎机，“风雨龙门四十年”①，历任永定河道、长芦盐运使、津海关

① 句见《玉山诗集》卷四，《感怀平生师友三十五律》之第二，咏李文忠公。民国十一年（1922 年）孟春秋浦周氏校刻本。此诗全句并自注云：“吐握余风久不传，穷途何意得公怜。偏裨骥尾三千士，风雨龙门四十年。报国恨无前箸效，临终犹忆泪珠悬。山阳痛后侯芭老，翘首中兴望后贤。”中第二句自注：“咸丰十一年冬，公见余文字，谬称许，因延入幕。”第三句自注：“余从公征吴三年，公剿捻时，余留宁办善后，旋调直隶，保擢津海关道，例兼北洋行营翼长，复与诸军联络。”第五句自注：“余屡陈海防策，公以部不发款、枢不主持，未能施举。甲午之役，枢臣竟请旨宣战，责成北洋防剿。”第六句自注：“时公奉旨与庆亲王为议和全权大臣，公独任其难。光绪二十七年秋，议和事尚未全毕，两宫在西安未回銮，各国兵未退，公临终时，两目炯炯不瞑，余抚之曰‘未了事我辈可了，请公放心去’，目乃瞑，犹流涕口动欲语，可伤也。”

道、天津道、直隶按察使等职事，“久矣封疆推老宿”。辛丑后，升至山东巡抚、两江总督、两广总督，七十而致仕，杜门读书，以著述终老，《清史稿》有传。时人笔记、诗文称他办事机敏、勤奋、周密，“运筹不亚乎子房”，“与合肥相始终”，被李鸿章依为左右，视同股肱，以至成为文忠督直期间最为得力的记室与助手，庚子和谈，亦遥为相招（时文忠移督两粤，周馥徙任四川藩台），委以重命[①]。《清史稿·周馥传》称：“鸿章之督畿辅也，先后垂三十年，创立海军，自东三省、山东诸要塞皆属焉；用西法制造械器，轮电路矿，万端并举，尤加意海陆军学校。北洋新政，称盛一时，馥赞画为多。”[②] 光绪二十三年，时李鸿章犹健在，古文家吴汝纶为傅相“辩诬止谤”，编辑《李文忠公全书》（简本《李肃毅伯奏议》，光绪二十四年石印刊行），尝特别写信给周馥，说：“其中盖多执事底稿，以其有关大计，正不必尽出合肥之手。”[③]

---

① 核国家清史委员会编《李鸿章全集》（合肥：安徽教育出版社，2008年）第廿七册所收，光绪二十六年九月至十月间，文忠寄西安行在军机处，请盛宣怀转周馥各电，包括周馥覆电，均可见当日政事棘手，文忠翘盼周馥速来綦切之情状。各电有心者可参，不具引。时文忠七十八高龄，周馥亦六十又四矣。

② 赵尔巽总纂：《清史稿》，卷四四九，列传第二三六，中华书局，1977年版，第12535～12536页。

③ 吴汝伦“与周与山”（丁酉六月三日），参见施培毅、徐寿凯校点：《吴汝纶全集》第三册，“尺牍”卷一，黄山书社，2002年版，第151～152页。此函全文云：“别后相念无已。执事出处大节，远媲古人，以此时时往来胸臆间，视在此聚处时，情谊尤亲也。鄙意近来国史猥杂，中兴诸公事业，皆当仗所著文集以传远。合肥在诸公间，于洋务独擅专长，其办理中外交涉最专且久。近为编辑奏疏，分详简二本，皆以洋务为主。详本则兼及直隶河工、赈务，以此二事皆合肥定力所注，他人有办不到者。至平吴、平捻，大要已见于《钦定方略》书中，即所奏捷书皆可从略。私见如此，未识尊见以为然否？现计钞成详本卅册，简本十四册，其中盖多执事底稿，以其有关大计，正不必尽出合肥之手。又某前在幕中，知奏稿时时假手他人，独总署书函，必亲笔起草；后来闻总署书函，亦不尽亲笔，独电报不肯假手于人。奏议之外，拟再钞总署函稿、电报稿二种，此皆有关卅年国家方略掌故，不能不具见集中。此外，则自治军以来书札、文牍，亦应搜采，闻多有阙佚，其批答公牍，则已离本任，无从搜罗。闻盛太常前欲成《洋务长编》一书，曾设局办理，于合肥公牍文字，均经钞出成案，欲求我公向盛公函询，属其代钞副本。如卷帙过多，可否径将元钞底本寄至莲池书院，由某选择钞录。此事最为要害，务求我公展转熟商见复为荷。某区区欲删定合肥文集，不欲使贤相身后令名淹没于悠悠之口，以为功名本末具在此书也。”

周馥在甲午海战、辛丑议和，及之后山东巡抚、两江总督、两广总督任上的展布、治绩，特别是在历史关节点，皆蔚然可观，“厥功茂焉”，官声极好。晚清漕运总督、贵州巡抚邓华熙，于光绪三十二年撰《恭祝诰授光禄大夫玉山制帅大公祖大人七帙荣庆双寿序》，其中有言：“公银手善断，烛照先几，而粥粥恂恂，未尝以才智自诩。迨由郡守、监司而陈臬、开藩，拥麾建节，中更岁月，多值险艰，每有万目睽睽咋舌眙愕，群叹束手，而公剖析批导，洞中款要。其最著者甲午之役，公在关外，军书旁午，处冰天雪窖、枪林弹雨中，握蛇骑虎，不避艰险，而终无败阙。其辛丑议和，随同匡助，筹商条款也。天骄跋扈，志未相孚，加以满目疮痍，纷纭易起，谐际调适，盖亦綦难，乃卒使惾遽睒睗帖耳受约，人谓公才识足以沛之，而不知其上咸下兑，潜运默移者，固有神其用者矣。天下事诚则通，伪则窒，公所为一本于仁。惟仁故诚，诚则可以动天地、感鬼神、孚豚鱼、贯金石，而况犹是含齿戴发之伦，具五常之性者哉！”① 历史学家周一良先生对他这位曾祖，先后认识曾有变化，于暮年所著《钻石婚杂忆》“家世”部分尝谓：“我以前写《毕竟是书生》时，在极左思潮的影响之下，对于周馥作为历史人物评价很不够，主要把他当作清朝遗老看待。后来思想有所转变，在给尚小明同志《学人游幕与清代学术》一书写序时，借题发挥，纠正了自己过去的观点。现在应该进一步加以明确。”② 并言：

> 甲午战争前，他反对主战说，曾力劝李鸿章谏止朝廷。战争起后，周馥作为总理营务处，奔波跋涉，军械粮饷转运采买萃于一身，艰困百折，掣肘万分，然自始至终未尝缺乏军需一事。周馥虑事周密，处理外交事务尤其谨慎，鲜为人所持，常费心力了结前人未结之案，而不归过前人。任山东巡抚后，治理黄河有成效。周村开埠，抵制德国殖民者，挽回了利权。一九〇四年，升署两江总督，上海英国领事煽动罢市风潮，周馥亲自赴沪交涉平息。他晚年所著《负暄闲语》云：

① 参见南开大学图书馆藏：《建德尚书七十赐寿图（附寿言）》（不分卷）。

② 周一良：《钻石婚杂忆》，生活·读书·新知三联书店，2002年版，第7页。

> “我但求有益于国于民，何尝计及一己利害？及到山东到两江，间遇外人要挟，我从未尝轻许一稍损国体、稍拂民心之事，亦从未与外人以借口之端。”德国占领青岛，山东巡抚和德国总督无任何来往。周馥到任后要求访问青岛，青岛的德国牧师卫礼贤（Richard Wilhelm，1873—1930）在所著《中国心灵》（*Die Seele Chinas*）一书中说：“他那率真坦诚和健康的幽默感立刻扫去了人们心中的疑云。”他的幽默还可以从八国联军撤退后，他至保定接藩司印时戏作一联看出：“山有盗，野有匪，城有洋兵，何时是化日光天气象；库无银，档无册，房无书吏，全凭我空拳赤手指挥。”①

然学界对于周馥在晚清历史上的贡献，长期以来的关注及研究并不多。其原因，一方面受晚清以来清流派历史叙事的影响，对于李鸿章及周馥等的贡献，统视为“浊流”，偏狭性、浮泛性议论较多，专门性研究不足②；另一方面，即使专门研究洋务运动史、北洋海防史，及晚清地方史的学者(如研究晚清直隶、晚清山东)，也因为周馥的贡献泰半笼罩在李鸿章、袁世凯的光环光芒之下，故而关注亦不够。特别是对其著述，世知之者更是寥寥。

周馥一生，事功之外，著作亦夥。周学熙、周学渊、周学煇《清授光禄大夫建威将军头品顶戴陆军部尚书都察院都御史两广总督予谥悫慎先考玉山府君行状》谓云：

---

① 周一良：《钻石婚杂忆》，生活·读书·新知三联书店，2002年版，第3～4页。

② 参见陈寅恪：《寒柳堂记梦》(未定稿)，“二、清季士大夫清流浊流之分野及其兴替”，《寒柳堂集》，生活·读书·新知三联书店，2001年版，第190～193页；周一良：《毕竟是书生》，“一、家世”，北京十月文艺出版社，1998年版，第3页。周先生于书中云：“据陈寅恪先生《寒柳堂记梦》所说，清末中枢大臣和封疆大吏中，分所谓清流和浊流。京官如奕劻、袁世凯、徐世昌等，外官如周馥、杨士骧等，都属浊流。可惜陈先生这部著作散佚不全，看不到他对当时流行的这两类人物具体区别的说明。所举清流有陈宝琛、张之洞等，可能指在文化学术上有造诣修养的大官；而浊流则是以吏事见长的干练的大官。”

府君性嗜学，读书十行并下，过目不忘，终其身未尝一日释卷。笃持宋学，以朱子为归，而不矜门户。归田后，取朱子撰述及各家所著《周易》诸书，反覆研求，嗜如性命。其他十三经、二十四史、《通典》、《通考》、《通志》，及近人所著《新元史》，皆丹黄评点，以所心得识诸简端。下至历代名人诗文集、诗话，旁及道释、星象、堪舆、诸子百家，并近缁西籍，靡不择其精要，纂集成编。晚年辄书程朱性理论、诸子格言，以贻亲旧，或传示子孙，每日率书千余字以为常，而体画精严，虽年少书家，莫之或逮。尝避暑庐山，著《负暄闲语》二卷，略仿《颜氏家训》，分"读书"、"体道"、"崇儒"、"处事"等门，历述生平力学所得、居官行政之要，及先代嘉言懿行著于编。盖上述祖德，而下教子孙以世守之道也。平日垂教子孙，谆谆于勤俭耕读，而以仁民恕物为涉世之宗。在官所著，有《通商约章汇纂》、《教务纪略》、《治水述要》、《东征日记》、《海军章程》、"奏议"，自余"公牍"，载入《李文忠奏议》为多。归田后，益究心《周易》，所著有《易理汇参》、《周程张朱语录集要》、《建德县志》、诗文集。而尤嗜古人，其选本于古文则有《历代古文选》，诗则有《古诗简钞》、《楚词简钞》、《历代诗话》、《唐宋金元明诗选》。其尤契者，程明道、邵康节、韩魏公、朱子、欧阳文忠、梅圣俞、苏东坡、黄山谷、陆放翁、范石湖、杨诚斋、陈后山诸家集，皆备选之。余力则及于词赋，取历代及国朝诸名著，撷其精粹存之，而未尝示于人。其他所读经史诸书，写列眉间，综论绪言，尚数十百种，尚未辑录成书。盖府君学涉渊广，精义入神，有非经生家所能几及，而平生志在经世，不欲以文章自名。观其绝笔一诗，犹眷眷不忘国事可见也。①

---

① 参见周学熙、周学渊、周学煇：《清授光禄大夫建威将军头品顶戴陆军部尚书都察院都御史两广总督予谥悫慎先考玉山府君行状》，民国十一年（1922 年）孟春秋浦周氏校刻本《周悫慎公全集》卷首。"绝笔一诗"，按即周馥临终绝笔《天命已尽书示家人》五律，是诗今见《玉山诗集》卷四，全句云："天命运已尽，徒将医药缠。长饥不思食，醒卧亦安眠。默数平生事，多邀意外缘。皇天偏厚我，世运愧难旋。"

其殁后翌年（1922年），子弟校刻有《周悫慎公全集》，皇皇36巨册。所收皆生平主要著作，计有《周悫慎公奏稿》5卷、《周悫慎公公牍》2卷、《玉山文集》2卷、《玉山诗集》4卷、《易理汇参》12卷、《治水述要》10卷、《河防杂著》1卷（收《黄河源流考》《水府诸神祀典记》《黄河工段文武兵夫记略》《国朝河臣记》4种）、《负暄闲语》2卷、《周悫慎公自著年谱》2卷。未编入全集，散逸于外者，尚不之计。其中尤以《易理汇参》《治水述要》2种最为卷帙浩繁，且性质与前此别类。前者属文学辞章、奏议公牍，最见神思妙运、出处大节；后者则系学术撰述，能见思想宗尚、眼光旨趣。最末两册《负暄闲语》《自著年谱》，则关家训彝伦、传记行状，谆谆教语，以训子孙之贤而智者，能仰体先志、修身慎行，各人立志自立。

周馥之后，周氏家族“学”“明”“良”三代，人才辈出，涌出周学海、周学铭、周学熙、周学渊、周学煇，周梅泉[①]、周叔弢、周季木、周志辅、周志俊、周叔迦诸名贤，及周震良、周煦良、周炜良、周一良、周珏良、周艮良、周绍良、周杲良、周以良、周与良、周治良、周景良，于近现代民族实业、文化收藏、人文社科及理工科诸领域，大放异彩，令世界瞩目。至今六世书香，门第不坠。原始要终，其敦厚、向学门风，立身涉世“先求明理”之训，治事“取法乎上”之教，子弟教督“人能笃实，自有辉光”之谕（周叔弢先生教督子弟语），早已见乎玉山先生《负暄闲语》并《易理汇参》矣。以是合于一门，气象明邃。细味玉山公著述，《易理汇参》与《负暄闲语》，堪属内外篇，内者明于理本，外则语其事迹，循循导诱者矣。

此是玉山先生的情况。景良先生晚年之撰《周馥一生》，嘱为整理《负暄闲语》《曾祖周馥：从李鸿章幕府到国之干城》，校点《周悫慎公全集》[②]，实希冀通过对基本材料的整理，对未来周馥的个人研究，对淮军史、洋务

① 周梅泉是“明”字辈，只是名字中不带“明”字，后面人名同此性质。

② 〔清末民初〕周馥著，孟繁之校点：《负暄闲语注笺》（白话导读本），中国书店，2013年版；周景良，等著，孟繁之编：《曾祖周馥：从李鸿章幕府到国之干城》，三晋出版社，2015年版；孟繁之校点：《周馥全集》，2020年度“国家古籍整理出版专项经费资助项目”，黄山书社即出。

运动史、北洋海防史、甲午战争史、庚子事变，及辛丑议和、山东新政、晚清政局诸领域的深入研究，起到基础性及材料辅助性的作用。

三

周氏同章氏之关系，章先生生前叙之已详，具体可参见先生《益新面粉公司创办人章维藩事略钩沉》《凡人琐事——我的回忆（二）》[1]，及《章开沅口述自传》[2]。特别如先生《益新面粉公司创办人章维藩事略钩沉》文中之述：

维藩公豁达大度，心胸开阔。有诗《示奎儿》为证："闻儿抱恙倍添愁，握管丁宁语未休。危局支持原不易，常怀得失亦徒忧。事终有济唯迟早，人到危难莫怨尤。涤虑洗心兼养气，自然诸疾立时瘳。炎凉世态静中看，荣辱无惊随遇安。岂有榛芜能碍路，且将藜藿免加餐。艰辛历遍心愈壮，横逆来时量要宽。白发天涯劳怅望，迅驰尺简当承欢。"此诗大约写于一九〇九年益新面粉厂严重火灾之后，亦即《赣岑府君行略》所云："乃毁于祝融，折阅几尽，有劝以破产停办者。府君奔走号召，锐意恢复，绵历十载，卒底于成。"当厂房设备全部焚毁之际，全家老小惶惶不可终日，作为长子的兆奎更是焦虑生病，但维藩公仍然不屈不挠，除动员家人提供金银首饰典当贷款外，并且到上海、京、津各地筹集资金，终于得到原两江总督且已退休的周馥等知交的解囊相助，就在原址重建新厂，扩大厂房并且从英国购回新式制面机器。经过十年苦心经营，益新公司不仅获得新生而且还成为芜湖乃至皖南的龙头产业。

周馥（1837—1921），安徽建德人，号玉山，在维藩公来往函件中

① 参见章开沅：《益新面粉公司创办人章维藩事略钩沉》，《安徽史学》2014年第4期，第137～139页；《凡人琐事——我的回忆（二）》，《江淮文史》2016年第2期，第65～84页，特别是第73～74页。

② 章开沅口述，彭剑整理：《章开沅口述自传》，北京师范大学出版社，2015年版。

> 被称为玉帅。曾经襄佐李鸿章办理洋务达三十年之久。李鸿章死后奉命署理直隶总督兼北洋大臣，嗣后曾历任两江、闽浙、两广总督。一九〇七年曾与湖广总督张之洞、直隶总督袁世凯联名奏请预备立宪，但也就在这一年以年迈乞退归隐。维藩［公］不知何时与周馥结识，很可能是在这位原顶头上司两江总督退休以后。我只记得他曾在清弋江边筑小型别墅一座，离我家大门不远，家人通常称之为周公馆。周馥死后这座房屋已转让（或赠给）我家，遂改称“小公馆”，抗战前我的外婆曾经住过一段时间。
>
> 周馥不仅帮助益新面粉厂重建，还成为通家之好。周公馆经常是委托维藩公照管，而且他的儿子周学熙还曾与维藩公联手谋求开滦煤矿公司与宝兴铁矿公司合作，就近在秦皇岛设立现代化的开平钢铁冶炼厂。维藩公雄心勃勃，一九一九年正好我的大哥出生，是为四世同堂，遂取名开平，而“开”字便成为获溪章氏清芬堂第十七世的班辈共称，可见他对于采矿转向冶炼的抱负。可惜由于开滦的毁约，这一雄伟计划未能实现，维藩公于一九二一年怀憾病逝，而周馥也是在这一年去世。[①]

检玉山先生《自著年谱》，“民国二年癸丑（1913）七十七岁”条，尝记及章先生曾祖维藩先生，云：“二月，回建德扫墓。……归途过马田赵法乾亲家宅，住二日，至东流上船，三月过芜湖，住数日，晤芜湖关监督杨蔚霞士晟，旧友章干臣刺史维藩、吴怡生观察敬修等。至沪看达孙等，复回浦口，乘火车回青岛。先拟过扬州视诒孙等，以扬州有不愿见之官，遂未往。”民国十年辛酉 9 月 21 日，玉山先生在津逝世，消息传至芜湖，时维藩先生已下世，章先生祖父、叔祖合撰挽联云：“记名门三世之交，每瞻节相风徽，直薄云霄敦道义；从吾父五旬而逝，忍送先灵归榇，又来洋海吊耆英。　世再侄章兆奎、章兆彬、章兆森。”[②] 从“旧友”及“记名门三世之

① 章开沅：《益新面粉公司创办人章维藩事略钩沉》，《安徽史学》2014 年第 4 期，第 139 页。

② 参见南开大学图书馆藏：《周悫慎公荣哀录》（不分卷）“挽联”。

交”，均可想见二氏交谊之在，渊源之深。

芜湖别墅建筑缘起，玉山先生诗文、书函多有道及，如宣统元年所撰《题鸠江观稼图》，谓云：

余故里建德山中室庐颓败，因僦寓芜湖。适友人告窘，以东门外荒地见售，因购之，筑数椽居焉。门临溪水，风帆来往，春日菜黄麦绿，秋风豆熟稻香，扶杖徜徉，可与野老争席。门无车马，架有诗书，优哉游哉，聊以卒岁，视在官之日朝夕忧勤而疑谤交乘，不能报效国家一二，其苦乐不啻天壤矣。作此图以示子孙，俾知古人富不如贫、贵不如贱之语良有以也。七十三老人玉山。（《玉山文集》卷二）

此处所言“友人”，当即章先生曾祖维藩先生。此外再如同年正月十六致盛宣怀函：

杏翁仁仲大人再启：

前闻驾北上商议苏浙路款事，民情力拒，官为居间，当易议结。台旆何时出都？甚以为念。当今纷议立宪，论事体似不止地方裁制一端，我公卅年来综理各事，成效昭著，时辈寸识，未有出执事右者，未知朝廷将有擢授否？前闻皖京绅举馥经理皖路，已力辞矣，乃复滥举，四小儿将亦到京恳辞。有人言浦信草约未能再废，未知于皖北路有无牵涉，大力能趁机了结否？馥近小筑芜湖，闭门习静，外事绝无闻问，病体稍健，当作木渎、西湖之游，过沪领教，借慰渴悰。手肃鸣谢，感颂春禧，惟照不具。

愚如兄馥叩首

正十六日[①]

① 王尔敏、陈善伟编：《近代名人手札真迹：盛宣怀珍藏书牍初编》，香港中文大学出版社，1988年版，第691～692页。

题记及书函中所言芜湖别墅田园风光、优游光景，可与《玉山诗集》卷四《芜湖别墅》《宣统元年九月周瀚如中丞访予芜湖别墅因约吴赘臣中丞、崔春江水部共饮李家湖酒楼拍一影相志之》二首先后互文，交相显发。如《芜湖别墅》句："秋花开更晚，三径少车尘。鱼鸟忘机友，乾坤冷眼人。浮生几两屐，佳日一壶春。饶有沧州兴，桃源莫问津。"《宣统元年九月周瀚如中丞访予芜湖别墅因约吴赘臣中丞、崔春江水部共饮李家湖酒楼拍一影相志之》："四叟问年三百春，相看具是五朝人。黄花故里篱边酒，白发南柯梦后身。回首风尘同辈少，惊心棋劫几番新。画图休拟耆英会，故是尧天击壤民。"读来均生动如画，引人入胜，启人玄想，令览者有置身仙乡灵境之感。于式枚《治水述要序》："〔建德周玉山尚书〕归田后，精力尚健，绝口不谈时事，与亲旧布衣草笠，徜徉山水间，商量旧学为乐，见者不知尝秉节钺也。"① 当是描述此段芜湖乡居情景。

芜湖别墅相地、建成时间，细绎玉山先生《自著年谱》，似要早于1909年。年谱"光绪三十三年丁未（1907年）七十一岁"条：

> 六月初二日，上庐山养病。学烽自武昌请假来山省视。孙明保亦到山。七月，游山南各刹，旋回扬州视妻吴氏病，延医治愈。八月十六日，自扬赴建德扫墓。九月中旬至芜湖，相东门外大砻房地筑别墅。十一月初二晚抵扬，妻吴氏是日辰刻病故，寿七十三岁。学铭由上海招商局、学熙由直隶臬司署任、学渊由山东、学烽由湖北各差次，均奔丧来扬。十一月下浣，回芜湖。

"大砻房"，按即民国二十四年乙亥5月志辅先生等返芜湖家祭礼成，摄影照片所题"东门外大砻坊"者。光绪丁未9月，为玉山先生自两广总督任引退后之不久。《自著年谱》于是年记：

---

① 于氏此序，参见《治水述要》卷首，民国十一年孟春秋浦周氏校刻本。

四月十七日，电传上谕："两广总督周馥开缺，另候简用。钦此。"先是，潮州府饶平县属之黄冈镇，有三点会匪被拏，匪遂夺犯戕官，聚众据镇城，欲谋乱。派署镇黄金福，带兵二百名先往，连战灭之。自四月十一夜起事，十六夜贼即败窜。因派署惠潮道沈传义，会同闽界文武搜捕余匪，筹办善后。又钦州土匪刘思裕，借抗学堂捐为名，聚众数千谋乱。先饬廉钦道将糖捐谕免，毋使匪类藉口，并将他捐之不便于民者，或减或免。而该道延不遵办，署北海镇某祇顾招抚，不知示威，屡被刘思裕扑营，不敢进攻，遂致刘思裕鸱张，诱胁数十里莠民入伙，抗拒官兵。因派道员郭人漳，率新军营官赵声，带一千五百兵，旬日灭之。此二事，皆前任所酿成，而在两广系常见之事，且已迅速扑灭，因朝臣党争，互相水火，枢臣、疆吏有因之去位者，遂波及于余。传闻某枢奏：广东匪多，周某年衰，恐筋力不及，可以某某代之。实挤某某出京也。其中情事复杂，不便叙述。余以屡次乞退之身，得以蒙恩开缺，感激无地。时岑春煊寓沪，请假养病，不即来粤，因电奏请派员署护。五月十九日，奉电旨："两广总督，著胡湘林暂行护理。"二十日，交卸起程，并于交卸折内奏明回籍就医。奉批旨："知道了。钦此。"

按上年光绪三十二年中历7月14日，玉山先生于两江总督任上祇奉上谕：调端方为两江总督兼南洋大臣，"闽浙总督，著周馥补授"；意欲奏辞、不敢辞间①，短短十日，7月24日再奉朝旨："周馥著调补两广总督"，并接军机处电："奉旨：端方到任后，著周馥即赴两广新任。"据年谱，遂于"九月十二日交卸两江督篆，江宁文武官绅、全军将校、各校生徒，由辕门列送于仪凤门江干，感愧交集；九月二十六日，抵广州省城，岑云阶制军

① 《周悫慎公自著年谱》"光绪三十二年丙午（1906）七十岁"条："七月十四日，奉上谕：'闽浙总督着周馥补授，钦此。'意欲奏辞，有人言：'闽督著名瘠缺，一岁须赔万金，尔已销病假，忽又辞此缺，得无有人议尔嫌缺苦耶?'遂不敢辞。"（民国十一年孟春秋浦周氏校刻本）。

春煊送印，当即拜收”。至此奉旨“开缺”，粤督任上，前后不过六阅月，半年光景。内中之由，除上引年谱之记，当日议论、后世研究者实多，今者回看，既有满汉相轧，清流、浊流分野，枢臣、疆吏政争，朝堂阿党比周，彼此个人恩怨，也有君主立宪、责任内阁“异音者不可听以一律”，“朱紫交竞”，观念、方案异说相腾，诸如此比，“其中情事复杂”，终演为一场不可收拾之“丁未政潮”，上下人事大变动，影响末清国运。玉山先生《自著年谱》记：“因朝臣党争，互相水火，枢臣、疆吏有因之去位者，遂波及于余。”此当日之实情。郭廷以《近代中国史事日志》光绪三十三年5月28日（阴历四月十七）条：“周馥开缺，以岑春煊为两广总督。”注云：“岑与奕劻倾轧，时两广乱事相继，周年老，奕劻乘机排岑外放。”[①] 其前一日，阴历四月十六日，《日志》记：“庆亲王奕劻独对，太后决遣岑春煊出京。”[②]可见朝命之下仓促，枢臣、疆吏政争，以周馥为牺牲品矣。

玉山先生于是年5月20日交卸督篆，登舟起程。登舟之际，有《广州登舟偶成》诗作。诗今见《玉山诗集》卷四，全句云：“日日思归未有期，今朝恰赋遂初诗。张帆幸借西风力，转棹犹嫌下水迟。一枕槐安醒后梦，百年尘劫事前知。余生岁月皆君赐，好向湖山访药师。”第五句“一枕”，宣统三年《周氏宗谱》卷十六“资乘附录”作“十载”，句后有作者自注：“余告归数载，光绪二十四年三奉旨起用，今又十年矣。”第六句，自注：“余向不信星命之学，壮岁即怀归志，日者言不能如愿。迨五十八岁告归，誓不复出，日者言光绪二十四年冬必复仕。问何时归，曰七十二岁。其可乎？问生归乎，死归乎？曰生归。今余年七十一，殆确验矣。”第八句，自注：“时奉恩旨开缺，另候简用，余适因患病，奏请回籍医治。”此诗过去研究者多不注意。合观前文所揭，以此诗与《自著年谱》《玉山诗集》《文集》《负暄闲语》《易理汇参臆言》等同时段文字对勘，览者自当别有感怀。

---

① 郭廷以：《近代中国史事日志》，“光绪三十三年（1907）丁未”条，5月28日（阴历四月十七日）记，中华书局，1987年版，第1278页。

② 郭廷以：《近代中国史事日志》，“光绪三十三年（1907）丁未”条，5月27日（阴历四月十六日）记，中华书局，1987年版，第1278页。

余读《玉山诗集》四卷，有感诗必有性情方能感人，必有事实始可传世，且诗家感兴，情随事迁，赏心所寓，不必尽同。“昔桓野王之歌怨诗，李赵公之咏汾曲，同时闻者众矣，而明皇、谢傅为之沾襟，易地观之，或亦以为常语耳。”悫慎尝自云：“弦外之音，会心人当自得之。”斯言至哉！

此后玉山先生“六月初二日，上庐山养病”，“七月，游山南各刹，旋回扬州视妻吴氏病，延医治愈”，“八月十六日，自扬赴建德扫墓”，“九月中旬至芜湖，相东门外大砻房地筑别墅”。时周氏扬州丁家湾大树巷小盘谷寓宅已修饰整齐（周梅泉、周叔弢诸先生皆幼长于此），而犹卜居芜湖，此中意味，耐人费思；然受维藩先生之招，则为重要原因。

四

芜湖别墅建成于光绪三十四年九月，时维西元 1908 年。玉山先生《自著年谱》“光绪三十四年戊申（1908 年）七十二岁”条记：

> 六月往庐山避暑。九月芜湖别墅成，是月往建德祭扫，复往视已买桃源之横山坂地、秧田坂之打鼓滩地、鲍家陇地、唐山寺山内之高岭坞地、青田冈之马坑坞地。又往后河看板桥柯姓所卖之山、汪家街先买之山。过沈二姑家、赵法乾亲家家，看查册桥南新买王姓曹家陇山、陈村北山，皆作生圹，预备各房选择茔地之用。
>
> 纂集《历代治水述要》成稿，又集《黄河源流》、《文武汛地》、《历代河督姓氏》、《历代敕封河神考略》成稿。族人及本邑绅士，以妻吴氏历年捐助乐济会之赈济族戚孤贫银一万四千两，置芜湖万春圩水田二千余亩，请旨建“乐善好施”坊[①]。经皖抚沈奏，奉旨准。

① 《负暄闲语》卷下，“待人”门：“余昔年捐建本邑文庙一万金，又捐周济族戚孤寡，取名‘乐济会’，存典生利一万金。近已将此款改买芜湖万顷湖田一千余亩，又捐银买邻田一千余亩，取名‘孝友堂’，暂以济‘乐济会’之不足。他日田租足额，即以孝友堂租，专留济本支子孙、孤寡与极贫者欲进学堂而无赀者。”

姚孟振题咏玉山先生生平事迹48首，第42首《鸠江观稼》："戚族嗷嗷盼岁丰，义庄还自课农功。江南风景田家乐，都在先生杖履中。"即是咏此。诗前题记："光绪三十四年，芜湖别墅成，公常居此，幅巾竹杖，与农夫、野老话桑麻，见者咸忘其曾为达官焉。先是，公德配吴太夫人早岁迭经丧乱，艰苦备尝，及随公宦辙，犹布衣操作，不茹荤者四十年。偶遇灾祲，辄脱簪助赈，尝捐万四千金为'乐济会'，以其息济族姻孤贫有年矣。至是，公就芜湖万春圩购田二千亩为义庄，以成其志云。"①

除《治水述要》《河防杂著四种》外，《负暄闲语》及宣统二年《建德县志》，均撰成于芜湖别墅。馥公宣统二年《新修建德县志序》云：

> 《建德县志》修于道光五年，迄今八十六年，中更咸、同大乱，凡兵劫始末、政事因革，与夫忠义节烈之行，指不胜屈，失今不辑，将日久失传，何以昭示后来？十余年前，馥曾以此意商之于张意堂观察、徐范庭广文，颇以为然，旋因事阻未果。后邑绅屡议及之，又以费重莫举。前年赵法乾司马禀商邑尊张荟甄太守，乃毅然力劝各保轮费，各绅采访，且属儿子学铭任编纂之役。然犹虑费少不足以济，儿子学熙复捐廉一千元助之，于是始议定设局举事。惟学铭时任皖南铁路事，不克常居建，于是借馥芜湖别墅为局，而请乡绅郑贯之、徐首尧、王庆堂等来芜襄事，为便商榷、搜书籍也。昕夕考订，逾九阅月稿成。余亦间为搜访遗书，证引所闻以助之。计考据增十之一二，事实则增三四。近年朝廷新政叠颁，皆按册案撮要毕载之。其节义应请旌表而未及者，懿行善举久湮而未彰者，无不登录。斯举也，论议至十余年，而今始观成，可谓难矣。(《玉山文集》卷一)

再如《自著年谱》"宣统三年辛亥（1911年）七十五岁"条：

---

① 姚孟振：《事迹题咏四十八首》，参见南开大学图书馆藏：《周悫慎公祀典录》附录。

先于宣统二年，在庐山撰训诸孙语一册，回芜复搜古人佳言续之，名曰《负暄闲语》。学渊乃以活字板印刷百部，示诸孙及族戚人等。余历年编集《理学粹语》四册、《古诗简钞》五册、《楚辞简钞》二册、《历代诗话》六册、《全唐诗选》二十册、《历代赋选》六册、《国朝赋选》四册、《程明道、邵康节、韩魏公、朱子诗选》一册、《欧阳文忠、梅圣俞诗选》二册、《范石湖、杨诚斋、陈后山诗选》一册、《宋诗选》三册、《苏东坡诗选》四册、《黄山谷诗选》一册、《陆放翁诗选》二册、《金诗选》二册、《元诗选》《明诗选》各一册，皆雇人钞写，取其字大醒目，又皆我心赏者，足以娱怀遣日也。惟《古文选编》以无人钞而止，工未及半。自著《玉山诗稿》四卷，于晦若侍郎、张楚宝京卿为之校定、作序。又《文集》一部，乃学熙所集公私文字编成者，皆存学熙处，属其不必刊以示人。又自撰《历代治水述要》一部，计十册；《河防杂著》计一册，成稿后均经于晦若侍郎复加校正成编，以今时国家不讲水利，不欲刊板传世，留存家塾可也。

按《治水述要》尤见及玉山先生闳识孤怀，其纂述宗旨，卷前自序即所明言："天一生水，惟水生木，非仅生木也，盖万物所以资生者此也。今世望治者莫不期图富强，而富之源首在农商，则灌溉之利，转输之图，尤不可不亟讲也。沟洫之政，古有专官，后世惟以漕道为重，故田间水利旋兴旋废，甚至连年昏垫，民不聊生，弥望赤野，徒忧荒旱。偶有举治之者，其术亦疏，旋作旋辍，莫收实效，有心者慨然伤之。馥往年于役永定、黄、运诸河，日视工作，夜阅编籍，时询精此事者，躬督而亲试之，乃知成法具在，人多略而不讲。今人得失，皆昔人所经验，惜遇时艰财绌，人情难调，未得施展一二，以救灾黎，抱憾何极！今退老家居，偶检旧所记述，不忍弃置，复加去取，俾阅者执简驭繁，举一反三，可以挈其要领。案虽不备，法已具足，世苟有志于斯者，不待博览远搜，即已可循究原委，增其任事智力矣。原辑自《禹贡》至光绪二十四年止，尤望有心者他日陆续增辑之。"其襟怀抱负、材识气局、规模宏远，班班可见。此皆可见此段芜湖乡居，玉山先生志力之在。

章先生言“周馥在这里住的时候并不多”[①]，检玉山先生《自著年谱》，在芜湖的时光，主要是光绪三十四年至宣统三年，前后凡四年。年谱“宣统三年辛亥（1911年）七十五岁”条记：

> 三月二十日，第二儿学铭在芜湖寓病故，时年五十有三。先是，学铭由翰林散馆，选授四川蓬溪县，旋调署江津县，后因我抵川藩任回避，改道员赴江西候补，旋署江西按察使。又因我赴两江回避，改指湖南，经柯逊庵侍郎逢时在湖北委，办江西、湖南两省土税局。余至广东，寓书学铭，以鸦片本应议禁，收捐亦非善政，属其辞差，旋赴粤侍我数月。我罢官后，寓居芜湖，学铭随经皖人举，办芜湖至徽铁路，工钜款绌，奔走数年，路未成而竟以劳病故。惜哉，家运替矣！

又言：

> 是年五、六月大水，芜寓惟上房无水，街市行船。七月水退，土人云：“道光末年水更大三尺，光绪二十八年水略大，并此为三。”余维水为阴象、兵象，又痛朝政日非，深略时局有变，日夕彷徨不安，遂游上海。……旋回舟，过苏州闻湖北兵变失守，或言革命军起，不得其详。过镇江，询舟子，言学煇挈眷自武昌逃出，已至扬。因至扬州，视煇儿及孙明诒等。八月底回芜湖。
>
> 九月，移居上海。十一月，移居胶澳，即青岛。先是，南方革命党邀求改民主立宪国体，复有曾任督抚大员亦奏请宣统帝逊位，又有人嗾使各武将具奏，先后同辞，于是总理大臣袁世凯派代表唐绍仪与南〔方〕革命党伍廷芳等在沪议和，改中国为民主立宪国体。旧革命党首领孙文，旋自外洋至沪，各党人请其至南京暂代理大总统，设部

① 章开沅：《凡人琐事——我的回忆（二）》，《江淮文史》2016年第2期，第74页。

办事。嗣北京议员举袁世凯为大总统，孙文遂卸事，革命党旋改国民党，孙文意也。袁世凯遂照民国立宪誓辞，受大总统任。此宣统三年冬，至次年春各事。

周学熙、周学渊、周学煇兄弟合撰《清授光禄大夫建威将军头品顶戴陆军部尚书都察院都御史两广总督予谥悫慎先考玉山府君行状》，亦语及："〔府君〕解组而后，卜居芜湖。国变以还，避地青岛。欧战即起，乃至津门。"① 则玉山先生离开芜湖，移居青岛、天津，实缘清社既屋，天下大变，避地而居，有其世事环境及外在因素在焉。之后"青岛十老图""津门著易"，均是后话，此处不赘。

这些故闻，可惜已经无法报于章先生了。谨以此文，纪念章先生！

章先生千古！

辛丑岁杪

壬寅三月再作校订

（作者单位：北京大学人文社会科学研究院）

① 参见周学熙、周学渊、周学煇：《先考玉山府君行状》，民国十一年孟春秋浦周氏校刻本《周悫慎公全集》卷首。

“走出中国近代史”与走不出的历史
——悼念章开沅先生

白文刚

刚刚过去的5月不仅是忙碌和漫长的，也是非常沉重的。一月之间，我国“杂交水稻之父”袁隆平院士，“肝胆外科之父”吴孟超院士，著名历史学家何兆武教授、章开沅教授相继逝世。

作为历史学毕业的学生，对两位历史学家的了解更多一些，而由于曾经攻读中国近现代史专业的硕士、博士，对章开沅先生相对又了解得更多一些。知道他是著名的辛亥革命史专家，在诸多领域有创见；培养了一大批优秀的中国近现代史学者；做过华中师范大学的校长，而且是有名的校长。为了纪念老人家，特意购阅了收集章先生各种演讲、谈话、序言、散论的《走出中国近代史》一书，也因此忍不住想抒发一些感慨，表达自己的敬意。但思虑再三，感觉怎么写都难以准确地表达自己的心情和意思，所以决定主要采取摘录的方式，从担当、学识、风骨三个方面记录一下自己学习的体会。这也是读完全书自己最大的感受。

担　当

翻阅本书，一个优秀历史学家的担当精神扑面而来，这种担当精神体现在章先生强烈的使命意识。书中第二篇即题为《知识分子的历史使命感》。在文中章先生指出：作为知识有生命的载体的知识分子活得太累，“因为他们不自量力，像耶稣背负十字架一样，心甘情愿地也背起一个沉重的包袱——历史使命感”。作者并且指出“这种‘力不胜任’之苦，中国知识分子吃得最多”，因为他们“不仅以文化的传承者自居，而且以道统的传承者自居”。作者对知识分子这种自讨苦吃，以至于不时招来惨烈结局的历程和原因做了深刻分析，但结论却并不是要知识分子减轻使命，放弃担当。相反，章先生高度赞扬了这种精神，指出“天下兴亡，匹夫有责”应该看作中华文化的优良传统，具有这样高度责任感的知识分子乃是民族的脊梁。正是由于这样的知识分子一代一代薪火相传，我们的民族与国家才得以繁衍和兴盛，并且在19世纪中叶以后历经劫难而并未丧失自己的生命活力。

章先生深情地说：“我非常珍重与珍惜知识分子的历史使命感。知识分子是社会培养出来的，知识分子应该反馈社会，对社会承担责任。或许可以说，没有历史使命感的知识分子，不是真正的知识分子。但是，我又不能不指出，中国知识分子的历史使命感是有局限的。他们的历史使命感大多表现为追求国家独立富强的自觉，却难以表现为对个性解放与维护人的价值及尊严的强烈诉求。因此，这样的历史使命感，还不能称之为真正具有现代意义的历史使命感。”

是的，他批评了今天的知识分子，不是批评他们缺乏使命感，而是批评他们的使命感还具有局限性。这样有点刺耳，却发自肺腑的批评，又何尝不是他强烈的使命感、强烈的担当意识的展现？但凡读一点书，对社会有一点认知的，读到这样的文字，如何能不反思？

更值得注意的是，章先生认为知识分子的担当和使命并不局限于某一国，而是着眼于整个人类文明。他痛心疾首地指出：“现代文明的沉疴痼疾已经使人类处于严重灾难之中，并且面临着更为严重的灾难。”他呼吁：“重建精神文明，挽狂澜于既倒，纠正现今人类文明的严重缺失，乃是包括历史学家在内一切有识之士的共同职责。”这是何等的胸怀?!

学　识

知识分子的担当要依靠学识来实现。如果不学无术，单有满腔热情，是不能有所担当的。该书还展现了章先生卓越的学识。限于篇幅，这里只谈两点。

在我看来，对于史学，章先生第一个重要卓识是强调史学要通。强调史学要通好像不是什么新见，2000多年前，太史公司马迁就提出要“究天人之际，通古今之变，成一家之言”。《史记》记录了长达3000年的历史，政治、经济、社会、文化无不涉及，所以才成为“史家之绝唱，无韵之离骚”。但事实上，本应融通的现代史学却在专业化的口号下高筑壁垒，不仅与其他学科难通，就是本学科内部，也画地为牢，做越来越琐碎的题目，中国与世界不通，古代与近代不通。贯通的历史被做成了不通的历史学。

深感于这一弊端，章先生在《近代史学刊》发刊词中提出要“走出中国近代史”。他指出：“为了更好地建设这个学科，中国近代史研究者必须走出中国近代史。”所谓走出中国近代史，就是指中国近代史的研究要上下延伸，横向会通。上下延伸就是要突破中国近代史80年或者110年的限制，向上延伸到明清史，向下延伸到1949年之后，实质是强调重视历史的连续性；横向会通则意思更为丰富。

就中国近代史本身而言，社会乃是一个整体，经济、政治、文化不能割裂，我们可以侧重研究某一部分，但却应该把握各个部分之间的有机联系，特别是局部与整体之间的有机联系。就中国史与世界史的关系而言，应该把中国史当作世界史的一部分来研究。就当代学术科际整合发展的趋向而言，我们也需要继续努力把社会学、经济学、政治学、法学、文化学、人类学、宗教学、心理学等相关学科的理论与方法引进史学研究，不宜墨守单一的考据实证陈规，妨碍本学科开创新局面。

在强调会通的同时，章先生强调了史学的根本：“考据实证依然是历史学家的看家本领（基本功），没有实证作为基础，任何巨大而华丽的史学架构就仿佛建立在沙滩上的大厦。”这是多么开阔的视野，又是多么清醒的认识和学科自信！在我看来，其实不仅研究，就是实际发展，我们也需要跳出中国近代史。章先生强调研究要延伸到当代，恰恰是因为当代是近代的发展，而近代的心路历程还深刻地影响着今天中国人的心理。

章先生的第二个卓识是强调史学要独立。这种独立既包括独立的学科品格，也包括独立的个体品格。后者是与风骨相关的问题，前者则是在现有国际学术话语格局下中国史学该如何发展的洞见。作者批评中国的史学家有点过分迷信西方史学了。他尖锐地指出："过去外界批评我们，说我们是靠马克思主义教条提供某些研究模式。现在我们有些人反过来又把西方学者的甚至二流、三流学者的认知拿来作为教条，当作自己依托的拐杖或华丽的外衣。""所谓跟国际接轨，如果简单地接轨到某一个国家的史学，以人家的史学潮流为潮流，那是很可悲的事情。如果因此受到轻视，那只能说明我们有些人没有志气，也是活该。"

这是将近20年前作者对当时史学风气的批评，现在我们真的有根本好转吗？不论史学还是其他社会科学。大概正因为积习难改，这种卓见才显得尤为可贵。

风　骨

对知识分子而言，如果说担当是志向，学识是能力，那么风骨就是保障。章开沅先生本身就是有风骨的，而从这本小书中，可以看出这种风骨其来有自，深深扎根于历史当中，生发自自觉的使命意识当中。

他著有《治学不为媚时语》一文，题目来自当代文学家、翻译家和书法家楚图南在清代著名学者戴震纪念馆的两句题诗："治学不为媚时语，独寻真知启后人。"这篇文章充分表达了作者对知识分子风骨的推崇。他不仅用《日知录》"采铜于山"来表达史学研究必须严谨的工作态度，而且特别强调真正的学者要有毅力和胆识。

真正的学者与真正的科学家、艺术家一样，都具有超越世俗的纯真与虔诚。工作对于他们来说，奉献更重于谋生，其终极目的则在于追求更高层次的真善美。唯有如此真诚，才能不趋附、不媚俗、不作违心之言。也只有这样的心术，才能获致"秽史自秽，谤书自谤"这样的觉悟。

孟子曰："居天下之广居，立天下之正位，行天下之大道。得志与民由之，不得志独行其道。富贵不能淫，贫贱不能移，威武不能屈，此之谓大丈夫。”这是我国数千年来士大夫的优良传统，也是真正的学者区别于政客、市侩的根本特征。真实是史学的生命，求实存真是历史学家无可推卸的天职，因此也就更加需要孟子所提倡的大丈夫刚直的浩然之气。

谈到学术和学者的风骨，离不开与政治和经济的关系。章先生写道：“我认为史学家应该保持自己独立的科学品格，史学家应该保持独立的学者人格。史学不是政治的婢女，更不是金钱的奴仆。优秀的史学是民族的文化瑰宝，而且可以为全人类所共享，流传于千秋万载，这就是真诚的历史学者追求的学术永恒。”

在《史学与政治》一文中，他一针见血地指出：“所谓史学为政治服务，就是意在把史学变成宣传，变成为某一时期政治中心任务的舆论造势，或者为某一政策的出台做‘学术’注解。”他明言：“学者在其学术领域应有自主权利，他们不希望有过多的政治干预和指令约束，并以‘苟从与附和’为耻。”在《头是×姓物》中，他又说：“头既然长在自己身上，理应属于自己。就史学家而言，这就意味着必须秉笔直书与独立思考，而不应总是‘唯书唯上’。”

章先生这里是讨论史学和史学工作者，但又何尝不是任何一门社会科学和任何一个社会科学研究者所面临的问题呢？或者说是对一个知识分子应有风骨的期待呢？纵使我们知道我们只能惭愧，也要知道惭愧的理由以加深自己的惭愧。因为知耻近乎勇。

综观章开沅先生强烈的担当意识、卓越的学识和对知识分子风骨的呼唤，不难看出其动力、智慧和勇气都源自对历史的考察，因为历史上有那么多优秀的人物在照亮着人类前行的道路。他显然知道，当代知识分子如果努力了，也必然会照亮未来。这样的担当、卓识和风骨源远流长，未来需要也必将绵延不绝。这是一种历史的洞见。正因为有这样的洞见和自觉意识，所以他才能坦然地说：“史学是一种寂寞的事业，没有鲜花，没有掌声。”其实真正的科学研究，何尝不都是如此？

（作者单位：中国传媒大学政治传播研究所）

加强湖北联中研究很有必要
——深切缅怀章开沅先生

王 立

2021年5月28日，惊悉当代史学大家、教育名家章开沅先生驾鹤西去，不禁泪水盈盈，痛彻心扉。先生高风亮节的大家风范，先生高屋建瓴的精辟阐释，先生娓娓道来的历历往事，先生对我这史界后学的谆谆教诲、对我所做湖北联中研究的殷殷期望，更有先生那润物细无声的睿智呵护，一齐涌上心头。

怎能忘，2017年春，先生欣然为我的湖北联中研究书稿作序，令踽踽独行的我欣喜有加，也催战战兢兢的我扬鞭奋进。终于，2018年2月，湖北联中建校80周年前夕，拙著《黉府弦歌烽火中——抗战烽火中的湖北联中（1938—1946）》面世。

更难忘，2018年秋，偶尔得知先生在为他人新著所作序言中，有一段论述言及我的湖北联中研究，这比先生当面夸赞更让我感动。先生写道：

> 也正因为如此，2016年冬天，王立教授亲自送来她独自完成的《烽火联中》书稿，我不仅认真拜读，还自觉义不容辞，为此书写序。此书几经周折，终于由九州出版社于今年2月以新的书名《黉府弦歌烽火中——抗战烽火中的湖北联中（1938—1946）》付梓问世。该书分上、下两编：上编从宏观上论述联中组建的前因后果，下编则是作者“重走联中路，寻访联中人”，以亲历者的口述历史为基础的22篇随笔。由于作者本人就是“联中”学子的后代，所以情文并茂，颇为感人。

此书在海峡两岸都引起重视与好评。正好今年又是“联中”建校80周年，台湾地区的《湖北文献》还为此刊发专辑，马英九、吴敦义等名流热情题词，并且刊发具有相当深度的长篇书评，王立此书堪称开风气之先。

先生这番话，似甘霖洒向我干涸的心田，予我以极大慰藉。而这一切，先生却从未对我说起。我知道，先生是在以他独特的方式呵护我，字里行间彰显着先生的高贵品格和一身正气。虽然认识先生只有短短五年，先生的风范已永驻我心间。

就教于章开沅先生，缘自我退休后独自进行的湖北联中研究。

2009年退休伊始，我迫不及待地踏上了心心念念的“重走联中路，寻访联中人”的征程。然而，我不知道一路苦行能走多远，只觉得这是一个应当做，而且必须抓紧去做的课题。

2015年，我“重走联中路，寻访联中人”的系列文章陆续刊出后，自觉有望完成一部关于湖北联中的研究专著，便有了敬请章开沅先生为我的书稿作序的心愿。先生不仅是卓越的史学家和著名的教育家，还曾是抗战期间国立中学的学子和抗战老兵，更是我敬重的前辈师长，如蒙先生赐序，对坎坷前行的我该是多大的鞭策!

先生鼓励后学，慨然应允：“联中为抗战期间国立中学先驱，我在九中读书五年，有相近经历，对此很有兴趣。……作序义不容辞。”2016年冬，我将暂定名为《烽火联中》的书稿呈送给先生。先生不顾年事已高，不久即赐我序言。先生说：“我多年以来都倡导研究国立中学，现今更深感加强湖北联中研究的必要。”先生此言，似汩汩暖流沁入心田，使我信心倍增，为自己正在从事一项有意义的中国战时教育研究而欣慰。

就教于先生，话题自然离不开湖北联中，离不开战时教育。先生语我：“你写到的那些联中校友的经历，我也亲历过。我抗战期间就读国立九中，与你父母亲友等就读的湖北联中情形相近。”于是我知道了，我的大表哥在建始三里坝的田间山野捉蟒蛇，用蟒蛇皮学做二胡的时候，在江津德感坝的章先生也在动手用蛇皮、竹筒、马尾自制二胡；穷乡僻壤，陋室昏灯，联中分校图书馆里的那套《万有文库》丛书，便是陪伴我母亲这些离乱学子的良师益友，而此时国立九中的章先生和他的同学们，也一本接一本如饥似渴地阅读着商务印书馆的这套大型丛书，从中初识大千世界。先生所赐序言有道：

> 我读《烽火联中》书稿，经常都有“似曾相识燕归来”的情思涌现。那连绵的山峦清澈的溪水，古老的祠堂建筑与简陋的竹篱茅舍，还有那昏暗的桐油灯草照明，乃至一日三餐吃不饱也饿不死的“八宝饭”，无一不勾起我缕缕不绝的乡愁。战时中学物质生活确实艰苦卓绝，但我们的精神生活却相当丰盈，我们有那么多堪称教育家的优秀校长，为数更多安于清贫，潜心施教的资深教师，还有那比较齐全的图书资料与实验设备，让我们有幸享受历史上难得一见的上乘基础教育，并且较早就拥有一个美好的精神世界。

先生时常感叹，自己做了几十年教师，始终不能忘怀的是抗战期间教过自己的那些老师，尤其记得一位教地理的张耀祖老师讲课的情形：“中国不可侮，中国不会亡，张老师的讲课仿佛岳母刺字一样，把‘抗日救亡’四个大字永远刻在我们心中，并且成为我们以后大批投笔从戎光复神州的前奏。”

先生高瞻远瞩，对抗战期间组建的湖北联中有着精辟的阐述，先生在赐我的序言中写道：“陈诚作为职业军人，主政湖北后能以民生为念，特别是追踪张文襄公的足迹，致力于国民基础教育的普及与提高，联中的创建可谓开全国风气之先，而泽惠于湖北人民尤为深远。”

先生所言极是。

那是一个与民族兴亡息息相关的年代。背负着抗战建国的民族期望，联中学子中，多少人走进大学，为学深造！多少人投笔从戎，奋战疆场！八载联中，从中走出多少青年才俊！他们之中不乏共产党的高级干部，国民党的高级将领，享誉世界的作家学者、艺术大师，然更多的是海峡两岸教科文卫等各条战线各个层面的栋梁之材。抗战胜利后的几十年间，海峡两岸的三尺讲台上、无影灯光下、艺术殿堂内、建设大军中……都活跃着他们的身影，成为中华民族复兴大业的生力军。这其中，直接服务湖北的联中校友者众，他们用战时的苦读反哺湖北父老。

2018 年 2 月，历经坎坷，拙著《黉府弦歌烽火中——抗战烽火中的湖北联中（1938—1946)》如期出版。按照原定计划，两岸湖北乡亲和联中校友拟联手举办联谊会和研讨会，纪念湖北联中 80 华诞。

着眼于两岸统一大业，戊戌新春，台北和武汉，“回望联中共话使命”开启了两岸缅怀联中 80 华诞的序幕。正月十五，我携新作飞至台北，与乡亲们一同团拜祭祖，在湖北同乡会馆与旅台乡亲、联中校友、湖北文献社同人座谈回顾湖北联中，登门看望联中老校友，拜访联中首任校长陈诚先生的长婿，时为旅台湖北黄陂同乡会理事长的余传韬先生。

余先生说，陈诚先生身为军人却一贯重视教育。1938 年武汉会战，为使近 2 万学生不因战争失学，毅然决定组建湖北联中。抗战期间，陈诚先生就教育问题发表了多次演讲，并亲自主持制定了相关的教育政策。后来陈先生将他的教育思想带到台湾，正是大力发展基础教育培养了人才，才有日后台湾地区的经济起飞。

3 月中旬，我赶回武汉，17 日上午参加在武汉图书馆召开的有湖北联中校友及其后代、武汉地区专家学者出席的“回望联中展望未来联中人当代未竟的时代使命——促进祖国和平统一”的纪念联中建校 80 周年研讨会。下午，我在武汉图书馆报告厅的“名家论坛”做了《抗战烽火中的湖北联中》的专题讲座。接下来几天，我们几位联中校友后代一同访问了武汉十四中、十六中、三十九中、武昌实验中学、湖北经济学院等曾经的湖北联中分校，奉上《黉府弦歌烽火中——抗战烽火中的湖北联中（1938—1946)》一书以兹纪念。

3 月 30 日上午，我同湖北联中黎智校友的女儿闻心慧一同前往华中师范大学拜访章开沅先生。先生精神矍铄，接过我双手奉上的《黉府弦歌烽火中》，夸赞书名响亮，封面美观，并说九州也是个不错的出版社。

当听到先生说“这本书不仅填补了湖北联中研究的空白，而且对抗战西迁办学历史的研究具有重要意义和价值”，我内心激动不已，这么多年的坚持和付出，这么多年的委屈和压抑，融化在先生的一席鼓励之中。

先生说，西迁办学是整个民族的悲壮史诗，很不简单，西迁的大学、中学等就像一座座灯塔，照亮了民族前进的方向。西迁办学重新构建了中国的教育文化版图，引领着社会潮流。西迁办学的全体师生，其贡献并不亚于众多直接在前线奋勇杀敌的将士！

说话间，我打开笔记本电脑，将两岸交流活动的照片一张张呈给先生。先生与台北的余传韬先生是故交，看到我们拜访余传韬先生的照片时，先生说，余先生继承了其父余家菊和岳父陈诚的教育思想，热心扶助教育，他出资捐助黄陂大余家湾数十位余家子弟上学读书，已经有几个子弟博士毕业了。余先生还在华中师范大学捐资设立了“余家菊教育思想研究”奖学金，并先后十多次将家藏珍贵的文献资料赠予华中师范大学图书馆，为两岸抗战史研究提供了极其宝贵的史料，你找个时间去看看这些资料。

接着先生关切地问我：“你做的这项研究，有没有得到经费资助?”我一肚子难言之隐，真想向先生倾诉，但又不想给先生增添忧虑，于是欲言又止。

先生说，余子侠教授一会儿要来。余教授的国立中学研究做得不错，你们可以一起来做国立中学和湖北联中的研究。我好生感动，先生处处为我考虑。

先生又问及湖北联中建校 80 周年纪念活动准备得如何，我告诉先生，台北和武汉的有关方面都在积极推进，台湾地区马英九、吴敦义、陈诚校长的儿子陈履安、长婿余传韬等先生都已题词志庆，武汉不少人也在努力争取，只是不知能否如愿。

先生说，等下次余传韬先生回汉，我们一起在华师大这边开个小规模的会，规格高一点儿，专门谈谈湖北联中研究。我太感动了，先生总是善解人意，考虑得真周全。我衷心希望余传韬先生身体得以康复，以成武汉之行。

先生特意叮嘱，抗战期间我国的中等教育、高等教育是中国抗战史的一个重要方面，西迁的学校众多，对后世影响深远，抗战教育只研究西南联大是不够的。你的湖北联中研究要继续下去，你有这个条件，接触了许多当年的联中学生，手头有了积累，又有这本书做基础，研究可以更深入一步。先生的嘱托，我记住了。我说一定会坚持下去的，现在这本书写得不很全面，许多史实还待挖掘和梳理，许多史料还没用上，以后再做修订补充。

带着先生的殷殷期望回到北京，查阅和整理资料、重走和寻访、撰写文章又占据了我日常生活的大部分时间。这以后，我走过哪些地方、访问到哪些人，不时向先生汇报。

“治学不为媚时语，独寻真知启后人。”这是先生一生的治学之道和为人风骨。2018年年底，先生荣获第七届吴玉章人文社会科学终身成就奖，我向先生表示祝贺：“先生为人为学，皆为学界楷模，当为我辈效法。我得益于先生的鼓励支持，更记得先生的谆谆教诲，这便是我在困境中坚守的动力。衷心祝愿先生身康体泰，引领学界风清气正。”

先生一直关心我的湖北联中研究，2019年年初，先生回复我邮件：“湖北联中研究引起两岸学者关注，颇感欣慰。余老夫妇今年可能来武汉，顺告。”我知道先生依然惦记余老先生来汉共叙湖北联中研究一事，我拟好初步的座谈研讨计划，期盼着余老先生夫妇顺利抵汉。无奈天不遂人愿，章、余二位老先生武汉共叙湖北联中研究终成遗愿。

而今，可以告慰先生的是，我的“重走联中路，寻访联中人”仍在进行，我依旧行走在鄂南、鄂北、鄂东、鄂西的山山水水间，继续书写“黉府与烽火同在，弦歌与炮声和鸣”的抗战教育篇章。先生，我记住了“史学是永无止境的远航”，接下来的时光，我一定不负先生殷殷期望，前路不论多少荆棘，湖北联中研究一路孜矻前行！

2021年6月25日　初稿

2021年11月30日　修改　北京青溪晓斋

（作者单位：江汉大学人文学院）

章开沅先生在南京大学二三事

杨金荣

2021年5月28日中午，从微信朋友圈惊悉著名历史学家章开沅先生逝世，心里咯噔一下，有点不太相信。后来朋友圈旁证的消息越来越多，才确认了这一事实。

章先生是我崇敬的学长，曾于1946年—1948年就读于南京大学的前身金陵大学历史系。2012年南京大学110周年校庆前夕，章先生被海内外校友推选为南京大学十大杰出校友。我第一次见先生是上个世纪80年代在南京大学历史系读书时，在金大原址，今南大鼓楼校区图书馆二楼报告厅听过先生的一次报告，主题是关于中西文化的。报告的内容已经忘得差不多了，章先生报告援引的一个例子至今还记得，大致是说民国以后，国人既过元旦新年，也照样过春节，以此说明不必担心西方文化会取代东方文化。最后一次见先生是2006年7月下旬，南京大学中华民国史研究中心在奉化溪口两蒋故里召开的第五次中华民国史国际学术研讨会上，那时我刚上正高不久，先生可能是看到了会议名册，鼓励我说："有进步，好。"

我有机会与章先生接触并面聆教益缘于先生编译的一部史书。自1988年起，章先生在耶鲁大学神学院特藏室阅读、复印、记录贝德士文献中有关南京大屠杀的史料，撰写和编译过《南京大屠杀的历史见证》（湖北人民出版社，1995年）和《南京：1937年11月—1938年5月》（香港三联书店出版社，1995年）。1998年春，南大出版社通过章先生的好友，著名历史学家茅家琦教授，约请章先生编译一部更为完整权威的揭露南京大屠杀罪行的英文原始文献集。章先生一口答应母校的约请，并说作为“原金大学生与现今南大校友”，自己“义不容辞”。当年5月，章先生偕夫人黄怀玉老师又专程前往耶鲁大学神学院图书馆，扩大资料搜集范围，复印了1000多页的档案文献。回国后，章先生夫妇与两位年轻同事刘家峰、王薇佳合作，经过8个月的艰苦工作，编译了定名为《天理难容——美国传教士眼中的南京大屠杀（1937—1938)》(以下简称《天理难容》）的著作。我担任了这部书的责任编辑。在斟酌这部书的主书名时，章先生曾问我有什么意见，我当时年轻，不知深浅，拟了几个书名都有点火气太旺，不太合适。最后还是章先生定下“天理难容”四个字。这部书的出版引起学术界及社会的关注。旅居美国的金大历史系1945年毕业生，曾任美国日本侵华研究学会会长的吴天威教授为该书作序。1999年9月，该书由南京大学出版社公开出版发行。新千年后，经章先生授权，该书被收入国家重点图书出版规划项目72卷本《南京大屠杀史料集》，以纸本与电子档为海内外学术图书馆所藏。

1999年秋，《天理难容》一书在原金大校园举行了规格很高的新书发布会，时任江苏省委副书记任彦申代表省委致辞。就我所知，省委副书记参加一本书的新书发布会，是极为罕见的，这其中包含了对编译者与作品的双重敬意。章先生应邀来到南大参加新书发布会。发布会前，我独自陪章先生在校园寻古访旧。在南大南园金陵大学桃园南楼旧址，先生对我说，他报考金陵大学的第一志愿是经济学，结果被录取在历史系。我说，如果先生读了经济学，国家就少了一位杰出的历史学家了。章先生慨允为南大社编译《天理难容》一书，很大原因应该是书中的历史见证人、历史场域无不与当年的金大，今天的南大有关。贝德士就是当年金陵大学历史系教授，也是章先生的老师，金大校园也是当年国际安全区的一部分。

《天理难容》出版后，影响很大。美国夏普出版公司（M. E. Sharpe）在2000年12月出版了英文版精装本，定价45美元；2001年2月又出版了平装本，定价24.90美元。2001年2月23日章先生给我寄来一封短信：“杨编辑：《天理难容》英文版已由Sharpe公司出版（精装本于2000.12，平装本于2001.2)。这是在Sharpe网页上查到的新书预告，寄上供参考。即祝近佳，章开沅，2001年2月23日。”

Sharpe公司出版的英文版，书名作《目击南京大屠杀：美国传教士见证日本人在南京的残暴》（*Eyewitness to Massacre: American Missionaries Bear Witness to Japanese Atrocities in Nanjing*），由章先生与耶鲁大学玛莎·斯茉莉共同主编，研究中国宗教问题的专家唐纳·麦辛尼斯序之。

为了让日本人读到《天理难容》一书，章先生又约请日本友人加藤实先生日译，并特别安排他来中国，专心译事。2004年秋，加藤实先生为翻译之事还专程来南京一趟，与编辑见面沟通。章先生所以推动《天理难容》一书的日译，是因为在他看来，外籍人士群体为侵华日军南京大屠杀暴行撰写的这份最为详尽的实录，“其公正性、真实性与严谨性是任何人也无从否定的”。

2005年，在南京大学外国语学院日语系何慈毅教授的支持下，我勉力完成章先生《天理难容》日文版的编辑工作。这部书的封面设计保留了中文版的风格，封底特意保留了中文版封四的一段话：“对于战争责任的反省，日本不如德国。我们不愿说日本人不如德国人，而宁可说日本政府不如德国政府。但不愿承担战争责任的政府毕竟会使自己的民族蒙受羞辱。只要这样的政府存在，不管日本人多么富有，多么强盛，多么彬彬有礼，多么精明能干，它在世界人民的心目中也难以受到应有的尊敬，更难以赢得真正的友情。”这段话表达了大多数中国人的家国情怀，至今依然温润可感。章先生还专门为日文版撰写了序言，向日本读者交代了这部书的背景。

在爱德基金会的支持下，加藤实先生的日译本《天理难容》最后由南京大学出版社出版，并运达日本书店上架。同年8月12日，新华网等国内主流媒体以较大篇幅报道了出版《天理难容》日文版的价值与意义。

为章先生编辑中文版《天理难容》一书，是我第一次接触南京大屠杀史研究选题，而编辑日文版《天理难容》，则是我第一次参与“南京大屠杀史”主题图书的外译出版。章先生答应赴美进一步搜集资料为母校出版社编译《天理难容》时所说的“义不容辞”，也一直激励我持续关注南京大屠杀史研究成果的出版选题。《天理难容》一书出版后，我先后组织出版了张宪文教授的多卷本《南京大屠杀全史》(获第三届中国出版政府奖提名奖)，以及基于《南京大屠杀全史》的“南京大屠杀死难同胞国家公祭读本”《南京大屠杀史》，并多次为《南京大屠杀史》成功申报国家丝路书香工程项目和中华学术外译项目。近十年来，已经在海外出版《南京大屠杀史》英文、韩文、希伯来文、印地文、波兰文、哈萨克文版，即将出版阿拉伯文、法文、俄文、阿尔巴尼亚文版。我很想有机会把这个消息告诉章先生，感谢他当年应允把《天理难容》一书的中、日文版交由我编辑，引导了我职业生涯中南京大屠杀史研究海外多语种出版传播的一段旅程，现在这一愿望成为一个永远的遗憾了，但章先生之于南京大屠杀史研究成果海外出版与传播的开拓性贡献对于中国学术走出去的启迪意义将是久远的。

（作者单位：南京大学出版社）

章先生琐谈、琐忆

周　言

一

按道理，我这个学术界的晚辈是没有资格来谈章先生的，章先生的辈分太高，比我外公还大5岁，是前辈的前辈。章先生和我外公虽不认识，且观念相左，但是彼此交集颇多。自我读大学开始，章先生的《辛亥革命史》就成为启蒙书，一直放在案头，我的学术起点，便是研究辛亥革命后的清遗民，对章先生的《张謇传稿》的一些观点颇多采纳。同一时期我参与组织哈佛辛亥百年纪念会，因朱英教授介绍，得到章先生的大力支持，并且有幸陪章先生在东湖宾馆畅谈了一个下午，这大概是当时作为年轻学子的我难得的一段宝贵经历。尔后因缘巧合，我成为余英时先生的传记作者，有幸听余先生详述上世纪90年代初章先生在普林斯顿那段时间的一些旧闻，不夸张地说，章先生这段经历，除了当时随侍左右的马敏教授能够道其详，外界鲜为人知，冥冥之中，自有因缘。现在章先生仙逝，余英时先生也驾鹤西游，我草成此文，作为对章先生微不足道的纪念。

章先生是辛亥革命史研究领域的开拓者，这一点无须我多言，但是我要指出，当年纪念辛亥革命50周年，召开时间是1961年，按照当时的社会背景而言，召开纪念辛亥革命50周年纪念会，是有点犯忌讳的，而且主要是源于地方院校的倡议，得到了当时以黎澍为代表的中宣部的支持。据章先生回忆，当时朱德、吴玉章都写了文章，李达致开幕词，范文澜、白寿彝、邵循正、刘大年、陈旭麓等著名学者，包括当时各地的一批青年俊彦，如林增平、李时岳、胡绳武、金冲及、张磊、隗瀛涛、段云章都前来参会。会议论文的组织和修改也符合当时的历史潮流，大多数是集体撰稿或者个人撰稿集体修改。会后《辛亥革命回忆录》《辛亥革命五十周年论文集》陆续出版，在全国影响极大，尤其是在上海，曾经在华东局内部和上海市委引发讨论。我外公当时不公开地表示："我有一个想法，为什么五四运动40周年冷冷清清，而辛亥革命50周年却如此轰轰烈烈？这个问题你们想过没有？"此话在上海小范围内掀起轩然大波，后来我曾数次听外公的故旧提到此话，但当时并未进一步扩散。而且"大跃进"过后，"反修防修"成为当代中国的政治主题，按照章先生的说法，首届辛亥革命学术讨论会过后不久，"社教""四清""文化大革命"接踵而来，学术研究再次被不正常的政治局势所打断。1963年年初，《红旗》杂志刊登经过毛泽东审定的社论《列宁主义和修正主义》，该年2月，刘少奇做《关于反对现代修正主义的斗争问题》的报告。自此"阶级斗争""反修防修"成为中国政治生活中重要的关键词。尤其是"文革"开始，一直到1971年辛亥革命60周年，恰逢林彪事件，全国震动，纪念辛亥革命60周年也就没有人再提了。

但是在"文革"末期，章先生奉调至北京《历史研究》编辑部，却在学术研究中另外开辟新领域。我要略叙述这一调动的时代背景，据当年国务院出版部门保存的档案显示，1973年5月18日，国务院出版部门在一份报告中指出，"文革"前不少哲学社会科学刊物，到"文化大革命"开始时已经基本停刊，到1972年，由于林彪事件之后意识形态的松动，只恢复出版了4种，即《新华月报》《考古》《考古月报》《文物》。到了1974年，《历史研究》复刊。现在我大致的看法，包括章先生的回忆，都认为，《历史研究》的复刊主要是为配合当时"批林批孔""评法批儒"，这是林彪事件之后出版界陆续松动的一环。在我外公的直接推动下，同时也按照毛泽东的指示，1976年《诗刊》复刊。这些刊物的复刊，其实都是为了配合当时的政治运动，《诗刊》1976年发表的毛主席诗词两首，即为铁证。我专门就此事请教了当时和章先生相熟的陈铁健先生，陈先生告诉我，章先生调去

《历史研究》编辑部比他早得多，当时《历史研究》是迟群、谢静宜直接控制的，主要是为了配合批林批孔。1975 年年底迟、谢不再主管《历史研究》，转而由黎澍主持，陈先生和章先生曾因为在哈尔滨召开的中俄边界讨论会，在一起住了半个月。章先生本人并不避讳这段经历，充分体现了一个史学家的光明磊落。他在口述自传中曾坦诚地提到，他曾经参与“评法批儒”，注释过章太炎的《訄书》，还曾经和梁效开过会（梁效的命名，恰恰来自我外公），而且曾经负责校对张春桥的文章，并且不慎漏过了两个错误的标点。张春桥的文章是哪一篇章先生没说，但显然就是 1974 年那篇《论对资产阶级的全面专政》。“批林批孔”中紧跟江青的杨荣国，其实还是章先生的老师，这些《章开沅口述自传》里披露的细节，如非章先生开口，恐怕如今也少为人知。

二

接下来略述我本人和章先生的一些来往，吉光片羽，弥足珍贵。2011 年，哈佛大学费正清中心发出号召，希望中国能有学者能来参加哈佛辛亥革命讨论会。当时燕京学社已经在筹办类似的会议，但是邀请的主要是文学界的前辈，而费正清中心希望此会更偏向历史方面。办公室的几位工作人员因为事务繁忙，于是委托中国学生学者委员会和哈佛北岸学社筹办，这个会议实际上成了半官方的会议，充分发挥了哈佛学生的自主管理。当时主事者是哈佛大学的吴争博士（现为北京脑科学与类脑研究中心研究员）。吴争是个书呆子，研究人类大脑，却对办会两眼一抹黑，于是找到了他的好朋友徐轶青（轶青当时在麻省理工读博，现在是斯坦福大学政治系的助理教授）。徐轶青是我在复旦的学长，于是一些具体联系事务的事情就交给了当时还在国内的我（因为我自小在父亲公司打童工，社会活动和管理财务能力极强，算账、买机票、订酒店都是一把好手）。会议得到了裴宜理教授和麦克法夸尔教授的大力支持，他们都为会议提供了文章。裴老师还专门为会议论文集写了一篇序言，由我翻译成中文，在国内《读书》杂志上发表。因此国内学者的联系和征集论文，乃至其后的出版专书、论文集，基本上我是能者多劳，而且论文集的出版，我找到了陈志实兄（陈开枝先生的公子，因他是麦克法夸尔先生的学生、任仲夷的孙子任意的好友，故而愿意帮忙）和秦晓、何迪先生帮忙，率先在哈佛官方网站和国内中道网上刊布，随后作为秦晓、何迪主编的《博源文库》出版，而后经杨奎松教授介绍，会议演讲稿也同时由九州出版社出版。

在会议筹备过程中，我曾咨询朱英教授，并得到了章先生的大力支持。章先生和朱教授都提供了文章，朱教授还提供了一些章先生关于辛亥革命的题字，任我选用。余英时先生因为年高未能与会，但还是给会议写来了热情洋溢的贺信，这是我和余先生的交往之始，也是我日后写作《余英时传》的缘起。承蒙朱英先生安排，我在武汉华中师大近史所和章先生、朱英教授，还有刘家峰、何卓恩、彭剑等老师一起吃了午饭。当时正值武汉纪念辛亥革命百年大会，章先生忙得不可开交，我在这次会议上遇到了很多以前曾经很熟悉或者有过通信的老前辈，如张玉法教授、冯天瑜教授、姜义华教授，还有日后在加州曾经再度晤面的周锡瑞教授。现在回想起来，那次的武昌辛亥百年纪念会真是星光熠熠，连已经双耳失聪的蒋永敬教授都专门从台湾飞来参会，可见当时大陆和台湾学界难得在辛亥百年纪念这一盛会聚齐。百忙之中，朱英教授还安排了我和章先生在东湖宾馆的一个房间里聊了一个下午。当天聊了什么，如今已经全然记不起来了，但是谈话之后，章先生特意录了一段录像，提供给我在哈佛辛亥百年论坛上播放。我记得当时还录了一段冯天瑜先生的录像，冯先生和我则有更多的因缘。这两位湖北学术界的前辈，使我时不时还会萌生去武汉转转的动力。

在哈佛的会议结束不久，送走了中国学者老师，我便专程前去普林斯顿拜望余英时教授。由于是熟人介绍，余先生百无禁忌，几乎有问必答，成为日后我写作《余英时传》的又一个缘起。余先生尤其提到了章先生，他说（20 世纪）80 年代末 90 年代初，他在普林斯顿有几位最重要的老朋友，一个是周一良，一个是章开沅，一个是张广达。周一良先生 80 年代末在普林斯顿久住，和余先生就陈寅恪晚年诗文的问题颇多讨论，周一良一直把余先生的《陈寅恪晚年诗文释证》放在床头，用牛皮纸包好，时时翻阅，自陈是检讨自己。而章先生在日常生活中也受到余先生的很多照顾，经常去余先生家吃饭，包括添置一些生活用品，余太太也亲力亲为。在余家聚餐时，通常是几份小炒，有时候余太太兴致高，会专门给章先生烤一只鸭子，大家分而食之。有时候牟复礼、陈大端也参加，余先生到普林斯顿就是躲清净的，很少在家招待客人用饭。我去余府前后十年，从来没有在余先生家吃过饭，只吃过余太太亲手烤制的甜点，但我已经觉得颇感光荣。余先生还说，他和章先生还有张广达经常去普林斯顿附近的大千美食林用饭，这个饭店如今成为大陆余先生仰慕者到普林斯顿必去的朝圣之地，和东亚系的壮思堂一样，成为后学缅怀余先生的一个场所。当时很多政治组织来找章先生"入伙"，章先生是风波中的"湖北三巨头"，但是都被余英时先生挡驾，余先生曾对我回忆，当时他说："你们不要去麻烦章先生，章先生是要回国的。"

章先生回忆录里还有许多内容，和我写作《余英时传》时采访到的内容不谋而合，如章先生提到普林斯顿大学一位女学生养了一只狗叫小白，此事余先生恰好数次和我谈到。因为余先生知道我养狗而且喜欢带着狗去京剧票房玩，而且一度陪狗的时间比陪儿子的时间还多，余先生开玩笑说我简直是"不疯魔不成活"。当时那位女学生养狗的事情还在普林斯顿大学引起许多争议，章先生比较开明，曾经平和地问那位女学生为什么养狗，她说养狗是为了交朋友学英文。后来那位女学生还开玩笑希望章先生恭维她几句，章先生俏皮地说她比小白漂亮。但章先生不太清楚，那位女学生养狗，曾经遭受过很多攻击，因为她的房东不让养狗，是余先生和余太太出面和房东协商，最后房东才同意，但是那位女学生周围的许多人不同意(其中包括那位著名的报告文学作家)。余太太平生难得发脾气，因为余太太特别喜欢小动物，余家屋外养的那么多花花草草，被梅花鹿啃食，余太太都经常当作玩笑话来说的。余太太有一次很大声地抗议："××为什么不能养狗?!"余太太这句话一出，没人敢说话了。或许是感念余先生夫妇当年的恩德，2009 年那位女学生捐了一百万美金出来支持海外的中国读书种子，作为一种薪火的延续。章先生对那位女学生的大度，意义着实不小，用章先生的原话说：“他们毕竟还是学生，作为长者，我有道义给他们以精神上的关切，对于他们勤奋好学，力求充实自己并且自食其力，我也充分给予肯定。”这是章先生的大胸怀。

文章最后，我要记述一个余先生和章先生来往的一个小细节。我当时去余府拜访告别之时，余先生拿了一本自己写的《史学研究经验谈》签名送给章先生，托我带回，落款不称“开沅兄”而称“教授”。我年少无知，问起缘由，余先生说是怕给章先生惹麻烦。余先生高风亮节，深谙世道人心，让我五体投地。回国后我把此书寄给朱英教授托其转交。一晃十年，岁月不饶人，记下这段因缘，祝章先生走好。

（作者单位：清华大学社科学院全球化研究中心）

我的回忆

朱　江

2021 年 5 月 28 日中午在食堂里用过午餐，习惯性地看了下手机，有两位朋友私发给我一个让我心痛的消息：章开沅先生今天早上在武汉去世！瞬间我难过得说不出话来。过了一会，才发现之前华中师范大学中国近代史研究所的田彤教授来过一个电话，我没有接到。回拨过去，大致了解一下情况。回到家，坐定后在微信朋友圈发了个悼念章先生的微文。有媒体的朋友问："你是不是章先生的学生?"这个问题问得很好，我年幼章先生 40 多岁，只是章先生的仰慕者，因为对于张謇研究感兴趣，有缘与章先生结识，并得到章先生悉心的关怀和殷切的勉励，有幸多次聆听章先生的教诲。《江海晚报》的宋捷总编来电盛邀我写一点文字纪念章先生，这也是我的心愿。

张謇研究开拓者

章开沅先生是享誉海内外的著名历史学家，在辛亥革命史研究、中国资产阶级研究、中国商会史研究、中国教会大学史研究、南京大屠杀历史文献等多个领域起到引领和开创的作用。章先生为南通人熟知，是因他在张謇研究方面起到的推动作用。他的专著《开拓者的足迹——张謇传稿》是第一本完整评述张謇生平的著作，语言优美，论证扎实，评价客观，我认为至今尚无超越的同类作品。

2013 年是张謇先生诞生 160 周年，《江海晚报》与江苏大生集团联合举办“追梦——寻访张謇足迹”大型新闻采访活动，我有幸作为点评专家应邀同行。7 月 3 日，采访组按照约定来到华中师范大学章先生的办公室，章先生见到来自南通的客人，兴致勃勃地讲述他与张謇研究结缘的故事。

1960 年开始，章先生研究辛亥革命时期的中国资产阶级，所以对有关张謇的理论讨论很感兴趣。1962 年 9 月下旬，章先生从上海乘轮船前往南通。当时国家经济情况刚刚好转，好些地方粮食供应仍然很差，大哥怕他旅途挨饿，还把家里节省的两斤白面连夜做成大饼让他带上。船过崇明时，海上风浪大作，章先生第一次看到黄海，看到崇明、吴淞，看到长江入海处这一大片土地。章先生发出感慨：“这不就是张謇曾经长期开发与经营过的热土吗?”

章先生带着兴奋的心情踏上南通的土地，淳朴的南通人也热情地接待这位年轻人。章先生带着的面饼几无用武之地，更主要的是正是这个时候，章先生真正进入张謇研究领域。据他回忆：“我结识的第一个南通人就是穆烜，当时他似乎正负责南通革命史调查研究工作，同时也参与张謇历史资料的搜集与管理。随后又经过他与时任南通市委宣传部部长后任副市长的曹从坡相识。穆烜不断为我介绍情况，并且把最珍贵的未刊稿本借给我阅读，此外还安排我到有关历史遗址参观。可以说，我的张謇研究直到此时才说得上正式起步。滞留南通期间，还有幸见到费范九、管劲丞、徐海萍等对张謇了解较多的老人，他们或参加座谈，或个别会晤，或导引参观，为我提供许多书本上所没有的感性认识。费老的平易近人，管老的滔滔雄辩，徐老的清淡闲逸，都是我永远难以忘却的记忆。”

1962 年的国庆期间，秋高气爽，省市领导在景色如画的狼山欢宴南通各界知名人士，章先生则作为唯一的外地来宾应邀出席。狼山椒鸡，阳澄湖蟹，还有以桂圆、红枣之类酿成的美酒，主人殷勤劝饮，客人频频举杯，这是他生平第一次醉酒。章先生说：“我一直认为，是南通人的纯真热情使我醉倒，我的张謇研究在如此温馨的氛围中开始，这是一生莫大的幸福。”这大概是日后章先生每逢南通来人，都要热情款待的原因吧。

据穆烜回忆，章先生到南通时，曾看了张謇的信稿和张謇写给张孝若的家书。这些珍贵的档案，目前都保存在南通市档案馆，是档案馆的镇馆之宝。2019 年，我在研读馆藏档案时，意外地发现了章先生写给管劲丞的一封信，我通过田彤教授把复制件交给章先生，章先生对于这份他自己都不记得的早年信件的出现颇感意外，也颇为高兴。这封信，时间署为十月卅一日，是章先生受管劲丞之请，查阅相关史料后的回信。信的开头是："劲老前辈：前此所受教益良多，感谢之至。承嘱查应泉与刘柏森，已检阅有关书籍。应泉一名未见于各种方志，大清一统志及中国古今辞典均未收入，此间老人亦无从奉答。可能并非地名，希再斟酌确定。刘柏森履历亦未查清，现仅知系一候补道（人称刘观察），由张謇委托经办大维公司。"那个时候没有查阅便捷的数据库，南通的资料也不丰富，章先生是个热心人，显然检索了很多书籍。

不仅如此，章先生还多方收集张謇的信稿，并提供给南通方面："前在南京档案处所得张謇材料一件，已钞寄穆烜同志，北京图书馆资料经核对后亦开一草目寄奉，或可供参考。有何新发现，尚望时赐教诲。明春游汉之约，甚望实现。"这里提到的北京图书馆资料，据穆烜的回忆，是关于北京图书馆赵凤昌藏札里的张謇信函："章开沅来通时，也曾建议进一步收集张謇信稿。他说，他曾在北京图书馆看到近代史藏札（即赵凤昌藏札），其中有不少张謇的函件，多与辛亥革命前后国内政局有关，而为南通现存信稿中所没有。如能摄成照片回来，那就比较全了。他并表示，他将去北京，他可代为选择。我告诉了袁明，他很赞成，决定和北京图书馆联系。以后，章开沅来了信，我就转给袁明，让他们直接联系。后来就由章开沅到北京图书馆去选择了一部分，由北京图书馆代为拍成照片，寄了回来。"

章先生由《开拓者的足迹——张謇传稿》，进而精进为《张謇传》，之后还与田彤教授合作《张謇与近代社会》，始终引领着张謇研究前行，是张謇研究领域公认的开拓者。

后学晚辈引路人

2009 年 11 月 20 日，是我第一次与章先生面对面交流，那是陪同南通电视台李鸿建，为拍摄纪录片《麦文果》而专程去武汉采访章先生。因为章先生对南通的感情，他推掉了其他的采访，认真地回答了所有提问。采访结束，还一定邀请我们午餐。席间我谈及耶鲁大学图书馆典藏有不少民国时期有关南通的档案，章先生主动提出如果需要的话，他可以跟耶鲁方面联系。2014年秋，我委托田彤教授将自已的专著《麦文果》带给章先生，请章先生指正。章先生对拙作给了不少鼓励，并欣然请秘书刘莉老师与耶鲁神学院图书馆的史茉莉沟通，史茉莉很快就给我和女儿发来邀请函。德高望重的章先生与我们并无什么私谊，给我们这样的帮助，真正是出于在学业上提携晚辈。

2015年夏天的耶鲁大学之行非常圆满，我们复制了大量珍贵的档案。为了表示我们的感激，我们全家在10月2日去看望章先生。这天上午，章先生很早就到位于华中师范大学国际文化交流学院6楼他的办公室，当我们到达的时候，章先生已经在办公室等候我们了。

接下来的整个上午，章先生饶有兴致地跟我们聊他的学术人生，谈到他的学生，他说年轻人有无限的未来，需要更多的关心和鼓励。他跟我们提到美国华裔女作家，《南京大屠杀》的作者张纯如，很惋惜张纯如的英年早逝。章先生告诉我们，研究那些苦难的历史，内心会沉浸在悲愤之中，他很能理解张纯如。章先生说他的排遣方式，就是与此同时，再做一两个课题。章先生关心我女儿的学业，提到大学本科毕业后的求学去向，他认为到海外留学是一条路径，但是我们国内高校也能出人才。章先生娓娓道来，我们被深深吸引，只是遗憾没有录音，以上内容因为印象很深，所以现在还清晰地记得。

从国际文化交流学院一楼到停车场，有十几节台阶，我们想搀扶章先生下去，章先生微笑地拒绝了。他说，老人要自立，自己能做的事自己做。当时的章先生非常健朗，每天都要到办公室去一下。到了学校的餐厅，章先生先到一楼某处去了一下，我们则先上了二楼的包厢。过了一会，章先生进来，说今天是家里人一起吃个饭。他把我们这些南通来的后辈，视作家里人。章先生不断地介绍武汉的特殊菜，如莲藕排骨汤，他还比较说，湖北的莲藕比较糯，南通的则比较脆。其间时任华中师范大学党委书记的马敏教授也加入进来。

事后我们才知道，那天章先生的许多国内的弟子来武汉看望章先生，章先生却执意安排跟我们一家面谈和午餐。午餐前，章先生专门去跟弟子们见了面打招呼。这让我们感到非常惭愧，我们是寂寂无闻的小辈，既无权又无势，只是因为对张謇先生的敬佩而业余时间研究而已，章先生给予我们如此高的礼遇，实在让我们有担当不起的感受。这是一位大家对后学的勉励，我只有加倍努力，不辜负章先生的期待。

此后每年都有机会去武汉，章先生也一定会抽出时间与我见个面，问问学问上的进展。有一次章先生先接待华中师范大学外国语学院的张甜老师，她研究南京大屠杀和二战犹太大屠杀的相关历史，特地请教章先生。章先生与我们分别交流后，还特地叫我们座谈一下，因为我对日据时期南通难民营问题有所涉及。张甜老师在朋友圈深情缅怀章先生，这些话也是我想表达的："慈祥的老人家还跟我唠嗑，讲述几十年前他当校长的遗憾以及对外院的期待，没有丝毫的架子。聊罢，老先生还热情地让我等等，要介绍几位校内外史学专家让我认识。老先生格局大，胸怀广，说自己已经迟暮，能做的就是给晚辈们牵线搭桥，再发挥一点余热。中国学者的气度和风骨我在章老先生身上感受颇深。"

最后一次见到章先生，是在 2019 年 12 月 25 日的武汉，那时候并不知道一场灾难即将降临武汉。那晚的章先生依然精神矍铄，他的记性甚好，还问起多年不见的我女儿的情况。当他得知我女儿后来学了会计专业，他兴致勃勃地回忆起当年他入伍当会计的往事，他说他年轻时当会计，是因为可以吃到肉，引起在座的一片笑声。疫情使得章先生无法社交，家中的保姆又不能返回，两位高龄老人的生活可想而知。本来准备 8 月份再去一次武汉看望章先生，这已经永远无法实现。在武昌殡仪馆的章先生送别仪式，那是一定要去的。我想，对章先生最好的怀念，大概就是创作出优秀的张謇研究成果，来回报也许永远也报答不尽的他的关爱。

（作者单位：南通市档案馆）

呼唤像章开沅一样的大学校长

马国川

2021年5月28日，著名历史学家、教育家章开沅先生以95岁高龄辞世，不但在学界引起震动，而且受到社会的广泛关注。章开沅先生的道德文章令人高山仰止，而在笔者看来，他也是一位不可忽视的大学校长，其言其行皆堪称典范。

1984年，58岁的章开沅开始担任华中师范大学校长（当时为华中师范学院院长）。此前，他没有当过副校长，连系主任都没有做过，最大的"官"是教研室主任。当时进行教育改革，他是被群众"海选"出来的。在就职仪式上，章开沅没有描绘学校发展的宏伟蓝图，只是表态"我宁可站着倒下去，也不躺着混下去"，赢得了全校师生的信心，因为这所大学被多年的政治运动伤害太久，当时已是满目疮痍，亟待重整山河。

章开沅没有行政经验，管理偌大一所学校，却工作顺利，因为他善于吸收好意见，把大家的智慧集中起来形成一个看得见、摸得着的目标，然后一起往前努力。他重视制度建设，主张"好制度比好校长更为重要"。他敢于放权，调动那些有经验的副校长们的积极性。他自己曾在学校内部笑谈，华师是"党委领导下副校长负责制"。正是依靠众人的积极性，这所大学才迅速走上正轨。

章开沅曾说："我做校长，与其说我是听上面的，不如说我是听下面的。"在担任校长的6年里，他没有参加过教育部一次大学校长会，而是请学校书记或副校长代为参加。在他看来，大学校长更应该对学校负责、对学生负责、对老师负责，而不是只对上负责。因此，"上面让我干什么，我觉得可以就做，我觉得不可以，就让底下的人去应付”。可是，对于来自学校的声音，他却极为重视，尤其喜欢倾听学生的意见。这位大校长经常到学生食堂与学生一起进餐，与学生聊天。他给学生做报告往往不带讲稿，而是采取对话交流的方式，学生听得兴趣盎然，他自己也陶醉其中，师生关系融融。他大力发展学生社团，提倡学生自治，鼓励学生“头长在自己身上，理应属于自己”。通过社团、艺术节等载体，学生的精神风貌被提振起来。桂子山上，笳吹弦诵，成为青年学子向往的精神家园。

那是一个充满改革激情的年代，章开沅以创新思维推进教育改革。当时章开沅主政华中师范大学，刘道玉校长执掌武汉大学，朱九思校长领导华中理工大学，三人锐意进取，皆为高校改革先锋。武汉为九省通衢，向来敢为天下先。晚清即为近代化重镇，在上世纪80年代又成大学改革高地。当时高等学校改革明确地提出落实大学的办学自主权，全国涌现出了一批教育家。他们以改革者的勇气，披荆斩棘，塑造了中国大学的一个理想时代。

章开沅阅历丰富，敢于任事。他用人不拘一格，推动国际学术交流，颇有豪侠之气。风雨如晦之际，更多秉持良知，做好分内之事。1990年春，章开沅正式提出书面辞呈，要求专心赴海外留学。他婉拒“不必辞职也可留学”的挽留，挂冠而去，成为学界佳话。直到1991年年初，其职务才正式免除。虽然他担任校长仅有6年，却是自院校调整以来，华中师范大学声望最高的校长。如今，在华中师范大学校内，据说拟以一条路以他的名字命名为“章开沅路”。

进入21世纪以来，中国的大学硬件建设成就斐然，高楼林立，设施齐全，一些高校之奢华远超欧美名校。可是在其他方面，大学越来越不像大学。章开沅先生虽渐入晚年，仍然满腹热肠，关注大学现状，为蔓延其中的浮躁之风、丑陋现象而痛心疾首。他以拳拳之心，直指弊端，呼唤高校教育体制改革。他提出的“教育不仅是世风的先导，还要作为社会改善的先导”“大学建设不能本末倒置，学校要把重用人才和培养人才放在首位”“回归大学主体，回归教育本性”“打破异化的师生关系，老师要自己尊重自己”等观点，在教育界振聋发聩。笔者每见其宏论，敬意油然而生，也倍感遗憾，因为虽然许多人士引为同调，“与我心有戚戚焉焉”，但是应者寥寥，而那些被鞭挞现象依旧存在，有时甚至公然横行，令人徒唤奈何。

辛弃疾悼念朱熹曰：“所不朽者，垂万世名。孰谓公死，凛凛犹生。”这些话同样可以移用于章开沅先生。不过也应承认，章开沅先生辞世，标志着一个时代在渐渐远去。自现代大学在中国兴起以来，一百多年的历史上，有两个大学校长群星闪耀的时期：一个是民国时代，诞生了蔡元培、张伯苓、胡适、梅贻琦、蒋梦麟、竺可桢、吴贻芳等名垂青史的教育家；一个就是上世纪80年代，诞生了丁石孙、朱九思、章开沅、江平、刘道玉、罗征启、曲钦岳等至今为人感念的大学校长。岁月荏苒，这些老先生日渐凋零，可是环顾国内高等教育界，大学精神式微，大学校长“好官我自为之”者众，还看不到一个可以称道的大学校长群体。

在现代世界，大国背后是一群优异的大学，一群优异的大学背后是一群卓越的大学校长。如果没有一个道德文章皆称楷模的大学校长群体，一个国家即使经济发达，也不是一个真正的大国。人们在悲悼章开沅先生的同时，也应该呼唤像章开沅一样的大学校长，呼唤中国教育界出现卓越的大学校长群体。

让教育回归本性，让大学回归主体，只有这样，才能让大学精神不灭，才是对章开沅先生的最好纪念。

（作者单位：《财经》杂志社）

一枝一叶总关情

窦鸿潭

今年5月28日，老校长章开沅先生与世长辞，再过几天，就是百日忌辰了。作为一名华师校友，在先生离世后的那一段时间里，我的心情同大家一样，非常悲痛，也有些茫然。我是一名普通的校友，不在学界，先生是名扬四海的史学大家，我与先生隔得太远，按理没有资格来写怀念先生的文章。然而，我在与先生有限的交往中，得到过先生的教益和帮助，对先生表达敬仰和怀念不应当有身份的限制。用文字把对先生的怀念以及对先生的一些理解表达出来，是一种最好的纪念，于是在犹犹豫豫之间，我鼓起勇气动起笔来。

一、机电厂是学校的重要单位

我于1986年毕业于江汉大学电机电器专业，同年被分配到华师机电厂工作，1999年在本校经济学院读完研究生后又到了湖北人民出版社工作。2011年年底，在全国出版行业搞体制改革的背景下，我所在的省出版集团与华师出版社共谋发展大计，我受委派参与其中，目光又转回到母校华师。那时机电厂已经被撤销，人员分流到了学校各个单位。此时，因距离学校110周年校庆不远，工作之余，我就联系当年机电厂的老领导和老同志，商量编写一个关于机电厂历史的小册子，留下些工厂的印记，同时也是给校史增添一些资料。2013年书稿清样排出后，本来打算以“机电厂旧事”为书名，后来见到文学院老校友编撰的《回望昙华林》一书，受到影响，就感觉“旧事”一词的调子不那么“正能量”，于是就定名为《机电厂回望》。为慎重起见，大家决定将书稿呈送给学校的几位老领导，请他们过目提出意见。

给章校长送书稿是老厂长丁荫民同志和我一同去的，丁厂长原是学校物理系的老师，所以机电厂的老同志有时也习惯称他为丁老师。丁厂长跟章先生约好时间后，2013 年暑假中的一天，我们到了西区章先生的办公室。一进门，看见办公室的沙发上还坐着几位客人。先生见我们进来，起身相迎，说：“这是教育部的几位同志，来谈事情。”然后又对那几位客人说：“你们先等一下，他们是约了的，我先接待一下。”然后引着我们到了里面的房间。

进去之后，我把书稿呈给先生，说我们机电厂是一个小单位，书稿价值有限，烦请老校长在百忙之中审阅指正。章先生翻了翻书稿，郑重地说：“机电厂是学校的重要单位。你们的书稿留下我回头看看，给你们写东西是应该的，不一定会写很长的序言，但一定写几句话给你们。”说完这些，然后又跟丁老师说：“80 年代我当校长时，你是机电厂的厂长，你们厂对学校有过帮助，还记得吧？有一年学校要搞一个表彰活动，准备给获奖教职工奖励，需要 30 万元，我和当时的财务处长殷杰同志在办公室里面商量，可是学校的财务实在是拿不出钱来，没有办法，两个人默默地互相看着，无言以对。后来多亏你们机电厂支持，拿出来 30 万元，解了燃眉之急。那时候 30 万元可是一笔很大的数目啊。”不久，我就从刘莉老师那里拿到了先生给我们的亲笔题词：

筚路蓝缕，以启山林。
创业前驱，为校争光。
回顾百年，勿忘此厂。
厂虽已逝，精神永存。

校庆 110 周年忆机电厂
章开沅敬书 2013.9.2

在校庆日之前，老校长王庆生、邓宗琦、汪文汉同志也分别给《机电厂回望》作了题词和热情洋溢的序言。

先生讲的“机电厂是学校的重要单位”这句话，给我留下了很深的印象。我当时听到这句话时，感到很意外和不解，先生对机电厂的评价是不是有些过了？因为机电厂原来也只是一个科级单位而已，在华师最多也就是一个三级单位，所以我想，老校长这样讲，大概是出于对客人的礼貌和尊重，讲的客气话吧。

但多年之后，我偶尔又会想起这句话。以先生的身份和地位，他怎么可能随便讲话呢？也许先生是这样认为的，每个单位级别高低虽有不同，但都是学校这个整体得以运转的组成部分，缺之不可，都不能被忽视。就像人的五个手指，缺少一个都不完整，所以每一个组成单位都是重要的。这是先生的境界和胸怀。然而，到写这篇文章的时候，我发现，之前对先生这句话的理解，还是不够。

二、关注经济问题和校办企业

章开沅先生不仅是一位历史学家，担任校长后还就经济问题作过讲话并且受到好评，知道这件事的同志可能不多。

这件事是湖北省委党史办的老专家章重同志告诉我的。章重同志是我校中文系 1965 届的老校友，江苏无锡人。上世纪 80 年代初，章重先生调到省计划委员会工作，担任省计委经济研究所的所长。在这期间，省计委一直在筹建省计划学会，但之前的筹备工作一直进展得不理想，于是计委领导就把筹建学会的事交由章重同志接手办理。

章重同志接手后工作迅速推进，很快就到了召开成立大会的阶段。成立大会自然要邀请有关嘉宾出席，北京方面他们请到了中国计划学会的郑秘书长参会，湖北省也要邀请相关的领导和专家，当时章校长兼任省社科联主席，于是章重同志携带公函前往省社科联，登门邀请先生参会。当时章重同志在社科联没有见到先生，就委托工作人员转交大会的邀请函。

1985 年 7 月 19 日，省计划学会的成立大会在洪山宾馆召开，参加大会的各方面代表共有几百人。那天也是同年的全省计划工作会议结束的次日，参加省计划工作会议的全体代表都多留下一天参加计划学会的成立大会。

先生出席了成立大会，并在大会上作了发言。据章重同志对我讲，章先生的讲话一是表示祝贺，二是对学会工作寄予希望，之后先生对当时计划工作所涉及的理论和现实问题谈了自己的看法。会议结束后，大家纷纷称赞章开沅先生讲得好。章重同志说，能得到这样的评价是很了不起的啊，因为参加成立大会的代表，要么是计划工作方面的专家学者，要么是省计委系统各级单位的负责同志，都是行家，大家对先生的发言表示认可，说明先生是懂经济的。可惜先生的讲话他们没有留下资料，这是令人遗憾的。

写到这里，联想起自己阅读到的一些关于先生的资料，包括丁老师在《机电厂回望》中撰写的文章《与机电厂风雨同舟》，似乎可以发现从青年时代起一直到担任校长期间，先生对经济方面问题一直是很关注的。

在金陵大学时期，先生曾以“文封湘”为笔名写过一篇名为《漫话金圆券》的文章，先生在《我的学术生涯》中回忆道：“据说连经济系有的师生也很重视这篇文章，到处打听作者是什么人，为什么能够运用西方货币学的理论与方法来剖析刚刚出笼的金圆券的运作及其前景，而且说理还比较切中要害。其实连历史系的同学都不知道，我在进入金大以前，曾经读过不到一年的会计大专，多少有点中外经济学、经济史和货币学之类的底子。”

再有，上世纪 60 年代初，先生对近代著名实业家张謇进行过专门研究，著有《开拓者的足迹——张謇传稿》。此后，先生对张謇的研究并没有停止，陆续有文章发表。张謇是清末状元，后弃政从商，他鲜明地提出了“实业救国”的主张，从筹办南通大生纱厂始，陆续兴办了数十个企业，堪称中国近代最为著名的实业家。对张謇的研究及成果，先生在后来谈起他的学术生涯时是极为看重的。张謇是伟大的民族实业家，用现在的话说，实业家就是企业家。我想，企业家对经济发展的贡献，经济发展对民族振兴的推动作用，先生在研究张謇的时候，一定有着深刻的理解。毋庸置疑，张謇一生的追求和成就一定会在很大程度上影响着先生。

到了先生担任校长期间，正值改革开放的黄金年代。那个时代还是计划体制占据主导地位。在华师，校办产业在学校的工作中还有一席之地，除机电厂外，还有电子厂、化工厂、印刷厂等校办企业，在南湖还有学校的农场。这些校办产业，不仅是计划经济留下的产物，更主要的还是那个时代党和国家办学方针的体现。

说回到机电厂，在 80 年代中期，机电厂发展势头已经很好，其主要产品实验电动发电机组在全国市场占有绝对的份额，后来多次中标过世界银行在中国的教学仪器采购项目，可以讲，机电厂是华师校办产业的排头兵。

丁荫民老师在他的文章《与机电厂风雨同舟》中两次提及先生。一次是机电厂修建新厂房的事情。随着经济实力的增强，机电厂打算自筹资金在“夹皮沟”(现紧临校医院北侧的位置）修建新厂房。校长办公会决定同意机电厂厂房项目上报教育部的消息，是先生在当天晚上亲自打电话告知丁老师的。第二次提及是在一次学校中层干部会议上。以丁老师当时的行政级别，没有资格参加学校的中层干部会议。因为那次会议有讨论发展校办产业方面的议题，所以学校通知他参加了会议。在会议中，章校长讲他到省领导那里请求财政支持，筹措办学经费的事情，省委书记回答“要钱没有，要政策都可以给”。学校财务部门一位负责人发言，谈了关于出台政策支持校办产业的一些想法后，章校长说：“你的发言比上次有进步。”在讲到发展校办产业，壮大学校经济力量时，章校长在会场讲了一句“语出惊人的话”：“我愿意拿四个教授去换一个企业家。”从这句惊人之语可以看出，先生那时对企业家作用的认识高度，已经远远走在了时代的前面。

1989 年机电厂搬迁至夹皮沟新厂房之后，教育部直属的武汉教学仪器厂划归我校，学校选派丁老师出任厂长，章校长陪同教育部司局领导出席了丁厂长的上任交接仪式并作了讲话。这家工厂后来也被撤销，厂区就是现在华师西区的国际文化交流园区。

了解了以上种种情况，再来看先生在省计划学会成立大会上的发言受到好评这件事，就不难理解了。他们那个时代的知识分子，大都怀有强烈的挽救民族危亡的信念，而救国救民则必须发展实业。虽然先生后来从事的是历史研究，但发展实业的理念相信一直还萦绕在他的心里。改革开放之初，国家的中心工作转向经济建设，与此同时，机电厂主动将产品订单的来源由计划转向市场，并取得极佳的经济效益，该厂的新产品研发成效、所进行的用工制度改革以及分配制度改革等举措都及时跟上了那时全国经济改革的步伐，与学校其他方面的工作相比，更加体现出了那个时代的勃勃生机。先生虽已不可能亲自投身到企业经营领域，但机电厂的成就也许给了先生些许的慰藉和期望。也许，这也是先生后来讲出的“机电厂是学校的重要单位”这句话里面所应包含的内容。

三、人格魅力

章先生乐于助人，许多同志在怀念文章中都提到过。我觉得还有一条，先生是一位念旧、讲交情的人。我两次请求先生给予支持和帮助，他都答应下来，而且还念念不忘过去彼此的交往，这一点，不光我有这样的感觉，还有一位华师的工友也跟我谈起过他得到先生帮助的事情。先生作为一位大学者，也曾担任过较高级别的领导，对待普通的同志却不居高临下，而是给予尊重，有情有义，这种高贵的品格令人敬重。

我在编《洪山文史》的时候，又一次体会到了这一点。2017 年，我被派驻到崇文书局从事纪检工作，在我的联系下，洪山区政协与崇文书局签订协议，双方共同编辑出版《洪山文史》第 24 辑，由我担任执行主编，负责整体策划、组稿和编辑出版工作。前文提及的章重同志给我们出主意，认为刊物应该请若干重量级人物出任顾问，并建议请章开沅先生出任《洪山文史》顾问。章重同志早年做过《长江日报》的记者，也是一名多产的文史作家，著述颇丰，如三卷本的《灿烂的楚天将星——毛泽东和鄂籍将帅风云记》《梅岭——毛泽东在东湖客舍》等等，我与他算是忘年之交，因此就采纳了他的建议。

这次请先生，与上次请先生给《机电厂回望》题词有所不同。《洪山文史》是洪山区政协的文史资料刊物，对先生能否应允我们心里并没有底。但我也有一些信心，一是华师地处洪山区辖区，彼此有地域的联系；二是先生在上世纪60年代初，在杨东莼先生的举荐下借调赴京，参加过全国政协的文史资料工作，对这项工作的意义很了解。

为慎重起见，我以崇文书局的名义起草了邀请先生担任《洪山文史》顾问的公函，交到了近代史所刘莉老师手上，请她转交。过了一周左右，刘莉老师打电话通知我，说先生同意了我们的请求，还特意转告了先生的意思，说是80年代洪山区曾举办过一个培训班，请先生去给他们讲过几次课，互相之间相处得很好，给他们的工作担任顾问是应该的。

有了章先生的支持，出版社方面在承办刊物和组稿工作中就有了很大的底气。《洪山文史》在2017年至2020年期间总共出版了4辑，征集刊发了100余篇史料文章。其中多篇文章都有很大史料价值。如孙天赦先生的文章《他一生先天下之忧而忧》，记录了陶述曾先生作为总工程师主持1946年黄河花园口堵口复堤工程的经过；张舜徽先生的女儿张安教授撰写的《华中村附20号的回忆》《终其身寄情于卷帙》，记录了张舜徽先生许多不为人知的往事；还有黄德修教授撰写的《九思同志与我校光电学科的创办与发展》《我与“武汉·中国光谷”》等等。今年3月，在武汉市政协组织的全市文史资料工作座谈会上，洪山区的文史资料工作受到很高的评价。在此期间，我们通过范军教授的帮助，在征得先生同意的情况下还刊发了先生撰写的《难忘风雨同舟情——忆陶军》《偶然相遇，终身相随——怀念敬爱的刘介愚同志》《高风亮节，良师战友——忆高原》三篇长文，极大地增加了《洪山文史》的分量，扩大了学校的社会影响。

真诚地帮助他人，体现出先生的人格魅力。对部属的无礼之举给以严厉呵斥，也表露了先生的真性情。我第一次见到先生是到他的府上“请愿”。大概是1987年秋冬时节，当时我住在西区单3栋教工宿舍，有一天吃完晚饭后，大约十几个青年教工，好像是为伙食不好或是别的什么缘由，反正不是什么大事，在一楼集结起来，要到先生家里去讨个说法。我是正好碰上的，也就跟在队伍后面参加了进去。出发时好像还用白布扯了一个小横幅什么的，一行就往西门先生的家里走去。上楼进门见到先生，前面的人就跟先生反映情况，好像没说到一两句话，就听先生大声说："你们是谈公事还是谈私事？是公事，明天到我办公室谈，不要到家里谈。都给我出去!"我们一帮小青年哪里见过这个阵势，听了校长的话都愣了，虽心有不甘，也只好撤退，后队变前队"滚"了出去。那次的"请愿"前后不过几分钟时间，就败下阵来，真是受了教育。

多年之后才知道，抗战后期先生就在四川参加了国民政府的青年军，是正规部队。1948 年年底又从南京金陵大学奔赴河南的中原大学参加革命，战争年代的中原大学，也有准军事化的氛围，因此先生偶尔表露出威严的一面，也是他深藏于身的军人气质所致。

先生说过，他赞成"爱在华师"这句话，并解释说这个爱既是对母校的爱，也是一种对世界普遍的爱，是那种没有私心的爱。先生一生做过许多事，其中有些并非一定要去做；讲过许多话，有些也并非一定要去讲，他用行动来诠释了这种大爱。

我见到过一张先生 1990 年在北京京西宾馆拍摄的照片，那是先生将要卸任校长职务的前夕，照片中先生忧郁复杂又饱含无限深情的目光，让人难以忘怀。

2021 年 9 月 5 日

（作者单位：长江出版传媒股份有限公司）

怀念章开沅先生

王天骏

网上传来章开沅先生于2021年5月28日去世的消息，听到后我平添了几分失落，因为我一直计划等疫情过后，要去华中师大拜访一次章开沅先生的。

章开沅先生的叔父和我的父亲是1946年—1952年在汉口福新面粉厂的老同事，我父亲王秉忱以建筑工程师身份代理厂长，章开沅的叔父章学澄是面粉专家任总工程师，两家人也一直是住在同一个宿舍区里。对此我因年幼一无所知，而在汉上学时寄居叔父家的章开沅先生一直是十分清楚的。

十多年前，华中师范大学有关方面一直为华师经典教学楼是何人设计所困惑，以后档案室找出了大楼的原始图纸，又无人能辨认出设计负责人的签名，最后是章开沅先生因为世交的原因，认出了我父亲王秉忱的名字，解开了华中师大经典大楼设计人之谜。

2017年4月，我和外甥女王兰兰，由历史学院周国林教授陪同，在桂子山拜会了章开沅先生，并有田彤教授作陪。我赠送章老我写的《文明梦——记第一批庚款留美生》一书，章开沅先生当即也赠我一套他的著作。

谈话过程中，我介绍了我在《文明梦》书中对五四运动和新文化运动表达的看法，章开沅先生一再表示赞同，谈到高兴处，92岁的他，竟然像一个年轻人一样，伸出手来说："在这个问题上我们是知音，让我们握一个手!"

我还提到正在撰写一本回忆家族父辈故事的回忆录，希望能请章开沅先生为这本题名为《海客杂谈》的杂文集写序，他当即欣然同意。如今斯人已逝，此书尚未出版，怀念故人，又多添了一桩憾事。那天章开沅先生的兴致很高，一定要留我和外甥女王兰兰吃饭，饭前章开沅先生又和大家一起合影留念。

章开沅先生是改革开放以来，开近代史学研究求真求实之风的领军人物，斯人已逝，浩气长存！想起这些，我写了下面这副挽联：

桂子山笑谈父辈旧事评文明梦引晚辈为知音记忆犹新
黄鹤楼忽传大师仙逝叹开沅公领新风以求真浩气长存

【题外故事之一】我上面这篇悼念章开沅先生的纪念文章引起了一位也是父亲在申新、福新公司的老同事的后人的注意，经她指出，才知道章学澄不但和我父亲王秉忱是在汉口福新面粉厂的同事，而且抗战期间，从1940年至1946年的宝鸡申新、福新公司期间，章学澄和我的父亲王秉忱及母亲章映芬就在一起共事，他们一直都是十分熟悉的。

1939年汉口申新纱厂西迁宝鸡，坚持在抗战中发展生产，2017年，宝鸡申新纱厂被国家工信部列入全国第一批工业遗产名录，并被审定为全国爱国主义教育基地。王秉忱在抗战期间为宝鸡申新纱厂设计建设的三处建筑（窑洞车间、申新纱厂办公大楼、乐农别墅）于2020年被列为全国重点文物保护单位。

【题外故事之二】最近从原申新、福新公司总经理李国伟的孙女那里知道了更多我过去所不知道的故事：章开沅的叔叔章学澄在宝鸡申新纱厂工作时，深得面粉厂厂长华迩英的赏识，华迩英是留美学面粉制造的专家，章学澄的直接上司，当年华迩英作主，将自己的妹妹华若萱嫁给了章学澄。华迩英、华若萱兄妹都是总经理李国伟父系的表弟、表妹，而我母亲是李国伟母系的表妹，也就是说，章开沅先生的婶婶华若萱要算起来还是我母亲的远房表妹。

上面这些人与事的种种关系我从来都不知道，但是我相信比我年长的章开沅先生应该是十分清楚的。那天我和章开沅先生见面，他一字也没有提到这些说不清、道不明的人事关系，但是他那天对我的好客和热情，却是当时在场的许多人都感受到了的……

2021年12月4日

无锡

（作者单位：华中科技大学）

“其作始也简”：章开沅先生的一封信

陈　铃

一

笔者与章开沅先生有过两面之缘。圈内人都知道，章先生创设的华中师大东西文化交流研究中心乃海内外基督教史研究的重镇，文献资料庋藏丰富，泽被后学。2009年7月，刚读研一年的我，在业师陶飞亚教授的推荐下，有幸来此参加中国基督教史研究暑期青年学者论坛。论坛伊始，章先生亲临作了一个小演讲，具体说什么已经记不清楚，但没有权威的大架子，说话幽默、针砭时弊，能和在座的年轻人一下拉近距离，让人暗自觉得：这位老人真好玩。第二次见面是2013年毕业前夕。受业师的委托，捎带其出版不久的大作《中国的基督教乌托邦研究——以民国时期耶稣家庭为例》（人民出版社，2012年）给章先生。在中心助理刘莉老师的引导下，我从近史所607资料室直接进入隔壁的605章先生办公室。我将书奉上，说明来意，没有多作打扰，即告辞退出。随着和中心联系程度的加深，我与章先生的多位弟子也成为好友，偶尔也能知晓先生的近况。

2019年10月12日至13日，“回顾与展望：中国教会大学史研究三十年”国际学术研讨会在华中师大召开。这次会议名家云集，规格很高，章先生也出席了开幕式。他回忆起就读金陵大学时的老师贝德士先生，看起来精神矍铄。就在12日下午，章先生会见了贝德士的孙女以及香港圣公会档案馆的魏克利教授。当时，魏教授和业师陶飞亚教授共同主持的《中国基督宗教史：一种跨文化视野（635—1949）》写作项目已进入审稿阶段。魏教授读了我负责的“基督教与中国的现代化事业”这一章后，在12月16日反馈意见的英文邮件中郑重指出：讨论“基督宗教与教育事业”，必须“参考章开沅和他同事的学术成果，包括提及10月份在武汉举行的最新会议”——这是一位热爱中国的西方资深学者对章先生的由衷敬意。令人料想不到的是，不久之后，武汉发生疫情，据说对章先生的健康有很大影响。

2021年5月28日，上午10点多钟，我获知章先生去世，当时心里咯噔一下。巧合的是，北京的何兆武先生也同天走了。次日，坐高铁赴武汉，和王淼兄同一车次。7点半到武汉站，转乘地铁。两人从位于虎泉街的地铁口钻出来，有点怔怔地望着这座城市的夜景，以及三三两两戴着口罩的行人，真想说一句：武汉，别来无恙。入住酒店后，张晓宇兄来房间交代情况。他脱下皮鞋，叉着腿坐在床头，一脸疲惫——他从济南坐早班飞机来学校后一直没停歇。

第二天送别章先生时，看到大厅两边垂挂的挽联：读金陵赴中原情系桂子山道义传百代，写辛亥评张謇史随长江水文心著千秋——这是确评。仪式结束，大家陆续散去，章先生的夫人黄怀玉老师坐在轮椅上，被众人推着缓缓从侧门而出，接她的车子已在阶下等候。轮椅停了下来，老人家一声不吭，迟迟不肯上车，女儿蹲下来劝慰母亲——“君应有语：渺万里层云，千山暮雪，只影向谁去?”

打车回酒店取行李，一股清香忽然袭来，抬头一看，是前挡风玻璃上方，别了一枝洁白的栀子花。

午餐是中心的徐炳三教授做东，邀远道而来的章先生的几位弟子加上我在学校附近酒店聚聚。在打的去往酒家的路上，目光透过车窗，略带惊讶地发现珞喻路两旁的树木、房屋、店招，还有人行天桥，似乎没什么大变样——每一位不想抑或不敢忘却过去的人，总有那么一瞬间，会天真地遐想，时光可以倒流与停驻——而我们心里也明白，以章先生为代表的一代风华已经步入历史。入座后，每人面前斟满一小杯白云边。当时有弟子踌躇，今日饮酒是否对先生不敬？年长的陈才俊教授随即发话——他千里迢迢独自驾车从广州赶来——若是章先生在此，他自己不喝，不过一定会鼓励我们举杯。无复多言，第一杯敬章先生。作为关门弟子的晓宇兄语及师生情谊，几至哽咽。举座为之默然。

二

回来后，一直想写点文字略作纪念，但自知不够“格”，再说从何处落笔呢？无巧不成书的是，2022 年 1 月初，在某旧书网偶然发现几封章先生写于 1982 年至 1983 年的信札，无论是时间还是内容，关联度都很高。我侥幸拍得其中一封章先生于 1983 年致叶万忠的亲笔信，史料价值很高，全文照录如下：

叶万忠同志：

刘老师等一行来苏，承热情接待，工作进展迅速，十分感谢。只不知你身体好些没有？希多珍重。

全国史学规划会二十一日将在长沙举行。“七五”规划，近代经济史是重点之一。天津商会档案已拟有编选规划和第一辑内容介绍寄我处，希望你与望龄同志能赶紧起草一个有关苏州商会档案选编的整体设想，以后能提交会议，争取列入国家规划，则以后工作当可得到更多支持。(这个设想需经局、馆领导审阅，最好是打印十来份)

小马、朱是研究生，他们此次出差，带有一部分计划内的教学任务，希在工作安排上适当照顾，并多多加以指导。如果人力紧张，唐文权同志亦可投入一部分力量。他在九月以前，除备课、搬家外，还可以抽出一些时间协助此项工作。有些铅印或油印的文献，最好是复印或照相，以节省抄写之劳，你和刘老师等可以腾出手来在编、选、注方面多下些功夫。

社团档案希能早点注意，在商会档案一事前后即可着手选编。出版问题，我们可以联系，现在的工作条件比过去好很多。

问候小林、屠、姚诸同志。

专颂

撰安

章开沅

此信是华中师大中国近代史研究所与苏州市档案馆开展深度合作，编选利用苏州商会档案的初始见证。章先生所用的信纸颇有来头，抬头是醒目的“中南地区辛亥革命史研究会”，底下还有一行小字“联络地点：武昌华中师范学院辛亥革命史研究室”。中南地区辛亥革命史研究会成立于1978年，在章先生和林增平主编《辛亥革命史》期间。研究会名称之所以不是全国性的，则是听取黎澍的建议，将范围限定在中南地区，以免内部“失和”。是年年底，第一届理事会在中山召开，章先生被选为理事长。辛亥革命史研究室是“文革”结束后，由章先生牵头，在历史系建立起来的，开始时只有他、陈辉、孙玉华三个讲师，外加还是助教的刘望龄。研究室于1984年更名为历史研究所，后于1999年升格为中国近代史研究所。

章先生认为，要办好一个研究所，其主持者“必须有一个头、一副肩、一双腿”，概言之即要有思想、敢担当和勤走动。回想当年，3卷本《辛亥革命史》陆续面世，但章先生没有沾沾自喜，止步不前，而是下决心要布局谋篇，“再续前缘”。早在1964年，借调在北京的章先生曾参与筹建近代中国社会历史调查工作委员会（简称“史调会”），调查工作的重点就包括民族资产阶级、买办阶级、江浙财阀及商会，他还随同杨东莼先生前往天津，看到了天津商会档案，对商会档案的价值有了初步认识。可惜，因为受政治运动的冲击，调查工作最终被搁置。1980年元旦前后（按：据《章开沅口述自传》，章先生是1980年元旦左右去的。但据更早的章先生亲撰的《苏州商会档案丛编》第一辑序言，他说自己是1981年元旦前后去的，为了写《辛亥革命与江浙资产阶级》这篇论文。马敏教授认为可能是章先生在写序时误记了，因为章先生在1980年的讲课中提到苏州商会档案的发现经过），章先生第一次到访苏州市档案馆（按：所以章先生特意与唐文权联系，请他导引去苏州市档案馆）。他一直记得刚接触苏州商会档案时的情形：

> 档案积满灰尘，堆放在苏州市档案馆的地下仓库里。天气颇冷，工作人员唯一的取暖工具是一个打点滴用的玻璃瓶子，里面注满开水，用手捂着，驱除寒意。我连那种瓶子都没有。后来，他们送给我一个玻璃瓶，但我又不能用，因为抱着玻璃瓶就没有办法去看档案，做记录。（《章开沅口述自传》，北京师范大学出版社，2015 年，第 307～308 页）

“其作始也简。”苏州市档案馆的工作人员不会想到，因为眼前这位年龄五十开外、身着灰色军便服、头戴帽子、笑容可掬的学者的到来，双方居然会结下如此深厚的缘分——原本常年堆在地下仓库吃灰的苏州商会档案将重现天日，后面许多历史研究者的学术生命将与此挂钩，世人因此项研究对苏州这座城市将有新的认识。

其实，章先生并非学界看到苏州商会档案的第一人。此前有几位学者去档案馆，工作人员很热情地拿了一些商会档案，请他们评判其价值，结果被认为研究意义不大。这让当时整理档案的业务骨干叶万忠“很不服气”。恰好章先生来苏州，叶万忠就请他再看看，“如果他也说没什么价值，那就把这些资料封存起来”。章先生对这批档案的价值给予高度肯定。——章先生和叶万忠也就此一见如故。商会档案中保存了稀见的市民公社档案，章先生“慧眼识珠”，不仅在信中建议叶万忠能早点“着手选编”，而且在《辛亥革命与江浙资产阶级》一文中予以公允的评价。叶万忠佩服章先生的史学识见，他在 1983 年的一篇文章中这样说道：

> 市民公社问题，早在 1965 年清理档案时就向人请教了，结果未得到任何令人满意的解答，翻遍了所有的历史工具书也渺无记载。开放历史档案之初，我又曾向一些有关的“家”和“师”讨教，可惜不是摇首勿答，便是语焉不详，更有个别不学无术的人，居然绝妙地称它

是“莫名其妙的东西”。唯独章开沅教授阅档后认为颇有学术研究价值，积极建议我们组织编纂并大力支持出版。（叶万忠：《编纂苏州商会历史档案几辑史料的体会》，《档案文献编纂学参考资料》，档案出版社，1987年，第438—439页）

章先生回校后，在课堂上和马敏这些本科生分享此新发现。1982年春，马敏和朱英考上章先生的研究生。章先生打破教学常规，让他们跟着刘望龄老师去苏州市档案馆，参与商会档案的整理、编撰工作。他们在苏州一待就是大半年（马敏：《绅商是辛亥革命时期中国的“资产阶级”》，《澎湃新闻·私家历史》，2018年1月4日）。如今学界知名的马敏、朱英两位教授，就是章先生信中的“小马、朱”。需要指出的是，因为时间久远，当事人的忆述难免存在模糊或者偏差之处。章先生和苏州市档案馆双方虽然很想早日动手整理这批商会档案，但一来章先生“苦于手头工作过于繁重”，二来研究室人手不够，只能往后推迟。马敏、朱英成为章先生的研究生，某种程度上说是补充了“新鲜血液”。一直到1983年3月18日，章先生答复叶万忠，已经确定由刘望龄带马敏和朱英前去协助整理商会档案，大概于3月31日或4月1日抵达苏州。食宿方面，最好安排在苏州市招待所，一则便于工作，二则节省费用。因为时间长，花钱太多，无法报销，而且研究生的出差伙食补助标准也较低。

那是一个万象更新的年代，但是物质条件相对简陋。武汉、苏州相隔遥远，出差一趟十分不易。朱英教授回忆说：当时他们从武汉去南京、上海以及苏、杭都没有直达火车，一般是坐轮船到南京或上海，光是坐船到上海就大约要两天两夜，再转火车到苏州。有一次，他还坐过10余小时长途汽车到南京，再转火车到苏州。他们在苏州就住市政府招待所，档案馆也是市政府下属单位，而且位于市府大院里，印象中招待所普通双人间条件很一般，吃饭就在市政府食堂，感觉尚可。刚去的几个月主要是熟悉档案与编辑，后来才利用星期天参观了一些景点。马敏教授至今还记得，他们是从武汉乘船（三等舱）先到南京，然后改乘火车（硬座）去的苏州，确实住在市政府招待所，他和朱英住一间房，早上有免费早餐，还碰上来拍电影的明星郭凯敏（电影《庐山恋》的男主角）等人。

章先生写信的主要目的，是要求叶万忠和刘望龄“赶紧起草一个有关苏州商会档案选编的整体设想”，届时提交5月下旬在长沙召开的全国历史学科规划会议，“争取列入国家规划，则以后工作当可得到更多支持”。就是在这个重要会议上，《中国近代经济史丛书》列入“六五”规划（按：此处说是“六五”规划，章先生信中又说是“七五”规划，是因为这个会议有双重任务，一是落实“六五”规划，二是讨论“七五”设想）。根据规划会议的协议，《中国近代经济史丛书》实际上包括三套丛书：“其一是《中国近代经济史丛书》，主要收入具有相当学术水平的专题研究和地区研究的著作；其二是《中国近代经济史资料丛刊》，整理选编各种价值较高且比较系统的重要史料；其三是《中国近代经济史译丛》，翻译介绍国外各流派较有影响的代表作或史料价值较大的著作。”（章开沅：《应该加强中国近代经济史的研究》，《中国近代经济史研究通讯》第一辑，1983年12月，第3页）为推动丛书的编辑出版工作，相应成立中国近代经济史丛书编委会。编委会办公室设在上海社会科学院经济研究所经济史研究室，日常工作由丁日初主持。8月24日，编委会在沪举行第一次会议，出席者有编委会以下委员：章开沅、丁日初、茅家琦、张仲礼、徐元基、黄逸平、洪葭管。经过讨论，推选章开沅先生任编委会主任。

为加强彼此交流，编委会定期出版《中国近代经济史研究资料》丛刊。需要注意的是，丛刊最初曾以《中国近代经济史研究通讯》第一辑的名称在内部发行，时间是1983年12月。在第一辑的“专题报道”中，不仅有章先生在信中提及的《天津商会档案资料选编》一书内容简介，还有署名“辛流”（据朱英教授说，辛流是刘望龄老师的常用笔名）写的《〈苏州商会档案丛编〉第一辑开始定稿》一文。这篇文章一开头就明确说，《苏州商会档案丛编》第一辑“经过半年多的努力，初稿已经编成，现已进入最后定稿阶段”。接着说明丛编“拟分编六辑”，简述档案概貌，并重点介绍第一辑内容。然后文章提到选编工作受到各方面的重视，“已纳入全国‘六五规划’重点项目《中国近代经济史资料丛刊》之内”。选编小组由档案人员和专业工作者相结合的方式组成。全书由章开沅、刘望龄、叶万忠负责主持编辑，“参与第一辑选编工作的还有档案馆林植霖、屠雪华、姚开顺和华中师院唐文权、朱英、马敏等同志”。最后，文章提及第一辑于 1983 年定稿，1984 年将由上海社会科学院出版社出版，其他各辑，“计划按一年一辑的进度，于五年内选编完毕”。

由此可见，刘望龄带马敏、朱英到苏州市档案馆就是为整理丛编第一辑内容，前面马敏教授所说的一待大半年，也确实如此。从 4 月算起，他们可能 10 月或 11 月才回武汉，工作周期从春季持续到深秋乃至初冬（据马敏教授回忆，朱英因家里有事，待了一段时间后先回武汉）。这样的人生经历对两位历史学研究生来说虽然辛苦，但很有实战性，为其后续研究奠定了扎实基础。选编小组的工作效率很高，唐文权后来也加入其中，信中的“小林、屠、姚”即苏州市档案馆的工作人员林植霖、屠雪华、姚开顺。据《章开沅口述自传》，唐文权曾因学历低，调入华师一度遇阻，张舜徽先生甚至为此拍案而起，大声说：“我连中学文凭都没有，新中国成立前还能成为教育部的部聘教授呢！”颇费一番周折后，唐文权终于在 1983 年正式调入华师。因此，信中说“他在九月以前，除备课、搬家外，还可以抽出一些时间协助此项工作”，应该是指唐的工作调动已经不成问题，当时忙着备课和搬家。马敏教授说，唐文权老师一家就是和他们一同到的武汉。总之，这篇文章透露出来的信息和章先生的信足以相互印证。

信中所称“带有一部分计划内的教学任务”，据朱英教授回忆：在章先生的安排下，在去苏州市档案馆前后或者在苏州期间（具体时间记不清了），刘望龄老师曾带着他们去过南京、上海、扬州等地，在许多著名的近代史学者家里听“讲座”和聊天，而且还在其中一位家中蹭过一餐饭（当时极少到餐馆请客，一般都是在自己家里待客）。由于大多是第一次近距离拜见这些大佬，深感机会难得，也颇受教益。这样独特的研究生“教学”以后恐怕不可能再有。至于这些“大佬”都有谁呢？马敏教授在 2018 年 3 月接受许金晶的采访时曾提到过，如上海华东师大的夏东元、陈旭麓，苏大的段本洛，南大的茅家琦、蔡少卿。扬州大学的祁龙威，不仅给他们上课，还请他们吃了地道的扬州菜（马敏：《我们一直关注孩子智商，忽略了怎么做人》，《澎湃新闻·智库报告》，2018年11月26日）。既入“铜山开矿”，又可访师问学，机缘造化，可遇不可求，令人心向往之。

《苏州商会档案丛编》后来并没有放在上海社会科学院出版社出版，而是回到了华中师范大学出版社。书封上那行字——“中国近代经济史资料丛刊”，证明这套丛编不平凡的出身。不过，丛编实际出版过程相当漫长，可谓“好事多磨”。第一辑面世时，已是1991年。2004年，出版社推出第二辑，中间相隔13年。“人事有代谢”，章先生的两位弟子唐文权和刘望龄已分别于1993年和1998年去世。一直到2011年，6辑全部出齐（冯会平、范军：《〈苏州商会档案丛编〉出版纪略》，《近代史学刊》第11辑，2014年）。2017年，《苏州商会档案续编》第一辑出版。

在信中，章先生挂念着叶万忠“身体好些没有”，这绝非一句客套话。2012年11月，章先生、马敏教授、朱英教授一起前往苏州，出席《苏州商会档案丛编》全集首发式。活动结束后，章先生去医院看望住院的叶万忠，“叶老十分激动”，在旁的其他人目睹两位老人相聚的亲切场景，也“十分感动”。朱英教授至今还记得，当年他和马敏皆未参加过档案编辑整理，许多方面都是向叶老请教，受益匪浅。章先生还有一桩未了的心事——给弟子唐文权扫墓——唐去世时，章先生正在台湾政治大学任客座教授。唐文权的墓在一座茶山上，没有正式的路，前一天又下雨，湿滑难行。86岁的章先生不顾劝阻，慢慢上山。扫墓结束，又艰难下山。回武汉路上，他还叮嘱朱英，让研究所在唐文权去世20周年时编辑出版一部《唐文权文集》，后亲为作序（朱英：《追忆章开沅先生》，《澎湃新闻·私家历史》，2021年6月5日）——“故人入我梦，明我长相忆。”章先生怀有一颗仁心。

三

这个世界会好吗？一个看似老生常谈、永远没有定论的问题。

章先生讲过这样一个故事："文革"时，华师桂子山上三号教学楼的一个房间里摆着一副战棋，作为造反派的许多老师在那里"鏖战"过，以至于后来棋盘被磨损得看不清了。但很快就会有人用笔画好，继续"鏖战"。等到运动结束，这些曾经意气风发、青春年少的人两手空空，一无所长。与此同时，在昙华林校区由澡堂改成的陋室里，张舜徽先生没有唉声叹气，而是不论寒暑晨昏，奋笔疾书，"雨季的时候，屋顶漏水，就找个盆子接一下，水从室外灌进来，就穿上雨鞋，继续写作"。数年下来，张先生撰写了多部颇具影响力的学术著作。为了誊写《说文解字约注》，他写秃了 50 多支毛笔——即使社会病态，也不要随波逐流；处在人生最低谷时，不妨充实自己。(《章开沅口述自传》，第 248～250 页)

十几年过去，至今在脑海中仍会浮现第一次见章先生时，他面带微笑、娓娓道来的神情。当初这位八十多岁的德高望重的老人，之所以让一个后生小子觉得"好玩"，背后的奥秘是他有一颗童心。明代的李贽曾言："夫童心者，绝假纯真，最初一念之本心也。若失却童心，便失却真心；失却真心，便失却真人。……童心既障，于是发而为言语，则言语不由衷；见而为政事，则政事无根柢；著而为文辞，则文辞不能达。"章先生主张做学者要有勇气与主流保持理性的距离，如此才可能进入做学问的最佳精神状态——"虚"和"静"。他的解释是：

> "虚"即是虚空，脑中没有丝毫杂念，没有柴米油盐酱醋茶的羁绊，没有项目，没有考核，甚至于没有自己以前的一切理论知识，将自己完全放空。"静"即是宁静，不生活在热闹场中，才能宁静；心不为外界诱惑所动，才能宁静。能虚能静，便能神游万古，心神专一，思虑清明。"虚""静"的学者，在旁人看来，可能是"发疯了，痴呆了，入迷了"。但这确实是做学问的最佳精神状态。"虚""静"的学者，是纯真的学者。越虚越静，纯真度越高。一个学者最终能达到什么样的境界，开创什么样的局面，和他的纯真度是大有关系的。(《章开沅口述自传》，第 311 页)

虽相隔数百年，但章先生的“虚静说”和李贽的“童心说”是共通之理。

章先生不是一位成天安坐书斋的学者，他读大学时，参加过一个进步学生社团名爝火团契。所谓“爝火虽微，卒能燎野”，时间过去愈久，想必会有愈多的人回望章先生的生平与志业。他的人生实践及人格魅力，毫无疑问将警醒后人：自己离一位真正的知识分子的差距尚有多远？

（本文初稿完成后，经马敏教授、朱英教授和张晓宇博士审阅，马敏教授和朱英教授还不厌其烦地回复了我的电邮采访，补充了诸多不为人知的历史细节，在此一并感谢！）

（作者单位：杭州电子科技大学马克思主义学院）

对章开沅先生的一些回忆

刘 莉

回忆起与章开沅先生的文缘，应是起于为刊物《社会科学战线》开设辛亥革命一百周年纪念栏目，曾托徐炳三老师向章先生约稿一事。后虽荣幸得到先生不吝赐稿，只惜工作短期变动，未能亲自编辑先生大作，引为一大憾事。

2017 年 10 月下旬，经编辑部商议决定，由我负责邀请章开沅先生为庆祝《社会科学战线》(以下简称《战线》) 创刊 40 周年题词。我先与马敏老师取得联系，请其帮忙询问章先生的意愿。不到一天时间，马老师便回信说章先生同意了，具体行程让我与田彤老师联系，田老师说章先生应允题词，这着实让人感动。

11 月初，借华师学术会议之行，我来到武汉拜访章先生。4 日一早，我买了一束鲜花，随田老师来到章先生的办公室。章先生虽年逾耄耋，但精神矍铄，十分健谈。他对《战线》创刊之初对学术界作出的贡献大加赞赏，并回忆了多年来与《战线》的学术交往。我提到希望有机会想为先生做一次访谈，讲一讲他与《战线》的学术友谊，先生欣然接受了。先生还讲述了很多他早年求学和工作的经历，着实艰辛，只是一提到夫人与自己相濡以沫的经历，他便露出少年般的神情。他笑着说："夫人是我的天使。"虽是简单的一句话，却饱含夫妻之情意，深切且绵长。

章先生一直关注着《战线》的发展，为《战线》四十周年刊庆亲笔题词："重振昔日雄风，引领时代潮流。"其中对《战线》的深切期许，溢于言表。章先生一直笑称自己"年方九一"，言谈中十分亲切。为了让我准备好访谈提纲，章先生还亲赠他的口述传记，并题写赠言。

那次与先生见面之后，我受工作、家事所累，一直未能展开访谈一事。如今回忆，满是惭愧和遗憾。再次翻看当时我与先生的合影，发现自己一直都笑得特别开心，那是我对先生一种发自内心的崇敬与爱戴。

2021年5月28日，我突然看到微信群里传来消息，称章开沅先生仙逝了。那么一刹那，心慌得厉害，不愿相信这是真的。询问田彤老师后，才得知近半年来章先生身体状态已是不佳。眼前不时掠过这位白发如雪的智者的音容笑貌，不禁难过得掉下眼泪。

章先生一生，高山景行，无论为人、为学，都是常人所不可企及的。谨记章先生对《战线》的殷切期望，先生勤勉治学、不断追求新知的学术精神，求实存真的学术品格以及积极、乐观的人生态度，亦将激励《战线》不断为学术发展作出积极贡献。

哲人其萎，是为学界一大损失，然先生手泽犹存，且桃李天下，学术功业万古长青！

（作者单位：《社会科学战线》杂志社历史学编辑室）

章开沅先生与辛亥革命网

何　蒙

中国共产党优秀党员，享誉海内外的著名历史学家、教育家，华中师范大学前校长、人文社科资深教授，华中师范大学中国近代史研究所创建人，章开沅先生于2021年5月28日8时15分在武汉逝世，享年95岁。

章开沅先生是辛亥革命网首席顾问。辛亥革命网的创建，离不开章先生的大力支持、谆谆教诲和温暖鼓励。

辛亥革命网是全球唯一一家以辛亥革命为主题的大型公益性门户网站。网站自2010年10月10日正式上线以来，以视频、图片、文字相结合的形式，将先辈的革命事迹和文物史料展现在大众的视野中，通过追寻辛亥革命足迹，感恩缅怀革命志士，客观再现辛亥革命历史，建造一个开放式的窗口，弘扬辛亥革命精神，搭建一个凝聚全球华人的精神家园，为中华民族的伟大复兴尽一份力所能及的贡献。在辛亥革命网开播仪式上，时任全国政协副主席的厉无畏先生与章开沅先生共同为网站揭牌。章开沅先生还为专门网站题词“百年锐于千载”。

在章先生的关怀和指导下，辛亥革命网在辛亥百年纪念活动中，影响力全球瞩目，好评如潮。2011年11月11日，荣获全国政协办公厅新闻局专门发的《中国人民政治协商会议全国委员会感谢信》。

多年来，章先生一直非常关心网站，多次指导辛亥革命网的工作。他指出，研究辛亥革命历史，将对当代青年具有重要的教育作用，现在对于辛亥革命的研究还不够，应该重视来自民间的声音。为此，辛亥革命网依托武汉得天独厚的英雄城市首义资源，与武汉辛亥首义研究会达成战略合作，紧密团结了众多辛亥志士后裔，保障了辛亥革命研究传承的群众基础。

同时，辛亥革命网汇集了全球众多爱国华人网友的文章，为辛亥革命研究人员和辛亥志士后裔提供了交流分享的平台，让很多鲜为人知的史料和故事得以展示出来，让更多的人了解那段波澜壮阔的革命历程，珍惜来之不易的幸福，弘扬“敢为天下先”“善为天下先”的辛亥首义精神，树立为中华民族的伟大复兴而奋斗的崇高理想。

他还说，网站已经取得了很大成绩，产生了巨大的影响。在保证网站的日常运营、维护有序进行的同时，各项工作还需要再接再厉，不能松懈。辛亥革命网是世界性的网络平台，要为海内外辛亥革命的各种纪念活动和相关联系提供服务，为中华民族复兴作出自己的贡献。

斯人已逝，章先生的话却一直回响在耳边。章先生曾说：“纪念辛亥革命，要看‘三个一百年’。这三个一百年就是：辛亥革命之前的一百年，辛亥以来的一百年，以及放眼今后的一百年。”辛亥革命网以章先生“三个一百年”的言论为依托，回溯历史，放眼未来，从大的格局出发，从政治、经济、军事、外交、文化、社会等多方面入手，反映近代以来中国的社会状况，让读者更加全面地了解中国历史。辛亥革命网将继续遵循章先生生前的教诲，精益求精，上下求索，把辛亥革命网办得更好，一如既往地传承和弘扬辛亥革命精神，助力中华民族实现伟大复兴，不负先生对辛亥革命网的厚爱。

（作者单位：辛亥革命网编辑部）

桂岳心香

同事·师长·同志

——深切缅怀章开沅老师

苏中立

虽然早已知道章开沅老师有病在身，住进了武汉条件很好的泰康之家楚园，但前些时候网上传闻章老师的病情恢复得不错，我还下载了章老师夫妇在今年“三八”节那天拍的照片，章老师和黄老师的气色都较好，我们感到欣慰！当章开沅老师仙逝的噩耗传来时，我们便感到有些茫然，甚至不相信章老师已经离开了人世！直到学校发布讣告时，我才沉痛地接受了这个残酷的现实，并立即在学院群里发了悼词：沉痛悼念章开沅老师！随后，我和涂光久老师又参加了章老师遗体告别仪式，为章老师送行，愿章老师一路走好！章老师永远活在我们心中！

我是 1979 年 9 月从东北师大历史系调来当时的华中师范学院历史系任教后，才认识章开沅老师的。我和章老师虽然同在历史系中国近代史专业任职，本为同事，但我仍尊他为老师。我和章老师同为共产党员，但他参加革命的时间比我早，是离休干部，作为同志，令我钦佩！

章开沅老师是享誉海内外的著名的历史学家、教育家、思想家、社会活动家、爱国主义者，是当代少有的大师之一。我在华中师大工作和生活了 42 年，得益于章开沅老师的地方很多。来华中师大的头几年，我每年都要到他家拜年，直接聆听他的教导；自从章老师当了校长以后，他的居家门上就贴着：有事请到办公室洽谈。此后，为了不打扰章老师的工作，我就很少直接领教了，主要是通过书信、阅读等间接方式，来了解和请教章老师。

首先，我的教学得益于章老师的指引。

我于1979年9月调来华中师范学院教中国近代史专业，首先得益于章老师的指引。我记得，我第一次到他家拜访时，他就赠送我一本北京出版的中国近代史教材。1980年，由教育部授权、章老师主持创办中国近代史教师进修班，他做了《中国近代史教学与研究的几个问题》的专题报告，成了我教学的前沿信息。接着章老师陆续请各地中国近代史的专家学者来校为进修班授课，我也都听了，从而使我的授课内容得到充实。章老师招收的首批硕士研究生，某些专家学者的授课内容，我也聆听了。对我来说，这些方面在当时都是非常珍贵的及时雨，指引着我顺利地度过新的教学关。

其次，我的科研也得益于章老师的指导。

我的科学研究，更是得益于章开沅老师和他创建的中国近代史研究所，不仅章老师自撰或与其弟子马敏、朱英、罗福惠、严昌洪等教授主编的系列论著和研究所资料室里丰富的文献资料，成为我的精神食粮，而且章老师对我的科研进行过具体的指导。我调来华师后发表的第一篇文章，是时任中国近代史教研室主任孙玉华老师转送给章老师具体修改的，该文以“试论孙中山历史观中的唯物主义因素和辩证法思想”为题，发表在《华中师范学院学报》1982年第5期上；我的第一本专著，也是章老师首先同意纳入他主编的“中外近代化比较研究丛书”之中的，章老师在我的申请单上批复：“1. 最好不超过15万字。2. 面宁可窄些，但要写得深些，可读性强些。3. 现在丛书发稿速度放慢，如另有机会亦不可放过，以免久等。(1988年11月5日）”后因种种原因，丛书未能出版我的著作，但却促使我完成了全书的定稿，并转由东北师大出版社于1992年出版，书名为《严复和中西文化》。

在章开沅老师的指导下，华师成为研究辛亥革命史的重镇，我也积极参加辛亥革命史的研究和活动。我于1981年纪念辛亥革命70周年之时发表《试论孙中山历史观中的唯物主义因素和辩证法思想》一文。到2011年纪念辛亥革命100周年之时发表《辛亥革命时期社会达尔文主义的传播及其特点》一文。这30年间，我在武汉、广州、重庆等地参加纪念孙中山和辛亥革命的学术研讨会9次，发表文章20余篇，主要收入会议论文集中。在我参编或参与主编的7本著作中，有我撰写的10多篇文稿，包括研究辛亥革命时期的爱国主义、唯物主义、社会主义、进化思想、经世致用、伦理思想、教育思想等方面的内容。我还担任了中南地区辛亥革命研究会理事、武昌辛亥革命研究中心特约研究员。

章老师还将我介绍并推荐给时任贵州师大校长吴雁南教授，使我和吴先生以及贵州省社科院副院长冯祖贻研究员、湖南师大郭汉民教授合作编书达15年之久，受益匪浅。在吴先生的邀请下，章老师还对吴先生主持的社会思潮研究作出了具体的贡献。比如1997年，吴雁南先生亲自来武汉请章老师组织中国近代史研究所的专家学者给《中国近代社会思潮》的编写提纲提建议，当时因吴先生嗓子哑了，不能讲话，由我代他宣读编写提纲内容的要点，章老师和所里与会的专家学者提出了许多宝贵意见，会后我们进行了归类和吸纳。又比如，1995年吴雁南先生在贵阳召开中国近代社会思潮结题鉴定会，要我系统整理编者们已交来的《清末社会思潮》和《民初社会思潮》的文稿，供结题鉴定会审阅。鉴定组的专家学者有华中师大校长章开沅教授、四川大学校长隗瀛涛教授、台湾知名学者张朋园教授等，章老师担任结题鉴定组组长，发表结论性意见，认为“鉴定组专家一致建议结题”；认为该课题“篇幅宏大，视野开阔，资料翔实，史论结合，评价公允，提出了一些有创建的观点，提供了有新意的研究思路，居于国内领先水平，具有重要的学术价值和现实意义”。

1996年，4卷本《中国近代社会思潮》的4位总主编吴雁南、冯祖贻、苏中立、郭汉民在广州参加纪念孙中山130周年诞辰国际学术讨论会，并一同拜会了章开沅老师，我和吴先生、冯祖贻老师与章老师以及历史所的马敏、罗福惠、朱英、严昌洪等专家学者，又参加刘望龄教授举办的家庭晚宴，畅叙旧情，气氛热烈。

再者，章老师的“三立”精神令人钦佩和敬仰。

第一，在“立功”方面，章老师智富超群，业绩辉煌。这突出地表现在学术和管理两个方面：一是在学术方面，作为大师级的章老师，不仅创建了国内闻名的中国近代史研究所和中南地区辛亥革命研究会，并担任首席负责人，而且不断开辟新的研究领域，在辛亥革命、中国资产阶级、中国商会史、中国教会大学史、南京大屠杀历史文献、中外现代化，乃至史学理论与方法、教育思想等诸多研究领域都有开创引领之功，他尤其重视学术梯队的培育与建设，使其学术研究在横向拓展的同时，不断向纵深发展，从而持续推动中国史学的学科体系、学术体系、话语体系的建设。二是在管理方面，章老师曾担任过华中师范大学校长、国务院学位委员会历史学科评议组召集人、湖北省社会科学联合会主席等要职，还曾担任普林斯顿大学、耶鲁大学、加州大学圣地亚哥分校客座研究员等职，足迹遍布海内外，在大学建设、人才培养、中西文化交流、社会服务等诸多领域作出了卓越成就，培养了一批又一批社会各界优秀人才，为社会主义现代化建设作出了巨大贡献。

第二，在“立德”方面，言传身教，德高望重。突出地表现在秉笔直书和荣退等方面：

秉笔直书，实事求是，是我国史学界的优良传统，章老师继承和发展了这一优良传统。他经常以楚图南前辈为戴震纪念馆题诗中的“治学不为媚时语，独寻真知启后人”自勉并勉励青年学者，坚持这种正直、正气的学者人格，行天下之大道，也就是坚持真理，需要有孟子所说的“富贵不能淫，贫贱不能移，威武不能屈”的大无畏精神。章老师的言传身教，为史学界的正风、正气树立了光辉的榜样，值得我们继承和发扬。

章老师在2014年曾经4次请辞资深教授，成为我国人文社科界主动辞去资深教授的第一人。他说：“荣誉可以终身，待遇可以退休。”这更体现了章老师崇高的奉献精神和道德情操。华中师范大学为章老师召开了荣誉退休会，颁发了离休证书，授予他荣誉资深教授称号。章老师的身体力行，为学术界树立了一个更高的道德标尺，值得后人学习和敬仰！

第三，在“立言”方面，深思熟虑，高瞻远瞩。有的同行老师说，章老师在平时生活和言谈中常常显露出许多光彩夺目的亮点，即名言、名句。这类实例的确很多，给我印象最深的有这样几点：比如，章老师说：“历史是画上句号的过去，史学是永无止境的远航。”这句名言就被已毕业的七七级学员在赠送给院里的礼品司马迁塑像前刻印了，并和司马迁的《史记》中的一段经典名句“究天人之际，通古今之变，成一家之言”以及张舜徽老先生的名言“读书除了书本外，还应多读无字书”放在一起，陈列在一号楼大门内历史文化学院展区内，供广大师生观赏和铭记！又如，章老师总结概括武昌首义精神为“敢为天下先”，被学者、政要在研讨武汉精神时所吸纳，成为武汉精神的内涵之一，武汉精神被定位为“敢为人先，追求卓越”，在荆楚大地广为流传。再如，他提倡史学研究者要“纵观辛亥革命上下三百年”，主张“参与的史学”与“史学的参与”，认为要“走出中国近代史”，“过去、现在、未来，总是前后连续的，而且三者又都是相对而言的”等等，这些都具有新的启蒙意义。

章老师的学术素养丰厚，在诸多领域上下求索，不断创新，攀登科学高峰，取得丰硕成果，受到学校师生和海内外社会人士的广泛赞誉，不仅成为资深教授，而且荣获了荆楚社科名家、功勋湖北100人以及吴玉章人文社会科学终身成就奖，还入选当代教育名家，成为华中师大的一面旗帜，永远飘扬在桂子山上。

我和章老师还有一段难忘的感恩与赐教之举。

2005年章老师八十华诞之际，我为了报答章老师对我的支持、帮助和指导，特地撰写了一首贺寿诗，以苏中立和涂光久两人名义赠送给章老师。贺寿诗的原文是：“桂山攻史五十年，雄踞江城导九州。辛亥鸿编惊世界，教宗探宝谱新篇。德高智富融中外，育李培桃尽俊贤。青史留名泽后世，史学兴盛国祥安。”并赠送松鹤摆件作为礼物，衷心祝愿章老师“仙鹤千年寿，苍松万古春”！

章老师在2005年及之后赠送给我们三本极其珍贵的著作：《鸿爪印雪——章开沅的老照片》《吾家往事》《走出中国近代史》，我将其视为赐教，因为这三本书和以前所里馈赠的7本由章老师自撰或主编的著作，包括章老师的独著《辛亥革命与近代社会》《开拓者的足迹——张謇传稿》《南京大屠杀的历史见证》等有所不同，这三本书是章氏家族的传家宝，这三本书的首页上都有章老师的亲笔题字："中立伉俪存念，章开沅、黄怀玉同赠，2005.10.16"，或"中立、光久存念：章开沅、黄怀玉赠 2013.1.3"，或"中立贤伉俪存念，章开沅赠 2020. 仲夏"。见字如见人，感到特别亲切。章老师和黄老师的人格魅力与道德情怀，深深地感染着我们，鼓舞着我们，鞭策着我们，成为我们继续前行的动力。

章开沅老师虽已驾鹤西去，但他的音容笑貌、大师风范永留人间！他的丰功伟绩必将彪炳史册，永垂不朽！我们永远缅怀敬爱的章开沅老师！

（作者单位：华中师范大学历史文化学院）

永生难忘的恩师章开沅先生

刘兴策

2021年7月8日，郝芳华校长代表赵凌云书记及华师全体师生员工，在隆重庆祝2021届毕业生圆满完成学业，热烈欢迎2020届毕业生重返校园的大会上，在讲到“希望同学们始终弘扬‘爱在华师’的文化印记”时，满怀激情地说：“章开沅先生挥手送别2020届毕业生的场景历历在目，令人动容。先生虽然与我们永别了，但他的精神永存，学校百年校庆时，老校长对‘爱在华师’进行了深情注解：爱是教育的出发点和归宿，爱是教育的本源，华师之爱是心系苍生、胸怀天下的大爱，我们永远缅怀敬爱的老校长——章开沅先生！同学们以大爱行大道，要记住文化中的‘华师印记’，以‘爱在华师’为坚守，以‘华师大爱’为执着，始终保有对爱的信念和追求，在为祖国富强、民族复兴、人民幸福的不懈奋斗中绽放绚丽人生。”

我十分清楚地记得，1952年我在湖北省实验师范学校毕业前，全校同学曾集体看过苏联电影《乡村女教师》（又名《桃李满天下》），这部电影描写在大城市长大的苏联姑娘华尔华娜，自愿放弃在城市工作的机会，心甘情愿地去做一名乡村女教师，为苏联培养了很多优秀人才。那时我也暗下决心，中师毕业后去做一名“乡村男教师”。但在中师领导人宣布应届毕业生分配方案时，竟将我和王庆生、贺兴安、郑经文、燕襄君等共8名毕业生都列入推荐报考师范大学的保送名单，这是我和同学们以及我的家人做梦也不曾想到的。后来才知道是因为我在学校（湖北省实验师范学校是由省教育厅决定从武汉迁往当时湖北省汉川县马口镇的）读书时，曾经两次在时事测验和青年团团课知识考试中都以高分获得全校第一名，学校党政领导、校团委和班主任都认为我热爱学习，坚持每天看报，关心国家大事，有培养前途，在完全知道我的家庭出身和父亲的经历、身份的情况下，积极推荐我参加师范大学的升学考试。所以进入华师中文系后，我就怀着对党报恩的心愿，向中文系党总支递交了入党申请书，并多次应邀参加了中文系党组织主办的党课学习班学习。通过学习，我认识到，要求入党不能只是为了对党报恩，更重要的是要为党的伟大事业奋斗终生。

现在我手头还保存着一本华师老校长章开沅和他的夫人黄怀玉共同编著的大作《吾家往事》，是2012年12月由湖北人民出版社出版的传记与画册。章先生在《吾家往事》封面后的扉页上，亲笔题了词，“兴策、赛琴存念，章开沅、黄怀玉敬赠”。他原先写的是“章开沅、黄怀玉存念。2013.1.22”。我猜想是章先生当时立刻发现这里不宜再用“存念”，便将后一个“存念”改为“敬赠”，而那时他已是名扬全国、誉满全球的著名学者和重点师范大学的校长了。与我同在一所中级师范学校同年毕业，又同在1952年考进华师，并在历史系求学的郑经文、燕襄君都是章教授亲自教过的学生，按辈分说，我自然也是章教授的学生，但章先生在赠书时却用了“敬赠”一语，使我和老伴黄赛琴都深切地感到章教授对学生辈的谦和、爱护与平易近人。在《吾家往事》第119页，刊有两张照片，下面那一张照片的标题是：“‘练友’聊天”。“练友”是指在一起锻炼身体的朋友，当时章老师和我家都住在华师北区。有一天，章开沅、黄怀玉和我三人都站在北区一个上有手扶圆盘、下可三人同时站立的扭腰器上，一边左右转动扭腰，一边自由交谈。这时我的老伴黄赛琴正拿着照相机在北区健身场为熟悉的朋友拍照，她看到章校长夫妇和我三个人一边锻炼身体、一边交谈，便快步走过来抢拍了这个场面，到照相馆加印数张后，送了一张彩照给章校长夫妇。我和赛琴完全没有想到，章开沅、黄怀玉伉俪后来将这张照片编进了《吾家往事》一书，并在《“练友”聊天》的标题下亲笔写了一句解说词：“在华师北区宿舍健身场，摄于2005年5月，中为刘兴策教授。”因为刊载了这张富有纪念意义的照片，就使我和赛琴永久珍藏着这本《吾家往事》。

在《吾家往事》的前言中，章先生曾写道："1958 年'大跃进'，我下放到偏远的草埠湖农场。"这句话马上使我联想到，1958 年我与中文系贺兴安、刘守华、朱宗尧等青年教师一起，热诚响应中共中央的号召，经过华师领导审批，第一批下放到国营草埠湖农场劳动锻炼，基本上与农民和国营农场的农业工人同吃、同住、同劳动，既接受劳动人民的再教育，学习他们吃苦耐劳和翻身不忘共产党、永远感谢毛主席的优良品质，也帮助他们学习汉字和文化知识，提高文化知识水平，以促进他们发展生产，改善民生。那时，华师中文系和历史系的下放教师与干部都住在一座叫"卫生台"的地面平坦的平房里，所以我们和章开沅先生每天都能相见。

1958 年 7 月，华师下放到国营草埠湖农场劳动锻炼的教师和干部，接到上级部门的指令，要立即与农场的农民和农业工人一起，奔赴大炼钢铁的战场，华师党委常委带领我们从武汉下放到草埠湖农场的主要负责人陈铁教授，先要一位助手给章开沅先生打招呼，让我们两人专门做大炼钢铁的宣传鼓动工作。紧接着就召开了华师下放人员与农场职工大会，陈铁教授在大会上强调：这是党和政府向全国人民提出的一项重要任务，我们是当阳县第一支大炼钢铁的队伍，要在十几里路以外的大山坡上摆开战场，大家要齐心协力，完成好任务。章开沅和刘兴策两位老师负责宣传教育工作，也希望得到大家的配合和支持。草埠湖农场的负责同志也说，有华师这么多老师和干部到大炼钢铁第一线，当阳市的党政领导在工作上、经费上也大力支持，将大炼钢铁宣传鼓动的用具、用品、器材也都准备好了，大家听了，都很高兴。

就这样，在到达大炼钢铁主战场的第三天，一幅长约 10 米，宽约 1 米的大红布在大山坡上迎风飘扬，擅长书法的老师将斗大的毛笔字写在洁白的纸上，并贴在大红布上，"谁英雄，谁好汉，炼钢场上比比看！"刚劲有力的大字引人注目，也为大家鼓劲、加油。

为了激励大炼钢铁的战友们战胜疲劳，坚持苦战，我们还苦中求乐，兴致勃勃地进行即兴诗歌赛，就是在现场一人说出一句诗，如果说不出来，就要他（或她）表演一个节目，这样大家就不感到劳累了。

2021 年 7 月 8 日，华中师大党委和行政领导在逸夫国际会议中心隆重举行了沉重悼念章开沅先生追思会，校党委书记赵凌云首先讲话，明确地指出，章开沅先生是华师精神的象征，是华师校魂的标志，是当代知识分子的楷模，是中国共产党党员的典范……先生的弟子马敏教授提出“章开沅精神”的命题，说章开沅精神就是“大先生”精神，是风骨、睿智、活力、爱心、低调等优良品质的总和。在全校上下学习中共百年党史、回眸学校百年校庆的时候，我们无限怀念章开沅先生。为了铭记过往和更好地开创未来，凌云书记还开创性地提出了三个倡议：一是凝练先生的精神，二是亮化先生的精神，三是传承先生的精神。他强调“学习和弘扬‘章开沅精神’是一个系统工程，是学校一个重要工作”，“希望全体华师学人、全体华师校友，学习、传承和弘扬好章开沅先生的优秀品德与崇高精神，不辜负先生对我们的殷切期望和对莘莘学子的深情嘱托，共同致力于教师教育领先的世界一流大学建设新征程”。

现在我在北京市女儿、女婿家中的写字台上，放着我非常喜欢而时常翻阅的一些图书，其中属于《华大学人研究书系》的有三本，按出版时间的先后说，第一本是 2017 年范军教授主编的《永远的怀念——忆陶军》，第二本是 2019 年范军、严定友二位主编的《永远的怀念——忆介公》，第三本是 2021 年范军、严定友共同主编的《永远的怀念——忆高原》。

在《永远的怀念——忆陶军》一书中，有当时担任华师校长的章开沅先生满怀深情撰写的《难忘风雨同舟情——忆陶军》，作为全书的“代序”，他在文章的最后一段写道：“再喊一声‘陶军同志!’风雨同舟 38 年，怎能忘记那些共同战斗的岁月。患难与共，艰危共担，我虽不是千里马，却始终难忘你的知遇之恩，正是你的关切、期许与多年的引导，才使我多少能为新中国的教育事业作出应有的贡献。你的名字已经为好几代华师人所铭记，并且必将融入源远流长的华师学林之中。”我在《永久的怀念——忆陶军同志》一文（见范军主编的《永远的怀念——忆陶军》第 138～142 页）的第四段曾经写道：“陶军同志十分重视知识和人才，对师资队伍建设抓得很紧。他创造性地提出，高师的青年教师要‘过五关’（教学关、科研关、基础关、中学关、外语关）；他号召全校中青年教师向章开沅学习，走章开沅道路。他大力推广一些优秀青年教师教书育人的经验。”对这些真实历史的回顾与记载，既反映了教育家陶军对章开沅校长的真诚关怀和殷切期待，也可以让大家认识到，像章开沅先生这样富有成就的教育家和历史学家，对热诚关切、帮助他的师友都真挚感谢、永生不忘的崇高精神和优秀品格，这也是使我和黄赛琴终身受益、永远铭记在心的。

章开沅校长为《永远的怀念——忆介公》一书所写的代序《偶然相遇，终生相随——怀念敬爱的刘介愚同志》一文写到，老领导刘介愚在调到武汉大学工作一段时间后，1980 年重新回到华师担任校长和书记，对学校在“文化大革命”后拨乱反正和各方面的继续发展、创新方面，做了大量的富有成效的工作。这篇代序，同样写得文情并茂，意蕴悠长，情真意切地赞颂了杨东莼、刘介愚等老一辈华师领导人的崇高品德和重要贡献。

1978 年，在北京召开的中国共产党十一届三中全会吹响了改革开放的号角，章先生为此特别喜悦和兴奋。他说：中共十一届三中全会以后，我国进入了改革开放的新时期，自上而下提倡思想解放与实事求是的新学风。学术界与其他各行各业一样，人民备受压抑而又蓄积已久的积极性像埋藏在地下的泉水一样突然喷涌而出。在《章开沅文集》自序一文中，他在谈到华师和社会有关部门正积极准备为他出版大型文集一事时，忽然想起了晚清诗人张维屏写的春草诗：“沧桑易使乾坤老，风月难消今古愁。惟有多情是春草，年年新绿满芳洲。”接着又说：“吾辈普通学人岂不正如一株野草，渺小之至，也平凡之至……但小草的生命意志何等刚毅，何等充盈……诗人以春草自喻……是对世事、对人生已有更深层的领悟，其实也是彻底的自我解脱与更高的精神追求——我常以此诗题赠年轻学人。”感谢章先生送给我这篇《章开沅文集》自序，使我又一次成为章老师真诚教诲的直接受益者。

章开沅先生 2021 年为范军、严定友主编的新作《永远的怀念——忆高原》写了篇《高风亮节，良师战友——忆高原（代序）》，这篇代序着重谈 1984 年中央部属高校领导班子更新换届，任命高原与章开沅分别担任华师书记、校长，成为最密切的工作伙伴这件事。当时高原同志已身患重病，相当虚弱，他仍规劝章开沅担任校长一职，章先生深受感动，在就职典礼上大声疾呼："我现在是决心已下……要与全校师生员工同心协力，重新振兴华师！"全场掌声如潮，听说高原书记在医院知道此事后也颇感欣慰。章先生赞颂高原一生"不计名利，自奉甚薄，低调做人，老实做事"，"他对我如同良师战友，所以我在哀悼时以军礼为他壮行"。

在《吾家往事》"寻踪怀旧"篇的开头，章先生写了一首短诗："寻踪往昔旧家园，母校故址情亦牵。常念师友多恩德，往事并非尽如烟。"这篇文章开门见山地说，晚年怀旧，人之常情。因此寻根忆往之旅渐多，他每次"旧地重游"，总是情不自禁在心里牵挂着母校师友、城乡百姓，对曾经帮助、关怀过他的亲友，感恩戴德，永世不忘。他们"饮水思源"，2011 年 4 月 5 日清明节到章先生父母的安息地——武汉市石门峰墓园祭扫时，还在安息地前面的墓碑石板上，请工匠刻下了汉代诗人韩婴写的碑文"树欲静而风不止，子欲孝而亲不待也"，下面的落款是：章开沅黄怀玉敬挽。正是在 2011 年 4 月 5 日同一天，章、黄二位又在辛亥革命纪念碑前合照，照片下面写的两行字是"缅怀革命烈士，2011 年 4 月 5 日，摄于武昌石门峰"。令人惊奇的是，在武昌石门峰墓园区一块比人高且宽厚的巨石上，镌刻着章先生题写的"辛亥革命纪念园　章开沅"，我站在这块巨石旁边照了张照片，是老伴黄赛琴当场拍摄的。这也正好表明我们对章开沅、黄怀玉夫妇所景仰的辛亥革命先烈的尊敬和感奋之情。

作为著名的历史学家和教育家，章老师对同事和学生是热诚和温厚的。在《涂光雍诗联选》(华中师大出版社 2020 年 12 月第 1 版) 中有一首涂光雍于 2019 年 3 月 15 日撰写的七律《答谢恩师章开沅先生新春赠象牙湖笔》。在注释中谈到他 1983 年 8 月从北大中国古典文学研修班结业返校后，一直忙于校内外中文本科生和函授生的古典文学教学。"1984 年，时任校长近一年的章先生亲自找余谈话，嘱余出任华师教务处副处长……自此从一名普通专业教师的身份，步入了既从事教学科研又从事行政管理的'双肩挑'中层干部行列。总之，余在上世纪 80 年代初期之后的成长与进步均离不开章校长的信任、提携和支持。”这个真实的故事也使我更加清楚地看到章校长是多么真诚地爱护中青年教师、干部，并创造条件使他们能充分施展自己的本领。

在《刘兴策诗文集》第69～70页，记述了2009年9月为庆祝新中国诞生60周年，由湖北省委宣传部、省委党史研究室等单位主持，评选出功勋湖北100人，章开沅和夏雨田（华中师大杰出校友、著名曲艺作家和相声艺术家）都荣获新中国成立以来感动荆楚的优秀人物奖。我们在《国寿花甲颂》中还选登了魏文享、刘兴策撰写的《治学不为媚时语 史学梯航育英才——记著名历史学家章开沅教授》一文和相关的照片。2010年，在我和汪文汉会长共同主编的《旅台归来话宝岛》一书中，又将章开沅、黄怀玉伉俪合写的《台湾纪行》共7篇文章放在全书的前面。

近来为了写好纪念章先生的文章，我又重新翻阅了自己原先已发表的有关文章，发现2016年6月写的那篇《老树发新枝　夕阳更绚丽——祝贺良师益友章开沅先生90华诞》一文中有这样一段话，“就我记忆所及，这些年我和赛琴联名赠送或以我一人名义赠给章开沅、黄怀玉伉俪的书有《永远的微笑》、《桂苑诗词楹联选》、《国寿花甲颂》、《新编老年学辞典》（与李旭初教授共同主编）、《刘兴策文集》、《语言文字规范精要》、《乐探人生苦耕学苑》、《旅台归来话宝岛》、《旅欧归来话风情》等；我们也得到章开沅、黄怀玉伉俪赠送的《从耶鲁到东京：为南京大屠杀取证》、《章开沅学术论著选》、《吾家往事》等重要著作（他主编的《辛亥革命史》是原中文系校友、我的学生与好友罗福惠教授赠送给我的）。特别使我们难忘的是：章校长为纪念他们的金婚（1957—2007），写了首《金婚吟——赠怀玉》，印成精美典雅，有4个页码的彩色《金婚吟》硬纸信笺，上面印上了章、黄二位1957年拍摄的彩照“庐山蜜月”和2006年以桂子山菊展为背景的“情系华师”彩色照片，还有章先生亲笔书写的题词，“兴策、赛琴存念，开沅、怀玉同赠。2008年5月26日”，我们都特别喜欢。

2006年9月，我应湖北省老教授协会和华师老教授协会的邀请，写了一篇《老树春深更著花——我眼中的章开沅老校长》，文中有这样一段话：

“多年以来我和老伴黄赛琴在与章校长、黄怀玉老师的交往与交流中，总是在思想上受到启示，在知识与做人方面得到教益。章开沅先生在耄耋之年仍然思维敏锐，老当益壮，孜孜不倦地治学，恰似老树发新枝，青春重焕发。他年至九十，却一如既往，仍满腔热情地关爱、教育下一代、下两代，引领中青年教师和学生与人民同呼吸，与时代同进步，在我们的心目中，章开沅老校长是永远的良师益友。”章先生永远活在我们心中！

2021年8月11日撰写于北京

（作者单位：华中师范大学文学院）

缅怀与追忆（联·诗）

涂光雍

缅怀敬爱的章开沅校长（楹联）

千秋气节，扬辛亥精神，淹贯古今，沥胆披肝担道义
一代宗师，秉实斋①学术，溉沾中外，拓新探赜著文章

追忆恩师章开沅先生赠我精致牙雕湖笔（七律）

傲雪赤螭霞照明，
酿来桂酒敬园丁。
文封湘②树早年志，
史学卷开新里程。
玉竹温泉铭教泽③，

---

① 章先生自命名的书斋名。

② 章先生就读金陵大学时，曾发表时政论文《漫话金圆券》，读书会同学为之代拟笔名“文封湘”，一时名声大振。该笔名暗寓章先生姓名“章开沅”三字。

③ 1984年章先生任华师校长，约我到办公室谈话，嘱我出任教务处副处长。为了不辜负他的信任，我同意试任，于是从此便以一名普通专业教师（中国古典文学讲师）的资质，步入了既从事教学科研又承担学校教务管理的“双肩挑”中层干部行列。1985年下半年，我有幸陪同他到咸宁地区，看望华师在那里毕业教育实习的学生和指导教师邝习模等。我与章先生被安排同住于咸宁温泉招待所的一间套房，时聆教诲，受益良多。

云杉金岛恋师情①。
每怀伯乐频扶护，
寄意兰亭②勉后生。

（作者单位：华中师范大学文学院）

① 2011年为辛亥革命100周年，为了转制、更名武昌首义学院，华中科大武昌分校董事长金国华代表学校特聘章先生为顾问（同时特聘的另一名顾问为上将刘精松，现定居北京）。教育部以原副部长王湛为首的咨询委员会专家组来分校检查评估时，章先生在会上作了精彩发言，令在座专家感佩不已！随后，他建议该校成立辛亥革命研究所，并举荐退休不久的严昌洪教授（曾任华师历史研究所所长）出任其研究所所长。2013年年底，金董事长邀请章、严两先生等一行6人莅临江苏省如皋市之金岛，参加海峡两岸经贸基地暨台商疗养基地建设落成典礼大会。其时，大陆原国台办主任陈云林和台湾地区海峡交流基金会董事长江丙坤博士委派之秘书长亲临致贺。由于章先生和严所长的协同悉心指导、出策出力，该分校于2015年5月经教育部正式批准更名为武昌首义学院，终于按照《武昌首义宣言》（章太炎撰）的要求，实现了首义志士们长久以来期望在武昌创建“首义大学”的夙愿。章先生亲自参与的上述活动，我一直有幸陪同，他那欣慰、激动、振奋的神情至今难忘。

② 此指牙雕湖笔杆上精妙微刻的王羲之《兰亭序》全文。

深切怀念章先生（诗四首）

董泽芳

我与章先生早年是同住北区的邻居，后来又同住一个楼栋，应该是近邻了。先生既是国际知名的大学者，又是德高望重的老校长，但每次碰到我这个晚辈，章先生都是热情地打招呼，有时还要讲讲话。章先生非常支持我的工作。记得 2002 年 5 月，我还在荆州师范学院任院长，时逢大学生艺术节，我大胆邀请先生到荆州师院做一场报告，先生高兴允诺。老先生上午风尘仆仆地赶到，下午就针对当时的社会思潮与大学生实际，为全校师生做了一场题为“人文呼唤与人性复苏”的精彩报告，既让大家领悟到了大师的风采，也感悟了学术的真谛。先生不断鼓励我在做好管理工作的同时坚持学术研究。2002 年秋我仍在荆州师范学院任职，在一次学校评选博士生导师的会议上，有人提出我的科研经费还未达到当时规定的标准，据说是差 3 万元。章先生立即说，董泽芳同志现在是书记、校长一肩挑，他是全身心投入管理工作的人，但他很快要回学校来，评博导主要评已有成果和学术水平，他成果够，是有水平、有能力当博导的，如果科研经费差一点，可以从我的科研经费划一点给他。我从荆州回到学校后，章先生仍一如既往关心我，要我为学校发展建言献策。2014 年，我们为了能让孩子们从中华文化中汲取营养健康成长，想组织一批教师、学者编写一套教育读本《36 品——青少年人文教育精典阅读》。章先生知道后非常支持，立即答应出任这套书的总顾问。当看到这本书的样书后，欣然作序，他写道：“我很高兴看到一群春秋鼎盛的教育工作者自发地团聚起来，共同编写一套人文教育经典读本，历时两年，六上六下，反复创作与修改。初稿编成后，又在武汉、广州、海口三市5所重点中学组织学生试读，随后再邀请教育专家，根据学生反馈意见研讨，提出合理建议。40多人的创作团队，同心合力，反复勘磨，精益求精，终于圆满定稿。为一套青少年课外读物，花费这么多人力与时间，反反复复研讨与修改，在浮躁已成风气、粗制滥造的教辅资料触目惊心的今天，这样认真负责的严谨创作态度极为难能可贵。问其何以能够如此，回答是：'我们的宗旨就是竭尽全力打造精品力作，让广大青少年读者爱不释手并受益终身。'归结起来就是一句话：'献给青少年最真挚的爱。'"

先生的经历和精神一直鼓励着我。2021年5月28日8点15分，章开沅先生仙逝，我十分悲痛，思今忆昔，夜不能寐。急写悼诗一首，又整理早先所写"敬献章先生"诗三首，以作永远的怀念。

（一）痛失先生

先生驾鹤蓬莱行，痛失大师悼莫名。
桂山忽倾参天树，南湖顿陨聚光星。
浩然正气涤迷雾，求真务实写人生。
爱国爱教爱华师，章老精神永世馨。

（二）风雨人生

儿时曾作剑侠梦，少年欲学鲁迅公。
九中讽政除学籍，长江拉纤当船工。
浪迹重庆苦抄文，携笔铜梁乐从戎。
金陵大学求知趣，燔火团契点火种。
向往光明奔老区，受训中大感新风。
南下武汉学调研，参加土改炼三同。
初登讲台执教鞭，下放草埠做农工。
学术盛会小试笔，借调北京初露锋。
筹建史调会群英，论评秀成遭围攻。
文革篾棚起硝烟，桂山挨批关牛棚。
克难研究辛亥史，奋力克服"左"遗风。

访问日美结友谊，交往两岸促互通。
矢志经营历史所，潜心修炼虚静功。
民意民推任校长，群策群力开新风。
高师并重促融合，研教同抓攀高峰。
内外联通拓新局，党政默契达和融。
出国访学知世变，文化交流圆初梦。
阅尽沧桑心未老，沉淀芳华谋大同。

（三）学术人生

史学远航无止境，潜心治学六十春。
慧眼求真通天阙，良知寻史扎地深。
椽笔超凡凭胆识，高论脱俗贵真诚。
功成勇退擎高节，儒雅先生骨铮铮。

（四）教育人生

培桃植李苦耕耘，春雨润物细无声。
治学唯实效前贤，求知寻真启后昆。
精诚沥胆书伟业，博爱披肝展师魂。
甘为人梯铺路石，喜见章园百花欣。

（作者单位：华中师范大学教育学院）

章开沅先生与“华大学人研究书系”

范　军

一

章开沅先生谦称自己是“桂子山之子”，我则认为老人家是“桂子山之魂”。这20多年来，因为工作关系，与老人家接触不算少。我一直习惯地称呼老人家为“章老师”，这样更加自然而亲切。

1999年5月，我调到华师出版社任总编辑，3年后接替社长（转企改制后兼任董事长），到2016年年底离开（董事长还兼任了近一年），前后差不多是18年。做出版，我戏称自己是“啃老族”，“啃”文化老人，“啃”学术老人，“啃”革命老人，津津有味地“啃”，且乐在其中，回味悠长。我们先后出版了张舜徽、钱基博、韦卓民、杨东莼、黄曼君，还有章开沅老师本人等老辈学人的个人文集或全集；另有“辛亥革命百年纪念文库”、《苏州商会档案丛编》、“道家道教文化研究书系”“科举学研究丛书”“文学院教授文库”等大型文史类项目的承前启后，不断推进。这些文集全集、丛书文库的陆续推出，得到校内外专家学者充分认可，也得到出版业界同仁一致好评。而这些出版项目，特别是老辈学者文集或全集的策划、编辑与刊行，或多或少、直接间接都得到了章老师的关注、关心和支持，其间凝聚着老人家的智慧与心血。

或许是基于出版社那些年经济效益的稳中有升，尤其是有一批又一批可以立得住、叫得响、传得久的好书不断面世，章老师给予我们的编辑出版工作较多鼓励和赞誉。2015 年 12 月 22 日，出版社在桂苑宾馆举行成立 30 周年的小型座谈会，90 岁高龄的章老师亲临会场并发表了充满温情又催人奋进的讲话。他说："人是'三十而立'，华师出版社今年也是 30 岁，出版社三十而立是立起来了，而且是有高度、有影响、有活力地立起来了!" 斯人已逝，其教诲和勖勉言犹在耳，那幅场景、那番话语仿佛就出现在昨天，一直深深地铭刻在华师出版人的记忆里。

章老师与学校编辑出版机构（包括我本人）的关联就是一种"书缘""文缘"，那些大型丛书套书、多种人物文集的台前幕后，总是藏着许许多多精彩而温暖的故事，书里书外的世界让人感怀。这篇小文，就专门说说老人家与"华大学人研究书系"的前世今生。

二

"华大学人研究书系"的运作要从钱基博先生说起。大约从 2004 年起，出版社酝酿制定"十一五"发展规划，其中一个重要项目就是整理刊行规模庞大、内容丰富的《钱基博集》（最后出齐是 24 册）。作为国学大师、华师的老一代知名文史学者，他 1957 年去世前后将个人藏书、文物字画等全部捐献给了学校（现在学校博物馆就是以钱老捐赠为基础建立起来的）。我们对外发布整理刊行钱老文集的消息，应该是在 2006 年五六月份。当时远在新疆一个公司任管道工程师的傅宏星看到了这个"喜讯"，大为兴奋。"70 后"的宏星兄可不是简单的"理工男"，工作之余他绝对是一个超级"文史迷"，已经"迷"到专家级水平，属于"民间学者"档次，撰写和发表了多篇文史论文，编纂出版有多种论著，而手头正好还有一本《钱基博年谱》"待字闺中"。

傅宏星将这本《钱基博年谱》寄给素昧平生的章开沅老师，请他拨冗指教。章老师在百忙中还真抽时间认真阅读了此书，感觉写得不错，于是让秘书刘莉老师把书稿转交我看看，并说华师社若能出版无疑是很好的事。章老师都说不错的书我自然不敢怠慢，自己赶紧浏览一遍，又请文史专家，也是钱老学生的曹毓英老师仔细审阅（曹老师还是编辑《钱基博集》最初的倡导者和主要编纂者），得到比较一致的肯定性意见，便立马列入增补选题后上报。这本《年谱》于2007年2月正式推出，而傅宏星书后撰写的致谢补记落款日期为2006年10月17日，可见这出版速度无疑算是较快的。随后，我们和历史文化学院一道邀请傅兄宏星参加纪念钱基博先生诞生120周年的学术讨论会，会后与他具体商谈加盟编辑《钱基博集》事宜，出版他压在箱子里8年之久的《吴宓评传》，还有配合章老师张罗他破格攻读中国近现代史博士学位等，其间有不少一波三折、峰回路转的故事，堪称学林“佳话”，章老师曾鼓励我有机会写写这段编作往事。这个只好留待以后再说。

言归正传，回到为什么要策划“华大学人研究书系”。2003年10月，华师100周年校庆隆重举办，出版社配合学校推出了相关系列图书。当时我就想，我们这所迈向110周年的高等学府，如何更全面、更系统、更深入持久地梳理悠久的发展历史，传承百年学脉，人物（尤其知名专家学者、杰出管理干部）无疑是个很好的“抓手”。傅宏星《钱基博年谱》的不期而遇正好是个契机。

我把以《年谱》为起点推出一套“华大学人研究书系”的想法写信告诉了章老师，并请他撰写总序。老人家欣然答应，托刘莉老师让我先写点较具体的编辑意图、出版设计方面的文字供其参考。过不多久，章老师的序言就转交给了我。虽然其中采用了我的一些构思和提法，但那些最精彩、最有思想光芒的文字皆为老人家所加，如第二自然段：

> 现今高等教育的整体，无论从规模、设施、师资与教学科研水平哪一方面来看，都远远超过自己历史上的那些前身。但这些前身毕竟为今天学校的迅速发展奠定了良好的基础，它们的校园、师资、学生、图书、设备，不仅是历史的遗迹，而且至今仍然为学校的持续发展做出贡献。历史本身就是一种资产，一种无可替代的宝贵资产，其中包含的有些重要无形资产甚至远远高于其相关联的有形资产。由于这方

面的感悟日深，许多精明的高校管理者都极为重视保存本校的历史，除档案文献以外，还努力维护古老的建筑、景观乃至旧有的典籍、设备，用意在于彰显其悠久而又丰厚的历史文化底蕴。

在章老师看来，“更重要的工作恐怕还是要数延续学脉与传承精神。高校不是一般的教育机构，乃是学术文化延续的载体。学脉是学科孳生繁衍的谱系，精神是众多学科群共生互动焕发的校园神韵，兼任两重载体而流光溢彩于百年岁月之间的则是那一代又一代的杰出学者”。章老师还引用前人的话——“一时代有一时代之人物，一时代有一时代之学术思想”，并结合大学及本校实际加以阐发。

章老师的这篇总序立意高远，静水流深，其建议或设想切实可行，具有可操作性。因此，短短几年，这套书系我们就推出了十多个品种，包括《钱基博学术研究》《恽代英年谱》《张舜徽与清代学术史研究》《张舜徽的汉代学术研究》《张舜徽学术论著阐释》《陈时教育思想与实践》《黄溥教育思想与实践研究》《韦卓民年谱》《韦卓民纪念文集》《刘盛佳学术与人生》《探索者的足迹——刘守华民间故事研究六十年》以及《章开沅学术与人生》等。其中，韦卓民先生的纪念性文集还是章老师亲自担任的主编。

三

2017 年 1 月 3 日，这应该是我回到学报编辑部工作刚满一个月的时候，章老师托刘莉老师发给我一篇他本人的文章——《春江水暖鸭先知　似曾相识燕归来——两岸民国史研究追忆》。刘老师的邮件这样写道：“范社长，新年好！为一如既往地支持您的工作，章先生嘱我向您呈上一文，敬请查收。他衷心希望您在新的岗位一切顺利！”短短数语，纸短情长，如和煦春风，温暖人心。作为泰斗级名家的大作，编辑部如获至宝，文章刊登在当年的学报人文社会科学版第 5 期。

回到学报编辑部工作，没想到我本人与“华大学人研究书系”的联系不是疏远而是更紧密了，只是角色由过去的出版方变成了作者方。连续几年，我策划、主编了5本书，都是列入这个书系的，它们是《永远的怀念——忆陶军》《永远的怀念——忆介公》《永远的怀念——忆高原》《熊铁基的学术人生》《永远的芬芳——忆梅莉》。其中前三种组成一个小系列——“永远的怀念”。运作这个系列图书，我免不了要惊动章老师，因为这三本纪念文集的主角——陶军、刘介愚、高原均与章老师有着既深且久的密切关系。章老师跟这几位领导、战友兼同事，相识于战火纷飞的40年代后期，又一道随所在的中原大学（刘伯承、邓小平、陈毅等在河南创办）南下武汉。新中国成立之初，中原大学教育学院、华中大学、私立中华大学合并成立新的公立华中大学，直到后来成为华中高师、华中师院，再到今天的华中师范大学。他们四人几十年患难与共，风雨同舟，且先后都担任过学校领导，章开沅校长、高原书记还是直接搭班子的亲密同事。

2017年，是曾任华中师院教务长、副院长，华中师大顾问的陶军教授诞生100周年、逝世30周年，我们便启动了《永远的怀念——忆陶军》一书的编写工作，并获得学校自主科研项目经费支持。大约2月底向章老师约稿，很快就得到反馈。我在3月20日的日记中有这样几句话：“下午收到刘莉老师邮件，内容为章开沅老师应约写的《难忘风雨同舟情——忆陶军》。91岁的老人了，令人感动！”我们知道，上世纪50年代任教务长的陶军，对已在学术界崭露头角的青年才俊章开沅老师格外青睐，寄予厚望。章老师那时就是学校重点培养的四个青年人才“苗子”之一。据说，陶教务长还在大会上号召青年教师要走“章开沅道路”（“文革”时期这也成为陶老一大“罪状”）。章老师这篇近7000字的文章开篇满怀深情地写道：“时间过得真快，我与陶军同志相识并共事38年，而他的猝逝至今也有30年。抚今思昔，感慨万千。”在回忆了两人交往的点点滴滴、若干难忘往事后，这样结束全文：“再喊一声‘陶军同志’！风雨同舟38年，怎能忘记那些共同战斗的岁月，患难与共，艰危共担？我虽不是千里马，却始终难忘你的知遇之恩，正是你的关切、期许与多年的引导，才使我多少能为新中国的教育事业做出应有的贡献。你的名字已经为好几代华师人所铭记，并且将融入源远流长的华师学脉之中。”

这篇情文并茂的怀念文章，我们是作为代序置于书的最前面。后来纪念介公、高原老的文集，章老师的文章也都是作为代序编排。《永远的怀念——忆陶军》在2017年12月印行，后来专门召开了一个出版座谈会。该书的刊行，在广大师生员工尤其是老干部、老教师和老校友中产生了热烈的反响。

四

“永远的怀念”系列图书的第二本是《忆介公》。“介公”就是老红军、老领导刘介愚同志，他德高望重，有口皆碑。他在华师担任主要领导前后有二十多年（一度党政一把手一肩挑），在武汉大学也工作过七八年。华师和武大与刘介愚老书记熟悉的老干部、老教授都习惯地尊称他为“介公”或“介老”。在《忆陶军》告一段落时，我便着手《忆介公》的策划与组编(后期严定友编审协助做了大量编辑和统筹工作)。

查2018年日记，我是在3月2日正式向章开沅老师约稿的，同一天还给晏章万、王庆生等老领导发了约稿函。收到章老师的纪念文章是在5月30日。刘莉转来章老师文稿的同时，在邮件中特意交代：“遵章先生嘱咐，将先生所撰《怀念敬爱的刘介愚同志》一文呈上，敬请查收。此文先生很重视，很费心，虽已校多遍，但唯恐还有错漏。烦请刊发前编辑再校一下。”章老师此文的完整题目是《偶然相遇，终生相随——怀念敬爱的刘介愚同志》，全文长达14000多字。要知道，这时候，章老师已是即将年满92岁高龄的人了。老人家在回忆介公的同时，还写到杨东莼（东老）等老前辈。文章这样写道：

> 我于1990年辞去校长职务前往美国普林斯顿、耶鲁、加州大学等名校，访学前后达3年以上。介愚不幸于1991年初病逝，讣闻传来，未能诀别。此前，杨东莼先生病故之际，我也正在美国首次访问，未

能见最后一面。这两位老校长对我都是恩重如山，几乎决定了我一生的命运，从此天人相隔，能不悲痛欲绝！

沧桑易老，岁月留痕。杨、刘二老以及那一辈学校老领导，虽已完全退出舞台，但他们的伟大劳绩永远铭刻于昙华林和桂子山的一草一木、一砖一瓦。眼前这满山葱绿，气象万千，蕴藏着世代流传的华师精神，其中就包含他们自身的博雅与刚毅品格，值得后来者永远铭记、传承与发扬光大。

收到章老师文章后，我“得寸进尺”，写信（9 月 18 日）提出了进一步的要求：“您的文章我仍然作为‘代序’。另外，介公在华师任主要领导时间久，影响大，我想请您和王庆生老校长作为此书顾问，送上目录，请您审阅。”章老师、王校长都欣然接受我的建议，王校长后来专门出席出版座谈会并讲了话。

我和严定友编审共同主编的《忆介公》在 2019 年 12 月正式刊行。12 月 30 日，出版社主办了一个简朴而隆重的出版座谈会。事先我专门请章老师出席会议并讲话，老人家满口答应。但 12 月 27 日，章老师让刘莉老师送给我一封信，原文如下：

范军如晤：

年终事杂，恰好“碰车”，所以未能出席，殊感遗憾。特撰俚句，敬献介公，并向全体出席友人致意。

冬安

章开沅

2019.12.27

纪念刘介愚同志 110 周年诞辰

筚路蓝缕，以启山林。

春风化雨，润物无声。

泽惠桂子，世代难忘。

华师学脉，永放光芒。

愚生

章开沅敬礼

章老师无疑是碰到实在不好错开的重要事情了。但从这封简短的信中，从这四言八句诗中，从自称“愚生”“敬礼”的落款中，章老师对介公的情深意重和深切缅怀可谓溢于言表，感人至深。

五

和严定友编审一起做纪念老党委书记高原的纪念文集，还得感谢高原教授的高足、国家行政学院许耀桐教授，还有华师党委组织部吴锦琴老部长。正是他们的提议和热心帮助，才使我下决心再接再厉往前推进这个“永远的怀念”系列图书的运作。2019 年 9 月 18 日，请章老师当《忆介公》一书顾问的那封信中，我还提出了另一个请求：“另外，明年是老书记高原同志百年诞辰，我计划编一本《百年高原》的纪念文集。该书一是请您赐稿，二是想请您和杨宏禹老师担任顾问，提供指导。”2020 年初，一场突如其来的疫情打乱了生活的节奏，也按下了江城武汉的暂停键。查日记记载，我是到了 6 月 2 日，才请刘莉老师向章老师“催稿”。章老师过去办事从不拖延，答应了的事总是很快就有回复。这次疫情的影响确实太大了，加上老人家此时已是 94 岁高龄。我都不忍心再多说什么，反倒是老人家说十分抱歉，会尽快交稿，但现在写不动了，大概只能写个一两千字的短文。过了大约一周，刘莉就转来章老师的文章《高风亮节，良师战友——忆高原》，大约有 3000 多字。这也许是老人家去世前写的最后一篇长一点的文字了。文章一如既往地如行云流水，收放自如，又言约意丰，情文俱佳。开篇写道：“我对东北，对东北人，特别是众多的东北流亡者，怀有特殊的感情，每听到《我的家在东北的松花江上》这首歌，总是怆然泪下。当然，就关系之密切而言，当以高原为最。”文章从战争年代两人相识写起，重点谈到80年代中期他们作为党委书记与校长的“黄金搭档”，短暂、和谐而毕生难忘。

1986年4月4日，高原书记不幸去世。时任校长的章老师曾在4月18日的华师校报上撰文《行军礼告别》。此时此刻，章老师抚今追昔，再次向九泉之下的老战友以军礼致敬。在这篇新撰写的怀念文章结尾处，章老师回忆说：“高原离世时，我曾随侍在病床前，听到他反复交代家人：‘不能再麻烦组织了。’不计名利，自奉甚薄，低调做人，老实做事，这就是高原。他对我如同良师战友，所以我在哀悼时以军礼为他壮行，现在我已步履维艰，只能独自再次行军礼纪念他的百年寿辰。”

纪念高原老的集子，正式出版时书名还是由《百年高原》改成了《永远的怀念——忆高原》，华师出版社标注的版权页上出版时间是2021年4月，实际见到样书已到6月初。而此时，敬爱的章开沅老师已经永远离开了我们！斯人已逝，大师远行，而音容宛在，懿德与风范长存。

在“华大学人研究书系”总序中，章老师说：“我们希望，这套丛书的推出可以激发对前辈学人的深入研究，从而弘扬百年华大的学术传统，以期华大学脉世代绵延！”我相信，桂子山人一定不辜负章老师的殷切期望，切实加强对一百多年来一代又一代杰出学人的深入研究，不断推出新成果，铸就好品牌。对于章老师本人，我们也期待专家学者，尤其是章门弟子加大全面研究的力度，加快成果推出的速度。以前这套丛书曾经刊行过《章开沅学术与人生》，这次又将出版“追思集”。我们盼望有关章老师的评传、年谱、资料汇编、专题研究论集等成果源源不断地面世，让百年华大学脉永续，让大师的精神与学问沾溉士林、泽被万代。

2022年3月20日定稿

（作者单位：华中师范大学文学院）

尊贵的学者　率真的老人

周国林

章开沅先生离开我们已经一个月了。章先生在湖北工作、生活了大半辈子，按照湖北一些地方的风俗，“五七”祭奠日应有隆重的纪念活动。我试将章先生留在我心中的美好印象记述下来，作为献给他“五七”的一瓣心香。

（一）

在我心目中，章开沅先生是一位非常令人敬重的学者。他之所以令人敬重，首先当然是因为他精湛的学术造诣及其强烈的感染力。对章先生的学问我未能登堂入室，我主要是从他的学术报告中去学习和体认的。他的很多场报告，我在几十年后仍然记忆犹新。

我初步了解章先生，是在1975年就读华中师范学院历史系之后。系里虽然没有安排章先生给我们年级上专业课，但我们见到章先生的机会却不少。那时政治活动多，历史系在读的1974级、1975级的学生加起来总共才65人，总是和老师们在1号教学楼二层中间的大教室（目前编号1201）开大会，初一不见十五见。其次是师生常在一起劳动，学校的南湖农场给历史系分配水田、旱田各一块，从播种到收割都是师生共同完成。那些农活来不得半点含糊，每次一干就是几小时。章先生当时刚50来岁，只要没有出差，这些劳动他也会参加。他在麦田里锄草的情景，至今仍然留在我脑海中。从这些日常接触中章先生的谈吐以及老师们的谈笑中，我们得知章先生在中国近代史研究中成就斐然，还知道他文笔好，1959 年就在《人民日报》上发表过《傲霜花艳岭南枝》的影评，佩服之意油然而生。我们也有幸看到章先生刻苦治学的场面。当时教工宿舍普遍面积狭窄，夏天炎热难耐，章先生就带着资料到 1 号教学楼二层正中朝南的教室（目前编号 1208）来阅读，并不时地做一些记录。我的同学注意到，跟随章先生一起来避暑的小女儿顶多十来岁（后来知道那位小师妹叫章雪梅），在做完作业后总是认真地阅读《参考消息》。《参考消息》是那时了解外部世界最主要的信息来源，小女孩爱看这份报纸，毫无疑问是受章先生平日关注世界形势的习惯所影响，同学们不禁为此啧啧称赞。

让 1975 级同学更为折服的，是章先生 1977 年秋季的一次学术报告。在“文革”结束后，学术界的研究风气逐渐浓厚，历史系在此背景下举行学术报告会，章先生自然是主要的报告人。他报告的内容，是中国民族资产阶级在近代历史上的作用和地位。针对过去历史教学和研究中突出资产阶级软弱性、妥协性的表述，他从民族资产阶级的产生、发展历程，认为民族资产阶级在上行阶段代表了历史发展方向，我们应该理直气壮地肯定民族资产阶级的历史功绩。在谈到孙中山先生的贡献时，他征引了毛泽东主席 1956 年《纪念孙中山先生》中的一段话，毛主席分三个阶段评价孙中山先生的伟大功绩，是大家都熟悉的。章先生说，有人问，孙中山就没有缺点吗？毛主席为什么不讲？章先生解释说，从学术研究的角度，孙中山先生当然有缺点，完全可以讲，但毛主席是在纪念孙中山先生诞生 90 周年时，代表中国共产党全面评价孙中山先生的历史地位，哪有在人家生日时讲人家缺点的道理？这一席话入情入理，加上他天生一副带磁性的好嗓子，听后直让人如饮醇醪，心情荡漾。报告会结束后，同学们仍沉浸在回味中，记得我同年级的胡贻刚同学回到寝室后，还调皮地模仿章先生的声调，把章先生的那段话又重述了一遍，引得大家哈哈大笑。顺便一提，近日胡贻刚同学回忆，章先生给 1975 级讲述辛亥革命史专题后，同学们反响热烈。一天傍晚，章先生来到学生寝室跟大家交流，强调对理论问题要多探讨，多争论，也就是要敢于抬杠；但不要乱扣帽子、乱打棒子。他说：“我们要提倡杠子队，不提倡棒子队。”这当然是为针砭时弊，有所感而发。胡贻刚说，章先生的这段话让他刻骨铭心，终生难忘。

读研究生期间及留校后，聆听章先生报告的机会更多。其中最令人震撼的一次，是章先生1982年出访美国归来后为历史系全体师生所作的那次报告。因为这时历史系招收的学生大为增加，1201教室已经容纳不下，报告地点安排在现在行政楼后面的一个大教室里。章先生是我国改革开放后较早走出国门的人文学者之一，从1979年起，已经数次出访美国和日本。1982年这一次，章先生是参加4月在美国芝加哥举行的辛亥革命与民国肇建学术研讨会。章先生介绍，研讨会由北美亚洲学会召集，会议的最大亮点是邀请海峡两岸的学者同时参加讨论辛亥革命的分组会。双方阵容强大，大陆由胡绳领队，成员有章开沅、赵复三、李泽厚、李宗一等人；台湾地区由曾任国民党中央副秘书长的秦孝仪领队，成员有李云汉、张玉法、张忠栋、林明德等人。会议安排，章开沅作为大陆方面的答辩人评阅台湾学者的论文，张玉法则是代表台湾学者的答辩人。答辩中，章先生豁达地称赞台湾学者的5篇论文质量上乘，只要稍作文字技术处理，均可在他主编的《辛亥革命史丛刊》上发表。对于大陆学者个别论文中的偏颇之处，章先生也作了一下“补漏”的说明。当时章先生50多岁，身体和学术事业都处于鼎盛时期，他以高度的学术自信讲述会议经历、各自论文中的新颖见解，并穿插一些人际交往的花絮，到场听讲的师生无不兴致盎然，生怕时间过得太快。在当时学术信息相对封闭的背景下，师生们迫切希望了解外部学术信息，如久旱之望云霓，章先生的报告像一场及时雨满足了大家的渴求，使大家眼界大开。很多参加了那次报告会的朋友，几十年后讲起来仍然津津有味。这场报告是章先生出访的汇报会，也可以说是我校历史学科走向世界的动员会。报告会还有一个细节，是年过七旬的张舜徽先生也拄着拐杖到场听报告，并不时为章先生的精彩讲述鼓掌。章先生肯定注意到了这一点，只见他报告结束后，就径直地走到张先生座位前，两人紧紧地握手，亲切地交谈起来。推动我校历史学科发展最重要的两位学者的大手在公开场合紧紧握在一起，准备离场的同学们都驻足观看，投去敬佩的目光。可惜当时没有现在这样发达的拍摄条件，将这一珍贵瞬间定格下来作为学科发展的图像资料，只能留存在亲历者的记忆之中。

后来章先生在一次座谈会上的排难解纷，也让人惊叹不已，那是1984年夏天，在我校举行的全国第一届青年史学理论讨论会上。会议召开的缘起，是不少青年学者感到此前几十年史学研究中“左”的条条框框多，在新时期史学出现了危机，希望寻求突破。章先生和北京师范大学的瞿林东教授、天津师范大学的庞卓恒教授，是这次会议的特邀著名学者。整个会议我都参加了，感到不少青年学者围绕着到会的几位风云人物，气势颇盛。为了有更多的交流机会，会议组织者还在一个晚上额外安排了座谈会。章先生步行前往，我在途中遇上，陪他一起走到6号教学楼会场。瞿林东教授以研究史学理论和史学史见长，由于大家对过去几十年史学的评价格外关注，需要他回答的问题较多。面对火药味浓厚的提问，瞿教授便借用当时人们所熟悉的电影《南征北战》中的一句台词“拉兄弟一把”，微笑着请章先生一同作答。这时，章先生马上施以援手，主要讲了两点：一是青年们的眼光要看得远一些，要认识到一些老一辈史学家在思想解放上的贡献，他特别举出黎澍先生为例。黎澍先生在主编《历史研究》期间，主张刊物应该敢于开风气之先，倡导支持确有新见解、新观点的论著，注意发现并扶植优秀的青年史学工作者，重视史学理论和史学方法的探索和研究，黎澍先生本人还对历史发展的动力问题、对阶级斗争的作用问题提出了新见解。不管黎澍先生的观点正确与否，都应看作历史学科思想解放的先行者。章先生还举出了其他几位老学者的探索，说明史学遇到困境，应该几代史学工作者共同面对，不只是青年史学工作者在思考，在孤军奋战。二是要正视史学困境，化危机为转机。至于如何化危机为转机，章先生谈到了当时引进的国外史学方法的利用问题，也论述了马克思主义史学理论的作用问题。章先生的发言以事实为依据，既肯定青年学者的热情，又不一味迎合，一下就抓住了青年们的心。大家深受启发，掌声不断，会场的紧张气氛也随之缓和下来。这种驾驭会场的能力，既要有学问家的深厚功底，也要有教育家的广阔视野，或许还要加上一点演说家的雄辩技巧。

章先生的报告，我已记不清听过多少次，其中个别场次我还参与过主持，总的感觉有三个特点。一是章先生学识渊博，思想性强，其见解常出人意表，又在情理之中，有震撼力；二是章先生语言生动简练，层次分明，时带幽默，使听众在轻松中受到启迪；三是章先生讲话因对象而异，分寸感强，在大开大合中收放自如，绝不拖泥带水。我曾给自己较熟悉的研究生建议，要通过研究生会出面，请章先生给你们做一场报告，亲炙大师风采；在华师不听几场章先生的报告，你们的历史文化学院算是白上了。

章先生之令人敬重，还在于他高尚的人品。人品的范围很广，这里只能举几个他尊敬长辈、尽心回报同事和朋友的例子。在章先生 30 来岁时，华中师范学院杨东莼院长对他非常器重，帮助很大。后来东老奉调入京，仍对他关爱有加。对这位人生中的伯乐，章先生时常提起，讲起来就充满了感情。后来华中师范大学中国近代史研究所设立莼思堂，成为青年学子探讨学术的场所，显然体现了章先生饮水思源之意。老教务长陶军先生也曾十分关心章先生的成长，对他寄予厚望。曾将他和物理系的青年教师刘连寿二人作为各自学科的重点培养对象，采取了不少得力措施，说要培养一些自己的教授在桂子山走来走去（那时我校的教授是个位数，张舜徽、李宗池等教授皆旧中国时所评定）。对于为学校发展作过重大贡献，也关爱过自己的陶军先生，章先生一直是心存敬意的。在 2017 年陶先生百年诞辰纪念活动中，章先生接到征文信息不到 20 天，就提交了一篇文情并茂的怀念之作《难忘风雨同舟情——忆陶军》，后来成为陶先生纪念论文集的代序。章先生的积极配合，让活动的组织者范军教授感佩不已。

对于其他年长的学者，只要对章先生有滴水之恩，章先生也会涌泉相报。2011 年 7 月上旬，中国唐史学会在武汉大学召开第 11 届年会，主题之一是纪念唐长孺先生百年诞辰，会议组织者邀请章先生作为嘉宾出席。在开幕式上，章先生作了很动情的长篇发言。章先生一开头就讲，自己是抱着歉疚和感恩的心情来参加这个会议的。为何这么讲？章先生称自己 1949 年之后在武汉进入了一个很好的学者群体，唐长孺先生就是这个群体中的杰出代表。在 1956 年“向科学进军”时，章先生曾请唐先生到华中师范学院给青年教员传授研究方法。章先生讲：“唐先生讲什么我不记得了，但是唐先生私下跟我讲的一条经验我是记住了。我问他像我这个情况，大学本科都没有读完，我怎么做科学研究呢？他很实事求是，他说这也没有什么神秘的，他说你最好开始做点人物研究。你找一个人，把他的资料系统地找全，再看看国内国外有多少人研究，既有的一些研究成果。你找一个人，去做人物研究。他说这个对你的锻炼很全面，因为你刚开始的时候什么都没有。你做一个人物之后呢，可能你就有点信心了。”章先生1961年以后选择张謇进行人物研究，写出《开拓者的足迹——张謇传稿》，受到学术界很高的评价。“回想起来，大家可能还不知道这样一个秘密，最早的提议还是出自于唐长孺先生。”随后，章先生还回忆了1960年代在中华书局遇见唐先生参与校点《二十四史》，以及唐先生整理吐鲁番文书的一些事情。章先生称赞唐先生晚年的成就：“把全部的精力投入吐鲁番文书，那就把自己整个的生命和自己的学科建设、学科发展联系在一起，那是最高的示范。”（以上引文系从武汉大学历史学院录音整理文字中选录）章先生感念新中国武汉地区第一代学者群体，武汉大学除唐先生外，他还列出了李国平、李剑农、吴于廑、姚薇元、彭雨新、汪诒荪、韩德培、马克昌等人。因此，章先生表示他来参加这次会议，一方面是纪念唐先生，同时也纪念过去没有参加他们任何纪念活动的这个第一代学者群体。这次会议我受武汉大学友人之托，从华中师范大学车队陪同章先生到武大会场，到会后对章先生的讲话听得很认真。章先生把自己的心血之作同唐先生的指点联系起来，又深情感念武汉的第一代学者群体，使我深切地感受到章先生真是一位重情重义的学者。

当然，我最熟悉的还是章先生对老同事张舜徽先生真情的追思。1997年年初，为了纪念张先生逝世五周年，历史文献研究所准备在当年11月召开一个大型研讨会。为保证会议质量，拟先出一本论文集。我在向章先生汇报此事时，顺便向他提出了征文的请求。章先生不仅很爽快地答应下来，而且没过多久就惠赐大作《往事杂忆——纪念舜徽先生逝世五周年》。舜徽先生1951年春奉调至中原大学教育学院任教，章先生作为历史系助教（相当于现在的教学秘书）负责接待与生活安排，所以结交与共事前后达40年以上。章先生按时间顺序叙述舜徽先生的教研成果、逆境中的奋进精神，肯定舜徽先生“真正做到呕心沥血，殚精竭虑，为中华文化的绵延发展奉献终生”。文中有些事情讲得很感人，如将苏州杰出中年学者唐文权引进我校，因唐文权的学历而受阻，舜徽先生和章先生一起向前来我校考察的国家教委高教一司司长据理力争，使唐文权的调动问题很快解决。唐文权后来在近代中国佛教研究方面成绩显著，章先生认为“这其中也有舜徽先生提携之功”。有章先生此文做开篇之作，加上第二篇李学勤先生的《读〈清人笔记条辨〉札记》，纪念论文集的分量就大为提升了。

13年之后即2010年，为了筹办次年的张舜徽先生百年诞辰国际学术研讨会，仍然需要提前出版论文集，我得陇望蜀，又向章先生约稿。不出所料，他愿意继续支持我们的纪念活动。他这一次赐稿题为《良师·难友·芳邻——难忘共同走过的那些岁月》，篇幅很长，是精心构思之作。从其助手刘莉老师提供给我的手稿复印件可见，稿纸两旁有不少改动文字，有些地方密密麻麻，显然是成稿后又下了字斟句酌的功夫。稿件首页的右上角，章先生给助手的提示文字是：“此稿打印校订后，请交文献所周国林老师。9月20日前。”当我如期拿到手稿复印件和电子版时，觉得太厚重了。文章分三个层面追忆张先生，写得很动情，里面有不少我们原本不了解的两位先生的若干经历，完全可以当作我校历史学科发展的资料来研读。尤其是他在文末对张先生的西北挚友冯国瑞先生（梁启超器重的清华国学研究院首届毕业生）诗集的征引，让我无比惊奇。他认为冯先生1940年代的《送张舜徽教授南归》一诗，“早已为舜徽先生的一生做了最好的概括”。老实说，我不仅没读过冯国瑞先生评价张先生的诗，也没听说过。后来我托兰州的朋友帮忙，才得知冯先生有个内部印本《绛花楼诗集》。这种内部印本，流传面十分有限，我不知道章先生是如何见到的。此事除了说明章先生的信息来源广泛之外，更重要的是他关注周围同事们的研究领域，能充分认识他人学术成就之所长，诚心推重，极力加以宣扬。这与旧时文人相轻之习，相去何止云泥！

在工作中，章先生与年岁相仿的学者接触更多，他很善于处理好彼此关系。我较为熟悉的是浙江大学的仓修良先生，他和章先生都在 1974 年被借调到《历史研究》编辑部工作，相知较深。章先生的小女儿后来到杭州上大学，还托仓先生多关照，因此章、仓两家走得比较近。我因与仓先生都在中国历史文献研究会工作，与仓先生过从较密，也就时常在两位先生之间转达一些问候之语，介绍一些彼此近况。又如到北京，北京师范大学历史学院的刘家和先生同章先生交往较早，也会托我通报信息。章先生和这些学者之间不请客送礼，最多是送自己的论著和微量的土特产，却把彼此放在心中，有困难互相帮助，是典型的知识分子交往方式。古语云“君子之交淡如水”，其是之谓乎！

（二）

在我心目中，章开沅先生不仅可敬，还很可爱。他懂得人生的真谛，工作中、生活中始终保持真性情，乐于过普通人的生活，与身边的人打成一片。在我们后辈人眼中，他就像一位受人爱戴的邻家大爷。

21 世纪初期，历史文化学院的春游、秋游活动安排得比较多，仅江西就去了三次，分别是景德镇、婺源和井冈山。章先生是个爱旅游的人，只要有时间，他很喜欢参加这些集体活动，也给我们带来不少沿途的乐趣。2004 年 3 月中旬，他和大家一起游览井冈山，在毛泽东主席“黄洋界上炮声隆”的《西江月》词碑下，眺望雾中的远山。他满足大家的要求，同很多同行者合影留念，我也是其中之一。那次春游还安排了到共青城胡耀邦陵园的瞻仰活动。章先生因青年时期曾担任全国青联代表大会常务委员会委员，与胡耀邦同志有近距离的接触和交流，对胡耀邦同志为国为民的业绩以及朴实无华、刚正不阿的精神十分崇敬。他在胡耀邦纪念牌前献花后，还向同行的老师们激情演讲，赞颂胡耀邦同志的贡献，老师们无不动容。不过，他演讲结束后最响亮的掌声来自一群素不相识的聋哑孩子。这些孩子通过老师的手语，被这位不期而遇的老人的讲述深深打动，情不自禁地鼓起了掌。

在所有外出旅游活动中，最欢快的大概要数2008年9月21日到武汉市黄陂区木兰草原那一次了。在白天的工作会议后，晚上安排了篝火晚会，青年教师邀请章先生去参加。估计章先生原来没有这个心理准备，野外夜间气温低，他没有带稍厚的衣服。然而，随和的章先生顾不了这么多，他愉快地接受了邀请，亲自点燃晚会开场的火炬，然后与一群年轻人围着篝火跳起了欢乐的舞蹈。他合着节拍不停地踏着脚步，双手向空中挥舞，口中还发着带有音乐感的欢呼声。他即刻成了大家簇拥的“明星”，四周的目光都投向他，大家跳得更起劲了。那场面真是令人陶醉，一些陌生人看到后也在旁边“嗨嗨”地欢叫，有的还加入舞场中。当晚同章先生合影的人不少，都希望把美好的画面保存下来。章先生在晚会上的活动，足足持续了半个多小时，真是难为80多岁的老人了。

在生活中，章先生还是一个富有情趣、幽默感极强的人。在前往江西的春游途中，因我有点胖，占的地方大，院办庞华君主任跟我开玩笑，说“周国老到了，请大家让个位”。没想到，在下一站再上车时，章先生又模仿起庞主任，把庞主任的话重复了一遍。听到章先生跟我开玩笑，我感到挺有趣，亲切而温馨，只是受之有愧，连忙低首致意“岂敢岂敢”。更有趣的事出现在2010年12月的一次饭局上。章先生是《荆楚全书》编纂项目的首席专家，申报项目时我和时任历史文化学院院长彭南生教授陪同他到北京答辩归来，同行的还有担任其他项目评委返回的朱英教授等人，大家下机后就在天河机场附近的一个饭店就餐。因饭店在黄陂地界，彭南生教授又是黄陂人，章先生于是讲起黄陂的故事。他说他舅舅年轻时在黄陂工作，被房东看上了，以其女儿妻之，房东的女儿就这样成为他的舅妈了。1940年代，舅舅一家去了台湾，其后自然有不少变故。差不多40年过去，他的舅妈回大陆来探亲。当时章先生已当校长，正在行政楼办公，接到女儿的电话，说是家中来了一位老奶奶，一定要见他。他急匆匆地回家，一时认不出来客是谁。但当老奶奶叫出他的乳名时，他突然猛醒，这肯定是舅妈了，其他人哪知他乳名呢。章先生绘声绘色地讲述着这些情节，还不经意地说出了自己的乳名，使听者仿佛身临其境。讲完故事，他还转头同彭南生教授打趣：“你们黄陂女士很厉害的咧!”身边的人都感到章先生太率真了，无论讲什么事情皆已达“从心所欲不逾矩”的化境。在章先生营造的快乐气氛下，大家尽情地享受丰盛的午餐。

2017 年 4 月的一次饭局，也是很值得一提的。我因做社会调查，认识了曾在美国留学并工作，退休后回国定居的王天骏先生。他的祖父王琎，浙江黄岩人，是首届庚款留学生，在美国学习期间，参与发起成立中国科学社，后成为著名化学家，留下两百多万字的日记，王天骏先生据以撰写出《文明梦》一书。王天骏先生的父亲王秉忱，是新中国初期湖北省最著名的建筑设计师（省委洪山礼堂出自他的手笔），我校 1953 年在桂子山上开始建造的风格优美的一号、二号、三号教学楼，就是他设计的。学校档案馆中原始图纸上草书签名“王秉忱”三字，50 年之后已无人能识，恰好被章先生辨认出来。为此，王天骏先生希望拜访章先生，让我牵线。当我说明情况后，章先生欣然应允。在约定之日，王先生 9 点多钟就到了，章先生热情接待，相谈甚欢。我原本以为这是一次礼节性拜访，顶多一个小时就够了。哪想到一直聊到 11 点，章先生还没有送别客人的意思。他让助手安排，大家一起到学校的桂香园共进午餐。席间，章先生兴致依然很高，还答应为王先生的一本书作序。为接待王先生，章先生整整花了 4 个多小时，这对一位年过九旬的老人来说，实在太不容易了。我认为这里面有章先生好客的因素，也是他仁心的展现，他是在代表我们学校知恩回报，向王先生的父亲和祖父表达敬意。章先生虽然退休了，还在为华师想事情、办事情。“爱人者人恒爱之，敬人者人恒敬之。”在章先生逝世后，王先生非常怀念章先生，已撰文回顾这次拜访。

总之，章先生是一位德高望重的学者，对我们后辈来说也是一位和蔼可亲的老人。对他的尊敬，我总想适当地表达出来。2014 年 4 月，章先生辞去资深教授职位，华中师范大学举行章先生荣退仪式。历史文化学院需要在所赠纪念品上写上对章先生最简洁的评语，吴琦院长跟我说过后，我立即从《周易》中找出较为贴合的文句，以供学院之用。我还在荣退仪式上作了即席发言，讲述章先生精彩的人生片段。2016 年 7 月章先生 90 华诞之日，我特地为他撰写一副寿联送到他家中。联曰“礼乐持家，福荫满堂，为此春酒介眉寿；诗书育人，桃李遍地，称彼兕觥颂无疆”。当时章先生所住的博导楼正安装电梯，周围环境较乱，我是绕道去祝贺的。

今年 5 月 28 日上午 10 时许，我从微信群中看到马敏教授发出章先生逝世的讣告后，心情异常沉痛。数日前，马敏教授在一次活动中已经给我们介绍了章开沅先生的身体近况，还让我们看了章先生卧床向贵州友人挥手的视频，我那时心中已有一种不祥的预感。然而，当这一刻真的到来时，还是让人感到难以接受。我下午独自坐在工作室中，为章先生写下一副挽联，“中西人文陶铸，传道授业，沉潜实斋育英才，诸生赖此贤；古今学术会通，著书立说，笃志远航开新域，四海仰风鉴”。上联述先生之育人，下联述先生之治学。上联中的“实斋”是先生选用的书斋名，他有部书就称《实斋笔记》。下联中的“远航”出自先生的名言：“历史是已经画上句号的过去，史学是永无止境的远航”。“开新域”原本为“开新宇”，后来感到以往熟悉的“千钧霹雳开新宇”诗句中“开新宇”政治性较强，晚上发到微信群时改为“开新域”，显现的是章先生在中国近代史研究中开拓新的领域之意。最近一个月，我的认识又有所深化，觉得章先生从书斋中培养的是专业人才，是传其衣钵的“章门弟子”。此外，他还是一位教育家，上世纪八九十年代的华中师范大学学生都受其思想影响，他的著作、演讲和社会活动也影响了不少外校的学生和社会人士。于是，将上述联语稍作改动，以表达我对章先生永久的怀念与景仰：

中西人文陶铸，传道授业育英才，诸生赖此贤
古今学术会通，史海远航开新域，四海仰风鉴

2021 年 6 月 30 日于汉口王府花园

（作者单位：华中师范大学历史文化学院）

高山仰止　景行行止

徐　勇

5月28日，享誉海内外的历史学家、教育家，华中师范大学原校长、人文社科资深教授，华中师范大学中国近代史研究所创建人章开沅在武汉逝世，享年95岁。章先生一生致力于我国高等教育事业，在学术研究、大学建设、人才培养、中西文化交流、社会服务等领域倾尽心力，成就斐然。

5月28日，我正在去上海参加会议的路途中，得知敬爱的章开沅先生仙逝，感觉十分突然。我与先生同住一栋楼，去年在楼下见到先生，感觉他老人家还很健康。现在的脑海里，先生的形象还定格在那一瞬间。

我自入大学之后，便得知先生。先生因为辛亥革命研究的重大贡献而在学界享有盛名。对于我们这些踏入学术之门的后辈来说，先生是如神一般的存在，可望而不可即。先生一直是我敬仰的学术大家，并激励着我的学术人生。

先生是近代史大家，但与我所在的学术机构比较接近。我留校后在华师科学社会主义研究所担任助理。我校的科学社会主义专业是高原先生开创的，在全国居于领先地位。科学社会主义研究所和章先生所在的近代史研究所，是学校为数不多的文科重点研究机构。章先生担任校长一职时，高原先生担任学校党委书记。据章先生回忆，他们之间的共事非常愉快。只是高原先生过早去世，没有像章先生那样直接培养出众多学生形成章门弟子。

我是从农村考入大学的，由于性格内向，不擅长交流。从事学术工作后，一直未能直接接近章先生，但强烈感受到先生总是站在学术前沿，且对年轻人用心提携和爱护。

1999 年，华中理工大学（现华中科技大学）出版社为向国庆五十周年和新世纪献礼，推出“荆楚青年人文学者文丛”，我有幸入选。这一丛书由章开沅先生、夏振坤先生和陶德麟先生三位大家作序，充分体现了前辈大家对后学的爱护和支持。

章先生在序言中说：“他们幸运地成长于开放改革的新时代，因而能够在较好的环境以较高的起点开始自己的学术工作。他们的责任很重，承先启后，继往开来，对我省 21 世纪最初十年或二十年的学术态势的作用可说是举足轻重。”同时，先生也殷切期待：“但无论如何不能自满，自满乃是学者停滞的开端。做学问一靠勤奋，二靠老实，三靠谦虚。任何大学者的大成就，对于历史文化长河来说都不过是涓涓细流，而且不是所有人都具备涓涓细流的资格。”先生的序言至今读来，都令人感受到格外中肯，且铭刻在心。

2020 年，我与章先生的弟子马敏教授有幸当选为华师继章开沅先生、邢福义先生之后的人文社会科学资深教授。当学校人事部门将这一信息告知章先生后，先生给予了充分肯定。但我知道，无论是学问还是风范，我与章先生、邢先生都相距甚远。先生是学问与学品俱佳的大师，我至多是一个有学术追求但有诸多缺陷的学者。

本世纪初，学校改善教师住房条件。我有幸与章先生同住一个门栋，与先生面对面接触的机会多了起来。但因为我一直将先生视为高山，未能有更多机会直接向先生请教。即使如此，先生的学问和学品都激励着我。先生的回忆录出来后，专门签名送了我一本。我在阅读先生的回忆录时，得知先生参加过土地改革，专门让学生对章先生作专访，得到先生的欣然同意。这也是我们《中国农村调查・农村变迁（口述史)》系列中最为珍贵的一部分。

先生年事渐高，还经常去办公室。我偶尔在门栋中遇到先生，在前面打开门，先生总是报以微笑致谢。先生过了九旬，还自己去食堂打饭。每每看到先生硬朗的身体，一是由衷的高兴，二是敬仰大家的平和。正是这一点一滴的行为，塑造了先生德高望重的风范。这一风范是我辈永远无法企及，但永远向往的高山！

我所在的政治学科与近代史学科是学校的重点学科单位，中国农村研究院和近代史所也都是教育部重点基地。我与章门弟子马敏教授、朱英教授是同一年代的人。两个学科的发展有着不同的风格。政治学科与现实距离近，问题导向明确，发展速度呈超越性，但行进过程中有些波动性；近代史学科的发展突出地表现为行稳致远，一直平稳地在向前发展。我想，这一方面与历史学科注重师承关系相关，另一方面也与章先生这一精神领袖发挥着定海神针的作用相关。

无论是学问和人格，先生都是一部永远无法读完的大书。只有经过岁月的流逝，才能真正地体会到这一点。从学问看，章先生留下许多金句。比如“历史是画上句号的过去，史学是永无止境的远航”，我在《关系中的国家》一书的第一卷中仅引述了前一句，未能理解先生这一段话的完整意思，可见我未能真正读懂。

2017 年，我想一心一意著书，遂将所有的职位都卸掉。当时包括校领导在内的许多人力劝，不宜一退到底，但我一意孤行。同年，与我同龄的马敏教授从学校党委书记卸任后担任近代史研究所所长，并得到章先生的支持。当时，我还不理解。现在看来，先生的确是高瞻远瞩。这也是近代史所行稳致远的重要因素。所以，对先生这本书不仅要读懂，还要读透，更要反复读！

先生是一座高山，虽难以企及，但永远向往之！

（作者单位：华中师范大学中国农村研究院）

怀念章开沅先生

叶　桦

章先生离开我们14天了。连日来，章先生的弟子、同事们写了很多悼念文章，追忆他们在学习、科研、工作和人生中先生给予的指导和帮助。而我，在经历了起初的难过和哀伤后，现在每每想起先生，更多的却是近40年来，与先生一起吃饭、参加活动的经历，都是快乐平常的点滴及先生对我人生潜移默化的影响。

章先生属虎，我也属虎；师母黄老师属羊，我丈夫马敏也属羊。记得章先生曾开玩笑说过："羊入虎口啊！"我也常对马敏说，我属虎，所以我比你更懂章先生。

第一次与章先生一起吃饭是1985年，那时马敏是先生的博士生，我们新婚，我在家里做了一桌菜，宴请章先生和近代史所的几位老师。那是我人生第一次做饭请客，凭借平时观摩和品尝父母做菜的经历，现学现卖做了一桌川菜，记得有红烧鱼、凉拌麻辣鸡（类似现在的口水鸡）等。那一桌菜得到了老师们的夸奖，特别是麻辣鸡，受到一致好评。大概这第一次的家宴给先生留下我很能干的印象。那时，据说学生们都很怕章先生，有不敢去跟先生汇报的，有见到先生就哆嗦流汗的……我的专业是数学，与文史完全不搭界，我文史知识极其贫乏，可能是完全无知反倒无畏，也就没有怕先生的概念了。记得这么多年来，先生总是和蔼可亲，从未疾言厉色，各种活动也都很乐意让我参加。

1990年至1992年，我们与章先生和师母同在普林斯顿和耶鲁，就有了比较多的一起吃饭的机会，有时是参加美国人的party，有时是中国人的聚餐。在普林斯顿时，马敏开着我们那辆800美元买的二手旧车去机场接从中国到来的先生，每周一次开车去超市买菜。记得有一次我们到附近海湾抓了很多螃蟹，还有一次是钓了一条很大的鲤鱼，我们一起兴致勃勃地做了吃。不过，好像都不好吃。

在耶鲁印象比较深的是，有一次我们和外语系的黄小群、李亚丹一起到章先生家吃饭。章先生亲自做了他的拿手菜——红烧猪肘，是一整个大肘子，又烧又烤几个小时烹饪而成，色香味俱全，大家都吃得非常开心！在耶鲁的那段时间，都是我给先生理发，用国内带去的理发剪刀，模仿专业理发员的手法，一圈一圈、一层一层地剪，效果好像还不错。

1991年圣诞节，章先生的小女儿雪梅来耶鲁，我一个同学也从别州过来，我们一起去附近的一个古堡景点玩。记得我们6个人挤坐在一辆小车里，一路欢声笑语。路上师母说："刚才超我们的车都在看我们啊，看我们车上坐了这么多的人！"在通往古堡的一座小桥上，师母设计让我和马敏从桥的两头往中间走，说照个鹊桥相会照。我们大家也要先生和师母这样照相，不过后来好像他们是站在桥中间合影的。最后到海边，已经接近黄昏，光线已经有点暗了，但我们还是在海边合影，留下了难忘的记忆。多年后，雪梅和我那个同学，都在美国知名保险公司做了高级精算师。

大约1998年至2013年之间，与章先生一起吃饭、活动的机会比较多，一起去过湖北和外地的很多地方。我就是他老人家的忠实粉丝，每次我都喜欢跟在先生后面，听他讲话或是听他与其他人交谈，无论是与国内、国外的大学者，还是高级官员、基层官员，抑或是商界人士，先生都能侃侃而谈，对历史、教育、时事、政治、社会……总有独到的、高屋建瓴的观点。每次吃饭或是游玩，于我都是一次学习机会，开拓了我的视野，也让我对社会有了更多的认识。我的知识、性格、思维方式，都潜移默化地受到影响并有了改变，以至于有时遇到某个问题，或对某事、某人的看法，会与章先生不约而同地一致。

逐渐地，有时我能感受到先生的喜好以及他性格的改变。先生老年后越来越温和、包容，当遇到他不满意的人或事时，也不会发脾气了，到后来甚至不会表示出不高兴了。

2003年后的几年，我们冬天都到广州我弟弟家过年，章先生和师母也在广州大女儿家过年，我们四家人都会一起聚聚，其乐融融，广州花城过年的气氛让人难忘。2010年前后几年，我们与先生夫妇和教会大学史中心的几位老师都会在平安夜聚餐，正巧我的生日也是那天，我就过了好几个与章先生在一起的生日，热闹非凡也快乐无比。后来因为平安夜晚上太堵车，才取消了这个活动。

章先生在学术上涉足多个研究领域：辛亥革命史研究、张謇研究、商会史研究、教会大学史研究、贝德士与南京大屠杀研究等，每一个研究领域都是开拓性的，都取得了非凡成就。先生永远在探索新路，不断从头做起，扩展更大的学术空间，引领华师近代史成为全国一流学科。反观我的几十年，也总是“喜新厌旧”，不断跨界，但却是个不成功者。从数学到政治经济、数量经济，再到金融专业，但却均无建树。记得2013年经管学院要我牵头组建金融系，从做系主任到做副院长，其间相继设立了金融工程本科、金融学硕士和金融专业硕士，虽然招生情况很好，也取得了一些成就，但我深深感到没有章先生那样的大家，我们的学科发展是何其艰难啊，也很难更上一个层次！这也让我更感到章先生的建树和伟大。也许，等我退休后，我会最后一次跨界，从读章先生的书开始，研究历史，探索人生，思考生与死、物质与精神、有限与永恒……

2014年后，我工作比较忙，加上其他一些原因，与章先生一起活动的机会就少一些了，最遗憾的是2017年先生回老家荻港，我因为有本科生的课调不开，就没有陪同前往。记得2019年春节，跟章先生一起聚餐，当时师母身体不好没参加。先生那天很高兴，胃口很好，说师母让他控制饮食，在家不能多吃，难得一个黄老师不在可以大吃的机会啊！说得我们都乐了。章先生对师母的服从和耐心也是非常让人感动的，每次大家讲话师母跟不上没听懂时，先生都会耐心地跟她再讲一遍；师母讲话很慢时，先生也会耐心地听完。

2020年因为疫情没能与先生见面，但听说疫情后，先生走路需要拐杖了。11 月中旬，近代史所召开近代西方医疗传教士在中国和印度国际学术研讨会，我在线上进入会场，看到先生讲话思路清晰，精神尚好。但之后不久，就听说先生摔了一跤，身体状况不佳，12 月 26 号住进了泰康养老院。2021 年元旦，我和马敏去泰康看望先生，看到先生和师母由护理员用轮椅推进会客室时，很是吃惊和难过，感觉疫情这一年，对先生身体损害太大了。我们一起吃午饭时，章先生谈起他正在看的足球赛和某某球星，兴致盎然，很是高兴。那里环境很好，温暖如春。离别时，先生坐在轮椅上拉着我的手，我竟感觉到了先生的几分童真。想着他们可以在里面过一个温暖的冬天了，加上有专人很好地照顾，先生能够快乐如童，真好！

随后几个月，先生身体状况有所好转，听说又开始关心专业和他家族史等著述的出版。5 月 23 日，我和马敏陪同从贵州远道而来的冯祖贻老师夫妇去看望先生。先生已经卧床不起，见到他多年未见的老朋友冯老师非常高兴。临别前，先生还特地竖起双指向我们比画了一个代表胜利的手势。先生思维清晰，智慧依旧，但握着他的手，感觉到他身体的无力。回来途中，我非常难过，不敢说也不敢想，只是心里暗暗期望先生能再坚持坚持。没想到，这一别竟是永别，仅 5 天后先生就离开了我们……

先生一生自律，生活简朴，不愿麻烦他人。我想，先生最后在周五早上离开，也是要让我们有一天的准备，周末有两天时间安排悼念活动而不会耽误大家的工作。他直到临终最后一刻都是异常明智、清醒的，他一定是身体累了，就选择了安详、平静、从容、有尊严地睡去。

先生驾鹤而去，留给世界的是永远睿智，有活力、风骨、爱心的章先生，他的思想、精神、学术永存！

2021 年 6 月 11 日

（作者单位：华中师范大学经济与工商管理学院）

怀念老校长章开沅先生

郑晓边

2021 年 5 月 28 日，享誉海内外的著名历史学家、教育家，华中师范大学前校长章开沅仙逝。桂子山沉浸在一片悲痛之中！老校长常引用的名句“治学不为媚时语，独寻真知启后人”一直激励着我们。人文社会、历史与教育学家的离世唤醒民众重新思考生命的社会价值与意义。

记得 2018 年七夕节我阅读《大学生乐读》中的《华师 92 岁老校长的爱情告白》一文，老校长章开沅的《金婚吟——致怀玉》令我浮想联翩：“湘有兰兮沅有芷，犹忆昙华初识时。仲夏夜梦牯岭月，漳水漫溢最相思。历尽劫波情愈笃，风雨同舟共扶持。金婚米寿平顺过，晚霞满天未觉迟。”我想起在桂子山与老校长相识的生活岁月：老校长的历史眼光与家国情怀是桂子山的品牌；老校长曾诠释“爱在华师”的希望，是爱教育事业和家园；老校长夫妇的爱心，桂子山人有目共睹；老校长送我的著作字字入心；老校长婉拒搀扶、独自上下楼梯的硬朗令人鼓舞；老校长与我共同接待波音公司著名美籍华裔田长焯教授时侃侃而谈的睿智幽默让我牢记在心；老校长与我父母为同一时代的华大校友……今天重读《金婚吟——致怀玉》，深感追随老校长还须奋力！

2019 年，章老校长为接待美国国会图书馆亚洲学术研究部主任居蜜，专门委托前校长马敏教授电话我，推荐将我们家人的生活作品《成长的幸福力》送给居蜜女士。这是一部积极向上的青年自我认同的叙事作品，是我女儿留学攻读博士期间与父母亲情沟通的心灵读物，老校长感同身受地阅读并积极推荐给国际友人令我感动！我们希望讨论普通家庭中人的力量和美德，让大家用一种更加开放的、欣赏的眼光去看待人类的潜能和动机。没想到这样一本生活叙事书，竟然成为有 110 年校史的华中师大的校长向美国国会图书馆亚洲部主任推荐的作品！

这个社会并不乏读书之人。那天我为语言学家王立教授的新作《黉府弦歌烽火中——抗战烽火中的湖北联中》写了一篇书评《湖北联中八十弦歌》，一天竟有 12.4 万阅读者分享。一位出版业编审感叹，出书是“有心栽花花不开，无心插柳柳成行”。就笔者看来，这种现象并不奇怪，满足内心需求，寻求真诚、温馨、互动……这不仅是读书人和写书人的特质，也应该成为出版业乃至和谐社会所有行业的服务宗旨。

我怀念与老校长共同生活在桂子山的 36 年岁月，我庆幸自己在老校长生前送了几本原创作品向校长汇报，我也常常认真学习阅读老校长送我的书。我感同身受老校长为《先导之声》的题词，“学风是世风的先导，大学是社会的灯塔”，这已成为大学师生学习成长和教育督导工作的警世恒言。

老校长的话语长存，桂子学者生命境界无限！

（作者单位：华中师范大学心理学院）

章先生送给我一本书

纪　红

我的床头摆着几摞书，一年来常看的是章先生送给我的《走出中国近代史》。这本书去年由北京出版社出版，共183页，收录了先生30篇文章。每篇文章我都仔细阅读，许多精彩的句子、段落还用铅笔画线，在旁边做批注，以便下次重点细品。有几篇特别喜欢的，就边读边把它们整篇抄录下来。

《境界——追求圆融》一文中，有很多句子我特别喜欢，摘录2句如下：

古人称良史必兼有才、学、识三要素，境界应属于史实范畴。时下讨论史学革新，多着眼于理论、方法，而常忽略境界的提升。

应知历史不仅是人类集体记忆之载体，而且是人类集体智慧之宝藏。我们需要着重发掘的不仅是历史真实，而且是蕴藏于史实之深处的智慧。总之，唯有智慧者始能发现大智慧，唯大智慧之发现始能出良史、出大家。

又如《离异与回归：传统文化与近代化关系试析》一文中说道：

我们这样一个具有古老文化传统的泱泱大国，只有在强手如林的世界大竞技场上奋勇拼搏，才能荡涤那些年深日久的陈规陋习，并且重新焕发出无穷无尽的青春活力与创造潜能。

我们过去已经对世界做过伟大的贡献，今后应该为世界做出更为伟大的贡献。我们既要广搜博采世界文化中的一切精英，更要把新的绚丽多彩的中华文化奉献给世界。我们既没有理由自满，更没有理由自卑，排除一切外在的与内在的、行为的与心理的障碍，勇敢而又稳健地走向21世纪吧！

这样充满智慧与力量、催人奋进的句子还有很多很多。

喜欢读这本书，不仅仅因为此书本身蕴含的无穷魅力，还有一个原因是先生在书的扉页上亲笔为我题了字：

纪红书记存念：
章开沅赠
2020暮春

现在每每看到这些先生的亲笔字，特别看着“存念”二字时，我的眼泪就会一下涌满眼眶，“治学不为媚时语，独寻真知启后人”，先生的话还长久回响在耳边。

2020年4月30日临近中午时，接到先生的秘书刘莉老师的电话，问我在什么地方，我说，在办公室。她说：“太好了，您等我一会儿，章先生送给您一本书，我马上给您送来。”过了几分钟，大约11点半，刘老师匆匆忙忙地来到我的办公室，把章先生著的《走出中国近代史》一书送到我的手上。我打开封面，看到扉页上章先生的题字，激动地嘱咐她：“替我好好谢谢章先生哈！”这么多人，难得章先生还想着送给我。刘老师说：“先生还让我谢谢您，在疫情期间对他们二老的关心。”说来惭愧，疫情期间，只有二位老人在他们桂子山家中，我很想为他们二老多做一些事，可碍于条件的限制，能做的微不足道。就这些微不足道的事情，90多岁高龄的先生竟还一直记着。

当天我就把此书带回家中，迫不及待地开始一篇篇细读，还十分得意地在家人面前炫耀：“章先生送给我了一本书！”

机缘似在冥冥中。2021 年 5 月 23 日，周日，就在先生去世前几天，我还与马老师一行一起去见了章先生。那天章先生躺在病床上，我和先生握了手，说了几句几个月以来一直蕴藏在心中祝福先生的话语，并代表全院师生祝愿先生早日康复！我说话时，章先生一直微笑着望着我，他面色红润，思维清晰，反应敏捷，精神尚佳，这微笑的样子这几天一直萦绕在我的眼前。出来后我心里还在想，马上就到先生的生日了。谁曾想，没过几天，就听到先生离开我们的消息！刚听到时，真不敢相信！先生遽然离世怎么能不叫人伤心流泪?!

想起英国诗人菲利普·拉金在《一天已经过去》中的第一段：

一天已经过去，
一道火光在我眼中掠过
然后沉落；多风的天空
无法预报。

但是章先生，您不会离开我们的！您怎会离开我们呢?！您的书会一直放在我的床头，我会好好读书，好好读历史，好好为历史文化学院师生服务！好好为您曾振臂高呼的永生的华师、万岁的华师服务！

2021 年 6 月 1 日

（作者单位：华中师范大学历史文化学院）

莫道桑榆晚，为霞尚满天

——记章开沅先生在桂子山上的最后一次讲座

吴 琦

2021年5月28日，我们敬爱的章开沅先生与世长辞，这不仅是学院的损失，学校的损失，也是学界的损失。痛惜之际，我们接收着延绵不绝的来自各地各界的哀悼之情、追思之念，强烈地感受到章先生的精神与品格、学识与眼界已经跨越了学科的区别、地域的界限，不仅引领着一代代华师人向着学海远航，亦深深浸润于海内外学人们的心田，感召千万人。

1984年我踏上桂子山，至今已经整整37年。在这片土地上，我学习、成长，从一名求学者变为一名育人者，不管在人生的哪一个阶段，章先生始终是我发自内心敬仰的前辈，章先生的道德、学术、思想、品格一直是我学习的榜样与努力的方向。虽然章先生的高度我无法企及，“仰之弥高，钻之弥坚，瞻之在前，忽焉在后”，但我深感自己的诸多方面是在向先生学习着。

大概是从20世纪90年代前后，我比较多地聆听章先生的学术讲座和报告。曾记得，章先生的每一次讲座可谓火爆，有一些讲座安排在学校的六号楼及七号楼的阶梯教室，师生慕名如潮而至，教室外面两侧的走道都挤满了听众。在桂子山上，大概也只有章先生的讲座能够始终保持如此盛况。与此同时，我从青年教师的时候开始，便耳闻目睹章先生的治校风范和爱生如子的事迹，章先生的日常点滴沁入我的心中，触动我的心灵。我可以绝无虚言地说，章先生的言行对于我的治学、人才培养乃至于这些年的行政管理工作，都有直接的影响。

也正是由于这些原因，一直以来，我在许多课堂上都会告诫学生们：凡是章先生的书一定要看，凡是章先生的讲座一定要听。其实，我更强调后者，因为，如非专攻中国近现代史的学生，要他们遍阅先生的累累硕果，有点勉为其难，尤其是本科同学。但能够直接聆听章先生的讲座，就可在章先生磁性嗓音、睿智思辨、高尚情怀及广博学识中，全方位接受熏陶。在《章开沅文集》出版发布座谈会上，我把这一看法和做法讲了出来，在场的章先生十分幽默地说，吴琦在搞新“两个凡是”。我向同学们推荐章先生的讲座是由衷的，但随着章先生年事已高，身体也出现了血压不稳定等状况，不宜做长时间的学术讲座，黄师母也力所能及地婉拒一些讲座邀请。其实，章先生即便在辞去终身教授岗位之后，仍在不断出席各种重要的学术、接见活动等，并发表了很多重要的讲话。我兼任行政工作之后，每一次陪同国内外学者以及各级领导去拜见章先生的过程中，都可以当面聆听章先生的卓见。我一直十分珍惜这种机会。

2015 年 12 月 18 日，那是一个令我永难忘怀的日子——90 岁高龄的章先生为历史文化学院的师生做了一场整整两个小时的学术讲座，在我的印象中，这应该是章先生在桂子山上为师生做的最后一场学术报告。我有幸主持了这场讲座，何其荣光！

事情的缘起大概是这样的，12 月初，章先生因学术方面的事务，履行了给外国语学院的师生做一场讲座的承诺。讲座当日，历史文化学院的学生也闻风而动，蜂拥前往，但讲座的地方容量有限，学生无法进入报告厅。于是，学院付海晏老师去把学生领回，但学生颇为委屈，认为自己学院老师的讲座，何以不能亲耳聆听？在此情景之下，章先生当即承诺，后面再给历史文化学院的学生讲座一次。半个月之后，讲座如期举办。

那是一个周五，讲座开始的时间是下午 3 点钟。不巧的是，早前学院已经安排那天下午召开全院教职工大会。为了让老师们也能够聆听这次难得的讲座，我与学院分党委书记寇富安商议，学院教职工大会提前至 2 点召开，并在一个小时之内开完。终于，那天下午 3 点，在科学会堂，历史文化学院师生同堂，加上其他慕名而来者，一起享受了章先生带来的一场学术盛宴。

章先生讲座的主题是“贝德士——为历史取证”。讲座伊始，章先生以难以按捺的喜悦之情，向大家传达了中国女足获胜的喜讯：中国女足在新奥尔良体育场与美国女足热身赛中，凭借湖北姑娘王霜下半场的入球，1∶0战胜美国女足，打破了美国队11年主场104场比赛不败的纪录，也终结了中国女足9年多不胜美国队的纪录。章先生用他的情趣，给讲座带来了轻松喜悦的气氛。

转入正题之后，章先生态度鲜明地表明，本场讲座是借国家公祭日之际，向大家讲述一些应该被记住的历史。2015年12月13日是第二个南京大屠杀死难者国家公祭日，10集大型电视纪录片《外国人眼中的南京大屠杀》于12月7日开始在央视科教频道和江苏卫视同步播出。章先生评价这部纪录片准确、深刻，在艺术上也有很高的造诣，“没有控诉、怒斥、夸张，但就是非常感动人”，纪录片还将学术界的成果和较少人研究的贝德士晚年生活以通俗易懂的电视传播方式让大众了解，这是对日本安倍势力的迎头痛击。章先生介绍，这是第一部以见证、亲历以及探寻南京大屠杀这一历史惨剧的外国人视角来表现的纪录片。10集纪录片聚焦10个关键人物，创作团队分别奔赴美国、日本、德国、丹麦等国家进行拍摄，遍访几位外国亲历者的后人，搜寻第一手史料。摄制组还分赴美国哈佛大学燕京图书馆、耶鲁大学神学院图书馆、斯坦福大学胡佛研究院、美国国家档案馆、美国国会图书馆、美国纽约公共图书馆、德国外交部档案馆、横滨日本报业博物馆和丹麦奥胡斯市州立图书馆等地，获得了大量珍贵文献资料，其中许多内容都是第一次呈现在国人面前。章先生介绍，该纪录片第六集《贝德士——为历史作证》中的贝德士就是自己的恩师。

章先生高度评价了贝德士先生及其文献的历史地位。章先生介绍，贝德士先生1920年来华，在南京金陵大学执教近三十年。任教期间，贝德士提出将政治与历史系分开，并借鉴牛津大学、耶鲁大学的做法，开创了系统的近现代历史学，在学科转型上作出了自己的贡献。在章先生的眼中，贝德士先生是一个很认真、真诚的人，不仅表现在学术上，生活上也是如此。贝德士对自己小时候的证件保存完好，对于自己的书籍资料也都悉心保存。正因为如此，当日本兵入侵南京的时候，贝德士先生意识到正在发生一场浩劫，自己作为一个历史学家应当如实记录下来。章先生评价，贝德士是一个好老师，“但一个好老师做了这么多却没有得到中国和中国学者的肯定，没有得到应当享有的位置”，应该还其本来面目，给予应有的尊重。

章先生的讲座足足两个小时出头，先生神思泉涌，讲到激动、义愤处，神采飞扬，心中的情感溢于言表，中气十足的嗓音随着情绪不断起伏，配以各种手势，娓娓道来中不断牵动人心。令人感佩不已的是，两个多小时的讲述中，章先生的思路十分清晰，有些内容貌似讲得有点远了，先生总能够及时收回，并顺理成章地对接上主题。

整场讲座没有提问，没有点评，完全是章先生的精彩讲述。虽已鹤发银丝，依旧一片丹心热血，我们沉浸于其中，感动于其中。在章先生讲座完毕，我作为主持人，表达了自己的感慨，对于章先生的讲座，我不敢妄评，只对师生们讲了一句发自内心的话：“在座的老师和同学们，何曾听过一位 90 岁高龄的长者，在两个多小时的时间中，毫不停歇地给我们娓娓道来，启人心智，撼人心灵。这是在座所有人的终生之幸！”章先生是带着一种大爱走进历史的，从昙华林到桂子山，从书宅到讲堂，这种爱已深深烙印在华师一代又一代的学子身上。

“南湖浪涌，桂香灵动，百年求索路，桃红李白映苍穹。”对华师人来说，一年中最美的季节是秋天，一树树桂花盛开，那香气便流淌进人的心里，永不断绝。章先生便是最大的那一棵桂花树，深深扎根于桂子山上，开着永不凋谢的花，引领着我们寻找自己的精神家园。

（作者单位：华中师范大学历史文化学院）

泰斗和仁者
——深切怀念敬爱的章开沅校长

方　燕

刚接到华中师范大学档案馆付强馆长打来电话，惊悉章开沅校长永远离开了我们，令人难以置信。一位学识渊博、敢为人先、和蔼可亲的老人就这样走了，这是华中师范大学乃至中国教育界、史学界的重大损失。在我心里，章开沅校长永远是那么睿智慈祥，亲切的教诲仿佛就在耳边，我的思绪一下回到上世纪80年代末的华中师范大学。

华中师范大学前身之一的华中大学系教会大学，华中师范大学档案馆保存有不少华中大学历史档案及照片，后来，湖北省档案馆保存的有关华中大学档案归还华师。校档案部门积极挖掘这些历史档案资源，开展了档案编研工作。1989年6月，在时任华中师范大学校长章开沅亲自领导下，校档案部门积极与学校历史研究所合作，协办首届中国教会大学史国际学术研讨会，利用馆藏华中大学历史档案，举办华中大学史料实物图片展，受到与会中外学者的欢迎，为华师成为中国教会大学研究中心奠定了基础。

章开沅校长曾言：我一生在学术上做了两件事。一是把中国的辛亥革命史研究推向世界，并把国外的研究引入中国；二是让国际教会大学史研究走进中国，又让中国的研究走向世界。研究中国教会大学史是章开沅校长打破思想桎梏敢为人先的重大举措，因他的带领，中国教会大学史研究取得了丰硕的成果。首届中国教会大学史国际学术研讨会的成功召开，开启了中外学者对中国教会大学史的研究与交流。

章开沅、马敏两任校长先后到美国讲学研究，从美国耶鲁、普林斯顿大学复制有关华中大学档案回国并交给档案馆，这些档案在我校传承历史、编史修志及中国教会大学史研究方面发挥了极大的作用。

1993年年底，章开沅校长、马敏、周洪宇与我，一同被邀请参加在香港中文大学崇基学院举办的中国教会大学史国际学术研讨会，我们在会上作的《华中大学档案在国内外分布情况简介》的发言，受到与会者的高度重视，被收入会议论文集。在香港开会期间，华师香港校友会热情接待我们一行四人，章校长的人格魅力深深打动了所有人，有机会近距离聆听恩师教诲，我获益匪浅。

回校后，我与马敏合作完成了《华中师范大学档案馆馆藏资料》（“中国教会大学史系列丛书”第3集），并于1995年由香港中文大学出版社出版。该系列丛书的出版填补了中国教会大学历史研究的空白。在章开沅校长的领导下，华中师范大学中国教会大学史研究中心在国内外享有盛誉。

2014年章校长退休，虽年纪大了，但他并没在家休息，而是继续每天到研究中心潜心研究学问。我曾因事打电话到他家中，家人说他到研究中心去了，真是令人敬佩。

记得前几年，华中师大深圳校友会召开会议，特邀章校长到会，会前许多校友簇拥章校长照合影，我正好站在章校长后面，合影后我跟章校长打招呼，怕他不记得我了，但章校长一下就认出我来了，我好开心，就像见到家人一样亲切。写到这里，我的泪水不由自主涌出，我深深缅怀敬爱的章开沅老校长，您永远活在我心中。山高水长，先生千古！

（作者单位：华中师范大学档案馆）

大师柔情
——回忆章开沅先生

何小红

2021年5月28日上午，惊闻章开沅先生仙逝，我泪如雨下，心痛不已，悲伤万分。先生是我国学术泰斗、学界领袖，是享誉世界的著名历史学家、教育家。其著作等身，成就卓著，诲人不倦，桃李芬芳。

生活在桂子山上，我们有机会聆听先生的教诲，仰望先生的身影，得到先生的熏陶鼓励与爱护，感受先生的高贵品格。这是我此生的幸福与幸运。

先生德高望重，为人正直，仗义执言。但现实生活中的他，是个特别温和暖心、善解人意、活泼生动的导师。他说：我喜欢教师这个职业，我喜欢学生，学生也喜欢我。的确，我们都热爱这个侠骨柔情的“桂子山之子”，我们都喜欢桂子山上这颗耀眼的星星。

章先生把桂子山上的学生称为“小可爱”。不仅仅是现在一批批年轻的学生，即使我们早就由学生变成老师、从青葱岁月到四五十岁，在先生眼里我们仍然还是“小可爱”。先生对学生发自内心真挚浓烈的爱，处处散发着动人的光辉。

2013年，我在学校图书馆工作，我和班子成员一起，经过集体研讨，拟定将图书馆部分符合数字化条件的珍贵馆藏进行数字化，以方便给更多的读者学习查阅。我们把这个想法报告给章先生，他非常开心，满眼含笑，说这是一件好事。我们迅速成立《华中师范大学图书馆百年珍藏撷荟》编委会，邀请先生担任编委会顾问，先生以实际行动支持指导我们。初稿成形后，先生给我们提出很多修改意见，他认为这本图册是庆祝建校110周年非常精美又有意义的礼物，于是他欣然题词“图书馆为百年老校底气之所存，智慧之所聚，学脉之所延，琳琅满目，美不胜收”。从这段文字，我们似乎看见了先生喜悦的笑脸。

2015年5月的一天，我和易吉林相约去看望章先生，先生一直都特别关心图书馆文献资源建设情况，我们就去他办公室向他汇报相关情况，聆听先生的指导。每次与他见面，他生怕我们这些“小可爱”紧张拘谨，他总是在认真交流工作之时，穿插说点趣事，好让学生们放松愉快。那天临走的时候，先生自己说：“来，我们伸出大拇指照张相，为你们的工作点赞加油!”先生双手竖起大拇指，我和易吉林照样，那一刻，整个屋子弥漫着活脱脱爷爷对孩子的宠爱温情。

2017年9月29日，那时我在文学院担任分党委书记，华中师范大学干部专修科1987届毕业生想在学校举行毕业30周年庆典，我们把大会地点定在文学院学术报告厅。当天章先生应邀题词并到会讲话，他为这届特殊的学生题词“大器晚成，圆梦华师”。以91岁高龄与这批大龄学生欢聚在一起，他说：“刚才听到你们点名，你们喊‘老师好’，我很感动，我是特高人群（高龄），但我的心情跟学校所有领导和老师一样，热烈欢迎大家。你们看，今年桂花都开第二茬了，都在欢迎你们!”华师有个传统有目共睹，那就是华师人爱国家、爱学校、爱全人类，充满爱心办教育，师范学校就要爱学生。先生自始至终认为教育就是爱，教师对学生应当实行爱的教育。

2018年12月21日下午四点，我在西区国际交流园区大门口附近的超市旁边遇见了章先生。武汉的冬天寒意较重，先生精神矍铄，气色很好，穿着薄型的蓝色羽绒服，戴着鸭舌帽，状态非常好。虽然和先生每天都在同一校园，但这种温馨的邂逅，次数也不很多，我激动得快步蹦到先生面前，乖乖地问候他，看到他背在身后的手里，还提着一把青菜。先生就是这么接地气，这么高的地位，这么大的年纪，从不麻烦别人，事无巨细，都自己做。先生还经常自己去广埠屯菜场和超市购物，自己到学校食堂进餐。路上遇到师生朋友还站着聊聊天，多么真诚朴实啊！他笑眯眯地看着我说："我叫你红书记，你是个认真的人。"

听着我崇拜至极的先生说我是个认真的人，我热泪盈眶，这是对我最高的褒奖，是对我的莫大鼓励。曾经所有的艰难、付出与努力，都值得！以后的每一天、每一件事，我都会心甘情愿、认认真真地去做好，不辜负先生对我的期待。这一次，我们就在西区马路上拍了照片留存。

2019 年 9 月 29 日，我和历史文化学院纪红书记一起去看望章先生，在他的办公室里，聆听他的教诲，精彩的解惑、深邃的思想，都给我们传递着力量。章先生主张"高调做事，低调做人"，做好人，做真君子，引领我们求真务实。

敬爱的章先生，虽已告别，但先生风骨长青，风范永存！先生的音容笑貌、先生的关切话语、先生的温暖柔情，将是我心底最珍贵的记忆！

追思先生，珍念此生！

先生永远活在我们心中！

（作者单位：华中师范大学离退休工作处）

忆我和章开沅先生的美好时光

易吉林

惊闻章先生仙逝，心痛不已！聆听先生的谆谆教诲，和先生一起陪同友人参观图书馆、博物馆的一幕幕浮现眼前，不禁潸然泪下！2012 年至 2018 年年底，我在学校图书馆博物馆工作期间，于我个人是有幸与先生见面交流最多的一段时间，亲历他的风骨大雅，得到莫大的鞭策，激发了读书的兴趣。这期间，在敬爱的章先生和几位导师的鼓励及悉心指导下，我终于完成了在职博士研究生的学习，获得了历史学博士学位。在我的记忆里，章先生就是一位慈祥谦和、善解人意的尊长者，一位春风化雨、潜心育人的好导师，一位思想睿智、敢为人先的真学者，一位德高望重、博学多才的帅大师。他思想之开放，思维之敏捷，行动之迅速是我等凡夫俗子望尘莫及的。

有幸和先生有过很多的合影，如今翻看这一张张美好的照片，只有无尽的追思，先生音容宛在，精神永存！唯有化悲痛为力量，继承先生的遗志，砥砺前行！

2015 年 5 月在章先生 90 岁寿辰的时候，我和何小红（时任图书馆书记）一起去他办公室探望他。我们向他汇报了他一直关心的图书馆文献资源建设情况。当他听到近几年图书馆电子文献资源的发展，特别是准备举办他的挚友余传韬先生捐赠文献展览和下一步研究计划时，他非常开心，对我们的做法表示了肯定。他说："你们是很幸运的，能在知识的圣殿里工作，我都羡慕你们！图书馆作为一个学术机构，除了有丰富的馆藏外，还要和各学科专家主动联系，发动大家做一些珍贵文献的研究工作。我相信你们，你们这么认真努力，一定会把图书馆的各项工作做得更好!”合影时，他说要为努力的图书馆人点赞，和我们一起竖起了大拇指，给了我们莫大的鼓舞和鞭策!

2018 年 4 月 17 日，我和图书馆张伟书记、办公室付方方主任一起为迎接世界读书日，湖北省“书香荆楚 · 文化湖北”全民读书月活动启动仪式的事情去拜请他支持。去的时候，我们真的有些于心不忍，先生已是 90 多岁的高龄，又是生病出院不久，但是校内外师生都想见他，呼声很高。我们硬着头皮，抱着试一试的心态去拜访了他。没想到在我们向他汇报了全民读书月活动的准备情况后，他欣然答应。他说他可以去现场为大学生阅读志愿者服务队授旗，并向全省大学生发出阅读倡议，要是别的活动就算了。听他这样一说，我们惴惴不安的心终于放下了。行为示范，章先生最牵挂的还是青年学生，他平生“最欢喜的就是学生”!

交谈时，先生得知我博士论文即将答辩，并且还知道我坚持跑马拉松时，他笑着说：“我特别佩服有毅力的人，那你是个女英雄，我要为你点赞!”后来在合影的时候，他主动提出来与我单独合影，又是竖起两个大拇指!我是何等的幸运，一个普通的华师人能得到他的鼓励!每次见面聊天都让我如沐春风，都有满满的能量!他的鼓励鞭策就像一盏明灯照亮前行的路，给人温暖，给人信心，让人充满斗志!

读书月活动启动仪式当天，我们提前了 40 分钟去接他，章先生在家里已准备多时。他立刻戴上帽子，和我们一起到了佑铭体育馆。上台时先生脚步虽缓慢，但却很稳健；旗杆虽长且重，但先生手持旗杆却让人感觉有无比的力量，队旗在佑铭体育馆主席台上高高飘扬，台下顿时成了欢呼的海洋，师生都被老校长的行动感动了!我想他一定是用尽了自己全部的力量，下来时额头上还有微汗。此情此景，现在回味起来是那么的美好，当时各高校师生代表一定和我一样记住了章先生最美好最动人的时刻!章先生说，“读书人要从书中获得精神财富”，“读书人不仅要读有形的书，还要读无形的书”，“读书人要把自己定位为知识分子”(摘录自《章开沅：读书人的三重境界》)。他的引领示范就是一本“博雅”书，让人获得巨大的精神财富！

我亲历了章先生与学校图书馆博物馆的真挚情缘，他先后多次为图书馆题词。2015年4月22日，在第20届世界读书日来临之际，暨周西瑞教授（美国加州大学圣地亚哥分校）图书捐赠仪式上，寄语广大学子，题词“开卷有益”。2013年为图书馆编撰的《华中师范大学图书馆百年珍藏撷荟》一书题词，“图书馆为百年老校底气之所存，智慧之所聚，学脉之所延，琳琅满目，美不胜收”。他关心着学校图书馆的建设发展，章先生和夫人黄怀玉女士多次向我校图书馆博物馆捐赠珍藏的珍贵资料和文物，有的珍贵资料是全国独有的，我们被他的大爱情怀感动。

章先生为图书馆架起友谊的桥梁，介绍了一大批中外学者专家、亲朋挚友给学校图书馆捐书，亲自陪同捐赠人参观图书馆和博物馆。在通向博物馆负一楼阳光大厅的通道上没有电梯，还有一段缓坡，他总是不辞辛劳，有时候带病坚持陪同，走了一次又一次，有时亲自给参观者介绍博物馆有关文物的来历，介绍学校的发展等。我有幸一起陪同，目睹了中外专家学者名人的风采，印象中我见到了美国加州大学圣地亚哥分校周锡瑞教授，日本关西大学前任校长和田悌一教授，著名生物化学家、教育学家余传韬先生等学界名人。印象最深的是章先生的挚友、台湾的余传韬先生先后13次向我校捐献珍贵文献资料，包括蒋介石、陈诚等人的手稿，南怀瑾、邓如石等人的书法藏品。学校图书馆之所以能得到这批文献，得益于两位先生的深厚友谊及余先生对章先生的高度认可和信任，得益于章先生对图书馆文献建设的倾心支持和深深的大爱！每一次余先生从台湾回武汉都携带一批珍藏，章先生都亲自陪同送到图书馆，章先生的亲力亲为既感动着余先生也感动着我们每一个人。都说“爱在华师”，正因为有章先生及数代先师学人的“忠诚博雅朴实刚毅”华师精神传承，才有了今天华师的大爱，才有了今天华师的发展！

（作者单位：华中师范大学校友工作办公室）

无法忘却的怀念

陶　力

5 月 28 日，享誉海内外的历史学家、教育家，我校原校长章开沅先生在武汉逝世。当得知这个消息时，我的内心无比震惊和悲痛，老校长的音容笑貌仿佛还在眼前。2015 年我还在团委负责志愿服务工作时，曾大胆提出想在青年志愿者联合会中恢复成立当年恽代英所创立的互助社，这一想法得到了当时校团委杨臣书记和麻旎书记的支持，我们委托中国近代史所的老师邀请老校长为互助社题字，没想到老校长欣然应许，很快就将题字写好转交给我们。近几年，自己其实非常希望能向老校长近距离请教，但一是想着老校长年事已高，平日还是多静养休息为好；二是自身历史方面知识积累不够，担心在老校长面前闹了笑话，所以一直不敢前往打扰。偶尔在校园里见到老校长，感觉他走路虽然徐缓，但精神依旧矍铄。现在突然间听闻此噩耗，仿佛心里压着块石头似的，久久无法消除难以言表的郁结，今生不能再见老校长将成为我人生莫大的遗憾。

老校长在 110 周年校庆的时候称自己为“桂子山之子”，但在全体华师人心中，他早已是华师精神文化的象征。只要有他在，华师人仿佛心中便有了寄托和依靠，在外说话也增添了几分底气和自豪。在我心中，老校长既是习近平总书记多次提到的塑造学生品格、品行、品位的“大先生”，也像金庸笔下那些此生始终为国为民而努力奋斗的侠之大者。如今老校长还是离开了我们，很多华师人怀着无比沉重的心情通过各种形式悼念我们可亲可爱可敬的老校长。我也一直在思考，章先生作为华中师范学院的最后一任院长和华中师范大学的第一任校长，他生前将自己毕生的智慧和精力无私地献给了祖国的教育事业，今后我们要如何传承好、发扬好老校长的精神财富，才能不愧于老校长的在天之灵。

对老校长最好的纪念就是要始终铭记立德树人的教育初心。华中师范大学是一所具有光荣历史的百年学府，在百余年的发展中既继承了中国传统文化的精华，又汲取了外来文化的养分，更弘扬了革命文化教育的传统。在一代又一代华师人顽强拼搏、接力奋斗下，学校始终坚持社会主义办学方向，与新中国一道心连心、同呼吸、共命运。老校长更是带头垂范、身体力行，一辈子用实际行动回答了“培养什么人、怎样培养人、为谁培养人”这一根本性问题，始终践行为党育人、为国育才的使命担当。上世纪八十年代初，学校正经历动乱重创，各项工作停滞不前，他出任学校校长后，立刻稳定了局面，带领华师人开拓创新，锐意进取，学校各项事业重现了勃勃生机，为党和国家培养了急需的各类人才，为我国社会主义教育事业的建设和发展作出了巨大的贡献。

老校长作为中国近代史的泰山北斗，是闻名海内外的中国近代史和教会史研究权威。在执掌学校的6年间，他开启了言论自由的学术风气，成为学校声望最高的校长。由他所主编的《辛亥革命史》享誉海内外学术界，得到全世界学者的充分肯定和尊崇。他多次前往国外为南京大屠杀取证，终于成功揭开尘封50多年的档案，曝光了南京大屠杀的惊人内幕，捍卫了历史的真相和民族的尊严。他常以“老母鸡”“铺路石子”自居，大力提携青年人才，培养了一大批享誉史学界的章门弟子。老校长几度提出辞去资深教授，成为我国人文社科界辞去资深教授的第一人，“治学不为媚时语，独寻真知启后人”成为他“要留风骨在人间”的真实写照。

老校长常说自己，“一辈子没有别的追求，就是欢喜学生”。他非常关心青年学子的成长，把他们视为希望之所在，鼓励华师青年学子成为与暴风雨相搏击的矫健海燕，要关心国家大事，胸怀天下风云，在改革伟业的年代尽情焕发青春光辉，仰望星空，脚踏实地，释放正能量，引领新潮流。他对教职工嘘寒问暖，切实为他们解决实际困难；他还特地为园林工人姚水印师傅撰文立碑，对他为学校获得“全国绿化先进单位”作出的贡献表达敬意。

对老校长最好的纪念就是要始终坚定干事创业的发展决心。当今世界正经历百年未有之大变局，我国发展的内部条件和外部环境都在发生深刻变化。面对国际复杂形势的新挑战、国家高质量发展的新要求、人民对美好生活的新期待，在“十四五”乃至今后更长时间内，学校在建设教育强国的新征程中应该如何开好局、起好步，成为摆在全体华师人面前的一道考题。老校长曾经在就职演讲中就毅然说道：“我宁可站着倒下去，也不躺着混下去！”当年学校为了发展，从昙华林搬迁到桂子山，彼时的桂子山还是一座野草丛生、杂树密布的荒山，正是有了老校长这一辈华师人将此改造成为林木森森、芳草萋萋的全国绿化先进单位，使华师焕发出了生机和光芒，成为海内外的学术重镇。如今站在新的历史起点上建设高质量教育体系，加快推进教育现代化，建成教育强国，更要发扬华师人身上那种“筚路蓝缕，以启山林”的开拓进取精神。

在“双一流”建设过程中，我们面临着“前有标兵，后有追兵”的激烈竞争，为了抢抓学校发展的重要机遇，我们等不得，慢不得，更拖不得，要牢记“逆水行舟，不进则退”的经验和教训，更要秉持“狭路相逢勇者胜”的信念和勇气。当前教育综合改革进入深水区，剩下的都是一些久治难愈的沉疴积弊，敢不敢涉险滩、闯急流，敢不敢啃“硬骨头”、打攻坚战，能否在大战大考中淬炼责任担当，是对每一位“忠诚博雅朴实刚毅”的华师人的重大考验。古语有云，“人心齐，泰山移”，当前亟须凝聚起全体华师人最广泛的共识，团结最广泛的力量，增强拼搏向前的决心和壮志，唤起干事创业的觉悟和激情。把重担挑起来，把“烫手山芋”接过来，以“抓铁有痕”“踏石留印”的劲头持续抓下去，只要全体华师人心往一处想，劲往一处使，我们在大有可为的伟大新时代中必将大有作为，中华神州大地上注定会写下属于华师最浓墨重彩的一笔。

对老校长最好的纪念就是要始终保持迎难而上的必胜信心。突如其来的新冠肺炎疫情给我们带来挑战，但沧海横流，方显英雄本色，全体华师人齐心协力，共同抗疫，实现了不停课、不停教、不停学，精心组织完成全校3万余名学生和4000多名教职工有序返校复学。学校主动搭建教育部华中师范大学心理援助热线平台，服务全球华人6万余人次，得到党中央国务院的充分肯定和社会各界的高度赞誉。推动成立全国首个人工智能教育学部，获批教育部国家教师发展协同创新实验基地等协同创新平台，国内领先、国际知名的“人工智能＋教育”学科高地基本形成。十二次党代会的成功召开，更是吹响了学校建设教师教育领先的世界一流大学的嘹亮号角。一代又一代华师人顽强拼搏，接续奋斗，创造了学校光辉灿烂的历史。行百里者半九十，目标就在眼前，任务就在肩上，这是一场长跑，绝不能半途而废，需要一代又一代华师人以“时不我待，只争朝夕”的精神去攻坚克难、砥砺奋进，才能不断从胜利走向新的胜利。事实证明，只要坚持党的领导，坚持社会主义办学方向，全面贯彻党的教育方针，坚持用习近平新时代中国特色社会主义思想铸魂育人，我们完全有条件、有能力、有信心去实现华师人教育强国的梦想。有风有雨是常态，风雨无阻是心态，风雨兼程是状态。只要我们心怀“国之大者”，拿出“敢教日月换新天”的气概、坚持“咬定青山不放松”的韧劲、鼓起“不破楼兰终不还”的决心，激发为实现中华民族伟大复兴而奋斗的信心和动力，没有什么能阻挡华师向建设教师教育领先的世界一流大学前进的坚定步伐！

老校长已离我们而去，我想他一定是去了天堂，但他肯定放不下这辈子最牵挂的桂子山。在研读纪念老校长的文章时，经常不知不觉就已泪流满面，老校长的精神无时无刻不在鼓舞着我们，希望他在天之灵能够安息，希望能一直保佑我华中师大。

（作者单位：华中师范大学校办）

《林木深处觅绿魂》小品文内蕴真情

陈昌恒

惊悉我们极为敬仰的华中师大老校长章开沅与世长辞，心情沉痛，悲绪万千，夜难入睡。老校长的音容笑貌，及其蔚为大观的学术专著、论文不断闪现在我的脑海之中。忽然，老校长的《林木深处觅绿魂》小品文带着一缕柔和的绿光闪现在我的眼前，令我感动万分。

“绿魂”，即华中师大绿化组姚水印老师傅墓地的雅称。这篇六百余字的小品文缅怀姚师傅等园林工人在华师筹建时期艰苦奋斗的精神，肯定了他们将一个“瘠土裸露”“草木稀疏”的荒山秃岭改变成了林木森森、绿草茵茵的桂子山，使华师成为全国绿化先进单位、武汉市绿化红旗单位、武汉市历届花展优胜单位的光辉业绩，颂扬了他们无私奉献的高尚品格，表达了老校长对园林工人深挚的敬意，展现出了大学者敬重园林工人的令人敬佩的人格操守。

“谈笑有鸿儒，往来无白丁。”唐代诗人刘禹锡在饱学多识的文人与老百姓之间划了一条等级分明的界限。而誉满海内外的中国近代史学界泰斗，辛亥革命研究第一人的老校长却为一位名不见校史的园林工人著文、树碑，构建了学者与平民息息相通、互相平等、彼此尊重的精神桥梁。

有感于老校长在辛亥革命研究、贝德士文献研究、南京大屠杀研究方面所作出的开拓性的学术贡献，多国学府及学者颂扬老校长“对学术永怀赤子之心”，有“超越世俗的纯真与虔诚”。细读《绿魂》这篇小品文，我们可以看到老校长对广大的中国平民又何尝不是如此呢，他对平民的纯真、虔诚，令人感动。

“年青一代的桂子山人，愿你们在课余饭后也去梅园探访绿魂。”这篇小品文的结束语，也是老校长对桂子山后来人的殷切希望。

“年年岁岁花相似，岁岁年年人不同。”不同经历、不同年龄的桂子山人，让我们传承章校长爱民、敬民、赤心为民的美德，学习、发扬劳动人民艰苦创业的精神和默默无闻、无私奉献的品质，为圆中华民族复兴的美梦而努力奋斗。

沉痛悼念老校长章开沅，您永远与桂子山人同在！

（作者单位：华中师范大学出版社）

道高犹许后生闻

——追忆章开沅先生

谭徐锋

2020 年年底 2021 年年初，断断续续有章开沅先生身体不太好的消息。5 月 21 日，我回华中师范大学中国近代史研究所参加光宣困局与辛亥革命学术研讨会。会议间隙，马敏老师跟我提及章先生状况很不好，我们都期待他能够好转。未承想，28 日早上就得知先生逝世的噩耗，当时我们都很震惊，一时很难接受，往日受到先生教泽的情景历历在目。作为先生的再传弟子，我本人，以及内子都是华中师范大学历史文化学院的本科生，说起当年在母校聆听先生教诲，我俩都格外感慨。作为老校长，他的见识与风骨已经深刻映入我们脑海，如果说华中师范大学有校格，那么章先生就是标尺。

爰就记忆所及，将印象中的章先生形象做一追忆，期待能加深各界对于章老先生的认识。

给小毛头改稿

大约是从 2000 年开始，华中师范大学每逢开学，都有一个不成文的传统，就是邀请章开沅先生来给新生做演讲，这个演讲一般不是开学之初，而是军训即将结束，孩子们马上开始正式学程之时。记得不错的话，章先生类似的演讲前后坚持了十多年。

我们那一届，是 2000 年 9 月 19 日下午在华师露天电影院举行的。当时历史文化学院2000级男生临时住在老幼儿园旁边的小院里，离风雨操场一墙之隔。

本来我很想去听，可是奉命与龚余男、石小琴一起做黑板报，要求还很紧，我们只好边做黑板报，边竖着耳朵搜寻从操场广播里传来的章先生洪亮的话语。可是毕竟有点远，断断续续，倒是掌声不断。我本人感到万分的惋惜，因为那时候很少有录音，以为会跟这次讲座失之交臂。

事有凑巧，章先生的讲座太精彩了，以至于不少同学回到宿舍，晚上九十点钟还在谈论，有一个年纪很小的同学甚至说："你不去听，太可惜了，我简直崇拜极了。"从他们的讲述里，我发现的确言之有物，值得追记。

于是，我想了一个笨办法，分别找了我认为最有学识的三个男同学，让他们给我单独讲述一遍，我再根据三人的讲述整理，拼接出章先生讲座的完整轮廓，成稿将近四千字。整理完毕，有广播台的师姐很想拿去播报。我担心毕竟是如此写就的，说不定失却老先生的本意，师姐建议我去找章校长给确认一下。我私下想，老校长这么忙，我这么一个小毛头，他会搭理吗？

在师姐和历史文化学院老师的鼓励下，我在院办公室给章先生打了电话，问他是否有时间帮我斧正一下整理稿，没想到，老先生很爽快说："可以，你23日上午10点来找我！"由于过于紧张，我忘了追问到底该去哪里找他，电话挂断，我也不好意思再次去电。后来问其他老师才知道章先生的住址。

我惴惴不安地等到23号上午，9点40分就来到章先生北区住所的那一单元楼下，可是也不知道他家的门牌号码。等了十几分钟，天上开始下起小雨，恰好一位老奶奶回来，她看到我有些焦急的样子，就问我找谁。我忐忑地告诉她我找章先生，可是不知道他家门牌号。她和蔼地笑了一下，略微带着湖南口音说："章先生啊，他在所里，你去所里找他哈。"原来那位老奶奶就是章先生的夫人，刚买菜回来，恰好遇到我。

我赶紧拜谢，跑着前往位于逸夫会议中心后侧的中国近代史研究所章先生办公室，没想到雨越下越大，我深一脚浅一脚地赶到时，已经快十点半了。我立马呈上整理稿，章先生没有寒暄，立即提笔修改起来。我站在他对面，一动也不敢动，看着他勾勾画画，花了二十多分钟改完，连标点都改了过来，有些文绉绉的说法也换掉了。他当时问我有什么问题，我傻乎乎地说，我们现在国学功底不好，您觉得应该怎么补？他没有多说，告诉我，这个你要请教文献学的老师。我紧张地接过他的修改稿，致谢，然后赶忙“落荒而逃”。现在想起来，还格外惭愧，自己没有按时前往，章先生不仅没有见怪，反而如此细心地修改。只是现在书稿在我繁杂的文稿中一时怎么也找不到了，今后有机会一定找出来。

倒是他讲稿里的一段话，让我格外印象深刻。他说当时在加州大学圣地亚哥分校教书，学生们面对大海上课，他就问：“你们不会被大海迷住吗?”学生们没有作答，反而问他：“老师，那么您呢？您肯定会被这片大海迷住吧?”他回答说：“不，不会，因为对面是我的祖国!”20 余年过去了，这段话每当回味，依然总是心头一热。

万事在经营

不夸张地说，章先生是他们那一代人海外交往最多的近代史学人，从时间跨度到区域广度，跟海外建立了密切的关系。所以海外友人称他为非著名大学的著名大学校长。这当然不是游山玩水，他每到一地，都留下了详细的访学记录，将各地学人与学术的详细情况记录下来，与海外学者进行充分的切磋与沟通。

除此之外，他围绕海内外的学术发展动态，对于华中师范大学的近代史学科进行了长远布局，从学科发展重心到学人访学，都有周密的计划。同时从海外获得了珍贵的中国教会大学档案，开辟了华中师范大学中国近代史研究新的学术板块。

无论是办校还是办所，章先生都是走开放路线，走出去，迎进来，推动广泛深入的文化、学术交流。正是由于张舜徽先生和章开沅先生的努力，华师历史学科有了较为深厚的底子。章先生有想法，有办法。他不仅鼓动其他人干，自己哪怕在特殊时期也笔耕不辍，所以才能著作等身。学如其人，他能广泛开源，不断拓展新的学术领域，这既让学生受益，又让学术团队不断有所发展。

他对于弟子也并非命题作文，而是因材施教，经常悉心与他们讨论研究论题，所以不少弟子都卓有所成，他们的研究领域也不见得都是根据章先生所确定的论题，而是由他所提倡的社会历史土壤学的研究，深化出不少可圈可点的新课题。华中师范大学中国近代史研究所能够如此根深叶茂，团结一心，除了章先生个人的魅力，这一用心经营显然是极为重要的，其根本就是充分的交流与对于学生个性的尊重。

“到处逢人说项斯”

我本人自从那次找章先生改稿后，除了认真读他的论著之外，主要是向他的几位弟子请教，很少去打搅，因为担心他太忙。而且最重要的是，我觉得打基础更重要，混个脸熟，毕竟无法代替自身的学术积累。

不过，他的讲座绝对一次不落。很多华师学子把听他的讲座当作过节一样，往往是现场被围得水泄不通。他经常容易动情，但是由于血压略高，还得有老师陪着，随时提醒他注意，有一次讲到中途不得不吃了点药。

我本科毕业后北上到中国社科院研究生院读书，随后到出版社工作，跟他接触反而多了起来。

首先是我策划当代中国人文大系，将他的《离异与回归》再版，中间给他做了一点微不足道的工作，他在邮件中格外客气，说了不少鼓励的话。

其次是十年前，辛亥革命一百周年前后，我当时想策划一套海内学术耆宿的口述自传，章先生是很重要的一位，我就跟师兄彭剑商议，也跟章先生请教。当年彭剑陪他来京参加宫崎寅藏家藏革命文物首发式，我还专门去拜谒，他说忙过这一段，请彭剑来仔细做。他一见面，就提到我与杨天石老师编的《辛亥革命的影像记忆》，又再三谈及他在我重庆老家读中学时的情形，以及老一代出版人的风范与操守。中间甚至还杂着几句四川话，让人感到格外亲切。因为怕他激动，只好适可而止。

后来因为章先生的支持、彭剑兄的努力，自传的出版非常成功，获得大家一致好评。可惜其他想联络的老先生都因为各种原因最终未能如愿，现在想来，要不是章先生的积极支持，自传要成书也很难。

随着出版阅历的增加，不少熟人转告章先生对我的鼓励，甚至日本京都大学人文科学研究所都有前辈记得他鼓励我的话。前年 9 月，我回华师拜谒，他依然很健谈，谈了不少学林掌故，谈到再版《张謇传》，他开玩笑说："把书交给你这根出版界老油条，我放心。"

在我心目中，跟川中老辈请教，时不时带点麻辣幽默，谈者与听者往往会会心一笑，就是那种熟悉而亲切的场景。章先生性格中的可爱之处，在他的话语中时不时闪现出来。后来再邀约再版他的两本随笔集，他也格外支持。可惜这三本书的重版，还有待时日，每念及此，一股遗憾就涌上心头。

最近跟华师的范军老师聊天，他提及编辑出版《章开沅文集》(华师出版社出版，2015 年) 时，章先生跟他特意提到我，要求有徐锋这样一个可以总其成的编辑。类似情景还有不少，真是让人百感交集。每当此时，心中都格外激动。我时常想起那句诗，"平生不解藏人善，到处逢人说项斯"。

我曾设想，将他数百万字的论著编为一部《章开沅谈近代史》的语粹，使得更多一般读者了解他的思想。只是此事有待将来了。

"头是×姓物"

章元沅先生之所以如此让人感怀，除了不凡的学识与见识，还与他身上的一股子豪侠之气密不可分。

他在《实斋笔记》中赞扬庚子国变时，湘军名宿刘坤一在应对庚子乱局毅然决定参与东南互保，慷慨陈词"头是刘姓物"，"确实表现出很大勇气"。章先生经常向年轻学者讲这个故事，借此提倡秉笔直书与独立思考，

他若盛开，清风爱来不来

——缅怀老校长章开沅

雷　威

从华中师范大学官微上惊悉，老校长章开沅先生于5月28日仙逝。沉痛悼念，默默祈祷！

章开沅先生是我读大学时的校长。四年大学，章校长给我们作过两次报告，我都洗耳恭听，至今历历在目。其中一次是在入学典礼上，他刚从瑞典考察归来，天南地北地讲，虽看上去似乎有些杂乱，但我很容易就get到了他的点，所以感觉妙趣横生。

这次报告，是我人生中第一次现场听此类报告。我发现，章校长的学术报告没有那种生拉硬拽的沉脸的霸气，迎面而来的倒是英俊帅气——他若盛开，清风爱来不来。我后来因此养成了爱听学术报告的习惯，因为我有切身体会：认真听个讲座，说不准就是第二个人生的开始。

章校长是我人生中第一个真正意义上的精神导师。他触动了我，那个刚刚走进大学的我，那个当时对社会的认知还完全是一张小白纸的我。那天的讲座，因为学生多，学校大礼堂坐不下，我们地理系是坐在礼堂外边。盛夏，烈日炎炎，有些同学后来坚持不住，躲在了树荫下，但我自始至终纹丝未动，好像生怕此举会是对先生讲话的不敬，因为我看到章校长打着领带，汗如雨下……

即使到了今天，我仍能感受到他当初带来的震撼，能感受到他的精神仍在慢慢感化着我。

当然，如果硬要具体说是什么影响，却也说不清楚，这在当时就“仿佛远处高楼上渺茫的歌声似的”。那是一种特殊的语言力量，在坚定的沉静中显露出光芒。那种东西让我铭刻在心。而且，从此，它一直都在。

他是我精神的源泉——每次想起他老人家，都是我幸福、浪漫的开始。甚至我还会时不时地冒出一个痴心妄想：能在人生的道路上时时感念章教授的那个男孩，是不是也有潜力像他一样成为研究辛亥史的专家？

越是大家，越是儒雅、谦虚、平易近人！

这样的大师，听说还有人不让“深刻”缅怀，真是无语。但我相信章校长对此会一笑而过的——他自盛开，清风爱来不来。

一直就是这样的吧。章校长生前曾四次请辞社科界“院士”，这类名利，早已淡薄置之。

章先生，走好！老校长，一道同风！

（作者单位：深圳市南头中学）

忆章开沅先生

王　浏

今天是章开沅先生去世的日子，老爸建议我写一篇小散文来纪念他。

刚看到同学发来的消息我很震惊，这条消息一下把我拉回了十几年前，拉回到大学时代，拉回到那个不知天高地厚、激情四射的青春岁月……

我运气好，读大学的时候，新生入校，章先生做了新生的“开学第一课”，事后听学长说章先生在华师是神一样的存在，于是我记住了他。

偶然的机会，我当上了学校的摄影记者，有为了学校新闻事件拍摄照片的机会，经常为学校提供新闻照片。很幸运，钟鸣旦教授访华期间访问了我们学校，和章先生以及当时历史文化学院的院长王玉德进行了会谈，我被派去拍照片和写新闻稿，倾听了著名学者的聊天，当然也激起了我对历史的兴趣。后来我越来越频繁跑到历史文化学院听讲座，对章先生的学识和师德越来越佩服。他总是不遗余力地、用各种方法培养年轻学生与学者，为他们的成长提供条件和机会，当然章先生也会用年轻人的语言来教育我们。

记不清是大几了，一次和同学一起从外面回学校，林荫路上偶遇了章先生，壮着胆子上前和章先生打了个招呼，他竟然说：“我认识你，你为我拍过照片。”真是让我大喜过望，后面说了什么也没记住，而后赶紧离开去追赶同学了，我告诉同学刚才我和章开沅先生说了话，同学非常惊讶：“他就是大名鼎鼎的章开沅？没认出来，还以为是位普通老先生。”当然还有羡慕。

时间总是在不经意间流过，记忆中的章先生依旧是那位身体健康、开明、豁达、风趣、气场强大、平易近人、低调的可爱老人，今闻噩耗，记忆中尘封的镜头一下子喷涌而出。

语言的华美不足以描述章先生的品德的高度，再多的辞藻都无法表达章先生在晚年为培养年轻人所做的点点滴滴。也许我无法实现当年章先生对我的殷切希望，但是我会尽一己之力做些力所能及的事情，并以章先生为学习的榜样，过好我的人生。

（作者单位：河南财政金融学院）

那么近，却又那么远

——追忆章爷爷

张　寒

现在已经是加拿大温哥华时间的2021年5月29日凌晨了，距著名历史学家、教育家章开沅教授驾鹤西游的日子已经有一天多了。而此时，脑海中突然浮现了一句话，是偶然看到一个人写给袁隆平院士的，但我觉得这句话此时也可以表达我的心情，这句话是“有的人真的伟大到我们都以为他永远都不会离开!”是啊，在我脑海里，那位精神矍铄的章爷爷是永远那么健硕，是永远不会离开的。

那么近

“I was born and raised in an university.”这是我旅居海外这么多年来，我一直会和我的西人朋友们反复说的一句话。是啊，很幸福，我出生在华中师范大学，也很幸运，父亲是章爷爷工作团队中的一员。也正是因为有这样的一层联系，我可以非常荣幸地称呼这样一位受人尊重的老校长，历史学家，教授一声章爷爷。

在大多数人的印象里，学者、教授们的形象都是不苟言笑，严肃认真，身上总是有着让人难以靠近的距离感。但我印象里的章爷爷却是一个和蔼亲切，又非常乐意分享自己故事的老人家。

记得小时候，偶尔去父亲的单位，经常可以看到章爷爷在自己的办公桌前伏案写作。为了不打扰章爷爷，我会悄悄地倚着他办公室的门看他工作的样子。他时而站起来，翻看手边的书籍，时而又坐下继续完成写作，安静而又祥和。

如果章爷爷不太忙的时候，他看到我了，就会招呼我进他的办公室，给我讲讲他小时候的故事。他是在哪里出生，在哪里读书，到哪里生活，又遇到了哪些他在成长过程中有意思和奇怪的事情，他又是如何到了华中师范大学。于是，我就听到了一个历史学家娓娓道来他自己的历史。

当然，当时还是一个小朋友的我，最骄傲的还是章爷爷送给我的小玩偶挂件。对于一个女孩来说，从小到大的玩具都不会少，到现在我最喜欢的那一个依旧是章爷爷带给我的木屐小娃娃。

时间真快，一晃，二十几年了。您还记得我这个小朋友吗?

那么远

虽然我可以亲切地称呼您章爷爷，但是对于大多数人来说，您是章教授。您的一生致力于有关辛亥革命的历史与南京大屠杀的研究。您为中国的近代史研究作出了非常卓越的贡献，并且创立了中国近代历史研究领先水平的中国近代史研究所。

记得您以前跟我讲起过您在日本当地的一次有关南京大屠杀的讲座。当时，日本右翼人士知道您在那里讲述真实的日本人在南京的暴行而在会场外组织了一场抗议活动，要求您立即停止讲述，并威胁您的人身安全。但您没有因为这样的暴行而中断讲座，而是继续把您发现的真实的南京大屠杀历史资料传递给了在座的每一位听众与日本当地的媒体。到现在，脑海中依旧记得您当时给我讲述这个故事时候的神情是那么的坚定并带着浅浅的微笑。那一刻，让我看到了一个学者的风骨与气度。

还有一次，您组织您研究所的工作人员一起去探访一个有一定历史年份的图书馆，参观了由于受到保护而并未对公众开放的区域。我跟在您的身后听着您和图书馆馆长讨论着馆内的珍藏情况，您时不时地还会回头看我一下，跟我说，这些书都是很珍贵的历史文物，需要好好地保护。您当时看看这些书籍又看看我的时候，眼睛里是有光的。我仿佛看到了您从心里面对学术的热爱和对晚辈们喜爱。

晚辈生性活泼，读书不精，遗憾没能追随您做历史研究。但有幸可以近距离听到您口述的历史，聆听您的故事，我已经是幸运的。

我们不会忘记辛亥革命的先驱们为了国之强大作出的牺牲，我们也会继续铭记为公正与真实记录南京大屠杀的先人们和缅怀在南京大屠杀中遇难的同胞。

章爷爷，您一路走好！愿您来生能继续照耀我们的天空。

2021年5月29日

于加拿大，温哥华

（作者单位：Colliers International Group Inc.）

春风化雨

师恩如山　永世难忘
——回忆在华师这两年章老师对我们的谆谆教诲

饶怀民

惊闻章老师仙逝，作为章老师所带硕士生的开门弟子之一，我感到万分悲痛。当年，章老师的谆谆教诲，至今言犹在耳，他的音容笑貌仍然留存在我的脑际，他不仅教会我们如何治学，而且教会我们如何做人。他的高尚品德和崇高精神永远值得我们学习。师恩如山，令我们永世难忘。章老师永远活在我们心中。我们纪念他，首要的任务是要传承他所开创的学术事业，牢记他对我们的谆谆教诲，将他的治学精神，将他留给我们的宝贵的精神财富和优良传统发扬光大。这里，我想仅就我在华师攻读硕士学位期间章老师是如何教导我们治学，将我们引入学术殿堂这一点作一番回顾，用以寄托我们的哀思。

我是1979年考入华中师范学院历史系中国近代史专业攻读硕士学位的，学制为两年，同届入学的还有严昌洪、陶宏开、赵军、沈继成、高路等6位学友，是章老师招收的第一届硕士生，可以称为章老师的“开门弟子”，而我是其中年龄最大的，时年37岁。按照当时的有关规定，硕士研究生一般不超过35岁，我已经超过了两岁，章老师通过与有关部门沟通后，还是收留了我，重又给了我学习的机会。在攻读硕士学位期间，章老师亲自给我们上课，讲解经典作家论述中国近代史的文章，也讲述有关辛亥革命的专题，组织我们讨论有关问题，至今我还保留着当时的听课笔记。毕业后，我虽然离开了华师，分配到湖南师大工作，但是在有关辛亥革命史的学术讨论会上，我又多次聆听章老师的演讲；20世纪90年代中期，我有幸在章老师的具体指导下，参与大型著述《清通鉴》的编撰；平时，我也喜欢阅读章老师的著作。40 多年来，耳濡目染，章老师的学术思想和治学经验对我们从事中国近代史研究，对我个人的学术生涯产生了重要影响。完全可以说，我在华师学习的那两年是我人生道路的转折、学术生涯的开端。今择其印象最深者谈三点。

第一，研究中国近代史应当以正确的理论作为指导，开展多方位、多视角的研究。

1979 年，我们第一届硕士生刚入学，章老师就给我们讲解马克思主义经典作家论述中国近代史的文章。由于经典作家关于中国近代史的论述散见于其著作中，加上马克思、恩格斯、列宁、斯大林、毛泽东著述宏富，思想博大精深，为便于我们学习，章老师根据经典作家生活的不同时代、对中国近代史上不同类型问题的论述，按内容将这些文章分为三组：一是马克思、恩格斯论述鸦片战争和太平天国的文章；二是列宁论述义和团运动和辛亥革命的文章；三是毛泽东论述中国近代社会性质和革命性质的文章。每一组文章都抽出几篇有代表性的文章进行讲解，且对每一篇文章的写作背景、基本内容、主要观点以及指导意义都进行了详细的讲解。章老师在课堂上多次告诫我们：马克思主义的基本原理是颠扑不破的，研究历史必须确立马克思主义的指导地位；学习马克思主义要全面地、系统地掌握马克思主义的理论体系，要用马克思主义的立场、观点和方法分析和解决中国近代史研究中的具体问题，强调要读原著，要读全文。学习马、恩原著就是学习马、恩是怎样站在指导世界革命全局的高度来研究中国近代史的；学习马、恩广阔的政治视野和理论视野；学习马、恩研究问题的世界观和方法论。章老师还在课堂上给我们逐篇讲解列宁和毛泽东的代表作，他强调，毛泽东在新的历史条件下把马列主义与中国革命的具体实践相结合，在领导中国人民进行长期的革命斗争中，撰写了大量有关研究中国近代史的论文，这些文章运用辩证唯物主义和历史唯物主义的方法，对发生在中国近代史上的重大历史事件进行了广泛而精当的评论，以此为出发点，完成了对近代中国社会性质和革命性质的科学论证，因而正确地解决了中国革命的动力、对象、任务和前途等一系列重大理论问题，把中国革命引向胜利的航道。毛泽东研究中国近代史有一个显著特点，那就是从中国的国情出发，运用马列主义的立场、观点和方法分析具体历史事件和历史人物，总结历史的经验教训，为指导现实斗争服务。章老师为了使我们更好地学习经典作家有关论述中国近代史的文章，他还要师母黄怀玉老师（当时黄老师在资料室工作）从资料室找出 1974 年以华中师院历史系中国近现代史教研室名义编写的《马克思恩格斯列宁斯大林有关中国近代史的论述》和《毛主席论中国近代史》两本资料借给我们阅读，使我们受益匪浅。

章老师在《〈国外辛亥革命史研究动态〉编辑说明》一文中指出，“治史犹如看山”。他援引苏东坡《题西林壁诗》云：“横看成岭侧成峰，远近高低各不同。不识庐山真面目，只缘身在此山中。”他解释这首诗说：“大苏并非是不可知论者，他不仅承认庐山真面目的客观存在，而且还找出了‘不识’的原因，无非是由于人们主观认识的局限。识山固然不易，识史恐怕更难。远近高低和前后左右，指的是观察的不同角度和不同侧面，角度和侧面有别，则其映象必然有异，即所谓‘横看成岭侧成峰’。然而史学绝不仅限于形貌的观察，即令是将不同角度和不同侧面所获取的印象综合起来，也无非是或多或少接近于历史本来面目的比较完整的形体。如果要透过历史现象达到本质的认识，把握事件之间的有机联系，揭示社会历史发展的客观规律，则又必须借助于理论思维，要求史学家具有正确的世界观和方法论。”在同一篇文章中章老师接着指出：“马克思主义靠的是以科学道理使人折服，所谓‘上层建筑领域的无产阶级专政’云云，那不过是‘四人帮’对马克思主义的歪曲而已。”① 这里，章老师谆谆告诫我们：研究中国近代史必须以马列主义、毛泽东思想为指导，开展多方位、多视角的研究。章老师在评论吴玉章所撰写的《辛亥革命》一书的价值时指出：“作者不仅是重要的当事人而且还具有很高的理论素养和丰富的社会阅历，他

① 章开沅：《〈国外辛亥革命史研究动态〉编辑说明》，载《辛亥前后史事论丛》，华中师范大学出版社，1990 年版，第 426 页。

以娴熟的马克思主义观点深入地论述了辛亥革命的全过程，从而使此书的意义远远超出个人回忆录的范围，并且赢得了史学界的极大尊重。”① 章老师在谈到辛亥革命的重要成果时指出：“回顾三十年来的辛亥革命史研究，令人感到欣慰的是，毛泽东同志一贯倡导的历史唯物主义基本原理、列宁和毛泽东关于辛亥革命的一系列精辟论述，已经成为在这个领域占支配地位的指导思想。”② 章老师多次强调：“进一步提高理论素养，仍然是我们的当务之急……一个研究者，如果没有马克思主义的立场、观点、方法作为武器，就会堕入史料的海洋而不能自拔，面对着宛如乱麻的众多史事而困惑难解。”③

章老师不仅给我们逐篇讲解经典作家研究中国近代史的代表作，而且还给我们讲解马克思主义政治经济学和哲学，例如马克思的《〈政治经济学批判〉序言》、毛泽东的《矛盾论》《实践论》等，用以提高我们的理论水平。章老师经常教导我们：“学术研究只有百家争鸣，没有统一战线。”后学者一方面要继承前人的研究成果，另一方面也不要盲从，要敢闯“禁区”，科学是没有“禁区”的，什么问题都是可以研究的，问题是怎样去进行研究。在章老师的教育下，他的学生一般理论视野和学术视野都比较开阔，所撰写的论著颇受同行的好评。就我个人而言，40 多年来，我不仅对过去史学界研究比较多的课题，从不同侧面、不同视角去进行研究，而且对人们过去视为畏途或者视为“禁区”的历史事件和历史人物也敢于研究，历史事件如萍浏醴起义、长沙抢米风潮等，历史人物如汪精卫、李燮和、刘揆一等都是首次进行研究，这大大开拓了我的学术视野，出版了诸如《刘揆一与辛亥革命》《李燮和与沪宁光复》《同盟会与萍浏醴起义》《同盟会代理庶务刘揆一传》《光复军总司令李燮和传》等一批学术专著，填补了

① 章开沅：《辛亥革命史研究三十年》，载《辛亥革命与近代社会》，天津人民出版社，1985 年版，第 214 页

② 章开沅：《辛亥革命史研究三十年》，载《辛亥革命与近代社会》，天津人民出版社，1985 年版，第 215 页

③ 章开沅：《自序》，载《辛亥革命与近代社会》，天津人民出版社，1985 年版，第 6 页。

这一领域的某些研究空白。

第二，研究中国近代史要舍得花大气力从事史料的搜集与整理工作，提倡务实求真的学风。

章老师在给我们讲解有关辛亥革命的专题时，除强调理论指导的重要作用外，还多次提到“对资料工作也必须给以应有的重视”。章老师认为：“新中国成立以来，特别是 1956 年孙中山 90 周年诞辰以后，由于党和政府的关切，对于辛亥革命资料的搜集、整理、出版，做了大量富有成效的工作。但是与浩如烟海的全部辛亥革命史资料相比较，这不过是很小的一部分，还有大量档案、文献、报刊、手稿至今未能加以整理和利用。对于英、美、日、法等国有关档案文献，近年来在课题研究中密切注意者日益增多，而且日本外交文书和英国蓝皮书的选译出版工作亦有进展。但更多富有价值的内容仍然保存在原始档案之中，特别是各地外国领事及其所派遣人员的商务报告和各种情报，往往更为生动具体地记录了社会生活的各个侧面。把这些卷帙浩繁的外文资料选择、整理、编译出来，自然不是轻而易举的事情。”“至于国内的资料那就更多了，更需要我们认真加以发掘、搜集和整理。在此基础上再作考订。”他认为，辛亥革命史“不像太平天国史那样有多年的史料考订辩伪工作可以作为研究基础”。有关辛亥革命的史料考订、辩伪工作更加艰巨，他说：“姑且不论清方文献如何对辛亥革命极尽诬蔑歪曲之能事，就是一般资产阶级报刊也充满着不准确甚至伪造的新闻报道。革命领导人和一些重要骨干亲自写的回忆录诚然极有价值，但党同伐异、自我夸耀、文过饰非在所难免，由于时隔多年而记忆失真的情况更比比皆是。这就需要我们以更加严谨负责的态度来对待资料工作，要舍得花大气力从事史料的搜集、整理、校订、出版、考订工作，切切实实为辛亥革命史研究的进一步发展提供雄厚基础。”① 章老师不仅有其言，而且有其行，他率先垂范，早在 80 年代初，他就计划在原有中国史学会编辑的《中国近代史资料丛刊·辛亥革命》8 册的基础上，再编一套有关辛亥革命的资

① 章开沅：《自序》，载《辛亥革命与近代社会》，天津人民出版社，1985 年版，第 8 页。

料续刊，并且拟订了编目，其篇幅大大超过了已出版的那部分资料，后来由于经费难筹而一度搁浅，直到2006年这部8卷本510万字的资料才得以正式出版。章老师认为："辛亥革命，不是极少数人的事业，它是由一个数以万计的新兴知识分子群体共同发动和推进的。因此，无论是研究革命运动，还是研究社会思潮，都不能把眼光局限于个别领导人，应该把视野扩大到更多的人群。"章老师考虑到"一些著名人物，诸如孙中山、黄兴、蔡锷、章太炎、廖仲恺、朱执信等等，早已有人编辑刊印过各种版本的文集，而且现在又不断有更全、更善的新版文集问世。倒是一些知名度稍低的人士，或者因为早死，或者由于其他社会和历史的原因，他们的诗文至今还散存于各种报刊以至稿本之中，需要花更多的气力加以访求、搜集、整理、编辑、校勘、出版，为研究者多多少少提供若干方便"。于是，他又主编了一套《辛亥人物文集丛书》，1986年出版了《雷铁厓集》，至2005年为止，这套丛书已经出版了10余种，这不仅使史学界同行受惠，而且使那些辛亥志士曾经有过的英雄业绩和闪耀过光彩的思想得以保全和流传，使他们的言论和事迹不至于被"后人忽略甚至遗忘"①。

章老师每写一篇学术论文，都要花大气力首先搜寻有关资料。为准备《纪念辛亥革命七十周年国际学术讨论会论文》，他撰写了《辛亥革命与江浙资产阶级》一文。为撰写此篇论文，他冒着冬日的严寒，来到苏州市档案馆搜集资料，发现了大量的商会档案，他为此欢欣鼓舞，在讲课中多次提及这部分档案很有史料价值，需要加以整理、出版。当时，我们正各自忙于撰写硕士论文，也没有引起足够的重视，直到10年之后的1991年，这部100多万字的《苏州商会档案丛编》第一辑才由章老师等主编得以正式出版，2004年，又出版了马敏等主编的《苏州商会档案丛编》第二辑，这两辑《苏州商会档案丛编》共计将近200万字。后来，章老师在回忆找到这些资料时的喜悦心情时写道："记得是在1981年元旦前后，风景绮丽的姑苏已是银装素裹，漫天风雪……熟悉苏州历史档案的叶万忠先生详细介绍，我

---

① 章开沅：《〈辛亥人物文集丛书〉出版说明》，载《雷铁厓集》，华中师范大学出版社，1986年版，第2页。

得以初步了解苏州商会档案的丰富收藏。当时的兴奋，真是如入宝山，为琳琅满目的珍贵史料所迷醉，忘记了室内已是滴水成冰，唯有靠滚烫的茶水来稍解严寒。”① 据悉，到 2012 年华中师范大学出版社共出版了全新的 6 辑 12 卷约 800 万字的《苏州商会档案丛编》。

特别值得一提的是，章老师于 1946 年秋进入金陵大学历史系本科学习，1948 年 11 月离校前往解放区，在此两年多期间，曾选修过贝德士开的世界通史和俄国史两门课程。贝德士不仅创办了金陵大学历史系，而且以其广博的知识和严谨的教学态度赢得了历届学生的尊敬，给章老师留下了深刻的印象。

1987 年，在普林斯顿大学历史系同行的建议与支持下，章老师开始着手研究中国教会大学史。1988 年，他趁应邀赴美开会之便，花了将近一个月的时间，在耶鲁神学院图书馆了解有关亚洲基督教高等教育联合董事会历史档案的收藏情况，在此期间，章老师发现了他的老师贝德士生前所保存的全部文献，这引起了他浓厚的兴趣。1991 年 7 月，章老师再次前往耶鲁神学院，至翌年 3 月，花了整整 9 个月时间，将《贝德士文献》1162 卷共 8 大类 131 盒资料从头到尾检阅一遍。他回忆说：“为了通盘检阅贝德士文献，我于 1991 年 7 月至 1992 年 3 月，在神学院古老的宿舍中整整住了 9 个月，除外出讲学、开会外，几乎每个工作日都从早到晚泡在图书馆幽深的专藏室内。”耶鲁神学院图书馆的资料员对章老师将卷帙浩繁的《贝德士文献》通读一遍而肃然起敬，称赞他是“能够这样做的第一人”。由于章老师细心找寻，甚至还在《贝德士文献》第 129 盒中发现了 1947 年秋他和同学们与贝德士的合影，这使在场的人无不感到惊讶。他在回忆此事时写道：“记得当时在场的玛莎和琼简直惊喜若狂，他们从未想到自己精心管理的档案中竟然还有来自‘红色中国’的学者早年的照片。”② 章老师正是运用这

① 章开沅：《苏州商会档案丛编》第一辑，华中师范大学出版社，1991 年版，第 1 页。

② 章开沅：《贝德士文献简介》，载《贝德士文献研究系列之一——〈南京大屠杀的历史见证〉》，湖北人民出版社，1995 年版，第 12 页。

些自己亲自从国外挖掘出来的原始资料开始了他的《贝德士文献》系列研究的。

1995 年 10 月，在章老师七十华诞，章老师将《贝德士文献》研究系列之一《南京大屠杀的历史见证》一书赠送给我的时候，我接过这本扉页写有“怀民同志存念”的沉甸甸的著作，心情久久不能平静。这使我想到，一位年近古稀的学者，还在异国他乡的图书馆里，不畏寒暑、长时间地查阅资料，撰写揭露日本军国主义分子侵华暴行的学术专著，这本书不仅是日军暴行的历史见证，而且是一位真正的马克思主义者严谨治学的历史见证；这本书不仅是对广大人民群众进行爱国主义教育的极好教材，也是对广大学者进行学风教育的极好教材。受章老师的影响，他教育出来的学生一般都很注重原始资料的搜集和整理工作，就我个人来说，进入湖南师大历史系之后，我就开始做这方面的工作，1983 年出版了我整理、笺注的谭人凤的《石叟牌词》，2001 年再版；1986 年出版了我和他人合作整理的《萍浏醴起义资料汇编》；1991 年出版了《刘揆一集》；2001 年出版了《杨毓麟集》和《长沙抢米风潮资料汇编》（与日本学者藤谷浩悦合作）；2008 年出版了由我补订的《陈天华集》。除上述资料而外，从 1995 年开始，在章老师的领导和具体指导下，由章老师主编，我们终于完成了 400 万字的大型巨著《清通鉴》(4 卷本)，我个人完成了其中近百万字的撰写任务。为完成这一艰巨任务，我查阅了同治、光绪、宣统三朝的《清实录》和其他原始资料，这些资料堆积起来足足有两米多高，为看完这些资料，我规定自己晚上 12 点之后睡觉、早晨 4 点钟起床，硬是抱着蚂蚁啃骨头的方法在两年之内胜利地完成了任务。在章老师的指导和督促下，在严昌洪、罗福惠等学友的共同努力下，这部翔实的《清通鉴》终于在 2000 年由岳麓书社出版，由于这部书建立在扎实的史料基础上，颇获史学界好评，曾荣获湖南省委宣传部“五个一工程”优秀著作一等奖。

第三，研究中国近代史要有稳定的研究方向，要有锲而不舍的韧性。

章老师经常提醒我们，中国近代是一个风云变幻的时代，研究的内容丰富多彩；而人生苦短，一定要选择一个较为稳定的研究方向，勤奋学习，辛勤耕耘，长期坚持，诚实劳动，才能做出成绩来。章老师为我们做出了光辉的榜样，他一生长期致力于辛亥革命史研究，几乎可以说费尽了毕生的精力，他在回忆自己的治学经历时说："我与辛亥革命史开始结下不解之缘，可以追溯到1954年秋冬之交。当时，民主德国（即东德）历史学家贝喜发博士专程前来武汉搜集辛亥革命史料，外事部门邀请武汉大学历史系姚薇元、汪诒荪两位教授和我出面接待。""贝喜发来汉使我受到刺激，一个外国人不远万里前来搜集辛亥革命史料，而就在首义之地从事历史教学工作的我为什么对辛亥革命史漠不关心？同时与这些辛亥老人朝夕相处畅谈往事，也激发了我对辛亥革命史的研究兴味。"后来由于搞所谓的"教育革命"，下放劳动以及其他种种原因，章老师仍然不能将主要精力集中到辛亥革命史研究方面来，直到1959年恢复正常教学秩序之后，章老师才有条件"决心把研究重点转移到辛亥革命方面来"。章老师认为："作为首义之地的武汉，应该为辛亥革命研究作较大的贡献，并且初步形成举办全国性纪念辛亥革命50周年学术讨论会的构想。"他的这一构想得到了有关领导的支持。但那时正是国家经济困难时期，章老师为了撰写纪念辛亥革命50周年学术讨论会论文《从辛亥革命看民族资产阶级的性格》和《武昌首义与湖北革命运动》这两篇文章，他克服重重困难，惨淡经营，终于使这两篇文章提交给会议讨论。他在回忆撰写论文的艰难情况时说："在论文撰写期间，我们还深入鄂东一些城乡进行社会历史调查，当时正值经济严重困难，口粮供给不足，体质虚弱已久，常常饿得坐在乡间小路上站不起来。"他还写道："回想这年冬天，妻子因患肝炎浮肿隔离治疗，两岁多的女儿全托在幼儿园，只有我一人在寒冷的宿舍里赶写论文。那时大家经常都处于饥饿状态，千方百计谋求可以勉强充饥的'代食品'，晚间唯一的娱乐只有收听世界乒乓球比赛的现场广播，但我每晚都需要独自在饥寒、眩晕的状态下伏案写作，只有远处偶尔飘来宋士雄的男高音：'抽一大板，又一大板……好！得分！'这声音不仅驱除了我的孤独感，而且使我暂时忘掉饥寒，感到自己正与乒乓健儿一起为祖国拼搏、争光。不过当时还没有意识到，我就这样走上了辛亥革命研究这条不归路。”①

从1959年开始直到1990年的30多年间，尽管有“文化大革命”的冲击，章老师在极其艰难的条件下，也一直没有放松辛亥革命史研究。即使从1990年到1994年，在海外4年时间，虽然研究重心已转向中国教会大学史，但正如章老师自己所云，他“始终未能忘情于辛亥革命”②，在年事已高的情况下，仍然笔耕不辍，时有有关辛亥革命的新作问世。他说，回顾自己半个世纪所走过的人生道路，“如果用一句话来概括我这漫长岁月的学术痴迷，那就是：努力把中国的辛亥革命研究引向世界，同时又把世界的辛亥革命研究引进中国”③。章老师的治学经历给了我们深刻的启示，从1979年以来，他已经培养了一大批毕生从事辛亥革命史研究的中青年学者，这批学者都长期坚持辛亥革命史研究，并且在不同地区、不同领域卓有成就，从而使辛亥革命研究注入了新的活力！从1979年开始，章老师培养出来的硕士、博士中有不少人长期坚持研究辛亥革命史不动摇，这批人又培养了不少研究辛亥革命方向的硕士和博士。就我个人而言，虽然离开了“首义之区”湖北，又来到了“首应之区”湖南，从1989年开始带硕士生，1996年开始带博士生，现已培养辛亥革命史方向的硕士、博士70多人。我的第一届博士生钟声教授培养的博士生早已毕业，他们在走向工作岗位前无比自豪地说：“我们是章老师的第四代研究生，如果按照辈分排列，应该属于‘重孙’辈，在辛亥革命史研究这个‘大家族’成员中，章老师和他的学生们在一起可以说是‘四世同堂’。”这一席话表明，章老师开创的学术事业后继有人，将会一代一代传承下去。我不过是章老师众多学生中平凡的一员，比我成果多、比我培养的硕士和博士人数多的大有人在。不仅如此，章老师除在国内培养人才之外，还在国外也培养了不少人才。章老师一生严谨治学、著作等身，还培养了这么多学生，他们活跃在世界各地以及中国各高校和科研单位，成为各地的学术带头人，这是令章老师感到

① 章开沅：《我与辛亥革命史研究》，载《湖北文史资料》1996年第1辑，第129页。
② 章开沅：《我与辛亥革命史研究》，载《湖北文史资料》1996年第1辑，第133页
③ 章开沅：《我与辛亥革命史研究》，载《湖北文史资料》1996年第1辑，第147页。

无比欣慰的。

章老师曾经有言："如果问我什么是平生最大的安慰，那就是：在海内外扶植了一大批青年学者迅速成长，真正说得上是桃李早已满天下。我坚信，有了青年学者一代又一代的崛起，辛亥革命研究乃至整个中国史学必将走向更大的辉煌！"①

（作者单位：湖南师范大学历史文化学院）

① 章开沅：《我与辛亥革命史研究》，载《湖北文史资料》1996 年第 1 辑，第 148 页。

师恩永志

严昌洪

恩师章开沅先生离开我们，已归道山多日。回顾追随先生 40 余年，先生对我学习上耳提面命，工作上言传身教，生活上关怀备至，我所受恩惠一言难尽。一闭上眼，先生对我关怀、教诲的那些往事历历在目，我将永志不忘，而且受益终身。下面仅述若干片段，作为对先生的纪念。

考　　研

我大学毕业后被分配到广西教中学，在那里成了家，恢复高考和学位制度后，我报考研究生。如果不是章先生关照、录取，我的一家可能至今仍在广西，不能回到我的故乡武汉来。我是 1979 年考入章门的，可是在头一年就得到先生的指导与鼓励。1978 年报考武汉大学近代史专业的硕士研究生，回武汉参加面试时，我高一届的同学彭英明（后任中南民族学院院长）当时正与章先生在一个教研室工作，他带我到华师一号教学楼教研室拜访章先生，向他请教面试应注意的问题。先生当时住房较小，暑假就在教研室工作和休息。彭英明向他说明来意后，章先生热情地接待了我这个素未谋面的武大考生。先生告诉我报考武大的考生情况，分析后说，你考取的希望还是有的。随后话锋一转，说道："万一考不取，你要是不嫌我们庙小，明年来考我们的。"彭英明马上说，章老师明年招研究生。先生就是这样给了我鼓励，也给了我希望。回到武大体育馆，我把章先生明年招研究生的好消息告诉了一同参加复试的考生，于是，武大 1978 年没有录取的

3 个人 1979 年都报考了华师的研究生，而且章先生宽容地录取了我们。于是，我的人生像兜了两个圆圈，一个圆圈是从武汉去广西工作十几年又回到武汉，后来全家也回来了。有人开玩笑说："你哪里是考学？是'考户口'。"另一个圆圈是从中央民族学院分院历史系毕业去广西的中学教政治、教语文，甚至还教过农基课，又回到历史专业了。可见，有章先生的关照，我是幸运的。

学　　习

到章门学习，得以聆听先生亲自授课。在经典著作选读课程中，先生不仅给我们开列了基本书目，还首先辅导我们学习毛泽东的《改造我们的学习》，要求我们端正学风，学习马克思主义的方法论，学习运用经典作家的立场、观点和方法，将理论和实际统一起来，研究中国近代史的实际问题。他还介绍了他们在编写《辛亥革命史》时提出的基本方针："叙述历史，阐明规律，总结经验，批判谬论。"在学习历史哲学专题时，他先辅导我们学习恩格斯《〈社会主义从空想到科学的发展〉英文版导言》，再辅导我们学习《社会主义从空想到科学的发展》。印象最深的是先生给我们讲认识思想史上源与流的关系问题，我学习后有些收获，就结合正在准备写作的学位论文，写了关于暗杀思潮的源与流的学习心得，认识到清末革命党人关于暗杀的思想，接受外国无政府主义思潮和中国古代侠客精神的影响只是"流"，而它的"源"深藏在当时中国的社会生活之中。这就为学位论文《辛亥革命时期的暗杀活动及其评价》奠定了初步的基础。

我们当时读的是"二四制"研究生，即学习两年可获硕士学位，再读两年可参加博士学位论文答辩。但是我们毕业后就改了，因为先生到别的高校主持答辩，看见别校三年制的硕士学位论文比我们学习两年所写的论文要厚重、扎实，回来后就把下一届硕士研究生的学时改为两年半，到第三届就三年了。

我们是章先生的第一届研究生，毕业答辩有省教育厅的干部来旁听，学校很重视，把答辩会会场安排在行政楼，校内、校外来了很多人旁听。章先生也很重视，让谁第一个答辩很费思量，他跟我们说，你们有的写暗杀活动，有的写民报时期汪精卫的民族主义思想，有的写日本的大陆浪人，这些题目很可能引起旁听者的不解。有位同学写的是清末湖北近代教育，这个题目教育厅干部会感兴趣，于是就安排这位同学第一个答辩，他果然不负众望，很顺利地完成答辩。当时对研究生要求很严格，我们一届 6 人，除了一位女生结婚生子没有答辩外，5 人只有 3 人当场通过答辩，另 2 人后来也授予了学位。

答辩后，在我们不知情的情况下，章先生把我们的论文带到北京参加纪念辛亥革命 70 周年学术讨论会论文评选，结果有三人的文章选上了。先生从北京回来，高兴地告诉了我们这个消息，并说我们三篇文章都不是在他那个组选出的，他在经济史组，我们的文章分别从政治史组、思想史组和外交史组选出。这表示先生没有给弟子特殊照顾，更没有“走后门”。那次会议入选论文的只有 6 个研究生，我们就占了 3 个。评选专家都夸章先生会培养研究生，还要他介绍经验呢。在先生所作的《纪念辛亥革命 70 周年学术讨论会国内论文评述》中写道：“提交会议的其他政治史论文，有些是老问题有新进展，如资产阶级与农民的关系问题、会党问题、暗杀问题、同盟会与光复会等等，大多能提出新资料与新见解，分析较之过去更为具体深入。”其中提到的“暗杀问题”，指的就是我的那篇论文。我把这视为老师对我习作的肯定与鼓励，受到莫大鼓舞。从此在先生指引下逐渐深入到辛亥革命研究的领域中来。

留　　校

研究生毕业后我原本是准备回母校中南民院的，但章先生把我留了下来。开始民院那边对我还有意见。我征求民院一位教过我们的老师的看法，她说，当然留在华师跟随章先生做学问好，他已经功成名就，学术地位很高，不会压制你们的成长。我于是留校了。

留校后，系里马上安排我给政治系82级上中国近代史课程。先生怕我准备不及，把他亲手写的中国近代史讲稿拿给我参考。手稿书写得很工整，内容很充实、具体，对我备课很有参考价值。手稿后来一直放在我这里，直到省社科联给每位荆楚社科名家出版一部“名家记忆”要影印先生的旧作手稿时，我才把讲稿还给先生，建议影印。先生认为出版辛亥革命史编写组的会议记录更有意义，于是就影印出版了《筚路蓝缕——〈辛亥革命史〉编著初始手记》。

先生是国家重点项目《中国历史大辞典·清史》下卷的副主编，他在担任校长后，公务繁忙，就推荐我参加该项目的工作。于是，我不但有幸得以见到该辞典编纂委员会的诸位大家，并在另三位分卷副主编林言椒、苑书义、陈振江的帮助下（主编荣孟源先生已逝），完成了我们所承担的撰稿任务的审核、校对工作，最后还参加了全书的定稿工作。原来该分卷只有主编和副主编，没有设编委，为了使我的工作能得到肯定，章先生向几位副主编建议，增设编委，让我当了编委。

先生还安排我给研究生开一门史料学的课程，我每上一遍就修改补充一些内容，形成了系统的《中国近代史史料学》讲义，经朱英教授推荐，由北京大学出版社出版。章先生也不忘鼓励我，在辛亥革命100周年为我主编的《辛亥革命史事长编》所写序言中，先生这样写道：“正是由于历经这些工作（指参编《辛亥革命词典》《中国历史大辞典·清史（下）》《辛亥革命大写真》等工具书），昌洪不仅已经具备了独立主编更为大型学术工具书的必要资质，而且还大为增强了开设中国近代史史料学课程并且出版大学通用教材的底气。教学与科研，相得益彰，岂不美哉!”

留校后面临的另一个重要问题是确定自己的研究方向。我在写作硕士学位论文期间，搜集了辛亥革命时期50多次暗杀事件和暗杀预谋的资料，当时我参考了一庵的《暗杀史》，受其影响，就想写一部暗杀史。那是1982年，当时人们思想还不够解放，暗杀问题很敏感。我向先生汇报后，先生说，你刚毕业花两三年的时间写一本书稿，就怕没人愿意出版，划不来，不像我，一部《张謇传稿》放在抽屉里20年也没关系。我在先生的指导下，决定转变研究方向。在纪念辛亥革命 70 周年学术讨论会上，中华书局两位资深编辑提交的文章《建国以来辛亥革命资料出版述略》用了整整一段篇幅谈了关于搜集、整理、出版社会风俗资料和进行社会风俗研究的重要性，给了我启发。我便准备研究近代的风俗习惯，得到先生的首肯。第一篇习作就是《辛亥革命与移风易俗》，先生审阅后强调说，一定要说明是初步研究。我就在文章结尾加了一小段："对于'辛亥革命与移风易俗'这样一个问题，史学界过去论及甚少。本人不揣浅陋根据自己的初步探索，说了上面那些粗浅的看法，就教于史学界的同志们。"先生就是这样严格要求我，手把手地教育我，使我获益匪浅。为了支持我研究社会风俗，先生在台湾特地买了两本书《客家旧礼俗》和《丑陋的台湾人》送我。我在中国近代社会风俗研究领域里能做出一点成绩，是与章先生的教育、提携、支持分不开的。

"苦撑"

章先生在主持《辛亥革命史》编写过程中，有鉴于成立学会组织是同行学者之间以文会友，互相切磋，交流信息，联手协作，以推动学术研究不断发展的重要条件之一，遂与林增平、张磊、刘望龄等先生于 1978 年发起成立了中南地区辛亥革命史研究会。他被推选为该会理事长，一直任职十多年。研究会从一开始就强调不务虚名，只做实事。所谓"实事"，一指为研究者提供交流学术见解的场所（年会、学术讨论会）；一指为研究成果的发表或评价提供园地（丛刊、通讯）。在多次年会和理事会工作会议上，章先生常常就关于如何推进辛亥革命史研究深入发展和怎样克服困难积极办好研究会等问题发表意见和建议。他与几位副理事长及正副秘书长精诚团结、亲密合作，形成研究会的灵魂，加上研究会各团体会员、各位理事的热心支持，使这样一个地区性的比较松散的学术团体办得很有生气，很有活力，在国内具有较大影响，成为近代史学界延续二三十年一直坚持经常性活动的少数几个学术团体之一。要知道，研究会是纯学术团体，没有经费来源，运作起来困难重重。

中山大学陈锡祺教授在《辛亥革命史研究会成立十周年随感》中对研究会的工作作了中肯的评价，认为中南地区辛亥革命史研究会成立以来，做了很多扎实的工作，除了参与组织大型国内、国际学术会议，促进国内外同行的交流联系等工作以外，还出版了《辛亥革命史丛刊》《国外辛亥革命史研究动态》《辛亥革命史研究会通讯》。对这三种刊物，他是每期必细读，每读必有所获。特别是《辛亥革命史丛刊》所刊载的论文和资料，不论在广度和深度上，都对推动辛亥革命史研究有重要学术价值，这是公认的。陈先生说："对这个刊物，武汉的同志付出了更多的辛勤劳动。家有同志前些时与我谈起，丛刊的经费很困难，全靠开沅、望龄等同志惨淡经营，才得以坚持出版。平时，我对研究会没有提供什么帮助，事实上也是爱莫能助。但对于为研究会的工作，为学术繁荣而呕心沥血、作出牺牲的同志，不能不充满敬意和感激之情；同时，也衷心祝愿这三种刊物能继续办下去，办得更有水平、更有影响，对繁荣中华学术、促进中外文化交流起更大的作用。"

在章先生和刘望龄老师的提携下，我有幸参与了研究会的许多具体工作，从不是"理事"也理事（协助办会等），到担任理事、副秘书长、副理事长兼秘书长，对会中工作的艰辛深有体会。开年会、换届会，都要蹭别的会议机会，请理事们参加，顺带开研究会的会。《辛亥革命史丛刊》由于没有经费补贴，中华书局先是拖，一辑丛刊要拖几年才问世，后来也不想出了；我们转到湖北人民出版社出，由辛亥革命研究中心补贴出版费，出了几辑也停了。《辛亥革命史研究会通讯》开始由各理事单位（团体会员）轮流编印，后来各单位人事变动，对既花钱又贴人工的编印事务不再积极。经刘望龄老师运作，把华中师大历史所出资编印的《国外辛亥革命史研究动态》与《辛亥革命史研究会通讯》合并，改为《辛亥革命研究动态》，编辑部设在辛亥革命武昌起义纪念馆（红楼），经费由湖北省文化厅拨给红楼。我写信给在美国访学的章先生，请他为《辛亥革命研究动态》撰写创刊词。他在大洋彼岸收到信后第二天就复信，并撰写了《〈辛亥革命研究动态〉创刊感言》寄回。他在创刊感言中写道：

在商品经济大潮冲击下，史学与其它学术领域一样，正面临着严重的挑战。辛亥革命史研究所受负面影响亦深，其延续几乎可以视为“不绝如缕”。

辛亥革命史研究曾经“热”遍世界，即使是现今，在台、港乃至海外也还受到相当重视。然而，在我们这片辽阔的热土上却已时过境迁，除了难得一遇的“逢十”大庆之年，竟似已渐被热衷于“先富起来”的人们所忘却。记得十多年以前，中南辛亥革命史研究会成立并筹备出刊《辛亥革命史丛刊》之日，亡友陈庆华教授曾情深意挚地祝愿：“希望贵会能像法国大革命研究会一样，坚持一两百年。”当时，我们感奋不已，同心协力，筚路蓝缕，披荆斩棘，在中华书局的热情支持下，连续出了7期《丛刊》，同时又在各兄弟单位协作下刊行了为数更多的《辛亥革命史研究会通讯》与《国外辛亥革命史研究动态》，颇得海内外学术界的好评。但是近两年来，由于经费奇缺，《丛刊》勉强出了第8期，而第9期清稿至今仍积压在中华书局编辑部，虽经湖北省社联答应给以1万元补贴，至今仍未得到任何可以出版的信息。《动态》息影久矣，即薄薄十数页的《通讯》也难以为继，研究会的常规活动几已濒于“准”停顿状态。最近，负责经理这些事务的严昌洪先生来信，用“苦撑”二字来形容这些年工作的艰难，我在钦佩之余，不禁又有若干辛酸之感。

幸好得到湖北省文化厅的帮助，经辛亥革命武昌起义纪念馆与辛亥革命史研究会、武昌辛亥革命研究中心共同商定，将原有的《通讯》《动态》合并改刊，以《辛亥革命研究动态》名义重新创刊，这样才为我们保持一块可以继续沟通海内外辛亥革命史研究信息的园地。我为此事有成而深感庆幸，同时也难免有一种预感，即此刊必然也要有‘苦撑’的精神才能得以延续。辛亥革命史研究是中国史学的重要组成部分，它值得献身于此者用自己整个生命来谱写一曲曲“苦撑颂”。而纵观历史，古今中外多少成大事业者，无不得力于“苦撑”二字。“苦撑”来自抱负，来自理想；“苦撑”需要才智，更需要毅力。“苦撑”的目的是创造精神财富，而学术长河的绵延不绝则是其结果。伟大哉，“苦撑”！但愿有一批不慕荣利、甘于冷清的有志者“苦撑”下去，使辛亥革命史研究得以延续，得以发展，逐步进入更高的学术境界。

然而，政府与社会却不能以冷漠的态度来坐视少数学者仅凭自己微薄的力量“苦撑”。因为，个人的能量毕竟是有限的，而且学者的精力应该集中用于学术，否则便失去社会分工的意义。文化学术归根到底是全社会的事业，而且可以毫不夸大地说，它乃是民族的命脉。如果仅有物质财富的增长，而失去了本民族固有的文化学术，那么这个民族即令生活多么优裕也是名存实亡，因为人们已经缺乏认同于本民族的必要前提。所以，任何有识的社会、有识的政府都深深懂得这个简易而又深刻的道理，都会在努力发展国民经济的同时，对与生产、市场并无直接关联的众多文化、学术、科学事业给以特殊的定位，并给以必要的支持，以保持其延续与逐步求得繁荣。因此，我特别感谢湖北省文化厅的“雪中送炭”，同时，也希望政府其它有关部门与社会各界人士，不要忘记这个虽小但又重要的学术角落，经常给以必要的关怀与支持，使之不断得到发展，使武汉成为名副其实的国际辛亥革命研究中心。归根到底，还是我那句老话，辛亥革命史研究的前景是非常好的，关键是我们自己的主观努力。

先生旅美日记《北美萍踪》出版后，因记有这件事，他特地赐书一本。我翻开1993年日记，上面就记有：

4月9日星期五雾，多云

……今日得赵军、马敏、吕洪信，巧于一日到。

4月10日星期六多云

……写《辛亥革命研究动态》创刊感言，复吕洪信。

看到此处，我心情十分激动。先生从我信中诉说“苦撑”之事生发开来，一是希望“有一批不慕荣利、甘于冷清的有志者‘苦撑’下去，使辛亥革命史研究得以延续，得以发展，逐步进入更高的学术境界”；二是呼吁“政府其它有关部门与社会各界人士，不要忘记这个虽小但又重要的学术角落，经常给以必要的关怀与支持，使之不断得到发展，使武汉成为名副其实的国际辛亥革命研究中心”。

回想当初我曾暗暗发过的誓言：章先生竖起的辛亥革命研究会这面旗帜，不能在我们手上倒下去；遗憾的是，这面旗帜正是在我的手上倒下了。我退休以后，缺少了继续“苦撑”的有志者，而有关方面又少了必要的关怀与支持，使没有经费来源的研究会在每两年一次的财务审计面前束手无策，只得申请自行解散。我怀着惴惴不安的心情向先生汇报了具体困难和自行解散的想法后，他表示了理解。曾经办得很有生气、很有成就的辛亥革命史研究会，从此成了历史。

关　怀

留校工作后，我的一家人经过读研期间的两地分居后，也都回到了武汉。家属、小孩的户口一时未能迁回，按政策规定不能在单位分房，虽然我有 15 年以上工龄，按规定可以分一个单间，然而那时学校住房紧张，在留校研究生两人共住一间房的情况下，没人考虑我这个分房条件。经多次苦苦要求后，有关部门才“照顾”我的困难，在学校一处偏僻地方借了一间破房供我一家暂时栖身。房屋破败之状，犹如又一座“寒窑”。一个月后没有退房，竟收到要交十倍房租的罚单。身为著名历史学家的先生在六一儿童节那天偕师母带着一大铁盒饼干来看望我们，他和几位老师还准备凑钱为我交那十倍房租的罚款，令我们一家万分感动。经我找学校一位领导反映情况后，没有罚款。当时收入低，家属又没有工作，要供养三个孩子读书，家庭负担很重。先生为了让我们增加一些收入，将他为编纂《辛亥革命资料续编》搜集的史料拿来给我家属抄写，这样有了一份抄写费，对家庭生活也不无小补。

章先生对我的关怀一言难尽。2014 年我患病做了手术，身体虚弱。先生特地送我一罐西洋参，让我进补。这一罐参我至今舍不得服用，欲留着作永久的纪念。

本人有个小小的爱好，喜欢喝点酒。聚餐时，先生宽容我们闹酒，有时还调侃几句助兴。比如说我喝了酒有时会痛风，先生就借用白岩松的名言笑说："痛并快乐着。"偶尔有人给我斟酒，我叫"少倒点"，先生就说"你鬼做"，意思是说我想喝酒却故意推辞。和省社科联一位领导喝酒，先生就说："满主席满上，严老师严要求。"先生多次给我送酒，研究所聚餐时他还带酒给大家喝。

和恩师在一起的日子里充满着温馨与欢乐。一想到这样的日子一去不复返了，我的眼泪就夺眶而出……

（作者单位：华中师范大学中国近代史研究所）

铭记导师的教诲，不负恩师的关怀

陶宏开

1964年初秋，我进入时称华中师范学院的外语系英语组学习。由于“文革”延误了我们1964级的毕业，到1968年年底才离校。根据上级的规定，我们这一届不许留城，75%去军垦农场，15%到农村去当农民，剩下10%身体不好的去国营农场。我的父亲已经被打倒，家里被抄了个底朝天，母亲也被批斗。鉴于这样的情况，我第一个报名去父亲的老家黄冈当农民。结果，我们各个高校一起共65名大学生，都被黄冈地区的“将军县”——红安县要去了。我们华师去的15名大学生被分配在红安县七里坪区的万胜公社，我和两个同学被安排在该公社建林大队的郑家畈生产队。

经过一年多的“接受贫下中农再教育”，1970年年初，红安县的领导召集我们65人去七里坪中学总结在农村的体会，并宣布我们将去本县的学校当老师。当天上午各自写总结，中午休息时，我看到走廊上有架旧风琴，一年多没弹钢琴的我就边弹边唱起来。这给主要负责人——红安县主管文教卫的县委常委徐映初很好的印象，他把我安排在红安县城的“最高学府”——红安一中。就这样，我开始了近十年的中学教师生涯。

“文革”结束后招考研究生，我立即报考，并有幸第二次走进华中师范大学的桂子山校园，成为历史系章开沅老师的首届研究生。我们一起有6人：赵军、严昌洪、饶怀民、沈继成、高路和我。导师组是章开沅老师、陈辉老师和刘望龄老师，我和赵军由章开沅老师指导，严昌洪和沈继成由陈辉老师指导，饶怀民和高路由刘望龄老师指导。一般情况下，硕士研究生都是三年制，由于章开沅老师的社会影响力，需要快出人才，我们是两年制的研究生。

章开沅先生对赵军和我这两个“入室弟子”要求很严，每个星期都要求写一篇文章给他检查。因为我的本科是在华中师范学院（章开沅先生任院长后，华中师范学院于1985年8月更名为华中师范大学）外语系的英语组学习，没有历史本科的学历。章老师指令我去听历史系本科生的课，要我打好扎实的历史专业基础。我便抽空去上历史系孙玉华等老师的课，收获很大。

为了我们的学习，章老师先后聘请北京、上海和广州等地的中国近代史名家来学校给我们授课。1980年暑假期间，陈辉老师带着我们到南京、苏州、上海和广州等地游学，使我们增长了不少见识。

在教学中，章老师多次向我们强调，哲学是常青树，作好研究要注意两点：以哲学为指导，用比较为方法。正是在章老师的指导下，我这个英语本科生逐渐在历史研究方面入门。同时，从章老师的教学中，我深深体会到教育的科学性和重要性。

作为汉口生、武昌长的地道武汉人，加上我们的学习重点是中国近代史，研究方向是辛亥革命史，所以我尝试对武昌首义的起因进行探讨。在学习过程中，我发现孙中山和黄兴发动民主革命的重点是在两广，处于内地的湖北武汉不是他们的上乘之选。可是，他们先后在两广发动的十余次起义均旋起旋落，而武昌起义却一举成功。依据章老师指出的比较研究法，我发现当时的湖北武昌在政治、经济等诸方面的条件，比京津沪粤要略逊一筹，或至多不分轩轾。但是研究发现，湖北在中国近代教育上是堪称首屈一指的“模范之区”。我觉得，探讨教育是否在光照史册、永驻汗青的辛亥首义上起到至关重要的作用，应当有其现实而深远的意义。

当章老师要我和赵军去他家定毕业论文题目的时候，因为赵军是学日语的，章老师指导他研究积极支持孙中山革命活动的日本友人宫崎滔天。然后，章老师问我有什么想法，我说自己的史学基础不太好，难做大题目，就以湖北近代教育为研究方向。章老师很表赞同，并要我多看些相关资料。

经过多方面的查阅，我发现湖北近代教育的发生发展与当时的湖广总督张之洞密切相关。刚好，我们学校的图书馆有《张文襄公全集》，我 1980 年的寒假都没有回武昌的家，天天去图书馆借阅《张文襄公全集》，把全部的 200 余卷都认认真真地从头到尾仔细看完，并做了大量的分类卡片。

尽管当时极左思潮还未清除，我仍努力遵照章老师的指导，运用哲学一分为二的基本观点，通过具体的史料探索发现，因外强虎视、国势日危的时局，张之洞实现了从“清流主将”转变为“洋务重臣”、从思想认知的演进到克难前行的实践。经过实事求是的深入研究，我对这位被多年贬斥的大清皇朝的“忠臣”作了客观的分析。这其中，张之洞克服重重困难，筚路蓝缕地在湖北武汉地区兴办多种近代工矿企业、新式学堂和具备一定文化程度的新军，“种豆得瓜”地促进了本地区近代革命知识分子队伍的成长壮大，为辛亥武昌起义的成功打下了有利的坚实基础。

然后，我又根据章老师提倡的比较方法，发现张之洞比同时期的官员们更加与时俱进。他十分重视人才的培养和教育的发展，把国外整套的近代教育体制和教材引进湖北武汉。值得注意的是，张之洞尤为注重加强基础教育和师范教育的发展，并于 1902 年明确提出，学堂要培养德、智、体全面发展的人才，引起中外政要的注重和到访。清政府称赞张之洞“为当今第一通晓学务之人”，委派他参与主持重订全国学堂章程——《癸卯学制》，这是我国第一个在全国正式颁行的近代学制，为旧中国半殖民地半封建性质的近代教育体制奠定了基础。1905 年夏，在张之洞、袁世凯等大臣的联名奏请下，清王朝不得不废止延绵了 1300 多年的科举制度。张之洞成为洋务运动后期的主将，并于 1907 年 9 月应诏入朝当上清廷的学部大臣。

据此，我在 1980 年撰写了第一篇论文，题目为《浅析张之洞的教育思想》，提交给当年的湖北省史学会的年会，得到冯天瑜等史学家的肯定。翌年，该文章被收入由湖北人民出版社出版，章开沅老师、陈辉老师等主编的《辛亥革命论文集》。

接着，我着手加紧毕业论文的写作，原题目是《论湖北近代教育》。完成后，我交给章老师审阅，章老师看后在我的论文题目上加了一个“试”字。正所谓“一字千钧”，章老师的一字之加让我明白对历史研究的严谨性。1981年我们毕业时，章老师点名我为第一个进行答辩的研究生。这是“文革”后首次的研究生答辩，引起了大家的关注，湖南省历史学会理事长、湖南师范学院副院长林增平教授等数位中国近代史名家来学校参与我们的答辩。现场设在学校的行政楼，有数百人观看，一时热闹非常。

随后，章老师带着我们参加在长沙举行的纪念辛亥革命七十周年青年学术讨论会。会上，我的毕业论文《试论湖北近代教育》得到林增平教授等与会专家们的肯定并获奖，由中华书局收集出版。

通过对中国近代历史的学习，了解到从康有为、梁启超等发起的维新变法，孙中山、黄兴等领导的民主革命，到李大钊、陈独秀等对共产主义的早期宣传，甚至如张之洞、容闳等对中国近代教育的推进，当然更有辛亥革命主力群体推翻赓续两千多年封建王朝的丰功伟绩，我对中国先进知识分子对于推动社会发展的作用有了深刻的认知。1982年，我又写了题为《湖北近代知识分子与辛亥首义》的论文，经章老师审阅后，发表在当年的《华中师院学报》上。

作为蜚声国际的历史学家——章开沅老师的开山弟子，我有幸与美国来华的史学家们来往与交流。1983年初冬，我得到美国密西根大学中国研究中心的邀请，前去进行中美文化与教育的比较研究。次年秋，已是华中师范学院院长的章开沅老师让我远赴美国深造。在美国期间，章老师曾给我去信关怀我的学习与生活，我每次回武汉都会去看望章老师并汇报情况。

2002年回国后，华中师范大学管理学院的负责人朱斌、张立荣邀请我回母校工作，章老师和时为华中师范大学副校长的马敏非常高兴。就这样，我第三次走进桂子山的校园，在管理学院和历史文化学院开课，并多次举办“当代大学生论坛”，让学生们自主探讨，以提升他们的素质。该论坛得到学生们的欢迎，当时学校宣传部的党波涛老师对相关情况作了采访报道。

第二年正好是华中师范大学的百年校庆，我怀着深情创作了有12首歌曲的组歌——《华师学子情》，并在时任华中师范大学校长马敏的支持下，制作成DVD光盘赠送给回母校参加庆祝活动的校友们。更让我感动的是，章开沅老师不仅为我的组歌挥毫书写“华师学子情”五个大字，还和马敏等领导出席观看我的音乐会。

2004 年 5 月 5 日，《武汉晚报》头版头条以通栏的形式刊登一封求助信，原来是华中师范大学一附中的一名高二女学生，因沉迷于网络游戏而辍学，其父母租房陪读，用尽各种方法无效后，便通过报纸向社会呼吁。我看到此报道后立即给报社打电话，表示愿意提供帮助。第二天，这对母女来到我家，经过数小时沟通和后续的交流，那位女孩振作起来继续学习，而且与父母的亲子关系有了明显改善。该消息经过媒体报道，一下子引起社会轰动，掀起全国“挽救网瘾青少年”的热潮。

当年年底，在各级领导的支持下，华中师范大学专门成立素质教育研究中心，给我配备了办公室和助手，来自全国各地的求助和采访络绎不绝。章老师对我们的工作十分关注，亲自与湖北省宣传部的领导李子林等为我们的素质教育研究中心挂牌，每次我到他家里去时，他和师母黄老师都非常关切地向我了解情况。

2005 年，为满足社会的需求，我先后出版了几本书。其中第一本的书名是《孩子都有向上的心》，章老师亲自为该书作序，并在序中表达了青少年理性使用电子产品的重要性。国家新闻出版总署把这本书列入当年的百本优秀图书之一，得到大量读者的好评。

2008 年，我和本地区的教育工作者发起成立湖北省素质教育研究会，得到湖北省民政厅和湖北省教育厅的支持。是年 7 月 5 日，在华中师范大学音乐厅举行的湖北省素质教育研究会成立大会上，章老师被聘为名誉会长，并亲自致开幕词，强调素质教育的必要性和具体方法，获得全场的热烈掌声。

我回国后，章老师曾两次来我家里看望。特别是第二次，他老人家已是 90 岁的高龄，仍兴致勃勃地和黄师母、马敏夫妇、华中师范大学副校长彭南生，以及严昌洪、罗福惠、朱英等一起来到我家。章老师特地拿来从日本带回的清酒给大家分享，还饶有兴致地到我的屋顶花园欣赏武汉三镇美丽的夜景。没想到，这竟然是章老师最后一次来我家聚会。

章老师不平凡的一生，都献给了史学研究、学生培育和社会进步，对我一生的成长起着重要的作用。正如我在全国各地的讲座主题：“戒除网瘾—素质教育—道德重建”一样，我永远牢记导师的至真教诲，不负他老人家的热诚关怀，积极引导青少年健康成长，为推进素质教育和中华民族伟大复兴尽绵薄之力。

（作者单位：华中师范大学素质教育研究中心）

永远的怀念
——记开沅师与学报交往二三事

沈继成

恩师章开沅先生走完了他波澜壮阔的一生，离我们远去了。在无比悲痛和深切怀念中，他与我们学报几十年交往的一些事情时时浮现在我眼前。

开沅师从 1946 年“误入”金陵大学历史系，1948 年进入中原解放区被作为“理论人才”留在中原大学政治研究室革命史组任教，即与他终身从事的历史学教学与研究结下不解之缘。但是，他正式走上史坛，为学界所瞩目，则始于 1955 年春完成他的史学论文《关于中国近代史分期问题》初稿。机缘巧合，《华中师范学院学报》也是在这一年春天创刊，破土而出，学报与它的重要作者开沅师就这样不期而遇了。

新中国成立不久，有一场关于中国近代史分期的大讨论。这缘于历史学家胡绳在 1954 年《历史研究》创刊号发表了《中国近代史的分期问题》一文，首次提出了中国近代史“以阶级斗争的表现”为分期标准和“三次革命高潮”的论断，立即引起了全国史学界热烈的讨论，参与者众多。那时候大家有话就说，不管年岁少长，地位高低，直来直去，指名道姓，丝毫不讲客套。因此，尽管有学界前辈范文澜、胡绳著文在先，戴逸、金冲及史学新锐长文在后，开沅师仍然抱着极大的热情和勇气撰文争鸣，将在 1956 年秋完成修改的《关于中国近代史分期问题》长达 3 万字的论文投送《华中师范学院学报》发表。

在这篇史学处女作中，开沅师根据马克思列宁主义的阶级和阶级斗争理论和毛泽东矛盾论的观点，结合中国近代史的实际，提出了“以阶级斗争的表现作为分期标准”，“但在具体运用时必须着重考察其中阶级力量的配备和关系的变化”的观点，并据此提出将中国近代史分为三个时期：半殖民地半封建社会的开始和第一次革命高潮时期（1840—1873）；二、半殖民地半封建社会完备形成和第二次革命高潮时期（1873—1905）；三、半殖民地半封建社会继续发展和第三次革命高潮及新民主主义革命酝酿时期（1905—1909）。在文中，他还对历史学者孙守任过分强调外因，将复杂的历史发展简单化，金冲及在分期标准与具体分期方案的“混乱”进行了反驳和批评。开沅师对胡绳、戴逸的意见基本上是赞成的，但仍然对胡绳“以中国近代史中三次运动的高潮来作为划分时期的标准”的片面性和繁琐的“七个时期”的划分予以否定；对戴逸分期方案的断限和分析“不够精确的地方”，“过于拘执于毛泽东同志某些词句，并没有真正掌握其精神实质，因而便得出与历史格格不入的结论”的批评既坦率又真诚。

《华中师范学院学报》收到开沅师的文章后，立即安排在1957年第1期刊载，用了17个版面。论文一经发表即以观点之鲜明、思考之缜密、论证之严谨、文笔之清新引起史学界广泛关注，但让大家没想到的是这样一篇老到的作品竟然出自一位籍籍无名的年轻学者之手，《历史研究》随后在这一年的第3期近代史分期众家笔谈栏目摘要刊布。开沅师不到30岁就能写出这样高水平的文章，不仅需要深厚的学养及对史学热点问题的高度敏感，更需要敢于发表不同意见、一往无前的学术勇气。当然，这也与新中国成立之初，学术环境宽松，学术空前活跃，包括华师院长杨东莼先生等学界前辈的奖掖、包容、鼓励有关系。

在发表了开沅师的第一篇论文后，学报在同一年第3期又推出了他的第二篇论文——《关于太平天国土地政策的若干问题》。太平天国起义是中国封建社会农民战争史上最为辉煌的篇章，其规模之大，延续之久，政纲、政策乃至多项制度之完备，与军事、政治、经济、文化各方面的建树，都达到了中国历史上农民战争的最高度，其纲领性文件《天朝田亩制度》对土地政策作了详细的规定。在相当长的时间里，太平天国的土地方案“有田同耕”因其与孙中山的“平均地权”和共产党的土地改革政策有着一定的联系，成为史学界讨论的热点问题，发表的论文很多。开沅师在这篇“花费了很多精力”完成的论文中对太平天国革命前夜的土地问题、《天朝田亩制度》中的土地方案的阶级基础、太平天国土地政策的演变等问题进行了全面、系统、深入的论述，尤其是针对一般人已习惯将《天朝田亩制度》中最初解决土地问题的方案称为“农业社会主义纲领”的看法和开沅师在中原大学时的校长范文澜“废除私有财产是这个纲领的根本原则”的观点，提出了商榷意见。他的结论是，研究太平天国的土地政策应注意以下几点：第一，农业社会主义与废除私有财产这两个概念需要区别开来，只是由于为数众多的萌芽的无产阶级分子参加革命并起骨干作用，所以《天朝田亩制度》中才增加了立即废除私有财产的内容；第二，在立即废除私有财产的问题上和革命的坚决性与彻底性上，萌芽的无产阶级分子与农民阶级是有着意见的分歧和程度的差异的，起义队伍内部的某些斗争正是在这个基础上产生的。对这些以杨秀清和萧朝贵为首的萌芽无产阶级，作者还引入恩格斯的“平民反对派”的概念，称杨、萧为“平民反对派”的代表人物。虽然这些观点和结论如同开沅师后来所言“并非成熟”，但这种勇于探索的锐气是非常可贵的，是值得称道的。

该文很长，洋洋洒洒有4万余言。为了给这篇论文腾出版面，学报打破常规，在这一期只刊登了6篇文章，开沅师的一篇就有27个版面，占该期总版面的1/3。在一年中连续发表同一作者的两篇论文，而且拿出了44个版面，这种安排很少见。在学报70多年的历史上，发27个版面的长文，这是唯一的一次。这充分体现了学报独具慧眼，对这位在历史的天空中冉冉升起的新星的高度重视和特别关照。开沅师对他与学报最初的这段经历是铭记于心的。在2005年纪念学报创刊50周年的文章中，他深情地回忆：“1957年第1期学报发表了我这篇处女作，随后《历史研究》杂志也摘要刊布，给我这个史学新兵以极大鼓舞。1957年第3期学报又发表了我《关于太平天国土地政策的若干问题》一文，尽管并非成熟的作品，但由于颇有勇于探索的锐气，所以学报也宽容地以较大篇幅全文刊登。回顾自己的学术成长过程，我特别感谢学报对我起步阶段的热心扶持。”

《太平天国土地政策的若干问题》是开沅师研究太平天国革命的第1篇，后来他又在《理论战线》上发表了《有关太平天国革命性质的几个问题》，在《历史教学》上发表了《太平天国在天京实行的几种制度》，直到1964年在《光明日报》上发表针对戚本禹《评李秀成自述》的文章《不要任意美化，也不要一笔抹杀——对于李秀成评价问题的一点浅见》，因此惹上文祸，体会到“学术领域内的阶级斗争”的厉害。不久后，“文化大革命”开始了，开沅师被认定为中宣部隐藏在桂子山的“黑线人物”“资产阶级反动权威”，受到严厉批判，华师学报也停止了运作，进入长达十年的“休眠期”。

1976年“文革”结束，华师学报恢复出刊，开沅师也获得“第二次解放”，在中断十年之久后，学报与它的老作者章开沅教授的紧密联系重新建立。他立即将《孙中山与同盟会的建立》《从状元到资本家》《两个世纪之间》等文在学报先后发表，成为经常为学报撰稿的本校作者之一。特别要提及的是在学报1979年第1期刊布的题为《辛亥革命史研究的几个问题》这篇重要文章。在该文中，开沅师针对“四人帮”影射史学的严重危害，发出解放思想、突破禁区、坚持辩证唯物主义路线、发扬马克思主义实事求是的优良作风、努力研究辛亥革命史的呼吁。为此，他认为有以下几个问题必须通过讨论加以澄清：首先，从辛亥革命史研究者本身来说，要打破所谓“立足于批”的精神枷锁，要推翻所谓“资产阶级中心论”“资产阶级决定论”“资产阶级高明论”等诬陷不实之词，要敢于以马克思主义的理论胆识来拨乱反正，坚持正确地、全面地评价处于上升时期的资产阶级及代表人物；其次，在人物评价问题上，要打破“四人帮”所强加的路线斗争框框，反对简单武断的“好坏分类法”，还历史以本来面目；再次，在中外关系问题上，要把中国的历史置于世界历史之中来考察，在揭露外来侵略的时候，要注意把帝国主义国家的政府和人民区分开来，要努力阐明世界人民对中国人民革命斗争的同情和支持。这篇论文的发表对国内辛亥革命史研究的深入发展影响很大，在这之后大批新人涌出，大批新领域、新视角、新观点、高水平的作品纷纷问世，辛亥革命史研究迎来了它的又一个春天。同时，这篇论文在国外也引起学界强烈反响，有些学者认为这代表了民国史研究的新趋向，并且以英、日等文字翻译介绍，甚至还组织集体阅读和讨论。

开沅师对华师学报有很深的感情，即使人在国外也不忘记对学报的宣传。他回忆说："1979 年秋天，我应邀到美国、日本十多所名校讲学，有的学者问：'请问贵校学报有什么背景？为什么只有贵校与《中山大学学报》获准对外公开发行？'我的回答是：'敝校学报并无任何特殊背景。敝校学报之所以较早公开发行，是由于编辑认识到国际文化交流的重要性，并且具有敢于走出国门的勇气。'这个答复颇受海外学界称赞，他们纷纷要求订阅华师学报。"

走过几十年风雨历程，学报没有辜负老校长对它的期望，不断成长壮大，在湖北省和国家新闻出版署的期刊评比中屡次获得好评，我们深知这与广大校内外作者的支持，特别是开沅师的支持是分不开的。几十年间，开沅师一直关心学报，哪怕外面的稿约再多，他也总会记得将各个研究阶段的部分重要成果交予学报发表。现在开沅师永远地离开了我们，但我们永远不会忘记他对学报的信任、爱护和支持。

（作者单位：《华中师范大学学报》编辑部）

笔墨情缘永相忆

——怀念章开沅老师

赵　军

伴我走入学术人生

富士无语望鹤去，长江悲戚传师恩。

2021 年 5 月 29 日，侨居日本的我惊悉恩师章开沅先生仙逝消息，悲痛之情难以抑制。中国史学界失去了一位学思敏锐犀利、学养博大精深，又善于对青年学子循循善诱的开拓者和领航人，而我本人也失去了一位胜似父亲的学术导师和人生楷模。

1978 年秋，我进入华中师范学院历史系师从章开沅先生，从他的硕士生一直读到博士生，所受教诲和启迪，不仅仅限于治学，还包括了人生的价值取向和如何做人的修养教养。他于我既是严师，又是慈父，他的言传身教是我一生取之不尽、用之不竭的精神财富。

回想 20 世纪 80 年代中期，开沅师担任华中师范大学校长工作，正值大学改革扩展之时，他每天忙于各种巨细事务，但是每周六下午一定会抽出时间为我和晚一年进校的马敏、桑兵、莫世祥、韩明五个人开办博士“基础训练”课。当时空调还未普及，武汉夏日炎热，师生 6 人围坐在章宅客厅里，每人一把大蒲扇，边扇边谈论近来的读书心得和正在思索的研究构想。在严师面前，弟子们谁都不敢偷懒，所以每周都需要带着新的素材和新的思想参加。每当恩师严厉教导之时，师母就会从厨房端来解暑的乌梅茶，以缓和紧张气氛。弟子们不负先生重望，在国内外史学界能够崭露头角，推出颇有影响的论文、专著，形成了日后章门弟子独自的学风，其研究思路大多源于在章宅客厅接受的“基础训练”。

博士课程毕业后，因机缘巧合，我们全家都来到日本工作和生活。到日本后应当如何治学和在异国开展学术研究，又是开沅师的引导和推动，让我一直走到了今天。开沅师曾多次谈道，“我一生在学术上做了两件事，一是把中国的辛亥革命史研究推向世界，并把国外的研究引入到中国”。他认为孙中山和辛亥革命与日本有着很深的渊源，多次具体指导我深入挖掘资料，汲取日本史学界的研究方法，开拓研究思路视野。

为中日史学交流引水开渠

章开沅先生自己就是国内最早同日本学术界建立交流关系的开拓者之一。在改革开放不久的 1979 年，开沅师应日本史学界泰斗井上清先生为代表的京都日中学术交流恳谈会的邀请访问日本，接受了许多日本学者的赠书，同时他还用节约下来的生活费购买了不少图书和缩微胶卷带回武汉。这些资料，就成为我迈进中日关系史研究大门的最基本的资料。我的硕士论文选题，也跟开沅师的这次出访密切相关。据说，大阪教育大学的北山康夫先生，在经过了“艰难的抉择”之后，决定将收藏多年的数期《革命评论》原件慨然赠予章老师（可以说其实是赠送给了中国学术界）。《革命评论》是 1905 年宫崎滔天等日本友人为声援中国同盟会而发行的期刊，残存至今的原件堪称宝贵文物。

正是开沅师带回的这些资料，让我选定并得以顺利完成硕士学位论文《试论宫崎滔天与兴中会》。1983 年，中国开创近现代史专业博士学位课程，开沅师被选为第一批博士生导师，我成为他的首届博士研究生。开沅师认为，研究日本历史，必须真正了解日本社会和日本国民，它通过佛教大学教授，现代中国研究会代表的吉田富夫先生，实现了中日两校之间的学者交换计划，并把我派到京都研修学习。而在当时能够获得赴海外学习的机会确实是非常难得和宝贵的。我也由此深深感受到了先生的关爱和期待。

当时，冰封多年的中日关系刚刚解冻，日本学者为什么对开沅师能够如此信任和慷慨？之后问起日本学者，据他们说，是章先生的学者风范和人格魅力，赢得了他们的信任和尊重。

开沅师对以野泽丰为中心的日本学者的中国近代史研究团体非常重视。他曾经回忆，“我与野泽丰先生最初相识于东京”，时间是1979年的11月10日（章开沅：《环宇岂无真知己，海外偏流文字缘》）。这天下午，开沅师应邀参加东京辛亥革命研究会每月一次的例会，“到会者有市古宙三、野泽丰、石田米子、藤井升三、久保田文次、小岛淑男、菊池贵晴等”，无一不是战后日本开拓和推动中国近现代史研究的第一、第二代学人。东京的这个辛亥革命研究会，是没有任何官方背景的日本学者们自发组织、自费运作的民间学术团体。正因为是纯粹的学术团体，这些学者们就更重视同中国学术界的交流和互动。野泽丰教授也认为，该研究会最重要的成就，就是坚持了“以中国为中心”和“以国际交流为中心”两个活动重点：“从国际上看，研究会主要以中国为中心，一方面从海外邀请学者来日，召开以辛亥革命为主题的学术讨论会。另一方面，研究会的主要成员也应邀积极参加在中国主办的国际学术讨论会，他们的报告内容得到了很高的评价。基于此，辛亥革命研究会培育出了许多优秀的研究者，在国际上获得很高的评价，并受到众多关注。”（野泽丰：《章开沅教授和日本的辛亥革命研究会》）

辛亥革命研究会的日本学者们固然重视会议室里郑重其事的学术发表和讨论，但真正的重头戏，却是会后大家在居酒屋或者小餐馆里两杯酒下肚后不拘一格的畅谈和言出无忌的交流。章先生讲演那天的聚餐场所，据说是和式餐馆江知胜。所有的学者们亲密地绕成环状席地而坐，开沅师报告中国辛亥革命研究情况后，争论颇为激烈，无非三派意见：工农为主体、资产阶级革命、绅士运动，各不相让，但争论反而加深了彼此理解，可谓和而不同。一直到晚上9时始散，前后共讨论6小时（包括边吃边谈），为此行前所未有。这种马拉松式的会议长却不腻，章先生由于跟野泽丰和菊池贵晴两位大师级学者共叙，而且他们在学术上也不约而同地认为辛亥革命的性质是资产阶级革命，“从此我（章先生）与野泽丰先生开始了整整30年的亲密交往”。

我到日本之后，开沅师就时常书信嘱咐我要积极参加辛亥革命研究会的活动，尤其要注意多多向野泽丰教授等日本学者请教。所以我坚持每月参加研究会的例会，并将研究心得与日本学术同行们分享。开沅师曾总结：通过辛亥革命研究会的活动，“展开了两国辛亥革命研究者长达20余年的频繁交流合作。或相互参加对方举办的国际研讨会，或互相邀请访问讲学，或交换珍贵历史文献与最新论著，或共同合作进行研究乃至培养青年学者。我们之间关系的密切与成效的显著，已经不仅限于辛亥革命研究本身，而且是在中日文化交流史上写下极其美好的一页”（章开沅：《笔墨情缘永相忆——我与辛亥革命研究会》）。对此，我是亲临其间，体会至深。

但是，东京的辛亥革命研究会在2005年由于世代的交替、学术研究领域的更新和活动场所等原因，决定停止活动，予以解散。这在我们中国学者看来，似乎是难以理解和接受的：一个成绩卓著而且正常活动的学术团体，为什么要突然自我宣布解散呢？野泽丰先生觉得也有必要向中国学者们做些解释工作，于是在杂志《近邻》（这是野泽丰先生个人出资创办的学术刊物）第47号（2005年春季号）预计设立“惜别辛亥革命研究会”的专栏，请开沅先生赐稿。为此，开沅师以《笔墨情缘永相忆——我与辛亥革命研究会》一文给野泽先生回复：“世界上没有任何‘万寿无疆’的人和事，日本的辛亥革命研究会作为一个民间学术团体能够持续发展40年，而且做了大量卓有成效的工作并在国际上产生重大影响，这已经是了不起的成就……惜别不是永别！我深信中日两国年轻一代的历史学者，必定会在新的起点上与新的条件下发扬光大我们这一代人所已做过的学术交流事业。”不但对野泽丰先生等日本学者的决定深表理解，而且高度评价了该研究会的成就，并为后来的学人们提出了更高的学术目标。野泽丰先生对于章老师的回信深感欣慰，请我到他家中口译给他听，并且一再确认其内容，一再念叨着：“太好了，太好了。”他从此将更多的精力投入在培养中日两国青年学者的事情上。

为了回馈章开沅先生的理解和支持，吸引更多的中国青年学者参加中日史学研究，野泽丰先生做出了一个重大决定，将他毕生积累的大量学术著作和资料等，日文部分全部捐献给开沅师所在的华中师范大学辛亥革命史研究室（中国近代史研究所），中文部分则捐献给他另一个海外学术挚友——闵斗基先生所在的韩国首尔大学。这些书籍、资料，要分装几十个纸箱，从编目、分类到装箱、联系托运等等，几乎都是野泽丰先生亲自动手完成的。当时还没有电脑之类文字处理利器，一部部的图书目录都是野泽丰先生亲手抄写。野泽丰先生赠送的书籍到后，在开沅师指示下，专门开辟了“野泽丰书库”，供中外学者们查阅利用。此后不久，野泽丰先生又将退休金拿出一部分捐赠给华中师范大学历史文化学院，作为“野泽丰奖学基金”的原资，奖掖攻读学位的中国学子们。前不久我找到了帮助野泽丰先生邮寄这笔资金的收据，感慨良多。

对弟子永恒的关爱

在治学态度上，开沅师对弟子们宽中有严，循循善诱。不但引导我们自身一步步成才，也教会了我们怎样为人师表，做青年学子的知心人和领路者。即使我们已经在国外工作和生活，也时常能够得到他的关爱和支持。

2005 年 12 月，通过我的企划，NPO 中日学术交流中心和日本华人教授会在东京举办了日中关系的回顾与展望——纪念中国同盟会成立 100 周年国际学术讨论会，100 多位学者与会。以孙中山为首的中国资产阶级革命党人最早的全国性革命团体——中国同盟会 1905 年诞生于日本东京，在中日关系面临种种不安定因素的当时，举办这样一场研讨会，不但会推动辛亥革命史和中日关系史的研究，同时也具有以史为鉴的现实意义。开沅师为此专程从武汉来到千叶商科大学，在开幕式上做了《百年以后看同盟会》的主题演讲。他用“组党——孙中山举步维艰”“建党——在日本水到渠成”两个部分概述和重新评估了同盟会成立前后的历史，而后指出，“一些重大事件的历史意义，并非当时或近期就被世人所认知”，“同盟会的情况也有点类似”，“只有在历经百年的沧桑，积累大量正面与负面的经验，而至今国人犹在不断念叨‘走向共和’的时候，我们才能更为深切地认知同盟会成立的丰富内涵”。

2011年11月，我们又在东京举办亚洲主义、近代民族主义的再审视——纪念辛亥革命100周年国际学术研讨会，开沅师由于身体状况和时间安排，未能亲自莅会，但还是给会议寄来了讲演论文《纵观辛亥革命上下三百年》。这篇论文认为，对于一个重要的历史事件，需要以“100年历史背景，100年的历史本身，还有未来100年的历史展望”的“巨视”眼光加以通盘研究，辛亥革命既有伟大的历史意义，也存在着负面因素；历史的连续性和复杂性需要揭示，更需要“扩大视野，把中国置于全球化及至整个人类文明走向的大背景中来考察未来的100年”。开沅师最后还强调：“一方面珍惜中山学说的前瞻性，如有关民生主义、世界主义与民族主义的关系等有关思路；另一方面更要勇于面对当今及今后中国乃至整个人类面临的新问题，特别是在多极化国际新格局中的和平发展与大国责任，环保问题、能源问题，都涉及到人类文明的生死存亡，是自我毁灭，还是自我救赎。任何一个国家的问题都是世界的问题，而面临每个世界重大问题，任何一个国家都难以独善其身。因此，更需要国与国之间、地区与地区之间、民族与民族之间的对话、交流、沟通，以全球大局为重，从共同利害抉择中，求同存异，或曰寻求易于导致趋同共识的最大公约数。”这些话语，现在读来似乎更能感受到开沅师作为一个智者、哲人所具有的深邃洞察力，他在十余年前对世界大势走向的精准推断至今令人折服。

2019年，我基于当年博士学位论文所撰写的专著《辛亥革命与大陆浪人》决定由江苏古籍出版社出版修订版。由于30年前出版该书时没有时间联系到开沅师为我作序，成为我最大的憾事之一。此次当我向开沅师表明这一意愿时，93岁高龄的他立刻爽快应允，并很快寄来了序言，他写道：“作者离国多年，但仍极为热爱祖国，更为关心母校，经常为华师提供许多助力。特别重要的是，在他的热心联络下，我们不仅与宫崎家族保持将近

30年的密切交往，而且还与梅屋庄吉的后裔也成为海外知交，共同为中日文化交流作出重要贡献。为纪念辛亥革命一百周年，《宫崎滔天家藏文献》及时出版，梅屋庄吉遗存文物在武汉举办展览，都是我们共同营造的硕果。”自己的些许努力能够得到这样的首肯，感奋的同时我也感受到了恩师更多的期待。我愿把这篇序言当作开沅师给我的遗言，鞭策自己今后的学人生涯。

赢得中外学界敬重的学术泰斗

听到章开沅先生与世长辞的噩耗，日本历史学界许多知名学者、中青年学术俊秀也表示震撼和哀悼。一些人纷纷发来邮件或打来电话，向我们表示对章先生的怀念和仰慕之情。

久保亨教授（信州大学特任教授，历史学研究会委员长，日本学术会议会员）得知章先生逝世消息的当晚，就给笔者发来邮件，表示：章先生是一个“巨大的、巨大的存在。自己曾经得到过多方帮助，谨在此表示衷心的哀悼！另外还会将这一消息通知中国现代史研究会的各位学者”。与章开沅教授有着40多年交谊的日本女子大学名誉教授久保田文次先生和夫人，跟我通电话时表示，他们对章教授的去世深感震惊和悲痛，并希望我代表他们向黄师母和章先生家人表示衷心的慰问！他们说章先生是“最令人尊敬的学者，我们也受过诸多关照”。他们开展的宫崎滔天和梅屋庄吉家藏史料的整理工作，就是基于章先生的提议启动的，目前正在整理与章先生有关的照片、文字等，近期内准备汇总起来颁布中日学界、友人，以纪念章教授对中日学术交流的功劳与贡献。大阪大学名誉教授、神户孙文纪念馆副馆长西村成雄教授，则发来中日文双语的唁电：“接章开沅教授逝世噩耗，不胜震惊，谨致衷心哀悼。隔海遥祈导师冥福。敬请各位遗属千万珍重。”

此外，日本花园大学名誉教授小野信尔先生和夫人——京都大学名誉教授小野和子，中央大学深町英夫教授，东京大学川岛真教授，日本大学小滨正子教授，骏河台大学名誉教授井上久士先生以及孙中山先生挚友梅屋庄吉后裔——日比谷松本楼总经理小坂文乃女士等，也纷纷发来邮件，对章先生的逝世表示衷心的哀悼。

开沅师以自己的学识与人格，在海外也赢得了众多学者和友人的信赖与敬重。

记得2000年冬季，正是战后日本右翼势力借“新历史教科书编纂会”势力异军突起之时，他们全面否认东京审判以来国际社会对近代日本军国主义势力侵略亚洲邻国罪行的历史结论，企图借历史教科书、随军慰安妇等认知纠纷向中国、韩国等邻国在“历史责任”问题上反攻倒算，开沅师应日本民间团体的邀请，前来日本参加有深受日军暴行迫害的中国慰安妇参加的控诉和反对日本否认战争罪行的和平活动。由于日本右翼势力的甚嚣尘上，参与这次会议的所有中日人员都面临着人身安全的重大威胁。记得那天我和夫人沈洁驾车前往冈山市拜访开沅师，历经多重警戒手续之后见到的开沅师却是那样的镇定、坦然！在右翼分子伺机扰乱的情境之下，他不仅在学会上演讲，还冒着风险参加了夜晚的街头提灯游行。

开沅师勇敢行为的背后，其实有着洞察局势的缜密。他自己不惜在危险的场合同日本右翼势力进行面对面的斗争，但对于在日本定居的在日华人，他无论是写序文还是参与活动，都注意尽力保护在日华人利益不受危害。

在中国历史上，史学家自古就不是历史的旁观者，而是身负对时代负责、对历史负责双重重任的历史的“监视者”和“干预者”。惟其明了历史，必须正视历史；惟其理解历史，更应参与历史。这就是以“秉笔直书”为美德的史学家的“历史使命感”。章开沅先生有言：“没有历史使命感的知识分子，不是真正的知识分子。”他自己也身体力行了自己的格言，也为弟子们树立起了做好一个学人的表率。

（作者单位：日本千叶商科大学）

《凡人琐事》序及文前小记

罗福惠

章老师离开我们十天了，无数纪念文字表明：心中的先生说不尽，天人间的对话说不完！据外间人看，先生著述等身，无不传世；桃李芬芳，开枝散叶；寿跻遐龄，安详平静。而且江城连日风平浪静，远近亲友、弟子学生及各界旧雨新知，少长咸集，恭送章先生远行，先生生前功德圆满，身后倍极哀荣。然据先生亲人转述，先生清醒时仍然流露出两点遗憾：一是曾表示想有机会再回桂子山一行，最后看一眼他度过六七十年漫长岁月的校园，他对这里的一草一木，一物一人，都充满无限深情，终因身体状况的原因未能如愿；二是先生生前耗费三四年之久的时间和精力，一笔一画写成长达五六十万言的自传——《凡人琐事》，付梓已近两年有余，却因种种原因未能让先生及身见其成书，难免让人联想到魏晋间嵇康的《广陵散》。对于先生的这部收官之作，我也做过一些文字协助，故在此将我为此书写成的小序先行刊出，一者寄托我的哀思，二者希望以此促成该书早日面世。

《凡人琐事》序

将近两年前，当章老师亲笔撰写的自传接近收尾之际，他表示希望笔者协助他做点事情。一是对书中业已写到，而我可能略有所知的上世纪80年代以来若干人事细节，作些史实上的核对；二是对手稿和电子文本加以初步的校对和润饰；三是如有感触，可试作一小序。当时我脑子里立即闪现出《史记》中孔子订《春秋》，“笔则笔，削则削，游夏之徒不能赞一辞”的旧典，心想前面两点自当尽力，但对作序却有些诚惶诚恐。

先生见我犹豫，略带感慨兼无奈地说：“我高龄九十多了，不用说自己的师长一辈，就是同学同事多已作古，早年的学生也所剩无多且都搁笔。而你自从跟我读研究生到留校工作，转眼近四十年，对我总算有些熟悉和了解。作序也不要有压力，随意谈谈读后心得也行。”先生这番话既引起我对书稿先睹为快的好奇，无形中也激发了身为弟子理当略尽竹帛之劳的责任感。至于无知妄序，祇望先生和读者把它当作学生的一篇碍难及格的课程作业来看。

首先要向读者汇报的是《凡人琐事》是一本怎样的书。先生当然是研究中国近现代史的大学者，从上世纪80年代以降，他的多部著述广泛流传，因此研究先生的学术成就、学术思想和治学方法的文章，一直层出不穷，先生自己也不吝金针，毫无保留地坦陈自己的为学之路和各种心得，让无数后学和读者得到多方面的收获。不过在这本《凡人琐事》中，先生更多的是以“平静客观的学术态度”回顾自己的人生经历。换句话说，该书主要不是先生自述的学术史，而是更接近于生活史或者说生命史。

翻阅此书即可发现，处在新旧过渡中的大家庭的环境和条件，使得先生早早读书并富于“遐想”，中学时代就习惯记下自己的见闻，保存自己的习作。到从事历史学习和教育工作之后，先生不仅有意保存信札和资料，还有类似日记和工作纪要随身携带。而上世纪90年代以来的“参访”“寻根”和旧地重游，更有如现实和历史的往返互动。因此，不用说记述自己生活、耕耘了大半辈子的昙华林中和桂子山上的人事，以及在东瀛和北美的萍踪和所遇，即使是追忆七八十年前南京金陵大学的激情岁月，四川江津德感坝国立九中身体和精神的成长，甚至直到芜湖青弋江畔祖宅中的童年，由于先生的博闻强记和充足的资料积累，通过精心剪裁和娓娓道来的表述，先生丰富多彩的人生经历，如同逐步换景移情的历史长卷呈现出来，让作者有如“在地”讲述，读者同样“在场”感受。

所以，《凡人琐事》不是本为旁观者却靠耳食和拾唾来谈所谓宏大叙事，也没有某些人物回忆录的自我矜伐或自我开脱。它甚至不是通常所说的以“今日之我”对“往日之我”的历史回望，而是一种排除后见之明，回到现场设身处地地穿越生命的体验，不仅以原生态的生命过程和情感变迁来呈现自己，而且与人生路上曾经遇到的人物和事件再度相逢。惟其如此，书中记叙的一切才显得真实，可信可亲。

这本篇幅宏大的百年生命史，刚巧分为近百小节，完整地再现了先生从世家少年到流亡学生，从在浪漫洪流中投奔革命的民主青年，到“斗争”高潮时期的“修正主义苗子”，从以知名学者出任大学校长而力行“改革开放”，再到主动辞去待遇和荣誉，回归布衣学人的本色，广泛地参与“文明对话”，和担任多处文化建设的策划和顾问的人生经历。而这些被先生自己谦称的“凡人琐事”，实则紧扣着百年历史的脉动，不仅必然地带上了国家与世界的宏大叙事的背景，而且在当时本来就是时代大合唱中的低声部，也是今天的历史回声中的心灵独白。

每个人的生命史都是由自己书写的，但怎样书写又都离不开主观和客观两个方面的条件。个体生命的亲身经历，最容易直观感受到生活中的悲欢善恶的并存和交织。比如，家乡的山水草木使人产生故园之思，家业的或盛或衰，家人的或聚或散，家庭生活中的亲情温暖或某些刻板的规矩和礼教残余，都是各人欲说还休的“乡愁”。当敌寇入侵造成家庭离散，自己浪迹异乡时时为失学失业所苦，甚至缺衣乏食时，就能体味什么叫国破家亡，就会痛恨侵略，盼望和平。而饥寒交迫时，一顿饭甚至几个红薯，一件旧衣或几文小钱的帮助都充满了人性的温暖。在茅屋和破庙构成的学校里，校长和老师们一个关爱的眼神或动作，一句亲切鼓励的话语或批语，都会激发少年的上进；师长的传道授业和自己读书得到的知识和希望，更源源不断地哺育着后来人的生命力。

在通常情况下，重视人际关系和后辈教育的家庭的孩子比较淳朴规矩，读书知礼使得他们往往容易在社会上的关系网络中得到帮助，反过来也乐于回馈和帮助别人。即使力有不逮，萌芽状态的仁爱之心也会使得他们同情老弱和比自己更加受苦受难的普通人。所以我们在书中多次看到作者对保姆和厨工的感激，对面粉厂工人的称赞，流落四川时对采煤矿工的同情，与同是天涯沦落人的同学的手足之情。尤其是书中对川江船工生活的描写，既生动感人又显示了先生阅读社会这本大书的人生感悟。

川江行船，有时顺风顺水，舳舻首尾相衔，岩下钓翁的渔歌和滩边浣衣女子的嬉笑声在峡谷中飘荡，但“如逢巨风骤雨，弄不好就是人坠船翻”。这时舵桥上的驾长和船头的桡工就必须依靠“他们鹰隼般的锐眼，以及他们脑袋中那副以经验和记忆绘制而成的航线图”，船上的人配合默契，使出全力挣扎行进，领班的“号子便失去平常的韵味与谐和，发出的只是人们在与大自然威力生死搏斗中的悲怆吼叫，那呼天抢地、撕心裂肺的惨烈，非亲身经历者难以体味”。正是在这种“生死之间也只隔着一层纸”的情境中，养成了川江船工“珍惜生活的乐趣”，甚至“浑浑噩噩”“有多少钱就花多少钱”的特殊性格，但他们在与激流礁石、风雨浪涛的生死搏斗中，一种生存意志的挺立和生命的顽强承担，足以惊天地泣鬼神！

先生自言刚刚跨进青年门槛之际，适逢抗日战争前途不明，自己失学失业，“几经挫折以后产生了悲观情绪”，“觉得社会上的丑恶与不公平太多”，“自己软弱无力，难以掌握命运”。之所以没有厌世，是因为“想到世间有如此众多好人对我的同情和关爱，我确不忍薄情离他们而去，我仍然热爱这个祖国，热爱现实生活，至少我还可以在阅读中徜徉于一个高尚而美好的精神世间”，“求知的本身就是一种愉悦”。

普林斯顿大学华裔历史学家刘子健，是燕京大学毕业的学长，他鼓励先生撰写回忆录的理由，就是他们那一代人“历经战乱，屡遭忧患，理应给后人留下若干历史记录”。可以说，在青少年时代因遭逢战乱而流离失所，塑造了先生浓烈的家国情怀；亲情、友情的温暖，和更多善良的普通人的援手，使得先生在困厄中感到慰藉；读书阅世而得的知识、能力和素养，更是先生安身立命的基石。从书中不难感到，先生在二十岁左右人生观已经基本定型。所以几年之后在白色恐怖的南京，先生自然而然地参加了反饥饿、反内战、反迫害的抗争，直至义无反顾地投奔革命。工作之后，无论是因显著的成绩而得到信任和荣誉，还是历经长时间反复的自我检查、思想改造和劳动锻炼，甚至横遭攻讦和批判，先生都能坦然面对，不怨不悔，不怒不怍。

故在此后的岁月里先生表现出的某些性格和行事特征，其实早已可见端倪。比如说先生因诚恳乐群而能广交朋友，这些朋友有老有少，有中有外，既有学术上的同行、工作中的同事（其中也包括理念和方法相左者），还有偶然邂逅的工农群众，彼此居然能够相互理解敬重，保持长期的友情。比如由于先生做任何一件事都能全力以赴，严于律已，刻苦耐劳，居然在每次下放劳动锻炼时成为吃苦带头的“主心骨”。由于先生的仁爱之心和宽以待人，真心关爱学生而循循善诱，故被尊为人师而从者如云，连在农场劳动的知青甚至劳教的“问题青年”都会感动于先生的真情实意和人格魅力。

当然更重要的是先生在以学习和研究历史为志业以后，以“究天人之际，通古今之变，成一家之言”自勉自律，其开阔的视野和深沉的思虑与历史意识融合，使历史成了“把过去、现在及将来连在一起的桥梁”，形成了自己尊重历史、参与历史、超越历史的学术与生命的同构及共情。

先生曾引用王国维的话来讨论历史的价值：“事物无大小，无远近，苟思之得其真，纪之得其实，极其会归，皆有裨于人类之生存福祉。”先生进而认为“史学不仅是一种知识的传授”，“而且是一个非常丰富的智慧宝藏”，“历史就是民族的灵魂”（先生近著《走出中国近代史》，北京出版社2020年版，第132、171页）。“真实”是史学的生命和尊严之所系，史学家应以独立的学者人格，摒弃一切干扰和诱惑，花大功夫、下大气力追寻历史给人类的真知和智慧。从上世纪70年代后期开始，章先生就和林增平等先生一道，不顾环境的恶劣和物质生活上的短缺，尤其是顶住“立足于批”的思想束缚，广泛发掘和利用原始资料，历时数年终于写成享誉中外的三卷本《辛亥革命史》，解放思想的“辛亥赋新篇”成为“春天第一只燕子”。随后的《张謇传稿》不仅在方法上讨论了中国近代转型中社会群体角色的转换，而且“充分展示其心理变迁与精神世界”，写出“一个有血有肉、有性格有灵魂的人”，在历史人物研究方面成为克服“停留于社会学的类型区分”的典范。其他对孙中山、章太炎、秋瑾、容闳、贝德士等多个历史人物的研究，都贯穿着这种与研究对象“神交”“对话”的重视和理解。

这种以实事求是为方法和目标的“尊重”，也体现在生命历程中的待人接物上。先生自言，“长期研究历史已经使我养成为他人‘设身处地’给予理解的同情”，故能真正“知人论世”。《凡人琐事》中出现的人物多达近百位，包括家人、同学、战友、领导、同事、学生和社会大众，有些只是呈现为一晃而过的侧影，先生也写得郑重其事。而对鞠养抚育自己的长辈家人，给自己教诲、帮助和引导的师长前贤，学术生涯中相遇相知的中外学人，先生的温情笔墨和精当的知人论世，不仅体现了先生的眼光和胸襟，其丰富的内容更折射了百年来的世事风云和几代人的人生际遇。这些忠实客观的记载，多值得后来人多方面地加以发掘运用。

“参与的史学”与“史学的参与”的提出，应该是来自先生“具有现代意义的历史使命感”（《走出中国近代史》，第23页），并受到20世纪欧洲年鉴学派的影响。其立足点是把历史的过去、现在及将来连在一起的桥梁，所以应该而且能够双向互通。章先生认为，“历史学家的最高天职就是研究人类的历史生活”，“参与历史，亦即走进历史，理解历史”（《走出中国近代史》，第31、34页）。如同法国历史学家保罗·利科所说的对历史“加以重新体验和赋予生命”，用自己的现实关怀乃至前瞻性，使因沉默而遭人们冷落的历史鲜活起来，这是历史学家“对史学的奉献”。另一方面，鲜活的历史百科全书又有助于人们开展“超物质利益的精神生活”，如人们求知欲望的满足感、认同感和使命感的培育、历史经验和教训的汲取，以及作为人的良知和智慧的发现养成等等，从而参与塑造当代。尤其在社会生活出现问题，甚至人类文明“生病”的时候，不妨像年鉴学派的创始人马克·布洛赫一样反躬自问：“社会曾否努力向历史学习？究竟我们学习得是否正确?”历史学家的研究如果能够“增进人类的利益”，也就是“对人类的奉献”（《走出中国近代史》，第29、30页）。

而且章先生所说的双向“参与”，更有一层知行关系上学以致用的实践品格。如同布洛赫作为一个拿笔的学者，也曾拿起枪站在反法西斯斗争的第一线，参加了“历史的创造”。章先生从上世纪80年代迄今，曾经主张借鉴陶行知的“生活教育”，丰富了80年代中小学教育改革的内容。90年代，先生在通过深入发掘贝德士档案，研究南京大屠杀事件时，不仅参加了对日索赔会的活动，还到日本巡回演说，实际参与了日本主张战争反省人士回击右翼势力的斗争。先生更多次在武汉、珠海、南通、湖州和芜湖等地，结合当地的历史事迹和人物言行，如围绕武昌首义、后期洋务新政、早期留洋学生和民族工商业等主题，为建立有关纪念馆和文化遗址设施、编写地方史志，乃至讨论和制订城市建设发展规划，提出了许多高瞻远瞩的建议，引起了当地政府的重视并得到采纳。2004年冬，先生在一次演讲中说：“我现在没有把我的工作限制在书斋之内，而是把我的活动领域推广到整个社会。就是说史学家不仅要研究历史，还要创造历史，还要干预历史，还要跟其他有识之士一起促进历史往正确的方向发展。”（《走出中国近代史》，第172～173页）这样“把学问写在大地上”的思考和行动，显然也体现了历史参与和参与历史的精神。

先生所说的“超越历史”，除包含治史者须尽可能掌握必要的古今中外历史知识之外，还要注意科际整合，努力把社会、经济、政治、文化、宗教、人类、心理诸学的理论和方法运用于史学研究。但更重要的，还是具有宏阔的视野和对全体人类命运的关怀，以此“超越”各自历史意识在时间维度上的阶段性和空间维度上的地缘性。先生在长期的治史生涯中，一贯强调“历史的延续性与复杂性”。在上世纪末社会掀起空泛的“世纪热”之际，先生围绕孙中山在《民报发刊词》中的“百年锐于千载”之说，提出对“辛亥革命的背景、起因、进程、后果、影响，需要进行长时段的纵横考察，才能谈得上是对其本身以及历史遗产的真正盘点”，由此提出三个一百年（辛亥革命前一百年的历史背景，20世纪一百年本身，21世纪一百年的展望）的致思范围。其具体内容既包括对辛亥革命成败的科学总结，对孙中山三民主义学说得失的深沉思考，还有以“革命不是制造出来的”历史认识作为对“告别革命”论的回应，以及与种种“毕其功于一役”式的乐观躁进相对的忧患意识。其丰富的内容和深刻的见解，集中体现在

2011年7月16日在国家图书馆对部级干部的讲演之中。

先生多次强调指出，孙中山既高度重视民族主义，又自称“世界公民”；最先提出“振兴中华”，又怀着亚洲梦，晚年还提出“世界主义”的国家观和世界观，并就民族国家与世界主义的关系作过精辟论述，比如“一定要先讲民族主义”，恢复民族的自由平等，并“从而发扬光大，然后再去谈世界主义，乃有实际”（《三民主义·民族主义》，载《孙中山全集》第9卷第231页）。先生在世纪之交针对汹涌而来的全球化浪潮，提出史学家“有责任引导社会进行理性思考”。他认为“全球化使我们可以分享现代文明的福祉，全球化也使我们必须分担现代文明的灾难”，包括环境污染、资源浪费、战争残杀、重利轻义、重物质轻精神的利益追求，都在危害甚至威胁整个人类的生存。在这种环境条件之下，“任何一个国家都难以独善其身，因此我们在考虑21世纪中国的命运时还必须同时考虑全人类的命运”，“未来的百年，需要扩大视野，把中国置于全球化及整个人类文明走向的大背景……勇于面对当今及今后中国乃至整个人类面临的新问题”（《走出中国近代史》，第60页）。先生坐言起行，自上世纪70年代末以来，风尘仆仆地走过世界五大洲数十国，他在90年代谦称自己对外交流无非做了两件事：一是把中国的辛亥革命研究和近代文化精神介绍出去，一是把国外的相关研究成果和不同方法介绍进来。但从后来的实际情形而言，我们很容易发现交流对象存在着从历史学者、学生到社会活动人士甚至广大市民的变化；交流内容也从辛亥革命、近代中外关系扩展到战争责任反省、中外文化关系、全球化的利弊和人类命运等世界性的公共问题。所以，先生所致力的文化交流当然也是加强多方沟通、增进彼此理解、寻求国际合作、为公平合理的人类命运共同体的早日建成所作的努力。

20世纪三四十年代长成的一代知识分子，既承袭了中国传统仁人志士的基因，又受到从“辛亥”到“五四”的先辈们的直接教导，还经历过那场时间最长，斗争最残酷的抗日战争的淬砺湔祓，从而成就为独具特色的群体。在历史宿命和个人性格的双重作用之下，他们无论是金刚怒目，还是菩萨低眉，也无论是因文获咎还是玉汝于成，都构成了一段不可复制的厚重历史。就先生个人而言，他认为把自己亲历亲见的种种真相告诉来者，是历史赋予的一种责任。然而无论是回顾必然的磨难，还是反思不该有的横逆，先生始终保持自己特有的理性精神和冷静心态，不怨不尤地如实直书。而对待诸如全国劳动模范、国际著名学者、80 年代最有影响的大学校长（之一）、吴玉章人文社会科学终身成就奖、感动荆楚年度人物等众多的荣誉，书中多是一笔带过，甚至绝口不提。他把自己这本总结人生经历和心路历程的集成之作名为“凡人琐事”，更显谦谦君子之风。

然而，先生一以贯之的家国情怀则愈益深沉炽热。笔者偶尔随侍先生之侧，就多次聆听到他出自肺腑的感恩之言。所言感恩的对象当然是祖国和人民，包括生于斯长于斯的山河大地，包括这块热土上的历史文化，包括无数成功或失败的先贤和未来希望所在的青年。所以先生年近期颐仍然兢兢业业，笔耕不辍，对社会充满爱心，对未来满怀美好的憧憬。所谓智者不惑，勇者不惧，仁者爱人，先生兼而有之。

唐德刚先生曾用“历史三峡”来比喻宏观的中国近代社会转型的艰难曲折，的确发人深思。但笔者也由此感到，任何社会中各个时代的个体生命也可能遇到形形色色的“历史三峡”。在各种由“未济”到“既济”的困境中，多么需要命运共同体中的每一个成员都像先生一样，自强不息，上下求索，从而尽快穿越险阻，早臻“潮平两岸阔，风正一帆悬”的人间佳境。

庚子仲夏于武昌桂子山

（作者单位：华中师范大学中国近代史研究所）

飞鸿雪泥忆吾师

——兼谈“章开沅精神”

马　敏

低回的哀乐、无数的白花、长长的致哀人群、从四面八方汇集而来的他所喜爱的学生……他——一位自谦为“桂子山之子”的老人，我最敬爱的师长章开沅先生最终还是走了。

记得5月23日，我陪同从贵州远道而来的冯祖贻老师夫妇去看望章先生，见到多年未见的老朋友，已卧床不起的他非常高兴，临别前，还特地竖起双指向我们比画了一个代表胜利的手势。没想到，这一别竟是永别……

往事如烟。我同恩师40多年的交往和师生情谊一一浮现在眼前。这些往事实在太多、太多，我只能说，每逢人生的大关节处，开沅师都是我的主心骨、引路人。人们说：“一日为师，终身为父。”这话一点不假，对于我，开沅师就是慈父般的存在。至少，在心底我一直就是这么认为的。

大学时代，我下决心要以治中国近代史为终身志业，实则始于开沅师的一堂课。当时，开沅师正忙于皇皇巨著三卷本《辛亥革命史》的撰写，没有系统给七七级学生开课，只是结合他刚刚接触到的苏州商会档案，给我们讲了商会研究、社会群体研究与辛亥革命研究的关系。就是那堂课，开沅师的堂堂相貌、洪亮嗓音、睿智思辨给我留下了极其深刻的印象，我意识到这是一个不一般的老师，暗自下定决心，一定要师从开沅老师治中国近代史。

1981年，我很幸运地考上开沅师的硕士研究生后，又正是他命我和朱英随同刘望龄老师前往苏州市档案馆，参与整理苏州商会档案。沉潜于浩若烟海的商会档案，不仅给了我从第一手资料出发治史的严格训练，而且使我的史学思维一开始就是建立在实证史学的基础上，通过商会和绅商研究，我走上了一条史学研究的正道。此后，在博士生阶段研究中国资产阶级的宏观结构，继之研究教会大学、博览会史，无一不是在他的点拨下最终做出的抉择。

治学与做人密不可分。开沅师对我的影响，绝不仅限于学术，而是整体性的人生。我记得很清楚，当初我和朱英考上他的硕士生后，他亲手给我们书写了楚图南先生给戴震纪念馆的题词：“治学不为媚时语，独寻真知启后人。”而且手抄了明代钱福的《明日歌》赠送我们，要我们一定抓紧时间，刻苦学习，千万别蹉跎了大好青春年华。

1990 年 8 月至 1992 年年初，我和开沅师同在美国普林斯顿大学和耶鲁大学访学，朝夕相处，有了更多接触和讨教的机会。我清楚地记得，在耶鲁大学神学院图书馆，当查阅他金陵大学时代的老师贝德士档案时，开沅师突然发现档案中有一大批关于南京大屠杀的资料，他顿时兴奋无比，马上叫我过去观看，说这是一个大发现，为南京大屠杀觅得了铁证。这成为先生研究南京大屠杀历史的起点。还记得，在当年那种特定的氛围下，结束在耶鲁的访学后，我准备按时回国，开沅师知道我的想法后非常赞同，他鼓励我说，对学文科的人，根子就应扎在自己的文化土壤中，才能真正开花结果。从后来我个人的发展看，他说得太对了。

1999 年，学校准备让我出任副校长，出于对学术生涯的执着，我内心非常纠结，前去征求老师意见时，他又鼓励我：学术的小我应融入学校事业的大我，个人少做一点学问，少写几本书，没多大关系，把学校建设好，给大家创造更好的教书育人环境，多出一些人才，是完全值得的。正是他的这番浅白而又不乏深刻的话，给了我莫大的鼓舞，我从此走上学校管理岗位，全身心奉献给华师，从副校长而校长、书记，一干就是整整 18 年。现在回过头来看，听他老人家的话又对了，学校的发展反过来又促进了我们研究所乃至我个人的发展。所谓“水涨船高”，有大家才有小家，有集体才有个人。这是老师一贯的信念与为人之道。

多年来，我也不乏机会离开华师，到其他综合实力更强的学校任教，但内心始终不为所动，最大的精神支柱就是来源于开沅老师。我始终认为，是开沅师培养了我，他在哪儿，我就应在哪儿，他能扎根桂子山一辈子，我又何尝不能扎根桂子山一辈子呢？对学科发展而言，“人”才是最重要的，志同道合的团队才是最根本的。我们研究所的发展，乃至整个学校的发展，都离不开章开沅先生这样的大师级人物。先生不仅是我们历史学科发展的旗帜，也是桂子山的精神象征，如同一些同学说的，章先生是桂子山上一颗最亮的星、一棵最大的树。

这些天我一直在想，作为一个95岁的老人，章开沅先生为何能得到这么多认识与不认识的人，校内与校外的人，从教师到学生，从教育界到社会各界普遍的热爱与尊崇？其实，答案就在于他那桃李不言，下自成蹊的人格与精神的魅力。这种魅力是有形的又是无形的，是具象的又是抽象的。开沅师能够影响到这么多人，能够受到大家发自内心的热爱与尊崇，关键就在他正是习近平总书记多次讲过的那种“大先生”，他所体现的也正是这个时代的“大先生”精神。“大先生”不仅只是传授书本知识的教书匠，更是着力于塑造学生品格、品行和品位的大师、巨匠。

在我看来，体现着“大先生”精神的“章开沅精神”，其构成包括风骨、睿智、活力、爱心、低调诸种要素和品质，是诸多优秀品质的总和。

风骨。先生去世后，在众多挽联中，我个人最看重的有两副弟子所作的挽联，一副为：眼前高山，棱棱风骨人仰止；身后江水，一轮明月是我师，另一副是：山高水长，一世风骨真君子；春风大雅，百年文章好先生。这两副挽联都不约而同地提到了“风骨”，这可能正是弟子们对先生为人与精神的最直观的感受吧。先生平生最喜欢的名言便是“治学不为媚时语，独寻真知启后人”。他不仅抄给我们牢记，而且身体力行地实行。在我的理解，这两句话的含义，一是要求我们在做人上，要有独立的人格，始终襟怀坦荡，一身正气，不媚时趋俗，不急功争利，一心只求学术的“真经”；二是要求我们在治学上，要有自己独立的思考和独立的追求，展现出独特的个性，既能“铁肩担道义”，又能“妙手著文章”。

睿智。王元化先生有一句名言，要重建“有思想的学问和有学问的思想”。开沅师能超出于常人的，恰在于他不仅仅是一位历史学家，而且是一位思想家，或者说，一位历史思想家。读他的论著和文章，常常感觉有一种思想的穿透力，有一种哲人的睿智，其见解则往往高屋建瓴、一针见血，直抵历史的深处和本质，令人耳目一新，茅塞顿开。开沅师的治史风格，是实证与理论相结合，既有微观的史实考证，也有宏观的理论思考，又尤以后者见长。我曾不止一次听他提到，凡治史之人，一定要读点哲学，要有“究天人之际，通古今之变”的“通识”以及“自己的思想”，否则极易流于支离破碎、饾饤之学。

活力。尽管开沅师走过了漫长的95年人生，从生理上讲早已进入了老年期，但我们却从来感觉不到他的“老”，他有时称自己为“20后”（有时戏称“90后”），他的一本小品文选集的主书名即为《20后寄语90后》。事实上，从青年到中年再到老年，不论在人生的哪一个阶段，不论是作为学者还是校长，先生的一生都充满了四射的活力，一辈子都锲而不舍地与时俱进，力主创新。学术上，他从不保守，从不守成，不断开拓新的领域，不断实现自我超越。从辛亥革命史研究到张謇研究，再到现代化史研究和教会大学史研究，每一次研究领域的转换，无不表现出开沅师过人的学术眼光和惊人的洞察力，开辟出一片又一片广阔的学术天地。治校上，他不断推动学校改革创新，在开放中谋发展。他不仅是一个学问家，也是一个优秀的教育家和社会活动家，为了学术和学校的发展，从国内到国外，一直不知疲倦地奔波，广交天下朋友，直到走不动为止。如他所说，“只要没有倒下，小睡片刻，恢复体力再上场”。据华师摄影组统计，仅从2001年至2011年之间，年届耄耋的开沅先生，参加各类社会活动竟高达100多次！

爱心。开沅师也不止一次对我说过，教育的本质就是爱，好教师要做到以“爱满天下为己任”。他能得到这么多人的热爱，首先在于他自己就是一个充满爱心的人，一个至纯至性的人。学生们都爱称他为“阳光老人”，他走到哪里，就把阳光和爱带到哪里，让人有如沐春风之感。他爱教工，刘武老师走了，他特地撰文《明辨荣辱，热爱华师——为刘武老师壮行》；为怀念园林工人姚水印老师傅，他专门撰文《林木深处觅绿魂》，深情地回忆他同这位华师普通员工的交往。他爱学生，学生始终是他最为关心的对象，他曾说："我喜欢教师这个职业，我喜欢学生，学生也喜欢我，这就是最大的幸福。"教育是开沅师生命的寄托，得天下英才而育之是他最重要的人生追求。开沅师的爱，是一种发自内心，出自本能的大爱与博爱，他爱自然界的一草一木，爱人世间一切真善美的事物，爱这个星球上所有的人类，是一种超脱于俗谛的大关怀、大觉醒、大智慧。惟其如此，我们才能真正了解他内心深处不断涌流的大爱之心。

低调。开沅师又是一介儒雅之士。他为人谦虚低调，从来不事张扬，最讨厌浮华和虚饰。在华师美丽的校园里，过去常可见到一位肩挎着包，衣着朴素、步履稳健的老人，遇到熟人便和颜悦色地点头寒暄几句，这位再普通不过的老人，便是大名鼎鼎的章开沅先生、受人尊敬的老校长。开沅师的低调，既出自本能，又来自长期的涵养，有一种天然去雕饰的人性之美。对功名利禄，他向来看得很淡，他一生得奖无数，但最重视的奖项，是武汉市民评出的首届"武汉市模范市民"（俗称"武汉好人"）。他最喜欢告诉别人的身份，是他老家湖州荻港授予他的"荣誉村民"称号。他育人无数，但从来不敢自称人梯，认为自己还缺乏高度，只愿为青年做一块铺路石，"把你们前进道路上的坎坷铺平一些"。他最欣赏的名句，是"金奖银奖，不如老百姓的夸奖；金杯银杯，不如老百姓的口碑"。他经常引用的诗句之一，是龚自珍《己亥杂诗》中的"落红不是无情物，化作春泥更护花"。他力倡做人一定要永葆一颗赤子之心，做到"时时拂拭心灵上的世俗浮尘，以赤子之心律己，以赤子之心待人"。他认为，"真正的学者与真正的科学家、艺术家一样，都具有超越世俗的纯真与虔诚"，而纯真与虔诚的深度，就是一个学者所能达到的境界的高度。带头辞去资深教授后，他谓："荣誉可以终身，待遇可以退休。"奉献与低调是章开沅词典中的最常见词，是章开沅精神最根本的底色。

就我所知，开沅师平生最喜两首诗。一首是苏东坡的《和子由渑池怀旧》，诗云："人生到处知何似？应似飞鸿踏雪泥。泥上偶然留指爪，鸿飞那复计东西。"这首诗既是他一生奔波、寻求真知的写照，也使他悟出人生如白驹过隙，"生活的踪迹也无非如同飞鸿在雪泥上偶然留下的若干爪印而已"，时光紧迫，关键要做好当下。因之，他的老照片集就命名为《鸿爪印雪》。另一首诗则是清代张维屏的《黄鹤楼》："沧桑易使乾坤老，风月难消今古愁。惟有多情是春草，年年新绿满芳洲。"开沅师生前经常抄录这首诗送人，据我猜想，他之所以喜爱这首诗，一是该诗具有优美的意境、深邃的历史感，再就是这首诗或许经常勾起他对江南故乡无比的怀念吧：

湖州荻港老家那随风摇曳的芦苇，儿时芜湖清弋江畔那一望无际的田野，每逢春季，金黄的油菜花和绿色的垂柳相映成趣……

行笔至此，我突然领悟了开沅师生前为何如此喜欢听德沃夏克第九交响曲中的第二乐章《恋故乡》，他这一生，如飞鸿般游走于祖国和世界各地，到处留下或长或短的印迹，但他念之系之的仍是他最熟悉、最亲切的故乡和家人。那里才隐藏着解读他平生行事的基因密码。

先师已驾鹤西去，但他对故乡的记忆依旧，我们浓浓的怀念依旧。呜呼！天人永隔，愿吾师在天之灵安息！

（作者单位：华中师范大学中国近代史研究所）

深切缅怀章开沅先生

朱　英

章开沅老师逝世后，连日来心情一直十分悲痛，看到那么多真挚的怀念文字，无数次被感动得热泪盈眶。作为章老师的授业弟子之一，并有幸在业师直接关爱下一起工作近 40 年，受益良多，自然也很想写一点自己的感受，但似乎又不知从何下笔。章老师被称为“永远的桂子山之子”，今天是先生的“头七”，依习俗谨以这篇缅怀悼念文字迎接先生返家。

一、章门弟子意料之外的噩耗

章老师的去世不仅使我们陷于悲痛之中，同时也使我们留下了莫大的遗憾。自去年 12 月底章老师与师母一起入住泰康之家楚园，就一直没能再相见。入住楚园前，章老师曾于家中不幸跌坐地上，在师母帮助下也无法站立，住同一单元的罗福惠师兄急忙前往将章师扶起，当时章老师似乎感觉无大影响，但随后几日不适加剧，直至不能行动，遂送医院住院治疗。经医治后虽有好转，但身体状况大不如前。为保证不再发生类似跌倒情况，经与学校协商住进了各方面条件都比较好的泰康之家楚园。

虽已年过九旬，但在 2020 年武汉新冠疫情发生之前，感觉章老师身体状况仍较好，几乎每天都在研究所能够相见。但数月居家隔离的生活所造成的影响十分明显，疫情过后，再见到章老师时已是拄着拐杖，不仅相貌与以前相比苍老了许多，而且行动也十分缓慢，心中不免略有悲伤之感。好在后来听说章老师住进楚园之后，身体逐渐恢复，才稍宽心。由于各地疫情不断有反复，楚园为严格防控，前往探望有诸多限制，必须事先经过批准。考虑到我们就在武汉，随时可以申请探望，应该让外地来的师友先行前往。在章老师去世前几天，来自贵阳的冯祖贻先生与夫人看望了章老师，陪同前往的马敏兄还说章老师身体状况尚好。稍后，福惠兄对我说我们也应该去看望一下章老师，我自然表示同意，并请福惠兄尽快联系。5月27日，章老师助理刘莉给我打电话，告知已定28日下午去看望章老师，拟定14点50分从学校乘车出发。想到很快就能再见到尊敬的章老师，心中不无期待。

万没想到的是，28日上午8点30分左右接到电话，说章老师的心脏停止了跳动，永远离开了我们，听了简直不敢相信。稍后得知，章老师是在安详中逝世的，并没有遭受多少痛苦的折磨，也没有连累家人和弟子陪床照顾。他对医院的过度检查和过度治疗也十分反感，在两三年前就曾对我们说过，“宁愿安乐死，不做植物人”，也不愿在弥留之际做无谓的切管抢救。章师以寿终正寝的方式驾鹤西去，可谓修行到家，但所有章门弟子以及为数众多的再传弟子却毫无思想准备，听到这一噩耗如同晴天霹雳，久久不愿相信。

章老师逝世后，学校高度重视，迅速成立治丧委员会，商议和安排相关事项，但在当天下午才发讣告。整个上午，史学界乃至社会各界都十分关注，不断接到来自四面八方朋友的电话或微信询问，他们深表哀悼。当天中午，我们研究所同仁用微信建立了一个追思群，群员迅速达到500人上限而无法再入新人，许多未入群朋友深感遗憾，遂再建第二个追思群，当天也达到500人上限，次日又建第三个追思群。各界人士在追思群里表达哀思，请我们代送花圈花篮，撰写挽联和追忆文字，情深意切，十分感人。学校也专门设立了沉痛悼念章开沅先生专题网。30日上午举行的遗体告别仪式，庄严肃穆，正厅上方悬挂着黑底白字的横幅“沉痛悼念章开沅先生”，右联为“读金陵赴中原情系桂子山道义传百代”，左联为“写辛亥评张謇史随长江水文心著千秋”，参加告别仪式的各界人士多达近千人。所有这些，都充分体现了章老师所受到的尊敬与爱戴。

二、恩师指引我走上学术研究之路

稍稍平静下来之后，回想自己的学术生涯，深感章老师是我从事学术研究的引路人。“文革”结束后恢复高考，我荣幸地考入华中师范学院历史系。虽学习刻苦勤奋，但由于先天不足，基础知识不扎实，也不全面，需要有名师指导才能少走弯路。大学本科阶段上辛亥革命史选修课，章老师渊博的知识和杰出的口才，给我们留下了极为深刻的印象，直接促使我作出影响一生的重要决定：本科毕业后报考本校中国近现代史专业研究生，拜章开沅先生为师。1982年初，我与马敏二人心想事成，终于成了章老师的研究生。研究生毕业后，我与马敏又都荣幸地留校任教，成为章老师所说的“学生与同事”。

章门弟子中有许多现今已是近代史学界的知名学者，其中有不少曾回忆过章老师治学与指导研究生的独特之处。桑兵称“章师治学，大度兼大气，立意远大，虽有专精，决不畛域自囿”，此对章门弟子产生了长远的影响。马敏则说章老师指导学生是“春风化雨，润物无声”，其人格魅力是“师道”的最高层次，“能遇到章开沅先生这样的明师、良师，是自己一生最大的幸事，也是能够进入学术的殿堂，学有所成的关键”。对此，我也是深有感触。跟随章老师读研的第一年，我与马敏被派往苏州档案馆参与整理编辑卷帙浩繁的苏州商会档案，从此进入自己学术研究安身立命的近代商会这一领域。如果不是章老师的引导，依自己的能力与条件，无论如何也不可能涉足商会这一全新的研究领域。海内外史学界对商会史的研究当时刚开始起步，商会档案尚未出版，很多人都不了解商会的具体情况。章老师敏锐地意识到商会史研究的重要意义，以及与苏州档案馆合作整理出版商会档案的学术价值，并让作为研究生的我们参与这项工作。近40年来，我的研究领域虽不断拓展，但商会史一直是最重要的领域，有关商会的研究成果也为数最多，已相继出版专著5部，在《中国社会科学》《历史研究》《近代史研究》以及其他学术刊物发表相关论文近百篇，其中多项成果获教育部高等学校人文社会科学优秀成果奖二、三等奖，湖北省社会科学优秀成果一、二等奖。

1986 年我在《近代史研究》发表第一篇论文《辛亥革命时期的苏州商团》，时年 30 岁。1987 年在《历史研究》发表《清末商会“官督商办”的性质及其特点》，同年还在《近代史研究》发表相关论文，受到章老师很多鼓励。1991 年 6 月我的第一部学术著作《辛亥革命时期新式商人社团研究》出版，章老师欣然为拙著作序，肯定“作者长期从事商会档案的整理与研究工作，并曾就商会问题发表过一系列颇具新见的论文，所以本书具有比较坚实的资料基础与研究基础，不同于现今某些趋俗媚时的浮泛之作……我相信，本书的出版对于辛亥革命时期资产阶级的研究一定会有所裨益”。当年的我尚未满 35 岁，能够得到章老师如此肯定，无疑是极大的鼓舞。正是凭着这部学术著作和研究商会的系列论文，我荣获了教育部组织评审的霍英东教育基金会高等院校青年教师奖研究类一等奖，更没想到的是次年又破格晋升为教授，由此感到个人学术道路一片坦途，实则是恩师之用心良苦也。

章老师始终都关心我和马敏的商会史研究，数年后我们二人合著的《传统与近代的二重变奏——晚清苏州商会个案研究》出版，章老师又为之作序称：“马敏、朱英不仅始终参与档案的整理、编辑工作，而且在坚实的资料工作基础上，由多侧面的专题研究，进而从事系统的、综合的乃至理论方面的研究。现今出版的这本专著，可以看作是他们多年辛勤耕耘的丰硕成果荟萃。”1997 年我又出版了另一部研究商会较厚重的专著《转型时期的社会与国家——以近代中国商会为主体的历史透视》，章老师在序言中称赞我多年坚持从事商会研究，“已在国内外商会研究领域处于先进行列”。看到章老师对我们的肯定与表扬，作为弟子当然十分高兴，但我们更看重的是章老师在我和马敏合著那本书的序言中所说的话：“马敏和朱英都是我‘文革’以后的学生与同事，但他们从事的商会研究，却是我‘文革’以前即已着手筹划却终于被迫中辍的课题。因此，他们合著的《传统与近代的二重变奏——晚清苏州商会个案研究》得以出版，帮助我了却一桩多年未了的夙愿。”能够帮助业师了却多年未了的夙愿，我和马敏都深感荣幸与光荣。

三、恩师对我身体与工作的关心和支持

章老师不仅是我学术研究生涯的引路人，而且在其他方面也对我十分关心，屡屡在我人生的重要关口给予宝贵的指导与帮助。我的性格偏内向，不善言辞，也不苟言笑，从不主动与人交往，这在 40 岁以前尤其明显。我也没有任何个人爱好，似乎做学问成了我唯一的爱好与生活方式。每天从早到晚几乎都不出家门，只是趴在书桌前看书写作，虽取得了可观的科研成果，但身体也付出了较大代价。将近 40 岁时先是严重失眠，接着频发高度眩晕，严重脑供血不足，四处求医问药也无明显改善。当时，已严重到完全不能继续看书写作，对生活也感到十分悲观。在此期间，章老师每次碰到我，都关心地询问我的身体状况，嘱咐我多休息，适当运动，并鼓励我增强信心，说他小时候身体也不好，曾被人说只能活到 40 岁，但现在快 70 岁了仍然很健康，这番话语很令我感动。有一次，我在研究所办公室完全休克了，各位同仁大为惊慌，匆忙请校医院医生前来急诊，后不得不住院检查和治疗。但查来查去，也没有发现有明显的器质性病变，主治医师了解我的各方面情况后，认为我是功能性障碍。我起初并不相信，出院后碰到章老师告以详情，章师谓此说或许有一定道理，就遵医嘱在服用扩管活血药的同时，试着参与一项合适的运动，看看是否有改善。当时，历史文化学院教工中盛行的运动项目是打乒乓球，在学校举行的团体赛中曾多次取得过优秀成绩。于是，我在将近 40 岁时开始学打乒乓球，每天坚持，球技明显提高，后来居然成了学院乒乓球队的主要成员之一，与队员们齐心协力多次在学校的团体赛中获得冠军。同时，身体状况也逐渐好转，直至恢复正常，至今老毛病也没有再犯，得以继续坚持从事学术研究，深感欣慰。

如果没有记错，应该是在 1998 年原任历史文化学院院长的马敏升任副

校长，为选新院长学校有关部门在学院进行民意测验。性格内向很少抛头露面的我，以为与这事毫无瓜葛，没想到许多人推选我出任院长。我只想一心一意做学问，不希望被其他事情耽误时间，以至一直没主动申请入党，怎么能担任院长？于是，以自己不是中共党员为由不愿任院长，校组织部部长告诉我，院长是行政职务，非党员也可以担任，但我仍然不愿接受。不知是学校的安排，还是章老师听说这事，或者是学校向章老师征求过意见，随后不久章老师主动找我谈话，劝我不要坚持婉拒。他主要讲了三点，一是对我的身体有利，因为担任院长后就会有些事需要处理，不再终日不离开书桌；二是对改变我的内向性格也有利，因为必须要见各种人，而且要在公开场合多讲话；三是可以丰富自己的人生阅历，增长多方面的能力。我印象很深刻，章老师还说了许多，包括他当年在毫无思想准备的情况下出任校长。其实，只要章老师开口我都不会再拒绝，但章老师不想强求，故而循循善诱，说透道理。后来，许多同学和朋友都说我的内向性格改变了不少，看来确实在这方面产生的作用很明显。任院长期间，我有意向章老师学习，他当校长时实行“副校长负责制”，让副校长拥有充分的权力，能够切实解决问题，我则是让副院长在分管事务内拥有实权，提高工作效率。

在担任院长两年后，学校又安排我兼任近代史研究所所长，向教育部申报人文社会科学重点研究基地，起初我也不太愿意兼任此职。我们华中师大的中国近代史学科在 1988 年获评全国首批国家重点学科，当时是全校唯一的国家级重点学科。近代史研究所由章老师一手创办并担任首届所长，在国内外近代史学界享有盛名，继任者有刘望龄、罗福惠、严昌洪三位所长，均感压力甚大，我说自己能力不够，无法胜任，实则害怕研究所的发展如果滑坡自己要担责，同时也担心如果申报重点研究基地不成功怎么办。另外，当时是由章门弟子中的大师兄严昌洪任所长，现学校要我任所长，严昌洪改任副所长，我说“这怎么行”，大师兄已经出任所长数年，现在却改任副所长，说出去会令人很不理解，对我们两人都不好。但学校却说你们的大师兄严昌洪对这样的安排没有意见，要我不必有顾虑。稍后，章老师也找我谈话，要我放心大胆地去做，他会在后面鼎力支持。大师兄的高风亮节和章老师的宝贵支持，使我无法再推辞，从2000年开始我就院长和所长一身二任。可喜的是，在学校的大力支持和全所同仁的努力下，我们顺利获批教育部人文社会科学重点研究基地，随后第二次评审全国重点学科，在通讯评审中我们的中国近现代史学科总分超过90，获得优秀成绩且排名第一，从而得以免除复评而直接入选国家重点学科。

兼任所长之后感觉担子更重，教育部对重点研究基地有严格要求，实际上要接受学校和教育部的双重领导。章老师为支持我兼任所长，在各方面以身作则，率先垂范，甚至出差之前还亲手写请假条当面交给我，弄得我很不好意思，连连说没这个必要。当时想着要将章老师手写请假条好好保存，留作纪念，现在却记不清放在何处了。多年后，章老师在研究所所长换届会上致词，还曾提及此事，“刚开始每次出去，时间久一点，就按照规定写个报告，跟所长朱英汇报”。我们尊敬的章先生如此，研究所的其他人员也都非常自觉了。

在新形势下人文学术研究受到了更多复杂因素的影响甚至是干扰，章老师曾对我说过两句话：资源要争取，学术须坚守。我时刻铭记于心，努力照行。章老师还让我大胆干，平常事务他全不过问，有重要事项也不是下命令，只是稍加点拨，提醒我关注。例如在辛亥革命100周年到来的前几年，他就对我说辛亥革命研究是我们的学术品牌，现在虽不是近代史研究的热点，但我们作为研究重镇需要在百年纪念之际推出新的标志性成果。于是，全所同仁多次开会制订研究和出版计划，随后努力写作，最终推出了“辛亥革命百年纪念文库”（文库包括“学术研究系列”和“人物文集系列”，共35分册，约1500万字），其中代表著作为《辛亥革命的百年记忆与诠释》（共计4卷200余万字），另还出版了《辛亥革命史事长编》（10卷本500余万字），为纪念辛亥革命100周年献上了一份学术厚礼。

担任院长和所长之后，我才深切体会到在章老师的率领下，我们的中国近代史学科具有代代相传的优良学风与学术传统，而这正是一个学科得以持续发展不可缺少的条件。硬件只要有钱就可以改善，但优良学风与学术传统却是钱买不来的。在我们近代史研究所，这么多年来从未发生过

“内讧”，人事关系十分融洽，每个人都一心问学，各有自己专攻的领域，有重大项目则集体攻关。所谓科研单位“一山不容二虎”的较普遍情形，在我们研究所根本不存在。师兄弟之间只有正常的学术竞争，没有非学术性的争斗，更无什么权力之争，只有互相谦让。在此过程中，章老师也注意协调人事关系，发挥每个人的特长，关心每个人的成长。有件事或许记忆不很准确，但也很值得一述。1995 年博士生导师的评审首次下到学校进行，我和马敏都认为师兄严昌洪和罗福惠应该先评为博导，所以不准备申报，而严、罗二位师兄则认为我们成果较多，以至刚开始都没有申报。章老师知道此事后，最后要我们 4 个人一起申报。评审时学校还请了好几位校外的专家，据参与评审的专家，复旦大学葛剑雄教授后来介绍，章老师对我们 4 人的情况作了介绍和说明，意思很明确，就是希望 4 人能够同时评为博导，这样对学科发展有利，最后投票的结果是 4 人都通过了。除了内部关系融洽，我们研究所与历史文化学院之间也始终保持着良好的关系。按照教育部相关规定，研究所作为重点研究基地有相对独立性，但我们在整体上又是历史文化学院的科研机构之一，党政工团均由学院统一管理，事实证明这种融洽关系对于促进华中师大整个历史学科的发展多有裨益。

不知不觉之间，章老师已年逾九旬，我们也年过花甲，但大家都庆幸先生身体健康，一定能长命百岁。2010 年 10 月我陪同章老师和师母一起应邀赴日本访问并出席迎接辛亥革命一百周年学术活动，抵达日本时，前来接机的陈来幸教授告知野泽丰先生几天前刚不幸逝世，章老师听后十分悲伤。野泽丰教授是日本研究中国近代史的著名学者，很早就与章老师建立了亲密的联系，并捐资在华中师范大学设立了野泽丰奖学金。听说野泽丰教授是在庆祝米寿活动后身体不适，住院治疗无效而逝世的，两天后师母对我说以后章老师不再做寿了，包括米寿和九十大寿，后来征求章老师的意见，章师也说就听师母的意见不举办活动。但在章老师九十寿辰到来时，我们总感觉无任何表示实在说不过去，时值 11 卷本的《章开沅文集》经由华中师范大学出版社出版，我们提出在章老师生日这天举行一个文集出版座谈会，仅限校内人员参加，会后在校内桂苑宾馆就餐，准备一个生日蛋糕，简单表示祝寿之意，对于这个安排章老师和师母均表示同意。事后，校外的章门弟子都埋怨我没有邀请他们出席这项活动，我只好说明是与章老师商量的结果，与会者仅限校内人员。

2017 年我又陪同 91 岁的先生和师母一起应邀出席香港中文大学中国文化研究所举办的第一届陈克文中国近代史讲座暨该所成立五十周年(1967—2017) 庆祝活动。章老师神采奕奕，分别作了《理想与现实——孙中山的亚洲梦》以及《文化危机与人性复苏》的主题演讲，我也在座谈会作了题为《章开沅先生与中国近代史研究》的学术报告，香港史学界朋友都欣喜地看到章老师身体健康，中气十足，非常高兴。这年我已 61 岁，担任近代史研究所所长长达 17 年，感到随着年龄的增长，守成有余，开拓不足，遂萌生辞去所长职务的想法。向章老师汇报这一想法后，先生表示理解并同意我辞职，我随后正式向学校递交了辞职报告。但学校组织部门在学院和研究所听取意见后，大家都希望我继续干下去，校领导还说研究所是教育部重点研究基地，所长一职不同于院长，不受任职时间限制。但我决心已下，屡次找学校领导要求辞职。马敏见我实在不愿再做所长，表示他从校领导职务上退下来后，愿意接任所长，学校也表示同意。马敏的这一举动出乎我的意料，外间也有少数人不理解，但我们师兄弟之间的想法都非常单纯，互相照顾，互相支持，只为学科和研究所的发展考虑，个人方面的得失则很少计较。我将马敏的想法告诉章老师，先生也认为很好，表示支持。就这样，当年 5 月我得以从所长一职脱身。学校较隆重地举行了一个所长换届仪式兼座谈会，章老师也出席并致词，说："我来参加这个仪式，一个是慰问一下朱英，再一个是欢迎马敏归来。"听到章老师这话，身上似有一股暖流通过，感到非常温暖。

四、恩师感人事迹的点滴回忆

在章老师身边学习和工作 40 年，耳闻目睹了先生许多感人的事迹。印象较深的是 2012 年 11 月，马敏和我与章老师及师母一起前往苏州出席新版的《苏州商会档案丛编》(6 卷，12 分册) 首发式。活动结束后，先是跟随先生到医院看望住院的苏州档案馆一位名叫叶万忠的老同志，他当年与我们一起整理编辑苏州商会档案。叶万忠先生虽比章老师小几岁，但当时也年逾八十，而且与章老师一样也是 1948 年投身革命的离休干部。见面后，叶万忠先生十分激动，说没想到世界著名的章教授还亲自从遥远的武汉到医院来看望他，我们从旁看到两位老人相见的亲切情景，十分感动，也明白了当年许多朋友向我提出的一个问题的答案，即苏州档案馆为什么不就近与苏州大学历史系合作，而与相隔这么遥远的华中师范大学合作编辑苏州商会档案，除了章老师的学术地位与威望之外，其待人亲切不忘共事老朋友的人格魅力，无疑也起了很大作用。即使当校长期间，在路上见到清洁工或是在学校食堂见到员工 (章老师几乎每天都去食堂买早点)，章老师也都热情打招呼，有时还详细询问其工作情形，这在桂子山上也成为章校长的美谈。

在苏州停留期间，章老师事先安排的另一项重要活动也令我十分感动，这就是寻找唐文权老师的墓地，前往扫墓。唐文权老师原是苏州一所中学的语文教师，虽未曾读过大学，只读了大专，但有家学渊源，业余时间热衷于近代史研究，尤其对难度甚大的章太炎研究颇有独到见解，经人介绍与章老师取得联系，多有书信往来，章老师去苏州搜集查阅史料时还曾住在唐文权家中。熟悉和了解之后，章老师认为唐文权在史学研究上有发展前途，遂克服困难将其调入华中师大近代史研究所。唐老师在评教授时，曾因无大学文凭而受阻，章老师又出面为其说项，帮助他顺利评上了教授。非常不幸的是，年仅 50 岁出头的唐老师在上世纪 90 年代初因患肝癌，医治无效而逝世，葬在苏州。唐老师去世那年，章老师正在台湾政治大学历史系任客座教授，没能出席丧礼。据师母介绍，章老师此次苏州之行的目的之一，就是要给唐文权扫墓，这话令我心头一热，没想到章老师这么细心和重情重义。唐文权老师的墓地先前已托人找到，就在一座茶山上，似乎是私人墓地，只有唐老师与其父母葬在此处。由于前一天下雨，而且经茶山到墓地并没有路，全是山泥，上下十分困难，同行的我们都担心已经 86

岁的章老师会滑倒，但先生执意要上去，我们只得找人拿铁锹在山泥地里挖出了一些阶梯状的路，然后前后左右扶着章老师慢慢上山，扫墓结束后，下山较上山更为困难，耗费了很长时间，章老师终于平安下山了，大家这才松了一口气，同时也为章老师此行所深深感动。

从苏州回武汉的路途上，章老师对我说，2013 年是唐文权逝世 20 周年，他发表了那么多高水平论文，但生前却没能出版一部论文集，研究所能否在其去世 20 周年时编辑出版一部《唐文权文集》？我听后更为章老师细心周到的考虑，以及对唐文权的一片情义所深深感动，当即表示没有问题，一定完成任务。随后，曾与唐文权合著《章太炎思想研究》的罗福惠师兄，率领研究生承担了挑选和编辑《唐文权文集》的任务，于 2013 年 8 月由华中师范大学出版社正式出版。章老师还为文集撰写序言，高度肯定了唐文权的学术成就及其贡献，借以“缅怀故人的可贵业绩与深挚友情”。现在重读这篇序言，真是思绪万千，情意绵绵。

敬爱的章老师虽然已经离我们而去，但他的学术与精神永存。先生常勉励弟子曰：“历史是画上句号的过去，史学是永无止境的远航。”同时特别强调：“治学不为媚时语，独寻真知启后人。”我们一定会继承先生的遗愿，更加努力地前行，传承先生的史德、史魂，真正做到使“华师学脉，源远流长”。

章开沅先生千古！

（作者单位：华中师范大学中国近代史研究所）

时刻准备，继往开来

——2021 年 7 月 8 日在章开沅先生追思会上的发言

桑 兵

各位，限于时间，只能简单讲两点：

第一，我们现在缅怀章开沅先生，比较容易看到的是他光辉灿烂的时刻。不过，应该指出的是，虽然章老师也得到过贵人的提携，其耀眼的光辉更重要的是靠他自己的努力，始终做有准备的人，因此每到关键时刻，才能把握住机会，脱颖而出。可以说，早期很多机会不一定就是非章老师莫属，比如主编《辛亥革命史》，开始并没有确定具体是由谁来负总责。改革开放初期，章老师去美国访问，由配角变成主角，而且横跨美洲大陆，刮起一阵旋风。后来去夏威夷开会，同行的都是学术界屈指可数的名人，章老师能够在这样的背景下脱颖而出，和他平时始终准备充分是分不开的。因此，每当遇到重大问题时，他总是胸有成竹，能够讲出一整套有理有据的系统道理以及行之有效的办法。现在许多年轻人总感觉自己的平台不好，期望有一个好的平台把自己展现出来。但是大家看过钱锺书的《围城》，有的是教授靠学校，有的是学校靠教授，章老师很显然是后者。所以说每一个人都要做有准备的人，因为机会只有对有准备的人才有意义，不要总是抱怨自己的条件不好，而不反省自己努力不够，否则天上掉馅饼也接不住。这是我们学习章老师非常重要的一个方面。我们现在看到的多是他当校长的时候，谈论的大都是章老师的高光时刻，其实章老师之前那种不懈奋进、几十年积淀沉浸的精神才是应该关注的重点。

第二，章老师今年过世，恰逢辛亥革命 110 周年纪念。章老师一辈子研究辛亥革命，如今离去，冥冥当中可能也是天意。有些学者认为辛亥革命的研究包括其他几次革命的研究似乎已经遭遇瓶颈，研究的高潮已经过去，但是按照章老师的说法，与法国大革命的研究相比，其实辛亥革命的研究才刚刚开始。我觉得华中师大无论如何应该将章老师的辛亥革命史研究发扬光大。我们都说章老师开创了很多方面的研究，但是章老师自己认为他真正投入最多的研究有两个：一个是辛亥革命研究，一个是张謇研究。章老师曾经笑谈，三十年做的研究成果没有得一等奖，一年做的书却获得一等奖。辛亥革命史的研究，是他真正沉下心来做的事业。后来他编辑《辛亥革命史资料新编》，不仅是要了结一个心愿，而且对于来者进一步继续研究辛亥革命抱有很高的期待。虽然章老师晚年不断开辟新的研究领域，关注重心有所转移，并不意味着他已经放弃辛亥革命研究。章老师身后，作为华中师大历史研究所如何接续这项事业，将辛亥革命史研究发扬光大，马所长和全体同仁责无旁贷。

谢谢各位！

（作者单位：浙江大学人文学院）

深切怀念恩师章开沅先生

虞和平

2021年5月28日，这是一个沉重的日子，我的恩师章开沅先生永远地离开了我们。现在我们大家怀着悲痛而崇敬的心情追思章师的非凡业绩和深重恩情。章师驾鹤西去，我与大家一样悲伤万分，追思万千。

在章师仙逝之日，我随感而发写了两句不成联的挽联：为百年历史开新知与时俱进，与无数后学指航程寰宇流芳。前一句是敬仰章师的治学成就，后一句是崇尚章师的传学事功。

对于治学，章师率先推进和开辟了诸多中国近代史研究之新途，启迪了许多认识这百年历史的新知。他开辛亥革命史研究之新界，提倡和力行辛亥革命时期整体历史研究，推动事件史研究向时期史研究转变，扩大和深化了对辛亥革命的资产阶级性质、社会根源和历史影响的认知，并从辛亥革命研究延及资产阶级研究、商会研究、张謇研究，倡导以商会为中心的资产阶级群体研究，由此揭开商会和张謇研究的新面貌。他还开创了中国现代化史研究，提出现代化过程中传统文化“离异与回归”这一新问题；并力促近代中国教会大学史研究，力图全面认识其在近代中西文化交流中的两面性作用。这些只是章师开启中国近代史新知之大略，更多的建树与启迪还需我们众弟子去认真拜读和领会。

对于后者，自章师仙逝之后已有众弟子和不少海内外学者追思了受章师学术影响的心得体会，足见其影响之广大，传学之深远。我作为章师的学生之一，在学术上一直受章师鼓励、指导、启迪和支持，这恩惠一直引领着我的研究工作。

我初见章师是在 1980 年春。那时章师主编的《辛亥革命史》书稿已经完成，他与课题组成员一起赴人民出版社开定稿会议。我的好友，人民出版社的乔还田参与该书编辑事宜，他将此事告诉我，并介绍说章师等是辛亥革命史研究的著名学者，并在会后让我一起去郊外参观，趁机认识一下章师及与会的诸位老师，有利于日后求教问学。这次我虽然没有与章师说话的机会，但章师的英名已植入我的脑中。

1981 年，我参加了在长沙举行的纪念辛亥革命 70 周年青年学术研讨会，提交了《民国初年的实业救国潮流》一文。在会议最后阶段，要对与会论文进行评奖，章师作为评奖专家组组长来到会场。据评委之一的本所王学庄先生事后告诉我说，在评奖时，因名额有限而优秀论文较多，且近代史所与会代表的论文均在拟奖之列，王学庄先生提议撤下我和本所另一位的论文，但是章师不赞成撤下，认为“这正是需要加强研究的问题”。这样，由于章师的赏识，我的论文最终仍在获奖之列。章先生的这一句话，使初出茅庐的我受到极大的鼓舞，坚定了研究社会经济史的信心，并成为一辈子的研究方向。

1986 年，我有幸正式成为章师的博士研究生。在从师学史的 3 年中，受益巨大。章师虽身负繁忙的学术和行政工作，但仍尽力抽时间给学生们讲课或座谈，所讲内容或为世界史学研究前沿，或为自己的理论创见，如历史土壤学、中国现代化史研究、传统文化的离异与回归等。章师的这些论说，对我犹如醍醐灌顶，使我茅塞顿开，成为博士论文写作的主要指导思想。当我做博士论文时，便从这些理论出发，结合先前的史料积累，向章师呈报了“经元善与江浙早期资产阶级”“商会与中国早期现代化”两个选题，最后经章师确定为“商会与中国早期现代化”。在论文写作过程中，因为我的论文内容正是章师所提倡和研究的方向，章师给予了悉心指导和热情鼓励。为了赶时间提前半年毕业，我的论文一章一章地呈送章师审阅，到最后一章论述商会内部组织结构的现代性与传统性时，章师在文稿上批曰“越来越精彩”，使我大受鼓舞，我最终顺利完成了博士论文的写作和答辩。章师所以如此重视和看好我论文的最后一章，大概与他正在研究和提倡的传统文化的离异与回归有关，在我后来编写《中国现代化历程》时，也把这一问题作为重大问题之一对待。博士论文的写作，更为我后来的中国现代化史研究打下了基础，也开启了我的第二个研究方向。

从华师毕业后，我以博士论文为题申请了国家社科基金课题，由于选题新颖，基础较好，顺利获得立项。1993 年，当我完成这一课题交付出版之时，又受到章师之热情勉励。他老人家为我作序说：“历史本身即是过程……如果研究历史而忽视过程，则必然失之于肤浅乃至失真。和平治学的特点则是极端注意过程，并且特别注意过程中新旧质素的消长及其相互之间的错综复杂关系。近代中国是一个过渡性的社会，其中的事事物物都带有过渡性，都充满新旧质素的纷争与消长。”章师在这里强调了历史研究的两个要津，一是“过程”，即系统性和整体性；二是“新旧质素的消长”，即传统与现代的关系及变迁。这不仅是对我这本书的肯定和勉励，更是我后来研究工作的指南，“过程”成为我各项研究中的一个中心。由于从章师那里学得了一些真经，《商会与中国早期现代化》一书出版后得到学界的好评，并获得了国家社科基金项目优秀成果奖三等奖。

此后不久，我着手编写《中国现代化历程》。编写此书自然以《商会与中国早期现代化》的研究为基础，进一步运用章师所授的历史土壤学、传统与现代等理论，着力于中国的现代化道路、模式和特质的探讨。在 2001 年课题结项时，章师再次给予了热情勉励，指出：“全书的内容结构表明作者对中国现代化进程已全局在胸，所以能作比较符合历史实况与本质的理论体系营造，这正是既往中外学者所已发表的相关论著的不足之处。”此书出版后也得到了学界的赞誉，并获得了国家图书奖、郭沫若中国历史学奖二等奖。

除了商会和现代化史研究之外，章师还大力支持我完成了《张謇——中国早期现代化的前驱》一书的编写。此书是我受张绪武先生和中华爱国工程联合会张謇研究基金会的委托而编写的，在编写过程中，当我请求章师给予指导时，章师立即欣然允诺，不仅亲自带领课题组人员前往南通考察，而且执笔撰写了前言和第一章，给了我极大的支持。他在前言中说：

“过去论者大多批评张謇为只知‘实业救国’，或‘教育救国’，其实这是把张謇过于简单化或图谱化了。应该说，张謇对于社会革新的理解是比较全面而且是逐步深化的……张謇是中国早期现代化的伟大的开拓者。”这使我深受启发，明白张謇不仅仅是一个杰出的企业家，更是一个非凡的救国者，他所做的不仅仅是农工实业，更是强国福民事业，我以此作为本书编写的基本理念。当时有朋友对我说：你好大胆，竟然敢让章老师做你的作者！其实不是我的大胆，而是章师的大恩。因为章师同时受托在先前出版的《开拓者的足迹——张謇传稿》的基础上，重新撰写《张謇传》，特向张绪武先生推荐了我，使我也成为张謇的研究者之一。由于章师的指导，该书具有一定的独到之处，成稿后被李文海先生看中，作为国家清史工程研究丛刊之一出版。

我作为章老师的一个学生，受益良多，无上荣幸，无上幸福。章师对我的知遇之恩、栽培之恩、引领之恩深深地铭刻在我的心中。如今恩师离我们而去，我以为怀念章师的最好办法，是继承章师的求新求深求真求理的治学精神，弘扬章门史学，为新时期的新史学建设作出新贡献。继承章开沅精神，像章师那样既做史学的远航者，又做历史的参与者。

（作者单位：中国社科院近代史研究所）

思念恩师忆日常

——深忆章师开沅先生对我的另一类教育

余子侠

恩师自5月28日（辛丑四月十七日）驾鹤道山，日渐行远，迄今已是旬日。十天来，网上、纸上、屏上，怀念或追思先生的文字可说是连篇累牍，大多是追念或回忆先生在为学方面如何施教育人。在这方面，愚钝如我者亦感触甚深。但先生在为人方面如何以言行教我，是我在其门下接受到的另一类教育，我更应该深怀于心、显迹于纸！

我1984年秋季学期正式进入先生门下攻读硕士学位研究生，与师姐刘伟一道成为先生门下最后一届硕士生。那时每到过年过节时，总见到不少同学在准备着如何给自己导师送礼物，我很彷徨无措，不知自己该不该也这样行事。因为入门后，时为青年教师的严昌洪、罗福惠老师他们曾对我们讲过，章先生对学生很严格甚至有时有些严厉。有次，师兄赵军他们拿着电影票正出华师大门到洪山电影院（今日群光广场处）看电影，碰巧先生从汉口回来，见到他们问明情况后，仅说了一句“不坐在家里学习，电影有什么好看的”，他们就乖乖地废弃手中难得的影票而返身回来看书。所以身为头两届研究生的严、罗他们常说自己见到先生，落座时总是“只坐半个屁股”。这类故事听多了，在我心中就产生了一种“恐师阴影”——担心行事不慎招致批评。但纠结归纠结，身在社会中生活，有时也还得“随众”，所以在读硕第二年元旦，我与刘伟师姐商量也给先生送一份挂历表示一点心意。记得在元旦前一天傍晚，我们师姐弟拿着几元钱购来的挂历，前往华师西门旁那栋教工宿舍楼4楼敲先生家门，先生在门内问明了事由，硬是不开门让进。见此情景，师母黄怀玉老师只好出来解围。见到我们手中的挂历，她老人家轻声细语地对我们说："你们章老师不喜欢学生送礼给他的。你们说是心意，但我家的规矩，不准学生表示这类心意!"

有了此次尴尬的经历，以后去见先生时，再也不敢随带任何"见面礼"，只能素手登门了。一晃到了1994年，我以在职教师身份，在先生脚下攻读博士学位研究生。记得其间有一年春上，内弟从老家蕲春给我带来了两纸包明前茶（那时不像今日都有那么漂亮的包装）。我们蕲春素来产有好茶，唐代即有名茶蕲门团黄，尤其每到春天云蒸雾罩的仙人台所产的茶更好，所以内人说了句"送一包章老师品尝品尝"。于是我装一包在用来放书本纸笔的手提袋内，去先生办公室商量湖北省陶行知研究会有关事宜时，在谈完公事后，顺便聊了一下老家的茶叶早在唐朝时就出了名，随之表示送点茶叶让他老人家品品，得到的回答依然是拒绝。不过，正如师弟王奇生所讲，先生自海外归来后，脾气或性情让我们感受到"为之大变"，这次他是和颜悦色地对我说："我这多学生，如果大家都给我'带'东西，那我还不得天天坐在家里收礼?!"

说也奇怪，有了这前后相隔十年的两次遭遇后，我每与先生在一起时不再是惶恐，而是越来越亲切、越爱敬。也可能是因为这种师生情在不断地增长，所以越到后来被恩师"批评"得越多。有时老人家竟然随时随地不给我留任何"情面"，哪怕我已年过花甲，是见孙辈的人，他仍旧像父亲教诲儿女一样，听不顺、看不对时就严词相诫。此类的教育，在恩师与余传韬先生结识交友后，我可是多有受教!

余老先生为人温良儒雅、和蔼谦恭，在海峡两岸"三通"后不久，因其祖籍湖北黄陂，更因自己为华师前身之一中华大学的校友余家菊先生的哲嗣，与恩师一见如故后，两人交往日深。每每回汉，总得与恩师一晤，这种交往算来已近一世。因我的工作单位在教育研究所这边，所以早几年两位先生的交往联络事宜多由何建明师弟负责。自何建明受聘中国人民大学后，余老先生每次回汉，往往是通过他的亲侄儿永悦兄与我电话进行"单线联系"，询知恩师何时能抽暇与他叙旧。因为余老先生不想惊动学校打扰他人，所以我成了章、余会晤的中间传话人。一天夜里，我电话打到恩师家，商谈好要何时何处如何接见已回汉多日的余老先生后，随口讲了一句：“那我就叫他明天过……”后面一个“来”字还未出口，恩师当即在电话那头打断了我的话：“你是怎么讲话的？怎么提到余先生用这种口气呢?!”我听了一头雾水，整个人都懵了！在我们老家，在商量请某人做某事，都是这种口气呀——“就叫他来吧”，有什么不对吗？只听先生在电话那头十分严肃，不，可说是有些严厉地对我说辞：“要用‘请’，请他来华师！他可是与我、与你的老师同辈的长者呢，是华师的贵客呢，你怎么说‘叫’他来?！这样的语气不该是你有的，更不是你该对他说的!”我忙说我不是那个意思，解释说是我们之间交谈的“白话”，其实我绝不可能直接当他老人家面说“叫”他来。哪知这一解释，恩师更加不高兴，直接批评我：“不管什么意思，讲到余先生时不能直白地说‘叫他来’!”

记得还有一次，还是为余传韬先生的事。那次是余老先生回汉来华师向校图书馆捐献其先父余家菊先生和岳父陈辞修先生的著作和手迹。那是一个雨天，恩师说的是请他九十点钟来，余老先生按约而来，但比我估计的时间要早到恩师那儿。我刚从华师东门外买菜回来，得知消息来不及换衣换鞋，立刻赶过去。那次两位老先生会见整个的过程中，坐在旁边的我因为穿着太随便而颇为不安。估计恩师都看在眼里，事后与我聊起他和余老先生所说事宜该如何处理时，不无批评之意地对我说：“人家这大年纪来我们这里做客，你怎么穿着这个样子呢?”实话说，我在家里是个幺儿子，小时家中困难，总是拣两个哥哥的破旧衣服穿，所以随意穿着习惯了。直到恩师带有责备的口气对我讲这些话时，我才知道自己待人接物“随意率性”的严重性。

先生对我这一类教育，在那次我们应余传韬先生之邀去台湾参加学术会议期间也曾领教过。2009 年，由于恩师与余老先生两位长者的关系以及受两老先生的委托，由我召领全国 13 所高校 33 位教师去台北召开一次学术会议。为了我们这支队伍在台湾行动方便，大家推荐我为这个学术团队的“团长”，负责整个学术活动的有关事宜。那次得益于余老先生及其学生

(其实都是“长官”)的周到安排，我们一行人从台湾北端的淡水一路向南参观游览到高雄。但就在抵台的第二天早上，恩师就对我这个“团长”认真地上了一课。原来，在抵达台北的那天晚上，得悉恩师赴台，张朋园先生在我们下榻宾馆不久，就来讯请恩师一晤并共进晚餐。恩师带着我和小师妹王薇佳一同前往。从张老先生那里回来后，见团里一些老师在房间里玩扑克，恩师就去自己房间休息了。因为大家几乎都是第一次赴台，所以玩得很兴奋，其间有的人嗓音就有些“高调”。次日一大早起床后，先生就对我讲：“大家认你是团长，你就得负起团长之责。昨天晚上他们这样高声说笑，不仅影响宾馆里其他客人休息，关键是我们是从内地来的学者呀，这样玩闹有损形象呢，不是吗?!”随之又语气亲和地对我说：“你让大家注意一点，初次来台，要入乡随俗，要行事讲礼节守规矩，不要像在学校、在家里那样随便，想怎么高兴就怎么高兴。大家都注意一点吧!”

这类在日常交往中就我看来不经意的言行接受到先生带有批评之意的教诲，在我的事业道路的选择上，还有不少。记得我自 1998 年冬产生调离华师的念头后，当时浙江大学的田正平教授、华东师范大学的金林祥教授、武汉大学的沈壮海教授以及华中科技大学的刘献君教授，都频频而诚恳地向我发出了邀请。此事让我前后纠结了三四年，最后我选定华中科技大学的教研院——其时该院负责人即是华科大管人事的党委副书记刘献君先生，他在同我的谈话中不仅答应我的住房条件（刚刚盖成的新教师住宅楼由我选一套房），更重要的是内人的工作和孩子的就学得到了令人满意的安排。于是，一天我去校科学会堂后面历史所就此事向恩师讨教，先生只是说：“虽说华科那边也请我过去讲过两次话，但对那边教育学科我真的是不太了解。”在沉默了一会儿后，他突然望着我说：“你们几个合力争得一个博士点，现在当官的当官，发财的发财，那争来这个点还有什么意义呢?!”原来，在我正动摇着是去是留这几年中，我们几位恩师亲诲过的弟子（周洪宇、熊贤君和我）联手，继北京师大、华东师大、浙江大学、河北大学之后争得了全国教育史学科的第五个博士点，进入新世纪后，周洪宇去武汉市江岸区任副区长，熊贤君调往深圳大学师范学院，所以先生有此说。就是这句“争来博士点还有什么意义”的诲语，让我自此对华师再无“异心”，紧随恩师稳稳扎根在桂子山。

我受先生的“庭训”，最后一次是在前年（那时我已 66 岁），即师母黄老师腿摔骨折后住院开刀那一次。前年 3 月中（记得是 16 号），师母在洗澡间不慎摔倒，老人不想惊动任何人，只是硬撑着让恩师找来晾衣竿从床底捞出孙姑娘董昕小时坐的小凳子，随后搬来方凳和靠椅，在恩师的帮扶下，自己爬着从小矮凳子挪到高凳子，再挪到椅子，再挪到床上躺着。从下午四点多硬撑着挨到晚上九点多，先生见师母疼得实在不行，认为可能是摔断了腿骨，就对她说：“你给余子侠打个电话。”一接听电话，我们夫妇立即抽身赶到校医院叫上救护车，并随车赶到一号博导楼先生家。送往六七二骨科医院观察三天后，师妹明明赶回武汉，当即找到她的老同学决定转到中南医院，为师母做了手术。手术后第二天，我们开车接送恩师去医院看望师母。我这人一向讲话嗓门大，见到师母手术比较成功，且术后看气色和精神还可以，当时有些高兴也有点激动，所以讲话时声音越来越高。先生当即严肃地对我说：“你能不能小声点，这不需要你讲课时的嗓门！要知道这里住的都是病人，而且都是老年病人！”见我马上收声并向旁边病床上老人们深致歉意，先生又语气十分和缓地说：“你们黄老师可比我的听力强多了。”

…………

双眼噙泪追忆至此，脑子里再次回现当年第一次与恩师见面时的情形。

1984 年 5 月 25 日，我因报考北大近现代史硕士研究生外语差两分而未被录取（其他各门分数一百分制为：中国古代史 86 分，中国近代史 84 分，中国现代史 80 分，世界史综合 80 分），但当时信息极不灵通，其他考生 4 月中下旬先后都收到通知书，我什么也不知道！五一节后，我去信询问所报专业那位导师，他老先生也不知道，还以为我录取了（后来听说，我近代史的卷子是他改的，他改完后认为我铁定能上），就去系里问情况，一听未取我，他气得说：“今年我不招了！”得知未被录取的信息后，我有些茫然。其时我已 31 岁！我的工作单位也是我的母校湖北财院（今中南财经政法大学）当时有规定，青年教师考研只能报考一次，绝无二次。多亏那位科研处副处长兼研究生科科长李庆善老师，他得知消息后对我说：“你转到武汉这边高校试试。”我说：“往哪转呢？所有研招录取工作都在‘五一’节截止了。”他说：“你转到华师，找章开沅那里试试……你同意的话，我帮你联系一下。”第三天，李处长要我去信北京那边，要求他们把考试档案转到华师。那时挂号信走邮路最少7天，所以材料到华师估计已是5月中旬末，其时研招录取工作已结束快三个星期了！但就在5月20号，李庆善先生让我到华师研究生科去一趟，说是档案已转到。

5月23号我到华师行政楼（现已改建成新图书馆）二楼研究生科。进那办公室后，周宝珠科员接见我，用手指着我的档案袋。上面是恩师亲手批的7个字（这是我永远记得的7个字）：通知该生来面试（签名：章开沅）。5月25号上午，我来华师一号教学楼三楼历史所办公室，陈辉老师、严昌洪老师见我说：“等一下章校长来。”5分钟光景，先生来（我们从未见过面），打量我一下即说：“你的考试卷我都认真看过，但你要读历史的研究生，必须有古汉语的功底，不知你古文如何。所以待会儿让陈老师他们给你面试，再做一份试卷。另外（他边说边从书架上抽出一本线装书）还要看看你的文言文怎样。”说着随手翻着那本书（后来我才知道，这书是章太炎先生的《訄书》），从中间理出三页说：“你用白话口述一遍，然后讲讲作者所表述的思想。”随之交代一下陈辉老师他们后，就去行政楼开会了。11点钟过，先生回所里，翻了一下我在试卷上写的东西，又与陈、严两老师商量了几句（并看了严做的口试记录）。过了几分钟，出来对我说了句：“准备到我这里来吧！”说完就回行政楼去了。

先生，我来了，在您的脚下、眼前、身边已经整整37年了！您老人家现在驾鹤远行，今后谁来指导我这个率性质朴甚至有些愚钝的学生去行事处世?！恩师，我还有好多问题等着您指教，不明世事之处等着您点醒……您走了，我有难事该问谁呵?!

弟子　余子侠

拜于2021年6月6日

(冥冥之中也许是天意，1984 年 5 月 25 日来先生门前面试，当时阴历为四月廿五日，起笔忆师，昨天也是阴历四月廿五日，我在恩师门下整整 37 年)。

附：追思恩师小诗一首

无题

2021 年 5 月 29 日

小序：师座空无人，独坐觅师音，四顾茫然心悲戚，低头“告辞”泪满襟①。

斯人驾鹤已远行，
九天隐传诲语声。
前世修结师生缘，
今生溉霑父子恩。
卅七春秋随身影，
二重堂奥受心经。
庭训莫作媚时语，
惟寻真知启后人！②

① 自追思堂出来后，心绪杂乱地进入恩师办公室，同老人在世时我们之间交谈一样，面对师座，哭坐多时。

② 1987 年夏，硕士生毕业前夕，恩师借用前人诗句为我在《研究生毕业纪念册》首页上写下了赠勉文字：“治学不为媚时语，独寻真知启后人。”——章开沅 1987 年 6 月 12 日。

梦到徽州

——记与章开沅老师的最后一面

郭国灿

汤显祖曰，无梦到徽州。我很少做梦，无料在章老师“头七”之夜，我竟然梦到徽州，我与章开沅老师的最后一次餐叙。

记得是在2018年5月22日晚，原华中师大党委书记、校长马敏师兄来电说，章老师到了芜湖，还要来马鞍山。我一惊，我说我没有邀请章老师来马鞍山呵！师兄说，章老师这次是寻根而来，安徽芜湖方面做了详细安排，只有24日中午有个空档时间可以见见老师。

24日11:30左右，我在马鞍山深业华府会所伫候。章老师以92岁耄耋高龄，仍然神清气朗，健步下车，我迎上前去，不想后面跟随了大约20余人，记得有安徽师大一位副校长、《芜湖日报》和芜湖电视台一批记者，手拿“长枪短炮”，简短参观了深业华府沙盘，然后我和师兄弟马敏、朱英、虞和平、彭南生等与先生合影留念后，便驱车至古床博物馆二楼餐叙。我安排了献花仪式后致辞。

我记得讲了三句话：第一句话借用的是《论语》孔子说过的“仁者寿”；第二句话借用的是汤显祖的“无梦到徽州”；第三句话借用的是《诗经》中的“称彼兕觥，万寿无疆”。记得当我讲到我一个湖南人从来没有想过要来安徽、来马鞍山工作，怎么会跑到安徽干几年，而且从困境中杀开一条血路时，我说，我敬爱的章老师原来就生长在芜湖、马鞍山，原来是先生的“福报”，成全了我在安徽的成长，引来大家一阵热烈的掌声。

多年来我只知道先生是浙江吴兴人，在餐叙中，我才第一次知道，安徽是先生的出生地。安徽是晚清洋务运动的发源地之一，安庆、芜湖诞生了中国第一代民族工业。章老师曾祖父维藩公在晚清时曾做过无为知州，后弃官经商，创办了著名的芜湖益新面粉厂和马鞍山凹山铁矿，先生就出生在这样一个富商之家。但经年之后，特别是日寇侵华后，家道中落，颠沛流离，这些民族工业已不复当年，几经易手。解放后，凹山铁矿后来并入马钢。安徽师大研究近代民族工业，正在搜寻相关档案及实物等第一手材料，先生是中国近代史大家，其先人创办民族企业又是中国近现代民族工业史研究对象，无疑也是新闻媒体关注的一个新闻佳话。

记得作家柳青说过，人生的道路虽然漫长，但紧要处常常只有几步。我深以为然，1987 年进入章门算是我人生之几个紧要处之一。当年，我正在读武汉大学中国近现代史硕士研究生二年级，那时，正是武大校长刘道玉推动高教改革的高潮，我们是最早的学分制改革受益者。当年，刘校长又推出了一个中期分流制的改革举措，就是在硕士研究生中，读完二年级实行优劣分流，学业最差的可以淘汰，优秀的可以两年毕业直接攻读博士生，这其实就是后来的硕博连读制。记得当时优秀研究生的条件除了学业考试成绩，最难的一个量化条件是在两年研究生期间至少在省级以上学术刊物上发表三篇以上论文，我刚好那两年在中国社科院《史学理论》创刊号和影响较大的《中国青年报》等报刊上发表了五篇论文和散文，这使我成为 1985 级武汉大学五名可以提前攻读博士学位的候选人之一，其他四名都在本校攻博。但由于当年武大中国近现代史尚无博士点，武汉地区只有华中师大有中国近现代史博士点，我就冒昧地给时任华中师大校长的章老师写了一封信，并随信附上公开发表的五篇文章。虽然素昧平生，但很快我收到后来成为我师兄的周洪宇（现湖北省人大常委会副主任）转来的电话，章老师很欣赏我的论文，说我只要外语考试过关，就可以提前攻读 1987 级博士生，于是我便成为当时“章门”最年轻的博士生。那一届，全校共有 7 名博士生，“章门”只有 1 名。

记得 1990 年我博士毕业答辩会后，章老师就去了美国普林斯顿大学，再见面已是 1994 年他回国在我深圳新家小住数日。再往后，我已派驻香港，与章老师在香港几乎每年都有见面机会。他经常来港讲学，或参加香港校友会活动，印象最深的一次是贝德士文献缩微胶卷运送入境。

现在外间最熟悉的记录南京大屠杀的是拉贝日记，殊不知还有一个贝德士笔记，记录了更详细的南京大屠杀。贝德士是章老师在金陵大学的老师，也曾经是抗日战争时期留守南京外国人成立的南京国际安全区委员会的发起人和组织者之一，曾担任金陵大学副校长，1937 年—1941 年一直留守南京，后来返美在耶鲁大学任教。他逝世后，其大量笔记、书信尘封在耶鲁大学神学院图书馆，被章开沅老师 1988 年在耶鲁大学讲学时意外发现。贝德士文献的发现，进一步推进了南京大屠杀的学术研究，也成为南京大屠杀历史档案的又一铁证。章老师和留学美国的师兄弟们，将这一珍贵的历史文献拍照成大批量的缩微胶卷，可惜却无法直接寄到国内，只能先邮寄至香港中文大学崇基学院，我通过与海关等多方努力，办妥入境手续，将这批珍贵的贝德士文献档案缩微胶卷运回深圳，再转达武汉华师。正是这批珍贵的历史档案，使章老师在晚年开辟了南京大屠杀研究的新领域、新境界，华师中国近代史研究所奠定了继辛亥革命、教会大学史、近代商会研究之后的又一南京大屠杀研究重镇的学术地位。

我在华东 8 年，章老师是南京大学十大杰出校友，我也曾想陪他回母校看看，但我忙于企业实务，老师亦有事务在身，憾终未成行。除了两次武汉出差短暂拜会先生之外，2018 年 5 月 24 日是相聚时间较长、交谈较多的一次面叙，也是最后一次。一如既往，章老师还是一口中气十足、充满磁性的浑厚男中音和美式诙谐。在大学者中，有大学问的我见过，善表达的我也见过；有大学问且善表达的我见过，但中国不多；有大学问且善表达，而且仁厚宽广、提携后学且形成有影响力的学术团队的，中国凤毛麟角；有大学问且善表达，且仁厚宽广，且拥有一口充满磁性的浑厚男中音的，章老师，中国唯一。

噫！微斯人，吾谁与归?!

（作者单位：深业华东地产开发有限公司）

微言默化　大象无形

——追念恩师章开沅先生

王　杰

先生的学问博物洽闻，先生的言教润物无声。

先生生前，弟子曾有一篇回忆小文《山高天近 兰台沐春》（载《章开沅学术与人生》，华中师范大学出版社，2011 年）。2006 年春节期间，学生邀先生与师母联袂到老家吴川、湛江一游，事后与先生言及，欲以随笔写成专章游记（配照片），然后“内部发行”，先生连声说好！奈何几经断续，至今未遂愿，愧对先生甚矣！而今提笔感念先生，总觉得先生乃是一座大山，难以领略其真谛，有如宋人苏轼诗云：“横看成岭侧成峰，远近高低各不同。不识庐山真面目，只缘身在此山中。”如是，学生委实难从宏观上阐述先生的人格学问，仅就先生的言传身教，忆述先生风韵之一斑。“小事见精神”——片段点滴，潜移默化，令我受用终身。

学无止境　追求不懈

先生“从不满足于轻车熟路，经常喜欢在荆莽崎岖的山野作新的追求”。他毕生求知不懈，学习不止，前进永不停步。比如：他在接触新生事物中，善于融会贯通，克服了大多老人家所遇的现代语言表达障碍综合征。说来惭愧，我记忆中最不能忘怀者，流行于 20 世纪 80 年代的“人脉”“共识”、90 年代的“愤青”“圈粉”等时髦名词，都是从先生那里学来的。

先生求知，意趣广泛。2006 年春节的吴川一行，先生走访吴阳乡村，看到一队村民扛着“菩萨”游神①，他似乎未见过如此农耕文明传统的“新玩意”（起码是发现“彼神”非“此神”），即停车驻足观看，询问究竟，还步行追了一小段路，直到“菩萨”走远，才再上车。先生对新事物全神贯注，似孩童般天真无邪。

至湛江，先生听我说此“天涯海角”有“十大怪”，其中第一“怪”，称“一个城市分两块，郊区在市内，市委在郊外”。先生听得新奇，要“先睹为快”！这个倒容易解读：湛江市分霞山（郊区所在地）、赤坎（市委所在地）两块，早年两地被十二公里的稻田隔开，只有两条公路连接（现在楼房比栉已抱成一体）。其时海湾大桥在建，我们乘汽车过轮渡，上岸，即从霞山（“市内”）开往赤坎（“郊外”），入住湛江海滨宾馆，算是游览了第一“怪”。第二“怪”曰：“人不穿鞋牛穿鞋，牛车比汽车跑得快！”话说

---

① 粤西村落多设神庙，以康王庙最多，乡间称太祖庙，吴阳（旧称吴川街）有石堑太祖、城里太祖、西街太祖、中街大太祖，此外还有金轮、天后、东岳等诸神，都有出游定例。出游，一是“巡视”所护地界，二是供信众乡民瞻仰礼拜。卫护一方，保境安民。游神日子一般是正月，吴阳从初二至廿一陆续有神出游。神像出游前，择日拜祭掷杯筶请示出行时辰、日期（日期有惯例，只问时辰，城外金轮要在十九至廿一三日中选一日），定下日期时辰之后就在所经街巷沿途张贴告示，告知沿途村民清理环境准备祭品。出行前有庙祝（或道士）引领主祭人拜神请起，焚香鸣炮然后扶起神像（体型较大的神像即有另设行相，专作出游起行之用），到门外安放轿中，庙外有信众预设祭台摆定茶酒三牲，焚烧香烛纸宝，铳炮三响（近年多改纸炮），然后鸣锣开道吹打起行，神前有香炉烛台、旌旗执仗，旁有罗伞；神后各式锣鼓乐队、舞狮舞龙、飘饰、地饰，十番、八音、牌子锣鼓，近年又增加了外地引进的秧歌、腰鼓、笙箫、洋鼓、杂耍之类，还有晚上游灯加入队列，但求好看、热闹。“大神”所到之处，沿途乡民信众多有当街拜祭，当街放置八仙台，摆设香烛、三牲、茶酒、果品、饼食，也有加置古董、文玩、盆景等新奇怡目可供赏之物，俗称中位。每逢中位，引导者扬声鉴醮，神轿暂停接受礼拜，鼓手、笛手转奏乐曲，信众跪拜、焚化纸宝，轿班领班叫声“搅轿”，众轿夫一齐起膊，乐手又奏行进乐曲。起初，“神”在前，各种巡行表演在后，因为有沿途鉴醮，渐渐地，往往是巡行队伍走得快，只有头锣、执事神鼓、神笛、香烛、仪仗跟着神驾，游遍该地界时回到庙前举行回堂仪式，有的在庙前设案拜祭，有的直接回堂，神公回堂先鸣炮烧香，神轿进退三番，然后疾速入座，司仪将神像抬离轿驾放入神庵，务须定准方位，一经放下不得移动。神像回堂过程，鸣炮焚香，鼓乐齐鸣，极尽热闹。

这是一般的过程，另有特例，下街金轮（金轮都督赵公明元帅），也称城外金轮，是通县大神，要游四大族，一天游不完，次日继续，白天游到晚上，晚间加上游灯队伍。

过往，公路不发达，牛车乃乡民的主要交通工具，举目大道上，慢腾腾的牛车拥挤成了一道独特的风景线（现在交通大改观了，但在一些偏远地方，兴许还可窥其真容）。先生听得入耳，午饭后，动议不休息，赶紧去看看。功夫不负有心人，几经寻觅，我们在郊区麻章一片蕉林边，发现了"世外桃源"。为何人不穿鞋牛穿鞋呢，那是因为农民以牛拉车，载着收割的甘蔗送去卖，冬天雨冷，牛脚冻坏了就拉不了车，首要者是为"动力"保暖，乡人土法上马，剪下废弃汽车轮胎，专门为牛做鞋，免其受冻；人为何不穿鞋？穷也！在蕉林边，"人不穿鞋牛穿鞋"之现实一览无遗，相机还拍下"永久的瞬间"。奈何"牛车比汽车跑得快"未能亲临其境，只能留下无穷的想象了。先生的"求知"，令我们领略了"原始生态"，也感悟了沧海桑田。

午后游完湖光岩①，踏着霞光返程，先生兴致不减。晚上，我在湛江工作的吴智华同学要尽地主之谊，请先生吃家乡菜，先生欣然应允。推究先生本意，自然缘于先生乐于入乡随俗，更喜欢品味风情。湛江以盛产生猛海鲜著称，深水海鱼中，有"第一鯥，第二鲶，第三第四马鲛囊"之美誉，鯥鱼算得上是这里的上等海鲜了——我的老家距南海边不过十里，儿时经常听说过，却从来未见过，就别说吃过了。我想，先生及师母不一定品尝过，便打听可有现货，提议上鯥鱼。吴智华点头会意。欢声笑语中，先生以求知的口吻发问："鯥鱼"的"鯥"字怎么写？这一问，一下令我们四位土生土长的吴川人一脸茫然，我们还真未细心考究过其学名呢！接着，有答鱼档上有写"芒"，也有写"虻"的，诚然，这些名字都属大排档的"水货"，尽管其发音趋同，而形意相去甚远矣，连个"鱼"字旁都没有呢！其时，手机还乏有百度的功能；电话征询，亦是不知所措。先生"审时度势"，笑着圆场："因为你们对鯥鱼太熟悉了，往往容易忽略了某些要点的东西。来湛江，我是'人之初'，又是'老夫子'，喜欢探新，寻根究底。'史学的可贵品格首先就是诚实，也就是人们常说的求实存真。'今天，我

---

① 湖光岩是一个以玛珥火山地质地貌为主体，兼有海岸地貌、构造地质地貌等多种地质遗迹的自然生态公园。周遭绿树林荫，湖中却不见一片树叶，亦无蛙蛇出现，甚为神奇。

提出了问题，或者说等于找到解答问题的钥匙，回去一查，大家都长知识了。”一句话，说得在座暖洋洋。

先生求知的故事多多，令我拍案喝彩的，是他对生活的珍视以及对现代科技手段的探求。2018 年 8 月 30 日，先生开始在手机上学打字，发信息。事情缘起是，本人与学生宾睦新合编《陈兰彬集》（5 卷本）出版，准备呈送先生指教，先生回话，说眼睛不好，看不动了，建议赠给珠海中国留学博物馆。

这里，有必要说明，平时与先生联系，或直接通电话，或经师母黄老师微信转达，这一次，想不到先生“老夫聊发少年狂”，亲自操刀以微信来函。从先生发出的信息看，某些词句还是让人“如丈二和尚摸不着头脑”，而令人赞叹的是，92 岁高龄的学者志在挑战自我，老骥弄潮啊！

先生之精神，高山仰止；先生之身教，无声胜惊雷！

爱生如子　响鼓重锤

先生爱抚学生，但却不是无原则的呵护与溺爱，而是晓以理智，喻以自信，激以策励，让弟子在践行中去领略其故，感悟真知。

本人攻读博士学位的第一年第二学期期末，先生着手筹备于华中师大举办中西文化与教会大学国际学术研讨会。5 月下旬的一天，先生召我到办公室，开门见山地说交给我一个“光荣而艰巨”的任务，去上海为两位美国学者购买赴武汉的机票，并联袂返程。我半是高兴半是犹豫地答道：“买票，我可以想法完成；接待，我担心自己难以胜任，因为我的英语交流水平着实蹩脚，可否找个英语利索的高人接手?”岂料先生大声笑道：“你答得好，我对你有信心了，让你去的主要任务就是买票；至于接待，则属次要的了，交流遇上困难，可‘单词加手语’，简单应付，安全把客人接回来是大事。”

先生的鼓励，给予我信心。原来到上海买票，任务确实“艰巨”。我乘船于 5 月 28 日抵沪，没想到到处都买不到票。“抢票”期间，每天 6 点出门，晚上 9 点以后才回住地，以避开白天马路上严重的人流堵塞。先是到上海工业大学外事办接洽（美国客人住该校），得知该校无法帮忙购票，即轮番与上海社科院、历史研究所、法学研究所、华东师大、复旦大学、上海市委宣传部等单位联系熟人，于山穷水尽时，幸得上海历史所吴桂龙先生再三通过关系，找到上海国际旅行社，购下机票三张。6 月 3 日，当我们坐上飞机，顿感愕然，继而百思不得其解——30 个座位的运七飞机，还有一半位置空着啊！此时，我才领悟到先生早已预料到的“艰巨”与“光荣”！还有一花絮似应提及，事后办理票据报销手续，先生很利索地在票据单据上签了名（草书）。及至财务室，办事员左看右看，似乎看出签名不对劲，因为当时华师财务报支归邓宗琦副校长分管，“邓宗琦”三字，她们再熟悉不过了，对目下的签名，她们似乎发现了“新大陆”。

问：这是谁的签名？

答：章老师（我们平时都不习惯称章校长）。

又问：哪个章老师？

答：章开沅老师，是老师让去接美国学者的。

办事员迟疑了一会，便办理了票据报销手续。事后，我将此事报告先生，先生微笑着说，我对财务也是有一种信任的。按规定你这个年轻人还不够资格坐飞机，但是陪外宾，是特殊公务，应该享受特殊待遇。先生的弦外之音，告诫我们一个道理：信任的互动，将会赢得信任的尊重！

1990 年秋，先生赴美访学在即，临行前交给我一个陪同客人的任务。他说：“张玉法先生是我的好朋友，1982 年我们曾在芝加哥的研讨会上，分别代表两岸学者就辛亥革命的性质有过正面交锋，那次论争以后，我们成为知交。这次他来访武汉，我们又就辛亥革命研究作了进一步的交流。我本来准备与他一同到广州参加两岸学者第一次在大陆召开的孙中山与亚洲学术研讨会。因时间不巧，让你‘代表’我沿途及在地照顾张先生。”先生话语不多，我顿时感到“代表”身份的信任与压力。肩负先生的嘱托，从武汉到广州、在广州开会及游览，以及送别，我都全程陪同张先生伉俪，鞍前马后，步步细心。其间，张先生提出要看看我的住房，我那三十多平方陋室因此接待过台湾“中研院”院士的参访。说这些，乃是铭感先生给予的恩惠。打那以后，我也有幸成了张先生的好朋友。每每访学台湾，我们必有聚会与交流。一次，在张先生的书房，我要送赠小书《平民孙中山》，他脱口而出："平民孙中山，讲平民，好！我要；若是其它内容，我就不一定赏脸了！"张先生的坦诚与诙谐，予我莫大的受益。这是后话，其中亦蕴藏着章先生的关爱。

1992年1月底，我学业告竣，解甲南归。因先生访学未返，过完农历春节，便驰书先生，汇报毕业答辩、离别桂子山、返回广东社科院重操旧业的一些基本动态。不久，先生于大洋彼岸寄来了复函[①]：

王杰：

很高兴收到你情深意挚的来信，热烈祝贺你取得学位，并且获得副高职，特别是全家团圆，共享天伦之乐。不过，这封信转来迟了，因为我与黄老师已于三月底离开 Yale，前来南加州的 San Diego，周洪宇告诉你的还是老地址。

我现在的地址是：4158 Decoro St. #44
San Diego，CA 92122 电话：(619) 457-7780
USA

请转告乐正及其他友人，这个地址可以用到6月底，7月以后，想到北加州各地走走，秋后如无特别原因，就打算取道香港回国了。

你们同学之间感情如此深挚，使我极为感动，也受到很大安慰。这些年，我或则因为忙于校务，后来又由于远去美国，对你们的关心、帮助非常不够，这是我一直内疚于心的。但愿今后能加强联络，继续合作，多做一些有意义的工作。广州是孙中山研究理所当然的国际、国内中心，这为你们施展才华提供了良好的舞台。当然，工作难度也是很大的，但越是困难的工作取得成绩才更可贵，也更锻炼人才。希

① 先生于1992年4月27日收到本人信函，日记有载："下午得王杰、罗志田信。王杰情意深挚，深受感动。"遂于翌日复函。参见：《章开沅海外访学日记》，广东人民出版社，2022年1月版，第296页。

望“研究中心”早日建成，为孙研乃至近研提供新的场所与动力。

今年5月23—24日，美国Augustan College（教会大学）在广泛征求中美学者及学术机构意见后，经教授会一致通过，决定授予我荣誉博士学位，这是对我在国内的学术、教育工作，以及近十余年来对中美学术交流所作持续努力的高度评价，也是我们师生共同的光荣与愉快。我与黄老师将应邀前往参加3000人规模的盛典，并将发表讲话，现正作必要的准备。这是该校历史上第一次授予一个亚洲人的荣衔，也是第一个既非该校校友，又未作过百万美元以上捐献（连一元也未捐）的清贫学者。他们说得很客气：“主要是由于你的学术水平，和你的工作对中国、对美国、对世界的影响。”这样的“过奖”，真使我感到受之有愧。不过，想到多少总可以改善中国人在海外的形象，也就感到心安理得了。

请代问广东多位师友安好。　　即问

近佳（祝王莓最后一个儿童节快乐）

章开沅 上

4.28

一纸真情，满满的激励与期待……

感激天公恩赐，于我毕业以降，先生每年都来广州过春节，师徒间多添了一次春天的聚会。约在2001年农历除夕，本院领导亲自约谈，拟让我换岗到研究生部工作，说是先私下征求意见，而我对去新部门“救火”心存疑虑。几天后，我就此事急急请教先生。先生说：“如果让你去‘救火’，那就没有必要去了！换岗不仅是全新的行政事务，免不了会有明争暗斗；而且疏远业务，丢失本行，这才是关键，需要三思权衡。”先生的话，切中要害，坚定了我婉谢“履新”的决心！事实正如先生所料，我坚守本行，既避免了对权术的探讨，也赢得了持续学术的安宁。王阳明说：“减得一分人欲，便是复得一分天理。何等轻快脱洒，何等简易！”先生说：“史学应该保持自己独立的科学品格，史学家应该保持独立的学者人格。”少了权欲，学会知足，回归淡泊，独立人格，这无疑是高人赐予的人生最大收获。善哉!

扶马送程　甘为人梯

先生有一座右铭：为造就青年学者开路，为发展学术交流搭桥，这就是我的人生追求。作为章门弟子，我得先生的恩泽多多，感念绵绵。

2008 年 12 月，我在老家吴川市组织举办纪念陈兰彬使美一百三十周年学术研讨会（是为陈兰彬第一次学术研讨会），诚邀先生南来指导。时届年底，先生已经收到不少研讨会请柬。企盼期间，黄师母转来先生回话，先生“权衡几家会议，决定前来吴川，为陈兰彬研究鼓劲，也为王杰组织的研讨会‘站台’”。令人喜出望外。三十多人的小会，先生偕同华中师大师徒三代（罗福惠先生及其博士生）莅会，还在开幕式上作了呼吁加强陈兰彬研究的讲话。出乎意料的是，偏于海隅一角的吴川市，还有不少“识货”人，他们惊呼：“哇！章开沅教授都来了!”“张海鹏教授来了!”先生的驾临，不仅为会议增光添彩，作为弟子的我，备受鼓舞，感奋有加，渐次使劲于陈兰彬的资料与研究，10 年后，本人与学生合编的《陈兰彬集》刊世发行，这无形中也凝聚了先生热心推动的殷殷之情。

曾记否，先生等学者于 41 年前为了提携后学，培养新进，于 1981 年在长沙发起组织纪念辛亥革命 70 周年青年学术工作者研讨会，2012 年 11 月，为纪念长沙研讨会 31 周年（原准备于 2011 年 30 周年时举办，后延期），由本人发起组织，在中山市翠亨村召开“孙中山·辛亥革命的研究与承传”学术研讨会。这是史学界一次别开生面的研讨会，其富有特色者，乃是专门为纪念 1981 年长沙研讨会而开的。

以下是本人在开幕式上关于会议的说明（摘要）：

31 年前，以章开沅、林增平、张磊先生领衔的辛亥革命研究会联合湖南省历史学会，在湖南长沙首创了纪念辛亥革命70周年青年史学工作者学术研讨会，一胎产出了96位“新生”学术婴儿。谁也想不到，96位“辛亥”同仁，31年以后，从事史学研究还有60多位①。这批同仁中，好些人已经长成史学承传的栋梁之材，在中国史学界产生了相当的影响。

今天我们怀着感恩的心情在中山召开纪念会议，首先要感谢扶马送程的恩人，今天在座的有：章开沅教授、张磊研究员、方志钦研究员、王学庄研究员、田伏隆先生，未克与会的有茅家琦教授、罗耀九教授、段云章教授。深切怀念去世的林增平教授、杨慎之研究员、何双生高级编辑、陈辉教授、王承仁教授、赵矢元教授、吴乾兑研究员、崇汉玺教授，他们都是长沙研讨会的指导者、见证人。

借此，对英年早逝的长沙会议同仁：北京大学陈长年教授、贵州省社科院李双璧研究员表示深切的怀念。

我们感恩，首先感谢伟大的时代，感谢党的改革开放政策，没有思想解放的大环境，当年“给青年找个机会”的思维不可能应时而生。长沙青年研讨会呼之欲出，既是时代的产物，又是历史的创举，还是未来的造化！

我们感恩，就是感激老一辈学者给我们青年恩赐了一个机会，由此，我们承传了师长与学界的优良基因，在学术的道路上努力作为，学会了如何做人、做事、做学问。

我们感恩，我们因青年而“会”，因长沙而“帮”，为学术而“狂”，为未来而“鼓与呼”！

因为大家都以能入长沙参会为荣，以长沙为自己学术开基的“圣

① 有习五一、王丹、王杰、王好立、邓亦兵、成晓军、吴忠礼、吴桂龙、李丹阳、李喜所、李双壁、宋美云、沈继成、闵杰、杨奋泽、张利民、张应超、张学军、陈长年、陈剑安、茅海建、宝成关、邱捷、欧阳跃峰、周兴梁、周聿峨、周秋光、周新国、郑永福、郑师渠、郑顺剑、罗苏文、罗福惠、赵军、郭汉民、袁鸿林、傅志明、桑兵、卿斯美、黄继宗、曾永玲、蔡乐苏、虞和平、熊月之、熊宗仁、薛学共、鲜于浩等。

地”，长沙会议无愧是激励我们前行的一块伟大的奠基石，同仁也自觉不自觉地认同自己为“长沙帮”。

从严格意义来说，“长沙帮”不是一群人、一种派别、一个组织，因为不是团队，所以没有“五行相合”、情同手足的体征。正因为如是，它超越了派别，超越了团队，超越了有形，乃一种无形力量的合成，属一种特殊的“现象”，这个现象凝聚为一种精神，升华了一种信仰！这种精神，寄托着清贫也是一种富有，以此为满足享受；这种信仰，体现于从大家而成大家，因此而拼力追求。

如果说长沙会议前，我们很多人还偏居一隅，张弛有限的话，那么，通过长沙论剑，一下子多了一大班师友，交际圈广了，信息多了，视野开阔了，思维也灵动多了，长沙会议赐给了我们一笔无形的资产。

长沙帮，按我自己的理解，应该是一种精神！

31年后，又一个会，这个会是为纪念31年前的会而召开的。

今天我们这个会议，拥抱着金星门畔，犁头山下，重逢于伟人的故里翠亨村。我们际会风云、互动友情、交流珍藏、升华学术、承传精神、展望未来……

除了感恩还是感恩，感谢孙中山，感谢辛亥革命。31年来，是孙中山、辛亥革命乃至中国近代史的研究，支撑着我们的事业与追求；是史学的魅力，激励着我们献出了宝贵的青春与壮年！我们三生有幸，我们又问心无愧——我们与祖国的改革开放、与中国史学的大发展同呼吸、共呼号，我们是祖国与史学大发展的受益者、实践者和见证者。我们还是马克思主义史学的承传者，马克思主义是实事求是的哲学，是发展的哲学。对于马克思主义传统，我们既不强求如何如何，也不必回避怎样怎样，因为真正的马克思主义，不是教条主义，不是张牙舞爪主义。

会前（9月20日），我给大洋彼岸同仁写信时，如是落笔：

“长沙帮”从湘江走来，走了不少弯路，但是未见有一个是走斜路的，这是“长沙帮”的骄傲。当年96位史学青年，现在还有60余位仍在“操守旧业”，这是“长沙帮”的积淀，中国史学界的一大硕果。31年前的“娃娃脸”，不少人已成了今天的史学栋梁，挑起承前启后的大任。可以说，我们是过渡的一代，是负责任的一代，又是继往开来的一代，还是走向世界的一代。在我们的身上，流淌着老一辈学人关爱的心血，印记承传与拓展的精神，寄托着中国史学的希望，展示着中国史学的方向。所以，金冲及、李文海、张海鹏——中国史学会的前后三任会长对“长沙会议30年”给予极大的关注，他们都曾表示前来参加盛会，这真是“开天辟地”啊![①]

我的发言约4000字。接着是先生讲话，先生一开始就对我的发言做评论：“王杰讲得很好，我讲的肯定没有他这么好！今天很高兴，看到长沙青年‘而立’的身影，王杰也成长了！‘几点说明’总结很到位，我很认同：长沙青年在成长中走了不少弯路，但是未见有一个是走斜路的，这是‘长沙帮’的骄傲。这对我们当年举办青年会是很大的告慰……”

先生如此谬赞，是我事前未曾想到的。我心里明白，这是对长沙青年学人成长的褒扬！弦外之音在于寄语：成长不易，承传尤艰，响鼓更须重锤敲！从而激励青年学人在和谐的承传中健康发展。

先生对我的关爱与激励无时不在，念兹在兹。

先生曾向熟人介绍我说：“我招了一个‘好榜样’……王杰是抄四角号码辞典出来的！”[②] 先生几次向我提及，有机会想看看手抄词典的“真容”。2016年春节期间，先生与师母南来度假，我约陈才俊先生一起到白云山脚的岭南印象园小区拜会先生与师母，将手抄《四角号码新词典》呈上先生披览，先生翻阅得小心，看得细心，偶时有询问，说看到了毅力与恒心，不愧为好榜样。陈才俊兄拍有照片（可惜一时找不着）。师母黄老师也拍下

① 王杰《感恩·传承三十一年——在中山会议的几点说明》（在2012年11月14日“孙中山·辛亥革命的研究与传承”开幕式上的发言），未刊稿。

② 手抄《四角号码新词典》，缘于本人于1971年在乡间任民办教师期间手抄之事。教学之余，煤油灯下，费时半年，总计磨平了20个沾水笔尖。

好些页手抄词典的样板，说是要寄给美国的外孙董昕鉴取。

其时，广州一家出版社有意将手抄词典影印出版，得知先生对词典感兴趣，建议请先生为影印本写个序言，以助力于宣传发行。我将此情如实向先生汇报，先生点头应允："这是好事！对抄主本人来说，体现了一种意志、毅力、精神；从出版宣传上说，是一种励志、教育、正气！"先生留言：等有空，写好就寄来！因我手头有事，也不便催促先生。2018 年后，先生就未再来广州，序言未写成——冥冥中，但愿这种遗憾化成另一种圆满！

珠江春早，红棉含苞。2017 年春节开年，先生与师母出席广州孙中山大元帅府纪念馆座谈会，并参访该馆，还特意带来新著《章开沅口述自传》，亲笔签名分赠，一众感奋，举座温馨。

尤为感念者，2018 年 11 月 18 日，马敏兄转来先生在武汉住院期间写下以王奇生和王杰的姓名嵌成对联：

湖湘文脉孕奇生，学有专精便成王——赠王奇生
堪称江湖真豪杰，山中曾当胡孙王——赠王杰

马敏兄附言：章师病中戏作，嘱我发给你，以毛笔书之。章先生很看重你的书法。奈何本人习字，乏有童子功，若成"书法"，难符先生瞩望，故一直未曾执笔书写。先生之鼓励与冀望，当留作鞭策与存念，植入心田，直至永远。

日月经天，先师永生！

（作者单位：广东省社会科学院）

沉痛悼念章开沅先生

马小泉

今晨（2021年5月28日）8时15分，著名历史学家、教育家、华中师范大学前校长章开沅先生在武汉逝世，享年95岁。特志悼念！

章开沅先生是当代中国最富有思想力的历史学家。这里所说的思想力，是借用古希腊哲学家的概念："有思想力的人是万物的尺度。"意指思想的深度和力度、高度的自觉意识和坚守信念的意志。用中国古典史家的话说，就是达到了"史识"和"史德"的理想境界。

章先生的史学之路，是这种思辨力和认知力的最好体现。他在长期的治史路程中，既有微观的学术考察，也有宏观的理论思考；既承继了中国传统的史学章法，也借取了西方经典的史学思想；通过科学而理性的学术探索，形成了自身的理论体系和治学风格。

如章先生倡导"参与的史学"与"史学的参与"，认为历史学者不仅应该积极参与社会生活，而且应该成为把现实与过去及未来连接起来的桥梁。这不仅揭示了史学的地位与价值，也召唤着史家的主体意识和时代情怀，充分地表达出了对史学生命力的极大信赖和期待。

近些年来，章先生经常讲的一个题目是"史学寻找自己"。他甚而反躬自问："史学在哪里?"有本小书即是以此为命题，辑录章先生有关史学理论与治学方法的部分文字。从中我们可以感悟到章先生对于史学的价值和意义的追求，以及他的史家品格和大师风范。

（作者单位：河南大学历史文化学院）

章开沅先生的最后岁月

周洪宇

章开沅先生去世以来，在学术界和社会上引起了广泛关注，不仅是章门弟子，所有了解章先生的师生校友和社会各界人士，都在以各种方式悼念缅怀先生。先生的学问道德、人格魅力就像一块吸铁石，让无数人为之感动和崇敬。

夜深人静，端坐桌前，这一年来与先生有关的点点滴滴，忽然一一浮现于脑际。

最后的一年

2020年年初，恰逢新冠肺炎疫情肆虐，先生遇到了晚年生活最大的一个坎。不知由何而来的新冠疫情在世人不知不觉中悄然而至，随即很快波及武汉、湖北及全国。作为抗击新冠疫情中心区和主战场的武汉，师生众多的武汉高校无可回避地成为重中之重。1月23日封城之后，华中师范大学按照省市防疫指挥部统一要求，严格防控。先生和师母虽然年事已高，但平素最不愿意麻烦他人，什么事都是自己动手。家中虽然请了阿姨，但阿姨不住家里，只能定时代购日常生活用品。仓皇应对的初期，由于交通阻隔，物资紧张，最常用的新鲜蔬菜水果等，一时都不易得到。老人日常所需药品，因校医院一时关停，也断顿无供，影响了病情治疗。现在想来，这场突如其来的新冠肺炎疫情对先生这样90岁以上高龄的老人无疑就是致命一击。

我得知后，深感问题严重，不宜久拖，必须尽快解决。特别是听说先生疫后有次去近代史所在附近台阶跌倒之后，更是心急如焚。先生此前曾委托我打听本地养老院情况，我找学生明武帮忙，明武在市民政局正好负责这项工作，当即与市里条件最好、住养医护一体化的泰康之家楚园杜鹃总经理联系，杜总很快给我来电话介绍详情。我有些不放心，专门驱车先到现场实地“侦查”一番。经过比较，觉得还是泰康楚园最适合当下状况的先生。杜总还告诉我，泰康东升董事长对此十分重视，愿意提供最好的条件照顾校长。而且此前先生和师母曾亲自到此看过并在一棵开满繁花的树下留影，笑容灿烂，显然印象不错。我以为既然如此，先生入住楚园应无问题。没想到，当晚我将有关情况向先生和师母汇报后，两老仍然顾虑重重，我只得与先生女儿章明明和马敏师兄等人商量，看如何劝说两老尽快入住楚园。

这一期间，同学们都很关心先生的身体健康状况。海南的宪生、深圳的国灿、广州的王杰、开封的小泉、南昌的艳国等外地同学都纷纷来问询。去年 11 月 19 日潘岳师兄来汉代表国务院侨办参加 2020 年湖北省华侨华人创业发展洽谈会，行前在京专门与夫人到商场精心为老师购买了一件衣服，还提出要到先生家里登门看望，我与马敏、南生师兄弟陪同。不巧前一晚先生在家又摔了一跤，听说还是住在同一单元的福惠师兄帮忙扶起来的，无法接待各位。大家得知后都很着急，深感这样下去非常危险，只有马上入住楚园，随时有专业医护人员陪伴与治疗，一切才有保障。潘岳、马敏和我三人轮流电话问候劝说，先生和师母有所松动。后来经过各方工作，包括此前已经入住楚园的武大前校长刘道玉亲自手书一封，先生和师母终于在 12 月 26 日住进楚园。我们紧张的心情才稍有缓和。

我与楚园杜总约定，叮嘱她及时将先生和师母入住后的情况告知，以便掌握协调。记得入园当天上午，杜总就来告知，先生肺部的病灶有点大，加上前期缺乏专业的护理，皮肤有压疮。按家人的想法，他们会在不增加先生身体负担和创伤的情况下精心护理，尽最大努力延长先生的生命，提高生活质量，让他住得开心。还给我发来先生入园后与专程来看望他的老朋友刘校长、社区总经理、康复医院老年科主任等人的合影，看来情况还不错。那天我正在北京开全国人大常委会会议，无法陪同进园，只能表示回汉后找时间看望并感谢大家。

先生入园后恢复不错，五天后压疮就已收口，精神也在恢复中。春节期间，杜总来报告，先生的压疮外伤已彻底康复不再疼痛，精神状态比较好。因为疫情管控，元旦至今亲属不能来楚园探视，身处广州的女儿明明、女婿董黎教授也无法回来。但是两位老人在园里玩得很开心，先生能参加绝大部分的活动，包括唱歌、手工、趣味运动会等，师母更是积极分子，场场不落。先生在小视频里说“现在要赶我走我都不走了”。2 月 21 日做手工活动，先生还做了几枚手工书签，富有创意地用一篇旧作题目“春江水暖鸭先知”作标题，非常雅致。生活上两位老人已经完全适应，和邻居们相处也很愉快，照护也很专业。唯一美中不足的是疫情还没结束，亲友故交们不能常来探望，期待春暖花开的时候一切恢复正常。她还发来几张先生做手工的照片，看到先生和师母开心的样子，得知两老的身体都在康复之中，弟子们都感到很高兴，觉得先生一定能战胜病魔，安度百岁。

先生是个时刻都在关注民族和人类命运的人，尽管年事已高，身体状况不好，仍然密切关注国家和世界局势发展，思考疫情对民族与人类未来的影响。经常与住在一起的刘道玉校长等人交流看法。学校赵凌云书记、郝芳华校长组织师生结合疫情展望教育改革，先生知悉后撰文一篇，畅谈所思所得，并给学校加油鼓劲。

先生的文章题目很有趣，叫《野叟献曝，三言两语——疫后教育变革展望》，文章写道：“何谓‘疫后’，何有‘疫后’？‘新冠’肆虐，乃是现代人类文明危机又一次大爆发，源远流长，日益张狂，仿佛是‘天长地久有时尽，此恨绵绵无尽期’。何谓‘常态’，何有‘常态’？我们必须以‘常态’的心理对待现实的‘非常态’。疫情高峰，诚然必须集中全力奋勇抗击，但民生自有全局，我们总不能被小小病毒牵着鼻子走。但此次疫情之严重空前绝后，对世界，对中国，对社会，对个人，都是全方位带有根本性质的变化。我们只能面对现实，因势利导，尽量往正确方向前进，切不可痴心妄想，一切恢复如旧。”

他说：“学校由于人口密集，首先成为重灾区，学生回家隔离，校园形同虚设。教育为立国之本，岂能长期中断，现应尽早复课。网课诚然已经发挥巨大作用，但毕竟代替不了师生之间的教学相长与情感交流。桃李芳菲，生机勃勃，这才是校园应该恢复的常态。我一向主张把灾祸当成老师，把‘公害’变成‘公利’，让人类在创深剧痛之后醒悟过来，共同谋求人与自然和谐相处，乃至人与人、国与国和谐相处。当今之世，固然难以侈望国泰民安，但至少我们经过疾病严酷磨炼的中国人，还要同心协力，办成建设小康社会，并且通过‘一带一路’重新整合新世界等等大事呀！希望论坛诸多贤达，能够从更大的格局思考教育如何改革。”先生在文末特地高呼：“华师加油!”

从先生这篇短文，足见先生的格局之大，视野之广，思虑之深，情怀之浓。95 岁高龄身患重疾的老人尚且如此乐观豁达、心怀天下，足令晚辈后生汗颜。

最后的一月

或许是冥冥之中的某种预感，从去年年底先生入住楚园以来，我心里总有些不踏实，特别是 5 月初我的另一位恩师，硕士生导师，93 岁高龄的董宝良先生去世后，就提醒自己督促华中科技大学出版社尽快抓紧编辑出版我们为先生整理的《回归大学之道——章开沅口述史》。此书是我任总主编的《当代中国高等教育改革口述史丛书》的一册，包括上世纪 80 年代以来活跃于中国高等教育改革前列的一批知名大学书记校长，如北京大学丁石孙校长的得力助手常务副校长王义遒、西安交通大学校长史维祥、湖南师大校长张楚廷、武汉大学校长刘道玉、华中工学院（今华中科技大学）校长朱九思和杨叔子等人的口述史，开沅师也是这个时期的风云人物之一，自然也在丛书之列。

为了确保这套口述史的真实性、客观性和可信性，几年前我与出版社就定了个规矩，每本书的整理者，最好都是传主的弟子或助手，如果可能的话，请当事人自己来完成。道玉、楚廷两位校长就是亲自动手，不假他人。先生口述史的整理者，我最初考虑请在近代史研究所工作，与先生平时接触最多、情况最熟悉的师兄弟们承担，但一了解，他们都在忙于协助整理出版先生的那套多卷本文集，一时无力顾及。后来考虑请先生的助手刘莉承担，一问她也在协助先生整理最新版的《章开沅自传》，这本书是继谭徐锋策划、彭剑整理、北京师大出版社出版的《章开沅口述自传》之后又一本重要自传，先生很看重此书，不惜心力，费心亲笔撰写，刘莉也为此投入很大精力，暂时无暇他顾。

出版社负责人了解这些情况后，认为时间已过去数年，其他传主的口述史大多已出版，此书不能再延迟下去，便督促我自己来做。我到近代史所向先生作了汇报，先生觉得专门来回顾与反思上世纪 80 年代前后高等教育改革史，对当今高教改革也有助益，可以试试，但也明确表示他现在精力有限，无法再专门费时口述，只能应对几次，其他都靠我自己设法整理。刘莉很帮忙，听说了此事，主动将其整理的口述自传初稿提供给我们编写高等教育改革部分。我自己身兼数职，平时事务缠身，心有余而力不足，开始时还当面请教了先生几次，但后来一忙，整理工作就停了下来。出版社领导见这样也不是办法，嘱咐我再找一位助手协助整理，我想到平时与先生联系甚多，经常采访先生的学校宣传部小党，觉得他比较熟悉情况，于是我们两人分工合作，加快整理。小党也是忙人，初稿出来后，我发现还有不少重要遗漏，便又请我的研究生郑媛协助补充了许多新资料，终于在去年交给了出版社。我将这些情况向先生作了汇报，他很欣慰，鼓励有加，认为可以与其他几本口述自传形成互补。

5 月上旬，我请小党尽快配齐相关照片给出版社，并不时询问出版社教育分社负责人周小方编辑工作进展情况，希望乘先生精力尚可之时亲自把把关。我怕有伤先生视力，还建议小方在书稿编辑完后务必打印一份大号字体的清样，以便先生审核。谁知负责该书具体编辑工作的同志特别谨慎小心，遇到疑难问题常常反复核实，以致编辑进度较慢，我们督促多次，但也无济于事。先生对此似乎并不在意，我们不提他也不问。但后来听师母说，先生临别前几天，有两个愿望与她频频提及，一是想回桂子山的家里住住，二是想看看书出来没有，而“书”可能就是指这几本口述自传。听到此言，我感到无尽的后悔。如果当初不犹豫再三，自己动手早日完成书稿，时时督促出版，或许可以让先生在生前见到这本专题口述史。

最后的一周

先生生前最后一周，5 月 24 日（周一）上午 10 时 45 分，杜总来告，从上上周开始，先生就偶有低烧及呼吸急促，血氧饱和度低，给予低流量氧气吸入后好转，有时候还会神志恍惚，答非所问，已在楚园康复医院住院十余天。上周四五开始频发房颤，状态比较危险，章明明周三晚上赶回了武汉，华师校领导也前往楚园看望。因为尊重先生意愿，要有尊严地走，从容地离开这个世界，家人明确要求不做器官切除手术，只对症解决症状，不知道还能坚持多久。所幸周末状态比较稳定，情绪和饮食都不错，楚园配备了最高级别的医疗和护理，全天 24 小时专人陪护。

我听说这个情况，感到情势不妙，马上回复她：“5 月 7 日我遇见明武，与他提及近期找时间去看望先生。前几天在京开会，昨晚刚回家中。您不来此微信，我还不知先生近况如此。今天上午连续参加了两个活动，我拟下午去楚园看望先生和师母。不知能否安排?”她马上回复：“我马上联系。”12 时许，她告知：“刚联系了，中午专家会来跟先生做会诊，之后午休。您看要不稍微晚一点来院里？三点半您方便吗?”我当即回复：“好的，那就三点半来，我约下明武。”

当天下午 3 时多，我与夫人一起到花店买了一大束康乃馨到楚园医院看望先生。杜总和明明等人陪同进了病房，此时先生刚刚午休醒来，头脑仍然清晰，看见我们来了，打了招呼。但说话声音很小，不细心几乎都听不见。我弓着身子听他讲话，问他近况如何，他把右手从床被里伸出来，与我紧紧握着，手掌依然温暖如初，但能明显感受到他的手掌已经不再像过去那么厚实有力了，软绵绵的，似乎生命的能量正在逐渐耗尽。先生眼含热泪，我也强忍着泪水，师徒两人四目相对，一时无语凝噎。夫人见势趋前向先生问好，没想到先生竟然还记得她的名字，让她感动莫名。我也觉得奇怪，夫人陪我拜谒先生的机会并不多，但他竟能清楚地记得弟子眷属的名字，可见他心中不仅装满了学生，也装满了学生的一切。学生们在他的心中永远占据着最重要的位置。

这之后，每天杜总和陈总都会给我发来先生的动态和照片，开始还比较正常，各项身体指标趋于稳定，先生可以下床吃饭，而且从照片上看，五菜一汤，营养丰富，先生胃口不错，吃得很香。但从去世前一天（27日）早9时发的照片看，先生精神状态显然很差，虽然可以起来坐在床边，但面容十分憔悴，看来岁月无情催人老啊。我和夫人看了，心里发紧，祈祷老天保佑先生渡过难关。

5月28日早上8点30分左右，杜总忽然来电话，我心里一惊，心里顿时有种不祥之感。果然是噩耗，杜总来告先生在十几分钟之前平静地走了，此事还未告知师母，大家不知如何对师母开口，担心她老人家接受不了。我为稳妥起见，没急于马上在“桂子章园”群里向各位师兄弟报告此事，决定还是先到现场参与后事办理再说，这是当务之急。于是，马上通知司机备车，处理完公务，与夫人一道迅速赶到楚园医院，到医院时学校校办和近代史研究所的几位年轻同志也已到达，我们几人遂第一时间到病房向先生逐一鞠躬默哀。

此后，马敏师兄、郝芳华校长、南生副校长、陈迪明副书记、校办刘主任、宣传部王部长等人也集体乘车到达，众人向先生的遗体默哀告别。然后再看望问候黄师母。赵凌云书记在新疆出差，听说后马上来电话指示工作。大家一道紧急研究各项后事，一直商量到下午3点多才最后敲定追悼会等各项议程。

5月30日上午，先生的遗体告别仪式在武昌殡仪馆举行，我与夫人怀着沉痛的心情与省市领导、学校的师生、章门弟子以及社会各界近千人，共同送别先生。

看着先生的遗像，想起师母对我提及的先生生前最喜欢用我前几年从先生故乡湖州荻港买回送他的一套茶具品茶，泪水不禁再次夺眶而出。先生晚年思归，常常从故乡来人处的片段信息，勾起对江南故乡的无穷思念，如今先生终于得以魂归故里了……

（作者单位：华中师范大学教育学院）

章开沅：要留风骨在人间

周洪宇

5月28日早上8点33分，泰康楚园杜总忽然打来电话，我心里一惊，想起前几天看望章开沅老师时他身体严重不佳的情形，心里顿时有不祥的预感。果然是噩耗，电话中她告知我老师在十几分钟前平静地走了。

此事还未告知师母，大家不知如何对她开口，担心她老人家接受不了。我决定还是先与夫人到现场参与后事办理再说，这是当务之急。

我们在病房向开沅师逐一鞠躬致哀。看着恩师平静祥和、面颊消瘦的遗容，泪水止不住流了下来。刹那间与开沅师交往的诸多往事一一浮现在眼前。

初识见风骨

初识开沅师是在我入学后不久，我是华中师范大学历史系1977级学生，1978年3月正式入学。

开沅师正式给我们上课大约在1980年前后。在上他的课之前，我们已经知道历史系除了国学大师钱基博、张舜徽等老先生外，还有一位很有名的先生叫章开沅。为了迎接辛亥革命70周年大庆，他受国家委托主编《辛亥革命史》三卷本，后来该书成为全球研究辛亥革命史的第一部综论性大型专著。他那时十分忙碌，常在外地统稿，很少与我们见面。

突然有一天中午，历史系学生宿舍斜对面的教工一食堂门前贴出了一张“声明”，观者云集。大家像炸了锅一样，议论纷纷。写“声明”的人不是别人，正是开沅师。“声明”很快就被人撕了，原意是，希望实事求是地对待“文革”期间他被批判的一篇文章。

而要说起“声明”的起因，还得从“文革”前夕开沅师为《光明日报》所写的文章《不要尽量美化，也不应一笔抹杀——对于李秀成评价问题的一点浅见》说起。文章主张全面客观地看待并评价历史人物，却被借题发挥者认为是折中主义，为此开沅师在“文革”期间多次被批判。后来开沅师虽经有关部门发函宣布平反，但并不彻底，平反函中留有一个尾巴，说开沅师自己也对此“负有一定责任”。

从不苟且的开沅师，就这样以一张公开“声明”的方式，在与我们1977级学生见面之前，给大家脑海中留下了敢于发声、毫不妥协的“硬汉”形象。

终于等到他给我们上辛亥革命专题课，而我正好是历史课代表，需要当好学生与老师沟通的桥梁，必须经常请教他。在我的想象中，他一定是脾气火爆、不苟言笑的一个人，可接触下来却发现他对学生既和蔼、温和，又十分爱护。

久而久之，我发现他不只对所有学生，对教职工也是如此。他后来担任华中师范大学校长，依然每天早上亲自买早点，路上遇见了教职工总是嘘寒问暖。他像爱学生一样，关心爱护青年教师，不仅让他们从筒子楼搬进了教师公寓，还从思想、工作、生活、待遇等各方面关爱有加。

华中师大坐落于桂子山。原来桂子山是一座光秃秃的山，华中师大从老城区昙华林旧址迁移至此，种下大量桂子树，才有了今日的桂花香飘校园。负责后勤的绿化组中有一位叫姚水印的老师傅，一辈子给华中师大做园林绿化工作。开沅师曾在全校师生面前公开表彰并号召大家向姚师傅学习，学习他“一辈子踏实做一件事”的精神。逢年过节，他还不时前去探望、慰问姚师傅。

没有任何官员架子、学者架子、校长架子，实际接触过后的开沅师与我们最初的印象大相径庭。

为了栽培后生拍了桌子

本科毕业之前，我和同班两位同学——马敏、朱英约好，一同报考章先生的硕士。我们三名男生年纪相仿，都对近代史特别是辛亥革命史非常感兴趣，平日刻苦勤奋，因此被同学们戏称为“三驾马车”。当我们提出报考开沅师的硕士时，他十分欣喜，并热情地欢迎我们报考。但那一年，我因考研外语差几分未能如愿。懊恼之际，他安慰我说，不要紧，明年再来。

紧接着就是大学毕业分配。因成绩还算不错，表现尚可，按当时的惯例，我留在本系工作的可能性较大，教历史教学法的周老师也希望我留系与她一道工作，并向系领导提出此建议。谁想，因我考研选择了开沅师，无意中得罪了同系另一位老师，据说他因指导我大三课程论文也欣赏我，而他又恰好在毕业生分配问题上有话语权，因此，我虽被留校，却无缘留在本系，而分配到学校新成立的教育科学研究所工作，被踢出了史学大门。

当时，我还是二十来岁的小年轻，不懂得复杂的人事之争，也不似今天有跨学科的观念，认为学了历史就要从事历史研究，离开历史系就与历史研究无缘，在相当长一段时间心情难以平复，有一段时间很苦闷、很彷徨，不知未来前途何在。

后来好几位老师跟我说，开沅师为了我留系的事，在院办公室当着这位老师的面“拍了桌子”。

这是后话。当时我感到有负开沅师厚爱，加上次年开沅师担任校长，我就更不好意思再叨扰他。而那时学校接到湖南教育出版社关于编辑出版《陶行知全集》的约稿，刚刚大学毕业的我接手了这一重任。

然而，我的心中一刻都没有停止继续报考开沅师研究生的念头，教科所的领导们也都知晓并鼓励我报考。可工作两年后，《陶行知全集》也即将编完，等来的却是章先生只招博士、停招硕士的消息，我再一次感到无望，便在教科所老师建议下，攻读了本所研究生，成为国内第一位做陶行知研究的教育学硕士。

我的研究逐渐引起了陶行知弟子的关注。1987 年，时任中央教科所所长、陶行知弟子张健来到湖北，我陪同他去见开沅师。陶行知也是开沅师心中的楷模，他曾说，“我有两个榜样，一个是蔡元培，一个是陶行知”。张健向开沅师极力推荐我，希望他把我培养成中国第一个研究陶行知的博士。开沅师一听就笑了，“洪宇本来就是我的学生，过去当历史课代表常来我家，只是近几年他不来找我，接触少了”。他鼓励我，明年硕士研究生毕业，来报考他的博士生。

开沅师的这番话给了我极大的温暖，要知道每年报考他的博士生挤破了门框，北大、复旦、南大、武大、中大、川大等名校高才生数不胜数，我一名中途改道的学生，有何资格再入他的门下？当天晚上，我给他写了一封长信，表达了曾辜负他厚望之意，又把这几年的学习、工作、想法跟他做了详细汇报。

备考前，我心里没底，问开沅师考试需要做何准备，他只是一笑而已。及至我来到了复试现场，开沅师问了我一个问题：“我刚看到你在《理论导报》上写了篇文章。这篇文章提出一个观点，要注意培养理论工作者的主体意识。那你就说说什么是理论工作者的主体意识吧。”我当时一惊，《理论导报》只是省属小报，开沅师怎么会看到我的这篇不起眼的文章。理了理思路，我从理论工作者的自身主体性、研究选题的主体性以及研究过程中的主体性等方面做了系统阐述。开沅师微笑着说“不错”，在场的老师们也都笑了。虽然我不明白大家笑是何意，但最终投入了他门下，圆了多年梦想。

在开沅师的指导下，我继续从事陶行知研究，后经他和张健亲自写推荐信，我 2000 年得以赴哥伦比亚大学做高级访问学者。至今我已先后出版了 20 多本陶行知研究中英文论著，并在此基础上向教育史学科拓展，开辟了教育活动史这一新领域，构建了教育思想史、教育制度史与教育活动史“三分天下”的教育史学科新格局。特别荣幸的是，我还在开沅师之后接任过中国陶行知研究会常务副会长，总算在这个小领域接上了班。

在开沅师的带领下，如今章门弟子已成为史学界公认的，少有能自成学派的学术群体。马敏先后担任华中师大校长、党委书记，朱英出任近代史研究所所长，桑兵现为浙江大学资深教授，王奇生是唯一一名本硕博都不是北大毕业的北大历史系系主任。学术界、教育界、政界乃至企业界的优秀同门不胜枚举。

请辞文科资深教授

大众对开沅师的一个深刻印象是，国内请辞资深教授第一人。

那时，我已经在省里工作，记得在一次会上遇到开沅师，他谈到，学术界有一股争名逐利之风，包括一些名家、院士，似乎有三头六臂，什么都去插一脚。像我们这样的老学者，更应该带头做好榜样。“我正在考虑要不要辞去资深教授头衔。”

文科资深教授相当于理工科的院士，是一所高校的王牌，于公、于私大家都不希望他请辞资深教授，便总是“搪塞”他，连我也被学校拉去做他的工作。可是，开沅师的态度很坚决，发展到后来，他无论在哪个场合都要表明请辞立场。

开沅师曾对时任华中师大党委书记的马敏说：“不管你们同不同意，我都要宣布辞职。”为此，他还专门写了一篇文章。他总觉得，既然不在其位，就没有必要浪费国家的钱。“如果大家都不搞，那我就来带这个头。”

我后来逐渐明白了他的举动，不是从个人考虑，而是希望以身作则、率先垂范。这也正是他时常倡导的“敢为天下先”精神的体现。

外界只看到他请辞资深教授一事，很多人并不知道，其实他还主动辞去大学校长、全国政协委员、国务院学位委员会历史学科召集人这些关乎学校学科发展以及学校历史学在全国地位的头衔。

宣布辞去校长之时，他深感自己不能“天天忙着去救火”。他在校长之位上为国家服务了 8 年，但骨子里却是一名地地道道的学者。这从他 1983 年当上校长第一天，就可见一斑。当校长，对他来说是“偶然”事件。

在那之前，他的最高职位是华中师大历史系近代史教研室主任，尚未入党。上世纪 80 年代的校长任命采取选举民意制。校内民意测评第一名是他，校内投票第一名又是他，而且他当时五十来岁，正值年富力强，教育部自然就任命他为校长。就这样，他从一名普通的教研室主任跃升为一校之长，直到现在也再无第二人。

上任前，他曾要求一周至少有两天时间从事学术工作，但后来当上校长，却发现根本难以实现。他有一句名言："宁可站着倒下去，也不躺着混下去。"这也是他校长工作认真负责的写照。

但他的内心，始终向往学术。我们在给他整理《回归大学之道——章开沅口述史》时，他一直在呼唤两个回归——回归大学主体、回归教育本质。他在校长之位坚守 8 年之久，其间不时有哈佛大学、耶鲁大学、普林斯顿大学等名校邀请开沅师去做访问学者或请他讲学，他也渴望有机会把自己的学问系统地整理一下，索性就将头衔辞了个干净。

这些经历与他请辞资深教授的逻辑是一脉相承的，都充分体现了他的价值观。一直以来，他都是一名有正义感、使命感、责任感的学者，用实际行动诠释了"治学不为媚时语，独寻真知启后人"的格言。他是一名真正的好学者、好老师、好校长，真正的"大先生"。

（作者单位：华中师范大学教育学院）

怀念恩师章开沅先生

王玉德

2021年5月28日，95岁的章开沅先生永远离开了我们!

早在1978年初，我到华中师院历史系读本科，就知道了开沅先生的大名，并开始崇敬他。有一次他在讲座时，幽默地说："小时候算命先生说我只有48岁的寿命，现在我活一天就赚一天啦!"言谈中，充满了对生活的乐观与性格的大气。也许是老天的恩眷，让开沅先生活了48岁的一倍，在"九五"之尊时离开了人世。

开沅先生是一个很不平凡的人。他的口才好，他演讲总是妙趣横生；他的文笔好，每篇文章都很耐读；他的思想深刻，总有引领风气的见解；他的领导能力很强，在担任华中师大校长时把学校推上了一个新台阶；他的口碑极好，不论在武汉，在北京，在海外，在人前人后，都听到众口一词地对他有好评。他一生很少生病，更没患过大病，直到他去世，亦是安详平和地去往另一个世界。

开沅先生是华中师大的老师。百余年的华师历史之中，他是工作年限最长的老师。从1951年到2021年从来没有离开过华师，在长达70年的时间里，他教过成千上万的学生，其中不乏优秀学生。

开沅先生是史学家。他在辛亥革命史、教会大学史、南京大屠杀文献、史学理论与方法、近代化史等诸多领域都有开创性的贡献，有经典性的著作传世。他培养了一批批史学新秀，使华师历史系成了中国史研究的重镇，他拓展的史学领域引起世人瞩目。

开沅先生是教育家。他不仅是一名杰出的校长，还不断推介近代以来的教育家，发表教育史的著述，并对中国高等学校的教育改革经常发表震撼人心的观点。

开沅先生是社会活动家。他提出史学要参与到社会，在社会上发声。他经常出席社会上的各种文化活动，抨击时弊，疾恶如仇；他力倡新风，大到职务终身制，小到制作假证书，他都有批评的声音。

开沅先生是世界性的学者。他不仅多次到我国的台湾、香港讲学，还到日本、美国等国讲学，他的每次讲学都是高水平的，被耶鲁大学等名校聘为客座教授。

我从本科生到后来留校任教，一直对开沅先生无比崇敬，把他视为父亲般的恩师。使我感恩不已的是，他接纳我做了一名博士生，使我添列章氏门墙。然而，我是个不称职的学生，对开沅先生总是充满愧意。此时此刻，开沅先生对我的每一个眼神，每一次谈话，每一次接触，跃上心头，难以忘怀。

开沅先生是华中师大百年罕见的名师，是当代史学的硕儒，是知识分子心中的泰山北斗。他是普通的人，又是伟大的人。他已经去世，但他永远活在我们心中。他是永不逝去的星辰，供人景仰，并照耀着当下与后世。

（作者单位：华中师范大学历史文化学院）

犹忆桂子山上花开时

何建明

每年秋天，桂子山上的桂花芳香四溢，每一位走在桂子山上的人都会感受到桂花送来的一缕缕温馨与关爱，每一位到过桂子山的人都会长久地思念那桂花的温馨和关爱所留下的不泯的记忆。

可是，现在的武汉还没有等到秋天，没有桂花开放，只有阴雨绵绵。

5 月 28 日早上，先是卓恩微信告知章先生早上遽归道山，一会儿，马敏老师在桂子章园微信群中正式发布了章师逝世的消息。我和太太刘青很是震惊和悲伤。这一年多从桂子章园微信群发布的章师在楚园出席活动的一些照片来看，他的神态确实不如 2019 年 1 月 20 日我和刘青赴法国前回武汉专程看望他时见到的音容笑貌了。他坐在轮椅上的样子，让人倍感怜惜。他曾对我多次说过，老人能不坐轮椅就尽量不要坐，坐上去就很难下来了，表示他会坚持到最后。不过，两周前，我做了一个梦，梦到他和师母黄老师与我们一家人说笑的情景。没有想到，两周后这梦是反着的预兆。奇生来电话说，马老师通知两天后举行告别仪式，于是我们与虞和平老师相约 29 日晚上乘北京至武昌的火车，去送我们的恩师最后一程。在回汉的火车上，我们三人都分别回顾了章老师生前留给我们的一些深刻印象，缅怀恩师多年来对我们的谆谆教诲。师恩难忘！

我是在那个特殊的年月由我在武汉大学的恩师萧箑父教授亲自打电话推荐来到华中师范大学追随章先生的。此前虽然我早知他的名声，但因专业不同而并不知其人。1987 年春季学期我每周两次陪萧箑父老师到华师 7 号教学楼上课，当时萧师应华师政法学院的邀请为该院哲学专业的研究生开设中国哲学史专题研究课程，我与另两位同门每周都要陪同萧师从武汉大学一起乘车来到华师课堂，一边听课，一边录音（然后记录和整理萧师的讲稿）。记得有一次，我和萧师刚一走出 7 号教学楼，就看见一位戴着墨镜、中等微胖身材的学者正经过教学楼前。他发现了萧师走出来，便热情地跟萧师打招呼：“萧老师，你每周来为我们的学生上课，真是辛苦你了！”“开沅，你客气了，这是我们都应该做的。”我这才知道面前的这位就是鼎鼎大名的章开沅校长。从他们的寒暄，就知道是老朋友会面。后来我才知道，章师在当校长期间，经常会抽出时间亲自到校园各处察看，以便及时了解学校的情况。但是，那次章师戴着墨镜，讲话声音洪亮，让我这个还没有多少社会阅历的青年学生觉得他气度非凡，心生敬畏。

来到当时的华师历史研究所以后，因章师还在校长任上，校务繁杂，亲自参加研究所的活动并不多，后来他又去了美国，直到 1994 年年初他从美国、日本和中国台湾地区相继讲学回来，我和王奇生、余子侠等才正式拜师名下，成为他的博士研究生。也是在他完全脱离了之前的各种行政事务而专心于教学和研究之后，我们之间才有了逐渐加深的师生交谊。

奇生在纪念章师八十大寿的文章中说到章师当时没有给我们几个博士生开设专门的课程，只是偶尔做个讲座，这应该是他的误忆。1994 年 9 月开学的那届五位博士生，是章先生招收博士生最多的一届。他专门给我们开设了一门研究课程，课程的名称我已经忘了，每次他都引导我们探讨一个问题，尤其是着重介绍他这几年在美国、日本和中国台湾地区讲学和参与国际学术交流的一些经验和学术前沿问题，也请一些来访的国外和海外学者为我们做讲座。给我印象最深刻的，是一次上课的时候，他告诉我们：“昨天晚上接到省社科联书记打来的电话，请我这个社科联主席今天务必去参加一个会议，电话里说这样的会议本来不多，也约好了上边的领导参加，但是被我拒绝了。他们通知我太晚了，我是个教师，教学是我的天职，社科联主席是我的兼职，我不能不管教学临时去开会。”他说话时的那种坚定和从容，至今让我记忆犹新，也一直影响着我认真地坚守着每一次的课堂教学。我也一直要求着我的每一届研究生走上教学岗位后，应当以他们的师公为榜样，认真准备和讲好每一次课。

之前曾听年长一轮的同门师友说过，章先生对自己的学生要求非常严格，大多数学生都很敬畏他。可能是我和奇生拜师名下时，章先生已年近七旬，我们与他之间年龄差距比较大，所以他对待我们更多的是体贴、鼓励和关爱。约在 1998 年夏季，我陪他带着原中国内地会负责人戴德生的孙子小戴德生去九江市庐山图书馆，访寻中国内地会和近代来华传教士在庐山上的遗迹。当时庐山宾馆是庐山上唯一的高级宾馆，如果不是因为陪同英国客人来庐山，一向俭朴的章先生多半不会要求我们与英国客人一样住进这么贵的宾馆里。实际上，为了节省，他要我与他住同一个标准间里。我以前虽然也经常出差，但未曾住过这么好的宾馆。晚上，章先生教我如何使用宾馆的沐浴设备，避免淋浴时水溅出来。他说他入睡很快，就是容易打鼾，因此，特意让我先睡，他到外边先转一下，等我睡着了他再进来。他是怕因打鼾影响我入睡。我第二天早上七点钟左右起床时，发现他已经到外边散步去了。一会儿他回来，才开始洗漱。我知道他是早上起床时怕影响我还在睡觉，没有洗漱就先外出了。这次我陪他到庐山旅行，时间虽然短暂，但是亲身感受到他对我的体贴入微，不仅使我深受感动，也使我真正认识到与他人相处之道，最重要的是能够理解他人、谦让和照顾他人。

我来华师历史研究所工作前，一直在武汉大学哲学系学习哲学，硕士研究生是跟随萧箑父、唐明邦、李德永三教授研究中国哲学史。学哲学的人通常只重视思想史料，不大重视社会、经济、政治、文化和其他方面的大量史料，也不知道如何搜集各种史料。来华师后，我看到各位师友都在近代史学领域卓有成就，一直有些担心能否待得下去。我后来选择做近现代佛教史的研究，在研究所各位师友的帮助下，开始到各地搜集档案、报刊和文史资料。有一次我陪章先生出差，谈到我研究近现代佛教史的一些情况和想法，他说这个路子是对的，任何历史事件的发生和演变，都有各种复杂的因素，研究者既要抓住主要的因素，也要考虑到相关的其他各种因素，这样才能使研究的问题思考得更加深入。他还鼓励我说，各学科之间的界限都是人为造成的，借鉴其他学科的方法或是进行跨学科的研究，更容易发现新的问题，使研究的领域突破固有的局限，也会使更多的人关注到这一领域的研究。当时研究马克思主义哲学的王宏维老师也在历史研究所工作，仍然潜心研究马克思主义哲学。章先生说，我们的历史研究所，虽然重点是在近现代史研究领域，但是，我们不能仅限于近现代史的研究，应当鼓励和借鉴哲学、宗教学等多学科的研究，这样才能推动史学研究迈向新台阶。他举了一些欧美学者的例子，说许多著名学者其实都是在进行多学科的大史学研究。这次谈话，使我触动很大。我不仅体会到章先生学术视野之开阔，更深刻地感受到他对学术的理解完全超出了学科的界限，从传统的史学认识进入一种大史学的观念。这使我想起马克思关于“一切科学，都是历史科学”的论述以及法国年鉴学派马克·布洛赫说过的话：“如果没有历史学——也就是说，如果仅仅简单地从现在的状况去对人类进行思考，社会科学就不完整。只有历史学才能为我们提供理解各个时期的社会进程和社会制度如何发挥作用所需要的认识能力。”这些都是说无论是哲学研究、宗教学研究还是其他人文社会科学研究，都离不开历史的研究。同时，我们也可以倒过来说，如果不具备现代各学科的视野，自觉地借助现代人文学科和社会科学的理论和方法，我们的历史研究可能难免存在缺陷，也很难发展到一个更高的水平。

可能也正是他具有多学科的视野，非常重视哲学等其他人文社会科学领域的研究成果，因而结交了像著名哲学史家，已故武汉大学哲学系萧箑父教授这样的挚友。我曾听萧先生说，他与章先生都是上个世纪 50 年代末 60 年代初武汉地区比较活跃的年轻学者，1961 年章先生受有关方面的委托参与筹办纪念辛亥革命 50 周年的全国性学术研讨会，而萧先生也受当时武汉大学校长李达教授的委托参与筹办纪念王船山（1619—1692）逝世 270 周年的全国性学术研讨会。那时全国性的重要学术会议还不多见，这两个会议分别邀请了全国史学界和哲学史界许多著名学者参加，在学术界影响很大。他们都分别在这两次全国性的学术研讨会上发表了多篇重要学术论文而受到学术界的高度评价。也正是这两次学术活动，使他们俩彼此有一种惺惺相惜之感，也因此结成了终生的友谊。在后来的历次政治运动中，他们虽然都受到不同程度的冲击和批判，但是他们都相互关心、相互扶持。

我来华师历史所工作和师从章先生后，每次回珞珈山看望萧先生，萧先生都要向我打听章先生的最新消息并要我代他向章先生问好，总是一再告诫我要多向章先生请教，好好地向历史所其他老师学习。萧先生年长章先生三岁，章先生不仅尊称萧先生为学长，更在公开场合称呼萧先生为“萧老师”或“萧先生”。我陪章老师出差到外地，他总是向别人介绍我“是武汉大学萧箑父教授的学生，现在是我的同事”。我知道这是他故意过谦的话，是他对老友萧先生的尊重。萧先生去世后，他很悲痛，称之为当代中国的“学殇”。萧先生的家乡四川乐山市在乐山大佛附近建立了萧箑父教授纪念馆，他知道后甚为欣慰，并为纪念馆开馆接受专门采访，高度评价萧先生一生为人为学为师的杰出成就和不朽的人格魅力。当他得知我与几位萧门学生发起每年定期在乐山萧箑父教授纪念馆轮流举办纪念性的学术研讨会，并邀请我们的学生积极参加时，他非常赞赏，认为这是继承学术传统、纪念萧老师的最有意义的方式。

进入21世纪以后，年近八旬的萧箑父老师身体明显变弱，极少出门参加学术活动。章先生有一次向我问起萧先生的情况，我如实以答，他感叹已经几年没有见到萧先生了。我于是决定利用教师节的机会，邀请二老在一起茶叙。这就是2001年教师节他们二位在华师历史所见面畅叙的缘起。二老的会面安排得非常简朴，只有彼此都熟知的几个学生后辈陪同，正值桂子山上桂花飘香之时，一向喜欢鲜花的萧先生和师母来到被桂花簇拥的华师近代史研究所，一定会感受到桂子山人的深情厚谊。萧先生是带着师母卢文筠教授在郭齐勇教授和许苏民教授的陪同下从武汉大学乘车来到华师历史所的，章先生和马敏老师在历史所热情地迎接他们。萧先生已拄了拐杖，章先生则显得年轻很多，他们相见甚欢，有谈不完的话。不过，他们不是在叙旧，而是谈论当前学术界的情况，交流各自的看法，真是“英雄所见略同”。其他各位也偶尔插话，发表看法，不时爆发阵阵笑声。当时，全国各大学和科研机构的研究条件还非常有限，通常都是好多位共用一间办公室，华师近代史所因成为教育部百所人文社会科学重点研究基地之一而为每位研究人员配备了独立的工作室，萧先生很是羡慕，说他这一辈子都没有过自己的办公室，特别与师母到我的办公室参观，并合影留念。他也因此赞扬章先生带领的华师近代史研究团队多年来为中国近现代史研究所作出的卓越贡献，所以才换来了这个科研条件。在晚餐时，二老仍有说不完的话。他们都是性情中人，也都是美食家。他们一边品尝着菜肴的美味，一边交流着学术的热点，给我们几位上了一堂十分生动又十分有趣味的课。

上个世纪50年代初期，华师从昙华林迁入如今的桂子山之前，山上布满了坟茔，被称作鬼子山。章先生是改变鬼子山、建设桂子山的首批耕耘者和奉献者。他和他的同事们经过半个多世纪的艰苦努力，使如今的桂子山成为闻名全国的最大桂花生长园地。我相信，人们在欣赏和品味桂子山上的桂花芬芳之时，一定会想念起那些曾经种植和呵护桂花嫩苗的先驱者，感恩他们的辛劳和奉献！

章老师，我们永远想念您！

（作者单位：中国人民大学哲学院）

不逝的先生　永远的校长

彭南生

敬爱的章开沅先生永远地离开我们了。举校同悲，学界同泣！他的逝世是我国史学界、教育界的重大损失，国内学术界少了一位睿智的思想者。

一

2021 年 5 月 28 日一大早，我在赶往洪山宾馆参会的路上，8 点 25 分，手机不停地震动，一看屏显，是马敏老师打来的电话，我急忙打开接听，他悲伤地告知我，章先生今天早上 8 点 15 分走了。听到这个噩耗，我不敢也不愿相信，太突然了！这才一个多月，记得 4 月 2 日去探望先生时，先生的精神与气色俱佳，面色红润，双眼有神，那温暖而有力的双手、那清晰与兴奋的回忆，让我觉得章先生很快就可以康复回家了。无论是在校内还是在校外，学界同仁与章门弟子关切地问起先生的健康状况时，我总是信心满满地说，先生很好，应能冲刺一百岁，这也是发自学生内心的愿望啊！此前两天，我访问澳门大学，拜见文学院院长徐杰教授和近代史学界茅海建、王笛两位学长，他们也问及章先生近况，我也同样乐观地予以答复。但是，天不遂人愿，先生突然驾鹤西游，他没能目睹自传的出版，他多么想回到他奉献了一辈子、“一生最欢喜学生”所在的学校，哪怕冥冥之中有所预感，他也想回家小住两天。但是，这一切都来不及了！

上午 11 点，我与郝芳华校长、马敏所长以及校办刘宏达、宣传部王长华、老干处何小红等有关人员一道，前往楚园送别章先生，看望黄老师，并商量章先生后事安排。到达楚园后，在工作人员的引导下，我们来到了先生生前居住的房间。看到章先生像睡熟了一样躺在床上，面容十分安详，我与先期来到楚园的湖北省人大常委会副主任周洪宇教授肃立床边，一起向先生行三鞠躬礼。想到先生再也不会醒来，再也听不到他的谆谆教诲，我的泪水盈满眼眶，禁不住潸然而下。随后，殡仪馆工作人员为章先生举行了庄重的告别仪式，我们鞠躬护送载着章先生遗体的灵车启程，渐行渐远，章先生一路走好!

接着，我们回到楚园会议室与先生的大女儿章明明商议先生的后事安排，并决定于30日上午8点半在武昌殡仪馆天元厅举行遗体告别仪式，同时在华中师范大学国际文化园区逸夫楼一楼设立灵堂，接受社会各界悼念，在博雅广场上章先生亲笔题写的博雅石旁设立追思点，供校内师生追思怀念。

二

4月2日下午，清明节前，天气乍暖还寒，天空中飘着小雨。我和马敏所长以及近代史所几位年轻同事徐炳三、刘莉，山东大学博士后张晓宇(本所博士毕业生，其时正在整理章氏家族文献资料）等，分乘两辆车前往泰康之家楚园看望章先生。约三四十分钟车程，我们到达了位于严西湖畔的楚园门口，办好必要的入园手续后，工作人员带领我们来到一间公共接待室，在这里，我们等候了大约半小时，章先生、黄老师坐着轮椅，由工作人员推着从宿舍楼来到接待室。我和马老师立即迎上前去，章先生伸出手来先后与我们握了握。感到先生的手温暖有力，看到章先生气色正，精神好，我感到十分欣慰。落座后，同行的张晓宇博士捧出刚刚辑录成册的章维藩信函，并简要地进行了介绍。谈到章维藩任宣城县令时，张晓宇说，过去多以为是贬任，其实宣城县令是一个肥缺，谈不上是贬任。章先生不时插话，补充一些文献上没有的记载。谈到章世恩（章维藩堂弟）时，章先生动情地回忆起了这段往事，他说，章世恩之子章兆春毕业于日本陆军大学，可惜抗战时期被误作为汉奸而活活烧死。随后，同行的刘莉拿出一张放大的老照片，黄老师看到这张照片时，脸上挂满了笑意，立刻沉浸在对往事的回忆中。

这是一张摄于2007年的章先生与黄老师的合影照。章先生穿着笔挺的西服，打着领带，黄老师则穿着一身特制的礼服。黄老师一看到这张老照片就滔滔不绝地说，当时她陪同章先生访问日本创价大学，受到了隆重的礼遇，创价大学的离任校长、接任校长和该校女子短期大学校长热情接待了先生夫妇，黄老师还被授予创价女子短期大学“最高荣誉奖”！多数礼仪场合自然是章先生演讲，但在接受女子短期大学授予黄老师荣誉奖仪式结束后，面对场外欢迎的师生，主持人热情地邀请黄老师讲话。在主持人看来，这是对获奖人的至高礼遇，但黄老师却对突如其来的礼遇有些“受惊吓”，不过教师出身的她很快镇定下来，理了理思路，便围绕女性在社会和家庭中的自主、自立、自强和女性对社会的贡献侃侃而谈，场外师生热烈鼓掌。章先生在一旁静静地听着，不时插话补充，听完了还发表感想说，黄老师平时柔弱，讲话不多，但那个讲话给所有在场的人一个惊喜。听得出来，两位相濡以沫、相敬如宾数十载的老人回忆起那段往事时的幸福与自豪！

那天先生兴致很高，聊着聊着，时间到了4点半，为了不打扰先生休息，我们一行提出告辞。临行时祝章先生、黄老师多多保重！早日康复！万万没有想到，这是最后一次见到章先生，这一别竟是永别！

三

我认识章先生是从入学后的一次学术报告会开始的，从此便与章先生结下了不解之缘，并幸运地入室章门，成为一名博士生。

1981年9月，我迈进了梦寐已久的大学校门，成为华中师范学院历史系的一名新生。这一年适逢辛亥革命爆发七十周年，10月12日至15日在东湖宾馆举行了纪念辛亥革命七十周年学术研讨会。会议间隙，章先生回到学校，在6102教室为全系师生作了一场学术报告，他围绕辛亥革命史的研究现状，结合研讨会的盛况，娓娓道来。40多年过去了，当时的情景仍历历在目，仿佛如昨日。作为一名大一新生，我当时不知“研究”为何物，因此，对先生介绍的会议新观点和辛亥革命研究今后应如何发展，印象并不深刻，倒是先生穿插的一些会议花絮以及他与知名学者私下交流的故事特别有趣。令人难忘的是，那场学术报告会的现场气氛使我这个刚踏入史学之门的后生深感震撼：一是6102教室坐得满满当当，连过道上都坐满了人，窗外和门口也挤满了人，可以说是水泄不通。当时历史系从1977级到1981级共有五个年级，加在一起不到300人，可见有一些外系的同学也来“蹭”了这场报告会，我们八一级是刚进校不久的最低年级，当时带着小板凳坐在过道上。二是章先生与张舜徽先生的同时出场，张先生赶来听章先生的学术报告，当张先生走进教室时，章先生热情地迎上前去，两双手紧紧地握有一起。全场响起了热烈的掌声，我们也跟着鼓掌。事后从高年级同学处得知，两位先生均是著名历史学家，张先生对“历史文献学”这门新的学科创建立下了汗马功劳，章先生是蜚声海内外的辛亥革命史研究专家。两位先生不仅是历史系，也是当时华中师范学院为数不多的著名教授。三是章先生口若悬河、幽默风趣的报告语言，一个多小时报告，他没有任何文字演讲稿，而是即兴演讲，信手拈来，加上他那极具穿透力的磁性男中音，给听众以莫大的享受。对这一点，凡是听过他演讲的华师学子无不佩服得五体投地。后来，聆听先生多场学术报告，或私下与他交流，发现章先生不仅记忆力超强，而且是一位从具象到抽象的演讲高手，他善于从具体的事例入手，从细节中引申自己的观点，抽象出一般结论。记得在一次学术报告会上，章先生讲到他与台湾同行之间的交流，与秦孝仪初次见面寒暄时，秦孝仪先生对章先生说，浙江人杰地灵，近代名人辈出，并举出陈其美、陈立夫、陈果夫、朱家骅、戴季陶等人为证。章先生马上机智地回应说，还是湖南更胜一筹，群星灿烂，出了毛泽东、刘少奇、彭德怀等。秦先生是湖南人，章先生是浙江人，国民党内许多高官出自浙江，共产党早期高干则多来自湖南，看似礼貌性的寒暄，实则蕴含着两位大家不同的观点，不仅各自表达了对国民党史和共产党史的不同看法，也包含了对中国近现代史的不同评价。在两岸关系尚未完全解冻的年代，这何尝不是一场政治交锋呢？后来，先生到台湾政治大学短期任教，第一次公开讲座就吸引了不少学生，其中有一位来自高雄的副教授，先生一看那场面，调侃道，各位大概是想看看共产党长什么样子吧，我就是共产党员，“中共”可怕吗？逗得台下哈哈大笑。还有一次，我陪同章先生前往浙江，在谈到他是如何处理大学校长与书记的关系时，他说，他与高原书记配合默契，可惜，搭班子时间不长。书记空缺了一段时间，由党委副书记李开蕊主持工作，他风趣地说，校长是开沅，如果书记是“节流”，“我开源，你(李)节流，该多好呀!”先生没有深论大学校长、书记之间的密切合作，却以开源节流形容他理想之中的大学书记、校长之间的良好合作关系。

我和章先生近距离接触，是在读大学三年级上学期。1983年下半年，时值冬季，其时，我担任8101班班长，与团支部一道组织一次特殊的班会活动，为将满20岁的同学集体过一次生日。为了使集体生日过得更有意义，更加难忘，不知是谁出了这么一个主意，邀请章先生与我们一起过生日，但能否请到章先生，没有把握。抱着试一试的想法，我和时任团支部书记杜芳同学一起，受同学们委托到章先生家里请章先生。记得当时我们带着一份活动纪念品，好像是一幅普通的附有年历的印制画，小心翼翼地敲开章先生的家门，开门的正是章先生。当时的紧张与忐忑不安难以形容，事先想好的话也忘了，还是杜芳同学冷静，说明了来意，介绍了活动安排，特别说明活动组织者请家长给20岁的同学写了一封信，并且已经收到了多位家长的回信。同时，表达了同学们的热切期盼，希望章先生出席我们的活动。没想到，章先生答应了我们的邀请，我一时竟激动得手足无措，难以言状。

现在想起来，当时真是无畏无惧，邀请一位蜚声中外的历史学家参加一次普通的班会活动，即使在今天，也是不敢想象的。我们不仅当面邀请了章先生，而且章先生还成全了我们的邀请，这是章先生“一生最欢喜学生”的真实写照！活动当晚，章先生如约来到1204教室，全班同学围成一圈，章先生坐在我们中间，与我们一道静静地、认真地听着每一位家长写给自己孩子的信，这些信件不仅写满了父母对子女生日的祝福，而且满载着父母对孩子们的殷殷嘱托。每一位同学听后都十分感动，而且深受教育。活动的最后，是同学们最盼望的章先生讲话。原以为像先生这样的大学者，一定会告诫我们如何珍惜大好时光，刻苦学习，报效祖国。但是，先生却没有讲那些说教式的大话，而是讲起了他20岁前的艰难岁月。那时，神州大地刚刚经历日寇蹂躏，又陷入内战烽火，山河破碎，民不聊生，学生也难以静下心来读书。抗战时期，先生曾在川江上当过船工，抄过公文，并准备投笔从戎，奔赴抗日前线，未及亲上战场，日本人就投降了。他风趣地说，我是一个没打过仗的抗战老兵，哪知道日本这么不经打，没能扛枪上过前线。1946年，先生正好20岁，他进入金陵大学，为追求革命，未能完成学业即进入中原解放区，任教于中原大学，并随刘邓大军南下武汉。此后，他就与华师结缘一辈子，从华中高等师范专科学校到华中师范学院再到华中师范大学。他语带辛酸地说，自己从小身弱多病，大人都说可能活不到20岁，可我活到现在，够本了，赚多了。他说自己青年时代的理想是做一名诗人，那时他的专业思想并不牢固，他向往革命，憧憬革命，曾辍学参加革命，并服从革命的安排进入华中师范学院教书，当时许多学生都比他年长。突然，他话锋一转，说历史学者并非苦行僧，也不是不食人间烟火，也有爱情、有家庭、有天伦之乐，他就在华中师范学院历史系获得了美满的爱情与家庭。大学四年里，我组织、参与的活动很多，但这次活动却终生难忘，至今回想起来，仍然历历在目！我大学毕业后能够走上中国近代史的教学与研究道路，并终生以此为职业，不能不说与先生的影响密切相关。章先生给本科生上课的机会自然不多，我记得先生曾给1979级学生开设辛亥革命史研究的选修课，与我们1981级的1204（后来编号改为1208，现在编号为215）教室一墙之隔，当时颇为羡慕，心想等到高年级时，我们也能聆听先生的选修课。因此，在大三选修专业课时，我不仅选修了辛亥革命史，同时还选修了晚清立宪派研究、民国政党史、中国近代经济史等课程，虽然没有如愿以偿地盼到章先生给我们开课，但主讲老师也都是当时国内各有专攻的知名学者如刘望龄、董方奎、戴绪恭、孙玉华等先生，这些课程进一步开阔了我的视野，也促使我对中国近代史上的某些问题产生了一些肤浅的想法，并打定主意以中国近现代史作为自己的主攻方向。

四

四年时光如白驹过隙，大学毕业后，我以一个本科生的身份留校任教，并被安排在中国近代史教研室。那时，华师从事中国近代史研究的，还有历史所的多位老师，从行政关系上讲，历史系与历史所是两个不同的单位，历史系内的中国近代史教研室以教学为主，负责本科生的教学工作；历史所则主要招收研究生，以研究工作为重。那时的年轻教师没有科研压力，主要任务是站稳三尺讲台，跟随老教师听课、当助教。我当时跟随 1984 级本科生一起听董方奎老师讲授中国近代史，并担任助教。此外，我还被安排了另一项光荣任务，兼任学生辅导员，成天与学生泡在一起，住在学生宿舍，吃在学生食堂，与学生一起打篮球，玩得不亦乐乎，压根儿就没打算报考研究生。当然，学校给了我另一种希望，当时的领导告诉我，如果学生工作出色，可以免试攻读硕士研究生，有了这份承诺，我更加忘我地投入辅导员工作中。

但事与愿违，我没有得到免试攻读研究生的机会，学校的解释是无此先例。我也并不介意是否考试，但希望把我从辅导员岗位上“解放”出来，让我专心备考。组织上满足了我的这个要求，于是在兼任一年半的学生辅导员后，我正式归队，并在当年顺利地通过了硕士研究生考试。记得那个时候，章先生刚担任校长不久，校务繁忙，已经不招收硕士生了，当年招生的导师是刘望龄教授，后来，历史系董方奎、苏中立老师均获得了硕士生导师资格，因此，入学后，我们那一届硕士生（中国近现代史专业只有我和邹进文，现中南财经政法大学副校长）虽“挂名”刘望龄教授，但实际导师是董方奎、苏中立。

硕士毕业后，我并未立即报考博士研究生。一方面我觉得攻读博士学位十分神圣，另一方面也深感个人基础不牢，积累不够。章先生早年招收的博士生或硕士生个个大名鼎鼎，各有专攻，我听过大部分博士、硕士学位论文答辩，包括马敏、桑兵、韩明、莫世祥、虞和平、乐正、张富祥、肖文杰、胡代胜、刘伟、余子侠等，在答辩会上，见过如雷贯耳的林增平、茅家琦等先生。这种经历不仅使我更加敬畏学术，也使我深感个人还达不到攻读博士学位研究生的条件。我将个人进一步深造的愿望压在心底，专心致志于教学工作。当然，还有众所周知的原因，上个世纪80年代末90年代初，国内学术界出现了一股史学危机，一批青年教师纷纷下海经商，我也曾经彷徨过、动摇过。年轻教师既没有考博的动力，也没有读博的紧迫感，近代史所博士生报考者寥寥。有一次，我到南阳师范学院函授点面授，时任所长罗福惠教授还嘱托我多做招生宣传。

1990年后，章先生坚辞校长，赴美访学讲学。我虽然留在学校，实际上与章先生没有什么接触，一年中唯一能够看到章先生的机会也许就是博士、硕士学位论文答辩会。就这样一晃又过了数年，到了90年代中期，高校开始重视博士学位，鼓励青年教师继续深造，而且有无博士学位与职称晋升、工资、住房等切身利益直接挂钩，博士学位的含金量骤然提升到前所未有的高度，甚至一些已经评上了教授的知名学者也回过头来补读博士学位。章先生也从美国讲学归来，我也开始考虑是时候追随章师，忝列章门。1993年上半年，我把这一想法告诉近代史所的朱英老师，并希望朱老师给章先生介绍一下。此后不久，有一次我在西区4栋附近巧遇章先生，当时先生双手拎着刚刚买好的蔬菜，我略带紧张地跟章先生谈了报考博士生的想法，没想到章先生说朱英老师已经跟他介绍过，他也看了我的一些论文，并热情鼓励我报考。不巧的是，当时历史系工会改选，我被推为系部门工会主席，加之学校解决了我的进户问题，在西区4栋分到了一套52平方米的两居室，学校规定搬迁时限，要急于装修（所谓装修，其实就是自己动手粉刷一番，并把厨房、厕所简单地修整一下），家里人也希望我缓缓。就这样，我放弃了1994年的博士生招生考试。当时我准备为不礼貌的爽约向章先生表达歉意，但又没找到合适的机会。1994年下半年，在红楼举行了纪念兴中会成立100周年暨辛亥革命83周年学术座谈会，会议间隙，我鼓起勇气向章先生作了解释，不仅得到了先生的谅解，而且还鼓励我继续报考。经过一段时间的准备，我终于在1995年得偿所愿，成为章门大家庭中的一员。

章先生的教学形式不拘一格，灵活多样。在我的印象中，章先生完整的课堂教学并不多见，大型学术报告会上先生的引言或总结，小型座谈会上先生鞭辟入里的点评，甚至在接待来自国内外学者参访与讲学的餐桌上的谈笑，或与先生单独相处时他那看似海阔天空、漫不经心的聊天，常常使人深受启发，或引发新的思考。

听章先生的学术报告，百听不厌；读章先生的学术论著，常读常新。史学著作难读，文字或艰涩，或枯燥，或呆板，多以一副板起的面孔示人，但先生的论著文字生动、平实、精准，一如他的学术报告，与你娓娓道来，让你欲罢不能。章先生是学界的“名嘴”，他的学术演讲，留下了很多名言、妙语，常使学者们津津乐道。史学界笔头功夫好的大有人在，口头表达好的也不乏其人，但像章先生一样口头与笔头功夫兼而得之的，实不多见。人生何其有幸，碰到了这样一位名师！

章先生非常重视博士学位论文的选题与开题，记得我的博士论文选题就是与先生一道去汉口办居民身份证时聊天确定下来的。由于身份证过期，又急需使用，近代史所办公室张建平老师安排我与章先生同乘一辆车赴汉口加急办理。我觉得这是一次宝贵的学习机会，一路上我向先生报告了关于博士论文选题的思考，我说，我打算以中国近代手工业为题，探讨近代手工业为什么长期存在，无论是在国民经济结构、外贸结构中所占的比例，还是在农民家庭经济中所处的地位，近代手工业都十分重要。更重要的是，近代手工业在技术、市场和经营形式上都发生了深刻的变化，我把它定位为“中间经济”，即介于传统农业和现代工业之间的中间经济。我说，从学术研究现状来说，近代经济史研究的大家汪敬虞先生与彭泽益先生在关于近代手工业长期存在的原因上存在着很大分歧，彭泽益先生认为，近代手工业与机器工业的长期共存，是因为机械工业自身的落后；汪敬虞先生则认为，近代手工业与机器工业的长期并存，是因为它们同受外国资本主义的压迫，是得不到发展的并存。在这个问题上，两位都强调自己找到了“半殖民地半封建社会资本主义发展的规律和独具的特点”。我当时颇为幼稚地认为，汪敬虞先生与彭泽益先生之间是否存在个人恩怨？章先生听了我的介绍，对这个选题给予了鼓励和认可。他谈了在海外的见闻，他说在欧美许多家庭与餐馆，为保护环境而不再用一次性塑料餐具，但又缺乏其他可以取代的简易餐具。菲律宾商人根据这一市场需要，利用传统的手工编织业，制造不同型号的藤盘作为食物容器，吃完饭只要把垫在盘上的油纸丢在垃圾箱就算完事，懒人甚至可以免于洗碗之劳，因此一度很受那些上班族（特别是单身者）的欢迎，成为很大的一个产业。此外他也谈到日本的“一村一品”、瑞士的高级钟表，仍然是以传统手工业的改进为主。他说，汪敬虞先生与彭泽益先生学术观点上互不相让，是正常的学术分歧，是尊重学术的体现，两人都在中国社科院经济研究所工作，是关系很好的同事，他们不因学术上的分歧而影响私人交往，也不因两人关系而影响学术观点。章先生虽未直接肯定我的选题，但那次从武昌到汉口的“闲聊”，更加坚定了我从事近代手工业经济史研究的信心，这样的“闲聊”又何尝不是“一对一”的教学呢？同时，通过汪敬虞和彭泽益两位先生在学术观点上的争论，我看到了前辈学者对待学术研究上严谨的治学态度。在正式开题报告会上，我以《中间经济：传统与现代之间的中国近代手工业(1840—1936)》为题，系统地汇报了选题意义与可行性，介绍了写作思路与结构安排，说明了资料搜集与准备情况。章先生听完后，并未对论文结构安排提出具体意见，但他讲了两层意思：一是肯定了选题和开题报告，他说这篇论文至少成功了一半，对于历史研究来说，一个好的选题等于论文成功了一半；二是他鼓励学生要把博士学位论文当做学术事业的一个高峰，要勇攀高峰，他以陈志让为例，说加拿大华人历史学家陈志让先生以《军绅政权》一书，奠定了日后的学术地位，登上了学术高峰。在我的印象中，先生对学生的选题范围是开放的、宽容的，他并不要求学生一定要跟着导师的研究方向，而是鼓励学生自由选题，选题过程也是研究能力提高的一个环节，但一旦确定下来，就要高标准、严要求。后来，我的那篇博士论文在送交专家评审和后来申报优秀博士学位论文奖时，都获得了不错的评价，这与章先生对博士生立志高远的要求是分不开的。

五

1990年代末期，新旧世纪之交，国家和各高校更加重视高层次人才的培养和选拔，譬如，教育部推出了跨世纪优秀人才支持计划，在全国范围内评选优秀博士学位论文，以此作为衡量博士研究生培养质量的一个重要标准，等等。这些举措对高校青年教师产生了极大的激励作用，一时间，出现了考博热、博后热。我的博士学位论文答辩虽然顺利通过，并获得同行专家和答辩委员们的好评，但我深知，论文本身尚有许多需要完善的地方。我很想集中一段时间，摆脱一切杂务的纷扰，专心致力于学问。当时，能够招收博士后的高校不多，此前，同门奇生兄已经申请了中国社科院近代史所博士后，思来想去，我决定申请进入南京大学博士后流动站从事博士后研究。得知我的这个想法，章先生和朱英老师都给予了热情洋溢的鼓励。于是，我鼓起勇气给茅家琦先生写了一封信，介绍了我在博士生阶段的学习、研究情况和从事博士后研究的打算。出于对后辈学人的关心和提携，也得益于章先生在学术界的影响力和华中师范大学中国近代史研究所的良好声誉，茅先生很快就给我回了信，一方面欢迎我到南京大学博士后流动站从事研究工作，一方面说明他本人已经退休，不再招收博士后，同时向我推介了蔡少卿、张宪文两位先生。随后，我分别给蔡先生、张先生写了信，将个人的想法作了一番同样的介绍。蔡先生很快给我回了一封热情洋溢的信，并表示已经与历史系和研究生院取得了联系，确定了招收我进站从事博士后研究的意向。不久，我又收到了张宪文先生的回信，张先生说明了回信稍晚的原因，同时已得知蔡先生做我的博士后研究合作导师，说这是很好的安排，希望我珍惜机会。就这样，我于1998年9月进入南京大学历史系博士后流动站，成为蔡先生的第一个博士后。

这里有一段很深厚的学缘！南京大学的前身是金陵大学，章先生并未完成的大学生活就是在这里度过的，能够追随先生的足迹，在学术道路上走下去，当然是弟子的荣幸。更为巧合的是，我的合作导师蔡少卿教授是北京大学邵循正先生的研究生，邵先生在一次茶余饭后的闲聊中曾经说过的一句话，“今后对资产阶级恐怕需要加强集团研究”，曾给章先生很大启发。章先生所受的启发又曾给我以极大启发，蔡先生则直接师承邵先生，是我国知名的近代社会史专家，在他的指导下我对近代行会制度的转化与学徒制度的变迁进行专门研究。我虽与邵先生相隔几代，但他的学术见解与治学经验又通过各种门径传递给我们这些后辈，这不仅是一种学缘上的一脉相承，更是学术道路上的“接力赛”。章先生为拙文《中间经济：传统与现代之间的中国近代手工业（1840—1936）》（高等教育出版社 2002 年版）作序时，曾表达了他对邵先生的深深敬意，他说：“写到这里，我不禁又想起邵循正先生，想起他那句似不经意的简单话语对我的启发，而这种启发甚至在我一些学生的工作中也得到绵延。邵先生并非我的业师，相处较密也只是 60 年代初那一年多时间，但他那蔼然仁者的风貌以及奖掖后进的情怀都使我终生难忘。”

我虽然已脱产进入南大，但我却从未认为自己已脱离华师，历史系和近代史所也仍然视我为“自家人”。记得到南大报到后不久，1998 年 10 月，华师历史文化学院开展了第一届“野泽丰奖学金”评奖，在未申报的情况下，我被评为一等奖，并被邀请回来参加领奖仪式，同时代表领奖者发言。当时，从南京到武汉，交通方式主要是轮船和班车，轮船从下游到上游逆行需耗时二十七八个小时，班车夜行，10 个小时左右，9 点发车，凌晨到汉，我乘车如期回校。11 月 2 日下午，学校在科学会堂举行了隆重的颁奖仪式，野泽丰先生专程从日本赶到武汉为获奖者颁奖，时任校长王庆生教授，还有章开沅先生出席了颁奖仪式。当我接过野泽丰先生亲自签名的获奖证书时，当我代表获奖者发言时，内心的感激与自豪难以言表，心里也有些愧疚，因为野泽丰奖学金主要是为研究生设立的，我属于在职攻读博士学位，还有青年教师这个身份。在南大期间，1999 年冬季，章先生与金冲及先生曾在一次学术会议间隙为历史系师生作了一场学术报告，主持报告会的是时任历史系副主任的钱乘旦先生，钱先生自豪地说，金先生与章先生都是南大历史系的杰出校友，现场响起了热烈的掌声，两位学术成就斐然的先生相会在南大，使现场聆听报告的师生深以为荣！

我在南大博士后研究期间的主要工作是以近代手工业行会为研究对象撰写博士后出站报告，同时就博士学位论文中涉及的问题整理出若干篇专文，投向不同的学术刊物。十分幸运的是，我的博士学位论文于 2000 年被评为全国优秀博士学位论文，这多少有些出乎我的意料！章门弟子中优于我的博士学位论文多的是，由于我在南大，校内的申报工作是由我爱人艾咏芳一手操办的，而她却是一个学物理出身的，哪里知道如何填写论文的主要观点、重要贡献之类的内容呢！还是得力于朱英老师的指导和帮助，最后勉强提交了申报表，算是完成了任务，没想到却获得了“无心插柳”的效果。我时常感叹，是身边师友、亲人的努力成就了个人的幸运！优秀博士学位论文的奖金不多，但却资助了一个 30 万元的课题研究；同时，博士学位论文免费出版，这对于一个人文社会科学研究者而言，是走上良性发展轨道的关键一步。

两年时间转瞬即逝！到了出站的时候，何去何从的问题摆在我的面前。或许是因为我是蔡先生的第一个博士后，蔡先生很希望我留在他的身边；或许是由于我获得了全国百优，同时发表了几篇还过得去的学术论文，南大历史系也希望我留下来。记得出站报告鉴定会后的一个晚上，我在汉口路上一个公用电话旁，钱乘旦教授与我电话交谈了近一个小时，言辞恳切。正在犹豫的时刻，章先生给拙作《中间经济：传统与现代之间的中国近代手工业（1840—1936）》写的序言已经寄到，同时，随序附了一封简短的信，希望我回母校工作，为近代史所服务。时任华师历史文化学院院长兼近代史所所长的朱英教授也多次与我谈到回近代史所工作的问题，他很可能与章先生谈了我的工作去向。那时，同门弟子奇生兄已确定留在北京中国社科院近代史所，从年龄结构上讲，“60 后”的研究人员数量不足。

我并未作长时间的思考，老师的召唤就是我的决定。母校和老师对我的成长恩重如山，能为母校的发展、为老师开创的学术事业贡献一点微薄的力量，是我莫大的荣幸。我之于华师，犹如一只放飞的风筝，虽然飘游在外，但始终连着一根紧紧拽着的线。母校当时提出了事业留人、感情留人、待遇留人的人才政策，同时为我保留校内住房，分管人事工作的校领导翟天山同志，于1998年年底为我解决了副教授职称。2000年6月，在我尚未出站的时候，学校又破格晋升我为教授，近代史所在我从事博士后研究期间，专门为我腾出一间访问学者工作室，供我系统地查阅《申报》资料。这些，我都铭记于心，我相信，回到母校，一定能得到事业发展的良好平台。

正当我为此事满怀歉意的时候，令我感到欣慰的是，我的这个决定得到了蔡先生、时任南大历史系主任崔之清教授、副主任钱乘旦教授的理解和谅解。就这样，我又回到了华师，回到了近代史所这个团结、和谐、温暖的学术大家庭。

六

回到章先生身边，对我个人学术事业和人生道路的影响是巨大的。我与章先生的接触更多了，他的耳提面命不仅体现在学问方法上，更体现在学术的使命与责任担当上，体现在学术品格与学者良知上，体现在读书与做人的高度统一上。先生的高尚人格、学术魅力对学生的影响无处不在，他的人格风范与学术思想是我国当代教育界、学术界的一份宝贵遗产，值得深入研究。我虽然长期耳濡目染，但能学会的难及其万一，也无力对先生的学术思想进行全面总结，这里谨就章先生对我做人和做学问影响最深的几个侧面谈一些感想。

章先生常讲，人有人格，学有学格，历史学的品格就在于求真求实。历史的智慧、历史对人类的启迪都蕴含在真实的历史中，离开了求真求实，史学的生命力也将不复存在。“史学的可贵品格就是诚实，也就是人们常说的'求实存真'，离开实与真史学就失去存在的价值。"从事历史研究的人在努力追求学科品格的同时，也要铸就一种真正的学者人格，"作为一个史学家，如果没有自己真诚的科学追求，没有维护历史真实与坚持科学真理的勇气，甚至随时要看某些有影响的人士的脸色，那就是徒有其名而无其实"。因此，先生曾大声呼吁："史学应该保持自己独立的科学品格，史学家应该保持独立的学者人格。史学不是政治的婢女，更不是金钱的奴仆。"他不止一次以刘坤一为例，说明一个真正的学者要坚持独立思考。他说，在义和团运动时期，八国联军侵华，刘坤一、张之洞策动"东南互保"，在专制时代，这可是杀头的大事，但刘坤一说："头是刘姓物。"难道我们就不该扪心自问吗？头既然长在自己身上，理应属于自己，就史学家而言，这就意味着必须秉笔直书与独立思考，而不应总是"唯书唯上"。他常以"治学不为媚时语，独寻真知启后人"自励励人，不趋附，不媚俗，不作违心之言。

章先生重视人格，淡化官格，维护人格的尊严，反对官本位。他曾经讲到，在北京，在省里，多个领导接见学者或参加座谈会的场合，有领导姗姗来迟，他或善意提醒，或激烈批评，或愤然离场。而对待一位普通来访者，哪怕是晚辈，只要约定了，章先生就从不爽约，而且总是提前到办公室等待。在章先生眼里，每一个人，无论官有多大、地位多高，都是平等的。

章先生主张读书与做人的统一，他说，光读书不考虑做人是不行的，读书里有做人，做人里也有读书，它们是互补的。章先生一辈子低调做人，高调做事，他是著名的辛亥革命史专家，但他反对别人称他是辛亥革命研究第一人，还专门写文章，郑重其事地予以澄清。他反对别人称他为"大师"，谦称自己先天不足，后天读书不多，当别人将著名历史学家、教育家的光环戴在他头上时，他总是谦虚地说愧不敢当。2015 年 7 月 8 日，按照中国人的传统习俗，是先生 90 岁寿辰，遵照先生的意愿，不举行隆重的祝寿活动。此前，学校出版社推出了 11 卷本的《章开沅文集》，于是在先生生日这天，近代史所举行了一个小型的座谈会，先生答谢讲话时说："时光匆匆，每个人都是过客，不可将自己看得太重。”他认为自己的旧学根底不及学术前辈，因而一开始拒绝出版个人文集，以免如古人所讥刺的“灾梨祸枣”，流于不必要的资源浪费。章先生回忆了自己青年时代浪迹游历的经历，笑称自己“流浪成性，享受自由”。自己“颇似一个流浪成性的行者，经常漂泊在没有航标的江海”，章先生勉励大家，“人谦虚一点，愿意多学一点，总是没错的”。“我主张说真话，虽然说真话可能触及时事、伤害人。我们要在世事纷纭中，老实做自己的研究，一往无前，奋力前行。”2018年12月，章先生在吴玉章人文社会科学终身成就奖获奖感言中说：“自己觉得学无大成，贡献很少……底子很薄，因此从来不敢用人梯来要求自己，因为人梯是需要高度的。”他把自己比作一只老母鸡，一颗铺路石。

学风是世风的先导。先生认为：“学风应为世风的先导，学风为社会良心之最后寄托，如果世风坏而学风未坏，这个社会还有希望；如果学风随世风而俱坏，这个社会就无可救药了，此之谓哀莫大于心死。”先生直斥社会上的不良风气，上个世纪九十年代，他曾激烈批评汉阳龟山电视塔上的香烟广告，以一位学者的良知反对在政府公共设施上公开贩卖烟草。他曾猛烈抨击社会上假发票满天飞的不正之风，对一个时期广埠屯天桥附近成群叫卖假发票的现象进行了深刻剖析，呼吁政府加以治理。他身体力行，带头对不良风气纠偏。作为德高望重的历史学家和华师首批人文社会科学资深教授，他多次主动申请辞去资深教授头衔，他认为资深教授制度很好，学术荣誉可以是终身的，但待遇是应该“退休”的，学校最后尊重先生的意愿，同意他辞去资深教授。

章先生关怀人类命运，关注人类文明的未来。2005年他在一次校园开放日的报告会上大声呼吁，作为万物之灵的人类，要与自然界和谐相处，不破坏自然，不破坏环境。养你、育你，一生给你最大恩惠的母亲——地球，就是被人类自己糟蹋的。他说，我们自己过着很幸福生活的时候，是不是也要替世界上那些很困苦的、遭受战争和灾害的弱势群体想一想呢？他更是以实际行动去爱惜地球，珍惜资源。章先生为在校园里捡垃圾的学生鼓与呼，“为你丢我捡叫好”；他礼貌地制止随地吐痰者，说：“你这是不对的。”在日常生活中，章先生十分节俭，他在面池里总要放一个脸盆接洗手水，然后再用洗手水冲洗厕所，他的这个习惯一直坚持到摔跤后双手无力端起一盆水时为止。他响应学校开展的熄灯一小时活动。如果不是与他朝夕相处的黄老师的回忆，我们并不清楚章先生的自律与节俭到了如此严苛的地步。

章先生在多个场合谈到史学研究与现实的关系。他认同历史研究应该讲求社会效益，他曾说：“我赞成史学必须讲究社会效益，但是不赞成对社会效益作过分偏狭乃至扭曲的理解。史学之所以有社会效益，首先因为它是一门科学；如果史学不再是一门科学，它就顶多只能成为一件可供人随意驱使的玩意儿，那还有什么真正的社会效益可言。”因此，史学的社会效益不是简单地为现实作“注解”，史学研究与现实需要也不能简单地理解为主附关系，他说：“两者之间应是平等关系而非隶属关系。史学是在保持独立的前提下关注现实，其中也包括关注政治，而绝不是供政治任意驱使的臣仆。”他提倡参与的史学与史学的参与，但这不是一个简单的口号，前者是指研究历史应该回到特定的历史场景中，不能以当代的标准和今人的好恶评判历史人物，后者是指应以真实的历史服务于社会。“历史学家毕竟是历史学家，我们的主要‘天职’乃是研究历史而非其他。我们参与现实社会生活，主要是以史学来参与而非其他。正因为如此，我们首先就需要参与历史，亦即走进历史，理解历史，把自己重新体验并赋予生命的真正历史奉献给人类！”

在史学方法上，章先生非常强调原生态史料。2005 年 10 月在苏州举行的近代中国社会群体与经济组织暨苏州商会成立 100 周年国际学术研讨会的主题发言中，章先生将“原生态”一词借用到史学研究中，再次强调了史料的原始性、完整性对历史研究的重要性。他曾说，历史学与地质学有相似性，史料的发掘如同矿藏勘探，不是你知道这个地方有铁矿就行了，对于铁矿的位置，处于哪个矿层，矿脉怎么样，周围的环境怎么样，古生物遗存情况如何，包括当时的水陆情况都要弄清楚，只有这样才能开展有价值的勘探。他说，历史研究的本身首先是求真求实，历史的真实就是历史对象的原生态尽可能不作不着边际的评论，不带任何偏见，保持价值中立。任何人都有主观，但是要做主观因素少的人，过去常想，历史究竟应该研究什么？简单地讲，就是要探索历史的原生态。历史事件、历史人物的原生态，就是其本来面貌，就是它们的真实面相。随后，《学术月刊》总编田卫平兄约稿，经先生同意，我们根据先生的讲话录音整理成《商会档案的原生态与商会史研究的发展》一文发表在 2006 年第 6 期上，对纠正当时史学界的浮躁之气、功利之风产生了积极作用。

章先生是一本厚重的大书，学术之中所蕴含的思想，做人所坚守的原则，需要我们一辈子去阅读、去理解！他用一辈子对学问的孜孜以求，对教育的深刻理解与担当，影响并推动着华中师范大学及其中国近代史研究所不懈地前行！

七

章先生的治校理念也潜移默化地渗入我的工作实践中。

先生于 1984 年出任华中师范学院院长，那时，我还是一个本科生，等到临近毕业时，章先生已经是华中师范大学校长了，因此，章先生既是最后一任华中师范学院院长，也是首任华中师范大学校长。1985 年，对华师人来说，好事连连，一是学校正式更名为华中师范大学，二是邓小平同志亲笔题写了校名，对广大教师来说，1985 年开始有了属于自己的节日——教师节。1981 级作为华中师范大学第一届毕业生，一毕业就赶上了第一个教师节，我们庆幸自己赶上了好时代。那时，每逢教师节学校、系里都会发放一些慰问金或慰问品，老师们颇有获得感和幸福感！更重要的是，广大教师感受到党和国家对知识分子的重视。作为一名刚留校的青年教师，我接触章先生的机会不多，当然也不知章校长是如何治理学校的，但我深刻地体会到，那些年学校充满了生机与活力，蓬勃向上。章先生的办学理念与治校风格是在多年之后，通过与章先生的“闲聊”，我慢慢领会到的。有几次我陪同章先生去湖州考察的路途中，回忆往事时，章先生讲了很多他任校长时的趣事，从中可以品出先生是如何当好一名大学校长的。

他说，他在任校长时，实行了副校长负责制。章先生是从教研室主任这个大学最基层的位置上直接拔擢为校长的，没有行政经验，起初连批阅公文的格式都不清楚，一方面他努力学习，另一方面当时的校办主任发挥了很大作用。他依靠每一位班子成员，充分赋权，分管领域各自负责，这样不仅调动了各位领导的积极性，也营造了相互信任、团结和谐的班子氛围。当时有人说他被架“空”了，章先生说，他不怕架“空”，让每一位校领导在具体事务上实起来，校长才有精力思考学校的整体发展战略。

章先生爱才、惜才，不拘一格用人才。他在任校长期间，曾聘请一位园林科工人师傅为生物系讲师，这位师傅叫姚水印，他一辈子在华师绿化组工作，为华师园林绿化立下了汗马功劳。在任校长前夕，章先生克服阻力将唐文权老师从苏州一所普通中学调入华中师范大学历史所，后来唐老师成为在近代思想文化史领域卓有成就的一位著名学者。章先生不仅是慧眼识才的伯乐，更是不拘一格用人才的领导。像姚水印师傅这样无学历和唐文权老师那样的低学历，能够被破格使用，充分体现了学校在那个时期的思想解放程度与唯才是举的胆识。

章先生坚持管理与学问两不误。先生是著名的辛亥革命史研究专家，出任校长之初，章先生虽然获得了一项令双肩挑干部们羡慕的“特权”——每周有两个单位的时间用来做研究，但实际上，根本无法落实。因此，他在任校长期间，每天凌晨四点起床，先读书写作数小时，上午八点，再准时到行政楼办公。

章先生不认同教育领域一些跨越式、跃进式的做法。闲聊时，他常说，教育是育人的事业，教育的起点与归宿都是爱，都是人性的完善与提升。我们要高举“爱在华师”的旗帜，这个爱是人类的大爱。不同于一项工程，学校不是工厂，也不是工地，教育的对象是人不是物，教育者与被教育者之间需要良性的互动，每一个环节都倾注着教师对学生的爱和学生对教师的尊重。教育更像慢工细活，教师更像精心培育花木的园丁，大学生都处在花季年华，需要细心浇灌。归根到底，教育改革要实现两个回归，一是回归大学主体，一是回归教育本性。

章先生还讲了许多过往经历，谈了当下身边出现的一些人、发生的一些事。我边听边想，章先生不仅属于那个年代，也属于当今时代，时代的大潮催生了像章先生那样敢于直面问题的大学校长，勇于追求真理的学者，但能达到那种高度的校长与学者却十分难得！这些“闲聊”大多发生在我走上管理岗位之后，许多同样的事情就发生在我们身边，感同身受，常常在内心深处引起共鸣。我服膺章先生的教育理念与治校方法，更敬佩章先生的风骨与睿智。章先生给我的最大帮助，还是在管理工作中对我的实际指导与支持。

2008年4月下旬，学校启动了历史文化学院行政班子换届，王玉德院长主动表示不再连任，院长一职落到了“60后”或更年轻一代的肩上。其时我将年满45岁，经过再三考虑，决定报名竞聘。我将自己的这个决定报告给章先生，听取他的指导，章先生支持我出来服务于学院。他说，这将是一段重要的人生阅历，目前近代史所也没有更合适的人选，但告诫我要有充分的心理准备，管理工作会耽误大量的时间，希望我处理好行政与学问的关系，做到两不误。章先生的支持，给了我极大的底气与勇气，朱英所长也鼓励我积极竞聘。按照当时的组织规则，历史文化学院教师可以自愿报名竞聘院长或副院长，并在全院教师大会上陈述自己的办院理念、举措和任期目标，然后进行民意测验，最后由学校党委确定拟任人选。事后得知，报名竞聘院长的只有我一人，民意支持度如何，并不清楚。时任组织部部长黄晓玫亲赴近代史所与我进行了谈话，正式上任前时任党委书记丁烈云同志还与我进行了任前谈话，提醒我要注意处理好历史文化学院与近代史所的关系。5月23日，学校党委吴晋生副书记、组织部黄晓玫部长到历史文化学院宣布班子构成，我任院长，邢来顺留任副院长，继续分管教学工作，刘固盛获任分管科研工作的副院长。

历史文化学院是华师的传统优势学院，基础好，实力强，院风正，学校对历史文化学院寄予了厚望。不幸的是，在第二轮学科评估时，历史学科跌出十名之外，学校震惊，学院更感到意外，新班子倍感压力。记得那段时间，我关门谢客，认真思考学院的学科结构与队伍构成，针对评估中出现的短板，制订具体措施，并形成了一份关于历史文化学院发展思路的报告。当年9月中旬，历史文化学院在黄陂区木兰草原召开了全院教师大会，章先生亲临会议，发表了讲话，针对学科评估排名滑坡现象，他提醒我们不要背包袱，更不必气馁，学院的发展要有定见，有定力，认准的学科方向要坚持不懈地做下去。章先生的一席话，让全院教师吃了定心丸。党委书记丁烈云同志稍晚也赶赴木兰草原，同行者还有人事处陈守银、教务处王坤庆、工会廖水明等。那次会议开得很成功，统一了思想，凝聚了共识，全院老师们的心更齐了。晚上的篝火晚会进一步活跃了气氛，章先生那天晚上心情很好，他举起火种，点燃篝火，踏着节拍，和大家一起翩然起舞，其乐融融。这次会议给所有参会人员留下了深刻印象，也是历史文化学院发展的一个新起点。

在担任学院院长的四年间，我从抓教学工作入手，努力提高人才培养质量，围绕研教双优人才培养模式改革，狠抓课堂建设和教学研究、教材编写。同时，在世界史、中国史中的“古”字头学科（历史文献学、中国古代史）大力引进人才。2010年，章先生亲自担任首席专家，牵头申报国家社科基金重大攻关项目《荆楚全书》编纂并一举中标。尤其令我感动的是，这年10月，根据国家哲学社会科学规划办的要求，重大项目首席专家必须参加现场答辩，正当我为此发愁、征求章先生意见时，章先生毫不犹豫地答应了。当84岁高龄的章先生出现在现场时，所有专家无不动容。《荆楚全书》编纂项目顺利地通过了专家评审，成为首批文史哲领域国家重大攻关项目之一，也是历史文化学院第一个哲学社会科学重大攻关项目。章先生为了支持学院的发展，不仅慨然应允担任首席专家，而且出席现场答辩，其意义不仅在于顺利地拿到了这一重大项目，而且产生了巨大的带动作用。章先生带了个好头，为历史学科打开了国家社科基金重大攻关项目这个盒子，随后几年，历史学科先后有十多项重大课题成功立项。在教育部开展的第三轮学科评估中，我校历史学科也再次挺进前十名，跻身第一方阵。

就在我自认为历史使命已经完成的时候，学校于2012年上半年启动了干部轮岗工作。5月16日，学校领导电话告知党委有关意向并征求意见，表示学校决定新成立科研部，将现有科技处、社科处并入，并新设立军工项目部，由社科处处长兼任科研部部长，由科技处处长兼任副部长、军工项目办主任，并征求我的意见，我考虑了一下，说还需要与家人商量。第二天，我表示服从学校安排，5月21日，学校发布了轮岗通知。后来，我到章先生工作室报告这一安排，章先生说已经知道此事，大力支持，但这对历史文化学院来说是一个损失。我表示，到任后希望能逐步改变当前社会科学研究中存在的重数量轻质量、重申报轻跟踪、重经费轻服务等现象，他说，要慢慢来。

自从章先生牵头申报《荆楚全书》编纂项目，我作为该项目的总协调人之一（另一总协调人为周国林教授），并且2014年6月担任章开沅东西方文化交流基金会理事长之后，我与章先生的接触就更加频繁，几乎每隔一段时间，我就联系近代史所的刘莉约定章先生的时间，就相关工作请益，或涉及项目进度与有关安排，或涉及基金会重大活动，或在工作迷茫时向先生请教，或在思想模糊时与先生谈心，只要有约，先生都大度地应允。

章先生关心学校事业发展，关心校园建设。2016年5月，我代表学校陪同几位老领导赴梁子湖校区参观考察，章开沅先生、原党委书记晏章万同志和原副校长郎君诗同志、邓宗琦同志、王秋来同志及原校办主任杨立仁同志等参加了考察活动。2018年12月，在学校为先生举行的吴玉章人文社会科学终身成就奖的授奖仪式上，章先生表示希望学校早日建成梁子湖校区，实现华师人“林、山、湖”的校园梦！如今，梁子湖校区成为先生未竟的遗愿，我辈后人仍当努力尽力！

章先生在关键时刻总是发挥定海神针般的作用。2016年，国家启动了“双一流”建设工程，无论是校内还是校外同行专家，都认为华师的中国历史应该进入“一流”学科建设行列。2017年9月，在教育部公布的首批“双一流”名单中，我校政治学、中国语言文学进入“一流”学科建设名单，中国历史落选。对此，有人感到意外，也有人产生悲观情绪，校内外不乏惋惜不平之音，章先生却十分冷静。我记得他多次鼓励我们要有自信，保持定力，走自己的路，学科建设有自身的规律，不能跟着上面的指挥棒转，不主张在学科建设上搞工程性、运动式的“大跃进”。私下闲聊时，章先生多次表示，教育不能搞“跨越式”发展。

章先生就是这样，当你遇到危机、坎坷时，他会恰到好处地为你提提气，鼓鼓劲；而当工作中出现急躁冒进、头脑发热时，他又不失时机地出来浇浇水、灭灭火，对待学生是这样，对待学校也是如此。他是华师的精神支柱！

八

章先生离我们远去了，桂子山上再也不见这位和蔼可亲的老人！在与先生告别的那几天，在逸夫国际会议中心一楼吊唁厅，悼念的人们络绎不绝；在博雅广场追思点，师生队伍排起长龙献花追怀！全校师生舍不得您呀！网上追思群里，学术界同仁用雪片般的唁函、挽联，寄托哀思！以一篇接一篇的回忆文章表达对先生的怀念！

晚年的章先生是一位和蔼可亲的老人，他像一位普通老师一样，每天准时到近代史所上班，从博导楼到国际文化交流学院的路上，我们经常看到一位老人的身影，他斜挎着一个黑色资料包，冬天戴着一顶呢绒帽，后来又慢慢地多了一根随身带着的拐杖。从步履稳健到步履蹒跚，从腰板硬朗到腰弯背曲，章先生日复一日、年复一年地行走在这条路上，成为桂子山上一道独特的风景线。章先生从不服老，生命中有一股顽强意志，他上下楼梯从不让人搀扶。有时看到他吃力地走上台阶时，总想上前帮扶一把，章先生总会说不用；有时看到他行步缓慢地走在路上时，总想开车送他一程，但他总会说自己慢慢走。有时他在工作室接待校外来访者，有时亲自到年轻教师的工作室与他们促膝长谈。即便辞去资深教授后，他的这个习惯也从未改变，并成为一种强大的动力，在章先生的带动下，近代史所的研究人员个个惜时如金，不分寒暑假，没有礼拜天，在各自的研究领域辛勤耕耘。

与先生接触多了，发现先生并没有早期传说中的那么严厉，反而非常平易近人。近代史所就像一个温暖的大家庭，逢年过节时，总要聚在一起，吃个团年饭。章先生是“大家长”，为了使气氛轻松一些，席间章先生总会说一些笑话，使大家少一些拘束，其乐融融，胃口大开。章先生是美食家，食欲总是很好，食量也不输人。但在与章先生相聚的各种场合，我从未见章先生喝过白酒，不过，他喜欢看别人喝酒，有时还凑近酒杯闻一闻。2018 年 5 月下旬，我与近代史所马敏、朱英等老师陪同章先生寻访安徽宣城其曾祖章维藩行迹时，在宣酒厂酿酒车间，章先生高兴地拿起刚出窖的原酒闻了闻，还用舌头舔了舔，连声说，好酒好酒！喝宣酒，强身健体大步走！他说自己年轻时也喝过、醉过，一个男人一辈子哪有不醉酒的。他经常把家里珍藏的好酒拿出来供小辈们品尝。2002 年 12 月下旬，在前去湖州参加江南市镇国际学术研讨会前，章先生让随行人员去家里拿了两瓶二两装的小茅台，到火车餐车上用餐时，他让同行的陈锋教授把酒打开，顿时香气扑鼻，但是倒了半天却不见酒。原来这酒已存放多年，封闭又不严，已经挥发了大半，但剩下的也是最好的。还有一次，在嘉鱼山湖温泉宾馆的近代史所年会上，我挨个敬酒，把盏推杯，章先生忽然开玩笑似的说，南生给别人敬酒也是自己想喝酒，一句话逗得全桌人大笑。

常言道，大树底下好乘凉！章先生又何尝不是一棵参天大树呢？他为华师近代史学科打造了一个铁打的营盘——近代史所，建设了一支合理的梯队。他理智地对待人才流动，从人才更好的成长、从华师近代史所更大学术影响的角度看待要调动的人才。近代史所是开放的，多年来，人才有进有出。从近代史所走出去的人，章先生继续给予关心和提携，希望他们都能有更好的发展，他们的发展不仅有助于所在学校历史学科的发展，也有益于国内近代史研究水平的整体提高，而且也提升了华师历史学科的学术影响力，更加密切了兄弟高校与华师近代史所的关系，这本身也是对我校近代史所的一种回馈。凡是在近代史所工作过的同事，虽已调离华师，但作为同行，仍然与近代史所保持着密切的关系。

7 月 8 日是章先生诞辰 95 周年纪念日，95 年前的今天，章先生诞生在安徽芜湖一个民族实业家家庭，早年入读金陵大学，辍学参加革命，随后服从安排进入中原大学。新中国成立后，一辈子服务于华中师范大学，毕生从事中国近现代史的教学与研究，为中国史学界培养了大批人才。往年的今天，近代史所的同事都会小范围地与先生在一起聚聚，吃个生日饭，唱首生日歌，吹蜡烛，切蛋糕，祝福先生健康长寿。今年的今日，先生已驾鹤西游，睹物思人，不禁唏嘘！

先生虽远行，精神将永存！我们唯有传承先生的学术精神、秉持先生的教育理念，把我校历史学科、把华中师范大学建设得更好更强，才能告慰先生在天之灵！

（作者单位：华中师范大学）

最忆是师恩

——追念章开沅老师

刘家峰

即将过去的2021年，对我影响最大的一件事就是恩师章开沅先生的离去。5月28日清晨，章老师在养老院的寓所中安详离世，离7月8日95周岁生日只差40天。按中国传统的说法，章老师这一生称得上“寿满天年”“福寿双全”了；以我老家的习俗，这算是喜丧，儿孙们不能哭的。但当我从微信群里得知消息时，仍禁不住潸然泪下。那天上午我正在办公室修改课件，下午要给同学讲山东大学的历史，因为要提及与山大创办有密切关系的教会大学（登州文会馆，齐鲁大学前身），我在课件中引用了章老师对教会大学的评论，放了章老师的照片和书影，没想到这次课就成了我悼念章老师的方式。下午两个小时的课程我神思恍惚，讲到章老师处几近哽咽，不能自已。同学们惊诧莫名，我只好如实相告，画面中这位可敬可亲的老人今天去世了。

这一年我三次回武汉，都是为了看望章老师。2020年的武汉新冠疫情虽然对章老师没有造成直接影响，但据华师同事们说，章老师不能再像以前那样经常步行去办公室了。11月中旬华中师范大学与哈佛燕京学社等举办近代西方医疗传教士在中国和印度的国际会议，原本是线下开，我想正好可以回武汉看望老师。但会期临近疫情又起，不得已改为线上。章老师还是亲自到所里会议室，出席了开幕式，作了长达半个小时的主旨发言，再次强调“若不研究传教士，中国近代的历史几乎就丢失了一半”。章老师的思维、语言还是那么清晰、连贯。不幸的是，会议后不久，章老师就在家里摔了一跤，自此以后健康状况急剧下降。随后章老师与师母黄老师搬进护理条件很好的泰康之家·楚园，身体有所好转。但因楚园疫情防控严格，限制外人探望，直到2021年4月6日，我才有机会和师弟张晓宇一起回武汉看望老师。

那天下午，我们在寓所楼下大厅跟章老师、师母见面。章老师坐在轮椅上，气色很好，也很愿意说话。我拿着《手泽珍藏——章维藩函札手稿汇编》向章老师请教。谈话中晓宇问章老师一封信的事情，章老师说“不是早就给你了吗”，晓宇这才想起章老师确实给过他了，可见章老师此时记忆力还不错。这次见面回去的路上，我和晓宇两人都满怀信心地说，章老师至少能活到百岁。但万没想到，仅仅52天后，章老师就遽归道山。

5月30日，是我们与章老师告别的日子。这是近些年我所经历的规模最大、最让人感动的告别仪式。武昌殡仪馆最大的告别厅，放满了师友和社会各界敬送的花圈，前来告别的人挤满了整个大厅。许多多年不见的师友都从各地赶来，有人甚至连夜驱车上千公里，专程来送章老师。此情此景，让人动容。章老师生前誉满学林，身后哀荣备至。

10月20日，在武汉石门峰纪念公园举行了章老师安灵公祭暨雕塑揭幕仪式，我们跟章老师作了最后的道别。老师生前强调“参与的史学”与“史学的参与”，帮助石门峰公园规划设计，提升了该公园关于辛亥革命和武汉抗战等历史纪念的内涵。公园也没有忘记老师的恩情，专门辟出了一块宽敞的青草地，让老师魂归自然。老师是喜欢小草的，经常自谦是“一株野草”。老师说，小草虽然“渺小之至，也平凡之至”，但其“生命意志何等刚毅，何等充盈，它用亿万群体的集体苏醒，萌发出漫山遍野的新绿，一片又一片为大地增添了春天的颜色”。这完全是老师一生奋进精神的写照。章老师，您为历史学科、为近代史所和研究中心、为华师，也为国家和人类的命运，操劳、思考一辈子，就在这片美丽的青草地上安心休息吧。

章老师离世后，师友及社会各界人士写下了众多情真意切的怀念文章，读来都那么感人至深，而且让我了解了很多以前不曾知道的关于老师的故事。我发现与章老师有过交往的人，甚至仅有几面之缘，心中都有说不尽的章老师！我由此感叹，章老师这一生，不知给了多少人教诲、关爱和切实的帮助；章老师的言传身教，影响甚至改变了多少人的人生观、价值观甚至人生轨迹！马敏老师用“春风化雨、润物无声”概括章老师的人生，实在太合适不过。作为章门弟子，对老师更是有道不尽的恩情。

1997 年 7 月，蒙章老师和马敏老师不弃，我也有幸忝列门墙，直到 2014 年 7 月我离开华师到山东大学，我跟随章老师学习、工作了整整 17 年，也从一位青年学生成长为一位老师。即使在我离开华师的日子，章老师也不时给我指导、鼓励。奈我天生愚钝，后天努力又不足，学术业绩与章门其他优秀弟子相比，恐有辱师门。但我想，如果没有章老师长期对我耳提面命言传身教，不断提携我，鞭策我，帮助我，恐怕我都无法成长为现在的自己。

从章老师去世那天起，我就在思考怎么写一篇文章，能够把我内心炽热、感恩的心情表达出来。但每每忆起老师给我的恩泽，我都情绪激动，竟不知从何写起，且愈是庄重，愈发不敢轻易动笔。我想从我记忆的长河中捡出印象最深的几件事讲给章老师听，或许老师都忘记了呢，因为老师对弟子们所做这样的事太多了。还是从我入章门说起吧。

我最早听闻章老师的大名，还是在山大上大二的中国通史课上。讲到辛亥革命时，老师提到了章老师和他主编的《辛亥革命史》。只是我当时还是考古学的本科生，对章老师的研究了解不多，只知道章老师是大学者。1994 年，我读研究生从考古专业转入中国近现代史攻读硕士学位，偏重社会经济史。在李德征、李岫等老师指导下，我对章老师以及章门弟子马敏、朱英等老师的研究有了更多了解。受他们影响，我对商会史研究特别有兴趣，毕业论文想做清末民初的济南商埠商会。济南在 1905 年建立了总商会，到 1911 年又成立了一个商埠商会，为何有两个商会？这两个商会什么关系？当时的研究并不多。李老师同意我以此作为硕士论文的选题。收集了一些基本材料后，我就向朱英老师、马敏老师写信谈了我的研究设想，并请他们指教。两位老师很快就给我回了信，并挂号寄来他们合著的大作，这让我备受鼓舞。但等我想去济南市档案馆进一步查阅商埠商会档案时，该馆要对这部分档案进行缩微处理，不对外开放了，这一研究就此停宕。后来，那时还在山大任教的陶飞亚老师告诉我，可以利用省档案馆的齐鲁大学档案做研究。我本科毕业后在该馆工作了两年，也曾协助陶老师去查过齐大档案，对材料还算熟悉。为了能赶上毕业，我就赶紧去看齐大档案了，并最终以“齐鲁大学经费研究”作为毕业论文题目，因材料比较丰富，写作也很顺利。

到毕业前的秋季学期，我准备考博，当时想做商会史研究，那最好是去华师读。章老师地位太高，高山仰止，我不敢报考。我就写信给马敏老师，询问能否报考他的博士，没想到马老师很快回信表示欢迎，但建议我联系章老师做导师。马老师还告诉我，华师成立了中国教会大学史研究中心，将来我不一定非要做商会研究，也可以做教会大学史，并希望我尽快去武汉面谈。

1996 年 12 月初，我坐了近 15 个小时的火车，到武汉正好是早晨上班时间，到学校后就直奔历史研究所，在走廊正好遇见朱英老师。因为我在书上见过朱老师照片，一眼就认了出来。朱老师把我带到章老师办公室。我第一次见到仰慕已久的大学者，内心颇有些胆怯，自我介绍都磕磕巴巴。章老师见我有点窘迫，就说马老师跟他讲了我的情况，让我坐下慢慢说。我就把刚完成的硕士论文初稿，以及将在《文史哲》杂志上发表的一篇译文（陶飞亚老师指导）交给章老师，这就是我当时全部的所谓“成果”了。

章老师花了几分钟翻了翻我的论文，就说我的论文看上去还可以，材料比较丰富；能用本地档案材料很好，但齐鲁大学还有很多档案是在耶鲁，你还没机会看。随后章老师告诉我，美国鲁斯基金会出资把耶鲁所保存的中国十三所教会大学档案做成了缩微胶卷，只有三套，耶鲁保留一套，一套给香港中文大学，还有一套就在华师了，这是中国大陆唯一的一套，很快就会从香港运过来。章老师又谈到了成立不久的中国教会大学史研究中心，介绍了中心成员和正在出版的丛书，并送给我最新的一期《中国教会大学史研究通讯》。最后，章老师给我讲了三句话，我一辈子都不会忘记：“你硕士阶段对教会大学史研究已有了一定基础，如果能继续做下去，就欢迎来报考我的博士；如果你明年考不上博士，也可以先来中心工作一段时间；不管是读博还是在中心工作，你都要学好英语。”

我当时简直不敢相信自己的耳朵，怔了十几秒，然后才回过神来，涨红了脸，跟章老师全部答应下来，表示一定好好努力。章老师跟我谈话的时间大概也就半小时，但从此决定了我今后的路程。马老师当时担任历史文化学院院长，公务繁忙，直到晚上我才去马老师家见面，马老师还请王奇生老师来，一起聊了一个多小时。最后，马老师说，我们就按章老师的意见办，让我先好好准备明年春天的考博。至此，我才明白，马老师让我来先见面，相当于提前面试了。

武汉之行收获满满。为了不辜负老师们的期待，我努力复习，特别是考试科目之一的中国教会大学史，我把当时能找到的论文著作逐一精读，做了详细的笔记。第二年春天，我和我爱人考博都成功过线，我把消息告知马老师。过了两周，马老师打电话给我，说他和章老师考虑到你们夫妻俩同时读博士，助学金很少，生活会很困难，打算让我先入职，保留学籍一年，学校还可以分给我一个单间房。两位老师为我想得如此周到，实在出乎我的意料。就这样，1997 年 7 月，我硕士毕业就来华师报到了，成为历史研究所（1998 年成为教育部人文社科研究基地后改为中国近代史研究所）最年轻的一名老师。

我到所里前三年以读书为主，协助章老师、马老师处理教会大学史研究中心的日常工作。那时研究所里电脑和网络还没普及，但中心办公室却有一台进口原装的康柏电脑，而且还连通了校园网络。马老师大概是所里最早使用个人电脑和电邮的老师，我和章老师都还没有自己的电邮地址，所以对外联络特别是跟国外的联络，都是用马老师的电邮。我现在还保存着几张章老师和我的名片，上面都印着马老师的电邮地址。我每天早上去中心办公室检查邮箱，把收到的电邮打印出来分送给章老师和马老师，然后再根据老师们的意见代为回复。因为大部分都是跟中心的业务工作有关，所以也不牵涉个人隐私。当时大部分电邮都是国外来的，我以前从未写过英文信，一开始都是我先拟个草稿，然后请章老师过目，老师一点点帮我改，从句法、标点到行文格式。到现在我还清楚记得，用英文书写的句号必须要用英文输入模式的点来表示，不要用中文的句号，这个常识还是章老师教我的。当时章老师从海外回来两年多，跟海外友人往来特别频繁。我写得多了，英文水平也逐渐提高了，除非特别重要的报告，章老师也就不再给我改了。章老师非常注重维护与海外学者的友谊，每到圣诞节和新年，都要我们准备数十张贺卡，老师亲自写几句话、签名。章老师跟我说，不要小瞧这张卡片，它让人感到温暖，这就是友谊。从这个细节，也可以知道为什么章老师的朋友遍天下了，这个传统在我离开中心时仍旧保持着。

我到研究所写的第一篇文章，居然就与章老师有关。1997 年 12 月正值日军南京大屠杀 60 周年，《中国教育报》编辑部想发篇关于章老师如何发现南京大屠杀史料的文章，马老师指派我来写。因为章老师的大作《南京大屠杀的历史见证》和其他文章对此讲得都很翔实，我根据这些材料很快就写好了，给章老师和马老师过目后，就以传真方式发过去了，当时报社催得很急。没几天，文章就以《铁证》为名见报，排了满满两个整版。其中大部分内容是贝德士文献中的见证材料，是章老师亲自翻译的，但文章的作者署名却只有我一人。更让人不安的是，报社很快给我寄来了 6000 多元，说是稿费加奖金。这笔钱在当时我眼中是一笔巨款，相当于我半年工资。我想，这篇文章应该归功于章老师本人，这些资料都是章老师一点点从耶鲁神学院贝德士及其他传教士中档案中爬梳出来的，费了多少气力只有老师知道。我不过是把老师的文本再加工而已，原创贡献很少。我去邮局取了钱，去章老师办公室说明原委，想把钱给老师。但章老师坚决不要，让我拿着去"改善生活"。我一再表示我不能要，推来推去，章老师突然有点不高兴，我吓得赶紧退出。我又去找马老师，马老师就说你不要坚持了，这是章老师对你们的关心。我用这一大笔钱，置办了好几样家具、电器，刚分到的小平房顿时有了家的感觉。

章老师说，做教会大学史、基督教史研究一定要面向海外学术界，他们材料多，研究也比我们成熟。所以，章老师想法为我创造海外访学的机会。1998 年，旧金山大学利玛窦中西历史文化研究所的创所所长马爱德神父和吴小新博士曾来中心拜访章老师，商谈合作。马神父在香港转机回国旅程中不幸因病去世，利玛窦研究所为纪念马神父，设立了马爱德青年学者奖金，资助博士生（主要面向中国大陆）去美国访学三个月。得益于章老师的推荐，我有幸成为马爱德基金资助的第一位博士生。我利用这个机会去耶鲁大学、纽约协和神学院等收集我博士论文的材料，向相关领域学者请教。

我第一次赴美访学并不顺利。先是签证被拒，签证官问我每月工资有多少，我实事求是回答说110美元，签证官就把我的护照和申请材料从窗口抛出来，完全没有看材料中邀请方每月1500美元的资助证明。我很沮丧地告知老师，老师安慰说，被拒很正常啊，我给你写封保证你回国的推荐信。我拿着老师的推荐信，以及亚联董的资助证明再去申请，终于顺利通过。

1999年10月，我以一个在职博士生身份第一次出国访学。因旧金山大学给我买的机票是先从武汉飞香港，再经停东京到旧金山，这个航线费时较多，但比较经济。我在武汉天河机场顺利登机，正在畅想第一次出国旅行的种种美景，离起飞时间还不到10分钟，我突然发现两位边防警察上了飞机，直奔我的座位，让我出示护照和所有机票。他们一样样做了仔细检查，也没发现什么问题，然后开始盘问我是哪个单位，什么职业，出国干什么等等。我一一如实作答，所幸的是，最后我多说了一句话，我说我是章开沅老师的博士生，是老师同意我出国的。这时其中一位警察轻声说了一句“我认识章老师”，然后两人就下机了。就这样，我顺利到达旧金山。

我到了美国后还有一个小故事值得一讲，即章老师教我怎么适应美国文化和礼仪，怎么做才算得体。章老师从上世纪70年代末就出访海外，90年代初在美国任教、研究三年多，按老师自己的说法是“老留学生”，我则完全是个“土老帽”，刚到美国时如同刘姥姥进大观园。旧金山大学举办国际会议，邀请章老师做主旨发言。我正好比章老师早去了几天，就去机场接老师，当时是董黎老师陪章老师来美国的。我接过章老师的行李箱，又想去把老师随身携带的手提包也拿过来，但老师坚决不让，并给我上了一课：在美国你不要按中国尊老的做法，一定要理解老年人的自尊，除非他们要求，不要给他们提包，因为也涉及财产和隐私；也不要随便去搀扶他们，除非他们真有困难，可以跟在左右随时保护。自此以后，我陪同章老师出差，我都是按此指示来做。武汉疫情暴发前，章老师几乎每个工作日都去办公室，要走上下很高的台阶，他还是要尽力保持老年人的尊严，要求大家不要搀扶，大家也都尊重老人的意愿，只在旁边作好保护。

那天晚上会议主办方安排了冷餐会，章老师稍事休息就赶来了。与会学者很多，除了少数几位国内学者，大部分海外学者我几乎都不认识，我就跟在章老师后面，不时想给章老师加菜、倒饮料等，还一个劲跟章老师说要吃饱。老师又给我上了一课，说这样的冷餐会不重吃，你看见大家都在站着，都在交流，你也不用管我，你要主动上前去找教授谈，作自我介绍，不要害羞，英语说不好也不要紧，慢慢说，跟人家交换个名片。接着章老师就把我拉到几位他熟悉的朋友旁边，其中就有后来对我帮助最大的耶鲁大学神学院图书馆的史玛丽女士。我后来又三次去耶鲁访学，都得到她的指导和帮助，她现在已退休好几年了。开会期间，章老师还让我注意观察学者怎么作 presentation，要准备好讲稿，无论怎样都不要超时；也要我学着用英语提问，还可以写纸条，等等。茶歇时，章老师也不忘介绍我认识与会的一些知名学者，包括鲁珍晞、裴士丹、狄德满、劳泰瑞等，都是在那时认识的，他们后来都以不同方式给我很大帮助。

章老师在我刚到美国时教我的这些，现在看起来都是常识，但当时对我却是醍醐灌顶，让我比较快地适应在美国的学习和生活。访学期间所到各地拜访学者或到图书馆查找资料，多因为我是章老师的学生而受到学者们或图书馆工作人员的热情接待。这次美国之行虽然只有 3 个多月，但收获远超我的预期。特别是在耶鲁神学院图书馆的两个月，我收集了丰富的原始资料，博士论文的题目由此也从教会大学的农学研究，扩展为中国基督教的乡村建设。回国前我给章老师写信，开玩笑式地说，他的名字就是我的“护身符”，让我在美国一路走来都顺顺当当。

我刚工作的那些年，陪章老师外出比较多，无论是开会还是讲演，都是我向章老师学习的好机会。学习不仅关乎学术研究，也包括如何工作、待人接物等。章老师把在长期历史研究中形成的“设身处地”“理解的同情”等研究方法也都付诸日常交往。印象较深的一次是 1998 年春天，我和王薇佳陪同章老师及师母去南京大学讲学，同时也为出版《天理难容：美国传教士眼中的南京大屠杀》一书与南大出版社商谈，负责出版的是杨金荣编辑。我们提前 5 分钟去了章老师房间，发现老师已早早把我们翻译的资料分门别类，在桌子上摆放整齐。在等候杨老师的间隙中，章老师带我们把要谈的问题再捋一遍，这样谈话效率就高了。

那时从南京还没有直达武汉的火车，必须从上海中转。火车票也挺难买，尤其是软卧，因此回程的火车票是我委托复旦大学徐以骅教授代购。徐老师古道热肠，很快就已买到我们 4 个人的车票，我们约定到火车站见面拿票。第二天清晨，我们乘坐一辆小型巴士从南京赶往上海火车站，但由于一路下雨，司机不敢开快，到上海站时离火车出发时间已不到 15 分钟了。路上我曾跟徐老师手机联系过，但好像忘记确定见面的具体地点。那时手机还是很贵的通信工具，我和章老师都没有手机，这次出差是专门向马敏老师借的。我们到了火车站入口处看见人头攒动，却没发现徐老师的身影，我立即给徐老师的手机打电话，但要命的是能拨通但听不见他说话。我非常慌张，对着手机大声喊我们在哪里哪里，徐老师赶紧过来啊。这时章老师跟我说，别喊了，不要催徐老师，徐老师血压高，我们大不了就在上海住一天嘛。所幸的是，离开车还有 5 分钟的时候，徐老师出现了，跑得大汗淋漓，原来他是去了软卧贵宾候车室等我们，他能听见我手机的说话，赶紧又折回普通进口找我们。现在想来，当时我还是缺乏生活经验。上车后我跟章老师检讨没做好交通保障，差点误了行程。章老师笑了笑，说以后遇事不要慌，要多替对方考虑。

还有一件事令我印象深刻。章老师总是体谅他人，不轻易批评人，尤其是年轻人。2002 年 8 月，长期关注南京大屠杀历史真相的日本友人松冈环要来武汉调查，章老师因去韩国开会了，临时委托我和武汉大学历史系博士生朱长义负责接待。其实我们俩对日军侵略武汉的历史都不熟悉，朱长义的专业是古代史，只是业余时间对南京大屠杀研究有兴趣，经常向章老师请教，老师就记住了他。我们俩赶紧分头查阅已出版的资料，以期对日军在武汉地区的侵略史实有个基本了解。当时能找到的原始资料和研究成果都非常有限，时间紧张，我们也来不及去省市档案馆详细调查。

我们陪同松冈环代表团去了武汉多个遗址调研后，在宾馆开了一个座谈会。我们先把了解的基本史实跟代表团作了汇报，然后是他们提问。他们提的几个问题，如“日军在武汉杀死多少人”“在武汉有多少慰安妇”“日军在武汉有无细菌战”等，因为当时我们只看到一些零星的回忆材料，其可靠性还有待考证，准确的统计数字更是无从知晓，我们就如实回答了。最后，我对松冈环一行不辞辛苦来武汉实地调研表示了钦佩，他们严谨、求真、反思的态度也让我学到了很多，同时也对武汉本地历史学者没有开展此类调查研究工作深感惭愧，今后应该加强。跟随这次访问活动的有一位《长江日报》记者，一问还是华师历史文化学院毕业不久的同学。

第二天《长江日报》刊载了这位记者采写的新闻稿，标题是《日本小学教师问倒武汉博士 武汉沦陷史亟待发掘》。我跟朱同学看了心里很不是个滋味，觉得没有很好地完成章老师交代的任务。章老师回国后，我把松冈环委托我转交的两件礼物送给老师，然后把《长江日报》的报道也拿给老师看。我向老师坦陈，我们两人准备不足，没有很好地回答松冈环的问题，还被报纸批评了，请老师原谅。章老师看完报道，说这个新闻主旨还是对的，催促我们加快武汉的研究，但这写得太简单了，没有把松冈环武汉一行的目的和他们的可敬之处表达出来，本末倒置，把你们俩扯进来，这些问题我也回答不上来了啊，总不能写成“日本小学教师问倒章开沅”吧，这“很不像话啊”。章老师说，这不是你们俩的问题，不用检讨，我得跟《长江日报》社的人说一下。我补充说这记者就是我们学院的毕业生。章老师又笑着说，看来还是我们的问题啊，因为我们没教好学生啊。章老师就这样宽慰了我和朱同学。

我刚来研究所时，曾听前辈老师说章老师是很严厉的，甚至有时也发火，他们都有点怕。但我在所里的这十几年，感觉章老师对我们都是很温和的。只有一次，我犯了大错，章老师对我的批评算是比较严厉。这个大错是我直率、太冲动的性格所致，我将永远引以为戒。我觉得是我给章老师丢脸了。第二天一早，我就去章老师办公室说明原委，认错请罪。章老师听完了，很严厉地跟我说，学术问题是可以讨论的，你的看法也是对的，但你这种批评别人的方式是错误的，你必须诚恳道歉，争取原谅。章老师又说我还真是山东人的性格，对人真诚、言行坦率本来都是好的品格；但直率过度，不加思考，就会变成冲动、鲁莽了，这个要不得，要改。章老师又讲了他在反右和“文革”时期的经历和所见所闻，说明性格某种程度上也决定命运。章老师那次跟我讲了一个小时。

我从这件事中得到深刻的教训，以后每当我有冲动苗头的时候，我都会立刻想起章老师的教诲。所幸我以后再也没有犯过类似的错误。章老师深知我的性格缺陷，在工作中总是宽容我，不断给我提醒，校正我的错误。到 2003 年年底，王奇生、何建明两位中心骨干先后北上，马老师又担任副校长，中心工作受到很大影响。章老师找我谈话，让我负起研究中心的组织和管理责任，命我以中心副主任的名义对外开展工作。这对我来说是莫大的信任，更是义不容辞的责任。

其实，在章老师的指导下，研究中心的工作开展起来并不难，因为章老师早已给我们铺好了路。当时大学和研究机构普遍存在经费不足问题，但研究中心情况要好得多，因为从上世纪 90 年代起，鲁斯基金会、亚联董等连续资助研究中心，总计大约有 30 多万美金。因此，研究中心有充足的预算，组织了一系列的国际学术会议、暑期班和论坛，出版了《中国教会大学史研究》《基督教与中国文化》等丛书，建设资料室，使得中心成为名副其实的中国教会大学史、中国基督教史的研究中心。章老师特别重视中心的文献建设，多次叮嘱我，对西方差会档案和出版著作应买尽买，不要不舍得花钱。美国长老会、圣公会、公理会，英国圣公会等大型差会档案以及耶鲁所存以《西方眼里的中国》为题的众多传教士个人档案，他们的缩微胶卷都是这一时期购入，花费不菲。再加上台湾林治平、王成勉等海外热心人士的捐赠，到 2006 年，中心所藏的教会大学和基督教史研究文献，无论在种类上还是规模上都是国内首屈一指的。更值得一提的是，章老师强调文献中心要成为天下学术公器，要对国内外的学者开放，而且免费。很多资料在公立图书馆都不让复印拍摄，要么复印或拍摄几十元一张，而中心资料全部公开，而且拍照免费。很多学者特别是攻读学位的硕博生们因此受益最多，对此非常感激。这给管理带来一定的压力，但我们依然坚持了下去，因为这才真正体现了章老师开放的胸怀、嘉惠学林的初心。

章老师广博的人脉资源更为中心的工作助力匪浅。我曾跟章老师开玩笑，说曹操“挟天子以令诸侯”，我们是打章老师的旗帜以聚天下学人。因此，研究中心举办的一系列国内、国际会议，总是响者云集。从 2002 年中心设立章开沅东西方文化交流基金讲座，我们先后邀请了鲁珍晞、白吉尔、巴斯蒂、钟鸣旦、梁元生、王国斌、王成勉、柯白、狄德满、周锡瑞、裴宜理等国际一流学者担任讲座教授，他们或是章老师多年的至交好友，或是曾受章老师教益的晚辈朋友，他们都以担任讲座教授为荣，作为向章老师致敬的方式。

从 2004 年到 2008 年，研究中心连续举办了 5 期中国基督教史研究暑期班，从 2009 年开始与香港中文大学当代基督教教学资源中心合作举办了 4 期中国基督教史研究暑期青年学者论坛（2009 年、2010 年、2011 年、2014 年)，邀请了国内外多位知名学者来授课、指导。正因为章老师的号召力，我邀请这些教授从未被拒绝，青年学者和学生报名更是非常踊跃。当年参加暑期班和论坛的部分同学现在已成为中国基督教史研究的骨干了。

无论是暑期班还是论坛，我都请章老师在开幕式讲话，老师也很乐意参加，每次都要兴致勃勃地讲上半个小时。章老师结合自己研究教会大学史和基督教史的亲身经历，讲述了这一领域的研究从上世纪 80 年代末到 20 世纪初从“险学”到海外学者所称的“显学”的过程，但章老师质疑“显学”的定位。他认为当时无论是参与学者、研究成果的数量还是质量都还有很大欠缺；无论是在宏观还是微观领域，还有很多具体问题需要研究；在研究方法上也没有完全摆脱中外既定模式，主张中国学者要走出自己的路。章老师在讲话中曾多次引用楚图南为戴震纪念馆的题词“治学不为媚时语，独寻真知启后人”，以此鼓励参加暑期班和论坛的同学，不要因为当前看上去热闹而随波逐流，而是要为寻求真理去研究，要有独立的学术品格，并要坚持走下去。章老师的讲话一向都很幽默风趣，师生掌声不断。对大部分校外同学而言，这是第一次近距离接触章老师，会后同学们争相跟章老师合影留念。回味章老师在十多年前的讲话，再对照国内中国基督教史研究的实际情况，不得不更加钦佩老师的先见之明。的确，目前环境更需要学者有耐得住寂寞的恒久定力。

巧合的是，因为暑期班、青年论坛每次开幕的日子大都跟章老师 7 月 8 日的生日接近。章老师通常很不乐意我们给他过生日，但以暑期班、论坛欢迎宴会名义请章老师参加，章老师就不好拒绝了，师母也多一起参加。老师同学一起为章老师唱生日歌，让章老师切蛋糕，大家分享，其乐融融，给同学们留下难忘的印象。章老师也非常开心，用他自己的话说，“我最欢喜跟学生在一起了”。多少年之后，这些同学聚会时还常常提起这段令人愉快的时光。

我在研究中心学习和工作的 17 年中，除了章老师直接耳提面命，更多是受老师言传身教，耳濡目染，我学习了很多，得到了锻炼和成长。2014 年 10 月我到山大不久，受命参与筹备第 22 届国际历史科学大会，负责学术组的工作。基于章老师教导我的做事方法，加上我在研究中心组织过多次国际学术会议、论坛的实际经验，虽然历史大会的规模要大得多，但学到的都能派上用场，大会最终圆满成功。回想起来，这所有的一切都是拜章老师所赐。

我离开华师后，还是保持了过去的传统，即每到年终就给章老师做个工作汇报。怕打扰老师工作和休息，我从不用电话汇报，都是写比较长的电邮，这样便于老师随时查看。章老师到晚年仍是保持早起阅读的习惯，一般都是第二天大清早就回复我，或指示意见，或给予鼓励。只是今年，我等不到老师的回复了。

师母黄老师说：“开沅就是那种能让学生记一辈子的好老师。”罗福惠老师这样总结老师做人做事的特点：“先生处事以真，待人以诚，尤其于友人、师弟之道，有仁者之风，这是弟子们终身服膺的重要所在。”诚哉斯言！章老师离开了我们，但留下来的不仅仅是那些鸿篇巨制，还有他丰富的人生经历，这是一本更厚重的历史著作，值得我们一生去探索。今后，我惟有继续读章老师的书，沿着老师开拓的路，努力前行，去完成老师未竟的工作。我想，这才是我对老师恩情的报答，才是对老师最好的纪念。

写于 2021 年 12 月 31 日

（作者单位：山东大学历史文化学院）

怀念我的师祖和学长章开沅先生

李里峰

2021年5月28日上午，在去南京禄口机场的出租车上，看到微信群里转发来自马敏老师的信息："我们最尊敬的章开沅老师已于今天早晨8：15永远离开了我们。"——不敢相信，更无法接受！尽管章先生早已年过九旬，这几年时常在互联网和自媒体上看到关于先生的报道，总觉得他和以前一样和蔼，一样矍铄，一样健康，谁能想到，突然传来这样的噩耗！

章开沅先生，是我的祖师爷，也是我的校友和学长。

我于1992年进入华中师范大学历史系学习，4年后考入本校历史研究所（现名中国近代史研究所）跟随罗福惠、严昌洪两位老师攻读硕士学位，他们都是章先生早期指导的研究生。我来自鄂西北一个偏远的山区小镇，靠着每年高考时针对老少边穷地区的定向录取指标，才得到在华中师范大学念书的机会。上大学后很快发现，这所学校拥有国内一流的历史学专业，其中最有名的就是两位张/章老师，一位是研究历史文献学的张舜徽，一位是研究中国近现代史的章开沅。当时，绝大多数同学都为自己的学校和专业而自豪，认认真真地学习，勤勤恳恳地读书，很少有人为这样一个"冷门"专业的就业前景感到忧虑。

我读大二的时候，章开沅先生结束在普林斯顿、耶鲁和加州大学圣地亚哥分校为期三年多的访学和客座生涯，回到华中师范大学，为同学们举办了一场关于中西文化交流的讲座。我很幸运地提前来到会场，见证了在桂子山求学期间最火爆的一次学术盛会。公共教学楼最大的教室之一（还记得门牌号码是7102），过道和窗外挤满了慕名而来的听众，很多人坐在地上或贴在墙上听完讲座并满怀热情地提问。这样的场景，我印象中只见过两次。另一次是2014年南京大学学衡跨学科研究中心成立，请葛兆光先生揭牌时的演讲。章先生的这次讲座，进一步激发了我对史学研究的热情，坚定了我毕业后继续考研、"以学术为志业"的决心。两年后，终于如愿以偿，成为章先生的再传弟子。

硕士毕业后，我考入南京大学随蔡少卿先生攻读博士学位。入学后才知道，章开沅先生曾于1946至1948年在南京大学的前身之一金陵大学历史系就读（南京大学的主校区便是以前金陵大学的校园），后赴中原解放区工作而肄业。当年他住的学生宿舍辛壬楼，很长时间被用作南京大学人事处的办公楼。2012年南京大学110周年校庆之际，章先生众望所归地当选南京大学"十大杰出校友"。时至今日，在南京大学档案馆的网页上仍能查询到如下学籍信息：

> 姓名：章开沅
> 毕业院系：金陵大学中途离校学生
> 入学时间：民国三十五年九月（1946.09）
> 籍贯：浙江嘉兴，21岁
> 案卷号：1.0147

余生也晚，且愚钝，在华中师范大学求学期间，只陆续听过章先生的几次公开讲座，并在历史研究所举行学术会议和论文答辩时聆听先生教诲，而很少有机会面对面地直接向他请益。印象中，7年间只和同学们到先生家去过一次，聊的时间也不长。如今想来，这是桂子山生涯中最令人遗憾的事情。

章开沅先生是享誉国内外的知名学者，在辛亥革命史、中国资产阶级研究、中国商会史、中国教会大学史、南京大屠杀历史文献等领域都有开创性的学术贡献。对此，学界早有公论，晚辈不敢亦不必置评。我只知道，在自己的学术生涯中，随时都能从先生那里得到启发和灵感——通过他的学生、我的老师的耳提面命，通过他在学术会议上和论文答辩时发表的真知灼见，更通过阅读先生撰写的皇皇著作和锦绣文章。从武汉到南京到天津再回到南京，我的书架上总摆放着先生的作品——《离异与回归：传统文化与近代化关系试析》《辛亥前后史事论丛》《辛亥前后史事论丛续编》《实斋笔记》《比较中的审视》等等，甚至还有一本1983年出版，由先生主编、诸多弟子共同撰写的《中国近代史普及读本》。

至今我还清楚地记得，先生在辛亥革命80周年时撰写的《辛亥革命与“只争朝夕”》（“历史紧迫感”对中国的民族心理和政治文化造成了多大影响)、一百周年时撰写的《百年锐于千载》（来自中山先生的标题本身就如此迷人）给自己留下的深刻印象；清楚地记得，阅读《实斋笔记》和彭剑兄整理的《章开沅口述自传》时的心潮澎湃；清楚地记得，自己的早期习作《杨度对清末民族问题的认识》和《“东方主义”与自我认同》如何从先生的《“排满”平议》一文和《离异与回归：传统文化与近代化关系试析》一书中找到立论的根基。

章开沅先生又是学界公认的优秀教师和杰出教育家。他锐意进取，不断为学生开拓新的研究领域，却自谦是“一只老母鸡，东扒扒，西啄啄，扒出一点东西就让小鸡们来吃”，培养了一大批知名中青年学者，桃李满天下。他胸怀宽广，支持学生去更好的平台，“我的学生不一定都要留在身边，对历史研究所而言也是如此，哪里更有发展前途，就鼓励去哪里”。他心系天下，对中国的高等教育忧心忡忡，“我们现在还有大学精神吗？今后大学精神的重建恐怕不是一两代人的真诚努力所能完成”。他淡泊名利，想要打破高校体制的围墙出去“透透气”，率先请辞“资深教授”头衔并拒领津贴，为破除学术头衔终身制开了个好头。

于我而言，章开沅先生不仅是华师的前辈、南大的学长，还和我的博士师门有一段渊源。1961年在武汉召开的纪念辛亥革命50周年学术讨论会，是章先生学术生涯的一个转折点。一方面，他在这次盛会上聆听了许多前辈学者的教诲，结识了一批来自北京、上海、广州等地的青年俊彦，形成了风雨同舟的学术共同体；另一方面，会后他获得两年学术休假，得以去北京“访师问友，提高学术水平”。他向往的去处之一是北京大学，“经过侯仁之亲自联络，邵循正满口答应接受”。后来，曾任华中师范学院院长的杨东莼捷足先登，把他借调到全国政协文史资料委员会协助征集北洋政府时期资料。但章先生始终记得，1960年代在北大历史系“曾蒙邵先生的照顾”。彼时，蔡少卿先生正担任邵循正先生的学术助手并随他研治中国近代史。2017年，蔡先生的大弟子孙江教授应邀作为首位“章开沅学术讲座学人”到华中师范大学作系列讲座，章先生特意提及此事。孙江教授和诸位同门、同仁一道创办的南京大学学衡研究院，也始终以章先生为学术研究和立德树人的楷模，我虽不能至，心向往之。

“历史是已经画上句号的过去，史学是永无止境的远航。”此为史学之观念。“治学不为媚时语，独寻真知启后人。”此为史学之境界。“太上有立德，其次有立功，其次有立言。”先生走了，他的德行、功业和著述会永远留在我们心中，“历天壤而同久，共三光而永光”。

章开沅先生千古！

（作者单位：南京大学政府管理学院）

大写学问大写爱
——我所见证的章先生

何卓恩

5月28日早晨，我正在写短文《章先生与辛亥革命研究110年》，作为先生新书《走出中国近代史》的读后感，私意是准备去看望章先生的时候，作为一件小小的礼物。9点钟左右，彭剑教授推门进来，神情严肃。我问怎么了，他语气凝重地告诉我："章老师去世了，刚刚。"我们四眼相对，良久无言。我们几个同事前一天中午还在讨论什么时候去泰康楚园看望老人家，无论如何想不到，我们慈祥而睿智的师公，竟如此突然就离开了我们。

一

我第一次见到章先生，是在大学二年级，章先生上任新校长后的一场讲座上。

我大学本科读的是政治系，与历史系同在一号教学楼。我们早已知道一号楼有四大名师：政治系的陶军、高原，历史系的张舜徽、章开沅，但都没有近距离接触过，所以难有感性认识。大约二年级秋季的一天，同学们得到消息，章校长（上任不久）在大礼堂有讲座，寝室的同学很早就去占位子。大礼堂是电影场南边一栋单层建筑，室内除了主席台，由低到高摆放着好几列几十排的条式桌凳。按当时规模，大概可容全校学生的四分之一，相当于全校一个年级的同学。遇到大家感兴趣的活动，不抢先占位就挤不进去了。因为第一次听新校长讲座，会场爆满，有些抢不到座位的就干脆站到主席台的两侧和背后（这种情况常有，成为特殊的风景）。章先生讲的话题是知识分子，内容记忆犹新，包括知识分子的划分标准、中国知识分子的人数、国家知识分子新政策、知识分子的责任和使命等。显然，我们这些刚刚走进知识殿堂的毛头学子，是被校长当作知识分子或准知识分子看待的。新校长不是按常规的做法开大会给学生“讲话”，而是以一个学者的姿态给学生办讲座，让我们倍感亲切。“知识分子的春天”这个词，从章先生洪亮的声音里发出来，就比报纸广播更有温度。“知识分子的使命感”的说法，也超出了当时流行的“学好数理化，走遍天下都不怕”，让我们懂得了知识虽是知识分子最基本的素养，坚守社会正义和维护独立品格却是知识分子最本质的内涵。

这次讲座的内容，在章先生的已刊著作里我没有找到，学校档案馆里迄今也没有发现存底。那个时候录音设备虽然有，却用得不普遍，章校长很多这样的讲论没有留下来，实在可惜。但也有极少数留下来的，例如印象很深的章校长在第一个教师节的讲演。在《章开沅演讲访谈录》里，收录了这一篇题为《春风化雨，桃李芬芳》的讲演。教师节在其他学校主要是教职员工的节日，在师范大学则是师生共同的节日。教坛耕耘三十多年、历经各种风雨和坎坷的章先生，讴歌了教师职业的伟大、艰辛和可爱，在强调教师应该有更多的自我尊重、自我勉励之外，呼吁政府和社会给予教师更多的重视，实际改善教师待遇低和工作环境差的问题。读一下他的原话：“重视教育和教师乃是关系国家民族命运的百年大计、千年大计，社会主义与共产主义绝不可能产生于愚昧与无知。如果连这点常识都不懂得，甚至对此还有些抵触，那还叫什么共产党干部?”这样的胆识、这样的赤诚，在几十年之后仍然令人感动。

大学期间，我们最有感的是校园风气的活泼。章校长当校长后，学校各样讲座非常多，有时一周好几场。章校长亲自主持的也不少，记得台湾学者陈鼓应先生的讲座即为章校长所亲自主持。那时两岸还没有往来，陈鼓应先生从美国“曲线”来到大陆，是台湾第一个来本校讲座的学者。这次讲座在新改造的电影场进行，全校同学一起听讲。章校长介绍了他访问美国时与陈先生认识的过程，说陈先生是爱国的民主人士，因参加台湾民主运动被国民党放逐海外，被阻止回台湾，后来来大陆应邀去北大担任客座教授。接着是陈先生的讲演，他绘声绘色地讲述了国民党在台湾的专制统治，和暗地搞“台独”的做法。关于前者，他主要讲了国民党特务和军警人员的猖獗；关于后者，他提到一个根据，国民党在官方文书中总说“全国一千八百万人民”，而不提大陆的人口。那时大陆对台湾发布过“叶九条”，但国民党奉行“三不”主义。我们听了陈先生的讲座，对台湾政治和社会有了一些新认识。几十年后我跟陈先生熟识，每每谈起这一次演讲，陈先生都对章校长的办学风范赞不绝口。章校长还主持过关于著名作家丁玲、国际社会活动家陈香梅的演讲，都很精彩，让人长见识。讲座成为我们大学学习生活的一部分，与教室、图书馆一起建构起求学的三维立体结构，在当时的高校这种氛围不多见。

章校长活跃校园的另一举措是发展学生社团，训练学生自治。1985 年起，校学生会发起一系列学生社团，成立社团联合会。社团里最活跃的有演讲协会，每年 5 月 4 日和 12 月 9 日举办武汉高校演讲、歌咏大赛，俨然成为全国闻名的一大品牌。还有诗社，摇篮文学社，电影协会，书法、摄影、美术、音乐协会等，不少协会活动范围辐射到校外，走向社会，服务社会。我寝室的王慧轩同学是很活跃的校学生会干部，从宣传部部长干到主席，又兼任过社团联合会主席，经常办活动，有与校长见面的机会。他常与我们分享一些章校长的意见，例如，章校长到场祝贺社团联合会成立，勉励同学们开展第二课堂，拓宽知识视野，独立思考，不懈追求真理。又如，学生开展社会实践，章校长很支持，说不要关起门来办大学，不要只做书斋里的学问，要把有字书和无字书结合起来，了解国情，了解社会，了解人生，增强社会责任感。大学生论坛中有同学发言表达了非主流观点，引起一些波折，章校长说要支持青年学生探索，注意引导就是了。我们一般同学虽没有王慧轩经常领受校长近距离教诲的幸运，但透过这些分享，以及亲历校园风气的变化和学生思想之活跃，对章先生办学的开放、宽容、胆识，无不敬仰和景从。

二

到我考博士、读博士的时候，与章先生有了比较近距离接触。1987 年大学毕业后，我被分配到武汉河运专科学校教书。90 年代中后期，全国兴起大学合并和升格潮，我所在的学校被一并而为武汉交通科技大学，二并而为武汉理工大学。在合并升格中，伴生的是师资学历提升运动。1996 年我被学校安排参加华中师大历史文化学院开办的中外文化和国际关系硕士课程班。1999 年结业，在论文导师何建明教授鼓励下，报考了近代史研究所罗福惠教授的博士研究生。在面试中，章先生是考官之一。罗老师先问我学术兴趣和阅读情况，在我说到读过卢梭《社会契约论》的时候，章先生问我读的什么版本，译者是谁。我以前读外国作者的书有个很不好的习惯，只注意作者不注意译者，所以版本回答出来了，译者却卡住了。章先生指教我，商务印书馆的这个书是何兆武先生翻译的，何兆武先生是西南联大的学生，造诣很深厚，把卢梭的思想忠实地呈现出来了。又顺便谈到他跟何先生的交往，盛赞何先生的人格性情（何兆武先生竟与章老师同日辞世，联想此景，心中别有感触）。那时候考博士的人不多，面试有点像座谈，可以夹叙夹议，对考生来说很受益，不啻一堂讨论课。

我被录取后进入正式的学习流程，上课、开题、答辩。章先生那时已经不开课了，所以我们并没有听过先生的系统讲论，但在我论文开题的时候，有幸再次得到先生的指教。我的学位论文题目《殷海光与近代中国自由主义》，开题时谈到殷海光早期崇拜蒋介石的情况。受台湾反对党文献的影响，我将这段经历看得比较负面，认为是殷海光思想不成熟的表现。章先生指导我，殷海光崇拜蒋介石既然是发生在抗战时期，就要根据抗战时期民意的真实情况去判断他崇拜的性质。在那个特殊的时代，蒋介石的声望确实达到了一个高峰，是全国的抗战领袖，也代表一种坚韧的力量。后来打内战的时候，他的形象才一落千丈，不能用蒋介石后来的形象去对殷海光原来的崇拜做出判断。虽然内战时期殷海光的崇拜仍然延续了一段时间，但还是要看他的整个情感脉络和因缘。章先生还说，殷海光在金陵大学兼课的时候，他也正在那里读书，但他对殷先生没有印象。那个时候青年学生普遍反蒋，殷先生拥蒋，应该不太会受到学生青睐。

章先生对我学位论文的帮助，还包括看不见的一面。因为殷海光 1949 年后的资料都在台北，没有这些文献，我是开不了工的，所以需要求助台湾的学界前辈。借严昌洪老师、朱英老师出差的机会，我请他们帮我求助，后来得到陈三井所长（“中研院”近史所）、周惠民主任（政大历史系）和其他很多师长提供的帮助。再后来我自己得到殷海光基金会资助访台，拜访这些师长时，他们都提到章先生曾经在那里讲学，也让我回汉后转达对章先生的问候。我知道，这些前辈愿意不辞劳苦帮助我这个毫无瓜葛的后生，除了他们虔诚的学术公器意识，很大一部分原因，是因为章先生在台湾留下的“无形资产”——学术风范和深情厚谊。

博士毕业后，我一度到武汉大学哲学博士后流动站修业，2005 年出站，被母校接纳，调入培养我的中国近代史研究所，在章先生身边工作。这是我人生最大的幸运，也是我获得章先生更经常耳提面命的新开端。

三

2005 年的最后一天，我在华师人事处办完手续，到近代史研究所报到。研究所当时在科学会堂后座三楼。所里给我分了一间小工作室，很快我就搬了些书进去，开始工作。工作室与章先生的名誉所长室正好相对。第二天章先生大概九点左右来所，我就怀着诚惶诚恐的心情，敲门进去向先生请安，禀报我来所工作的情况，并请求先生多加训示。章先生对我说：你的情况我已经知道了，这里思想史研究确实需要补充人力，跟着罗老师继续学习，也能成长得更快一些。又说，你刚来，适应工作环境可能还有一个过程，慢慢来，老师们也会帮助你。章先生完全以一个长者的身份，对我温厚地鼓励和叮嘱，使我倍感温暖。进门之初的紧张和惶恐烟消云散。

章老师所说的老师们会帮助我，我很快就体会到了。章老师自己也伸出援手，亲自支持和帮助我开展一些学术交流活动，比如支持我邀请韦政通先生来访。我因为多次去台湾查阅殷海光和台湾地区社会思潮的资料，和进行一些思想人物访谈，结识韦先生已多年。2006 年春，韦先生在南京东南大学讲学，我邀请他结束后顺访武汉，来华师讲学两周，得到应允。来校后，章先生亲自会见，两位年龄相近（章先生长韦先生一岁）的老人一见如故，相谈甚欢，稍后又共进晚餐。

章先生对我筹办的一些学术研讨会也亲身给予支持。我研究战后台湾自由主义思潮，殷海光、夏道平、雷震等人是其中代表性人物，前两位又都是湖北赴台思想家，所以在他们的重要生辰纪念日，我们研究所与相关院校合作举办了海峡两岸纪念夏道平先生 100 周年诞辰学术研讨会（2007 年）和纪念殷海光先生 90 周年诞辰、95 周年诞辰学术研讨会（2009 年、2014 年）。这几个会章先生都很爽快地应承参加，不仅在开幕式上发表讲话，而且也不辞辛劳跟着参观两位思想家在大冶和团风的故居。

2009 年，研究所根据学校要求搬迁到国际文化园区一号楼，章先生工作室安排在六楼，我则在五楼，请教没有以前那样方便了，但在先生不太忙的时候，也常上去聆听教诲。每次一去，先生都让我坐在他工作台的对座，然后就某一主题娓娓道来，给我许多启发。记忆比较深的大概是 2010 年的某一天，我从台湾调研当地学界辛亥革命研究学术资料回来不久，特意向章先生转达法老（张玉法先生）和朋公（张朋园先生）的问候，并就当年两岸辛亥革命性质“论战”的学林佳话，问及章先生对于这一问题现在的看法。章先生说，当年论争有特定的背景，现在看，各有一定的合理性，可以多角度观察这场改变中国历史的革命，“我仍然认为用资产阶级革命讲辛亥革命没有错，但这个资产阶级不能理解太狭隘，从社会结构去理解，还是合理的”（大意）。稍后又有一次，我应长春出版社之约编了一套公众版《胡适文集》，向章先生说明了大致的想法，章先生当即赐言：“胡适的思想，用今天的话来说，就是科学发展观。”

我在工作中也结合自己的方向研读章先生的著作，曾写过三篇读后感。

一是关于章先生与池田大作对话录的，由《中华读书报》刊载；一是关于章先生思想文化史论著的，发表在《史学月刊》上；一是关于《章开沅文集》的，收入《近代史学刊》。有一次，章先生在五楼走廊遇到我，提到《史学月刊》上的那篇《在“时代”与“思想”之间》，说：“我那些思想史的文章其实都是随意写的，没有系统的计划，不过你分析得也有道理，把逻辑关系讲出来了。”后来我体会，章先生的意思，可能是说史家文章未必都有特定目的，但不妨碍从众多文字里寻求其内在逻辑。章先生多次说过，历史学家同时也应该做思想家，这是说历史学家都有人文关怀，可以通过道德文章见其精神；又多次说过，研究思想史的人要有思想，这是说思想具有内在结构，对思想的内在结构缺乏自身的认识和判断，就无法真正认识前人的思想。与这两句名言相联系，章先生还有一句“历史学也是未来学”，将人类文明的过去、现在和未来连接起来，将史学研究与文明建构链接起来。这些训诲都让我醍醐灌顶，虽不能至，心向往之。

“建设一流大学”的声浪兴起后，章先生发表了不少谈话，反对不切实际的“大跃进”，在社会上反响很大。一些人误解他，说他不赞成搞一流大学，其实先生的意思只是说大学发展要遵循自身规律，真正提升大学的质量。有一次我去先生工作室，说完事情后，先生让我坐下来，递给我一本齐锡生的书《香港科大，还有什么好说的?》，是海天出版社 2014 年 4 月出版的。老人家说这个书写得好，把走向一流大学的真经写出来了。然后将香港科大的创校传奇绘声绘色、条分缕析地给我讲了很久，让我拿去读一读。后来我和研究生一起细读了这本书，并写了一篇书评，还书时一并奉上，先生大加鼓励。

2015 年，章先生进入 90 高龄，研究所本打算举办一个活动来庆祝，先生不同意。后来决定由所长朱英教授领头，系统整理章先生文集在华师出版社出版。我也参与了，主要是有关先生辛亥革命史研究中的部分文献搜集整理和编校工作。与此同时，我还进行了另外一项事务——章先生存札的整理。在一次章先生与我的谈话中，我说起文集之外，如果有日记、书信、回忆录同时出版就更好。先生日记只有一部分，正在香港出版；回忆录经过彭剑整理，也很快会在北京出；书信则没有整理，先生说信件倒是保存有不少，但主要是别人写来的，自己写的信很少有留底。

不几天，先生就让我上去取，一共四大包，大致归了类。第一包上注有“要件”字样，第二包标注“重要”。我经过拍照、影印复制后，原件归还先生继续保存。经过我和学生一年多的辨识、录入和校对，初步编出约50万字的书稿。其中最完美的，要算章先生与张朋园先生的往来书信，这得益于2016年我去台北访问，朋公了解到我在整理书信，特意回去翻找所存信件，找到十多封章先生来信，让我拍照和影印。朋公还讲了不少与章先生之间的交往趣事和佳话。回到武汉后，向章先生汇报这一重大收获，先生很高兴，也讲了他跟朋公和台湾其他友人的一些轶事。其他信件中难以辨识或时间不明、情境不明的时候，我也随时会去请教先生，往往先生一讲就是一两个小时，给人悠悠往事历历在前之感。这个集子因目前条件尚不成熟，仍未出版。

2018年，我右眼视网膜脱离，数次手术，视力大受损害，也影响到左眼，以致几乎丧失维持工作的信心。章先生很关心，让我注意休养，争取慢慢有所恢复。又说他的眼睛也不好，眼底黄斑变性。不久章先生因为泌尿系统疾病而做了一次手术，术前留下四句话：“左丘失明，司马受宫，史家多难，古今正同。”既是自我调侃，也是对史学工作者职业坚守的意义阐释，作为后辈，读来对人生和工作都多了一层领悟。

四

静下来默想，我心中对章先生的情感，实际上经历了从敬仰到敬畏再到敬爱的发展过程。在大学本科学习阶段，章先生身为校长，以全新的方式办学，给我们创造了活泼开放的求学环境，树立了独立思考、追求真理、关怀社会文明进步的人生坐标，塑造了我们人生的方向，我们的敬仰是由衷的。所谓“高山仰止，景行行止”。到了读博士的时候，可以聆听章先生直接的教诲了，但毕竟接触不算经常，我们这一拨同学又都是隔代门生，在蜚声海内外的师公面前，内心生怕努力不够亏负先生期待，就像一个不大不小的孩子在长辈面前担心犯错，所以这点“畏”的心态多少是存在的。来到章先生身边工作，几乎每天都能见到老人家的身影，听到老人家浑厚而有磁性的声音，这种“畏”情很快就被敬爱、亲爱的情感所替代。这样一个由远而近、由仰望而亲密的过程，正是对我生命启示步步深化的过程。

章先生历来给我的印象都是朝气蓬勃、中气十足，但毕竟年事已高，近年来身体不断有些小状况，甚至还患上肺癌。先生达观面对一切病痛，留下嘱咐：“宁可安乐死，不做植物人。”要为生命坚守最后的尊严。

2020年年初，武汉暴发的新冠病毒肺炎，如猛虎下山，瞬间肆虐全城。为隔绝传染源，政府采取了封闭式管理的断然措施。人们在承受巨大心理压力的同时，生活也遭遇极大不便。章先生与黄老师两位老人以顽强的精神，安然度过这段与世隔绝的日子，但身体是显然受到影响的。4月8日城市解封后，我经审批回了一次学校，在办公楼门口遇到章先生正背着小布包、拄着拐杖（印象中是第一次看到先生拄拐杖）下楼梯。我赶紧迎上去准备扶先生一把，先生阻止，在台阶上站着与我说话，问我情况如何，第几次来。我说情况还好（其实封城期间我的状态也不够好，但不便跟先生细说），是第一次来学校，不容易得到批准。先生说正好他出了本新书，《走出中国近代史》，要送给同事们（先生历来这样称呼研究所的门生弟子），已经题好字了。我说那太好了，我要好好拜读，写篇感想。先生说不急，过几天来请办公室分发。然后先生才又慢慢往下移步，下到地面，慢慢向家里走去。

直到9月，学校才允许师生员工凭校园卡自行进出，但要求老师们非不必要尽量少进校园、少去工作室。这样，见到章先生的机会就少之又少了。到11月的时候，有一天听罗老师说章先生在家摔倒了；12月底又听说章先生起居很不方便，在武汉大学原校长刘道玉先生的坚邀下，去泰康养老机构楚园休养了。疫情期间的严格管理，加上担心看望会增加先生的体力负担，我们看望章先生很难。直到今年5月下旬，才得到信息说楚园可以允许亲友故旧去看望先生了，研究所于是安排分批前往。然而，都没有来得及成行。

惊闻章先生辞世，全校师生无比悲痛，中外学界竞相致哀。在逸夫国际会议中心和博雅广场，无尽的人流手捧洁白鲜花向先生遗像深深鞠躬；在武昌殡仪馆，数以千计各地赶来的学者和各界人士庄严肃穆地向先生遗体告别；治丧委员会收到的唁电、唁函、挽联、挽词、花圈、花篮更是不绝如缕，从亲人故旧到门生校友，从社会粉丝到国家领导。对于一个以治学育人为乐，终生没有离开讲台和书桌的教师来说，此景亦可谓极尽哀荣。太史公说："人固有一死，或重于泰山，或轻于鸿毛，用之所趋异也。"无疑，章先生是重于泰山的，除了学术著作定然藏之名山之外，他还留给学界和世人宝贵的精神遗产。

章先生的精神遗产是什么呢？"好市民""荆楚名家""终身成就者"……各种荣誉在说话；"老兵""学者""五四之子""世界公民"……先生自许如洪钟；于人之爱，于业之诚，于族国天下之情……追思者也各有阐释。就我自己38年来的观察和体会，深感章先生在人生、事业、学术、教育各方面都建立了巅峰楷模。人生、事业际遇各异，难以复制；而学术、教育则皆具通则，章先生所留下的特殊财富，尤其珍贵。章先生噩耗传来那天，我曾在学生群里发了一副仓促拟就无法顾及韵律和修饰的挽联：

为学贵魂一头扎进辛亥史探秘帝政共和路
治校有道双目锁定文明梦超越离异回归曲

章先生作为一名誉满全球的学术宗师，以治学为职守，以求真为学魂，研究的范围广泛而极具开拓性，其中辛亥革命研究贯穿始终，"一头扎进"是先生常用的说法。章先生的辛亥史研究特别注重纵向延伸和横向汇通，其目标无疑聚焦于中国数千年历史大转型的实现。在辛亥百年时他明确提出"三个一百年"，这个说法不仅仅具有时间上的意义，更有深刻的社会历史内涵。

章先生也是一位栖身学府的伟大教育家，他的伟大在于不唯上、不泥古、不崇洋，着眼于古今融合、中外贯通，将熏陶健康人格、塑造现代文明作为教育目标。章先生的《从离异到回归：传统文化与近代化关系试析》所揭示的近代知识人曲折求索之旅，所表达的超越离异与回归、走向融合与创造的理想，无论在他教书育人还是治校办学的时候，都有淋漓尽致的体现。

严于求真、勇于求正的学术精神，和面向世界、面向未来的教育精神，在我的心里，是章先生永存而鲜活的生命，是一代一代后学晚辈不断向前的源头活水。而这两种精神，与他人生历程中的其他可贵精神一起，又可浓缩为一个字——爱，对人和民的亲爱，对民族和人类的大爱。

章先生做完了他的工，挥挥手，走了；他用学问和爱定格了一个光辉灿烂的人间生命，留给后世思考、仰望、跟随。

（作者单位：华中师范大学中国近代史研究所）

章开沅先生与江西师大中国史博士点建设

张艳国

今年（2021年）5月28日，敬爱的导师章开沅先生永远地离开了我们！连日来，我与同门学子一样，沉浸在极大的悲痛之中，对章老师离世万般不舍。在追思中，往事一桩桩、一件件、一幕幕如电影镜头一样在我心中翻滚，章老师对我的教育、培养一遍又一遍浮现眼前，令我永志不忘！

章老师是具有大爱的仁者之师，他在创造自己事业辉煌的同时，又倾力支持、扶持学生成长进步，帮助学生追梦圆梦。章老师曾经动情地说过："40多年来，无论课内课外，校内校外，我为年轻一代历史学者的成长，耗费了不少精力与时间，对自己的著述或多或少有些影响，但我永远无怨无悔，因为学术的小我只有汇入学术的大我才能进入永恒。""为造就青年学者开路，为发展学术交流搭桥，这就是我的人生追求。"章老师对江西师范大学中国史一级学科博士点建设的指导、支持和关怀，深刻地印证了章老师的人生追求和精神永恒。可以这样说，如果没有章老师鼎力扶持，就不会有江西师范大学中国史一级学科博士点建设的顺利展开和取得成功；如果没有章老师对学校中国史学科、历史学专业建设的关心和指点，就不会有学校如今中国史学科、历史学专业快速向好发展的喜人局面。

话得要从头说起。

2010年那一次我校中国史申博失败后，学科、专业队伍好比初秋遭遇猛烈的寒潮打击一般，大家都打不起精神，失败的情绪像流感一样蔓延。更为可怕的是，有的同事彻底丧失了希望，决计一走了之，另寻高枝。当时，我们处在失败的环境当中，对未来的发展忧心忡忡，一时之间，几乎迷失了前进的方向和丧失了再战的信心。在这种情况下，要带好队伍，重整旗鼓，向着既定的目标发起冲锋，难度是很大的。

在困难、困惑之中，我想起了向章老师请教。主意打定后，我在假期上桂子山向章老师讨教破解之法。章老师对我们的失败深表同情，对已有的基础，特别是以谷霁光教授为代表的江右史学传统予以充分肯定。他指出，学科建设、专业建设与人才队伍建设，同世界上的万事万物一样，信心比黄金还可贵。干事业，闯新路，要有心理准备，要加强队伍的心理建设，尤其不要怕失败。搞历史研究的人，更要懂得经得起失败，才能从失败走向成功的道理。振奋精神，团结拼搏，终会成功。他说，当然，也要善于总结经验，科学总结经验，遵循学科建设的规律，按照规律办事，制定正确的规划和策略，争取不走弯路。他指出，博士点建设，看起来只是教育层次的提升，其实却是学术水平的升级。这就要在人才队伍建设、科研质量建设、学术影响建设、学术条件建设等方面狠下功夫。具体的指标是硬性的要求和条件，学术环境、学术氛围、学术荣誉这些看不见、摸不着的“软件”往往是制约核心竞争力的关键因素，尤其要下力气优化和提升，这是涉及可持续发展、良性发展、长远发展的重要观测点。章老师在进行战略指导的同时，还发挥他“老马识途”的宝贵经验，进行了战术指导，对于制定科研计划、发表出版高层次论著、开展高层次学术交流、聘请高级专家指导、发挥团队重点人才作用、加强学科建设管理等方面也作了详细的有针对性的指导。他特别强调，你们现在围绕申博工作搞学科建设，有一个非常好的条件，一定要用足、用活、用好，这就是同门师兄弟的相互支持作用。他们中不少人已经成长为国家级学科带头人，有经验、有思路、有力量、有学术影响，特别是像马敏教授等，他们还参加国家层面的相关工作，对于指导你们有序有质地推进这项工作，一定大有帮助。章老师几次耐心地听取我的汇报，并进行战略战术上有力的指导，彻底驱散了我心中的谜团，使我明确了接续奋斗的方向，坚定了成就学术事业的信心。特别是章老师表示，关键时刻，他会莅校指导，这更给我莫大鼓舞。

2014 年，进入了新一轮申博的关键时间节点。这年暑假，我请教章老师并邀请他来校指导，章老师愉快地接受了邀请，并就来校准备工作予以具体指导。这时，省里正在筹建2011年协同创新研究中心，经过评建程序，将建设若干省级协同创新中心。我与章老师商量，以筹建获批省级协同创新中心为突破口，先建设校级创新中心，再参评省级创新中心，以此为平台助推博士点建设工作。经过一番准备，我们根据章老师拟定的时间邀请他参加在11月13日举行的江西师范大学中国社会转型研究中心揭牌仪式，再次吹响江西师范大学进军中国史一级学科博士点的冲锋号。对于章老师选定的这个时间，我一直是心怀忐忑的。祈求老天保佑、天公作美，届时风和日丽、秋高气爽。因为章老师毕竟已是88岁的年高老人啊，出远门一趟实属不易，有赖天气支持，因为这时已是深秋，天气转凉，更是寒潮开始南下的时节。好在天佑师大，天气宜人，连日秋高气爽。那天中午，章老师偕师母、马敏师兄夫妇和田彤老同学一行，乘坐从武汉站直达南昌西站的动车，准时到达。在从南昌西站到瑶湖校区的路上，章老师精神矍铄，谈兴很浓。他讲江西历史文化在宋明之际的辉煌、在近代中国产生的重大影响；他讲江西师范大学的前身国立中正大学的历史底蕴，涉及胡先骕、谷霁光的学术人生和逸闻趣事；他讲自己与师母黄老师情定美庐的庐山恋歌，讲庐山图书馆馆藏外文资料以及庐山文献。一路上，我们很少插得上话。特别是车行紫阳大道，他对道路两旁的绿化和城市生态赞不绝口，连声说，这就是生态江西的城市映照，值得其他省会城市学习。

看得出，章老师对深秋变化无常的天气是有十足的心理准备的，他虽然按照秋季的穿着一点也不显得累赘，但是，他随身携带了每年冬天常穿的黑色毛呢长大衣。一路上，每当我看到章老师怀抱的长大衣，我的内心就深深地震撼，章老师此次江西之行、师大之行，是下了多大的决心啊！此行倾注了多少关爱学生谋发展的浓厚情怀啊！此行攒足了支持江西师范大学中国史学科建设多大的力量啊！章老师到达学校白鹿会馆，中午简单地餐饮、休息后，立即投入了工作。下午三点，章老师在学校音乐艺术广场作了“20后寄语90后”的学术报告。在报告开始前，章老师将50册报告同名书签名送给前排同学，立即使室内气氛活跃起来。由于章老师名气大、威望高，同学争先恐后前往报告厅，室内座无虚席，连走道上也挤满了学生听众。一个半小时的报告精彩纷呈，赢得了学生多次经久不息的掌声，互动过后，学生久久不肯离去。这种场面热烈、受学生欢迎的程度和热度，至今还没有被突破。

报告会后，章老师来校指导的工作达到高潮。省委常委、秘书长朱虹教授从红谷滩会场赶来，省委副秘书长宋雷鸣同志和省教育厅厅长叶仁荪教授也先后来到历史文化学院所在的名达楼，在有关校领导的陪同下，章老师为学校中国社会转型研究中心揭牌。揭牌仪式简短、庄重、热烈，具有极其重要的学术意义和值得记叙的学术标识价值。一是章老师的莅校指导，引起了学校对这个协同创新中心的高度重视，这当然是不言而喻的；二是省教育行政主管部门主要负责同志在活动中高度肯定学校中国史学科、历史学专业建设成绩，表示将加大支持力度，促进申博工作闯关过险；三是省领导对章老师关心支持学校中国史学科建设表示高度赞誉，对学校中国史学科和历史学专业建设表示热心支持，并作出具体指示，极大地提振了学科团队信心。在揭牌仪式后的简短会见交谈中，章老师对学校近两年在中国史学科、历史学专业建设方面的措施、效果、变化表示赞许，认为只要学校加大支持力度，学院和团队进一步优化建设方案并加快建设步伐，省里加强支持倾斜力度，他也一定会持续密切关注建设进度和质量，并坚信，江西师范大学中国史一级学科博士点建设一定能够在新一轮竞争中与时偕行，获得成功！章老师掷地有声的支持讲话，使在场的学院有关同志流下了感动的热泪，这对我教育尤甚、印象尤深！在章老师的强力支持下，学校中国社会转型研究中心于次年夏季成功获批省级协同创新中心，获得了足量科研经费支持。

我们以中心揭牌为起点，牢记章老师的鼓励和教诲，在马敏师兄等人的具体指导帮助下，学科团队拧成一股绳，做争气的学科、成立志的团队，将学校的支持、省里的扶持作为巨大动力，狠抓人才队伍建设、学科内涵建设、学术环境建设和学术竞争力建设，经过三年努力，我们的付出收到了成功的回报：2018 年 3 月，江西师范大学中国史一级学科博士点成功获批（江西唯一一个中国史一级学科博士点）；2019年成功获批国家级历史学一流专业建设单位（江西首批唯一一个历史学国家一流专业建设点）。当我将成功的喜悦向章老师汇报时，章老师表达了同样喜悦的祝贺，并送了我们两句话予以鼓励：有志者，事竟成；百尺竿头，更进一步！这两句话，我牢记心间，作为奋进的座右铭，与学院、专业学科团队的同事相互勉励，做到“没有最好，只有更好”，把一时的成功作为通向未来发展的坚实起点，追求卓越！

古人说：“前人栽树，后人乘凉。”又说：“饮水思源心更甜。”我们永远不会忘记章老师在2014年深秋来到江西师大的扶持之旅、培育之旅，一定记住章老师的教诲和祝福，办有品质的历史教育和有高度的中国史学科，在“永无止境的历史远航”中保持应有的文化情怀、学术定力和人文温度，不为过去画句号，只为未来增智慧，传承、弘扬中国历史文化，作出江西师大人的新贡献。

章老师虽然离开了我们，但他对学生的鼎力扶持，他对江西师大中国史学科建设和历史学专业建设的贡献，必将永远和我们同在，并内化为强大的精神动力和文化滋养，结出教育、学术硕果！

（作者单位：南昌师范学院）

开沅师为我“站台”记

涂文学

1999年5月，首届黄陂木兰文化节在黄陂木兰湖举行，我与章开沅先生、皮明庥先生作为嘉宾应邀与会。其时我有意报考华师中国近代史所博士研究生，于是请皮先生帮我引荐，请章先生收我作弟子。会议宴会时，皮先生向章先生提及此事说“文学想拜在您的门下”，章先生即爽快应声：“好啊，那我就要摘桃子了哦!”此时我在武汉市档案局工作，任副局长，但之前一直在武汉市社会科学院随皮先生做武汉历史文化研究，发表了一些学术论文，1993年开始享受国务院颁发的政府特殊津贴，1997年被评聘为研究员，故先生有“摘桃子”之戏语。

2001年9月，我通过考试正式成为华师中国近代史研究所博士研究生，所里为我安排的指导老师是章开沅先生和严昌洪先生，章先生因为年事已高，我的研究生学习研究主要由严老师指导，但章先生在我毕业论文写作过程中一直密切关注，多有点拨。其间有几次谈话我印象颇深。论文开题时，先生对我的开题报告看得十分仔细，报告中我引用了美国学者李·麦萨克论文《上海之外：从圣迭戈看中国城市》(《城市史研究》第13、14辑)，先生就译“圣迭戈”还是“圣地亚哥”谈了自己的意见。我的学位论文研究的是20世纪30年代的汉口市政，先生指出，论文虽然只是研究汉口一个城市的市政，但可以以小见大，把30年代的汉口放在当时中国乃至全球现代化、城市化的大背景下来考察，使小题目做出大模样。开题报告会时，我已年过不惑，而我的同学都还是二三十岁的“小年轻”，我颇觉尴尬，先生半是调侃半是鼓励地笑道：“文学是老将出马，一个顶俩。”

2006年春，经过几年艰苦学习，我终于完成了毕业论文的写作，论文答辩时，章先生因为外出开会不能出席答辩会。行前，我与昌洪师一起去拜见先生，先生表示："这次出差是早就确定了的，很遗憾不能共襄盛举！"他转而对严老师说："文学的论文写得相当不错，将来可以申报全国百篇优秀博士论文评选。"使我受到极大鼓舞。只可惜我因行政工作繁忙，读博期间未发表相关学术论文，不符申报条件而作罢，既辜负了两位老师的厚望，也给自己留下终生遗憾。2009年，我的论文《城市早期现代化的黄金时代——1930年代汉口的市政改革》入选中国社会科学博士论文文库，由中国社会科学出版社出版。先生为拙著亲撰序言，颇多奖掖。除了称赞论文运用多学科知识全面、系统、深入探讨20世纪二三十年代汉口的市政改革，"把城市史的研究提升到一个新的高度"，尤其表扬了我对武汉城市的"大爱情怀"："文学作为土生土长的历史学者，正在殚精竭虑履行自己的职责……将大爱融入城市研究，完全是出于对乡土的热爱、民生的关切。作为师友，我为此深感欣慰，并略缀数语致敬。"

先生把武汉当作自己的第二故乡，也正是出于对武汉的大爱，先生对我和我所从事的武汉城市历史文化研究一直给予高度关注和热情鼓励。2005年，江汉大学城市研究所成立，先生欣然应聘为顾问，2019年城市研究所主办的《武汉学研究》创刊，先生亦为学术委员会顾问。城市研究所但凡举行大型学术研讨活动，先生只要有空都到会指导，其中我印象深刻的是两次抗战国际学术研讨会，章先生莅临大会并在开幕式上发表主旨演讲，引起极大社会反响。

一次是2005年为纪念抗日战争胜利60周年，江汉大学联合华中师范大学、中国社会科学院近代史研究所、武汉市政协共同举办抗战与中国文化国际学术研讨会。先生在开幕式上发表主旨演讲并以此为基础为后来我主编的会议文集《抗战时期的中国文化》（人民出版社2006年）作序。先生主要讲了三个问题，第一个问题是尊重历史，超越历史。先生回顾了过往中国抗日战争研究的历史，认为由于党派畛域和历史恩怨，不仅使抗战史研究流于片面，难以全面和深入，更重要的是给日本右翼势力以借口，不承认中国是真正的胜利者。“他们承认苏联、承认美国是远东战争的胜利者，说是他们的胜利，但是不承认中国的胜利，这是我们自己把自己贬低了。所以我提出要超越历史，既尊重历史又超越历史。所谓超越历史就是把历史的恩恩怨怨，把这些党派成见，把这些不正确的宣传要重新清理一下，大家共同恢复抗日战争的本来面目。”第二个问题是我们研究抗日战争的目的究竟是什么。先生认为抗战历史丰富，内容很多，但是“我们研究抗日战争，我们的目的究竟是什么？我经常讲一句话，不仅在大陆讲，在台湾讲，在香港讲，在国际上也讲，在北美讲，在日本也是这样讲，我们是要保留一个正确的、正当的、必要的历史回忆”。先生认为，我们对抗战史的研究，不是为了加深仇恨，渲染仇恨，扩大仇恨，而是为了消除仇恨，通过对日本发动这场非正义的侵略战争的研究，正视历史，反思历史，摒除战争，消弭仇恨，维护和平。“所以历史是不能歪曲的，历史是不能遗忘的，应该用历史很好地教育各国人民、世界人民，来共同反对非正义战争，维护世界和平。”第三个问题是用什么样的态度来研究这段历史。“我们研究这段历史，不是为了宣传。过去一个很大的问题，就是日本一些右翼势力钻我们的空子。我们是学者，我们首先要有一个学者的态度，客观地、如实地进行研究，不是一个诗歌，不是一个小说，不是一种政治宣传，这一点非常非常重要。”如何避免和摒除这种“宣传式的研究”？先生提出一要“非常注意史料，特别是第一手史料的收集、整理、考订与发布”，“把历史非常确凿的证据都提供出来，这是颠扑不破的”。二是抗战史的研究“不仅要讲重要性，还要扩大广度、深度”。先生对我们召开以“抗战时期的中国文化”为主题的研讨会表示赞赏，认为对扩大抗战研究的广度上有所裨益。但是还很不够，需要研究和探讨的问题还很多，“不仅研究敌后根据地，也研究正面战场，也研究大后方、国统区，也研究沦陷区。不仅研究国民党，也研究日本。的确，历史本来很复杂，我们要全面地进行研究”。先生还以湖北抗日战争史研究为例，如慰安妇、陈诚与湖北抗战、抗战时期湖北政治与文化西移等问题，指出需要深化研究的领域和问题多多，给与会者尤其湖北武汉本土学者很多启迪和教益。

另外一次是2008年秋天为纪念武汉抗战70周年，江汉大学与中国社会科学院近代史研究所、华中师范大学中国近代史研究所、武汉市政协联合举办的武汉抗战与民族复兴国际学术研讨会，先生以82岁高龄亲临会场并在开幕式上发表了《历史记忆与城市升华——纪念武汉保卫战70周年》的主旨演讲。演讲中，先生对武汉保卫战给予高度评价，指出："武汉保卫战是伟大的抗日战争的一个重要组成部分，也是伟大的世界反法西斯战争的一个重要组成部分。""武汉曾经是抗日战争的政治中心与军事中心，引领着全国各个主要战场的浴血抵抗，特别是通过国共合作而彰显的同仇敌忾，武汉曾经成为凝聚整个民族团结的精神堡垒。"先生认为："历史记忆是城市的宝贵文化遗产，它不仅增添了城市的底蕴与魅力，而且可以促进城市的升华。"他以南京将日军大屠杀衍生的悲情城市情结逐渐转向为营造和平之都为例子，指出武汉"迟迟未能重视武汉保卫战的历史记忆"的不足，呼吁武汉市领导和武汉学术界"不辜负海峡两岸热心人士乃至整个华人世界的殷切期望，努力研究武汉保卫战，并且弘扬当年那种昂扬的民族精神，把武汉建设得更为美好，使之尽快成为名副其实的历史名城与国际大都市。只有这样，我们才可以告慰武汉保卫战中外先烈们的在天之灵"。

由于章先生一直关注抗日战争史尤其倾力于南京大屠杀的研究，因此对于我及我们城市研究所有关武汉抗战史的研究特别厚爱，倍加鼓励。2018年10月，我与武汉市博物馆馆长刘庆平兄主编的《武汉沦陷史》由湖北教育出版社出版。付梓前夕，我将清样送先生审阅并恳请先生赐序。先生一直对武汉学界疏于武汉抗战尤其是武汉沦陷史的研究颇感遗憾，看到我们终于拿出洋洋50万言的《武汉沦陷史》，十分高兴，欣然应允。他在序中说："文学最近携《武汉沦陷史》部分书稿前来看我并要求作序。我既已为重庆《大后方丛书》(共100卷）写序在前，自应为《武汉沦陷史》撰序鼓呼于后，理所当然，义不容辞。文学为武汉土著，曾师从皮明庥、冯天瑜治武汉城市史，又曾任职于武汉市档案馆多年，对武汉地区历史文献了如指掌，如数家珍。由他主持编纂《武汉沦陷史》，堪称最佳人选之一，必将大有所成。"序言中，先生对我们以城市史的视野观照武汉沦陷史颇为赏识："武汉沦陷史本来就是武汉城市史的一部分，而从城市史的角度叙说武汉沦陷史，视野更为宽阔，视角更为多元，视觉也更为敏锐与深刻，不会停留于就事论事或表象之谈。作者在绪论中用二十余页的篇幅深入阐析战争与城市的关系、沦陷史研究的城市史视野、沦陷对中国城市的影响等，从理论与学术路径两方面都有创新，堪称开风气之先。"但作为一代史学宗师，先生有更深邃的学术眼光和悲悯情怀，也就是史学研究尤其是沦陷史研究如何以人为本，关注人类的命运。这是我辈年轻学人的一个重要缺陷，也是《武汉沦陷史》的主要不足。但先生并未过多指责，只是善意地提出希望："当然，无论从何种视角考察，沦陷史的主体都应该是直接蒙受残害的城市居民，而如何看待沦陷区的众多城市居民，至今仍然是一个令人困惑的疑难问题。"先生提出的问题发人深省，对于我们在城市史研究中深入探讨城市与人的关系，关注城市化和城市现代化进程中的人尤其是普通人的命运具有启迪意义。

2009 年岁末，我由江江汉大学调任武汉城市职业学院院长。武汉城市职业学院的前身是1904 年由两湖书院、两湖大学堂演变的两湖总师范学堂。我到学校工作后，认为这笔重要的历史遗产弥足珍贵，便着手校史研究工作，组织力量编纂《武汉城市职业学院校史》，创办武汉城市职业学院校史陈列馆，正本清源，基本弄清了学校自两湖总师范学堂以来 100 多年的历史。在百余年的办学历史中，很多历史上的风云人物或在校学习，或在校工作，如中共一大代表中 3 个湖北籍代表董必武、陈潭秋、包惠僧就都曾在两湖总师范学堂和湖北省实验师范学习和工作过。校史的研究和陈列，不但激发了全校师生的自豪感，而且扩大了学校的社会知名度和美誉度。2014 年，正值学校办学 110 周年，我们举办了中外高职院校校长论坛和张之洞与中国教育的现代转型学术研讨会等系列活动。之前，我专程到华师中国近代史所先生办公室，向老师介绍了武汉城市职业学院的办学历史，汇报了校庆系列活动设想，真诚邀请先生出席张之洞与中国教育的现代转型学术研讨会。先生听完汇报后，对我的工作和设想予以肯定，并鼓励我以张之洞为榜样，以现代教育家的视野和气魄办学，为中国现代职业教育发展蹚出一条新路来。但说到参加会议，先生颇为踌躇，说近来身体状况欠佳，不一定参加得了，但也没有完全封口，说到时候看情况再说吧。11月18日研讨会在武汉城市职业学院北校区隆重举行，上午8点钟，我接到先生电话，告诉我他将出席研讨会，这令本来不抱希望的我喜出望外。先生到后对我和一干迎接他的校领导说："因为身体原因，近来我很少出席外面的活动，武汉城市职业学院与张之洞有关，张之洞是对湖北武汉做出过重大贡献的人物，你又是我的学生，我应该出来为你'站台'！"先生的话赢来一阵热烈掌声，使我和诸位校领导深受感动，倍感温暖。研讨会上，先生参观了校史陈列馆，对于我们重在介绍办学历史、不渲染当下办学成就的陈列理念给予高度赞赏。在研讨会的主旨讲演中，先生纵论张之洞在湖北的历史功绩，指出张之洞在重工业上作出过重大贡献，但最重大的贡献不是在工业，而是在思想教育方面。张之洞是一位大教育家，在废科举、兴学堂方面有着突出贡献。曾经规模宏大的两湖书院和后设在其内的武汉中央军事政治学校，都是人才辈出。先生对长期以来湖北不重视张之洞新政遗产的保护和传承颇有微词，他认为湖南人把岳麓书院完整保存下来了，但湖北人把两湖书院弄丢了，十分可惜。因此，先生希望，武汉城市职业学院前身是张之洞创办的两湖总师范学堂，如果学校有魄力，他建议一是在校园内为张之洞塑像，二是重建两湖书院。这样一个校园建筑既可以作为学习场所，又能恢复一个城市的历史文脉，给民众追思先贤的机会。研讨会和整个校庆活动结束后，我们开会认真研究落实先生的两条建议，探讨在校园内复建两湖书院的可行性。惜乎次年年初，我工作变动，调回江汉大学工作，先生的建议遂束之高阁，不了了之，良好设想竟成遗愿。我作为先生的学生，没有能完成先生交办的任务，一直引以为憾，感到愧对先生。今先生已驾鹤远行，愿先生一路走好，早登极乐！

2021年大雪节后二日于汉阳后官湖畔之自在心舍

（作者单位：江汉大学）

读章开沅的书　做小学生

苏全有

前数日，见到业师严昌洪先生，提到了章师，言及神体有亏，只是也没想太多。不曾料到，仅仅五天，噩耗遽至，我不太敢相信，亦不愿信，可这确是真的，章师真的驾鹤西游，离我们而去了。

最早受教于章师，源自他的作品——《离异与回归：传统文化与近代化关系试析》。当时正值改革开放的初期，思潮纷呈，那时的我对近代中国知识分子思想转型问题很感兴趣，于是手捧《离异与回归：传统文化与近代化关系试析》，很认真地读。后来曾就此事当面对章师提起，先生说，那本薄薄的小册子倾注了他的心血。

2002年，我到华师攻读博士学位，师从章师和严昌洪老师。有两个导师的指点，是幸运的。记得那时我对生态环境、人地关系之类的课题颇有兴趣，章师说，还是换个题目的好。后来谈到了关晓红教授的学部研究等，几经研商，确定做清末邮传部研究。后来桑兵教授到华师，我借机就此课题请教于他，桑兵教授认为头绪纷繁，耗时费力。事后看来也确如此，我就这样被逼着拼命地做，还好，有严老师的耳提面命，朱英等老师也施以援手，终至按时于2005年6月完成答辩。8月在中华书局出版时，章师曾赐序提携，而今十多年过去了，手稿我还珍藏着。我知道，我珍藏的不仅仅是章师的手稿，还是一份师承的记忆。

2003年，章师出版了两本著作：《鸿爪集》和《从耶鲁到东京：为南京大屠杀取证》。当时我在华师就学，加以“非典”肆虐，只好闭门读书，其中就有章师的这两本书，且草就两篇读后。一是《从〈鸿爪集〉看章开沅的学术思想》，文中道：

> 人生本来就是如同浮萍，无论你颠沛流离与否，皆是随风飘浮，未知所已，生活恰似白驹过隙，其踪迹不过飞鸿在雪泥上偶然留下的若干爪印罢了。所以，在我看来，《鸿爪集》的取名，非谦抑，实感悟，非颓唐，实洒脱。其中感悟之一：面对史学的旁落，吹响参与历史与历史参与的号角；感悟之二：从历史的连续性（continuity）出发，力主横向会通、社会群体（social groups）研究。

第二篇读后是《由〈从耶鲁到东京〉看章开沅的民族关怀》，文尾道：

> 在章教授看来，史观无非分两类：宗教史观与世俗史观，这是历史学最最根本性的问题，也是目前他所十分渴望、孜孜以求的研究志趣所在。他认为，有所为就必须有所不为，为此，章教授在2001年宣布告别辛亥革命研究，2002年又宣布告别张謇研究。而今，在他的心里，升腾的是这样一个心愿：何时才能宣布告别南京大屠杀研究呢？
>
> 青山有路，在晚霞深处。

两篇读后呈章师后，颇获认可，话里话外，透出的是欣慰。

博士毕业之后，我又回到河南师范大学教书，其间与章师的联系较少，不过，对老师的关注和读老师的书则一以贯之。我曾与邹宝刚硕士合作《华中师范大学中国近代史研究缘何独领风骚》一文，针对华中师范大学成为中国近代史研究重镇现象，归纳其原因，一是史学大师章开沅的引领；二是布局合理、团结协作的研究团队；三是地缘情结下的辛亥革命史研究。而今看来，可以断言，没有章师，华中师范大学的中国近代史研究不可能梅花傲霜、特立独行，一骑绝尘更是无从谈起。

毛泽东在评价白求恩时称之为一个高尚的人，一个纯粹的人，一个有道德的人，一个脱离了低级趣味的人，一个有益于人民的人。我想，章师也是这样的人！不过，我知道，我很清楚地知道，在章师的心中，他更希望自己不是别人，而是章开沅！

章师的一言一行，我所耳闻目见的关于他的一切，无不加增我对他的敬服。时至今日，虽然有许多曾经尤为推崇的人物，使我灰心，使我失望，而每一想到章师，就保留了我对于前行的信心，鼓励了我向上生活的勇气。

吾师即真理！

2021 年 5 月 28 日

（作者单位：河南师范大学历史文化学院）

惟"虚"惟"静"

彭 剑

2021年5月28日，历史学家、教育家章开沅先生在武汉逝世，享年95岁。

章师祖籍浙江吴兴，1926年生于安徽芜湖。他的一位祖先做过林则徐的幕僚，曾祖章维藩曾追随左宗棠西征。章维藩甲午后辞官下海，在芜湖开办了一家益新面粉公司，他这一支遂在此生根。

幼年的章开沅身体有点弱，因此得到母亲的疼爱更多些。他也有些调皮，屡屡偷偷溜到青弋江玩水，更以自己的"手段"迫使塾师辞职，使章家的私塾就此解散。

小学甫一毕业，他就因抗战爆发卷入西行逃难的人流。辗转到达重庆之后，于1938年考入位于江津的国立九中。尚未毕业，即因校方怀疑"思想不纯"而被开除。此后，他一度进入重庆战区学生计政专修班学习，又因看不惯教官的作风而被开除。那之后，再次漂泊无依，当过船工，做过抄写员，后投身青年远征军。

抗战胜利后，他于1946年进入金陵大学历史系学习，并参加中共的地下活动。1948年进入解放区，在中原大学受训之后，留校任教；次年，跟随中原大学南下武汉。他所在的中原大学教育学院与华中大学合并成为华中师范学院，他也就一直工作和生活于此。

章开沅的史学研究之路始于上世纪50年代。他撰文参与中国近代史分期的讨论，也关注太平天国的相关问题，都是当时的研究热门。1954年，一个偶然的机会，使他发愿研究辛亥革命。

由于“资产阶级”出身，以及加入过青年远征军的经历，章开沅在历次运动中受过很大冲击，尤其“文革”时，被打为“反动学术权威”，蹲过牛棚，挨过批判。但是，这些都没有浇灭他的研究热情，1980年，由他和林增平主编的三卷本《辛亥革命史》出版，成为这一领域的典范之作。同时，章开沅开始走出国门，建立与各国学者的联系，研究领域也不断扩展。

上世纪80年代，他在国内率先开启对教会大学的研究。在前往耶鲁神学院收集13所教会大学文献时，从其老师、金陵大学贝德士教授的个人档案里，偶然发现了一大批南京安全区国际委员会的档案，由此又涉足南京大屠杀史领域，在进入古稀之年后推出一系列很有分量的研究成果，著有《从耶鲁到东京：为南京大屠杀取证》等，编译《南京大屠杀史料集：美国传教士的日记与书信》等。

章开沅每涉足一个领域，都能取得令人瞩目的成就，这跟他的勤勉分不开。他在年轻的时候，曾经因为赶写论文，又忙于上课，累到吐血。他的恩师杨东莼先生得知，用湖南话告诫他：“年轻人不要霸蛮。”湖南人口中的“霸蛮”，有勉强、拼命之意。在那之后，章开沅比较注意自己的身体，但也并非不再“霸蛮”。一个显著的事例是，在上世纪80年代担任华中师范大学校长期间，为了不完全耽搁研究，他坚持每天早上四点钟起床写作。被翻译成多国文字的《离异与回归：传统文化与近代化关系试析》一书，就是这样写成的。

但是，章开沅学术成就的取得，并非仅仅靠“霸蛮”，也跟他能保持一个好的做学问的精神状态有关。他总是不厌其烦地跟年轻人讲，做学问的状态很重要，最好的状态，是两个字，曰“虚”，曰“静”。他在口述自传中有一段话，专门谈这个问题：“虚”即是虚空，脑中没有丝毫杂念，没有柴米油盐酱醋茶的羁绊，没有项目，没有考核，甚至于没有自己以前的一切理论知识，将自己完全放空。“静”即是宁静，不生活在热闹场中，才能宁静；心不为外界诱惑所动，才能宁静。能“虚”能“静”，便能神游万古，心神专一，思虑清明。“虚”“静”的学者，在旁人看来，可能是“发疯了，痴呆了，入迷了”，但这确实是做学问的最佳精神状态。“虚”“静”

的学者，是纯真的学者。越“虚”越“静”，纯真度越高。一个学者最终能达到什么样的境界，开创什么样的局面，和他的纯真度是大有关系的。

当然，也不仅仅做学问是这种精神状态，干其他工作时，他也是如此。校友公认，章开沅当华中师大校长的那些年，是该校发展最好的时期。而他开展工作的时候，就是尽量让自己“虚”起来、“静”下来。比如，他推行副校长负责制，自己把自己“架空”，让副校长能放手做事，而他自己也就有时间思考全局性的问题；比如，他明确规定哪些事务可以上校长办公会议，别的事务则不可以上会，必须由相关人员负责解决，以免自己被杂务缠住不能脱身。

惟“虚”惟“静”，方能抓住要害，得其大者。治学如此，生活如此，处理其他事务亦复如此。有人评价他为学与为人高度统一，诚哉斯言。

（作者单位：华中师范大学中国近代史研究所）

伟大的“平凡”：忆先师生活点滴

徐炳三

十余年来，可能我是章门弟子中见到章先生最多的一个，虽然多数时候只是匆匆一瞥。2005年，我师从先生攻读博士学位，毕业后留校工作。2009年，我工作的中国近代史研究所搬迁，我的房间与章先生的办公室正对门。每天上午9点，先生会准时出现在对面，掏出钥匙缓缓打开房门。这种状态持续经年，我也想当然地以为会永远持续下去，然而这只能是一厢情愿，先生最终还是无可挽回地离开了我们，留给我们的是无尽的哀思。

一、师恩浩荡

章开沅先生一生开辟领域众多，其中中国教会大学史研究长期引领学界潮流。在先生的主持下，华中师范大学于1992年成立中国教会大学史研究中心，2001年更名为东西方文化交流研究中心（以下简称“中心”）。“中心”长期致力于中外文化交流史研究，并为社会各界提供学术服务。先生晚年对“中心”倾注的心血远超其它领域，“中心”的发展是先生永远的牵挂。

我本资质平庸，蒙先生不弃，收为入室弟子，留在“中心”从事中国基督教史研究。记得考博士前，曾心情忐忑地专程来汉拜见先生。先生满面春风，笑意盈盈，言语间充满鼓励，瞬间缓解了我内心的紧张。先生又亲自带我去见所里几位名师，实在让我这还是硕士生的懵懂后学受宠若惊。

我入学时，先生已年逾八旬，不再开设常规课程。不过，“中心”对外交流十分频繁，先生经常在各种场合发表演讲，并在会客时纵论古今，作为弟子和中心成员，我大都在侧聆听，受益极深。先生经常回顾自身的人生和治学经历，虽然之前也曾通过《实斋笔记》等著述有所了解，但远不如当事人现身说法令人印象深刻，且包含大量文字以外的信息；先生不时论及中外名人和学林轶事，虽然之前对部分人物略有了解，但大多数掌故闻所未闻，令人耳目一新；先生还常常对社会问题，尤其是当前教育和学术生态发表见解，大都针砭时弊、一针见血，同时也会给出建设性意见。先生的演讲高屋建瓴、见识超群，慷慨激昂的语调极富感染力，听者无不受到思想洗礼。十几年来，我聆听过先生无数次谈话和演讲，每次都会获取新的信息、汲取新的养分，这对于一个处于成长阶段的年轻人而言，是多么难得的幸事！除了旁听，先生还不时与学生单独聊天，对我个人学习和生活十分关心。先生对我的研究也曾多次予以宏观指点，让我常有醍醐灌顶的感觉。我的博士论文远谈不上成功，但在 2008 年 6 月论文答辩会上，先生竟然破天荒地到场助阵，讲了许多鼓励的话，以至有同学开玩笑地说章先生“护犊子”。师恩浩荡，当时的场景至今历历在目。

2009 年 11 月，先生应邀参加中国社科院在湖州举办的赵紫宸与中西思想交流学术研讨会，指名要我陪同。如此安排颇有深意，先生除了让我借机开拓视野外，更重要的是希望我能直接地了解湖州，因为那是先生的祖籍所在地，是他情感的寄寓所。当时是我参加工作的第二年，见识十分浅陋，那次旅行竟是我平生第一次乘坐飞机，对登机流程茫然无知。本应我照顾先生，却成了先生关照我，让我非常尴尬。先生全然不以为意，微笑着与我侃侃而谈。当时中国基督教史研究进入平台期，且因社会偏见成果发表难度较大，我不经意表达出相关忧虑。先生突然变得十分严肃，用略带严厉的口吻说：“这个研究领域本来就不需要很多人，如果想做就要坚持做下去，如果不想做趁早转行。”先生的话让我顿觉灵魂震颤、汗颜无地，也成为我长期以来的警钟。先生竖起来的大旗绝不能倒，无论如何艰难我们的领地都不能丢。那次湖州之行，先生除发表富有见地的演讲外，还专程带我参观了章氏家族的聚居地荻港。章氏族人在那里建立了一个古香古色的渔庄，是当地颇有名气的旅游胜地。先生在族人的陪同下，饶有兴味地向我介绍了各处景点及其掌故，对家乡的浓浓深情溢于言表。

湖州归来后，先生交给我一个文件夹，里面装着数十篇影印的文章，说这是贝德士文献的一部分，希望我围绕这些资料开展研究。贝德士是金陵大学历史系美籍教授，也是先生大学时代的老师。贝德士于1920年来华，1950年返美，南京大屠杀期间一度担任南京国际安全区主席，保护了近30万中国难民。贝德士留下总量达131盒1162卷的档案文献，涵盖了日本在华暴行、中国社会状况、中国基督教史等诸多方面，对多个研究领域均有重大价值。1991年先生在北美访学时，无意间发现了藏于耶鲁图书馆中的这批文献，并以此撰写了一系列有关南京大屠杀的著作，同时指导刘家峰、王薇佳等弟子开展贝德士史料编译工作，这些成果引发学界的强烈反响。

正因为此，贝德士文献成为先生晚年着力最多、兴趣最浓的研究领域，此次把贝德士的若干重要论文交给我，意在鼓励我在前人基础上继续推进。我也一度雄心壮志，希望做出些有分量的研究成果。但研读材料时才发现，贝德士的文章文字艰深，阅读难度很大，进展速度极慢；且我对贝德士文献缺乏整体把握，很难架构起有深度的研究框架。更兼我个人还有其他科研和教学任务，此事暂时搁置下来。先生事后虽然并未过问研究进展，但每次见到先生我都深感惭愧。好在后来经我的硕士生导师林金水教授牵线，福建师范大学岳峰教授的高翻团队完成了这些文献的译校工作，虽然由于种种原因暂未出版，但对先生总算有个交代。

2014年秋，“中心”召开了一次未来研究规划会议，章先生、马敏老师、朱英老师等所内重要学者与会。我在会上提出了一个贝德士文献八年研究计划，预计编译出版几种贝德士文献资料，撰写至少两种贝德士研究成果，并在期间发表系列论文。这一计划得到先生的认可，他随即将当年在耶鲁复印的十余个文件夹的资料交给我。这些资料是贝德士文献中的精华，包括先生详细的阅读笔记和研究计划，先生竟毫无保留地托付与我，这份信任让我心中充满暖意，也倍感肩头担子的沉重。彼时王薇佳、刘家峰两位老师已经先后调离研究所，仅靠我单枪匹马显然无法完成重任。于是我将“中心”的博士后、博士生和留学生集中起来，每周开一次贝德士文献读书会，精读先生复印回来的文献。这是一项艰苦的系统工程，每位参与者每周差不多要花一整天研读文献，并在固定时间报告和讨论。每次报告会由一人整理成文字稿，打印出来交章先生审阅。先生对我们的工作深表赞赏，并说这个不着急，你们坚持推进就好。然而忙于学业的博士生却无法长期坚持，我本人也在 2015 年 8 月赴重庆参加为期 4 个月的培训，读书会在持续了半年后不得不暂停。

2016 年年底，我赴耶鲁大学访学一年。我先用两个月时间考察了耶鲁、哈佛、哥大关于中国基督教史的文献分布，并重点浏览了藏于耶鲁大学的贝德士文献原件，一些新发现令我兴奋不已，急不可耐地将研究计划通过电邮向先生汇报。先生迅速回复："在耶鲁收获很大，计划也切实可行，预祝丰收归来!"文字虽短，却是对我莫大的鼓励，鞭策我大量收集海外的中国基督教史资料，未来的研究图景也日渐清晰。此前刘家峰和王薇佳两位同事已经在耶鲁拍照了数量可观的贝德士文献，我这次又将其中缺失和模糊的部分作了补充。在美期间以及之后的两年，我联络学界同仁和在读研究生等各种力量，集中推进贝德士史料的编译整理工作。尤其是台湾云林科技大学的苏精教授，为我校学生开设了英文手稿阅读课程，修习课程的几名研究生识别了大量贝德士手稿，突破了研究的瓶颈。其间"中心"出版了《贝德士中国基督教史著述选译》《中华帝国的建立》两部译著，分别由刘家峰教授和田彤教授主持，我们很多师生都为此付出了汗水。

2020 年，先生身体状况大不如前，已经很少来办公室。我这才意识到，我们的工作进展太慢了。这年秋天，我与先生的关门弟子张晓宇约定，在一年内我完成一部有关贝德士的著作，他完成一部章先生家族史的资料汇编，先生对两项工作均充满了期待。进入 2021 年以来，我放下手头全部其他工作，推掉了学术会议邀请和各种非必需的事务，全程无休地研读资料和开展写作，我们在与时间赛跑。然而我还是晚了一步，先生最终没能看到书稿问世，留下永远的遗憾。每每念及于此，深感愧对恩师。

二、凡人不凡

章开沅先生是海内外公认的学界泰斗，然其回忆录却取名《凡人琐事》，以一个普通人的身份讲述家国兴衰的故事。外人对先生高山仰止，以为遥不可及；而吾辈常随先生左右，真正地体会到一位大师级凡人的喜怒哀乐。

据说先生早年对弟子门生颇为严格，但在我们眼中却是一位仁厚长者。先生总能看到别人身上的长处，对后辈几乎都以鼓励为主。先生宽容大度、乐观豁达的个性和极富感染力的话语，不经意成就了许多人。我们听到无数这样的故事：某人因先生的一句鼓励而奋发图强，改变了命运；某人因先生的一次提携而抓住机遇，重塑了人生；某人因先生的一个建议而找到方向，实现了辉煌……先生的人格中带有一种神奇的魔力，能够让一个人身上坏的成分变好，好的成分变得更好。

先生识人，善于根据每个人的特点，最大限度地激发其聪明才干。先生无论做校长、所长，还是做其它社会兼职，总能把工作做得有条不紊，这与他知人善任不无关系；先生桃李满天下，门下学术明星云集，同样也是因材施教的结果。记得我婚后不久，先生亲笔手书"淡泊以明志"相赠。当时先生并未作过多解释，只是说了些祝福的话。后来有一次先生不经意地对我说："你知道为什么我们都比较欢喜你？是因为你办事认真，事情交给你就能踏踏实实地做好。"联想起先生在湖州说过的话，我认识到先生赠字既是鞭策也是鼓励。基督教史研究在史学和宗教学领域都处于边缘地位，且外文资料多，投入大、收益小，乃至经常因题材敏感而无所获。从事相关研究不仅需要甘于寂寞地坐冷板凳，而且还意味着很多现实利益的牺牲。先生这是在刻意忽略我性格内敛、不善交际之短，而激发我低调稳重、勤恳耕耘之长。

我深知自己仅为中人之资，蒙先生错爱收在门下，除淡泊精进外，无以回报先生的知遇之恩。即便如此，有时也难免内心浮躁、急功近利。我少年坎坷，读书迟晚，博士毕业已过而立之年。工作多年后，看到同龄人纷纷评上教授，内心难免焦躁。虽然我从未在先生面前表露心迹，但先生早已洞明。有一次他有意无意地说："我向来不喜欢做勉强的事，我做事就要做到最好，得到人家的肯定，荣誉自然就来了。当年编写《辛亥革命史》，林增平先生才是副教授，而我还只是讲师，但学问照样做，没人会瞧不起。"先生还说，人的性格没有好坏之分，他自己年轻时候就十分内敛，每次照相一定会站在角落位置，但这完全不影响他交朋友。先生一席话，如沧海上升起一轮明月，柔和的光辉让我的世界立即平静下来。

先生的诸多品质也深深感染着我。先生重承诺，言必信，行必果。先生多次指出，之所以海内外各界朋友信任他，一个重要原因是他从不说假话，只要说过的话就一定要办到。事实的确如此，凡与先生接触者，往往被先生的精神所折服，而甘愿托付真心。日本学者野泽丰、池田大作和美国学者周锡瑞，皆因先生而向华师捐赠了大批藏书；台湾地区学者余传韬、英国学者布拉德利，亦因先生而捐赠了诸多珍贵文献；亚联董同样因先生而捐赠了中国教会大学史全套缩微胶卷；鲁茨基金会则因先生而为研究中心提供了大量经费支持……这样的事例举不胜举，足见先生巨大的人格魅力。

先生重承诺的另一表现是守时。只要先生答应与某人见面，一定会准时赴约。对此我深有体会。当年先生赠我字幅时，我当即表示将偕眷来办公室面谢。当时并未约定见面时间，但先生误以为是次日，而第二天我刚好有事没来研究所。事后才知，先生在办公室等了我们大半天，很晚才离开。后来我们专程向先生致歉，先生并未见责，反而对我们说了很多祝福的话。先生告诫我们不仅要勤于学术，而且还要兼顾家庭。他不无感慨地说："我这一辈子去过许多地方，但大部分地方都没去玩过，都是在工作。想一想，我们年轻时候太多时间给了工作，有多少时间真的陪陪家人？我对家里人是有愧的！"先生一席话，让我们深受感动。那天我们与先生的合影，成为这次见面的历史见证和永恒记忆。

先生极其独立，不到万不得已绝不麻烦别人。多年来先生都是步行上班，这种状态一直持续到 2019 年。先生家距离研究所虽然不足一公里，但沿途车多人多，且多有上下坡。况且，博导楼早年没有安装电梯，年届九旬的先生不得不每次爬楼梯回四楼的家。后来学校帮忙配装了外置电梯，但仍须爬半层楼才能乘梯，且研究所的大门口也有几十级台阶。一般年轻人看到先生爬楼梯，总想上去扶一把，但先生总是婉拒。我们年轻时候不懂事，因坚持要扶甚至引起先生动怒。不过事后先生歉意地解释说："谢谢你们的好意，我不用扶。如果被扶惯了，就有了依赖，那样我就站不起来了。"先生的话，隐含着何其深厚的人生哲理！

不过，有时先生过于要强，也让亲友弟子们颇为担心。先生和师母的两个女儿均不在身边，二老年逾九旬时仍拒绝请保姆照顾，只是偶尔请钟点工帮帮忙。华师师生经常会看到先生到食堂买早点，或者在校内卖菜点买菜。2019 年，师母不慎跌倒受伤，不得已才请了保姆。不过，很多家务事二老仍尽可能地亲力亲为。除非特殊情形，先生对所里老师探望和帮忙的请求也一概婉拒。若年轻人不知深浅坚持要来，先生往往会发脾气，于是我们都不敢造次。2020 年年初疫情来袭，武汉全面封城，先生和师母被困家中。我们十分着急，却因自身也无法出门而无能为力。好在有学校专人提供配给，二老才度过了这段艰难岁月。

先生极其真诚，在我们眼中是一个有血有肉、重感情的人。逢年过节或有人探望，不免会收到各种礼物，其中有一些是食品。对于来访者的好意先生总是婉拒，实在无法拒绝时，会把食品带到办公室分给学生。偶尔先生也会把崭新的蚕丝被、衣物等转赠给大家。先生怕我们尴尬，会笑着对我们抱拳说："谢谢你们帮我消化掉这些东西，避免了浪费。"每年 7 月，我们会给先生过生日。先生接受鲜花和蛋糕，却不肯接受其他礼品。不过也有例外，我们给二老买的鸭舌帽和丝巾，先生就欣然接受。我们经常看到先生带着那顶帽子，缓缓地走在博导楼和研究所之间的路上，成为华师一道亮丽的风景线。

先生还有一种一般老人不具备的特点，那就是与时俱进、不落后于时代。先生年逾九旬高龄时，每天仍坚持收发电子邮件。先生学缘极佳，海内外朋友无数，即便到了晚年仍有大量来函、来电要处理。虽然刘莉秘书帮忙处理了其中的大部分，但很多事情仍需先生决断或亲力亲为。先生的忙碌并非仅只为了个人，更是为了延绵研究所和研究中心在学界的人脉。先生每天也会像年轻人一样上网冲浪，对时政新闻和社会百态的了解相当深入。先生有时会看电视消遣，就在驾鹤西去的前两天，还坐在椅子上饶有兴致地看足球比赛。先生高寿，不乏有人请教养生秘诀，先生的回答总是如出一辙："不养生就是最好的养生，顺应自然就好。"虽然师母谨遵医嘱，经常限制先生的饮食，但先生在外进餐从不忌口，胃口总是那么好。更重要的是，先生晚年一直在坚持读书和写作。在过去的三年里，先生视力衰退严重，手指也远不如从前灵活，但仍坚持完成了一部超过 40 万字的自传书稿，并为若干重要著作作序。正因为长期坚持用脑，先生直到生命的最后阶段仍然思路清晰。

我们都执着地相信，先生可以活到 100 岁，谁料 2020 年 11 月意外跌倒，之后健康每况愈下。12 月 26 日，先生的大女儿章明明老师将二老送往楚园养老院，我和同事田彤、刘莉两位老师陪同在侧。当时先生已经无法走路，呼吸比较沉重，但头脑非常清晰。养老院条件一流，先生入住后身体有所恢复。今年 4 月 2 日，我陪同所里几位师长去看望先生。先生精神健旺、侃侃而谈，聊了一个小时尚不愿停歇。先生说，他在养老院每天唱红歌，比之前一辈子唱的歌都多。听着先生爽朗的笑声，我们感到无限欣慰。然而时隔一个月，消息称先生发低烧，状况不太稳定。我内心有种不祥的预感，整日心绪不宁。5 月下旬，所里老师开始分批探望先生。第一批是学校和研究所领导，第二批是所里年长的资深教授，最后是我们年轻后辈。没想到还没轮到我们，就传来了噩耗。

先生驾鹤西去，我们无论如何都不愿相信这是真的。每每听到走廊里的钥匙声和咳嗽声，我都会不自觉地望向门口，看看先生是否归来。先生晚年已经参透生死，他说自己不需要宗教作为精神依托，一切皆可坦然面对。相信先生已化作天上永恒的星星，会永远微笑地看顾我们，也会一直为我们指引前进的方向。

（作者单位：华中师范大学中国近代史研究所）

为工业文化研究“招兵买马”

——追忆章开沅先生

严　鹏

2021年5月28日，中国近代史研究领域的大师、华中师范大学老校长章开沅先生仙逝，我再次回忆起与章先生交往的点点滴滴，重温章先生对工业文化研究事业的鼓励，感到有必要记录下这不为他人所知的历史。

2003年，机缘巧合之下，我考入华中师范大学历史学基地班。高中时期的我，看课外书的时间比做题的时间多得多，那时兴趣繁杂，对现在多少已经“过时”的现代化问题兴味盎然。彼时宽带未兴，中国家庭还以拨号上网为主，我曾经找到过一个现代化研究网站，上面说华中师范大学的章开沅教授主持的机构也是国内现代化研究的重镇之一。作为一个武汉的高中生，了解到自己的家乡竟然也有现代化研究机构，欣喜不已。这是我初识章先生之大名吧。后来以高分考入当时尚非“211”的华中师范大学，虽别有因缘，但心里总念着章先生与现代化研究，对未来的求学生活不无憧憬。

不过，百年校庆之际入学的我，本科四年很难接触到章先生，和现代化研究相关的课，倒是上过两门，一门是世界史的揭书安老师教的，一门是中国近代史研究所的郑成林老师开设的。或许，郑老师的课，就是与高考前的憧憬最近的距离了。大三那年，选了业师彭南生老师当导师，彭师乃章先生高足，由此倒也能算是章门“徒孙”了。此后一路留在桂子山读硕读博，虽无缘亲近章先生，但《张謇传稿》《辛亥革命史》一一读过，受章先生倡导的史学“原生态”理念的影响，也一直注重立足原始档案研究中国近代史。学术之传承，原不必依恃人际关系，但求精神而已。

2013年留校入中国近代史研究所工作，见章先生的机会多了，但每次偶遇老先生到所里上班，我总不忍打扰。毕竟，自己也没有特别的问题和具体的事宜去烦扰章先生。初入职时，岁末年终尚在集体聚餐中与章先生同席过数次，可惜那时我成果不彰，在单位自然是没有什么存在感，也就未在餐桌上与章先生有所互动了。2014年，蒙中国经济史研究领域的名家朱荫贵老师不弃，我得以进入复旦大学中国史博士后流动站做在职博士后。虽然是在职博士后，但我当时没有被安排给学生开课，也就长期待在复旦听课、做研究了。其间曾听闻学校给引进人才全额入职补贴，给留校的老师打个六折，虽未确证，但索性从此不关心这些事，一心常驻上海了。正因为如此，直到2016年博士后出站，我经常不在武汉，自难与章先生接触。值得一提的是，在此期间参与编辑《章开沅全集》，负责的是随笔、札记那一卷，由此精读了章先生的相关文章，对“史学的参与”和“参与的史学”印象尤深，也坚定了服务社会之心。

博士后出站后，我曾有机会去京沪“985高校”开始新的工作，但当时女儿刚出生，一线城市生活成本太高，我也懒得折腾。做博士后期间，自己在完成主业外，也凭着兴趣探索工业文化，不料正与国家政策相契合。2017年1月，在工信部原总经济师王新哲同志的支持下，华中师范大学与工信部工业文化发展中心联合成立了中国工业文化研究中心，系国内高校中的首个工业文化研究机构，由彭南生副校长任主任，我作为常务副主任具体运营（另一副主任为工信部工业文化发展中心的孙星）。中心也得到了学校社科处、历史文化学院、中国近代史研究所的大力支持。此事虽未惊动章先生，但章先生是国内研究张謇的开创性学者，而张謇又是中国工业文化的开拓者之一，历史的因缘，若有定数。

负责运营中心后，我曾读章先生口述自传中关于创建中国近代史研究所的内容，虽然小小的中心完全无法与教育部重点基地等量齐观，但在出书、办刊、办会、应酬周旋的筚路蓝缕中，更能体会章先生当年办所的企业家精神——就和张謇一样。章先生尝言：“对于一个高等院校的研究所而言，不可能全面铺开，只能根据自己的优势，在某些重要问题上重点突破。如此，才能做出自己的特色。”这几年，我在实践中，深感章先生此言乃具有战略眼光的宏论。工业文化虽是一个新概念和新领域，但内容丰富，体系庞大，华中师范大学的中心要做出自己的特色，不能跟风去追热点。因此，几年下来，我认为中心应该坚持用演化经济学和政治经济学夯实工业文化的理论基础，多做历史主义的产业、企业研究，发挥师范大学优势，把工业遗产研究落实于劳动教育、工业文化研学中。至于从前曾设想过的工业考古、工业文学等领域，虽不能说毫无牵涉，但还是敬待友校高明深入钻研吧。这虽是摸爬滚打后的感言，但不能不说也汲取了章先生的经验智慧。

未曾想到的是，因为研究工业文化，倒真的有了与章先生直接接触的机会。章先生的祖父章维藩，在近代芜湖开办了益新面粉公司，又投资于马鞍山的铁矿，可以说，与张謇同为中国工业文化的开拓者之一，是推动地方社会经济发展的企业家。益新面粉公司的办公楼得到完整保留，作为工业遗产被开辟为文化产业园区，在芜湖当地被亲切地称为大砻坊。由于这层渊源，章先生对于芜湖工业遗产的研究十分关心。2017 年 4 月 8 日，在章先生的交代下，由章先生的秘书刘莉老师安排，我在华中师范大学接待了芜湖市的相关领导，洽谈工业遗产的保护与利用事宜。当时本意大展拳脚，5 月去芜湖调研，不料久无下文。后来得知，或因当地领导调动，计划有变。工业遗产事业之实践，困难处往往超出外人想象。然而，华中师范大学中国工业文化研究中心并未放弃这一点位。2018 年 5 月 23 日，由中心牵头，华中师范大学中国近代史研究所与安徽师范大学历史与社会学院在芜湖共同举办了近代工业文化遗产保护与研究学术研讨会，章先生出席了会议并向家乡的单位捐赠了文物。当时，由于工信部的王新哲总经济师于同一时间来华中师范大学调研并举行座谈会，芜湖的研讨会遂由彭南生副校长全程操持，而我临时退了高铁票，留在武汉。尽管这次未能与章先生同赴芜湖，但章先生对工业遗产事业的支持，在学界产生了积极影响。

2019 年 7 月 1 日上午，常年出差的我，恰好在所里偶遇章先生，被叫去他的办公室，谈了近一个小时。这是我第一次和章先生直接接触。章先生为我讲述了他家族的历史，也谈到了对工业遗产的看法，特别还提出可以通过工业遗产发展旅游业，然后希望我能够在芜湖再办一次会议。那次见面之后，我产生了在芜湖与湖州各办一次会的想法，因为章先生的老家湖州也有工信部评选的第一批国家工业遗产。不过，根据章先生的嘱咐，我决定先在芜湖办会。那年暑假，我异常忙碌，去日本与世界遗产富冈制丝厂建立了合作关系，开学后的9月2日，章先生上午又找到我，让我去他办公室，和我谈了四十分钟。这一次的谈话就更加深入了，我也对章先生谈到，等芜湖的会办完后，我还想在湖州办一次会的构想。章先生也特别介绍了他老家湖州的乡村建设与乡村旅游情况，令人心向往之。章先生对于城市老建筑与历史街区保护的思想其实是非常超前的，而对于企业史与企业家精神的研究，章先生自然也深有洞见。就在这次谈话中，章先生对我说，从彭南生师那里了解到工业文化研究中心主要由我一个人在运转一摊子事，知道我的担子很重，他就拿他办近代史所的经历来勉励我，并鼓励我要“招兵买马”。这既令我感动，也令我增强了信心。当天下午，给本科生上完课后，我就奔赴机场，去福建参加工信部的国家工业遗产评选现场核查工作。在去机场的路上，喜欢在微信朋友圈喋喋不休的我发了一条状态：“上午章开沅先生找我聊了四十分钟，一方面勉励我好好干好今年底和工业遗产有关的重要工作，一方面也要我招兵买马。今天的课堂人数不到十五，意外地有点精英课堂的感觉了。我也不想生产大路货。一骑当千地战斗，以一当十地利用人力资源。”写到这里，感到遗憾的是，本着宁缺毋滥的原则，这几年我并没有大规模“招兵买马”，反倒是把几个能干的学生“剥削”得太厉害。就在当年11月27日，中心在芜湖与安徽师范大学历史与社会学院联合举办了“企业家精神与工业文化遗产：章氏家族与近代中国实业”学术研讨会。这次会议得到了工信部工业文化发展中心孙星副主任的大力支持，他在会上作了主题发言。复旦大学的朱荫贵师、南京大学的李玉教授、马钢集团代表朱青山先生等也作了精彩发言，华中师范大学中国近代史研究所的马敏所长作了具有理论高度的总结。遗憾的是，章先生由于身体原因，未能亲自与会，但会议群贤毕集，离不开章先生的号召。我还要指出的是，章先生的博士张晓宇，一直热心研究相关课题，积累有年，假以时日，必有大成果出。华中师范大学历史文化学院付海晏副院长对会议给予了极大的支持，刘莉老师和我的学生刘玥则负责包办了办会的琐碎事务，个中艰辛，也只有她们两人知道了。就在会议结束后的第二天，我就和刘玥，还有孙星副主任，又在北京开了工业文化研学会议，商讨标准与规范的制定问题。对于这种连轴转的工作状态，我不觉劳累。当时的想法，也是希望能将学术讨论会的成果，落实于研学教育的实践，从而实现章先生倡导的“史学的参与”。

现在回想起来，2019 年底真是踌躇满志。无论是理论研究，还是参与中央部委的政策制定，一切都有条不紊又快马加鞭地开展着，还与武汉的相关机构谈好了新建一个工业文化研学与劳动教育的中心，让经过了充分锻炼的学生刘玥去当主任，从而使华中师范大学中国工业文化研究中心能更聚焦于理论研究而非不乏琐碎的实务——这也算是践行章先生提出的“招兵买马”吧。然而，一场史无前例的新冠肺炎疫情，打断了所有的既定航程，小小的华中师范大学中国工业文化研究中心的命运，自然也随风摇摆。2019 年底的很多计划，或暂时或永久地搁浅了，作为左右臂膀的学生未能留武汉，疫情结束后，我也无缘再见到章先生。2020 年的 6 月 29 日，我去办公室处理一点事情，竟然收到章先生的赠书《走出中国近代史》，上面有他的签名：“严鹏存念　章开沅赠　2020 仲夏”当时恰逢办公室在梅雨季漏雨，我发了条朋友圈状态：“章先生一直对工业文化遗产事业鼎力支持。可惜，若非疫情，去年制订的一些计划是可以展开的。雨势汹汹，但办公室受损情况尚在容忍范围内吧。当然，不管是疫情还是汛情，没有什么阻力是不可粉碎的，时间而已。”这种豪言，还是收到章先生赠书后受到的鼓舞吧。据刘莉老师说，我是率先获赠这本书的人，我想，这并不是说我本人有多么重要，而是章先生对工业遗产的保护与利用、对传承实业精神、对发展中国的工业文化事业寄予了厚望。就在 2020 年，我和学生陈文佳完成了一本小书《工业文化遗产：价值体系、教育传承与工业旅游》，其中以章维藩和张謇留下的工业遗产作为近代中国民族工业遗产的代表，认为其反映了近代实业家与地方记忆的关系，是工业文化成为地方文化一部分的典型。这部分内容，吸取了2019年芜湖会议的成果，也利用了章先生赠送的《手泽珍藏——章维藩函札手稿汇编》。现在想来，这本2021年暮春印出来的书，竟也成了对章先生的一个纪念。

与章先生的众多弟子还有那些交往甚密的各界人士比起来，我与章先生的交往，实在微不足道，原本不值一提。但是，在章先生生命最后的日子里，他能抽出时间来和我长谈，并签名赠书来鼓励我，这对于章先生个人的学术生命史，想必仍是极为重要的，因为它反映了章先生对工业遗产、对工业文化的关注以及支持。我追忆章先生，亦不为我个人，而是为中国的工业文化研究事业，存下一段片段却重要的历史。就在前几天，我指导过的学生，日本京都大学博士关艺蕾告诉我，世界遗产富冈制丝厂给华中师范大学中国工业文化研究中心寄了2020年的年刊，托她转交。曾经揭露南京大屠杀历史真相的章先生与日本进步学界结下了深厚友谊，在他的支持下，华中师范大学中国近代史研究所与日本的涩泽荣一纪念财团建立了合作关系，共同研究东亚的企业家精神。而今，中国工业文化研究中心与富冈制丝厂的合作，仍然在延续章先生开创的传统。章先生一直在思虑现代文明的危机问题，而世界遗产，恰恰呼吁着全人类共同应对无分疆界的挑战。继续将工业文化事业发展下去，对于渺小的我来说，也就是对章开沅先生最好的纪念。

（作者单位：华中师范大学中国近代史研究所）

先生永远不老

——忆章开沅先生 2010 年上海世博之行

张永广

在我的记忆中，章开沅先生一直是睿智的长者，是永远不会老去的……

2008 年我于华中师范大学博士毕业，随后进入上海社会科学院宗教研究所工作；2010 年 5 月 1 日至 10 月 31 日期间，因上海举办世博会的机缘，我被借调至上海世博文化中心工作。记得是那年中秋节的前三天，华中师范大学组织了退休教职工世博参访团，我的导师马敏教授打电话嘱咐我要做好接待工作。我也因此有幸陪在先生身边三天。尽管时间已经过去 11 年，但往事历历在目，始终让我觉得先生未曾老去……

先生是一个“普通”的游客。先生当时已年过八旬，是参访团中年龄最长的，但先生从不讲特殊，更甚怕因自己而影响到队伍的整体行程。让我印象最深的是，在参观中国馆一层的各省区馆时，我推荐先生一定要看看他家乡所建的浙江馆。浙江馆是当时所有场馆中故事性、整体性、科技性最强的，而且还有精美的小瓷碟相赠，入口自然是排起了长龙。先生及其夫人黄老师均因年龄较长，本是可以走绿色通道直接参观。但先生鉴于只有他们二人年龄“达标”，参访团其他人不能参观而选择放弃。我告诉先生，我已同华师随行工作人员沟通好，其他人先看别的展馆，我们只要在约定的时间在确定的地方汇合就可以了。但先生想了想，还是告诉我，不去了，跟大家一起活动，不要影响别人。

先生是文明游客中的典范。上海世博园区很大，随行工作人员给年长者们租用了轮椅。每当先生坐在轮椅上时，都会不时叮嘱我或是其他推车者，一定要沿路两边缓行，不要冲撞到其他游客。先生用过的纸巾，都会小心地攥在手中，等路过垃圾桶时，或是自己亲手或是请推轮椅的工作人员帮他扔掉。在参观世博园的第二天晚上，大家一起在世博文化中心观看演出，当其他老师说话声音有些大时，先生也会轻声地让他们保持安静。

在陪先生参观期间，另有一件事让我印象特别深刻。那是当我们走到意大利馆旁边时，先生看到两个学生志愿者，就走上前去说："小白菜们，我能跟你们一起拍个照吗?""小白菜"是对当时身穿翠绿色服装的志愿者们的昵称。在完成这次小小的"追星"任务后，先生对我说："这些学生志愿者们才是世博园最美的风景。"现在回想起这件事，我心中依然充盈着满满的感动。先生曾经在接受采访时称："我一辈子没有别的追求，就是欢喜学生，尤其欢喜本科生。"我是 1999 年入华中师范大学历史文化学院学习的，也是听过先生讲华师第一课的人，只是那时还不曾想到能与先生走得如此之近，能成为先生的再传弟子，还能陪先生参观世博园。

在陪先生逛世博时，我时常感叹先生身体真好。世博园区很大，人很多，很拥挤。尽管有轮椅相助，两天下来，年轻人也很难吃消，不过先生看似问题不大。记得是参观世博园的第三天傍晚，也是中秋节的前一天，先生和黄老师以及大部队坐在长廊上等掉队的一些老师，天色渐渐暗下来，月亮已经很圆了。我问先生累不累，先生说："还好，大家都说逛世博是对身体的一次体检，看来我身体还可以。"随后，先生便同黄老师跟我讲起早些年在海南考察的事情，还讲到当时马敏老师挥汗如雨帮忙修理抛锚汽车的趣事。先生爽朗的笑声回响在中秋的夜空中，是那么的悦耳动人。

最后一天的世博园参观活动，先生和黄老师没有参加。而是按照之前与随行工作人员商定好的：他们去拜访住在上海的长兄一家，下午再到火车站汇合，一同回汉。在这次家庭叙旧中，上海的华师校友陈茂松先生担任司机，我则陪先生一起上楼，顺便担任摄像师的角色。家庭聚会的一个细节让我记忆颇深，当黄老师在与兄嫂畅谈家事，两次提到家族中某位长者的第三代长得很漂亮时，先生两次都用手，指指坐在远处的长外孙女说："没有她漂亮。"随后，便是满屋的欢快笑声。先生心中有"爱"，怕冷落到别人，始终想着别人。

先生的“爱”是“大爱”，不只是对亲人，更是对身旁的人。当我在华师读研究生的时候，先生还是在科学会堂（当时叫文献所）的三楼办公，先生几乎每天都会来办公室。从华师的西区住处步行至东区的办公室是一段不近的距离，因而时常能见先生斜挎包，缓步而又稳健地走在校园里的身影，现在回想那是多么美丽的风景呀！记得有一次，我从所里出来，远远看到先生缓步走来，手里提着一个大大的袋子，我急忙跑上前，想接过先生手中的袋子。先生笑着，摇了摇手中的袋子说，不用了，很轻的，朋友送的东西，我们吃不了，分给所里的老师。类似的口福也经常惠及我们这群研究生，友人寄来的巧克力，多次被先生在还没有拆封时就直接放在“中心”的办公室，被我们消灭掉了。

先生对别人有“爱”，却不愿麻烦别人。令我印象很深的一件事是，当先生结束上海世博之行的几天后，我忽然接到一个武汉的座机电话，令我意想不到的是，这电话竟然是黄老师打来的。黄老师先是向我表示谢意，又告诉我交给她的照片存储器不会用，不知道怎么打开。我听过之后，才想起自己用一个不常见的，形状类似厚名片的扁方形优盘存储了先生在沪的照片。我一边暗暗责备自己没有把工作做好，只考虑到便于携带、不易丢失，而没有考虑到操作的复杂不便；一边给黄老师说使用方法。在我们通话临近结束的时候，我隐约听到先生有些责备黄老师的声音，大意是我们应该先试一下嘛，不要先打电话麻烦别人。我曾将此事讲给在先生身边工作的刘莉老师听。刘老师说，章先生就是这样的人，不愿麻烦别人。

2021 年 5 月 30 日，在参加先生追悼会的间隙，大家聚在一起，互相感慨着岁月无情地印在各自身上的痕迹。彭剑师兄回忆道，章先生说，我的这种老叫“一步老到位”。我也给大家分享说，章先生得知我本硕博都在华师读后，在博士答辩会上称，我是华师的“原住民”……

先生音容常在……

先生永远不老……

（作者单位：上海社会科学院宗教研究所）

605的主人不回来了

张晓宇

章开沅先生的办公室，就在华中师范大学中国近代史所的605室。

2012年9月，蒙刘家峰教授提挈，我得以来到华中师大中国近代史所东西方文化交流中心攻读博士学位。东西方文化交流中心是章先生开创的中国教会大学史中心升级而来，资料室在607，紧挨着先生的办公室。为了扶持中国基督教史这个相对弱小研究方向的成长，先生直至晚年都还在基督教史方向带博士生。2014年先生请辞“资深教授”，也不再招收博士生，我就这样极其荣幸地忝列于诸位蜚声海内外的学长们之后，成为先生名下最小的学生。

自我转入历史学以来，先生的鼎鼎大名即如雷贯耳。先生之治学和为人，早已是我们年轻学生心目中的典范。尤其是他在历史关键时刻无惧个人荣辱安危的抉择，更彰显了一个历史学家的风骨。2012年9月10日教师节上午，我的师兄王淼带我去605拜访章先生。那是我第一次见到先生，心中甚为忐忑，生怕应答不当，给先生留下不好的印象。当得知我是山西人时，先生告诉我，他的先人节文公，就曾在山西为官，家族多人葬在太原。先生笑称：“山西也是我的家乡，我们是老乡啊。”随后又说：“我大哥的孙子也叫晓宇，名字和你一模一样。”紧接着先生又补了一句：“啊，我这不是故意要占你便宜啊。”所在皆笑。这一下就拉近了距离，也消除了我的局促感。先生随后又跟我们讲了许多章氏家族的故事。那次见面只有短短的二十多分钟，但是让我记忆犹新，对我以后的研究也产生了重要影响。

先生那时虽年近九十，但身康体健，耳聪目朗，每天上午九点左右步行到办公室。彼时我自由散漫，迟睡晚起，经常是我到资料室时，先生已经坐在办公室许久了。先生一般是上午十点半左右步行回家，临走前还经常到607来转转，跟在资料室的小朋友们聊一聊。经常有海内外的学者来拜访章先生，刘家峰教授和刘莉老师负责联络和接待，我们学生端茶送水，帮点小忙。加之我三年学业中，还有不少文书需要麻烦先生签字，每次见面先生就顺带与我多聊一会，我因此而近水楼台，常得聆听先生教诲。

先生之教导

我在华师求学期间，学校后勤集团经常让我们搬家，三年搬了六次家，苦不堪言。2014年6月时，学校又进行宿舍调整，要求原来住在东区十栋的博士生全部搬入指定之过渡宿舍，再于9月开学时搬入新建成之国际文化交流学院三栋博士生楼。大家对此忧心忡忡，一来“秀才搬家尽是书”，重复搬迁未免劳顿之苦；二来东10栋本不在装修之列，无须过早清场。众人思量再三，决定联署向学校请求暂缓搬迁，但又因种种原因顾虑重重。那天我正好有事去先生家，遂向先生表达了一下我们的顾虑。先生阅完我写的请求书草稿后对我说，有意见向学校反映并无不妥，但要注意遵循合法渠道，表达合理诉求，尊重既有程序机制，逐级转呈。随后我们严格遵循先生的嘱咐，向东10栋宿管老师和我本人所在学院提交了请求书。后来我们与学校各级领导、老师的交流也比较顺畅，最后学校也在一定程度上采纳了我们的请求。这一事件也让我深刻领悟到了先生做事的智慧。彼时我正在研究晚清宗教自由请愿运动的过程，这种经验也让我对先生所倡的“参与史学”有了深一层的理解。

诸多老师曾言及，先生年轻时颇严厉。而我从先生读书时，先生已届八十六岁高龄，是个慈眉善目的老人家了。有一次我去武汉机场接先生和师母，提早到了十多分钟，想着怎么打发时间，于是打开手机玩起了游戏。这一下不得了，激烈厮杀中，竟然忘记了时间，直到先生站在我的背后，拍了拍我的肩膀，我才发现先生已经到了。此事我至今想起都颇为汗颜，他一定看到了那个贪玩误事的小子在做什么，可是他没有任何责备之意，也没有跟任何人说起过。

先生对我的错爱和学术上的提挈，应该是在我写完湖州教案的文章之后。我的博士论文是从国际法角度研究清末教案的，有幸的是，这一课题竟然让我与先生所关注的章氏家族史产生了一些交集。我在研究湖州海岛教案期间，发现该案中的湖州士绅领袖章祖申，竟然是先生获溪章氏家族的第十五世先人。章祖申尚有一海外遗孤，为瑞典亲王罗伯特·章，先生曾为此专文论述。湖州教案的文章写完后，我呈予先生审阅，先生甚为高兴，跟我详细讲述了诸多章祖申的生平事迹。我本科学习的是法律专业，从法学到历史的转型也并非一帆风顺。求学之中的挫折只是一种外在的经历，最难的是如何将两个不同学科的研究方法和内容有效结合的问题。对于许多跨专业的学生而言，一种学科范畴上的“身份认同危机”如影随形——你始终要回答“我是谁”与“你是谁”的问题。先生以近九十岁之高龄，不辞劳苦阅完拙文后对我说：“尽管你以前不是学历史的，但是从这篇文章来看，你已经是入了门了，考证功夫算是做到家了。”对于我这样一个历史学“半路出家”的学生而言，能得到先生这样的认可，我心中的感慨和感动难以形容。2015 年年初，我有幸入选参加台湾“中央研究院”近史所和复旦大学联合举办的近代史研习营。临行前，先生特地签了不少书，委托我带给他在台北的老朋友们。先生额外还签了十本书，只写了先生的落款，未写抬头，对我说：“这十本书，你带上，方便结交朋友。”我后来才深刻体会到先生帮我拓展学缘的良苦用心！

2017 年，我的学长陈新林博士在香港设立开源书局，先生鼎力支持，并把自己 1990 年—1994 年在海外访学期间的日记《北美萍踪》贡献出来，作为开源书局出版的第一本书。我有幸受先生和学长委托，帮助先生整理日记，为其中所涉人名、地名、事件作注，做一点力所能及的工作。先生交游广泛，日记涉及人物有几百位，堪称一部海内外中国史学人的“点将录”。且先生写日记时从未想过要出版，嬉笑怒骂，落笔无间，记述内容相当丰富，这也给考订增加了不少难度。除却邮件、电话联系外，我还经常为了解清楚先生日记中人、事的背景，往返于福建和武汉之间。只是我先前从未有任何出版和编校经验，第一次上手就以先生的日记来“练手”，过程中出了不少错误，校不胜校，也给陈新林学长和编辑杜一鸣兄添了不少麻烦，甚是惭愧。然先生待我实在太过宽容，从未责备我。

先生与章氏家族史研究

章先生晚年一直推动两个研究，一个是先生的老师贝德士的研究，一个是先生的家族史研究。前项有徐炳三教授着力进行，后项现在由我来协助推进。与先生初次见面时所聊的内容，也成为我后来着手章氏家族史、企业史资料的搜集与整理研究的开始。2016 年 12 月，章先生转给我一封信，委托我查考他的外公徐襄甫的生平。先生一度以为徐襄甫在 1911 年前殁于四川，结果《王典章先生年谱》中的一则记载证实，直至 1914 年徐襄甫尚在安庆造币厂任职。得益于史学资源数据库的发展，我先通过 E 考据，基本勾勒出了徐甫陈（字襄甫）的生平，再先后前往四川省档案馆、宜宾市档案馆和安徽省档案馆查阅相关档案，较为完整地还原了徐甫陈的一生。这一过程也让先生甚为惊讶，他连连惊叹 E 考据的巨大魅力。先生就是这样具有开拓性、包容性，对学术界的新潮流保持着敏感度和接纳度，从未将此视为年轻人的“奇淫巧技”而嗤之以鼻。2015 年，章开沅先生基金会还曾邀请台湾地区清华大学的黄一农教授来华中师范大学讲学，其中就有关于 E 考据的专题演讲。

对湖州教案的挖掘，也加深了我对先生祖籍地湖州的认识。2017 年 4 月 28 日，我随先生、师母和马敏教授、田彤教授一同来到湖州，在先生的祖居地寻踪访古，也有幸结识了湖州当地的多位文史专家和章氏宗亲。

然而，长期以来，关于章氏家族及其企业史的研究未能获得较大推进，并不是这个议题不重要或不具有学术价值，其直接原因在于相关史料的缺失。安徽社科院的钱念孙研究员收藏的章氏家族手稿《手泽珍藏》的发现，为这一研究带来了转机。章先生指出：“这批遗存函札文稿，大体上可以体现维藩公西北从戎，芜湖设厂，当涂采矿，乃至晚年策划在秦皇岛营建钢铁冶炼基地的雄图大略。”

2019 年 10 月底，我的资料搜集工作也迎来重大突破。我兴奋地给先生打电话，报告我的发现。我说，我找到的您的家族史、企业史的资料太多了，周锡瑞教授有《叶家》，我想我也可以写本好书《章家》了！章先生在电话里说：“你还有你的其他安排，慢慢来，你的时间还长，我的时间不长了。”那一刻我怔住了，以至于后面怎么回复先生的，我都忘记了。11 月 2 日，和徐炳三教授交换了一下意见后，我郑重给先生回信：

> 关于章氏家族的研究，我之前一直不敢下手，主要原因就是找到的资料不够多。现在这个问题解决了。我找到的资料，已经只有看不完的烦恼了。我完全可以写好一个家族史的故事了。我既可以把您家族的故事讲清楚，还可以保证它的学术性。无论如何，徐老师和我都会努力，让您尽早看到关于贝德士的研究著作，和我关于您家族史的研究著作。我们还有很多问题需要向您请教，请您和黄老师保重身体！

2019 年 11 月 28 日，在安徽师范大学召开的“企业家精神与工业文化遗产：章氏家族与近代中国实业”会议上，我得以结识《手泽珍藏——章维藩函札手稿汇编》原稿的收藏者钱念孙研究员。会议结束后，我又在马钢集团朱青山经理的带领下，实地考察了马鞍山钢铁厂的南山矿、姑山矿各矿场，与史料记载相核对。朱经理还带我深入到地下 400 米的采矿作业面，现场感受采矿的过程。12 月，我又在安徽省图书馆找到一册章维藩书信集，遂第一时间前往查阅。在皖图古籍部主任石梅老师和安徽省社科院钱念孙先生的大力帮助下，我得以获得这份宝贵的资料。有如此丰富的史料，我有信心在章氏家族史和章氏企业史等方面，开展扎实且有深度的学术研究。章氏家族从章节文、章棣父子历仕林则徐幕府、左宗棠幕府以来，一直随着中国近代史的波澜而同进退。他们家族的历史，也是中国近代史的缩影。

章先生在《实斋笔记》中自述，他从事张謇的研究，“一是由于干臣公（维藩）的事迹，诱发我研究张謇的兴味，也有助于我对张謇的理解；二是由于这样绅商门第的背景，有利于我与自己某些研究对象之间的沟通，使我得以结识一批清末民初的知名人士和他们的后裔”。先生所言实际上颇为谦抑。举个形象的例子，我们历史系的师生常开玩笑说，你怎么敢来学历史，家里有矿吗？章先生家里还真有矿，而且不止一座，当然是民国时期的。

章先生的曾祖父章维藩（1859—1921），是安徽近代民族工业的先驱者。他生于山西太原，少年随父章棣参与左宗棠西征，负责粮饷转运等，因军功保举，先后就任安徽牙厘局提调、无为州知州、怀宁县令、宣城县令等。1895年他辞官从商，在芜湖开办益新机器面粉厂。民国初年，他又筹资在安徽当涂县创办了宝兴铁矿公司，这是当涂地区第一家民营铁矿公司。宝兴公司极盛时期，在当涂拥有十余座矿场。抗日战争期间，宝兴铁矿公司被日伪以低价强购，纳入伪华中矿业公司。1945年光复后，国民政府称其为敌产而拒不发还原所有人，并谋筹组国有铁矿公司。新中国成立后，宝兴公司的原有产业成为马鞍山钢铁厂的一部分。

在芜湖会议上，我曾立下“军令状”，要在一年之内完成《章家》或《章维藩评传》。海口是夸下了，可我终究还是食言了。一来是疫情打乱了我们的工作和生活，二来是资料的丰富程度超出预计，我志大才疏难以消化，加之个人劣习难改，浪费了很多宝贵的时间，致使进展缓慢。2020年以来，我陆续完成了章维藩书信集的点校和注释工作，并撰写了《章维藩书信所见人物交游》和《怀宁徐甫陈生平考述——兼论“E考据”在家族史研究中的应用》两篇文章，发给先生审阅。2020年9月我再回母校，与马敏教授商议《手泽珍藏》的识读和点校工作。马老师带我拜访了李寿昆教授，在李老师及其弟子张萌的帮助下，《手泽珍藏》一书的点校和注释工作得以完成。点校和研究工作告一段落，我对先生家族史的认识也进入了新的阶段。从章节文、章棣、章维藩到章兆奎、章学海直至章开沅先生，纵观章氏家族成员在近代中国历史大潮之中的选择，他们既不冒进，也绝不保守；更为重要的是，他们每次都能准确地踩在历史的鼓点上，既能顺势而为，又有所秉持，才能延续、创造清芬堂章氏近百年的辉煌。

9月中旬，先生抱病为我筹备出版的资料集写序。序言中先生称：“我从事家族史研究为时较早，从上个世纪60年代初以来，大半辈子的主要精力都用于张謇家族研究。”在给周锡瑞教授大作《叶：百年动荡中的一个家族》的序中，先生指出，当前仍然要倡导宗族史与家族史的研究，“因为这是中国传统社会一个极其重要的组成部分，而且至今在观念与实体上仍有大量遗存，从这个角度来研究中国，理解中国，包括中国的过去、现在乃至将来，仍然是很有价值的学术工作”。

2021年4月2日下午，我随马敏教授、彭南生教授、徐炳三教授和刘莉老师，一同去楚园拜访先生和师母。我带着初步整理好的《荻溪章氏清芬堂函札史事录》，详细向先生汇报章维藩在创办益新面粉厂和宝兴铁矿公司中的各种经历，及章氏家族的各种故事。先生听着，不时补充文献中没有记载的家族往事。先生气色很好，除了行动不便，依旧那么睿智、健谈，思路清晰、敏捷。

4月6日下午，我再随刘家峰教授和陈新林博士来到楚园。陈新林博士请先生和师母保重身体。刘老师向先生汇报，山东大学的杨加深教授对《手泽珍藏》中维藩公的书法、诗词造诣评价极高。这让先生也颇为意外。先生高兴之余，提笔为《荻溪章氏清芬堂函札史事录》题字“野叟知难，古今如此”。意即像章维藩这样的“野叟”，不为公众熟知，查考起来颇有难度。我突然想起来，先生曾言，华君武先生的姐姐曾给章先生的长兄章开平写过一封信，叙述章家与华家之间的姻亲关系，我遂向先生讨要信件。先生略一沉思，转头看着我说：“这封信你那里有，你那时候都拍了的!”经先生这么一提醒，我方想起来，2018年有一天我回武汉的时候，先生特地拿出那封信，让我拍照留存。只是我拍完之后未详细阅读，即束之高阁。那一刻我除了汗颜之外，倒也非常高兴，因为先生记忆力竟然如此之好。我们甚至觉得以先生的身体状况，活到一百岁也毫无问题。谁知那天竟是我们三人最后一次见到先生!

4 月拜别先生后，我再前往合肥，查阅皖图所藏的另一本章维藩遗作，为《荻溪章氏清芬堂函札史事录》增补材料，收获颇丰。5 月 16 日，我写完《章维藩函札所见人物交游考》初稿 35000 多字，5 月 20 日在鄙校举办的学术会议上报告。5 月 26 日，我终于整理、点校完《荻溪章氏清芬堂函札史事录》的第六部分《宝兴铁矿公司资料选编》。点校期间，我还向先生的长女明明老师汇报进度。5 月 27 日，我又在近代芜湖海关报告中找到数则关于益新面粉厂的记载。那天我还在想，下次再去见先生，我又能给老爷子多讲几个好故事了。谁想次日，先生就永远地离开了我们!

5 月 28 日上午，当我得知消息后，脑中一片空白，浑浑噩噩，懵了很久。我知道这一天迟早会来，但是来得这么早，我们都没想到。下午，我坐在办公室帮学院起草唁电完毕，自己又写了一副挽联，痛悼先生。

别楚园五十二日，病未奉殁难视，更伤怀数载庸碌无为愧对教诲，小子一恸千里外

居武昌六十三年，宏道德著文章，尤可敬毕生不媚时语独寻真知，士林如公有几人

挽联难称对仗，但情真意切。小子不才，承蒙先生错爱！怪我做事太慢，拖延成性，浪费了许多宝贵的时间，以至于先生未能等到资料集的出版，即撒手人寰！我想起 2015 年 6 月我毕业临行前，想着不能常陪先生左右了，特来向先生辞行，向先生鞠了一躬，情绪有点激动。先生拍拍我的肩膀说：“没事，来日方长，来日方长。”那时候，我们又有谁知道这来日究竟有多长呢？天道无知，不假吾师三百岁！痛哉！

5 月 29 日早上，我抵达武汉。先生每年冬天去广州过冬，春天再回来，我经常在这个到达口接先生和师母。我多么想先生能再拍一次我的肩膀。上午我赶回母校，来到追思堂吊唁先生，实在抑制不住，泪如雨下！中午，我来到先生办公室瞻仰。605 陈设一切如故。我又想起每次面见先生时，先生坐在桌子的那头跟我说话的情景。先生桌上有一放大镜，遇到字小的文

书时，先生就会拿起放大镜来读一读。

以前，当我坐在607乱翻书时，我常能听到先生从605出来时关门的声音。紧接着，就会看到老爷子戴着他的鸭舌帽，拎着他的小黑包，缓缓走过607的门口。

现在，那个身影不会再有了。

（作者单位：山东大学历史文化学院）

忆章先生二三事

何家伟

尊敬的章先生，刚刚仙去，但是我们这些后生晚辈，心中却永远无法忘怀先生的音容笑貌。2004 年，有幸忝居马敏老师的博士研究生后，也偶尔能够近距离聆听先生的教诲，现在想来，仍历历在目。

最早见到先生，是在 2005 年先生八十大寿的会场。当时，我陪西南交大的鲜于浩老师（我硕士毕业于西南交大，师从何云庵老师，鲜老师亦经常指导我学问）坐在下面聆听先生演讲，鲜老师不时给我略加评论。先生中气十足，根本就是一“年轻人”。印象最深的是，先生说《辛亥革命史》至少培养了三个大学校长（先生本人、林增平老师、隗瀛涛老师）。这套书也是我们博士考试必考书。彼时，川大隗老先生亦亲率“川军”（其中有谢放老师、何一民老师等）来华师给先生祝寿。

第一次近距离见到先生，大概是考上博士研究生后，去所里看书，路上碰到章先生。我看先生一个人，就想上去搀扶他一把。他笑着说：“还不用啊，小伙子。到需要搀扶的时候，恐怕都不行了。”我笑了笑，也不再勉强。随后，自我介绍说是马敏老师的学生。他说：“好，跟着马敏好好学。”然后我又问先生，鲜于浩老师，先生是否记得，因为是鲜老师推荐我报考马老师博士的，鲜老师托我有空问候先生。章先生很高兴，说他当然记得，还让我转告对鲜老师的问候。那时候，鲜老师还很健康。

第二次近距离谒见先生，大概是郑会欣老师记忆的 2016 年 5 月 31 日，王笛老师到华师来做报告，报告结束后，安排为王老师接风洗尘。恰好章先生也兴致勃勃地受邀来参加了这个宴会。席间，我又近距离聆听了先生幽默、睿智的谈吐，特别是先生对生活中形式主义的批评很中肯。

第三次是 2020 年 1 月 9 日，受同济大学郭世佑老师的委托，去拜访章先生。这次主要是郭世佑老师的大作《思与言》出版了，要我呈送给先生。郭老师特意交代我买束花，代他亲自将书奉上，以示对先生的尊重。我也很高兴能够如此专门谒见先生，遂精心准备了一束鲜花，还顺便带了我自己的两名研究生，她们也早想拜访先生。

那天早晨，我早早和两名研究生在近代史所六楼电梯口等待先生。8 点半后，章先生拄着拐杖，轻步走下电梯。我还未开口，先生便问我："是郭世佑让你们来的吧?"我回复是的。章先生回答说："到我办公室来谈吧。"我们随后进入先生房间。进去后，我说明来意，说自己受郭老师所托，呈送给先生郭老师的大作。先生很高兴，我说有郭老师的微信，先生是否需要和郭老师连线视频一下，章先生欣然同意。连线视频后，先生说他"还在担任村官"。他们给了先生一块地，20 多亩。后来又把他升任了镇官，镇里还和先生签了 5 年协议，先生帮助他们脱贫。经过努力，以前那个非常贫穷的地方，现在已经是生活富裕之地了。先生还说，辛亥革命快 110 周年了吧，他争取参加。郭世佑老师则说，他一定要回来参加章先生的 100 岁寿诞。视频结束前，先生说，托我给郭老师邮寄一本家谱，作为回赠。

和郭老师聊完，先生又和我们谈了会。我向先生汇报说，马院已经有四名近代史所的毕业生了。他还告诫我们年轻人，要多锻炼身体。先生说，现在人们生活节奏都很快，要坚守好自身。学马理论要踏踏实实，下一番苦功夫，那时候他们是冒着生命危险选择了共产党。《资本论》也要认真读，现在很少有人能做到了。他们那时候包括注释都认真阅读。

因为先生还有会议参加，我们亦告辞离开。

作为后生晚辈，我虽未聆听过先生一节课，但他的只言片语，都是人生的大智慧体现。现在想想，有幸中的两个国家社科基金（一是南京国民政府公务员俸给制度研究，另一是南京国民政府国营金融邮电事业人员收入问题研究），其实都是得益于先生的群体研究方法和眼光向下的思路。当然，还有马敏老师、鲜于浩老师、何云庵老师、吴景平老师、谢放老师、朱英老师、王笛老师、彭南生老师等诸多导师的教诲与培养。

物是人非，愿几位逝去的先生（鲜老师、隗先生、章先生）千古……

2021年6月1日星期二于桂子山

（作者单位：华中师范大学马克思主义学院）

幸有师恩伴我行
——章开沅先生与我的幸运人生

黄明畅

2021年5月29日上午，久未联系的友人彭新神父突然给我转发一条微信推文“哀悼｜著名学者何兆武、章开沅先生今日相继辞世”，我心里突然咯噔一下，巨大的疼痛和不堪瞬间包围了我：我本应于2017年完成的文章，因孕产原因，迟至2019年才将拙文初稿发给先生，先生并没有责备我，而是很快在邮件回复：“民族绵延，也是大事，可喜可贺！论文很有价值，老夫乐观其成，有厚望焉。学问乃终生事业，永不言弃，必应有成。也该向康老师学习，有志竟成!”又是四百多个日日夜夜，先生终没能够在有生之年“乐观其成”，于师无足挂念，于我则抱憾终身，愧对师恩!

人生幸事有恩师。或许，我就是这样的幸运儿。我当年属于“超生”，是父母的第三个女儿。但我生逢其时，直接就迎来了改革开放。用母亲的话说就是“你们三姊妹，就你没有饿过饭”，不但不饿饭，还有学可上。1987年，我们山沟里走出的第一拨大学生，也是鄂西大学首届毕业生，返回家乡办起了初中。那时，在我们那样的穷山沟里，能够办一个初中不容易，能够走出一个大学生也不容易，大学生回来教书更不容易。年轻教师返乡创业，意气风发、思维创新，当时还扎着羊角辫的我成为该校年纪最小的学生，倍受老师的关爱，学习兴味甚浓，一路高歌从初中到高中，最终考上了大学。历史往往有惊人的巧合，30年后我才从先生口中得知，先生时任华中师范大学校长，当年极力倡导在鄂西山区发展高等教育，多方争取筹备建立鄂西大学，并亲自担任了鄂西大学董事长，为偏远山区的中小学培养了一拨又一拨师资人才，这些老师回到家乡又带回了知识的星星之火，给予了像我这样的穷孩子改变命运的机会。

鄂西大学后来更名为湖北民族学院，先生已不再担任校董，但仍然心心念念关注着恩施教育的发展。湖北民族学院成立后不久，先生应邀考察了湖北民族学院的办学环境和条件，前瞻性地指出，湖北民族学院的发展要“立足于土，涵蕴自然”。“土”即民族文化，“涵蕴自然”即涵养生态。1997 年 9 月 8 日，先生在湖北省政协文史研究会成立大会上讲话时又专门提到恩施，再次强调恩施要“立足于土”，先生分析道：“因为要赶洋，洋不过武汉，更洋不过上海，恐怕连沙市、宜昌都赶不上，你只有在‘土’字上做文章，越土越好。”先生认为，“恩施有一个最大特点，就是土家族，要用学科研究扩大知名度，建立土家学研究中心。恩施的地方文化也很值得研究，恩施恰好是巴蜀文化和荆楚文化交汇的地方，非常重要。恩施本地本身有许多好东西，要有自己的判断，自己的见解，判断准了，坚持 10 年、20 年，必然有收获”。先生还建议恩施的建筑也要保持吊脚楼等民族建筑风格，整个地区营造本地特定的文化氛围。先生的灼见得到地方党政、学界认可，此后，湖北民族学院开办了民族研究所，申办了国内外公开出版发行的学术期刊《湖北民族学院学报（哲学社会科学版)》，先生还为其题词“立足本土、涵泳自然、走向世界”，希望学报扎根土家族地区这块民族文化沃土，确立特色，严谨求实，遵循学术规律，脚踏实地一步步走向世界。此后，湖北民族学院重点打造民族学学科，10 年后在原民族研究所基础上成立了民族学与社会学学院，先后组织出版了土家族研究丛书、民族文化与地方治理丛书，推出了一大批研究成果。2006 年民族学成为该院硕士点授权学科。此后文化与生态更是成为恩施土家族苗族自治州发展战略选择。我 2008 年至 2013 年在恩施州政协工作，有较多的机会了解恩施的社会人文，学习恩施文史资料和民族研究系列文章，对本民族文化已经有了初步的自觉。这期间发生了一件事，恩施一位知名民族民俗专家在本地媒体发表了一篇关于“沙地教案”的文章，引起了不小的争议，其中文章的部分论点与措辞引起了恩施天主教信徒的愤慨与反响。我很好奇，这一发生在百年前的历史事件，为什么在今天还会导致社会矛盾？为什么在恩施民族历史上会有天主教徒这样一个特殊的社群？以问求学，幸运如我，2010年我得以考入湖北民族学院，在刘伦文教授专业和精心的指导下，我展开了对本地天主教发展历史和现状的系列研究并顺利完成了民族学学位论文《天主教在湖北武陵山地区的传播研究》，再一次圆了我在家门口继续求学的梦想。

有时候，无知也是一种幸运。如果我那时就认识先生，知道先生那一句名言："历史是已经画上句号的过去，史学是永无止境的远航。"我就会因畏惧知难而退，不去趟历史这趟浑水了。对于进行了几年田野调查的我来说，历史不是一段画上了句号的过去，而是由一连串问号组成的迷宫。比如，我在访谈中了解到，在利川南坪有个叫牟斌的，幼时父母双亡，在利川花梨岭教会学校求学，他在南京金陵大学医科毕业后到美国深造医学博士，曾任美国前总统尼克松的私人保健医生，在陪尼克松首次访华时返乡，后来又带着孩子回过家乡两次。类似这样还有一些口耳相传，还算小有成就的地方名人，为什么各级史料竟找不到他们的任何信息？我们现在的社会状态，经历了怎样的变迁？类似许多问题让我思索却又如坠云雾，无法认清真相的苦恼萦绕着我，使我生命中有一种继续寻找历史、追溯历史的渴望和冲动，想要学习中国近现代史了。我那时虽已年近不惑，却充满"壮而好学，如日中之光"的精神。以问求学，幸运如我，我顺利考入华中师范大学中国近现代史研究所，不仅得到刘家峰教授细致不倦的长期指导，还承蒙老师引荐得到先生的耳提面命、谆谆教诲。先生有教无类，心如慈母，跟我这样的蒙稚学生从不谈高深的学术理论，恐吓退了我，而总是以温婉造就之语勉我前行。

先生年近九旬却童趣盎然，不论是课堂内外，常常于谈笑中揭示道理、予人启迪。有一次先生为师生们做辅导，"大咖"莅临，大家都正襟危坐，满怀尊崇地聆听先生严肃的报告，生怕听不懂。谁知先生一开口大家便笑开了："你们大多是90后，而我也是90多岁了，这将是一场90后之间的对话。"先生跟一群学生是这样，跟一个学生也常这样。有一天先生很一本正经地对我说：“我年纪大了，不中用了。给你安排一个年轻人带一带。”等我见到这位“年轻人”时，我忍不住乐了：“原来先生给我安排的老师是一位老头啊!”老头一听我是恩施人，就对我说：“明朝时有一个叫邹维琏的人，在福建当过巡抚，也曾被贬到你们那个地方，当时叫卫所。”我瞬间惊呆，原来，老师正是著名的林金水教授！林教授对我这样一个孤陋寡闻的史学门外汉毫不嫌弃，专程远道从福建赶来，安排一周的时间，手把手教我如何收集、鉴别、阅读和考证历史文献资料，又让林师母专门为我做了营养可口的福建特色菜。林教授一如先生所言，虽然年近七旬却年轻健硕，谈吐敏捷、思维缜密，上楼下楼健步如飞，每日还坚持至少一小时的锻炼和游泳。幸运如我，林教授言传身教让我明白做学问也要健康生活、保持青春。

2016年，先生在90岁的高龄，曾计划再来湖北民族学院考察，看看恩施大山沟沟的变化，后因女儿雪梅在武汉行程变更未能成行。此后我三生有幸，二宝在孕，随后产期、哺乳期、更年期接踵而至，再不能前往武汉汇报学习情况，学业也一度中断。幸运如我，先生对我并未嫌弃，更未遗忘，先后两次托刘莉老师为我寄送学习书籍，并亲笔签名寄赠先生自己的著作全套，让我也能忙里偷闲，在继续阅读中随先生史海泛舟，沐浴先生的智慧与风范、爱语与箴言。先生告诉我说：“我喜欢学生，学生也喜欢我，这是我最大的幸福。”“自己这一生，就像是一只忙忙碌碌的老鸡，成天到处啄啄扒扒，如果发现什么谷粒、昆虫之类，便招呼小鸡前来‘会餐’。”先生终生从事历史教学和研究，在追求真理的道路上常如一位披荆斩棘的斗士，不断开拓，不知疲倦，从未却步。先生不止一次地叮嘱我：“优秀的史学是文化瑰宝，应该属于全人类，史学家应该保持独立的科学品格，最重要的是求实纯真，勇敢地迎接权势与金钱的挑战。”谈到自己开辟的新研究领域，先生虽然不时会说，“这个研究起步很晚”，“我在这方面的研究只能说是刚刚开始”，甚至说“我们还没有完全入门”，有些研究“前途现在还很难说”，但先生怀着它能“健康地、正常地发展。在研究中间，能得到更多、更好的成果”的美好期望。先生不仅自己笔耕不辍，更以时不我待的精神，甘愿为年轻的后辈充当“铺路石子”，奉献不止、多情不已。先生嘉许以问求学的懵懂，却鄙视以学为术、以术为学的功名，常以“惟有多情是春草，年年新绿满芳洲”的诗句来勉励学子，即便微末渺小如我这样一位晚学后生，正如一株野草，无夺目芳华，更非栋梁之材，也能够深切感受到先生的用心用情和关怀备至。如今，先生的这一场好仗已打完，赛程已跑到终点，历史还在航行，太阳照常升起。相信小草见到阳光也会灿烂，润泽雨露也会苏醒，最终萌发出漫山遍野的新绿，为大地增添一点春的精神。

敬爱的章先生，历史永远不会忘记您，受您影响的一代代学子将沿着您的脚步，在追求真理的道路上继续前行！

（作者单位：湖北省恩施州妇女联合会）

忆章先生

聂　利

今晨惊闻章先生已于8时15分去世，起初以为是谣传，多方求证后得知这是真的，先生真的已去，悲伤不能自已。作为年轻后辈，我何其有幸，曾得章先生多次关怀、教导、指点、鼓励和勉励，却愧对先生万分，成果未出多少，他交给我校对和完善的翻译书稿也尚未完成。我一直以为先生还有许多时间，以为他还很硬朗，以为我还有机会再见到他，终是食言了。2019年7月离开华师时，我最不舍的是华师的章先生，是他在三年中给予了我许多的温暖和关心，在那些迷惘和困惑的时刻，先生睿智的话语就像一缕清风，让我清醒许多，获得力量，更加坚定前行。

第一次见章先生是2010年7月我参加华师的基督教研究暑期班时，记得那时84岁的章先生关注的是人类未来的问题，他的演讲幽默风趣，一下子拉近了与我们的距离。未曾想以后还有更多机会、更近距离接触章先生。2016年9月，我有幸开始跟从马敏教授从事博士后研究，经常在近史所6楼看书写东西，而先生的办公室就在605室。先生勤勉，常常在天气晴好之时到所里办公，或接待来访者，或处理事务，所以我经常碰见先生。那时徐炳三老师组织了一群人（包括张晓宇、谌畅、张乐等）翻译贝德士的英文手稿信件，我也是参与成员之一，我们每周聚集一次，讨论汇总各自的翻译。我们汇总的翻译稿件也会交一份给章先生，先生大概是这样知道我的。

一日，先生来中心办公室，我正伏案工作，先生问我姓名、籍贯、背景等。知道我的名字，他说："聂荣臻的女儿叫聂力，你也是聂利。"说这话时伴随着他那特有的亲切的笑声，他还说看过我的翻译。得知我香港中文大学毕业，表示非常欢迎我加入中心，我也很高兴，因章先生创建的东西方文化交流中心是大陆研究教会大学史和中西文化交流的重镇。

时光如水，缓缓前行。我在华师的三年里，印象里有多次给先生倒茶，顺便坐下来聊一聊的场景。先生思维开阔，思想跳跃。他不时借书给我看，或将他觉得我可能有兴趣的研究材料拿给我，比如让我学习赵晓阳老师的《域外资源与晚清语言运动：以〈圣经〉中译本为中心》，说她是位优秀的女学者，很努力，研究几乎是单枪匹马完成，没有研究经费，全靠自费去世界各地搜集圣经翻译的各种资料，且语言文字很好。章先生将赵晓阳老师与耶鲁的司马懿老师相提并论，赞扬她们都是优秀的女学者，后者主编有《阅读中文圣经：19 世纪的文本》（*Reading Christian Scriptures in China*）。他勉励我有兴趣的研究就去做，独辟蹊径，像赵老师十年磨一剑，“沉潜在自己的研究世界里，专心致志，锲而不舍，且自得其乐”。先生有时也询问我论文的进展，言应“看菜吃饭”，由材料而来，还举自己的恩师贝德士想写中国基督教史为例，贝德士本想撰写完整的中国基督教史，搜集许多许多资料，却最终未能完成，不免遗憾。概因其过于乐于助人，如解答赵紫宸何时毕业这个问题，他就写了 14 页纸的答复，颇花时间；又因其忽视了人生而有涯，1978 年去世，未竟之事，始终遗憾。就是在这样的点滴言谈间，先生将他的治学理念和方法缓缓传授于我，对我有所勉励和期许。

先生待人真诚、亲切，把我这个年轻小辈的小事都记在心中。2019 年 7 月，我告诉先生我即将赴中南民族大学工作，后来他即专程找我一聊，并介绍他所认识的在中南民大工作的前辈老师以及先生与他们的渊源、交往，让我有机会或可去拜访，勉励我好好工作，将来多跟华师保持联系。先生的一番话让我十分感动，他居然在为我未来的工作操心；同时也惭愧万分，自觉对不住先生三年来对我的润物细无声的关心和鼓励。

章先生像一座高山，既有自己的巍峨、陡峭、险峻和高度，又滋养了山上的大小树木、花卉和小草。我大概是这山上的一株小草，得先生多次无私滋养和指点一二，多么幸运。先生对我的恩情、关怀和叮嘱，我永远铭记在心，并以先生为楷模，砥砺前行。

先生千古。一路走好。永念在心。

2021年5月28日草于民大

5月31日修改于南湖

（作者单位：中南民族大学）

音容宛在　风范永存

——忆敬爱的章开沅先生

刘　莉

5 月 28 日，原定下午三点从学校出发，由我陪同近代史所 4 位老师前往楚园看望章开沅先生和师母黄老师。自二老去年 12 月 26 日入住楚园，由于疫情防控，很少有机会去看望二老。一早我就兴奋地来到办公室做相关准备。不料没过多久，彭剑老师一脸沉重地走进来问我先生是不是走了。“怎么可能？我们约好了下午去看望，一切都安排妥当了！”我坚信这是谣传。不一会，电话响起，随后便听到章先生长女明明老师的哽咽声……天降噩耗，泪水夺眶而出。

4 月 2 日，我曾陪同马敏所长、彭南生副校长等去楚园看望章先生，先生一如往日那样神采奕奕，侃侃而谈，还不乏幽默，在交谈间隙向负责整理其曾祖父章维藩函札的弟子张晓宇行礼。5 月 23 日，我陪同贵州冯祖贻先生夫妇、马敏所长夫妇以及历史文化学院纪红书记再去看望先生，离别走到门口时，我转过身依依不舍地向先生挥手，先生用饱含期许的眼神目送我们离开。

真的天人永隔了吗？先生真的离去了吗？我却无时无刻不感觉到先生依然与我们同在。家里床头柜上摆放着多本先生赠送给我的个人专著，随手翻阅，先生的句句诤言激励人心；坐在办公桌旁，一抬眼便仿佛看到先生背着双手、笑容可掬地站在门口，亲切地招呼我过去一下；一打开先生办公室的门，仿佛看到他端坐在办公桌旁，戴着眼镜，或捧书静读，或埋头疾书……睹物思人，往事历历在目。先生对我的包容、关爱、教诲与提携，一一涌现于眼前，我禁不住失声痛哭。

一、先生给我面试

初识先生，是在电视里，那时学校电视台正在播放华师建校100周年庆祝晚会，先生振臂高呼："华师永生！华师万岁！"这一慷慨激昂的话语令观众动容，使晚会气氛达到高潮。当时我对先生并无多少了解，只从我爱人口中略知他是受人尊敬与爱戴的华师老校长，但通过电视里的这一画面深切感受到先生身上所散发出的像高山那样巍峨挺拔的气质与魅力。没想到过了不久，机缘即至。2003年10月底，我突然接到学校人事处的电话，说近代史所招聘办公室人员，让我去近代史所面试。记不清是在上午还是下午，只记得时间很紧迫，我事先没做任何准备，连行头都没刻意换一下，就灰头土脸地随人事处钟选友副处长到了近代史所。

面试官正是章先生。我诚惶诚恐，不敢抬眼看他，心里不停地揣测着，这样一位大家会问什么问题，我可能无以回答而出洋相，紧张得要命，以致先生和蔼地招呼我坐下，我都没听见。待我坐下鼓足勇气抬起头时，正好与先生慈祥的双目相对，心里稍稍安定。先生让我做自我介绍，我如实告知已辞职在家照顾小孩，与社会脱节两年有余。不料竟引发先生对往事的追忆，他将自己小女儿的经历向我娓娓道来："我自己的孩子，说实话，我没怎么管，只是在大的问题方面给点建议，让孩子们把握一个方向。我的小女儿当初学理论物理，后远赴美国，在一所学校教物理，教学得心应手，可后来不知怎么突然想起要做家庭主妇。再后来又出去找工作，接着又改学精算，考精算师很难，需要一级一级地考……"讲述过程中，先生有时凝神陷入思索，可能在回忆曾经与两个爱女相处的温馨时光；有时会发出愧疚的叹息，说女儿年幼时自己因各种原因而疏于照顾，在女儿最需要帮助时又鞭长莫及；有时也露出欣慰的笑容，因为女儿为实现自己的理想抱负在不懈努力。记得先生还问了我今后的打算，我说想工作一段时间后读在职研究生。谈话结束时，先生微笑着勉励我："以后好好做，'功夫不负有心人’。”我连连点头应允。

面试就这样结束了，这是我此前所有面试中最轻松、最温馨、最鼓舞人心的一次。当时虽不知面试结果如何，但先生待人接物时的和蔼可亲、温文尔雅和慈祥率真由此定格在我的脑海里。

不知是出于个人少许经历与先生次女经历相似之因，还是出于先生事先看过我的简历、看重我有一点英语基础之因，面试竟然顺利通过。到家不久，人事处即通知我第二天到近代史所上班，负责章先生创办的中国教会大学史研究中心（今东西方文化交流研究中心）以及章先生东西方文化交流学术基金（今章开沅文化交流基金会）的行政事务。事后回想起来，先生接纳我的首要原因还是他对晚辈无私的关爱，他愿意给我一个机会，让我尽早从迷茫、困惑、失落的低谷和困境中走出来。

由此，才疏学浅又缺乏工作经验和社会历练的我，在经过两个月的试用期后，正式成为近代史所的职工，并且蒙先生不弃，在所里工作至今。

二、先生教我为人处事

“治学不为媚时语，独寻真知启后人。”这是先生生前最喜欢的名言，他不仅拿来当自己的座右铭，还以此勉励青年后进。无论在治学、为人，还是处事上，章先生都以此为坐标，追求更高层次的真、善、美；无论在任何时候，他都不趋时、不唯上、不媚俗。

先生的守时是出了名的，但凡有邀约，他必定准时到办公室，很多时候还是提前到办公室等候，真诚地迎接前来求教的每一个校内外学者或前来采访的媒体记者。记不清是哪一年，有一位记者并未提前联系而径直来到先生办公室门前，凑巧先生刚好在办公室。研究中心办公室与先生办公室相邻，当我看见这位记者要进先生办公室时，急忙出来拦住了他，并询问有无事先预约。看见先生正在阅读，并且得知这位记者并无预约，我不忍打扰，婉言劝其离开，择日再访。没想到，先生听到了我们的对话，叫我过去，放下手头书本，笑盈盈地说：“既然人都来了，就让他进来吧。人要自得其乐，我是活一天赚一天，权当是休息。”像这类突发性来访，平日多有发生，但先生对来访者往往不忍拒绝，总是以礼相待，对我也并无半点责怪。

还有一次，有一位杂志的编辑，曾来拜访先生多次，此次未经预约，带了一个朋友再次来托先生办相关事宜。时值先生忙于要事，而且先生事先已跟我说好上午不会客，我先把他们迎接到了中心办公室，并告以先生已年近九旬，目前事情繁杂，无暇顾及他事。这位编辑一听就来气了，认为他所托之事就分分钟的事，并且说了一句不好听的话。我和中心的几位学生再三劝说无效，后也有点动怒，与他争执起来。先生听到这边有动静，在了解原委后，把他们请到办公室，满足了他们的意愿，与他们合影。之后，先生恭恭敬敬地送他们离开，并举手行礼，说：“做得不好的地方，你们多批评!”我为自己的焦躁、不理性而汗颜，为先生的儒雅风范而感动。一位学生说：“章老师，您的心胸太豁达了，我们年轻人很难做到。”先生笑着回答：“我比你们大四倍啊，这都是磨炼出来的。我年轻时也不行，爱惹事。你们不要学年轻的章开沅，要学年老的章开沅。”

章先生常常说：“爱是教育的起点，也是教育的归宿。没有爱就没有教育，至少是教育失去了灵魂。”先生爱学生，而且这种发自内心的无私的大爱绵延不绝，如一股甘泉滋润着每个曾与他接触过的学生的心田。2007 年，湖南省益阳市一名叫张蓉的高中生给先生来信，本以为先生会让我做礼貌性的回复，没想到先生竟然亲笔写了两千来字的回信，他说：“看到你的信，很受感动。你思考那么多问题，又提出那么多问题。我仿佛自己也变成一个考生，而且还是个交不出满意答卷的考生。作为资深的教育工作者，我感到惭愧，更感到痛苦。我们的教育已经生病，但我却表现出束手无策，无能为力。”他还勉励张蓉同学：“一次考试决定不了一个人一生的命运，把命运掌握在自己手中的坚强者，经得起任何挫折与挑战。”

2013 年年底，先生向学校递交请辞资深教授报告。那一天，他很郑重地把手稿交与我，让我打印并呈交给相关领导。报告中说：“年迈退休，应属当然。荣誉可能终生，工作自有了时。现今学校、学科形势大好，后继有人，英才辈出，实乃敝人急流勇退，圆满谢幕之良机，庶免挂名装点、尸位素餐之过失。”2014 年 4 月 16 日上午，学校为先生举行了荣休仪式，随之掀起媒体竞相报道的浪潮。有的媒体报道失实，说先生“三年四请”。为此，先生又专门撰写《关于辞退的两点说明》，来澄清事实，因为他不想给学校造成任何压力，带来任何负面影响。我为先生非凡的气度与风骨所折服。“老骥伏枥，志在千里。”其实，退休前后，先生仍无比忙碌，每天殚精竭虑，孜孜以求，为历史学科和学校发展，为家乡发展，为改革社会弊端和提升社会文明，为促进中西学术交流建言献策，搭桥铺路，甚至以年迈之躯，多方奔走，何来“尸位素餐”之说？

像这样的事情不胜赘述，它们让我见证了先生的真、善、美，让我从懵懂无知、不谙世事，渐趋成熟起来。

三、先生教我写传记

先生勤于写作，每年都会撰写数篇论文、随笔或序言，这些文章基本都由我打印，在打印和校对过程中通过慢慢品读、领悟，我学到不少知识。有时我辨认不清先生字迹，或弄不懂先生遣词造句、引经据典时，先生总是不厌其烦地进行解说，我因此逐渐增加了对史学的兴趣，写作方面也稍有提高。看到我的进步，先生自然是由衷地喜悦，从不吝啬在人前人后夸奖我，平日还总鼓励我工作之余做点学术研究。他说：“你现在已经有了一点基础，英语也还不错，中文文字表述也有一定基础。加上平时你积累我的东西最多，那么多信件，那么多报道，只要有心，还是可以做出成绩的。”先生也总对我说“时间是挤出来的”。可我倍感惭愧，平日只是应付繁琐工作和家务，懒于看书，惰于写作，当时除了撰写两三篇关于先生的小文，协助导师刘家峰老师翻译一部英文著作和一篇英文文章外，似乎再无任何作品呈与先生斧正。

先生对我宽容、体恤有加，仍然给予莫大的鼓励。2012 年 3 月，江苏人民出版社编辑戴宁宁给章先生来信，请他推荐合适的人写一本小传，作为该社“大家丛书”的一种。令我始料不及的是，先生向戴编辑推荐了我。戴编辑随即找了我，并在电邮中附上“大家丛书”的介绍。我再一次像当年面试一样诚惶诚恐，自己学识肤浅，思维狭隘，有何德何能撰写章先生这样鼎鼎有名的学者传记？我下定决心要向先生说明，并请先生另找作者。

第二天先生到办公室，未等我开口，就说：“写传记那件事，不要急，慢慢来。它的读者群体是青少年，不像学术传记那么复杂。写好了，还可以给你儿子看看写得好不好。呵呵……所里老师像严老师、罗老师，对我都很了解，写作前后都可以多找他们聊聊，听听他们的意见。”我一时语噎，不能拂了先生的美意啊，只好硬着头皮应允。

随后，戴编辑给我寄来戴逸先生等人的传记，我一边学习，一边按照先生的建议，找所里多位老师征集意见，并初拟提纲，搜集相关素材。后来又承蒙严昌洪老师、罗福惠老师、魏文享老师、彭剑老师、徐炳三老师等多位老师的指点和帮助，初步定下框架，于暑期正式开始动工，并完成初稿。初稿比较粗糙，本想再好好改一下呈与先生。没想到先生惦记着此事，9 月一开学就问我进展如何，我据实告知。先生让我打印前两章先给他看看。先生阅后，对我说：“第一章第一段很有文采，有看头，可看到下面，就变味了。有些史实你还没弄清楚，需要再挖掘。范文澜先生曾说，改文章要改得死去活来。还要多改，多打磨。”先生也没告诉我具体如何改，只叫我好好看看戴逸先生的传记，多看看他自己的著作，或许是要我自己揣摩，多加感悟，多加锻炼吧。

改稿子基本是利用周末和晚上时间，断断续续，思绪仍然不够清晰，自己从头读到尾，明显感觉一定是不符合先生要求的。记不清是什么时候，先生要我把再次修改的稿子给他看看，是全部，而非一两章。

先生把书稿带回了家，过了一段时间，才约我到办公室。他并未急于把修改后的书稿交与我，而是说：“写人物传记不能仅仅满足于事迹的陈述与功过的评论，更为重要的应该是人性的深层发掘，要写出一个有血有肉有个性有灵魂的人。现在的问题是理解，不要老是想着拔高，反而成了败笔。要故意留那么一点尾巴，让读者自己去思考。另外，不要老是写获了什么奖之类的，你看戴逸先生那本，人家也获了不少奖，可一点都没提。你只需要平实地写出我的成长经历、心路历程。另外，你在用词方面要丰富一点，不然，很难提高人物形象。”这一次，先生从头看到尾，很多地方作了修改，有些地方也提了一些建议。此时，我心中的愧疚难以言说，先生平日已经够忙了，还为此付出如此多精力与时间。

接下来，我再次向严老师、罗老师、刘家峰老师和徐炳三老师请教，他们也帮我作了不少修改，乃至有些小标题都帮我费神琢磨。后来奉先生之命，将修改后的稿子再次呈与他阅。清晰地记得 11 月 29 日这一天，先生一早就到了办公室。我料想先生肯定不悦，心里忐忑不安，不曾想，先生很和气地说：“现在改后的稿子比第一次有看头多了。第一次确实是粗糙了点。那也不怪你，毕竟我们年岁相隔太远，你对我可能不太了解，也很难把握。你的问题还是出在过于细化，要写得比较有空间一点。另外，这个不是文学创作，即使带有文学成份，也是文学纪实性的。所以，有些事情不能凭空想象。比如，你说我毅然离开大哥，其实并非如此……”

就这样，在先生的指点下，在所里诸位老师的帮助下，我继续修改、润色，并在次年 1 月底将成稿交与出版社。后来在出版社的建议下，又将书稿略做修改，并经先生过目，严昌洪老师惠赐封面宣传语，于 6 月正式出版。

回头来看，这部章先生小传还存在许多问题，很不成熟，有负先生的厚望和期许。但通过这次写作，先生的谆谆教诲我铭刻于心。更重要的是，我对先生又增进了认识。正如马敏老师所说，先生“就是一个充满爱心的人，一个至纯至性的人”。

先生是一位和蔼可亲的长者，也是一位谦和儒雅的学者，人品与学问均属一流；是桂子山上的一棵大树，是我们心中的一盏明灯。在伴随先生的这十余年里，我在各个方面都受益良多，有太多太多美好回忆。可叹我文笔拙劣，只能叙述点滴小事，来抒发一下我对先生的敬仰与怀念。

谨以此深切缅怀先生。先生的音容笑貌，先生的高尚风范，将继续照亮晚辈的天空，指引晚辈砥砺前行。先生千古！

（作者单位：华中师范大学中国近代史研究所）

幽默的演说家
——章开沅先生给我的点滴印象

夏松涛

我对章开沅先生是既熟悉又陌生。熟悉的是，我读书期间，见过章先生不下百次，在办公室、在会议室、在校园中，还有一次在酒桌上；陌生的是，我没有向章先生请教过一个问题，彼此语言交流较少。

幸运的是，我与他有一张合影。这张相片照于2009年，全国中国近代史暑期学校开幕之前，一位同学抢拍的。虽然相片是黑白的，我的表情还呈龇牙咧嘴状，但这是我人生最重要的记忆之一。更幸运的是，我曾经五次现场聆听章先生的演讲，收获很大。章先生每次演讲从不念稿，讲话有高度，也有深度，还幽默风趣，妙语连珠。

学者可以分为两种：严肃型和幽默型。前者自律性强，治学严谨，作报告笑谈不多，大多数学者属于这种；后者同样精耕学术，但言谈举止富有喜感，给人愉悦，如易中天、沈志华、戴建业等学者。章先生属于后者，少数学者能做到这一点。

一位90多岁的老人如何做到幽默风趣呢？我个人揣摩，章先生有八种主要幽默方式：

一是自嘲。2011年，在中外教育交流学术研讨会上，章先生吐槽："我真是被社会消费得差不多了！(笑声) 像昨天一天，电话打个不停，有一个电话磨了我半个小时，我说你们要体会一个八十多岁的老人最后的生命还是很宝贵的啊！"(笑声)

二是双关。章先生回忆中学期间的伙食，说自己吃的是"八宝饭"。八宝饭好吃吗?“当然好吃。但我们这个‘八宝饭’是说那个米很霉烂，杂物很多，还有稗子、老鼠屎、米虫、沙子、泥巴，杂七杂八加在一起，就成了‘八宝饭’。”

三是对比。2011年，在唐长孺先生百年诞辰纪念会上，章先生提到了武汉的学者群体，包括刚刚去世的马克昌教授。他说：“马克昌先生跟我是同年的，他早走了一步，我比他走得迟一点。”这种诙谐的对比，引来大家笑声不断。

四是反转。2004年，章先生在暨南大学作报告，他说：“我经常讲，史学是一种寂寞的事业，没有鲜花，没有掌声。可是来到贵校，却有这么多漂亮的鲜花送来。”(掌声、笑声)

五是借用方言。在演讲过程中，章先生善于穿插多种方言，调动会场气氛。如他曾模仿“文革”期间李先念副总理给唐长孺先生讲的湖北话“回去（读 kēi)、回去”，让听众忍俊不禁。

六是正话反说。章先生曾说，历史系最扬眉吐气是什么时候呢?就是“文革”中间有一个阶段“批林批孔”，那时历史系每个学生都变成了历史学家（笑声)，连街道办事处、居委会的老太太都租车把他们接去做“批林批孔”的报告（笑声)。对于这种现象，章先生指出，那是糟蹋历史，是不正常的。

七是情景再现。2009年，在科学发展观的报告会上，章先生说：“我自己不抽烟，所以吸烟的见到我，就会很紧张。我经常咳嗽，一咳嗽他们都紧张（笑声)。为什么一边写着不允许抽烟，一边又摆着烟灰缸呢?有的为了应付我，临时撤掉了，说章开沅来了。”(笑声)

八是善用流行语。2009年，在全国中国近代史暑期学校开幕式上，章先生说：“各位表兄表弟、表姐表妹们，你们好!”因为科研人员忙于填各种表格，所以社会上有这种称呼。刚开始大家还没有听懂，章先生解释后，会场掌声雷动。

当然，章氏幽默还有很多。有章先生的地方，就有笑声。

幽默是浓缩的人生精华，是一个人智慧的体现，也是一个人乐观的自然流露。章先生年轻的时候闯过江湖，当过军人，受过很多挫折，吃了不少苦。在苦楚中幽默一下，可以极大缓解生活的压力。章先生的长寿或许与此有关。

章先生逝世后，我曾在网上留言："章先生是战略型学者，有风骨的知识分子，极富爱心的教育家，视野宏大的历史学家，饱含人类文明关怀的社会活动家，敬畏权力、慎用权力、善用权力的好校长！"

今天，我要加上一句话："章先生是一位幽默的演说家，谢谢您给我们带来笑声！"

（作者单位：岭南师范学院）

种桃种李种春风

——怀念章开沅先生

朱子静

2021年的5月28日，对于华师人而言，是不寻常的一天。这一天我们尊敬的老校长章开沅先生驾鹤西归，但他却留给我们一串串珍贵的回忆。

像我这样的一个差等生，原本是没有机会走近先生，也应该不会有机会能够亲自聆听章先生的讲课，可是因为读书时不知哪个老师说："历史学研究者里面有个非常厉害的人，叫章开沅，他说'史学是永无止境的远航'。"章先生的这一句话如同一束光，隐隐约约地牵引着我。

考上研究生后，一次课堂上，给我们授课的郑永福老师讲了他跟章先生交往的事情。听着郑老师的讲解，我不由得心中再次对章先生充满了崇敬之情，心想，要是有机会能拜访章先生，或者能跟章先生见个面，哪怕是远远地看上一眼，那该是让人多么兴奋、开心的事情啊！

进入华师后，就真的有了近距离目睹章先生风采的机会。记得有一次，我们在何卓恩老师办公室开展读书会的活动，这时候有人敲门。何老师就站起来去开门，打开门一看，原来是章先生。我至今清晰地记得，何老师也有一点点意外，我听见何师轻轻叫了一声"章老师"，然后他们就站在门外交流了一会。当时章老师已经进入"90后"，他却坚持自己能做的事情亲自过来处理，不麻烦他人。这一点，我在一个师姐的回忆文字中也感受到了。师姐说，她有两次碰到过章先生，上下台阶时，要去搀扶，章先生拒绝了，让师姐去忙自己的事情。

桂香园食堂一楼卖包子和蒸红薯的窗口，或许是章先生常去的地方吧。

有一次，我就碰到章先生在我前面排队，非常惊喜，跟他打了招呼，叫了章老师。他看看我，微微笑了笑。然后跟里面卖餐的小哥亲切交谈，看样子和小哥很熟悉，而小哥也似乎很清楚章先生的口味，熟练地帮章先生打点食物。

章先生走后，我激动地问小哥，你知道刚才那个老先生是什么人吗。小哥一脸淡定地说，不是很清楚，好像是原来的老校长，经常在这里买饭的。我买完早餐出来，看到章先生已经慢慢往近史所的方向走了，路上车来车往，不知为什么也没有跑上前去搀扶老先生，就伫立在那里，目送老人家慢慢走远。

还有一次，我从所里回宿舍的路上，刚好看到章先生和两个学生在一起，应该是在校园里散步。我告诉朋友说，那个是章开沅先生。朋友听了也很兴奋，并开玩笑地说："赶紧去跟章先生合个影吧！"我说："这样恐怕会有打扰啊。"朋友有点遗憾地摇摇头说，跟章先生合个影，将来也是美好的回忆啊！读书求学的路上，章先生就是我心中的偶像，但不知为何，每次都认为不去打扰才是对先生最大的崇敬。宁愿把这一幕幕静静地植入脑海里，镌刻成永恒的回忆！

在校园里碰到章先生，当然是一件令人开心的事情。但听章先生的讲话，那更是别有一番风味。第一次是博雅大讲堂。那天看到海报上说是章先生的讲座，就早早地过去。因为先前就听他人说，章先生的讲座，你是找不到位置的。果然如此，里面位置都已经坐满了，后面几排边上还有几个。我赶紧坐下，并掏出一个本子来，打算记下章先生的讲话内容。这是我第一次聆听章先生的讲座，从好多年前就开始"追星"，现在"偶像"就要出现在身边，可谓是激动和紧张并存。章先生来了！他从我身边经过，我的目光一直追随着他。我没想到，他走上讲台，笑着说的第一句话是："刚才我经过走廊的时候，看到有学生还带了本子，我又不是什么大人物，也不讲高深的理论，没有必要记下来的。"大家一听，气氛一下子轻松起来了。

其间有一个学生站起来提问，这个学生说："章先生，我是报社的记者，我可以问你个问题吗？"章先生说："你是哪家报社的记者？"学生一本正经地说："我是华中师范大学研究生学报的记者。"大家哄堂大笑。章先生也笑着说："我以为是哪家大报的记者，不过你们研究生学报也是很大的报纸。"大家再次开心笑起来。那一次讲座，章先生侃侃而谈，从不中断，思维清晰，让人听上去是那么轻松，那么让人开心。

第二次是在近代所前面的逸夫楼，章先生和当时的一位来自日本的老先生是主讲。我记得章先生对日本学者说："咱俩现在都是90后了，我们要健康地活着，继续工作。"其间，章先生继续沿袭了他幽默轻松的讲话方式，我只记得我自己陶醉在其中，沉浸在其中，如同在看一幕幕影片，始终是那么幸福，脸上显露出总也止不住的笑容。

当然，章先生除了幽默风趣之外，更重要的是他在讲座中，呈现给我们的是一个真情实感的老师。他在几百人的讲座中，讲到激动处，像个青年人一样，丝毫不掩饰自己的喜怒哀乐；讲到美好的回忆时，他就露出像孩子一样的笑容；讲到痛苦的地方时，他就会一脸严肃，直率地谈论他的观点和看法。写到这里，我看到线上先生追思群里，一位前辈在车站等候大厅里，怀里抱着章先生的遗像，不禁潸然泪下。

再见了，章先生。正如您所说，爱在华师，华师永存，这里会是我永远的精神港湾。就让三毛的《梦田》作为这个小文的结束语，借以表达我内心对您的崇敬和对华师的热爱：

每个人心里一亩一亩田
每个人心里一个一个梦
一颗芽
一颗种子
是我心里的一亩田
用它来种什么
用它来种什么

种桃种李
种春风
开尽梨花
春又来

（作者单位：河南工程学院）

忆章开沅先生参加2013级基地班读书会点滴

覃　祺

2021年5月28日清晨，一位可敬可亲的历史学家——章开沅先生——永远地成了历史。他安详地离开了我们，从此桂子山上少了一位睿智的老爷爷，史学界则痛失了一位卓越的领航人。

虽然疫情发生以来的这两年，学界前辈凋零的讣闻时有所闻，不免让人有天才成群到来也成群离去之感。但当我在微信同学群中获知先生仙逝时，仍不免感到惊愕。直到班主任彭剑老师在班群里证实，与我一样疑惑的同学们这才明白，一个时代是真的离我们而去了。

章先生是学界的泰山北斗，然而后学其生也晚，待到我们这帮同学于2013年入学之时，章先生已年近九旬。当时恰逢华师110周年校庆，初入学的我们主要是通过师长的口传以及校庆宣传来了解先生其人的。至今我还记得先生在采访中自称："一辈子没有别的，就是欢喜学生"，"特别欢喜本科生、小可爱"，一见到年轻后学就容易激动，甚至于要"发疯"。此言生动活泼，让人忍俊不禁，我看到后就觉得，这位老爷爷真是可亲又可爱。后来升入高年级，机缘巧合之下竟有机会与先生座谈，如今思之，真是万分的幸运。而今先生驾鹤，特将2013级基地班同学与先生座谈一事写出，以作纪念。

与先生结缘的契机源自基地班的读书会。在彭剑老师主持下，我们班形成了一个非常好的开读书会的传统，几乎雷打不动每周一次[①]。大三时恰

① 后来在章先生启发下，我们的读书会命名为日曜读书沙龙，同学们的读书报告则汇集成名为《日曜春秋》的集子，这也是章先生与基地班同学缘分的见证之一。

逢彭老师负责整理的《章开沅口述自传》（以下简称《口述自传》）一书出版，班里每位同学都获赠一本，我们的读书会也顺理成章地为此安排了一场专场。喜获赠书之外，还有另一喜讯：章先生对于大家坚持参加读书会感到欣慰，为表示鼓励，届时他将亲临现场，与大家进行座谈。这真是天大的好消息！同学们欣喜之余，纷纷在阅读《口述自传》后，写下了各自的读后感。这是一本关于章开沅忆述自己怎么成了章开沅的书，时代与人生的交响碰撞，在书中演绎到了极致。因此同学们读来很有兴致，将全班同学的读后感汇集起来，竟能集结成一本小书！后请彭老师为其题名《亲近高德》。此语出自《沩山警策》，前头尚有一句“早访明师”，用之于文集命名恰到好处。

那次读书会最终安排在2016年4月15日的下午3点，地点就在中国近代史研究所的莼思堂会议室。这里头还有一个小小插曲，大约是联络时表述不够清楚的缘故，章先生误会了见面时间，记成了正式座谈的前一周，于是他提前到了近史所等候大家①。可想而知，自然是谁也没有等到，派人到彭老师办公室询问（据周天羽同学回忆，是章先生亲自到彭老师办公室询问），方才得知是一场乌龙。此事源自联络时沟通不到位，但足见老先生是把我们这些后学的事情认真地放在了心上。阴差阳错之下，也更可看出先生所言欢喜学生的那一番言语，是多么的真诚。

这真是一次十分特别的读书会。章先生当时已经是90岁高龄，记得座谈会上他还引胡适在宴会上猝然长逝的例子，说了一句“我是冒着生命危险来参加你们的读书会的”。现在联想到先生还曾在其他场合说过“宁可站着倒下去，也不躺着混下去”，则会上打趣的言语不免多了几分悲壮的味道。至于基地班的同学们还是“90后”的“小可爱”——更准确点来说基

① 关于此事发生于何时，笔者在向周天羽、邓先宇、沈淼及李琳等同学求证时，大家都约略记得此事，但事情发生的时间则有不同说法，有记成是2015年年底的。笔者记忆中2015年年底当是将《口述自传》发给同学们的时间，而后大家利用寒假阅读并撰写读后感，2016年春季召开了座谈会。短短5年时间过去，不同人的记忆已经有此不同，记忆的这种模糊性真让人无可奈何，姑且将不同说法记录于此，还请阅者谅之。

本上是“95后”，彭老师遂笑称这是一场“90后”与“90后”的对话。会后同门邓先宇同学负责撰写通讯稿，标题用的就是这一趣言。谈到年龄，附带一言，曾听闻先生88岁高龄时向人自我介绍曰“年方二八”，语极幽默而态度豁达。现在彭师此语，亦可谓深得先生神采矣。

关于座谈会的基本经过和先生谈话要点，通讯稿都做了交代，有案可查。不过限于新闻报道的体例和篇幅，通讯稿无法巨细靡遗地记录下来，如与会同学的提问、读书会的由来契机等，则有留白。现在不妨在此略做回忆说明，以补充通讯稿所未及，供欲了解事情经过的师友们参考、追思。

会上有多少同学发言，我现在已找不到记录。仍然记得的有李琳、周天羽、我和宫伊泽同学。头一个提问的人似乎是李琳同学，约略记得她问的是，章先生桃李满园，为何请彭老师来为他整理自传。不过这一问题似未等章先生开口，便由彭老师代为做了解答。周天羽和宫伊泽同学也有提问，但他们提问的详情我现已记不大清楚了。

由于是亲身经历，我对自己提问的情况记得比较清楚。当时拍到一张我提问的照片，这张照片也是我非常喜欢的一张，因为它拍出了章先生认真倾听后学声音的严谨神态，同时，还拍到了笑容满面的彭老师。

彭老师因何大笑，现已记不清楚，以我的猜测或许与我开头的叙述有关。因为章先生是名满天下的大家，又是高龄老人，作为年轻人，而且还是名不见经传的本科生“小朋友”，大家一开始都显得有些拘谨，不知道该如何称呼。私下一般有称呼“章老”的，而前面发言的同学称呼的是“老师”或“先生”，显得正式而恭敬。我本打算萧规曹随，可真到了举手发言时，或因勇气稍显不足以至于音量偏低，章先生一时没听清楚我说的话，我遂提高音量复述一次，脱口而出的称呼却变成了“章爷爷”。事后有人说，我这个萌卖得好，一下子活跃了气氛。但这其实是我的无意识之举，是一种面对高龄长辈时油然而生的崇敬与亲切。先生不以为忤，反而高兴地表示赞同，说大家的年纪，确实应该叫他一声“老爷爷”才对，叫老师和先生，距离就远了（大意）。在座的不少师生都发自内心地笑出了声，气氛顿时轻松许多。印象中在我之后发言的同学，都顺势改叫了“章爷爷”，彭老师的笑容，或也因此吧。

我提的问题有两个：其一是关于《口述自传》中先生参加革命的经历。自传中提到，上世纪40年代末先生投身进步运动积极迎接解放，然而有一批出身西北农村贫苦农家的金陵大学学生却站出来反对。这些学生的行动走到了历史潮流的对立面，这是一个值得思考的问题。其二则问到了先生保持健康的秘诀。盖先生虽已90高龄，却仍然到办公室读书会客，而且上楼梯时还往往倔强地不要他人帮扶，坚持自己爬楼梯，这个场景恐怕出入近史所的不少师生都见过。在回答中，章先生说大家要多笑笑，并结合了自己就医时的经历，提到了医患关系需要互相信任，患者也要相信医生的职业道德和操守，这或也是针对世风有感而发吧。

另一让我印象深刻的发言，是章先生提到了男女平等和家庭，提到了妻子黄老师为他默默的付出，虽然口上也会偶尔拌嘴，但心里始终是牵挂和欢喜。章先生一家其乐融融的场景，读过《口述自传》“成家”一章，当有更深感受。在问答环节结束后，先生还语重心长地寄语大家，鼓励我们这些年轻人不要看轻自己，要对自己有信心，要堂堂正正地做一个中国人。

座谈由此临近尾声，遂由沈淼代表全班同学向章先生献花，表达了祝福。随后章先生、彭老师及基地班全体同学一起合影留念。由于彭老师贴心地把以前转专业离开的同学也一并叫上，故而这次合影也是基地班同学基本到齐的一次大合影①。当天参加读书会的还有其他年级的硕士、博士生及辅导员秦玉琴老师。不过他们没有参与最后的合影环节。

顺带一提，同学们的《口述自传》扉页是留白的，第二页则有彭老师的签名，其原意是为章先生给大家签名留位置。可是大家非常活跃，活动结束时时间已晚，考虑到先生已经比较累了，最好还是早点回家休息，因此集体签名的环节只好作罢。这样宝贵的机会，失去恐再难得。我当时坐在非常靠前的位置，于是利用这一小小的地理优势，待座谈会一散，就把书拿到先生面前。彼时其他老师已经准备送先生回府，劝说可以改日再签。

---

① 有少部分同学当时在外校做交换生，因而未能与会，在校的基地班同学基本都参加了这次座谈。

看这情形我也不便再做坚持，准备放弃。此时只见先生思考片刻之后，又转身回到座位坐下，赶紧拿起笔为我签了名，那样子就像是他比我还担心不抓紧就错过了一样，反倒让我感到有些不好意思，觉得自己太不懂事。后来每当我回想起这件事，先生说他最欢喜学生的那一场景便会浮现眼前。我想，他之所以果断签名，恐怕正是爱生之心驱使，不忍看到后学的失望。其体贴入微也如此，令人动容。

而今先生遽归道山，我的老师失去了他的老师；他的学生们则痛失了一位可敬可亲的“爷爷”。睹物思人，不禁泪目。先生仙逝后，彭老师悲恸不已，自言“回首往事，宛如昨日，令人神伤”，故嘱我整理相关照片，形成文字作为纪念。尽管深感我的笨笔表现不出先生风采的万一，还是谨遵师教，写下自己的一点感受和记忆，以感念先生对后学们的关照，并供师友缅怀与寄托哀思。

虽然我们这帮同学与先生相处的机会与时日并不多，而我更是班里普通的一员，因此对于先生生平学问及轶事谈不上有多深入的了解，写下此文也未有蹭热度的意思。可是先生晚年淡泊，很少再开讲座，这次座谈会恐怕是为数不多的一次，甚至可能也是最后一次了，因此记录下来或许对了解晚年的先生不无裨益。最后想说的一点是，先生热爱学生的这份心意，我们已经真切地感受到了，我们并且想要让先生的这份大爱能够被记录下来，并且传扬下去。记忆容有不准确之处，尚祈师友见谅及指正。在此深深悼念先生，祈祷先生一路走好！

2021年6月

覃祺书于康乐园

（作者单位：中山大学）